Guard & Security Management Theory

경호보안관리론

강민완 · 전용태 · 김효준 공저

도서출판 **진 영 사**

경호보안관리론

강민완 · 전용태 · 김효준 공저

2011년 01월 13일 초판인쇄
2012년 01월 25일 2쇄발행
발행인 박 진 영
발행처 도서출판 진영사
인천광역시 부평구 삼산동 200-2 대림하이츠빌라 301-401호
전화 : 032)505-4207
팩스 : 032)505-4206
E-mail : 00183734207@hanmail.net
등록 : 122-91-77317

ISBN 978-89-6541-015-7 93390
값 25,000원

머리말

공자(孔子)의 『논어(論語)』「위정편(爲政篇)」 제11장을 보면 "온고이지신 가이위사의(溫故而知新 可以爲師矣)"라는 구절이 나온다. "옛것을 익혀 새것을 알 수 있다면 능히 남의 스승이 될 수 있다"라는 말로 풀 수 있다. 정보화시대를 달리 이름 부르기를 '속도의 시대'라 하던가? 이제 학문마저도 영원한 진리를 논하는 것은 지극히 보수적인 사고로 매도당하기 십상이지만, 필자는 강단에 서면 설수록 오히려 공자의 가르침이 사무친다.

경호보안(Guard & Security)에 관한 학문도 '속도의 시대'에 부응이라도 하듯 하루가 다르게 변화하고 있다. 우리의 역사를 거슬러 오르면 통일신라시대에 이미 화랑도가 국왕에 대한 호위를 담당하였던 바, 당시 화랑들의 마음가짐과 무예, 그리고 의전정신이 오늘날의 경호보안 책임자들보다 못하다 할 수 없을 것이다. 오늘날 경호보안에 관한 제반 학문은 이제 첨단의 현대과학으로 거듭나고 있다고들 주장하지만, 그 근저를 제대로 설정하지 않는다면 단순한 기술자들을 양산하는 하부 도구교과 정도에 머물고 말 것이다. 이 점에서 우리가 주목해야 할 것은 경호보안의 궁극적 목적이다. 경호보안과 관련된 모든 업무는 개인의 생명의 안전, 또는 집단이나 사회의 공공안녕과 직·간접적으로 연관되어 있다. 그러므로 경호보안에 관한 학문은 시스템이나 메커니즘만으로는 해결할 수 없는 "온고(溫故)"의 정신이 담겨 있어야 한다고 필자는 생각한다.

필자가 본서에서 추구하고자 하는 경호보안에 관한 학문의 방향은 개념서에서 시작하되, 그 끝은 실무응용으로 귀결되는 것이다. 또한 경호보안요원의 교육을 우선 목표로 하되, 경호보안업체 관리자의 훈련, 나아가서는 경호보안기업 자체의 운용에 대해서도 길라잡이가 되고자 한다. 여기에서 필자는 "지신(知新)"의 중요함을 통감하고 있다. 물론 본서 한 권으로 경호보안에 관한 모든 학문을 아우르겠다는 것은 과욕을 넘어서는 우매한 발상이겠으나, 최소한 본서가 경호보안과 관련한 업무에 종사하고자 하는 후학들에게 옹골찬 지침서(指針書)의 역할은 충분히 할 수 있다고 자부하고 싶다.

그 동안 본서의 집필과정에 도움을 준 도서출판 진영사 박진영 사장님께 깊은 감사의 정을 보냅니다.

庚寅年 仲秋之節 광교산 자락을 굽어보며

목 차

제2장 경호보안 위해환경론

제3장 경호보안 조직관리론

제4장 경호보안 경영관리론

제5장 경호보안업체 인사관리

제6장 경호보안 교육훈련

제7장 경호보안업체의 사무관리

제8장 경호보안업의 마케팅과 영업관리

제9장 경호보안업 재무회계관리

제10장 경호보안회사의 구매와 장비관리

제11장 경호보안의 운용관리

제12장 경호보안관리

제1장

경호보안 일반론

제1장 경호보안 일반론

제1절 경호보안의 의의

1. 경호보안의 필요성

인류의 역사가 그렇듯 인간은 만인에 대한 투쟁의 오랜 역사 속에서 발전해 왔다. 사회와 경제가 발전할수록 삶의 풍요가 오지만 그 이면에는 빈부의 격차와 범죄의 다양화·흉폭화 등 여러 가지 부작용이 내포되어 있다. 그리하여 이와 같은 인간사회의 불안전한 상태를 여러 가지 위해(危害)로부터 자기의 신체와 생명 및 재산을 지키면서 인간다운 삶을 영위하고자 하는 요구에서 나온 것이 질서인 것이다.

이와 같은 인간사회의 질서 유지를 위해 성립되어진 것이 여러 가지 사회규범인데, 이성적인 인간의 본성에 기인한 윤리나 도덕과 같은 자율적인 사회규범이 점차적으로 준수되어지지 않아서 국가의 강제력으로 이행을 강제하는 타율적인 법규범이 만연하게 된 것이다. 그러나 "법은 멀고 주먹은 가깝다"는 말처럼 법의 구제를 받기보다는 먼저 위해적인 요소가 장애가 되는 것도 문제이며, 법규범 자체도 그 운용에 있어 여러 가지 부작용이 등장하여 불신을 초래하고 가변적인 법규범만으로도 날로 흉폭해지고 지능화·다양화된 범죄, 테러, 암살·납치·협박·폭행 등의 여러 가지 병리현상을 차단하는 등 모든 현상을 규율할 수 만은 없는 것이다. 그리하여 일찍이 등장한 것이 경호보안(security)이다.

급격한 사회변동은 국가의 보안환경에도 영향을 미쳐 새로운 치안수요를 창출, 유도하고 있는데, 1980년대 이후 세계 각국은 환경변화에 따른 행정개혁 추진의 일환으로 새로운 공안체제를 모색하거나 혁신적인 변화를 추구하는 등 다양한 전략과 방법을 통해 문제점을 해결하고자 하는 노력을 기울이고 있다. 따라서 사회의 보안서비스 주체들은 국민들을 만족시키고 국민들에게 구체적 도움이 되는 고객 지향적 치안서비스의 제공에 공안활동을 맞추어야 한다.

지금까지의 치안행정구조는 대륙법계의 국가에서는 국가기능의 일부로, 영미법계에서는 주민자치권의 일부로서 공권력인 경찰을 조직하였는 바, 자국의 질서유지와 법집행을 감당케 하는 단일구조였다. 그러나 21세기의 새로운 환경변화에 따른 행정개혁 추진의 일환으로 다양한 민간조직과의 제휴라는 혼성치안(Hybrid Policing) 구조가 자리매김을 하면서 공공부문과 민간부문 사이의 제3부문을 통해서도 다양한 치안서비스를 공급할 수 있게 되었다.

국가마다 발전과정에 약간의 차이는 있으나 영미법계 선진국은 물론 1980년대 이후 전통적으로 국가의 사회적 책임을 강조하던 대부분의 대륙법계 국가들도 혼성적 행정조직의 일환으로 치안행정에 민간영역을 활용하고 있다.

특히 21세기의 새로운 관리 · 정보기술은 정부기능 재정립에 있어서 새로운 기회와 가능성을 증대시키고 있는데, 즉 정부 및 공공부문 개혁의 요구 증대와 행정의 새로운 패러다임 전환의 기폭제가 되고 있고, 개방화된 경제, 정보기술의 발전에 따라, 정부는 더 이상 국가경제의 보호자 역할을 충실히 수행할 수 없고 정보의 국가독점 역시 불가능하게 되었다.

우리나라에서도 규제완화, 민영화, 민간위탁, 재정지출 감축 등을 통한 정부영역의 축소화와 민간영역의 치안서비스 조직의 확대는 곳곳에 나타나고 있다. 한국의 민간경호보안분야 역시 우리나라만의 역사와 사회적 상황으로 인해 독특하게 발전한 부분도 있지만 일본, 미국을 비롯한 서방국가들의 장점을 도입하면서 계속 발전적인 변화를 추구하고 있다. 우리나라의 민간경호보안업무를 직접적으로 규정하고 있는 「경비업법」 제2조에서는 시설경비업무, 호송경비업무, 신변보호업무, 기계경비업무, 특수경비업무 등 5종류의 경호보안업무를 "경비업무"로 규정하고 있다. 이것은 경찰력의 한계, 첨단기술의 발달, 경제발전에 따른 자구의식 고취, 행정개혁과 민영화 추세 등의 요인으로 다양하고도 새로운 치안서비스를 제공받고자 하고 있다.

더구나 급변하는 현대사회는 급격한 사회변화에 적절히 적응하지 못함으로써 불안감에 빠지거나 좌절하는 적응성의 위기가 오고, 한편에서는 현실세계의 가치를 물질적 우월성에서 구하는 인간성 상실에서 오는 위기에 직면해 있다.

21세기 현대세계는 전자공학, 유전공학 등 눈부신 과학기술의 발달로 '제2의 산업혁명'으로 불리는 지식정보사회로 하나의 지구촌이 되어, 우주시대(Space Age)니, 뉴-미디이(New Media)니, 정보고속도로니 하는 발이 귀에 낯설지 않을 정도로 급변하고 있다.

그러나 이와 같은 세계화 · 정보화 지식사회의 이면에는 마약, 암살, 테러, 핵확산, 인권유린 등과 같은 또 다른 세계적인 문제가 대두되고 있다. 그리하여 범죄가 지능화 · 국제화 · 고속화 · 기동화되어 가고, 컴퓨터와 전자정보통신기술을 이용한 신종의 범죄환경 · 청소년범죄 · 산업범죄가 증가하게 된다. 그래서 현대사회를 법규범만으로 규율하기는 어렵고 "법은 멀고 주먹은 가깝다"고 해서 경호 · 경비만으로 인간의 생명 · 신체를 비롯한 재산을 보호할 수만은 없다.

인간은 근원적으로 본능에 의한 자기의 안전(Safety)을 도모하기 위하여 자신의 경호경비(Guard & Security)를 생각하고 그 방법을 고안 · 개발시켜 왔다. 집단 · 사회 · 국가도 물론이다. 이러한 과정에서 안전을 희구하는 경비의 방법은 다양각색으로 발전되어 왔고 그 자체는 특정 사회나 국가의 역사적 발전과정을 따라 특징있는 제도 · 방법을 고안하여 왔다.

안전한 삶을 도모하고자 하는 생활관계에서도 힘의 논리를 앞세워 인간으로서의 사회규범을 자율적으로 지키지 않음으로써 이를 강제적으로 규율할 법이 필요하게 된 것이다.

2. 경호보안의 개념

영 · 미에서는 경호보안산업을 흔히 넓은 의미로 'Security Industry'라고 표현하고, 공경찰은 'Police', 경호보안은 'Security'로 표기하는 것이 보통이다. 일반적으로 시큐리티(security)란 사전적 의미로, '안전', '무사', '안심', '방호', '보호', '경계', '경비', '경호', '보안', '경비회사', '안전보장' 등의 다양한 의미로 사용된다. 보안(保安)은 위험, 손실 및 범죄가 발생하지 않도록 방지하는 상태를 가리키며 피해발생의 원인이 '인간의 행위'라는 점에서 무언가가 안전하지 않으나 안전해야 함을 뜻하여 안전(安全)이라는 개념과 구분된다. 하지만 아직 한국 내에서는 두 용어 사용에 있어 크게 구분하지 않고 혼용하여 쓰는 경향이 있다.

따라서 본서에서는 '경호' 및 '경비'와 '보안'이라는 용어를 혼용하여 사용하고 있는 실정에서 제도적 · 법률적 · 보편적 인식의 측면[1)]인 구분을 두지 않고 경호와 보안을 통칭해서 '경호보안'이라는 용어를 사용하기로 한다. 특히 "정보보안"이라는 의미는 정보통신수단으로 수집 · 가공 · 저장 · 검색 · 송수신 되는 정보의 유출 · 위변조 · 훼손 등을 방지하거나 정보통신망을 보호하기 위하여 관리적 · 물리적 · 기술적 수단을 강구하는 일체의 행위와 같이 정의하여 "보안"이라는 용어는 각 분야에 따라 별도의 용어를 정의하여 한정적으로 규정하여 사용하고 있다.

우리나라의 경우를 보면 1950년대 초창기에는 '사경비(私警備)', 1976년 「용역경비업법」 제정이후에는 '용역경비(用役警備)'라고 부르더니 1995년 법개정(제5차)으로 경비지도사 제도가 도입되어, 그 시험과목에 「민간경비론」이 두어짐으로서 다시 '민간경비'라는 용어가 통용되어 이제는 정착된 느낌이다.

또 경호(警護) 또는 경호원(警護員)은 「경찰관직무집행법」과 「대통령 등 경호에 관한 법률」에 의한 공권력 내지는 공무원의 임무개념이다. 민간경비에서의 사설경호는 '신변보호'로서 「경비업법」 제2조에 규정된 경비업무 영역의 하나이다. 즉 '의뢰인이 민간인으로서 그를 보호하는 것'은 경호가 아닌 신변보호이며 그 일을 수행하는 자는 경호원이 아닌 경비원이다. 다만 법률상의 요인(要人)경호에 있어 그 임무를 예외적으로 민간경비원을 활용함에는 민간차원의 신변보호와 경비원을 구별하기 위하여 "민간경호"라는 용어를 흔히 쓰고 있다.

경호보안(Guard & Security)이라 함은 국내외 중요인사 및 개인의 신변 및 일정 구역(중요시설)에 직 · 간접으로 가해지는 위해를 방지 및 위험요소로부터 사전 제거하고 경호보안 대상자나 시설의 안전을 도모하는 활동을 말하며, 이를 국가(정부)에 속한 기관이 법집행의 권한을 가지고 일정한 구역내에서 개인의 생명, 신체, 교통통제, 법인의 체포 및 수사, 범죄예방과 같은 공공의 안전을 도모하는 업무를 행하는 활동을 공적(公的)경호보안이라고 말한다. 여기서 경호보안을 더 세분하여 살펴보면

---

1) 「대통령 등 경호에 관한 법률 」 제2조(정의)에 의하면 "경호"라 함은 경호대상자의 생명과 재산을 보호하기 위하여 신체에 가하여지는 위해를 방지 또는 제거하고, 특정한 지역을 경계 · 순찰 및 방비하는 등의 모든 안전활동이라고 정의한다. 「경비업법」 제2조(정의)에서는 "경비업"을 시설경비업무, 호송경비업무, 신변보호업무, 기계경비업무, 특수경비업무의 전부 또는 일부를 도급받아 행하는 영업이라고 규정하고 있다.
'경호'와 '경비'의 용어사용에 관해 보편적 인식의 측면에서 관련업계에서는 신변보호활동 및 호위적 성격이 주(主)가 되는 업무수행활동을 '경호'의 개념으로 인식하고 있고, 경호대상자의 생명 또는 재산을 위해서 필요로 하는 특정한 시설 및 지역을 경계 · 순찰 · 방비하는 활동을 '경비'의 개념으로 보고 있으나 이는 경비의 대동소이한 개념이다.

실질적 의미와 형식적 의미의 경호보안 개념으로 나누어 볼 수 있는데, 후자 의미의 대표적 민간경호보안 관련법이라고 할 수 있는 「경비업법」에서는, 일정한 제복을 입고 일정한 장소를 순찰 및 감시함으로써 내·외부로부터 안전을 도모하는 활동을 경비(警備)라고 표현하고 있다.

실질적 의미의 경비는 경비업자가 국민의 생명과 신체, 그리고 재산보호, 질서유지를 위한 일체의 활동을 하는 것을 의미한다. 이러한 민간경비는 경찰·대통령경호처 등의 공공기관이 수행하는 경비활동과 본질적으로는 별 차이가 없다. 다만 주체면에서 민간과 국가[公共]라는 차이만 있을 뿐이다.

형식적 의미의 민간경비는 실정법인 「경비업법」에 규정하는 업무를 수행하고, 이 법에 의해 허가된 법인에 의해 수행되는 활동을 말한다. 이때에 경찰과 민간경비는 명확히 구별되며, 실질적 의미의 민간경비활동과 일치되지 않는 면도 있다.

미국의 랜드(Rand)보고서는 민간경호보안(private security)을 "수사, 경호, 순찰, 경보, 호송 등 모든 종류의 보안서비스를 제공하는 민간조직과 개인"을 의미하는 것으로 보고 있다. 랜드보고서의 정의는 지원성격(sponsorship)에 의해 민간경호보안과 공경찰의 치안활동을 구분하는 대표적인 분류법이다. 그리고 미국의 민간경호보안 특별위원회(Private Security Task Force : PSTF)는 랜드보고서에 이의를 제기하면서 이를 "요금을 지불하는 특정의 고객에 대해 혹은 자기를 고용한 개인이나 조직체에 대해 각종 위험으로부터 신체나 재산, 기타 다른 이익을 보호하기 위한 보안서비스를 제공하는 개인 및 민간기업체와 조직의 활동"으로 정의한다. 또한 일부에서는 민간경호보안을 "영리를 목적으로 고객에게 치안서비스를 제공하는 개인 및 사설조직의 활동"이라고 하여 공권력의 치안활동은 물론 자율방범대 활동과 구별하고 있다.

민간경호보안이란 법인이나 경호보안요원이 민간인 신분으로 고객(client)의 요청에 의하여 범죄예방을 위한 목적으로 고객으로부터 받은 보수만큼 안전에 대한 경호보안서비스를 제공하는 것이다. 즉, 민간경호보안은 (1) 특정의뢰자(specific client)와 영리성, (2) 강제권의 미보유, (3) 범죄예방을 그 핵심내용으로 한다.

한편 한국 「경비업법」은 시설경비업무, 호송경비업무, 신변보호업무, 기계경비업무, 특수경비업무에 해당하는 경비업무의 전부 또는 일부를 도급받아 행하는 영업을 경비업이라 하고(동법 §2), 이러한 경호보안업에 해당하는 경비업무를 민간경호보안으로 보고 있다.

경호보안영역은 학문적으로 발전해 가고 있는데도 매년 강력범죄의 발생률은 지속적으로 증가추세에 있다. 범죄 증가에 따른 치안력 부재는 시민들을 불안에 떨게 하고 있으며. 이러한 치안력 부재의 대안으로 '경제환원론(Economic Reduction Theory)', '수익자부담론(Profit Oriented Enterprise)', '공동화론(Vacuum theory)' '이익집단론(Interest Group Theory)'을 적용하여 이미 상당부분 공경호보안의 역할과 기능을 민간경호보안업체들이 대행하고 있는 추세이다. 즉, 개인의 안전은 스스로 지켜야 한다는 의식이 높아지고 경호보안요원의 고용은 점차 증가할 것으로 전망 된다.

날로 심각해지는 각종 범죄의 위험이 늘어나고 있으며, 범죄 양상도 갈수록 흉포해지고 있고 테러 등의 위험도 대두되고 있다. 이러한 범죄의 갖가지 위협으로부터 공경호의 중요성이 한창 더해지고 있다. 민간경호보안 또한 경제의 발전과 더불어 일반 시민에게도 중요성이 부각되고 있다. 이러한 차원에서 민간경호보안은 치안의 상당부분을 담당하게 된다. 경호보안은 사회전체 안전균형에 일익을 제공하며 국가주요기관인 공항·항만과 각종 공공시설, 금융기관, 일반기업체의 보안업무를 담당함으로써 사회 공익적으로도 크게 기여를 하고 있다.

이와 같이 경호보안의 학문적 배경이 짧은 현실을 비추어 볼 때 경호보안시스템 이용자의 안전욕구충족과 이용만족 및 생활만족에 대한 인과적 현상을 사회학적으로 이해하려는 접근이 절실히 필요하다. 이러한 측면에서 경호보안시스템 이용자의 안전욕구 충족은 인간의 최상의 욕구와 밀접하게 관련된 생활만족감이나 행복감 또는 삶의 질과 인과적 관계를 지니고 있다고 할 수 있다. 즉, 경호보안시스템 이용자에게 안전욕구를 충족시켜줌으로써 시스템이용에 대해 개인이 느낄 수 있는 결과적 요소인 생활만족을 지속시켜 줄 수 있는 것으로 가정할 수 있다. 결국, 경호보안시스템 이용자들에게 안전욕구를 충족 시켜주지 못한다면 시스템 이용에 대한 불만족을 초래하게 되고, 더 나아가 생활만족에도 영향을 미치게 됨으로써 경호보안시스템 이용자들은 이용중단을 결정하게 된다. 이에 경호보안시스템 이용자들의 이용만족이나 생활만족을 높여 경호보안산업의 발전을 도모하기 위해서는 안전욕구충족을 결정짓는 요인을 분석·규명하여 경호보안산업 경영에 이를 반영하고, 더 나아가 사회적 환경개선에 대한 실증적이고 구체적인 분석과 발전적 대안을 제시해 주어야 할 것이다.

1) 공적 경호보안 [公警備]

공적 경호보안을 일컫는 공경비(公警備)는 넓게는 법집행과 관련한 국가의 강제권(경찰청, 검찰청, 법무부, 국가정보원, 보건복지부, 여성가족부, 산림청 등)을 갖고 개인의 생명과 재산보호, 사회질서유지, 국가체제유지에 관련된 업무를 수행하는 제반활동을 말한다.

좁은 의미로 파악할 때 주로 경찰경비활동에 국한하여 '공적 경호보안'이라고 지칭한다. 즉 "공공의 안녕과 질서를 파괴하는 국가비상사태, 긴급한 주요사태 등이 발생하거나 발생할 우려가 있는 경우, 또는 개인이나 단체가 불법행위를 함으로써 공공의 질서를 파괴하는 경우 이러한 상황이나 범죄를 예방 · 경계 · 진압하는 경찰활동"이라 할 수 있다.

「대통령 등의 경호에 관한 법률」(이하 '대통령등경호법') 제2조에서 "경호"라 함은 경호대상자의 생명과 재산을 보호하기 위하여 신체에 가하여지는 위해를 방지 또는 제거하고, 특정한 지역을 경계 · 순찰 및 방비하는 등의 모든 안전활동을 말한다. 2005년 「대통령경호실법」 개정 전에 신체에 대하여 직접적으로 가해지는 위해를 근접에서 방지 또는 제거하는 행위를 "호위"하고, 생명 또는 재산을 보호하지 위하여 특정한 지역을 경계 · 순찰 · 방비하는 행위를 "경비"라고 규정한 것을 포괄하는 개념으로 표현한 것이다.

2) 민간경호보안의 개념

민간경호보안은 본질적 · 실질적인 개념으로는 경찰활동과 유사한 성격과 영역을 갖는다. 그러나 형식적 · 실정법적인 측면에서는 각 국가마다 상이한 성격과 활동영역을 나타내고 있다. 따라서 경찰 또는 공경호보안과 구별되는 민간경비는 실정법체계에 의한 형식적 구별이라고 볼 수 있다.

민간경호보안은 "특정인을 대상으로 하여 강제권을 수반하지 않는 수단과 방법을 통해 각종의 위해(危害)로부터 특정인의 생명 · 신체 · 재산 등 관련 이익을 보호하는 제반 활동"으로 정의할 수 있다. 이는 경제가 발전하고 산업이 발달함에 따라 소득수준의 향상 및 경호보안수요가 증가하고, 경찰력이 한계에 부딪치고 있으며, 첨단기술이 발달함으로써 자구의식의 발로로 민간경호보안이 필요하게 되었다. 따라서 민간경호보안의 기본요소는 다음과 같다.

(1) **대상의 특정성** : 민간경호보안은 특정인의 의뢰를 발생요인으로 하여 그 활동

이 시작되며, 의뢰 대상만을 특정하여 작용한다.

(2) **영리성** : 민간경호보안의 활동은 영리성을 토대로 이루어진다. 경찰 또는 공경호보안 활동이 비영리적인 수혜성을 기본으로 하는 것과 구별된다.

(3) **비강제성** : 민간경호보안활동은 강제권을 수반하지 않는 행위이다. 경찰권이 강제권을 기본으로 경찰명령에 위반되는 자에 강제적인 물리력을 행사하여 목적을 이루는데 비해 민간경호보안은 비강제적인 수단으로 목적을 이룬다.

(4) **역할범위의 한정성** : 공경호보안 또는 경찰이 범죄예방과 범죄진압의 활동영역을 모두 포함하는데 비해 민간경호보안은 범죄예방활동을 그 주된 역할범위로 하며, 극히 한정된 영역에서만 범죄진압활동을 수행한다.[2)]

【 공경호보안과 민간경비의 비교 】

구 분	공경호보안	민간경비	상호관계
주 체	국가	법인(경호보안회사)	
대상 영역	불특정 일반국민 (general citizen)	특정의뢰인 및 단체 (specific client)	공권력 보조관계 ↓↑ 상호 보완관계
경비 부담	국가	용역의뢰자	
보호 이익	불특정 일반국민	용역의뢰자(제한적 일반인)	
강제권 여부	보유	미보유	
역할 · 기능	범죄대응(범죄진압, crime response), 법집행 및 범인체포	범죄예방(crime prevention), 생명 및 재산보호	

2) 그러나 유의할 점은 민간경호보안이 영리성을 띠고 이것이 공적인 기관과의 상이점을 나타내는 지표로 사용되고 있는 것에 대해서는 의심의 여지가 없지만 반드시 영리성만이 지표가 될 수는 없다. 민간경호보안은 범죄예방이라는 공익적 측면의 역할 뿐만 아니라 사람의 생명과 재산 보호라는 본래적 의미의 경찰활동을 본질로 하고 있기 때문이다. 즉 민간경호보안은 영리성뿐만 아니라 공공의 이익을 추구하는 양면성을 갖고 있다. 따라서 여기서의 역할의 한정성은 공공기관과의 상대적인 차이일 뿐이라고 보는 것이 옳다.

제2절 경호보안산업

유사한 성질을 갖는 산업활동에 주로 종사하는 생산단위의 집합을 산업(産業, industry)이라고 하는데, 경호보안산업은 주로 민간경호보안과 관련한 산업활동을 지칭한다.

한국에서 현대적 의미의 민간경호보안은 1950년대 미군이 주둔하면서 전후 경제부흥을 위한 경제원조와 주한미군에 의한 군납경비를 통하여 도입되었다. 당시 정부는 경제발전에 필요한 석유류공급을 위해 1952년 3월 한미석유협정을 체결한데 이어 1955년 5월에는 한미석유운송협정을 체결하였다. 1953년 용진보안공사가 미8군 군납경비를 맡은 바 있으며, 1958년 설립된 범아실업공사가 1962년 5월 10일 한국과 미국, 대한석유저장(주)의 3자협정으로 설립된 KOSCO(Korea Storage Company)와 부두에 야적한 석유류의 경비·검수·관리 등의 경비계약을 체결한 것을 시발로 화영기업·경원기업(1958년), 신원기경(1959년) 등 점차 확대되었다.

경호보안산업은 인력을 운용하는 용역업체나 기계장비를 이용한 시스템을 구축하는 설비업체를 중심으로 발달하였다. 여기에 컴퓨터·네트워크 발달과 더불어 컴퓨터 관련범죄와 이로 인한 피해가 잇따르면서 컴퓨터 보안 시스템에 대한 관심과 투자가 늘어난 것이다.

이러한 우리나라 경호보안 시장상황은 경호보안 시장을 용역, 기계, 정보통신(IT) 보안의 세 분야에 한정시킴으로써 내적으로는 각 분야 안에서의 질적 수준과 기술향상 측면에서 주목할 만한 성장과 발전을 이루었으나, 한편으로는 경호보안의 개념이 지나치게 협소한 몇 개의 분야에 제한됨으로써 일찍이 경호보안 산업이 발달한 선진국에 비해 여러 가지 개념, 용어상의 오류를 가져왔음은 물론, 국내 경호보안 산업이 제한된 범위 밖의 분야로는 활발히 발전하지 못하는 결과로 이어졌다. 요컨대 우리나라의 경호보안 산업이 거시적인 측면에서는 아직 기초적인 단계에 머물고 있다.

1976년 「경비업법」 제정 당시 10여 개에 불과하던 경호보안업체는 86아시안게임과 88서울올림픽, 2002 한일월드컵 등 각종 국제행사를 치르면서 급성장하였다. 「경비업법」상 경비원은 2001년을 기점으로 경찰관 수보다 많아져 2009년말 현재 경호보안업체는 3,906개이며, 경비원 수는 146,805명에 이르고 있다. 이처럼 괄목할 만한 양적인 성장을 한 동시에 질적인 면에서도 인력 위주의 단순경비에서 첨단장비 및 기술을 활용한 복합적인 형태로 발전하였다.

한국 경비산업의 개괄 현황

구분	2000	2001	2002	2003	2004	2005	2006	2007	2008
경비업체	1,882	1,929	2,051	2,163	2,322	2,515	2,671	2,834	3,043
경비원(명)	81,618	97,117	107,963	104,872	105,697	122,327	127,620	135,400	142,457
경찰관(명)	90,670	90,819	91,592	92,165	93,271	95,336	95,613	96,324	97,732

【 허가업종별 경비업체 및 경비원 현황 】(2009. 12.31 현재)

구분	법인수	허가 업종별 현황					
		업종계	시설경비	호송경비	신변보호	기계경비	특수경비
총계	3,270	3,906	3,144	50	489	139	84
서울	1,348	1,680	1,292	38	268	38	44
부산	252	288	246	2	26	9	5
대구	180	199	172	1	19	5	2
인천	128	153	125	0	20	5	3
광주	97	120	94	1	19	5	1
대전	121	132	118	0	8	5	1
울산	46	55	44	1	5	3	2
경기	511	605	484	6	70	38	7
강원	62	76	62	0	11	1	2
충북	66	81	65	0	6	10	0
충남	83	97	81	0	11	4	1
전북	64	74	62	1	5	3	3
전남	81	93	73	0	3	6	11
경북	98	104	96	0	5	2	1
경남	118	132	115	0	11	5	1
제주	15	17	15	0	2	0	0

구분	총 계	시설경비	호송경비	신변보호	기계경비	특수경비
총 계	146,805	120,416	3,535	10,136	5,643	7,075
서 울	87,990	67,558	3,321	6,285	4,730	6,096
부 산	11,214	9,890	37	1,027	91	169
대 구	5,485	4,985	14	369	51	66
인 천	6,128	5,760	0	236	47	85
광 주	2,059	1,841	11	154	53	0
대 전	3,147	2,747	0	307	57	36
울 산	1,428	1,223	80	94	10	21
경 기	18,078	16,339	58	1,201	367	113
강 원	1,471	1,429	0	35	7	0
충 북	873	794	0	20	59	0
충 남	1,623	1,518	0	58	39	8
전 북	1,256	1,134	14	75	7	26
전 남	1,460	1,177	0	18	41	224
경 북	2,171	1,882	0	17	41	231
경 남	2,262	1,983	0	236	43	0
제 주	160	156	0	4	0	0

제3절 경호보안업무의 분류 및 유형

1. 경호보안업무

1) 경비업법상 경비업무의 개념과 종류

경호보안업무를 「경비업법」에서는 "경비업"이라고 하여 이를 소정의 경비업무의 전부 또는 일부를 도급받아 행하는 영업을 말한다.

(1) 경비업무(Security Services)란 시설경비업무, 호송경비업무, 신변보호업무, 기계경비업무, 특수경비업무 등을 말한다. 여기서 경비업무를 구체적으로 살펴보면 ㉠ 시설경비업무란 경비를 필요로 하는 시설 및 장소(경비대상시설)에서의 도난·화재 그 밖의 혼잡 등으로 인한 위험발생을 방지하는 업무이다. ㉡ 호송경비업무란 운반중에 있는 현금·유가증권·귀금속·상품 그 밖의 물건에 대하여 도난·화재 등 위험발생을 방지하는 업무이다. ㉢ 신변보호업무란 사람의 생명이나 신체에 대한 위해의 발생을 방지하고 그 신변을 보호하는 업무이다. ㉣ 기계경비업무란 경비대상시설에 설치한 기기에 의하여 감지·송신된 정보를 그 경비대상시설외의 장소에 설치한 관제시설의 기기로 수신하여 도난·화재 등 위험발생을 방지하는 업무이다. ㉤ 특수경비업무란 항공기를 포함한 공항 등 대통령령이 정하는 국가중요시설(시행령§2: 공항·항만, 원자력발전소 등의 시설중 국가정보원장이 지정하는 국가보안목표시설과 통합방위법 제21조 제4항의 규정에 의하여 국방부장관이 지정)의 경비 및 도난·화재 그 밖의 위험발생을 방지하는 업무이다.

(2) '도급받아 행하는' 것은 타인의 위탁에 근거하는 것이므로, 타인을 위해 수행하는 영업을 말한다(민법§664). 따라서 사고발생을 경계하고 방지하는 업무라도 자기업무인 경우에는 경비업무라고 할 수 없다. 예를 들면 자신의 별장 시설의 화재·도난을 방지하기 위하여 직원 중에서 경비원을 배치하는 경우라든지 경비원이 자율적으로 초등생의 등·하교를 동반 경호하는 경우나 백화점의 종업원이 상품관리 등의 통상 필요한 범위 내에서 행하는 업무는 경비업무라고 할 수 없다.

(3) '영업'이란 영리목적을 가지고 동종의 행위를 반복하여 기획적·계속적으로 기

업적 상행위를 하는 것을 말한다. 따라서 영리를 목적으로 하지 않는 자주적 방범 · 방재 조직, 예를 들면 자신의 별장 시설의 화재 · 도난을 방지하기 위하여 자기 회사 직원 중에서 경호보안요원으로 근무하게 한다든가 자율방범대의 활동은 「경비업법」상 경비업이라고 할 수 없다.

2) 표준산업분류상 경비 및 경호 서비스업

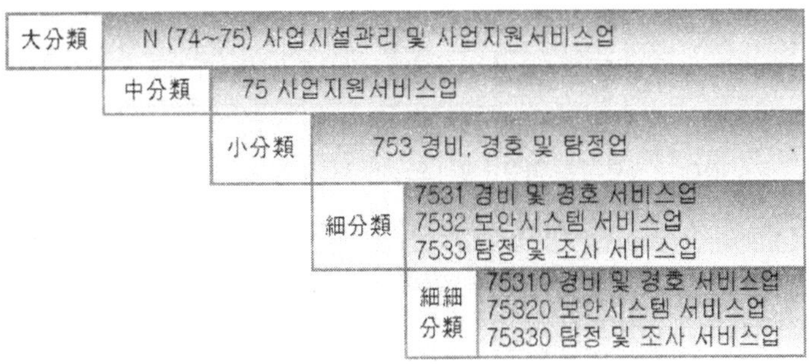

통계청의 한국표준산업분류[3]에서는 또 달리 분류하고 있는데, 여기서 "경비 및 경호 서비스업"이란 사무실, 주택, 오락시설, 유원지 및 주차장 등에서 경계, 재산보호 및 도난을 방지하거나 사람의 생명 및 신체를 위해로부터 보호, 귀중품을 운송서비스하는 산업활동을 말한다(산업분류코드: 75310). 그 예시로 경비업, 순찰서비스, 건물경비, 사업체보안서비스, 보디가드서비스, 경호견서비스, 자금운송 장갑차서비스, 경호 서비스 등을 들고, 보험에 관련된 조사활동(66209)이나 탐정 및 경호를 경찰에서 수행하는 경우(84404)는 제외하고 있다.

【 사업시설관리 및 사업지원 서비스업 】

분류코드(N)	분류명	영문
74	사업시설 관리 및 조경 서비스업	
741	사업시설 유지관리 서비스업	Business Facilities Support Management Services
7410	사업시설 유지관리 서비스업	
74100	사업시설 유지관리 서비스업	

3) 한국표준산업분류는 사업체가 주로 수행하는 산업활동을 그 유사성에 따라 체계적으로 유형화(분류)한 것이다. 이는 1963년3월(광업제조업), 1964년4월(비제조업) 제정된 이래 제8차개정(2000.1)에 이어 산업구조의 변화를 반영하기 위하여 UN국제표준산업분류를 기초로 2007년 12월 28일 제9차 개정(통계청 고시 2007-53호), 2008년 2월 1일부터 시행되었다(http://www.nso.go.kr/std2006/k07a__0000/k07aa_0000/k07aa_0000.html).

코드	분류명	English
742	**건물 · 산업설비 청소 및 방제 서비스업**	
7421	건물 및 산업설비 청소업	Cleaning of Building & Industrial Facilities
74211	건축물 일반 청소업	Building General Cleaning Services
74212	사업시설 및 산업용품 청소업	Cleaning of Business Facilities & Industrial Facilities
7422	소독, 구충 및 방제 서비스업	Disinfecting, Exterminating & Pest Control Services
74220	소독, 구충 및 방제 서비스업	
743	조경 관리 및 유지 서비스업	Landscape Care & Maintenance Service Activities
7430	조경 관리 및 유지 서비스업	
74300	조경 관리 및 유지 서비스업	
75	**사업지원 서비스업**	Business Support Services
751	**인력공급 및 고용알선업**	
7511	고용알선업	Activities of Employment Placement Agencies
75110	고용알선업	
7512	인력공급업	Provision of Human Resources
75120	인력공급업	
752	**여행사 및 기타 여행보조 서비스업**	
7521	여행사업	Travel Agency Activities
75211	일반 및 국외 여행사업	General and Foreign Travel Agencies
75212	국내 여행사업	Domestic Travel Agencies
7529	기타 여행보조 및 예약 서비스업	Other Tourist Assistance and Reservation Services
75290	기타 여행보조 및 예약 서비스업	
753	**경비, 경호 및 탐정업**	
7531	경비 및 경호 서비스업	Security, Guard Services
75310	경비 및 경호 서비스업	
7532	보안시스템 서비스업	Security Systems Services Activities
75320	보안시스템 서비스업	
7533	탐정 및 조사 서비스업	Detective and Investigation Services
75330	탐정 및 조사 서비스업	

3) 양자의 비교

한국표준산업분류상의 “경비 및 경호 서비스업”과 「경비업법」상의 “경비업”을 비교하면, 다음과 같은 차이가 있다.

첫째로, 한국표준산업분류는 경비 및 경호 서비스업의 예로 “경비업 순찰서비스업, 건물경비, 사업체보안 서비스, 보디가드서비스, 경호견 서비스, 자금운송 장갑차 서비스, 경호 서비스”를 들고 있다. 이 중 경호견 서비스와 사업체보안 서비스 등은 현행 「경비업법」에는 규정되지 않고 있는 영업이다.

둘째로, 한국표준산업분류는 「경비업법」이 규정하고 있는 “기계경비업무”를 “경비업”이 아니라 “보안시스템서비스업”이라 하여 따로 분류하고 있다. 즉, 한국표준산업분류의 세세분류에 의하면 기계경비업무는 “경비업”에 포함되지 않는 것이다.

경비업무의 범위에 대해 「경비업법」과 한국표준산업분류가 이처럼 차이를 보이고 있다는 것은, 적어도 사회 일반인이 느끼고 있는 경비업의 범위는 「경비업법」이 규정하는 경비업의 범위보다 넓은 것을 뜻한다.

2. 경호보안업무 범위의 확대

1) 경비업무의 확대 경위

「경비업법」상 경비업무의 종류는 시설경비업무, 호송경비업무, 신변보호업무, 기계경비업무, 특수경비업무 등으로 하고 있으나 그동안 계속 확대되어 왔다.

「경비업법」이 최초로 제정된 1976년 당시에는 ㉮ 국가중요시설 · 산업시설 · 공공시설 · 사무소 · 흥행장 · 주택 · 창고 · 주차장 · 행사장 · 유원지 · 항공기 · 선박 · 차량 기타 경비를 요하는 시설 및 장소에서의 도난 · 화재 기타 혼잡 등으로 인한 위해발생을 방지하는 업무(다만, 항만운송사업법에 의한 선박경비업무는 제외), ㉯ 운반중에 있는 현금 · 유가증권 · 귀금속 · 상품 기타 물건의 도난 · 화재 등 위해발생을 방지하는 업무를 ‘용역경비업’으로 규정하였다가, 1995년 제5차개정에서 경비업무를 시설경비업무, 호송경비업무, 신변보호업무로 구분하였다. 그러다가 경비업체가 자체적으로 기계경비 시스템을 도입하고 발전됨에 따라 2001년 4월 제8차 경비업법 개정시 기계경비업과 특수경비업을 시설경비업무에서 분리하여 추가하고 그 허가요건(기계경비업무의 신고제를 허가제로 변경)을 정하게 되었다.

시설경비	호송경비	신변보호	기계경비	특수경비
• 경비대상시설 • 위험방지	• 운반중 재산 • 위험방지	• 인명, 신체 • 위해방지	• 경비대상시설 • 위험방지	• 국가중요시설 • 위험방지

또한 '특수경비업'도 경비업무의 일종이 아니었지만 첨단기계경비시스템과 연계된 종합안전체계를 구축하여 국가중요시설 경비의 전문성·효율성을 제고하고 대간첩·대테러 상황시 국가중요시설의 완벽한 방호를 위하여 정부가 청원경찰제도의 문제점을 고려하여 도입하기로 결정함으로써 2001년에 신설된 민간경비업무이다.

이처럼 경호보안업의 범위는 고정 불변한 것이 아니며, 시대의 변천과 과학기술의 발전, 국내사정 등에 의해 변화되는 탄력성을 가진 개념으로 앞으로도 교통유도경비업 및 민간조사업도 도입할 수 있는 업종이다.

2) 외국의 경호보안업무 사례와 시사점

(1) 교통유도경비

현재 도로의 공사를 포함한 각종 공사 현장 등은 자동차의 소통에 위험한 영향을 초래하고 있다. 나아가 공사지역의 주민과 통행자들에게까지 막대한 영향을 미치며 안전조치의 미흡으로 대형 사고를 야기할 가능성도 높다.

이러한 문제의 대안으로 선진국에서는 '교통유도경비'가 시행되고 있으며 특히, 일본의 경우[4] '교통유도경비' 제도의 시행 이후 교통사고 사망자 수가 크게 감소한 것으로, 교통유도경비가 상당한 역할을 한 것으로 분석되고 있다. 미국의 경우도 공사장의 내·외부의 안전을 위해 안전시설, 교통소통, 수신호 등 다양한 안전관리기법을 각 주의 규정과 MUTCD(Manual on Uniform Traffic Control Devices)에 따라 운영하고 있다. 이 중 교통유도원(Flagger)은 공인된 기관에 의한 교육과 자격제도를 통해 운영하고 있는 주가 대부분이고 교육만을 통해 운영되고 있는 경우도 있다. 그런데 우리나라의 경우 교통유도경비 제도가 시행되고 있지 않으며, 일부 건설 공사

4) 1972년 「경비업법」 제정 당시부터 동 업무를 경비업무의 한 종류로 규정하고 있음.
동법 제2조(정의) 제1항 제2호 : 사람 혹은 차량이 혼잡한 장소 또는 이러한 통행에 위험이 있는 장소에 있어서의 부상 등의 사고의 발생을 경계하고 방지하는 업무

장에서 한정적으로 시행되고 있으나[5] 대부분 전문성이 결여된 상태에서 임시적· 임의적으로 이루어지고 있는 상태이다.

교통사고의 위험성이 높고 사람과 차량의 통행에 지장을 주는 도로 공사장, 대형 행사장 등에서 사고 위험을 줄이고 나아가 우리나라가 교통 선진국이 되기 위해서는 교통유도경비업무를 「경비업법」내에 도입할 필요성이 있다. 따라서 교통유도경비 업무를 국내에 정착시키기 위해서는 경비업무의 종류에 교통유도경비업무를 추가하는 등 교통유도업무의 법적 검토가 이루어져야 할 필요성 때문에 2009년 12월 4일 「경비업법 일부개정법률안」이 발의되었다.

참고

***「경비업법 일부개정법률안」(조진형의원 대표발의)의 제안이유**

우리나라는 자동차 1만대 당 도로교통사망자수가 3.1명으로 OECD국가평균인 1.5명에 두배가 넘는 교통후진국 상태이며 특히 공사장의 경우 사망사고 비율이 다른 교통사고의 1.64배에 이르고 있으며, 건설 공사장을 비롯한 각종 공사장, 도로를 점유하는 대형 행사장 및 옥회집회 현장은 교통사고의 위험성이 높고, 차량 및 사람의 통행에 불편을 가중시켜 도로 이용자들에게 상당한 피해를 주고 있는 실정임.

---

5) 「건설기술관리법 시행령」 제46조의2에 의해 도로 · 철도 · 항만 · 댐 · 교량 · 터널 · 건축물 등 지하 10미터 이상을 굴착하는 건설공사 등에 대하여 공사장 주변의 안전관리대책 및 통행안전시설의 설치 및 교통소통에 관한 계획을 포함한 안전관리계획을 수립하여 제출토록 하고 있음.
- ○ 법령에 의거 안전관리계획에는 건설공사의 개요 및 안전관리조직, 공사장 주변의 안전관리대책, 통행안전시설의 설치 및 교통소통에 관한 계획, 안전관리비 집행계획, 안전교육 및 비상시 긴급조치계획 등이 포함됨.
- ○ 이중 교통유도관리와 직접적으로 관련된 부문인 교통안전시설 설치 및 교통소통대책 부문에는 교통안전시설설치계획, 교통소통대책, 교통사고 예방대책, 교통안전관리 자체안전점검표, 교통안전관리정기점검표 등이 제시되어야 함.
- ○ 실제 안전관리계획 수립 사례를 살펴보면, 공사현장별 특성을 반영한 안전계획내용은 없고 일반적인 사항만 제시되고 있어, 공사현장을 도면화하여 교통소통대책을 수립하는 방안이 검토되어야 할것으로 판단됨.
- ○ 또한 안전관리계획서에는 교통유도원, 교통소통수, 교통소통요원을 배치하여 교통안전을 도모하도록 제시하고 있는데, 비슷한 역할을 하는 인력을 각 항목마다 다른 이름으로 제시하고 있는 것으로 보여, 인력에 대한 정확한 성격규명이 아직도 혼란스러운 상태이며 제대로 관리되지 않을 것으로 보임.
- ○ 이는 현재 일반공사장의 안전관리계획서가 현재 공사구간의 교통소통 및 안전 대책이 차량 및 보행자의 안전한 통행을 고려하지 않고 형식적인 수준으로 대책이 수립되고 있기 때문임.
- ○ 또한 배치인력에 대한 사항도 인력에 대한 성격과 자격 및 운영방법 등이 명확하지 않아 현장에서 적용이 어려운 것으로 판단됨.

이와 비교하여 이미 교통선진국에서는 교통유도경비와 같은 제도를 시행하여 공사장은 물론 교통경찰의 손이 미치지 않는 이면도로 등 안전하고 원활한 소통이 필요한 곳에 교통유도경비원을 배치하여 사고 예방과 원활한 소통을 기하고 있음. 이에 반해 우리나라는 교통유도경비 제도가 마련되지 않아 마라톤 행사 및 옥외집회 등 도로를 점유하는 각종 행사에 교통경찰이 동원됨으로써, 경찰관들의 업무가 과중될 뿐만 아니라 인적·물적 낭비를 초래하고 있는 한편, 대형 옥회집회에 있어서도 교통에 대한 전문적 지식이 없어도 18세 이상의 요건만 갖추면 「질서유지인」으로 임명할 수 있도록 하는 등 교통 안전관리를 도외시되고 있음.

이에 따라 교통유도경비업무를 「경비업법」에 도입하고, 이 업무에 종사하는 사람들에 대해 교통흐름을 바로잡고 위험요소를 사전에 방지할 수 있는 전문기술인력으로 육성할 수 있도록 「경비업법」을 개정하려는 것임.

***주요내용**

가. 경비업무의 종류에 교통유도경비업무를 추가하고, 도로에 접속한 공사현장 및 사람과 차량의 통행에 위험이 있는 장소 또는 도로를 점유하는 행사장에서 부상 등 사고 발생을 방지하는 업무로 정의함(안 제2조제1호바목 신설).

나. 경비업자는 대통령령으로 정하는 교통유도경비원 교육을 받지 아니한 자를 교통유도경비업무에 종사하게 하여서는 아니 됨(안 제13조제4항 신설).

다. 교통유도경비원의 직무를 수행함에 있어 필요한 사항은 대통령령으로 정하도록 함(안 제14조의2 신설).

라. 교통유도경비원은 현장에 배치된 후 소속 사용주 또는 상사 명령이나 정당한 사유없이 근무지를 이탈 하여서는 아니 되고, 누구든지 교통유도경비원으로 하여금 교통유도경비업무의 범위를 벗어난 행위를 하게 하여서는 아니 됨(안 제15조의3제1항 및 제2항 신설).

마. 교통유도경비원도 특수경비원과 같이 경비원을 배치하기 전까지 신고하도록 함(안 제18조제2항 및 제4호).

바. 제15조의3제2항을 위반하여 교통유도경비원에게 교통유도경비업무의 범위를 벗어난 행위를 하게 한 자를 벌칙에 포함함(안 제28조제2항제7호 신설).

사. 제13조제4항을 위반하여 교통유도경비업무에 종사하게 한 경우와 제15조의3제1항을 위반하여 배치 후 근무지를 이탈하게 한 경우는 과태료 처분을 하도록 함(안 제31조제1항제7호 및 제8호 신설).

아울러 교통유도경비는 교통안전의 증진에 기여할 수 있는 제도로서 사회적 비용의 내부화에 기여할 수 있기 때문에 전문성과 안전지식, 표준화된 교통안전지도가 필요한 교육과 이를 위한 교육 시스템과 커리큘럼, 교재의 제작 등 자격신설을 갖추어야할 것이다.

그리고 교통유도경비원의 교육은 구체적인 교육과목을 갖추어 이론교육과 기능교육(실기)으로 구분하여 실시해야 하는데, 이를 위해서는 교재개발, 실기교육 내용확정과 전문강사 양성, 운전학원 등 실기교육 공간의 확보가 필요하다. 나아가 교통유도경비 전반에 걸쳐 체계적인 발전을 위한 표준화 노력이 중요하며, 경비업계, 학계, 관련전문가, 관련 연구기관 등 각계의 참여 아래 표준화를 위한 지속적인 협의와 합의 도출이 요청되며, 다양한 관계기관과의 네트워크 구축이 필요하다.

<table>
<tr><th>구분</th><th>한국</th><th>일본</th><th>미국</th></tr>
<tr><td rowspan="2">경비업종</td><td>■ 시설경비
■ 호송경비
■ 신변보호
■ 기계경비
■ 특수경비</td><td>■ 시설경비
(기계경비 포함)
■ 귀중품 운반경비
■ 교통유비경비
(혼잡경비 포함)
■ 신변보호경비</td><td rowspan="2">■ 자체경비
■ 인력 및 순회경비
■ 기계경비
■ 사설조사(탐정)
■ 기기생산및 판매업
■ 열쇠업
■ 시큐리티자문업 등</td></tr>
<tr><td colspan="2">새로운 경비업종을 개척 !</td></tr>
<tr><td>근거</td><td>경비업법</td><td>경비업법</td><td>Hallcrest Report</td></tr>
</table>

(2) 민간조사(탐정)업무

미국 플로리다 주법은 경호보안업과 관련된 업종을 분류하여 각각에 대한 허가 및 면허요건을 규정하고 있는데, 한국에서 금지되고 있는 사설탐정[민간조사]업, 도난물건의 회수업, 총기류 교관업 등이 허용되고 있다. 또한 미국의 헐크레스트 보고서(Hallcrest Report)는 플로리다 주법보다 경호보안업의 범위를 더욱 폭넓게 정의하고 있는데[6], 경호보안장비 제조·유통업, 자물쇠 제조업, 경호보안자문업은 물론 경

6) 자체경호보안(proprietary security)·경호 및 순찰 서비스업(guard and patrol services)·기계경호보안업(alarm services)·사설탐정업(private investigations)·호송경호보안업(armored car services)·경호보안장비 제조 및 유통업(security equipment manufacturing and distributing)·자물쇠 제조업(locksmith)·경호보안자문업(security consultants services)·기타(경비견, 마약검사, 법의학적 분석, 거짓말 탐지 등)

비견의 사육·대여, 마약검사, 거짓말 탐지까지도 경호보안업으로 분류하고 있는 것이다.

현대사회는 급진적 사회변화에 따른 각종 범죄 증가로부터 개인의 안전욕구와 재산 및 권익보호에 대한 치안수요 증가는 국가 전체적인 시큐리티(Security)의 필요성을 더욱 증대시키고 있다. 그러나 국민들이 편안하고 안전한 삶을 영위할 수 있도록 민생치안을 전담하는 국가기관의 치안서비스는 각종 범죄의 증가와 국가기관의 인력 부족, 한정된 활동 등의 여러 가지 한계로 인하여 국민 개개인의 치안 수요욕구를 충족시키지 못하는 현실 속에서 국가수사기관의 각종 사건에 대한 실체적 진실발견에도 이미 한계를 드러내고 있다.

따라서 간접적인 치안활동을 수행하는 민간영역의 치안서비스인 공인 민간조사(Private Investigator, 탐정)제도가 이미 사회적 치안수요 해결이라는 중요한 일부를 담당하고 있다. 미국, 프랑스, 스페인, 캐나다, 독일, 벨기에, 호주, 싱가포르와 일본 등 상당수의 국가들이 엄격한 자격시험과 고도의 훈련을 거쳐 취득한 면허나 자격을 부여하는 공인탐정제도를 채택하고 있다.

우리나라는 민간조사(탐정)제도의 미비로 인한 외국기업과 국내기업의 민간조사업무 및 활동의 불합리한 역차별 구조해결 뿐만 아니라 이미 상당한 규모로 형성된 세계 탐정시장에서 어떻게 경쟁력을 가질 수 있느냐는 측면은 더 이상 우리나라의 행정규제 차원에서 좌시할 것이 아니라 민간조사제도 도입 시 사생활 및 개인의 인권침해, 국가기관 및 현행 관련법과의 상호충돌 가능성, 현실을 반영하지 못하는 입법 과정으로 기회균등·공정성상실 등의 공익침해 및 탐정의 합법적 활동제약 가능성 등과 같은 역기능을 최소화 시키면서 국민의 치안서비스 해결, 국제 경쟁력 제고와 새로운 일자리 창출, 개방화 시대에 대응한 우리나라의 지속적인 성장은 물론 탐정관련 업무가 음성적, 불법적으로 사회에 만연하고 있는 상황에서 일부 국민들이 갖고 있는 과거의 부정적·불법적인 민간조사(탐정)의 이미지를 일식시키고 공인탐정제도의 긍정적인 면이 사회 전체에 주는 효과와 영향을 조망해 볼 때 우리나라의 공인탐정제도의 도입은 더욱 절실히 그 필요성이 부각되고 있다.

그리고 또 한 분야로 민간조사업분야가 오래전에 입법안이 상정되었으나 폐기되고 또 다른 형태로 제안되고 있다. 민간조사업의 업무범위는 범죄 및 위법행위, 분실·도난 재산 소재확인, 화재·사고 등 원인 및 책임조사, 사람 사망·상해 및 물건손상 원인 및 책임조사, 법원 등 사용 증거확보, 사생활 미침해 범위내 개인정보

사항 조사 등이다. 우리나라는 1997년 아무런 대책 없이 민간조사(탐정)시장을 개방하여 외국에 본사를 둔 탐정사무소에서 명칭상 기업컨설팅 업체라는 명목으로 국내에서 크고 작은 기업관련 사건들을 수주하여 처리하고 있는 실정이며 이는 우리나라의 기업들의 기밀과 산업정보가 외국으로 빠져나가는 문제를 좌시해서는 안 될 것임에도 불구하고 정부에서는 방관만 하고 있는 현실이다.

민간조사업계에서는 1997년도부터 민간조사(탐정)업법(안)을 국회에 지속적으로 제안하였으며, 다시 「경비업법」에 추가하여 경비업무의 일종으로 발의되었다.

참고

***「경비업법 일부개정법률안」(2008.09.24 이인기의원등 10인발의)**

■ 제안이유

현대사회의 복잡성, 다양성으로 인해 권리구제 및 피해회복을 위한 사실관계 조사의 필요성은 점차 증가되고 있음.

일반 국민들은 이러한 사실관계 조사가 필요하더라도 전문성과 시간적 제약으로 인한 한계에 봉착하게 되어 전문가에 의한 사실조사 서비스 수요는 점차 증대되고 있으며 현재의 변호사에 의한 고비용 법률서비스만으로는 대다수 국민들의 수요를 충족하는데 한계가 있음.

이러한 사실조사 서비스 등의 필요성으로 인해 그동안 국내에서는 심부름센터 형식의 용역서비스가 이루어지고 있으나 자유업 형태로 이루어져 설립 초기부터 행정당국이 관여를 하지 못하고 별다른 규제를 할 수가 없어 본연의 합법적인 대행업무 외에 고객이 요청만 하면 불법 행위를 서슴지 않고 있어 사회문제화 된 바 있음.

그뿐만 아니라 아무런 규제 없이 영세업체들이 난립하게 됨으로써 용역을 제공받고자 하는 국민도 양질의 서비스를 담보받을 수 없고 오히려 의뢰를 하면서 제공한 정보로 인해 역으로 사생활침해 피해를 당할 우려가 있어 국가에 의한 자격제도 운영, 영업등록 등이 필요함.

민간경비 분야의 경우 「경비업법」에 의해 관리되면서 개인과 공공의 안전확보와 관련하여 국가기능과 상호 보완관계를 형성, 성공적으로 정착되고 있는 선례를 비추어 볼 때, 민간에 의한 사실조사 분야도 영업의 적정성을 도모하고 건전하게 육성시키기 위해서는 국가가 관리·감독 할 수 있도록 하는 관련입법이 필요함.

민간조사업이 발전한 미국, 영국 등 선진국의 경우, 민간경비와 민간조사는 비용을 지불하여 개인의 안전을 확보하고 피해를 회복하기 위해 영위되는 사적 활동들로서, 동일한 법률로 규율하고 있을 뿐만 아니라 실제의 영업행위에 있어서도 유니폼을 입고 제공하는 민간경비 서비스와 사복을 입고 제공하는 민간조사 서비스를 종합적으로 제공하는 산업이 발전되고 있는 만큼 우리나라도 민간조사업을 경비업의 한 분야로 보고 관련 규정을 기존의 「경비업법」에 추가하여 개정입법 하고자 함.

■ 주요내용

가. 경비업의 한 분야로서 민간조사 업무를 규정하고 민간조사를 행할 수 있는 민간조사관을 정의함(안 제2조).

나. 민간조사업을 영위하는 경비업(이하 '민간조사업'이라 함)은 법인만이 영위할 수 있도록 규정함(안 제3조).

다. 민간조사업을 하기 위해서는 주사무소의 소재지를 관할하는 지방경찰청장으로부터 영업허가를 받도록 하고 폐업 또는 휴업하고자 하는 경우 지방경찰청장에게 신고하도록 함(안 제4조).

라. 민간조사업자의 보수를 대통령령으로 정하도록 하고 성실의무, 불법 · 부당한 사건 수임금지 의무, 허가증의 대여 금지 의무, 허가증의 게시 의무, 수임부 작성·보관 의무, 비밀누설금지 의무를 규정함(안 제7조).

마. 민간조사관이 될 수 없는 결격사유를 규정함(안 제20조 신설).

바. 경찰청장 주관으로 매년 1회 이상 민간조사관 자격시험을 시행하고 시험과목·방법·시험의 일부가 면제되는 자의 범위 그 밖의 사항은 대통령령으로 정함(안 제21조 신설).

사. 민간조사관이 조사할 수 없는 사실의 범위를 규정하고 위법사항 발견시 신고의무, 자격증 양도·대여 금지 의무를 규정함(안 제22조 신설).

아. 민간조사업자는 민간조사업무의 적정한 수행을 위해 민간조사관으로 하여금 대통령령으로 정한 교육을 이수케 하여야 함(안 제23조 신설).

자. 민간조사업자의 허가취소 · 영업정지, 민간조사관의 자격취소, 이를 위한 청문을 규정함(안 제24조, 제26조 신설, 제27조).

차. 민간조사 협회와 공제사업을 할 수 있음을 규정함(안 제28조, 제29조).

카. 경찰청장 또는 지방경찰청장이 민간조사업자를 지도 · 감독하도록 함(안 제30조)

타. 민간조사업자가 고의 과실로 의뢰인 또는 제3자에게 손해를 가한 경우 손해배상책임을 지도록 하고 이를 담보하기 위하여 배상책임보험 또는 공제 가입을 의무화함(안 제32조).

파. 민간조사관, 민간조사업자가 이 법에 위반되는 행위를 한 경우 벌칙 및 과태료를 규정함(안 제35조, 제38조).

하. 민간조사제도 관련 조항은 공포 후 2년이 경과된 날로부터 시행(안 부칙 신설).

경찰의 전통적 기능 중 법집행기능은 경찰에, 질서유지나 재산보호와 같은 기능은 민간조직에 점점 이양되어 가는 세계적 추세를 볼 때, 합법적인 범위 내에서 지식과 정보를 수집·제공함으로써 고객(계약자)의 재산과 권익을 보호할 수 있는 고객 지향적 치안서비스 공급차원의 민간조사(탐정)제도를 우리나라 민간영역의 치안서비스 범위로 확대하여 국민들의 치안서비스 수요에 대응할 수 있는 정부 차원의 새로운 패러다임을 구축, 발전시켜야 한다.

3. 경호보안업무의 유형

1) 경비업법상 분류

(1) 시설경비업무

시설경비업무란 경비를 필요로 하는 시설 및 장소(경비대상시설)에서의 도난·화재 등으로 인한 위험발생을 방지하는 업무를 말한다(「경비업법」 §2제1호 가목). 다시 말해서 국가중요시설·산업시설·공공시설·사무소·흥행장·주택·창고·주차장·행사장·유원지·항공기·차량 기타 경비를 필요로 하는 시설 및 장소에서의 도난·화재 기타 혼잡 등으로 인한 위험발생을 방지하는 업무를 말한다.

시설경비는 금융기관, 오피스 빌딩, 백화점, 시장, 주택, 창고, 유원지, 사적지, 기념관 등의 여러 시설에 투입되어 시설경비서비스를 제공하고 전문경비요원에 의한 각종 경비형태로서 주로 시설의 상주경비를 담당한다.

현재 경비업자의 상당수는 경비대상시설의 유지·관리업에 종사하고 있다. 오늘날의 경비업은 건축물의 유지관리와 불가분의 관계에 있다. 오늘날의 시설물 유지관리는 첨단 인텔리전트 빌딩의 증가 및 건축물의 현대화에 발맞춰 기계화되고 있다. 그리고 방범·방화는 물론 엘리베이터 미작동, 보일러 가열, 에어컨 설비의 고장, 지하실 침수, 실내공기의 오염 등을 체크할 수 있는 기능이 하나의 기계로 통합되고 있는데, 이것이 "시스템통합(system integration)"이다. 청소 내지 위생업도 최근 전문업체가 등장하고 있으며, 첨단화된 시스템을 이용한 청소·위생업을 겸영하고 있는 경호보안업체도 있다. 청소업이나 위생업은 불결한 환경과 오염된 공기로부터 시설 근무자의 건강을 지킨다는 점에서 안전산업의 하나이며 결코 경호보안업과 무

관한 산업이라고 할 수 없다. 특히 원도급자인 시설주들은 건축물의 유지관리분야와 경호보안분야를 분리하여 각기 별도의 업체와 계약하기 보다는 한 업체와 단일계약을 하는 것이 효율적이기 때문에, 경호보안업체로 하여금 건축물의 유지관리까지 담당하도록 하고 있다.

(2) 호송경비업무

호송경비업무는 운반 중에 있는 현금·유가증권·귀금속·상품 기타 물건에 대하여 도난·화재 등 위험발생을 방지하는 업무를 말한다(「경비업법」 §2제1호 나목). 최근 금융기관들이 고객서비스 만족을 위한 24시간 현금자동입출금기를 많이 설치함에 따라 호송경비시장에 증가하였다. 국가와 사회적으로 중요한 것(예 각종 선거투표함, 입시문제지 등)의 호송경비는 주로 경찰이하고 있으나 미국의 경우 특수 제작한 방탄장갑차를 구비한 현금수송 전문경비회사가 수요자와의 계약에 의해 무장한 경비원에 의하여 호송경비를 수행하기도 한다.

「경비업법」에 의하여 경비업의 허가를 받은 경비업자가 호송경비업무를 수행하기 위하여 관할경찰서의 협조를 얻고자 하는 때에는 현금 등의 운반을 위한 출발 전일까지 출발지의 경찰서장에게 [별지 제1호]서식의 호송경비통지서(전자문서로 된 통지서 포함)를 제출하여야 한다(「경비업법 시행규칙」 §2).

(3) 신변보호업무

신변보호업무란 사람의 생명이나 신체에 대한 위해의 발생을 방지하고 그 신변을 보호하는 경호업무를 말한다(「경비업법」 §2제1호다목). 이는 공적 경호보안보다 광의의 개념으로써 요인경호 또는 신변보호(Body Guard)가 있다. 국내외 저명인사의 세미나 및 총회참석시 VIP의전경호보안 및 행사장 경호보안안전, 외국 연예인 수행경호, 이벤트 행사 및 콘서트장 안전, 외국 바이어 등 기업가 신변보호, 개인 및 가족 신변보호를 담당하고 있다. 의전경호보안이란 경호보안대상자가 각종테러나 위협으로부터 보호받으면서 그 속에서 사회적 신분에 알 맞는 대우를 받으며 편안함을 유지하는 것을 말한다.

(4) 기계경비업무

기계경비업무란 경비대상시설에 설치한 기기에 의하여 감지·송신된 정보를 그

경비대상시설 외의 장소에 설치한 관제시설의 기기로 수신하여 도난 · 화재 그 밖의 위험발생을 방지하는 업무를 말한다(「경비업법」 §2제1호라목). 사람에 의해 직접적으로 이루어지는 인력경비업무와는 달리 기계경비업무는 상업적 용어로 '무인경비시스템'으로 주로 쓰인다. 이는 경비활동의 주체인 사람의 근무를 보조하기 위하여 경비기기를 수단으로 하여 경비업무를 효과적으로 수행할 수 있는 역할을 한다. 기계경비업무는 순수한 기계만으로 경비하는 것이 아니라 기계에 의한 감지와 기계경비원의 출동으로 이루어지는 혼합형이다.

이웃간의 비상벨로 연결하여 범인 침입시 감지기를 작동할 수 있는 초보적인 원시적 기계경비로부터 음성 · 알람통보시스템경비, 컴퓨터 및 전자장치를 이용한 시스템경호보안으로 발전하였다.

현재 대부분의 경호보안업체가 인력경호보안 위주의 영세성을 벗어나지 못하고 있는 상황에서 한국의 기계경비업은 대단히 빠른 속도로 성장하고 있다. 즉, IT(Information Technology)산업의 발달과 함께 급격하게 정보화가 진척되고 있으며 세계 유수의 정보대국으로 손꼽히고 있다. 그리고 경호보안업, 특히 기계경비업은 IT산업의 발달과 불가분의 관계에 있다. 기계경비업체를 중심으로 경비대상시설인 아파트의 홈페이지를 제작하고 외부의 해킹 등으로부터 방지해 주는 이른바 "사이버 아파트"(cyber-apartment)가 등장한지 오래이다. 그리고 일본에서는 기계경호보안업체가 기존의 대처요원 및 출동차량, 통신망과 컴퓨터, 위치확인시스템(GPS)을 활용하여 길 잃은 치매노인과 미아(迷兒)를 찾아주는 서비스, 신변에 위험이 닥쳤을 때에 버튼만 누르면 대처요원이 출동하는 서비스, 네트워크를 통한 원격진료와 응급환자의 구급 서비스 등을 행하고 있다. 결국 경호보안업이 시민의 복지까지도 담당하는 역할을 하고 있는 것이다. 이러한 서비스가 가능한 것은 보안시스템경비업이 전자통신을 활용한 네트워크 산업의 성격을 띠고 있기 때문이며, 말하자면 기계경비는 법적인 개념일 뿐 보다 정확하게는 '정보통신 보안시스템업'인 셈이다.

2001년 4월 「경비업법」 제8차개정에서 기계경비산업이 급속히 발전함에 따라 기계경비업무의 신고제를 허가제로 변경하는 한편, 기계경비업자의 신속대응조치 의무에 관한 사항 등을 규정하여 현행법에서 기계경비업무와 관련된 조항은 「경비업법」 제4조 제3항 제4호, 제8조(대응체제), 제9조(오경보의 방지 등), 제31조(과태료) 제1항 제3호와 「경비업법 시행령」 제9조, 제10조 등이 있다. 경비업자가 기계경비시설을 갖추어 경비업무를 하고자 하는 경우 감지장치 · 송신장치 · 수신장치 및 관제시설과 출장소별로 2대 이상의 출동차량, 전자·통신 분야 기술자격증소지자 5명을 포함한 10명 이상의 경비인력을 갖추도록 하고 있다.

(5) 특수경비업무

2001년 4월 「경비업법」의 개정(법률 제6467호)중 특수경비업무라는 분야를 새로 명시한 바 특수경비업무는 영종도에 세워진 인천국제공항과 같은 국가중요시설의 경비와 보안을 담당하기 위하여 청원경찰처럼 민간인 신분의 특수경비원에게 제한적으로 총기를 휴대·사용할 수 있도록 하였다. 이를 위해 「경비업법」 제14조(특수경비원의 직무 및 무기사용 등), 제15조(특수경비원의 의무), 제16조(복장·장비 등), 제17조(결격사유자 등의 통보), 제18조(경비원의 명부와 배치 등)을 규정하고 있다 이는 민간경비원에게도 총기휴대를 할 수 있는 권한을 부여하였다는 데 의미가 크다.

특수경비업무란 항공기를 포함한 공항 등 일정한 국가중요시설의 경비 및 도난·화재 그 밖의 위험발생을 방지하는 업무를 말한다. 이 경호보안업무를 수행하는 자를 특수경비원이라 한다(「경비업법」 §2제1호마목). 여기서 국가중요시설은 공항·항만, 원자력발전소 등의 시설 중 국가정보원장이 지정하는 국가보안목표시설과 「통합방위법」 제21조 제4항의 규정(국가중요시설은 국방부장관이 관계행정기관의 장 및 국가정보원장과 협의하여 지정)에 의하여 국방부장관이 지정하는 국가중요시설을 말한다(경비업법 시행령 §2). 그리고 「통합방위법」상 "국가중요시설"이란 공공기관, 공항·항만, 주요산업시설 등 적(敵)에 의하여 점령 또는 파괴되거나 기능이 마비될 경우 국가안보 및 국민생활에 심대한 영향을 미치는 시설을 말한다(동법§2제13호).

관련조문

*** 「통합방위법」제5장 국가중요시설 및 취약지역 관리 〈신설 2009.5.21〉**

제21조(국가중요시설의 경비·보안 및 방호)

① 국가중요시설의 관리자(소유자를 포함한다. 이하 같다)는 경비·보안 및 방호책임을 지며, 통합방위사태에 대비하여 자체방호계획을 수립하여야 한다. 이 경우 국가중요시설의 관리자는 자체방호계획을 수립하기 위하여 필요하면 지방경찰청장 또는 지역군사령관에게 협조를 요청할 수 있다.

② 지방경찰청장 또는 지역군사령관은 통합방위사태에 대비하여 국가중요시설에 대한 방호지원계획을 수립·시행하여야 한다.

③ 국가중요시설의 평시 경비 · 보안활동에 대한 지도·감독은 관계 행정기관의 장과 국가정보원장이 수행한다.
④ 국가중요시설은 국방부장관이 관계 행정기관의 장 및 국가정보원장과 협의하여 지정한다.
⑤ 국가중요시설의 자체방호, 방호지원계획, 그 밖에 필요한 사항은 대통령령으로 정한다.

*** 「통합방위법 시행령」제5장 국가중요시설 및 취약지역관리 〈신설 2009.11.17〉**

제32조(국가중요시설의 경비 · 보안 및 방호)
국가중요시설의 경비 · 보안 및 방호를 위하여 국가중요시설의 관리자(소유자를 포함한다. 이하 같다), 지방경찰청장, 지역군사령관 및 대대 단위 지역책임 부대장은 다음 각 호의 구분에 따른 업무를 수행하여야 한다.
1. 관리자의 경우에는 다음 각 목의 업무
  가. 청원경찰, 특수경비원, 직장예비군 및 직장민방위대 등 방호인력, 장애물 및 과학적인 감시 장비를 통합하는 것을 내용으로 하는 자체방호계획의 수립·시행. 이 경우 자체방호계획에는 관리자 및 특수경비업자의 책임하에 실시하는 통합방위법령과 시설의 경비·보안 및 방호 업무에 관한 직무교육과 개인화기(個人火器)를 사용하는 실제의 사격훈련에 관한 사항이 포함되어야 한다.
  나. 국가중요시설의 자체방호를 위한 통합상황실과 지휘·통신망의 구성 등 필요한 대비책의 마련
2. 지방경찰청장 및 지역군사령관의 경우에는 관할 지역 안의 국가중요시설에 대하여 군 · 경찰 · 향토예비군 및 민방위대 등의 국가방위요소를 통합하는 것을 내용으로 하는 방호지원계획의 수립 · 시행. 이 경우 경찰은 경찰서 단위의 방호지원계획을 수립 · 시행하고 군은 대대 단위의 방호지원계획을 수립 · 시행하여야 한다.
3. 관리자와 대대 단위 지역책임 부대장(경찰관할지역의 경우에는 경찰서장을 말한다)은 국가중요시설의 방호를 위한 역할분담 등에 관한 협정을 체결하고, 자체방호계획 또는 대대 단위나 경찰서 단위의 방호지원계획을 작성하거나 변경하는 때에는 그 사실을 서로 통보한다.

대개 재산상에 있어서나 대중의 시선이 집중되는 곳에서 공포감이나 급격한 변화가 있으면 수준 높은 경호보안을 필요로 하는데, 여기에는 여러 가지 선택의 기회와 다양한 가격의 범위가 있다. 처음 보안장치와 경호서비스에 대해 문의하려고 전화번호를 뒤적이면 많은 갈등을 하게 된다. 전화 몇 통화하거나 인터넷사이트를 살펴보면 그럴 듯한 설명이나 책자와 청산유수 같은 세일즈로 현혹하는데, 대부분은

진정한 경호보안에 대해서가 아니고, 다만 경호보안상품만을 판매하려는 것을 느끼게 된다. 또한, 경호보안요원이나 전문컨설턴트라 자칭하는 사람도 일부 지식은 물론 전문성을 갖춘 사람도 있겠지만, 대부분은 전문성이나 훈련은 부족한 사람이거나 과거 경찰이나 군인 출신, 심지어 경보기나 소화기 판매원도 있다.

따라서 경호보안의 유형에 대한 이해와 경호보안산업에 종사하는 사람들의 자질에 대해서 파악하는 것이 필요하다.

2) 경호보안의 형태에 따른 분류

경호보안은 그 형태에 따라 크게 인력경호보안과 기계경호보안으로 구분 할 수 있다.

(1) 인력경호보안

인력경호보안이란 절도, 화재, 분실, 파괴, 기타 범죄 내지는 피해로부터 개인이나 기업의 인적·물적 안전을 확보하기 위하여 인력으로 보호하는 활동을 말한다. 오늘날 인력경호보안은 단순한 경호보안요원의 차원을 벗어나 전문성을 크게 요구하고 있기 때문에 이들의 사회적 요구는 앞으로 크게 증가할 것으로 기대된다. 따라서 인력경호보안의 전문화와 관련하여 경호보안업무 형태도 이에 따라 다양하게 나타나고 있다. 인력경호보안은 상주경호보안, 순회·순찰경호보안, 경호 및 신변보호, 혼잡경호보안으로 나눌 수 있다.

상주경호보안이란 국가중요시설, 공공시설, 산업시설, 유원지 및 흥행장, 아파트, 빌딩, 행사장, 창고, 상가 등의 시설에서 고정적으로 일정하게 상주하며 24시간 경호보안을 실시하는 경호보안활동을 말한다.

순회·순찰경호보안이란 일정 구역 또는 특정구역을 정기적·부정기적으로 순회·순찰함으로써 범죄 등으로부터 고객의 안전 및 재산을 보호하는 경호보안활동을 말한다.

경호 및 신변보호는 경호보안대상자(VIP : Very Important Person), 정치인, 연예인, 기업의 총수 등 특정인의 신체적 안전 확보와 질서유지를 목적으로 하는 경호보안 활동이다.

혼잡경호보안이란 각종 기념행사, 경기대회, 국제회의, 콘서트 등 기타 요인으로 인하여 모이는 군중에 의하여 발생하는 혼란·혼잡상태를 사전에 예방 및 경계하고 우발상황이 발생할 경우에는 신속히 대처하여 사태가 확대되는 것을 방지하는 경호보안활동을 말한다.

(2) 기계보안시스템경비

기계보안시스템경비는 인력경호보안에 대응되는 경호보안형태로서 기존의 인력에 의존하던 경비방식에서 벗어나 첨단 장비를 사용하여 사람 없이도 경호보안을 실시하는 보안시스템을 의미한다. 기계보안시스템경비는 잠재적인 침입행위를 방지하기 위하여 물리적인 방호장치를 설치하거나 또는 벽, 울타리, 창문, 출입문, 금고 등과 같은 곳에 침입감지장치를 설치하여 24시간 항상 같은 상태, 같은 조건으로 감시하게 하여 특정한 목적물인 생명, 재산, 시설물을 보호할 수 있도록 하는 경호보안이다.

이러한 기계보안시스템은 감시대상별, 형태별, 이용방법별 등과 같이 여러 행태로 다시 구분할 수 있는데, 로컬(Local)기계보안시스템과 무인(Unattended)기계보안시스템으로 나눈다. 로컬기계보안시스템은 잠재적인 위해요소가 예상되는 특정 경호보안 목적물에 장소별로 적합한 각종 감지기를 설치하고 그에 의한 감지신호와 감지된 장소의 영상을 볼 수 있는 폐쇄회로텔레비젼(CCTV : Closed Circuit Television) 등의 감시 장치를 이용하여 자체의 상황실 및 중앙통제센터에서 상주 경호보안요원이 감시 관리한다. 외부의 침입자에 의해 침입신호가 상황실에 수신되면 상주 경호보안요원이 출동하여, 대처할 수 있는 기계보안시스템 형태이다.

무인기계보안시스템경비는 잠재적인 위해요소가 예상되는 특정 경호보안 목적물에 장소별로 적합한 각종 감지기 및 컨트롤러(Controller, 주장치)를 설치하여 현장에는 경호보안요원을 배치하지 않고, 원격지의 관제실에서 관리하는 시스템으로 침입 이상 등의 이상신호가 관제센터에 수신되면 담당 지역 출동 차량으로 지령하여 출동, 대처하게 되는 기계보안시스템 형태이다.

인력경호보안과 기계보안시스템의 장 · 단점 비교

구분	인력경호보안	기계보안시스템
장점	* 사건 발생시 현장에서 직접 상황대처가 가능하다. * 상황발생시 신속대처가 이루어질 수 있다. * 경호보안업무 외에 다른 업무를 수행할 수 있다(안내, 질서유지, 보호, 보관 업무 등). * 인적 요소이기 때문에 경호보안업무를 전문화시킬 수 있다. * 고용창출 효과가 있다. * 고객 접점 서비스 효과가 크다.	* 장기적으로 경비절감 효과를 기대할 수 있다. * 부가비용이 불필요하다. * 감시구역 전체의 동시 통제가 가능하다. * 첨단 컴퓨터 등의 운용으로 정확성, 신속성, 계속성을 기대할 수 있다. * 24시간 계속적 감시 가능하다. * 강력 범죄로 부터 인명사상의예방 및 최소화가 가능하다. * 화재, 가스 등 다른 위해요소들로부터 인명의 사상을 예방할 수 있다. * 범죄가 등에 대한 경고효과가 크다. * 기계적인 오보가 없을 경우 사용자(고객)로부터의 신뢰성이 높다.
단점	* 인건비가 많이 든다. * 사건발생시 인명피해가 따를 수 있다. * 경호보안원의 사상시 현장과 상황연락이 두절될 수 있다. * 생리적인 현상으로 야간 경호보안 활동의 효율성이 저하될 수 있다. * 경호보안요원이 낮은 보수, 저학력, 고령일 경우 경호보안의 질을 저하시킬 수 있다.	* 오경보(false alarm)의 위험성이 크다. * 긴급출동요원이 도착하기 전까지 신속한 현장의 자체적인 대처가 불가능하다. * 초기투자비용이 많이 들 수 있다. * 유지보수에 많은 비용과 전문인력이 요구된다. * 사용자가 작동을 하지 않거나, 작동 법을 모르는 경우가 발생 가능하다. * 고장시 신속한 대응이 어렵다. * 방범업무만 가능하고 부가적인 업무는 극히 한정적이다.

3) 업무 및 목적에 따른 분류

경호보안은 업무 및 목적에 따라 시설경호보안, 혼잡경호보안, 호송경호보안, 신변보호경호보안, 순회 · 순찰경호보안 등으로 나눠 볼 수 있다. 시설경호보안이란 국가중요시설, 빌딩, 주택, 공장건물, 상가, 공공건물, 공항 등 경호보안대상 시설에 대한 각종의 위해(외부침입 · 내부절도, 사고의 발생 등)로부터 그 시설물의 인적 · 물적 가치를 보호하는 경호보안형태이다. 시설경호보안의 수행형태로는 경호보안실을 설치 상주하면서 하는 형태, 일정한 구역을 순회하는 순찰형태, 일정한 시설에 감지장치를 설치하고 경보시 경호보안요원이 출동하여 조치하는 형태, 경보장치의 설치를 통해 경보를 각 경찰관서로 전달케 하는 경보서비스형태가 있다. 혼잡경호보안이란 각종 기념행사, 경기대회, 제례행사 등으로 인해 모인 군중들에 의해 발생되는 혼란상태를 사전에 예방하거나 경계하고 우발상황이 발생할 경우 신속히 대처하여 확대되는 것을 방지하는 경호보안활동이다. 경호(신변보호)보안은 의뢰자의 의뢰에 의거하여 각종의 위해로부터 대상자를 보호하는 신변보호활동이다. 그리고 호송경호보안은 운송이 필요한 현금, 보석, 각종 귀중품을 강·절도로부터 보호하여 안전하게 이송시키는 경호보안활동을 말한다.

4) 경호보안 서비스단계별 분류

경호보안 서비스단계별로 물리적 경호보안, 전자경호보안, 경호보안서비스로 나누어 살펴 볼 수 있다.

(1) 물리적 경호보안

이는 모든 부분에서 첫 단계라 볼 수 있는데, 문단속을 강화하고 벽을 쌓고 집을 좀 더 안전하게 하는 것 등 일반적으로 그 자신의 주위에 보호벽을 치는 것이다. 하지만 이러한 것은 "정신적으로 포위된 기분"을 느끼게 한다. 이런 보호벽에도 불구하고 언젠가는 보호 밖의 세상으로 나가야 한다. 방탄차를 가지고 있다 할지라도 불가피하게 그의 집과 차의 보호에서 벗어나 노출되게 된다.

(2) 전자경호보안

전자경호보안체제는 외부의 침입을 미리 알리고 그것을 조금 제지하는 것이나, 그것 역시 수동적인 면이 있고 부작용이 자주 생기는 경향이 있다. 이 방법은 경찰의 출동에 의지하는데, 대부분의 도시에서는 시간이 많이 걸리고 그렇지 않으면 자체 경호를 해야 하는데, 집중적이고 전문적인 훈련 없이는 그다지 좋은 방법이 아니다.

(3) 경호보안서비스

그래서 경보에 즉각적인 대처를 원하거나 안전한 보호를 원한다면 세 번째 선택인 바로 경호보안요원을 두는 경호경비보안서비스를 선택한다. 보통의 경호보안요원이 가정이나 회사에 적합할지 모르나 최소의 임금을 받고 제복을 입은 경호보안요원들은 훈련되어 있지도 않고, 특히 시내에서의 일상적인 거동이나 해외여행시의 보호에도 적합하지 않다. 이러한 유형의 보호에 따르는 많은 문제들과 되풀이하여 지불해야 되는 점 때문에 고객들은 전문적인 경호보안서비스를 찾게 되는 것이다.

5) 경호보안 근무형태별 분류

경호보안을 근무형태에 따라 살펴보면 상주경호보안 · 순찰경호보안 · 경비보안으로 나눌 수 있다.

(1) 상주경호보안

상주보안은 경호보안을 필요로 하는 보안대상시설 내에 필요한 보안요원을 24시간 상주시켜 각종 사고발생을 경계하고 미연에 방지하는 보안형태이다.

(2) 순찰경호보안

순찰보안은 보안대상시설에 상주하면서 순찰활동을 통한 각종 사고발생을 미연에 방지하는 보안형태이다.

(3) 경비보안

경비보안은 각종 점포의 범죄(절도)발생을 미연에 방지하거나 경계하는 보안방법이다.

6) 성격에 따른 분류

경호보안의 성격에 따라 계약경호보안과 자체(상주)경호보안서비스로 분류할 수 있는데, 계약경호보안이란 일반적으로 경호보안상품을 갖춘 용역경호보안전문업체가 경호보안서비스를 원하는 용역의뢰자와의 일정한 계약행위를 통해 경호보안서비스를 제공하는 형태의 경호보안서비스를 말한다. 그 서비스형태로는 (1) 시설방범경호보안과 (2) 순찰서비스, (3) 사설탐정서비스, (4) 경호(신변보호)보안서비스, (5) 호송경호보안서비스, (6) 기계보안시스템서비스 등이 있다.

(1) 시설방범경호보안은 시설물에 대한 각종의 위해로부터 시설물내의 인적 · 물적 가치를 보호하는 경호보안형태를 말한다. 경호보안의 주된 역할은 시설물 내외의

접근통제, 시설물에 출입하는 사람이나 차량의 통제, 시설물에 출입하는 사람이나 차량의 원활한 안내, 일반적 회사업무에 필요한 사항의 지원 등이다.

(2) 순찰서비스는 경호보안요원들이 범죄예방과 발견을 위해 도보나 순찰차량으로 1인 또는 여러 사람이 한 팀이 되어 근무지역 내의 시설물들을 정기적으로 확인하는 활동을 말한다. 순찰경호보안요원이 이동을 하면서 여러 지역을 순찰한다는 점에서 한 지역에서 근무하는 보초식의 경호보안활동과 차이가 있다.

(3) 사설탐정서비스는 정보들 즉, 고용 전에 행하는 경력조사나 직원에 대한 배경조사, 보험 또는 신용업무와 관련된 신규채용자들의 배경 조사, 보험금 지불청구에 필요한 정보, 나아가서는 범죄정보까지도 포함한다.

(4) 경호(신변보호)서비스는 1970년대 중반 이후부터 요인납치 및 인질사건들이 급속히 증가함에 따라 다른 경호보안서비스보다 빠르게 성장하고 있는 영역으로, 사설 민간경호원에 의해 각종의 위해로부터 의뢰인을 보호하는 활동을 말한다.

(5) 호송경호보안서비스는 한 장소에서 다른 장소로 이동이 필요한 물건(귀중품, 현금, 생산품 등)을 안전하게 운송하는 경호보안서비스 활동을 말한다.

(6) 중앙통제경보시스템을 중심으로 시설물에 설치되어 있는 감지기로부터 경보를 수신하여 출동차량에 의해 상황에 대응하는 형태의 경호보안서비스이다. 중앙통제센터는 항상 사설 경호보안요원들에 의해 모니터 된다. 과거 단순한 경보서비스는 감지기를 현장에 설치하고 감지된 경보를 일반 경찰관서에 알려주는 역할을 하는 경우도 있지만, 오늘날 기계보안시스템서비스의 전형은 중앙통제시스템을 구축하고 경보를 일반경찰관서나 소방관서에 전파할 뿐만 아니라 경호보안요원(출동차량)을 현장에 보내 조치하는 형태를 띤다. 중앙통제센터를 중심으로 한 기계보안시스템시스템은 경호보안요원을 고용하는 인력경호보안보다 장기적으로 비용이 저렴하고 정밀하다는 장점이 있지만 오경보율이 높다는 문제점을 가지고 있다.

(7) 그 외에 민간경호보안서비스는 군중통제, 경호보안견 순찰, 경호보안 및 호위, 요인경호보안, 거짓말 탐지기 조사, 경호보안자문과 기업의 손실방지를 위한 지원과 관련된 경호보안서비스 등을 제공한다.

7) 성격에 따른 자체경호보안과 계약경호보안서비스

(1) 자체(상주)경호보안서비스

자체(상주)경호보안은 계약경호보안과 상대개념으로 당해 조직이 자체적으로 경호보안부서를 조직하고 경호보안활동을 실시하는 경호보안형태를 의미한다. 즉, 조직의 일부로서 경호보안조직을 운영하여 경호보안을 행하는 형태를 말한다.

가) 장점

자체(상주)경호보안은 상대적으로 안정된 신분보장과 높은 급료, 높은 위상으로 연령이 낮고, 자질이 우수한 사람들로 구성할 수 있다. 경호보안책임자가 경호보안요원들을 직접 관리하기 때문에 경호보안요원에 대한 강력한 통제가 가능하고 시큐리티 서비스면에 있어서도 경호보안요원을 고용한 사용자의 요구에 신속하게 대처하는 장점을 갖고 있다. 그리고 자체(상주)경호보안은 시설주의 필요에 따라 적절하게 교육·훈련을 시킬 수 있고, 교육·훈련의 과정과 효율성을 쉽게 측정할 수 있는 장점이 있다. 또한 각 경호보안요원들의 개개인에 대한 업무수행 능력도 훨씬 정확하게 평가할 수 있다. 자체(상주)경호보안요원들은 계약경호보안요원들보다 자신들을 고용한 회사나 사용자에게 상대적으로 높은 충성심을 갖는다. 자체(상주)경호보안은 계약경호보안보다 안정적이기 때문에 업무수행능력을 인정을 받을 수 있어 자기개발의 기회를 가질 수 있다는 이점이 있다.

나) 결정요인

자체(상주)경호보안의 결정 요인으로는 ㉠ 당해 조직이 안고 있는 긴급한 경호보안문제, ㉡ 과거의 경호보안형태, ㉢ 앞으로 요구될 경호보안활동, ㉣ 회사 내부의 특수성, ㉤ 회사 외부의 자연적인 환경, ㉥ 향후 회사성장의 잠재능력, ㉦ 임원들의 활동영역의 확대 등을 들 수 있다.

다) 운영상 고려사항

(가) **조직 내 경호보안부서(책임자)의 위치** : 경호보안책임자에게 적정한 권한의 위임, 경호보안책임자의 권한의 정도와 성질은 다른 부서와 조화.

(나) **회사이익과의 밀접성 인식** : 경호보안부서의 역할을 독립적인 조직의 기능으로 설정, 관리책임자에게는 권한의 정도를 최대한 보장.

(다) **경호보안책임자의 권한의 정도** : 경호보안책임자는 최고경영자에 대하여 직접 보고할 수 있는 권한이 있으며, 경호보안업무와 관련한 모든 행위에 대하여 계선상의 권한을 행사할 수 있다.

(라) **경호보안책임자의 역할** : ㉠ 경호보안책임자는 경영상 다른 부서의 책임자들과 동일한 고전적인 역할로 기획, 조직, 채용, 지도, 감독, 혁신 등의 역할을 할 수 있다.

㉡ 관리상의 역할로 예산과 재정상의 감독, 사무행정, 경호보안문제를 관할하는 정책의 설정, 조직 체계와 절차의 발전, 경호보안부서 직원에 대한 훈련과정의 개발과 다른 모든 구성원들에 대한 경호보안교육, 경호보안과 관련된 문제에 있어서 다른 부서와의 상호 긴밀성과 의사소통의 향상 등을 할 수 있다.

㉢ 예방적 역할로 경호보안요원에 대한 감독, 순찰, 화재와 경호보안요원의 안전, 출입금지구역에 대한 감시, 경호보안활동에 대한 규칙적인 감사, 경호보안요원들에 대한 이해와 능력개발, 교통통제, 경보시스템, 조명, 울타리, 출입구, 창문, 열쇠, 담장, 통신장비 등과 같은 모든 경호보안장비들의 상태점검 등을 할 수 있다.

㉣ 경호보안의 명확성, 회사규칙의 위반과 모든 손실에 대한 조사, 감시, 회계, 일반 경찰과 소방서 등 유관기관과의 유대관계, 관련문서의 확인 등을 통하여 조사활동을 할 수 있다.

(마) **경호보안부서의 기본구조** : 경호보안업무는 매우 종합적인 유기적 기능으로, 조직 내의 타조직과 고도의 통합적·유기적 관계를 유지할 수 있다.

(바) **타부서와의 상호관계** : 타부서와의 기능적 조화와 협조체계의 구축을 요구하며, 타부서의 권한을 침해할 경우 이를 조화롭게 조정하고, 경호보안업무와 관련한 타부서에 대한 요구권 내지는 지시권 명확화 함으로써 조직목표와도 조화를 이루도록 한다. 각 부서간의 마찰은 경호보안부서의 권한을 명백히 규정하고, 상호간의 문제해결을 위해 노력할 때 최소화 될 수 있다.

(2) 계약경호보안서비스

경호보안상품을 갖춘 경호보안전문업체가 경호보안서비스를 희망하는 의뢰자와의 일정한 계약행위를 통해 경호보안서비스를 제공하는 형태의 경호보안서비스를 말한다.

가) 장점

계약경호보안서비스는 비용이 비교적 저렴하고, 구성원 중에 질병이나 해임 등으로 인해 업무수행상의 문제가 발생했을 때나 인사이동과 대체에 따른 행정관리상 문제를 쉽게 해결할 수 있으며 경호보안수요의 변화가 생길 때마다 기존 경호보안 인력을 감축하거나 또는 추가적으로 고용을 확대할 수 있는 장점이 있다. 그리고 자체(상주)경호보안서비스에 비해 비상사태에 있어서 인적자원의 탄력적인 운용이 가능하며, 계약경호보안업체들은 대규모 경호보안인력을 관리하고 있기 때문에 훨씬 더 능률적으로 이들 인적자원을 관리할 수 있다. 경호보안업무 수행에 있어 사용자를 의식하지 않고 소신껏 경호보안업무에 임할 수 있는데, 계약경호보안요원들이 상주경호보안요원들보다 시설주나 사용자들의 요구에 객관적으로 응할 수 있는 특성을 갖는다. 또 계약경호보안은 사용자의 요구에 맞는 다양한 경호보안상품을 구비하고 경호보안서비스를 제공함으로써 경호보안프로그램 전반에 걸쳐 전문성을 가진 경호보안인력을 쉽게 제공할 수 있다.

그래서 경호보안분야에 있어 오늘날의 추세는 상주경호보안서비스보다 계약경호보안서비스가 인건비 등의 문제로 훨씬 빠른 속도로 성장하고 있다.

나) 서비스형태

(가) **시설방범경비** : 시설물에 대한 각종 위해로부터 시설물 내의 인적·물적 가치를 보호하는 경호보안형태이다. 경호보안의 주된 역할은 시설물 내외의 접근통제, 시설물에 출입하는 사람이나 차량의 통제, 시설물에 출입하는 사람이나 차량의 원활한 안내, 일반적 회사업무에 필요한 사항의 지원 등의 업무를 실시한다.

(나) **순찰(순회)서비스** : 경호보안요원들이 범죄예방과 발견을 위해 도보나 순찰차량으로 1인 또는 여러 사람이 한 팀이 되어 근무지역 내의 시설물들을 정기적으로 순회 시찰하는 활동이다. 순찰경호보안요원이 이동을 하면서 여러 지역을 순찰한다는 점에서 한 지역에서 근무하는 보초식의 경호보안활동과 차이가 있다.

(다) **사설탐정(민간조사)서비스** : 각종 소송에 필요한 정보나 자료, 고용 전에 행하는 경력조사나 직원에 대한 배경조사, 보험 또는 신용업무와 관련된 조사, 보험금 지불청구에 필요한 정보, 나아가서는 범죄정보까지도 포함하는 업무를 행한다.

(라) **신변보호서비스** : 사설 경호요원에 의해 각종의 위해로부터 의뢰인을 보호하는 서비스 활동이다.

제4절 경호보안요원

1. 경호보안 수준의 판단

경호보안전문가에게 모든 계약은 협박의 정도와 고객의 요구에 얼마나 가깝게 부응할 수 있는가에서부터 시작한다. 어떤 상황에서는 한 명의 경호보안요원이 적합할 수도 있겠고, 또 다른 경우에는 여러 명의 경호보안요원으로 구성된 보안팀과 총체적인 체계가 요구될 수도 있다. 협박의 정도를 평가하고 보호계획을 세우는데 재산보호인지, 사람보호인지, 심한 협박인지, 약간의 협박인지와 같은 여러 가지 양상이 있다. 평가자는 구체적인 위험이 있는지 아니면 단지 위험이 잠재된 것인지, 혹은 고객의 생활이 지명도가 높은 것인지 혹은 낮은 것인지도 잘 살펴야 할 것이다.

훌륭한 경호보안은 효과적일 뿐 아니라 고객 각자에 맞춰 그들의 생활에 방해되는 것을 최소로 줄이는 것이 중요하다. 새로 맞춘 자물쇠가 확실하게 잠겨져야 하는 것과 마찬가지로, 그 기능을 제대로 발휘하지 못하는 경보장치는 번거로울 뿐이며, 결국 쓰이지 않게 된다. 경호보안요원의 경우도 마찬가지다. 경호보안요원이 고객의 일이나 개인생활에 맞추지 못하고 귀찮거나 불편한 존재가 된다면 고객은 생각할 것도 없이 그들의 서비스를 원하지 않을 것이다.

첫번째 분류는 경호보안의 대상이 재산이냐, 사람이냐의 분류이다. 부동산, 집, 산업부지, 회사, 유가증권, 그리고 재산적 가치가 나가는 것 등과 같은 재산보호는 사람이 배치되거나 무인으로, 그리고 대개는 제복을 갖춘 경호보안요원들이나 전자경보 시스템에 의해 경호보안이 이루어진다. 반면에 신변보호는 경호보안이 필요한 사람, 더 정확히는 개인 한 사람을 보호하는 활동이다. 경호보안에 있어 모든 것은 사람을 보호하는 것에 집중된다. 재산보호는 덜 중요한 분야이고 대개는 저임금의 경호보안요원에게 맡겨진다. 이와 반대로 보안요원은 재산(시설물)지키는 것이 더 중요한 임무이고 상대적으로 사람을 보호하는 것은 덜 중요하다고 할 수 있다.

두 번째 분류는 경호계획에 있어 위험도 평가이다. 아주 심한 위협이란 잘 알려진 정도의 위험이나 중대한 습격을 말한다. 예를 들어, 제3세계의 각 대사는 국가를 대표하므로 특정국가의 존재에 대해 증오심을 갖고 있는 개인이나 단체의 공격목표가 된다. 그와 마찬가지로 정신이 이상한 팬으로부터 아주 구체적인 위협을 받은 여배우도 위협의 범주에 구분된다. 약간의 위협은 알려지거나 의심되는, 특정한 위협도 받고 있지 않은 귀빈이나 저명인사의 일상 행동거지와 가깝다. 예를 들어, 대도시나 해외를 돌아다니는 유명한 영화배우나 부유한 사업가와 같은 경우이다. 어떤 위치에 있느냐 하는 것도 위험의 정도를 재는 데 영향을 미친다. 대부분의 문명화된 국가는 마약거래나 광범위한 시민폭동이 더 위험한데도 비교적 낮은 수준의 위험으로 구분한다. 어떤 사람이 그 지위에 있어서나 장소, 혹은 사전경력에 있어서 고도의 위협을 받고 있다면, 한명의 경호보안요원으로는 훌륭한 경호를 수행할 수는 없을 것이다. 이것이 바로 필요한 모든 구매업무, 매개수단, 그리고 무기와 같은 장비선택이 경호보안팀 역할의 범위라고 할 수 있다.

세 번째 분류는 위협이 구체적인지 또는 잠재적인지의 분류이다. 대부분의 사람들은 일상사에 있어 범죄나 폭력의 잠재적인 목표가 되지만, 지나치게 편집적으로 되지 않으려 하고 그들의 일상적 업무로 돌아간다. 이것은 폭력이 "나에게는 일어나서는 안 되는 일"이라고 생각하는 것이며 대도시에서나 흔히 일어날 수 있는 일이라고 생각하는 경향이 있다. 하지만, 개인에게 구체적인 위협이 가해졌을 때 상황은 달라진다. 협박의 성질에 따라 예전에 경호보안요원을 두지 않았던 사람도 새로 채용하려고 하거나, 이미 경호보안요원을 둔 사람도 경호팀으로 수준을 높이려고 할 수도 있다. 폭력의 목표물이 되거나 상해 당하는 것이 괴상한 협박편지보다 훨씬 "구체적"이지만 양쪽 모두 심각하게 평가되어야 한다.

마지막 분류는 경호 대상의 지명도에 따른다. 낮은 지명도의 사람, 예를 들어 은행장은 최소한의 경호보안요원으로 조용하고 효과적이면서 안전한 이동을 할 수 있다. 그렇지만 높은 지명도의 정치인이나 종교지도자의 경호와 이동은 여러 사람의 집중적 보호가 필요하고 전문적인 팀의 계획적인 전술, 협력 그리고 조화가 요구된다. 예상되지 않은 이동이나 발표되지 않은 여행 등을 활용하는 것도 중요한 원리이나 많은 정치가들이나 저명인사들, 여론의 주목을 받는 사람들과 같이 쉽게 눈에 띄는 사람들의 신변을 보호하는 데는 불가능한 방법이다. 어떤 개인이나 집단에 의해 특별히 고도의 위협을 받는 지명도 높은 인물을 경호하려면 하루 24시간을 수행할 수 있는 팀과 전술업무에 상당히 밝은 요원이 필요하다는 것은 자명한 일이다. 이러한 맥락에서 보안 또한 경호 대상만 다르지 거의 비슷할 것이다.

2. 어떤 사람이 경호보안요원이 되는가?

젊든지 나이가 많든지 간에 많은 사람들이 높은 임금과 잦은 여행 기회, 비싼 호텔 투숙 등 화려한 이야기에 매료되어 경호보안요원을 직업으로 선택하게 된다. 다양한 부류에서 다양한 직급과 업무에서 경호보안조직에 합류하고 있다. 그리고 얼마 전까지만 해도 제복을 착용한 경호보안요원이 거의 대부분 남성이 지배하는 분야였으나, 지금은 상당히 많은 여성들이 경호보안직능에 진입하고 있다. 특히 제복 입은 여성 경호보안요원의 업무수행에 다른 여성근로자들이 위험성을 완화시키는 효과가 있다. 또 경호보안요원 중에는 군인 출신이나 사적인 영역에서 일을 찾고 있는 경찰도 있고, 단지 체격이 크기 때문이거나 아니면 나이가 들어서 할 것이 없어 마지못해 경호보안업에 종사하는 사람도 있다. 그리고 경호보안 또한 저임금으로 인한 젊은 사람이 경호보안업무를 선호하지 않고 대부분 나이드신 실직자가 주를 이르고 있다.

민간경호보안요원에 대한 자격 등의 기준은 「경비업법」에 근거하고 있다. 「경비업법」에 의하면 "경비원은 경비업의 허가를 받은 법인(경비업자)이 채용한 고용인으로서 경비업무를 수행하는 자"를 말한다. 다시 말해, 「경비업법」상 '경비원'이라 함은 정상적으로 허가를 받은 경비업자가 운영하는 법인에 고용되어 일체의 경비업무를 수행하는 자를 말하며, 개인적으로나 비법인체로 운영되는 회사나 단체에 고용되어 경호보안업무를 수행하는 것은 법적인 '경비원'의 자격으로 볼 수 없다는 것이다.

이러한 경호보안요원은 '일반경비원'과 '특수경비원'으로 구분된다(「경비업법」 §2제3호). 일반경비원이라 함은 시설경비, 호송경비, 신변보호, 기계경비 업무 등을 수행하는 자를 말하고, 특수경비원은 대통령령이 정하는 국가의 중요시설에서 특수한 경호보안업무를 수행하는 자를 말한다.

경호보안요원이 되려고 하는 사람들은 대부분 다음과 같은 범주중의 하나이다. 주로 실직자이거나 나이 드신 노인, 운동선수 출신, 경찰, 군인 등, 무술유단자, 안전요원(전공자) 등으로 구분할 수 있다.

첫째로 가장 바람직하지 못한 경우가 자기의 삶에서 적재적소를 찾지 못하고 아무 일이나 하려고 하는 실직자들이다. 이들은 경호보안업에 대한 기본적인 지식조차 갖고 있지 않다. 하지만, 그들은 자신들이 충분히 터프하다 고 생각하는 사람들이다. 이런 사람들이 구직을 하러 오면 말없이 웃으면서 고맙습니다만 사양합니다라고 말할 수밖에 없다. 그러나 진지하게 고려해 볼만한 실직자 중의 한 무리는 최근에 군대에서 물러나 아직 민간의 일자리를 찾지 못한 이들이다. 군대 퇴직증명서와 추천서를 살펴보면 과거의 경력과 앞으로의 수행능력의 기대치를 알 수 있다. 유망한 고용주나 훈련가는 단련되고 훈육을 제대로 받았으며, 너무 경직되지도 않은, 훈련에 열심이고 새로운 직업을 배워 보고자 하는 자세가 되어 있는 동기가 강한 사람들을 찾아야 할 것이다. 그들이 최근에 군의 활동이나 경찰활동, 예를 들어, 아프칸, 이라크전쟁 같은 재건사업 활동에 투입된 경험이 있는 사람이면 더욱 좋을 것이다.

둘째로는 운동선수 및 전직 레슬러나 권투선수 타입이다. 프로 스포츠 선수와 같이 그들의 삶의 목표는 혹독한 훈련과 상대방과의 시합 때문에 자주 여행해야 하는 스포츠 자체에 있는데, 이러한 여건이 일에 전념하는 것을 방해할 수도 있다. 고용주는 폭력적인 감정의 기복이나 정신적인 흥분과 같이 그에 관련된 문제들에 신중해야 할 것이다. 그런데 이것은 넓은 의미로 일반화한 것이지 경호보안요원으로 일하는 모든 프로 운동선수들에게 전적으로 해당하는 것은 아니라는 것이다. 총명한 운동선수나 격투기 선수 출신으로 고용된 곳에서 충성스럽게 일을 해내고 연구하는 자세로 훌륭한 개인 경호보안요원이 된 예도 자주 있다. 그러나 잘 알려진 완력가가 꼭 필요한 그런 곳에서 그들의 가치는 그들이 보호하는 대중적인 유명인사들의 지위에 따라 한정된다. 큰 체격이 어떤 상황에서는 자산이 될 수도 있지만 신중한 계획과 자각, 전문성 등을 대신할 수는 없다. 유명가수의 난폭한 팬들의 무리를 효과적으로 제어하지는 못하더라도 지적·전문적인 태도를 갖춘 작은 체구의 경호보안요원이 큰 체구의 경호보안요원보다 유용할 수도 있다.

세 번째로는 경찰관이나 군인 출신들이다. 적어도 이러한 그룹은 어느 정도 훈련을 받았고 법률을 이해하며, 사람을 다뤄 본 경험이 있는 신원이 확실한 사람들이다. 이들은 현재 많은 활동을 하고 있으며 경호산업의 발전에 기여할 수 있는 사람들이라고 생각한다.

네 번째 그룹은 무술유단자와 경호보안업에 진실로 관심을 가진 사람들이다. 이들은 군 출신이거나 무술유단자들, 어떤 이유에서건 경찰학교 시험에 실패한 사람들, 아니면 단순히 삶에서의 입지를 향상시켜 보려는 사복 경호보안요원인 경우이다. 이와 같은 경우 대부분은 자신들이 경호보안업무에 적합하다고 진지하게 생각하고 이제는 더 이상 생활안정을 위해 악전고투하지 않아도 된다는 것을 깨닫게 된다. 이러한 그룹 중에서 몇몇의 훌륭한 인재를 발견하고 훈련시켜서 이 업계에서 괜찮은 수입을 올리며 성공한 사례도 있다. 따라서 괜찮은 후보를 발견하려면 신중하게 면담을 하고, 확실한 신원조사를 해야 하며, 그들의 직업적 동기와 태도를 평가할 수 있는 충분한 탐색기간을 갖는 것이 중요하다.

다섯 번째로 가장 바람직한 경우가 경호보안요원 출신이다. 이러한 인물들은 최소한의 재훈련으로 팀에 합류할 수 있고, 사태파악이 빠르며, 기본적으로 사람을 다루는 기술을 잘 알고 있고, 외모와 규율이 중요하다는 것도 이해하고 있고, 어떤 사람도 두려워하지 않는 유형이다. 독일과 프랑스에서 전직 GSG(Grenz Schutz Gruppe)-9와 GIGN(*Groupement d intervention de la gendarmerie nationale*)부대 테러진압전문가들이 부유한 사업가나 대기업에서 일을 하는 데 거의 문제가 없었다. IDF(이스라엘방위군)의 특수 단위특공대 출신이 외국 대사관의 안전업무를 수행하였고, 결국 전 세계에 일자리를 찾게 되었다. 정예의 영국 특수부대 SAS(Special Air Service) 출신이 영국과 중동에서 동시에 필요하게 되었고 경찰특공대, 특전사특수부대, 국군 특수부대 출신, 국군 고급간부가 근무하면서 업무상 교제의 폭을 넓혀 나갔다. 미국에서는 군대와 정부기관 경호보안업무를 하는 데 전문가들이 겹치는 부분이 꽤 있다. 미 해군 특수부대(US Navy Seals), 그리고 상당수의 전직 FBI 요원들이 국내외에서 맹활약하는 것은 흔한 일이다. 개인 경호 분야에서는 적성을 보이지 않더라도 대부분은 능력을 갖추고 있다. 좀 더 높은 수준의 훈련과 대학교육을 받고, 동기가 충만한 사람들은 안전업무 총지휘자라든지 안전문제 전문상담역, 국제적 위협의 문제를 해결하는 전문가 등의 일을 찾으려 할 것이다. 실제로 아주 고난도의 일을 수행한 경험이 있는 사람은 국내의 “손쉬운” 경호임무에 만족하지 못하고 좀더 힘든 국제적 사건의 수행에 모험을 할 것이다.

여섯 번째는 노인이라 할 수 있다. 나이가 어느 정도 들어서 신체활동이 활발하지 못함으로써 경제적으로 어려움이 따르고 그래서 어쩔 수 없이 경호보안업에 종사하게 됨으로써 경제적 어려움이 악순환이 되어가고 이와 같은 맥락을 같이하여 경호보안업의 인식이 많이 퇴색되어진다고 할 수 있다. 우리나라는 2000년대 인구 4천7백만 명 중 65세 이상이 7%를 넘어섰다. OECD 국가 중 노령화 속도가 가장 빠른 나라가 한국이다. 통계에 의하면 2000년 54만 명에서 2003년에는 10만 명이 늘어난 64만 명으로 늘어가고 있다. 2030년 때부터 초고령 사회에 진입할 것으로 예측됐다. 2050년이 되면 우리나라의 노인 인구 비율이 세계 최고 수준이 될 것이라는 전망도 나왔다. 경제 활동 인구 10명이 노인 7명 정도를 부양해야 하는 막대한 부담을 떠안게 된다는 것이다. 아울러 고령사회에 접어들면서 일하는 노인이 늘고 있다. 이미 경비업에 종사하는 경비원의 연령도 1976년 12월, 「경비업법」 제정당시는 50세 미만이었고, 1980년대로 진입하면서 경비업 종사자의 인력부족으로 1981년 55세로 연장되었다.1991년에는 다시 59세로 연장, 1995년 이후 고령자고용촉진법 제정 이후 경비업법을 다시 손질하여 59세였던 경비원의 제한 연령을 완전히 폐지하였다. 고령화 사회가 진행되면서 이미 고용시장 일부에서는 학력, 나이, 성별을 묻지 않는 기업이 생겨났듯이, 경비업도 학력, 나이보다도 건강 위주로 선별하여 일정 교육 후 등록제로 인원확보를 하고 조직적인 운영관리를 통해 언제 어디서든 원하는 장소에 경비원을 공급하는 전문 취업단체나 기업이 형성되면서 거대시장이 탄생될 것이다. 근래 고령자를 고용하기 위하여 실시하고 있는 「고령자 실버 취업박람회」에 참가한 업체 중 가장 많은 참여를 한 업체로는 경호보안업체가 가장 많았다.

그러나 민간경호보안의 경우 「경비업법」에서 결격사유를 규정해 놓고 일정한 경우 경호보안업체의 경비원·청원경찰이 될 수 없다. 이와 같은 신분적 결격사유를 종합해 보면 다음과 같다.

【 경비업법상 경비원·청원경찰의 신분적 결격사유 비교】

구분		내 용	근거법조항
경비원	일반	1. 만18세 미만인 자, 금치산자, 한정치산자 2. 파산선고를 받고 복권되지 아니한 자 3. 금고 이상의 실형의 선고를 받고 그 집행이 종료(집행이 종료된 것으로 보는 경우를 포함)되거나 집행이 면제된 날부터 5년이 지나지 아니한 자 4. 금고 이상의 형의 집행유예선고를 받고 그 유예기간중에 있는 자	「경비업법」 §10①
	특수	1. 만18세 미만 또는 만60세 이상인 자, 금치산자, 한정치산자 2. 위의 제1항제2호 내지 제4호의 1에 해당되는 자 3. 금고 이상의 형의 선고유예를 받고 그 유예기간중에 있는 자 4. 행정안전부령이 정하는 신체조건(팔과 다리가 완전하고 두 눈의 맨눈시력 각각 0.2 이상 또는 교정시력 각각 0.8 이상)에 미달되는 자	「경비업법」 §10② 「경비업법 시행규칙」§7

청원 경찰	1. 금치산자 한정치산자 2. 파산선고를 받고 복권되지 아니한 자 3. 금고 이상의 실형을 선고받고 그 집행이 종료되거나 집행을 받지 아니하기로 확정된 후 5년이 지나지 아니한 자 4. 금고 이상의 형을 선고받고 그 집행유예 기간이 끝난 날부터 2년이 지나지 아니한 자 5. 금고 이상의 형의 선고유예를 받은 경우에 그 선고유예 기간 중에 있는 자 6. 법원의 판결 또는 다른 법률에 따라 자격이 상실되거나 정지된 자 7. 공무원으로 재직기간 중 직무와 관련하여 「형법」 제355조 및 제356조에 규정된 죄를 범한 자로서 300만원 이상의 벌금형을 선고받고 그 형이 확정된 후 2년이 지나지 아니한 자 8. 징계로 파면처분을 받은 때부터 5년이 지나지 아니한 자 9. 징계로 해임처분을 받은 때부터 3년이 지나지 아니한 자	청원경찰법 §5② (국가공무원법 §33)

그러나 「경비업법」·「청원경찰법」(이하 '청경법')은 금치산·한정치산, 파산 등과 같은 민법상의 관점을 제외하면, 형법에 의한 신분상의 결격사유는 오직 형벌(금고 이상의 실형, 자격형, 징계)을 기준으로 정하고 있을 뿐이다. 어떻게 해당 형벌을 받게 되었는지 원인이 되는 범죄행위는 묻고 있지 않다.

경비업이 시설주 내지는 의뢰인(고객)의 생명·신체·재산을 보호함을 그 임무로 한다. 그렇다면 예컨대 방화죄, 절도·강도죄, 폭행·상해죄, 강간죄, 업무상 횡령죄 등 경비업무와 밀접하게 관련된 범죄행위로 처벌을 받은 자는 그 기간과 관계없이 경비업에 진출할 수 없도록 결격사유를 규정하는 것이 바람직하다. 과연 경비업체의 경비원, 청원경찰이 그러한 범죄로 실형을 선고받은 경력자라는 사실을 안다면, 어떤 시설주·고객도 자신의 시설과 사업장의 경비를 위탁하지 않을 것이다.

3. 경호보안요원이 되려는 목적

사람들이 왜 경호보안요원이 되려는지 경호보안요원들은 조직의 경영자의 지시에 따라 경호업무 및 보안업무를 수행하게 된다. 즉 경영자와 직접적인 연결고리가 있다고 볼 수 있다. 물론 경영자도 모든 일을 받아들일 준비가 되어있어야 하지만 현장에서 근무하는 경호보안요원 또한 모든 책임을 받아들일 의지가 있어야 할 것이다. 이런 의지를 바탕으로 경호보안요원은 여러 목적을 가지고 일을 시작하는데 각 개인마다 경호보안요원이 되려는 목적이 다르겠지만 여러 가지 면에서 공통점을 찾아볼 수 있을 것이다. 특히 경호보안요원은 다른 직업에서처럼 돈은 중요한 문제이고, 직업 만족도가 두 번째 요인으로 올 수 있고, 사원복지나 지역적 요인, 장래 승진 가능성 등이 올 수 있다. 이제 막 첫 출발한 경호보안요원은 민간경호보안업이 무엇보다 남을 위해 일하는, 즉 다른 사람들의 안전이 필요할 때 이에 봉사하는 직업이라는 것을 깨달아야 한다. 그렇다고 그 일이 천한 일이라거나 남의 종이라는 것은 아니다. 경호보안요원은 종종 말도 안 되는 요구를 하거나 변덕스러운 성격을 가진 고객을 위해 일할 수도 있다. 그러나 계속적인 변화를 극복할 수 있어야 하고, 유명인사들을 만족시키는 것이 적게는 좌절스러울 때도 있으며 때때로 격분할 수도 있다는 사실을 이해해야 한다.

그러면 돈 문제는 어떠한가? 급여의 정도는 전적으로 경호보안요원 개인의 경력, 지명도, 고객의 성격과 계약시 책정된 위협의 정도에 따라 좌우된다. 고객이나 기관 등과 장기간 계약 체결한 경호보안요원은 대부분 의료, 지출보안, 승용차 등이 제공되며 훈련보안도 상환 받을 수 있고 숙박비도 해결되는 등 제대로 된 복지혜택을 기대할 수 있다. 직업 만족도는 개인이 그 일에 얼마나 적합한가와 고객과의 관계에 달려 있다.

민간경호보안업무는 매우 힘든 일이다. 모든 사람이 다른 사람의 24시간 요구에 대처할 수 있는 인내력과 정력을 갖고 있는 것은 아니다. 고객이 여행하고자 할 때 기꺼이 따라나서야 하고, 그들이 움직이면 움직여야 하며, 멈추면 따라 멈추고 화장실에 가면 따라가고, 그들이 옷 입는 방식대로 입어야 하고 남과 만날 때 긴장하고 있어야 한다. 그러면서도 제대로 일하기 위해서는 충분한 잠도 자야 한다. 일에 대한 자부심을 갖는 것 또한 중요한 일이다. 어떤 이는 그 직업에 대해 철저히 알고 있고 생활문제를 잘 다루며 빼어난 운전 솜씨와 탁월한 능력을 가지고 있기 때문에 동료들로부터 선망의 대상이 될 수는 있으나, 고객의 만족과는 별개의 문제이다. 종종, 경호보안요원이 운전사나 상사의 하인, 심부름꾼이나 그 밖의 자잘한 일을 하는 사람들과 같은 범주로 간주되기도 한다. 가정에 고용된 경우 경호보안요원들이 집주인의 일상적인 안락함을 더하게 하고 유용하게 쓸 수 있는 존재로 인식되기도 한다. 반면, 그저 서서 돌아다니기만 하고 별로 하는 일도 없는 존재 로 보이기도 한다.

중요한 차이점은 실제로 위험한 일이 생겼을 때 그들의 가치와 지위는 극적으로 높아진다는 것이다. 예전에는 아침 인사조차 하지 않던 고객이 이제는 가장 가까운 친구가 되길 원할 것이다. 경호보안요원이 그가 받고자 하는 만큼의 존중을 받는 유일한 때는 실제로 어려운 상황에서 실력 발휘를 했다든지 그가 지켜야 할 대상을 신체적 위험이나 대중 앞에서 곤란을 겪는 일로부터 구해 냈을 경우이다. 비교적 긴 시간이 지난 후에, 전문적으로 일을 잘 해낸 경호보안요원은, 결국 어떤 고용자로부터도 존중을 받을 것이고, 그 일의 중요성과 봉사의 가치도 깨닫게 될 것이다.

직업에서의 승진문제에 대해, 대부분 그들이 바라는 것은 점진적인 급여의 상승과 복지혜택을 더 잘 누리는 것이다. 큰 팀의 일부이거나 회사에 고용되었을 때, 팀의 지도자나 교대조의 주임, 관리자, 행동지휘자, 혹은 경호 총책임자까지도 승진할 수 있다. 이러한 경우 모두 적절한 복지와 급여를 포함한 것이다. 그러나 한 명의 경호보안요원만을 필요로 하는 고객을 위해 일하는 경우라면 승진이란 있을 수 없다.

4. 경호보안업 종사자의 적합한 자질

현대화된 산업시설 및 공공건물의 안전관리를 위해서는 재해방지와 수습대책에 관련 된 소방, 구급, 도난방지 등에 관한 안전 및 경호보안에 관련된 학문 분야가 필연적으로 요구되고 있다. 또한 승객의 안전을 위한 경호와 국가기관 및 기업의 중요 인물에 대한 개인경호 및 보안 뿐만 아니라 그에 따른 부수적인 업무인 비서 및 행정에 관련된 학문분야의 연구가 시급히 요구되므로 이 분야에 종사할 수 있는 전문인력을 양성하고자 한다. 즉 보안업 종사자의 자질은 이 분야의 교육행정학개론, 정치학개론, 경제학개론, 조직관리론, 헌법, 인간관계론, 보안론, 산업보안론, 정보관리, 야영 및 산악훈련, 체력육성, 체육종합실기를 배움으로서 상대방을 배려할 수 있는 적합한 자질과 강한 집중력이 필요로 할 것이다.

경호보안요원들은 일이 완수되고 바라던 결과를 얻기 위해서 목표를 이루거나 능가하는데 노력해야 할 것이다. 실패는 목표를 이루지 못했다는 말과 똑같다. 그래서 경호보안요원은 보다 체계적인 계획을 세우고 여기에서 자아실현의 비젼(Vision)을 찾아야겠다. 특히 원하는 결과들을 성취하기 위해서 경호보안요원들은 나름 경호보안에 대한 직업정신을 가져야 할 것이다.

여기에서 경호보안요원은 지성을 갖추는 것도 중요하지만 태권도, 유도, 합기도 등 각종 무예를 통한 심신이 건강해야할 것이다. 특히 경호는 태권도의 화랑도 정신과 유도의 훈련과 시합을 통해서 얻은 인성을 바탕으로 경호보안요원이 보호해야 할 경호 대상에게 위험이 존재하거나 경호보안대상에 대한 신체 및 생명에 대한 공격 위험으로부터 효과적으로 공격자를 무력화하여 제압할 수 있어야 하겠다. 이러한 경호정신 즉 펀더멘탈(fundamental)정신으로 경호요원은 오직 한순간을 대비하여 생명을 담보로 임무를 수행한다.

경호보안요원은 이러한 눈에 보이지 않는 행동거지와 교전경력이나 군인다운 몸가짐으로도 묘사될 수 없고 오히려 조용하고 자신과 그 능력에 대한 전문가적인 확신만으로 표현될 수 있다. 고객이 경호보안요원으로부터 느끼는 신뢰감이 고객에게 안정감을 가져다 줄 수 있어야하며 강인한 체력과 학식이 있어야 하고, 상식이 풍부해야 한다. 이것은 석·박사 학위를 의미하는 것이 아니라 세계의 뉴스와 지리, 정치, 그리고 사업에 대해서 일반적인 상식을 잘 알고 있어야 한다는 뜻이다. 고객이 영화산업에 관련되어 있다면, 적어도 그의 영화 몇 편은 보아야 하고 그에 대한 비평도 읽고 최근의 개봉영화도 보고 관객이 몇 명이나 관람했나 정도는 알고 있어야 한다. 하지만, 염두에 두어야 할 것은 고객으로부터 받고 있는 신뢰감을 이용해 연기자로 나가는 발판으로 삼아서는 안 된다는 것이다. 경호보안요원을 고용한 사람은 그들의 안전을 책임지는 경호보안요원을 믿는 것이지 배우가 되고자 열망하는 사람의 손에 그들의 운명을 맡기지 않을 것이다. 연기에 관심을 보임으로써 고객의 신임을 잃고 일자리도 잃게 된 젊은이들이 많다. 고용자는 행동거지가 반듯하고 예의가 바른 사람을 선호할 것이다. 이 점은 배울 수도 있고 쉽게 바꿀 수도 있는 일이지만, 만약 옷 입는 감각이 있거나 적당한 때 적당하게 입는 법을 안다면 더 유리할 것이다. 어떤 고용자는 옷을 주기도 하고 돈으로 주기도 한다. 옷을 제대로 갖춘 근로자가 그들에게 좋은 영향을 주고 그들이 속한 상류사회, 사업군에 쉽게 조화될 수 있다는 것도 알아야 한다.

5. 경호보안요원의 기본적인 태도

첫 출발한 경호보안요원은 기본 매너를 이해하기 위해 부유한 집 출신이어야 한다거나 학교를 끝낸 졸업생이라는 점이 해가 되는 경우는 없지만 꼭 필요한 것은 아니다. 기본 태도란 것은 기본적인 사회적 품위, 인성, 예절, 외모, 위생, 그리고 적절하게 옷 입는 방법 등에 대한 이해를 말한다. 완벽한 위장을 하고 수염도 깍지 않은 모습으로 일하는 데 나타난다면 그를 좋아할 고용주는 없을 것이다. 또한, 극단적으로 반대 상황, 예를 들면 하이티(Haiti) 섬에서 휴가 중인 고객을 호위할 때 검은 정장을 입는다면 마찬가지로 부적절할 것이다.

사회적으로 수용되기 위해서는 기본적인 위생에서 출발해야 한다. 경호보안요원이 나쁜 입 냄새나 몸에서 냄새를 풍긴다고 고객이 관리인에게 불만을 표현한다면 계약 때부터 퇴짜를 받을 것이다. 부유층은 위생문제에 관해 유난히 신경을 쓰고 심지어는 편집증적인 경우도 있지만, 어쨌든 심하게 땀을 흘리거나 나쁜 냄새를 풍기는 사람과 일하기를 원하는 사람은 아무도 없을 것이다. 더러운 머리카락, 눈에 띌 정도의 귀지, 누렇게 썩은 이, 더러운 손톱, 음식 냄새나는 옷 등도 똑같이 혐오감을 줄 것이다. 옷은 청결해야 하고 구김이 없어야 하며 때와 장소에 적절해야 한다. 갈아입을 옷과 간편한 외투, 정장을 고객이 갑자기 계획을 바꾸는 경우에 대비해서 차 트렁크에 넣어 두고 다니는 것이 좋다. 특정한 용도나 여행시 적절한 옷이 어떤 것인지 잘 모를 경우, 고객에게 묻거나 그들의 개별적 도움을 부탁할 수 있다. 여행이 휴가용인지, 정장이나 예복을 갖추어야 할 정식 만찬인지, 사업회의가 있는 여행인지를 묻도록 한다. 대부분의 특정한 행사에 실제적으로 초대받을 경우 적절한 정장을 갖추어야 한다.

경호보안요원이 경계임무를 수행할 때 지켜야할 규칙을 정해서 경호보안요원이 쉽게 볼 수 있는 곳에 부착하여 실제 활용이 가능하도록 노력한다.

참고

*** 올바른 경호보안요원의 수칙**

1. 경호보안요원은 국가관이 투철하고 사명감 의식이 확고하며 신뢰 할 수 있어야 한다.
2. 경호보안요원은 조직적이며 협동심이 강하며 규율관념이 체계적이어야 한다.
3. 경호보안요원은 동작이 민첩하고 빈틈이 없어야 하며 용맹스러워야 한다.
4. 경호보안요원은 침착하고 친절하며 최고의 도덕적 예의를 갖추어야 한다.
5. 경호보안요원은 근면 성실한 자세로 매사에 방심과 긴장을 풀지 않으며 일을 신중하고 능숙하게 처리한다.
6. 경호보안요원은 지혜롭고 명석하여야 하며 정서적인 양식이 풍부 하여야 한다.
7. 경호보안요원은 임무 수행에 있어 항상 책임감이 있어야 하며 나 보다 귀하를 소중히 생각할 줄 알아야 한다.
8. 경호보안요원은 올바른 가치관과 주관력이 있어야 하며 겸허한 자세와 인내심과 결단력이 있어야 한다.

9. 경호보안요원은 임무를 수행함에 있어 확실하고 명분 있게 임하여야 하며 항시 초지 일관이어야 한다.
10. 경호보안요원은 봉사와 희생정신으로 적극적이고 진취적으로 확고하게 일을 해야 한다.
11. 경호보안요원은 항시 예의가 올바라야 하며 모든 이에게 모범이 되어야 한다.
12. 경호보안요원은 상·하 지휘체제가 정확하여야 하며 인류와 호국에 안전과 평화를 이해 희생과 봉사정신으로 임해야 한다.

경호보안요원은 선천적으로 조용한 성품이어야 하고 유쾌한 성격과 확신에 차 있어야 하며, 건방지지 않아야 하며, 무엇보다 전문적인 태도를 갖춰야 한다. 예의바르고 공손하며 사려심이 있어야 하나, 아첨하지는 않는 태도가 요구된다. 고객과 그의 손님 혹은 관련된 사람들 모두 그가 고용주나 연장자를 대할 때와 같은 존중감으로 대해야 한다. 자기가 접촉하는 인물들과 너무 가깝거나 친절하게 되는 것도 항상 피해야 한다. 이러한 모든 것들이 경호보안요원들이 합창단원의 목소리처럼 나긋나긋함을 의미하는 것은 아니다. 사실 많은 경우 공격적이고 유능해야 하며 임무수행 중에는 자제해야 하는 면을 가지고 있다.

많은 경호보안요원들이 직업적인 필요에 의해 그들은 무시무시한 기술과 조절된 폭력성 그리고 보호 본능까지도 가지고 있다. 경찰관이나 경호보안요원과 일해 본 경험이 있는 심리학자들은 그들의 성격에 모순되는 면들이 있다고 말할 것이다. 그러나 주요한 통제요인은 훌륭한 기본적 가치와 통합성 그리고 개인적인 자기 자제 능력이다. 많은 경호보안요원들이 겪는 어려움 중의 하나는 자신을 다스리는 것이다. 어떤 면에서 그들은 싸움을 잘 할 수 있도록 훈련을 받았고 동기에 차 있고 헌신적이며, 양심적이고 그리고 유능하다. 그러나 삼가는 태도와 고객의 그늘에서 일하는 것에 만족하는 자세가 요구된다. 유명인사들은 누구보다도 조용한 생활방식을 향유하는 경향이 있기 때문에 고객의 신체적 능력이나 결함으로 그를 판단하는 실수를 해서는 된다.

경호보안요원이 고객이나 그의 손님들과 동석해서 식사를 할 경우도 있을 것이다. 그러나 이것은 바람직하지 않다. 왜냐하면 정중한 대화시 산만해질 수 있으므로 불가피한 경우에 한한다. 결국, 이런 경우 경호보안요원은 그릇의 배치와 물 잔과 포도주잔을 구별해야 하며, 정중한 식탁 예의의 기본을 알아서 그가 못 올 자리에 있다는 인상을 주지 말아야 할 것이다. 태도에 관한 이와 같은 모든 강조는 그가 상류층의 사회에 조화할 수 있도록 하고 고객을 당황하지 않게 하기 위함이다. 고객과 그들의 일의 양상, 사회적 관습, 개인적 기호, 버릇을 연구하면 큰 실수를 피할 수 있다.

6. 경호보안요원 및 종사자의 임무

전문적 경호보안요원의 임무는 너무나 다양하지만 모두 한 분야에 집중되는데, 그것은 임무의 주어진 틀과 한계 안에서 최상의 경호보안 서비스를 제공하는 것이다. 고객의 일과 생활의 범주 안에서 경호보안요원 단 한 명이 커버해 줄 수 있는 범위 안에서 고객의 필요에 응할 수 있어야 한다. 대부분의 경우에서처럼 경호보안요원의 임무는 처음으로 경호보안요원을 두지 않는 한 고객에 의해 정해질 것이고 처음 고용하는 경우는 일련의 안내가 필요할 것이다. 그 임무는 경호해야 할 대상과 일할 시간에서부터 출발한다. 운전사로서, 24시간 대기하고 있는 상태로써 자녀를 등교시켜 주는 것, 저녁에 문단속을 하는 것, 여행계획을 짜는 것 등의 일로 그 임무가 배가 될 수 있다. 더 나아가 덜 구체적인 임무를 기대하기도 한다. 근면성, 충성심, 정직함, 사려 깊은 분별력, 자신감 등은 전문가 의식으로 분류될 수 있는 요건들이지만 고용주가 서면상으로 정의 내리기는 어려운 것이다.

경호보안요원의 지위란 봉사에 기본을 둔 것이지만 한계가 있다. 경호보안요원을 엉뚱한 용도에 쓰거나 “도움의 손”으로 취급하여 심부름시키는 것, 장보기, 애완동물 밥 주기, 비디오를 예약 녹화하는 것, 그 밖의 수많은 잡일을 시킬 수 있는 사람으로 생각하는 고객의 잘못된 인식에 그 원인이 있다. 이렇게 경호보안요원의 임무를 잘못 이해하는 것이야말로 경호보안요원과 고객 사이의 불만족을 야기시키는 가장 큰 원인이 된다. 그렇다고 경호보안요원이 절대로 심부름을 해서는 안 된다는 것이 아니다. 사실, 이러한 도움을 필요로 하는 잡일을 절대로 하지 않는 사람은 그의 직업을 오래 유지하지 못할 것이다. 경호보안요원은 어떤 때 이런 것이 받아들여지고 그의 전문적 지위와 부딪치는지를 아는 것이 필요하다.

또한, 경호보안요원은 실질적인 위협에도 직접적으로 관련된다. 예를 들어, 경호보안요원이 곤란한 상황에 대처하기 위해 준비되어야 하는 상황에서 쇼핑백을 가득 들고 있어서는 안 된다. 피보호자를 공공장소에 혼자 기다리게 하고 차를 잡으러 가는 것도 바람직하지 않다. 그 일은 운전사나 대리 주차요원이 할 일이다. 보안요원 또한 시설물내에서 대리운전이나 주차를 하면 안 될 것이다. 반면, 피보호자가 저녁때 처방약을 사기 위해 급히 약국을 달려가는 것과 같은 일은 적합하다고 할 수 있지만, 이것도 아무도 그 일을 할 사람이 없고 배달도 되지 않고 어떤 위험도 진행되고 있지 않을 때의 경우에 한해서이다. 보호 대상자가 약국에 뛰어 다녀오도록 하는 것은 안전한 집으로부터 나가 더 많은 위험에 노출되게 하는 것이기 때문이다.

안전과 관련된 일이 아닌 경우 경호보안요원은 고용주에게 이러한 주위의 분산과 꼭 필요하지 않은 업무수행이 갖고 있는 위험성에 대해 그 이유와 논리를 설명하는 것이 필요하다.

경호보안요원의 임무에 관해 있을 수 있는 모든 혼란을 막기 위해 고용할 때부터, 수용될 수 있는 경호보안요원의 임무에 대한 가이드라인 같은 것을 준비하고 첫 면담에 응하는 것이 좋다. 그러면 고용주나 고용관리자가 타당하다고 생각하는 것은 무엇이든지 더하거나 뺄 수 있을 것이다. 이 시점에서 경호보안지원자는 고객에게 안전과 관련되지 않은 일 을 대신하는 존재가 아님을 알려야 한다. 이렇게 함으로써 그 일에 지원하는 것과 더 나아가 그들의 눈에 전문가로서의 입지를 강화하는 데 도움이 될 것이다. 고용의 조건과 예상되는 임무를 활자화하여 고객과 그의 관리책임자, 안전담당 매니저들의 서명을 받아 둠으로써 그의 입지가 더 안전할 수 있다. 고용주가 필요한 경우 어떤 임무도 와 같은 임의로 해석될 수 있는 조항을 끼워 넣지 않도록 주의해야 한다. 이런 것이 나중에 경호보안요원의 지위가 남용될 수 있는 여지가 있기 때문이다. 이러한 문제에 대해 경호보안요원이 대결하는 자세를 보이지 않도록 해야 하지만, 필요한 경우에는 확고한 의사를 표명할 필요가 있다.

일단 도움의 손길 정도의 존재로만 보이면 전문가적 입장이나 고객의 존중을 다시 얻기는 무척 어려울 것이다. 모든 상황을 예상할 수 있는 것이 아니므로 고객에게 계속해서 공손한 태도로, 자주 예를 들면서 깨닫게 해야 한다. 때때로 그의 책상에 안전업무 수행 절차상의 변화나 새로운 기술, 최근의 기사나 지역범죄와 관련된 뉴스를 모아 두거나 그에 따른 그의 위치와 잠정적인 위험 노출의 가능성 등의 변화 추세에 관한 메모를 남기는 것도 권할 만하다.

임무가 어느 정도까지는 고객의 종류에 따라, 고객의 보조요원의 규모에 따라, 보호 수준의 기대치에 따라 다양하게 달라질 수 있다. 간단한 일에서는 보호효과를 발휘하고 도움이 되는 힘세고 과묵한 유형의 경호보안요원이 좀 더 두뇌적인 관리상의 임무를 수행하는 데는 믿음직하지 못할 수도 있다.

요즘에는 그들의 임무가 단지 신변보호 및 시설물보안 영역을 훨씬 넘어서기 때문에 경호보안전문가라는 용어가 경호보안업이라는 용어로 사용한다. 고객을 효과적으로 경호하기 위해서 현재의 경호보안요원은 경호보안업에서 전형적으로 다뤄지지 않던 분야도 포함해야 한다. 이것은 적당한 차를 고르는 일, 여행계획을 세우는 일, 거주 안전시스템, 사무실 출입 통제 CCTV(폐쇄회로 텔레비전)를 모니터하는 것, 우편함 관리, 정규적인 보안업무 평가 등을 말한다.

운전의 경우 경호보안요원이 운전하든 고객이 직접 운전하든지 간에 경호보안요원은 차량관리에 전문적인 관심을 갖고 있어야 한다. 경호보안에 관련된 안전업무를 잘 진행하고 있는지 관심을 가져야 한다. 이것은 고객의 계획된 거동에 익숙하게 반응하고 적당한 교통수단을 확인하고 고객의 호텔 방 바로 옆방에 자신이 배치될 수 있도록 확인해 놓기 위해서이다. 시간과 경력이 쌓이면 집과 사무실의 안전장치와 출입통제 시스템에 대한 정보와 지식을 가지고 다루기를 요청 받을 수도 있다. 그렇지 않으면 그저 집과 사무실을 오고 가는 방문객의 방문일지를 관리하고 저녁에 문을 잠그는 "열쇠 관리인"으로서의 역할밖에 못할 수도 있다. 근접 보호 역할의 직접적인 부분은 못할지라도 관련된 이와 같은 임무들은 고객의 전체적 안전담당을 효과적이게 하고, 특히 그가 팀의 일부로서 일한다면 정당하게 기대되는 일들이다.

경호보안임무의 일부라고 할 수 없는 일들이라면 주차 대행자나 심부름꾼에 의해 행해질 수 있는 일들, 즉 세탁물을 찾아오는 것, 간편한 식사를 급히 사가지고 오는 것, 애완동물을 산책시키거나 먹이를 주는 것, 세차, 쇼핑가방을 나르는 것과 같은 일이다. 그러나 고객 보호와 직접 관련이 있는 것은 아니지만 전문적인 경호보안요원이 기꺼이 감수해야 할 일들이 있다. 이러한 일은 그의 지위에 대한 신뢰와 분별력을 필요로 하는데, 고가의 그림이나 예술품, 보석, 중요한 계약, 비밀정보, 현금이나 협상할 수 있는 수단 등이 포함된다. 덧붙여서, 경호보안요원이 보호하는 역할일 경우 고객이 그날 일을 안전하게 잘 끝냈을 때 월급이나 현금을 찾으러 은행 심부름을 하거나 중요한 서류를 배달하거나 하는 일들이다. 이런 것들은 모두 경호보안요원의 전문적인 기술을 요하는 것이기 때문에 단순한 심부름으로 생각해서는 안 될 것이다.

경호보안요원의 주의사항

경호보안업 종사자들이 절대적으로 피해야 하는 일 중의 하나는 부도덕한 부유층들에 의해 가끔 요청 받을 수 있는 일련의 불법적인 일들과 관련된 것이다. 교통법규 위반 문제를 처리하는 것, 공직자에게 필요시 거짓 진술을 의뢰하는 것, 위증이나 가짜 선서를 하는 일, 불법 의약품을 사거나 취급하는 것, 불특정 화물을 배달하는 것, 성매매를 알선하는 일, 빌려 준 돈을 회수하는 데 무력이나 협박을 쓰는 일, 사기·횡령을 보호하는 일, 공갈·음모에 관여하는 일, 불법적인 도청, 사업상의 협박, 원치 않는 배우자나 살인교사 및 유기와 같은 불법적인 일의 수주이다. 이런 일 중 어떤 것은 남의 일처럼 생각될지도 모르지만, 모두 실제로 일어나는 일이고 이 일로 인해 체포되어 실형을 선고받기도 한다.

따라서 법과 윤리에서 허용된 범위에서 업무를 성실히 수행해서 경호보안업의 발전과 개인의 자아개발에 힘써야 한다.

7. 경호보안요원의 한계

모든 정보와 자원을 갖춘 미국의 비밀 첩보국 조차 몇몇 대통령을 암살 습격으로부터 지켜 내지 못했다. 케네디(John F. Kennedy)대통령이 암살된 후 비밀 첩보국장이 대통령에게 할 수 있었던 단 한 가지 확실한 것은 곤봉으로 두 번은 맞지 않을 것이다 였다. 생각해 보라. 그들은 미국의 대통령이 한 번이라도 얻어맞거나 총을 맞지 않도록 보장할 수는 없었던 것이다. 이것은 고도로 훈련된 대규모 팀의 대통령 경호 특수요원들의 잘못이 아니라, 오히려 한 나라의 우두머리라는 지위 자체의 속성에 그 원인이 있다고 보아야 한다.

어떤 정치가도 국민들과 그를 뽑아 준 사람들과 접촉하러 나와야 하며, 대중에 노출되는 이상 위험은 따르는 것이다. 더욱이 그가 총사령관처럼 통제를 맡고 있는 사람이라면 대중 앞에 아무런 두려울 것 없는 온화하고 훌륭한 지도자라는 인상을 주기 위해 대중 앞으로 나와 '사진 찍는' 모험도 해야 한다. 나약한 꼭두각시를 보좌하거나 미움 받는 독재자에 의해 통치되는 억압적인 정권에서 그 지도자는 대중 앞에 너무 가까이 가는 것이 어리석다는 것을 안다. 이러한 폭군들은 공포를 조성하기도 하나, 그들 또한 공포 속에서 살며 거의 포위된 조건 아래서 다른 세력이 쿠

데타를 시도할까 봐 항상 병적으로 걱정하며 지낸다. 연예인이나 유명인사의 경우, 대중이나 그들의 팬들과 추종자들이 집착스런 괴짜나 정신질환자가 될 수도 있다. 잘 알려진 사업가들도 사업계와 사회적 책무의 양쪽에서 기능을 해야 한다. 그래서 짧은 기간이라고 해서 완전한 격리는 보장될 수 없다. 그것이 바로 가장 중요한 경호보안요원의 한계점이다.

개인경호 부문에서는 더욱 장애물이 많다. 정부의 경호보안요원들과는 달리 회사나 유명인사들과 계약하고 일하는 경호보안요원들의 경우 몇 가지 한계를 갖는다. 단독으로 일하는 경호보안요원은 전적으로 쓸모없다고 말할 수는 없지만 거의 그것에 가깝다. 인사들이 대중 앞에서 거동할 때 극성 팬들이나 접근자를 저지하는 목적으로는 일할 수 있겠으나 납치하거나 몰래 접근하기로 확고히 마음먹은 자들의 계획된 습격을 막는 데는 효과적이지 못할 것이다. 단독 경호일 때 경호보안요원은 자신의 한계를 알고 그의 고객에게 이러한 것들을 알려야 한다. 특히, 심각한 협박의 요인이 있을 때는 같이 일할 협조자를 요청해야 한다.

첫째로 명백한 한계는 한 명으로부터 얼마나 기대할 수 있느냐 하는 것이다. 아무리 고도로 훈련받고 경험이 많은 경호보안요원이라 할지라도 뒤에까지 눈이 달린 것은 아니다. 계속 효과적으로 오랜 시간 일할 수도 없고, 동시에 두 가지 일을 해낼 수도 없다. 위기상황에서 가장 중요한 임무는 방어하고 대피시키는 것이다. 그것이 전부이지만 한 명의 경호보안요원이 협박에 대처하고 그의 고객을 안전한 곳에 대피시키는 일을 동시에 한다는 것은 불가능한 일이다.

또 하나의 경호보안요원이 당면할 문제는 고객과 함께, 특히 경호보안요원이 운전을 하면서 돌아다닐 경우이다. 첫 번째로 운전을 할 때 양손 모두 사용하고 있으므로 위험한 일이 있을 때 신체적으로 고객을 보호하는 것이 제한된다는 것이다. 두 번째로, 계획된 납치사건의 경우 운전자가 첫 번째 저격 대상이 된다. 마지막으로, 차를 도로 가에 세우려 할 때 고객은 경호보안요원이 주위를 살펴볼 기회도 갖기 전에 차에서 흔히 뛰어 나가게 된다. 그러므로 운전자를 따로 쓰고 경호보안요원을 자유롭게 일할 수 있도록 두는 것이 현명한 해결책이다.

또 다른 문제는 고객이 직접 운전을 하고 경호보안요원이 뒤좇아 차로 갈 때다. 복잡한 시내 교통상황에서 다른 차를 좇아간다는 것이 어려운 것은 당연하고, 만약 고객이 멈춤 신호에 그냥 지나친다면 뒤차도 따라가기 위해서는 마찬가지로 그냥 지나쳐야 한다. 고객의 차가 신호등이 빨간불로 바뀌기 직전에 황급히 지나가 버리면 뒤차는 멈추든지 빨간불에 달리든지 해야 한다. 해결책은 인도하는 차와 뒤따르는 차를 함께 두든지 차선 변경시와 교차로에서 원만하게 따라가기 위해 경호보안요원에게 고객의 차를 운전하도록 하든지 하는 것이다.

걸어 다니는 것은 차를 타고 다니는 것처럼 큰 문제는 아니지만 그것도 제한점이 있다. 예를 들어, 남자 경호보안요원이 여자 고객과 잠정적인 위험장소의 사이에서 여기저기를 뛰어 다니는 듯한 모습을 하지 않고 제대로 경호하기는 어려운 일이다. 두 명의 경호보안요원이라면 좀 더 품위 있고 주위를 끌지 않는 태도로 고객을 일괄적으로 다룰 수 있다. 고객의 부인이나 여자 친구의 쇼핑시 호위하면서 그녀 자체의 경호보안요원이 없는 경우 고객의 경호보안요원이 쇼핑 가방을 들어주게 되고 자연히 주위가 산만해진다. 이때가 여자 경호보안요원이 더 편리한 경우이다. 경호보안 또한 본인의 노력을 통한 저 임금을 극복함으로써 젊은 경호보안요원도 경호보안으로 진출해야 할 것이다.

또한 우리나라는 아직까지 법적·제도적으로 개선되어야할 부분이 적지 않게 남아 있는데, 대표적으로 현행 민간경호보안 관련법이 「경비업법」과 「청원경찰법」으로 이원화 되어 있다는 사실이다. 이로 인해 범죄예방활동 및 운용의 합리화가 효율적으로 이루어지지 못하고 있는 실정이다. 한편, 국가 공(公)경호보안과 가장 밀접하게 관련되어 운용되고 있는 국가중요시설 경비보안도 이원화 및 기타 관계로 인해 보안효율성면에서 많은 문제점을 안고 있다 이러한 이원화 문제를 먼저 해결하면 경호보안의 발전방향은 한 단계 업그레이드 될 것이다.

제2장

경호보안 위해환경론

제2장
경호보안 위해환경론

제1절 경호보안 위해환경

1. 경호보안 위해환경

경호보안대상자가 결정되면 그 대상 목표에 대한 경호보안 위해환경을 분석하고 이에 따른 적절한 경호보안 조치를 취하는 경우가 있으나 반대로 경호보안에 대한 환경적 위해 요소가 조성되면 그 위해 대상이 누구인가를 분석하고 그 대상에 대한 사전 보호 조치가 이루어지는 경우도 많다. 특히 민간경호보안인 경우 대부분은 전자의 경우로 신변보호 조치의 의뢰인이 요구하면 그 대상에 대한 취약 요인을 분석하게 되나 공공경호보안인 경우는 경호보안환경을 분석하고 예측하여 그 취약 요소가 미칠 위해 대상에 대한 사전 예방 조치를 취하는 활동을 하게 되는 것이 통례이다.

경호보안환경은 사회 분위기에 따라 민감하게 반응하며 경호보안 활동에 있어 그 내용, 인원, 장비, 강도, 시간 등에 전반적으로 영향을 미치지만 반대로 경호보안 활동방법과 시행과정이 경호보안 환경에 영향을 미치는 경우가 있을 수 있다. 따라서 경호보안 기관은 항상 경호보안 환경이 순화되도록 경호보안상 기법을 개발 시행하여야 한다.

또한 경호보안환경은 테러를 합리화·정당화를 주장하는 구실이 될 수 있다. 특히 민족적·종교적 요인에 대한 테러리즘에 있어서는 경호 보안환경이 범법자들에게 범행 동기를 유발시키는 커다란 심리적 요소로 작용한다. 뿐만 아니라 범행 후에도 그 불가피성을 주장하는 이유로 삼게 된다. 따라서 정치적 목적에 의한 경우는 범행 후 그 목적 달성의 성패에 영향을 주게 된다. 경호보안 기관은 항상 경호보안 환경을 분석하고 여러 측면에서 위해 요소를 판단하여야 하며 이에 대한 대비책을 강구하여야 한다.

경호보안환경의 악화 요인은 특정 경호 대상의 내적인 자체 요소와 사회적·국가적·외적인 요소로 구분할 수 있다. 내적인 요소로는 경호보안 대상의 개인적 성향, 정치적 관계 및 종교적·사회적 대립관계를 등을 들 수 있겠고 외적 요소로는 국내 시국 상황, 위해 요소의 통제 및 관리, 테러의 양상, 경호보안 관련 법적 지원 등을 들 수 있다. 특히 국내 시국 상황과 테러의 양상 부분은 국내뿐만 아니라 전 세계적인 테러의 양상을 분석하고 경호보안 대상과의 연관 여부를 판단하여야 한다. 경호보안 대상이 국가적 요인인 경우 테러 집단이나 지원국과의 국가 간에 외교, 군사, 경제 등 적대적 관계나 종교적 이념 갈등, 국제적 분쟁의 문제 등이 연관되어 감정적 대립 관계에 있으면 경호 환경에 치명적인 악화 요소라고 판단하여야 한다.

2. 경호보안 환경 분석

1) 경호보안 환경 분석 요소

경호보안환경을 판단하고 특정 경호보안목표에 대한 취약요소를 추출하는 데에는 여러 측면에서 접근하고 분석할 수 있다. 경호보안의 특성상 시행착오와 오차를 허용하지 않으며 완벽성을 추구하는 개념에서 그 결과는 같을 수 있지만 여러 측면에서 분석하고 복합적인 결론을 내는 것이 중요하다.

경호보안환경을 분석하는 여러 가지 측면의 경우를 정리하면 다음 [표 1]과 같다.

[표 1] 경호보안환경의 분석요소

분석요소	내 용
경호보안환경	-테러리즘상황, 국가안보치안상태, 정치·종교·사회적 이념대립 -법적·제도적 실태, 정책적 상황 -위해가능지역: 직접위해가능지역, 간접위해가능지역, 위해영향지역 -경호보안활동범위: 안전구역, 경계 및 경비구역, 치안강화지역 -위해요소환경: 인적 위해환경, 물적 위해환경, 지리적 위해환경
경호보안기관	-공경호보안기관, 민간 경호보안기관, 경호보안요원
경호보안대상	-공경호보안대상, 민간 경호보안대상, 개인
일반시민	-개인성격, 활동범위, 직업 등 외적 요소

2) 경호보안 환경분석에 따른 대처

경호보안대상(목표)에 대한 경호보안 환경을 분석하고 이에 따른 적절한 경호보안 조치를 취하기도 하고, 반대로 경호보안 환경적 위해 요소가 조성되면 그 위해 대상이 누구인가를 분석하여 그 대상에 대한 사전 보호 조치가 이루어지는 경우도 많다. 특히 민간경호보안인 경우 대부분은 전자의 경우로 신변보호 조치의 의뢰인이 요구하면 그 대상에 대한 취약 요인을 분석하게 되나 공적 경호보안인 경우는 경호보안환경을 분석하고 예측하여 그 취약 요소가 미칠 위해 대상에 대한 사전 예방 조치를 취하는 활동을 하게 되는 것이 통례이다.

경호보안 환경은 사회 분위기에 따라 민감하게 반응하며 경호보안 활동에 있어 그 내용, 인원, 장비, 강도, 시간 등에 전반적으로 영향을 미치지만 반대로 경호보안 활동방법과 시행과정이 경호보안 환경에 영향을 미치는 경우가 있을 수 있다.

따라서 경호보안기관은 항상 경호보안 환경이 순화되도록 경호보안상 기법을 개발 시행하여야 한다.

또한 경호보안환경은 테러를 합리화·정당화를 주장하는 구실이 될 수 있다. 특히 민족적·종교적 요인에 대한 테러리즘에 있어서는 경호보안환경이 범법자들에게 범행 동기를 유발시키는 커다란 심리적 요소로 작용한다. 뿐만 아니라 범행 후에도 그 불가피성을 주장하는 이유로 삼게 된다. 따라서 정치적 목적에 의한 경우는 범행 후 그 목적 달성의 성패에 영향을 주게 된다. 경호보안기관은 항상 경호보안 환경을 분석하고 여러 측면에서 위해 요소를 판단하여야 하며 이에 대한 대비책을 강구하여야 한다.

3) 경호보안환경의 악화징후

경호보안 환경의 요소 중 악화되는 징후를 살펴보면 다음 [표 2]와 같다.

[표 2] 경호보안환경의 악화징후

경호보안환경요소	내 용
경호보안대상의 성향	경호보안대상관련 지역감정의 표면화, 종교적 이념대립의 심화, 개인적 원한관계(금전, 이성, 가계, 정치 등), 적대적 세력의 감정대립 발생, 업무추진방법, 스타일(대중집회 등 선호)상의 취약점 노출, 개인적 악성루머 유포, 추종세력의 갈등문제 발생, 부정부패 연루 등

정치적 관계 (정치인의 경우)	쿠데타 등 집권의 정통성, 집권과정의 불법성 대두, 정치적 저항세력, 지역 발생, 대규모 폭력시위 발생, 정파간 정쟁, 이념대립의 심화, 사회계층·세대 이념적 대립감정 상승, 정치적·사회적 소외계층의 발생, 지지도의 하락 및 정책 실패 노출
종교적·사회적 대립관계	종교적 이념 논쟁에 개인적 감정대립 노출, 사회적 논쟁의 감정대립, 특수 소외 계층에 의한 비판대상, 개인적 특수관계
테러리즘양상	국제테러리즘 환경의 악화, 테러관련 적대국가의 발생, 종교적·민족적 감정대립 국가 대두, 국내 테러단체 활동 징후 발견, 국가적·민족적 안보관련 국제관계의 대립, 구체적 테러 정첩보 입수
국내시국상황	국내치안상태 불안고조, 불법 폭력 시위, 파업 등 발생, 사회적 빈곤층, 소외계층의 감정 악화, 경호조치에 대한 국민감정의 악화
법적·제도적 지원	경호보안관련법의 지원미비, 위해요소 통제 관련법 미비, 테러방지를 위한 법 미비 및 국제적 조약비준상태 미흡, 불법행위에 대한 법적용 의지 퇴색

3. 물적 경호보안 위해환경

1) 물적 위해환경으로서의 위험물

(1) 위험물의 종류

위험물 또는 위험물품이란 일반적으로 다른 사람의 생명을 위협하거나 신체에 해를 끼칠 수 있는 기구로 다른 사람에게 위해(危害)를 끼칠 수 있는 위해물품을 말한다. 인간에게 이롭게 사용될 수도 있으나 불법행위에 사용될 수 있는 모든 도구나 물품이 위해물품이다. 위험물의 저장·취급 및 운반과 이에 따른 안전관리에 관한 사항을 규정함으로써 위험물로 인한 위해를 방지하여 공공의 안전 확보를 위한 「위험물안전관리법」에서는 위험물을 인화성 또는 발화성 등의 성질을 가지는 것으로서 대통령령이 정하는 물품으로 규정하고 있다. 「선박안전법」에 따른 선박에 의한 위험물의 운송 및 저장, 위험물 취급자에 대한 위험물 안전운송 교육과 상용위험물의 취급에 관한 사항을 규정하기 위한 「위험물 선박운송 및 저장규칙」제2조에서는 제1급 화약류, 제2급 고압가스, 제3급 인화성 액체류, 제4급 가연성 물질류, 제5급 산화성 물질류, 제6급 독물류, 제7급 방사성 물질, 제8급 부식성(腐蝕性) 물질, 제9급 유해성 물질 등으로 이를 구체적으로 규정하고 있다.

「총포 · 도검 · 화약류 등 단속법」(이하 '「총포등단속법」')에서는 위험물품을 총포(銃砲) · 도검(刀劍) · 화약류 · 분사기 · 전자충격기 및 석궁으로 보고, 이 물품들의 제조 · 거래 · 소지 · 사용이나 그 밖의 취급에 관한 사항을 규제하고 있다.

▷ 법에서 함부로 소지하거나 사용할 수 없도록 규제하는 위험물품에는 어떤 것들이 있나요?

가) 「총포 · 도검 · 화약류 등 단속법」에 따른 위험물품의 종류

(가) 총포 – 「총포등단속법」에서 총포란 총(銃)과 포(砲) 및 총포의 부품을 말하는데, 그 세부종류는 다음 [참고]와 같고(「총포등단속법」 §2①, 「총포등단속법 시행령」 §3 및 「총포등단속법 시행규칙」 §2③) 일정한 구조 및 성능 기준을 갖춘 것이어야 한다(「총포등단속법 시행규칙」 §2① · ②).

참고

*** 총포의 세부종류**

– 총포의 세부종류는 다음과 같다(「총포등단속법 시행령」 §3).

1. 총
   가. 권총(기관권총을 포함)
   나. 소총
   다. 기관총(구경 20mm 미만의 것만 해당. 기관권총은 제외)
   라. 엽총
      (1) 산탄총(번경 4번부터 32번까지의 것 및 구경 0.41inch의 것만 해당)
      (2) 강선총(구경 0.22inch부터 0.38inch까지의 것만 해당)
      (3) 공기총(구경 4.5mm부터 5.5mm까지의 것만 해당. 다만, 산탄총인 공기총의 경우에는 5.5mm부터 6.4mm까지의 것만 해당)
      (4) 가스총(구경 4.5mm부터 5.5mm까지의 것만 해당. 다만, 산탄총인 가스총의 경우에는 5.5mm부터 6.4mm까지의 것만 해당)
   마. 사격총
      (1) 산탄총(번경 12번부터 20번까지의 것만 해당)
      (2) 강선총(구경 0.22inch부터 0.38inch까지의 것만 해당)
      (3) 공기총(구경 4.5mm부터 5.5mm까지의 것만 해당)

(4) 가스총(구경 4.5mm부터 5.5mm까지의 것만 해당)

바. 어획총

(1) 어획소총(구경 0.22inch부터 0.38inch까지의 것만 해당)

(2) 섬총

사. 마취총

아. 도살총

자. 산업용총

(1) 타정총

(2) 청소총

(3) 광쇄총

(4) 쇠줄 발사총

차. 구난 구명총

(1) 구명줄 발사총

(2) 구명신호총

카. 가스발사총

타. 기타 뇌관의 원리를 이용한 장약총

2. 포

가. 소구경포(구경 20mm부터 40mm까지의 것만 해당)

나. 중구경포(구경 40mm초과 90mm 미만의 것만 해당. 박격포는 제외)

다. 대구경포(구경 90mm 이상의 것만 해당. 박격포는 제외)

라. 박격포

마. 포경포(소구경포만 해당)

3. 총포의 부품

가. 총포신 및 기관부(총포 외의 다른 용도에는 사용할 수 없는 부품만 해당)와 포가

나. 산탄탄알 및 연지탄

※ 산탄탄알 및 연지탄의 규격과 명칭은 「총포등단속법 시행규칙」 별표 2와 같다.

다. 소음기 및 조준경

* 총포의 구조 및 총의 성능

○ **총포의 구조 –** 총포는 다음의 구조를 갖춘 것이어야 한다(「총포등단속법 시행규칙」 §2 ①).

1. 총은 총열 · 기관부 · 노리쇠뭉치 · 방아틀뭉치 및 개머리로 구성될 것
2. 탄알의 장전방법은 삽탄식(揷彈式) · 탄창식(彈倉式) 또는 회전식일 것
3. 구경(口徑) 또는 번경은 규격에 적합할 것(산탄인 공기총은 구경 5.5mm부터 6.4mm 까지의 것만 해당)
4. 공기총(공기 또는 가스압축식·용수철식 및 가스용수철식을 포함)의 구조 및 형식은 다

음과 같을 것

가. 공기총의 총신과 압축실 시린다는 이은 자리가 없고 1㎠당 180kg 이상의 압력에 견딜 수 있는 재질로 할 것

나. 공기총의 압축실 시린다 전체의 체적은 500㎤를 초과하지 않을 것

다. 공기총의 전체 길이는 80cm부터 120cm까지로 할 것

라. 제작하는 총마다 기관부의 왼쪽에는 제조회사와 총의 종류 및 구경을, 오른쪽에는 제조회사별 영문약어 2자와 제조연도 2자 및 제조순서에 따른 일련번호를 여섯자리의 숫자로 새겨 표시하고, 방아틀뭉치에는 제조회사 영문약어 2자와 제조연도 2자 및 제조순서에 따른 일련번호를 여섯자리의 숫자로 새겨서 표시할 것

마. 공기총의 구조는 겸용할 수 없는 단일형식의 구조로 할 것

바. 방아쇠 당기는 힘을 1kg 이상으로 하고, 안전장치를 할 수 있는 구조로 제작할 것

사. 노리쇠 · 공이치기 · 방아쇠 · 단발자 및 안전장치의 재료는 한국산업규격(KS)D3752의 SM45C 이상의 재질을 사용할 것

○ **총의 성능 –** 총은 다음의 성능에 적합한 것이어야 한다(「총포등단속법 시행규칙」 §2② 및 「총포등단속법 시행규칙」 별표 1).

1. 장약총의 성능

총의 종류	탄알	유효사거리 (m 이내)	최대도달거리 (m 이하)
산탄총	18.3mm 이하	60	560
강선총	22호	100	1,600
	30호	300	2,000
	38호	300	4,000

2. 공기총의 성능

총의 종류	구경	연지탄의 에너지	압축실 시린다 전체체적
단탄총	4.5mm	60J이하	500㎤이하
	5.0mm	〃	〃
	5.5mm	〃	〃
산탄총	5.5 ~ 6.4mm	〃	〃

(나) 도검 – 「총포등단속법」에서 도검이란 칼날의 길이가 15cm 이상 되는 것으로 성질상 흉기로 쓰이는 것과 칼날의 길이가 15cm 미만이라도 흉기로 사용될 위험성

이 뚜렷한 것으로서 다음 어느 하나에 해당하는 것을 말하는데(「총포등단속법」 §2② 및 「총포등단속법 시행령」 §4①), 그 규격 및 형태는 「총포등단속법 시행령」 [별표 1]과 같다(「총포등단속법 시행령」 §4②).

1. 월도(月刀)
2. 장도(長刀)
3. 단도(短刀)
4. 검(劍)
5. 창(槍)
6. 치도(刺刀)
7. 비수(匕首)
8. 재크나이프(칼날의 길이가 6cm 이상의 것만 해당)
9. 비출나이프(칼날의 길이가 5.5cm 이상의 것이고, 45° 이상 자동으로 펴지는 장치가 있는 것만 해당)
10. 그 밖에 6cm 이상의 칼날이 있는 것으로 흉기로 사용될 위험성이 뚜렷한 도검

다만, 칼끝이 둥글고 날이 서 있지 않아 흉기로 사용될 위험성이 없는 것은 도검으로 보지 않는다(「총포등단속법 시행령」 §4③).

(다) 화약류 – 「총포등단속법」에서 화약류란 화약(火藥)·폭약(爆藥) 및 화공품(火工品: 화약 및 폭약을 이용해서 만든 공작물을 말함)을 말하는데, 그 세부종류는 다음 [참고]와 같다(「총포등단속법」 §2③, 「총포등단속법 시행령」 §5 및 「총포등단속법 시행규칙」 §4①).

참고

*** 화약류의 세부종류(「총포등단속법」 §2③ 및 「총포등단속법 시행령」 §5).**

1. 화약
   가. 흑색화약 또는 질산염을 주성분으로 하는 화약
   나. 무연화약 또는 질산에스테르를 주성분으로 하는 화약
   다. 과염소산염을 주로 한 화약
   라. 산화납 또는 과산화바륨을 주로 한 화약
   마. 브로모산염을 주로 한 화약
   바. 크롬산납을 주로 한 화약

사. 황산알루미늄을 주로 한 화약

2. 폭약

가. 뇌홍 · 아지화연 · 로단염류 및 테트라센 등의 기폭제

나. 초안폭약 · 염소산칼리폭약 · 카리트나 그 밖의 질산염 · 염소산염 또는 과염소산염을 주성분으로 하는 폭약

다. 니트로글리세린 · 니트로글리콜이나 그 밖의 폭약으로 사용되는 질산에스테르

라. 다이나마이트나 그 밖의 질산에스테르를 주성분으로 하는 폭약

마. 폭발에 쓰이는 트리니트로벤젠 · 트리니트로토루엔 · 피크린산 · 트리니트로클로로벤젠 · 테트릴 · 트리니트로아니졸 · 핵사니트로디페닐아민 · 트리메틸렌트리니트라민 · 펜트리트 및 니트로기 3 이상이 들어 있는 니트로화합물과 이들을 주성분으로 하는 폭약

바. 액체산소폭약이나 그 밖의 액체폭약

사. 폭발의 용도에 사용되는 질산요소 또는 이를 주성분으로 한 폭약

아. 디아조디니트로페놀 또는 무수규산 75% 이상을 함유한 폭약

자. 초유폭약

차. 함수폭약

카. 면약(질소함량이 12.2% 이상인 것만 해당)

3. 화공품

가. 공업용뇌관 · 전기뇌관 · 총용뇌관 및 신호뇌관

나. 실탄(산탄을 포함) 및 공포탄(空砲彈)

다. 신관 및 화관

라. 도폭선 · 미진동파쇄기 · 도화선 및 전기도화선

마. 신호염관 · 신호화전 및 신호용화공품

바. 시동약(始動藥)

사. 꽃불이나 그 밖의 화약이나 폭약을 사용한 화공품

아. 장난감용 꽃불류

※ 장난감용 꽃불류의 종류 및 성능은 「총포등단속법 시행규칙」 제4조와 같다.

자. 자동차 긴급신호용 불꽃신호기

차. 자동차에어백용 가스발생기

(라) 분사기 – 「총포등단속법」에서 분사기란 사람의 활동을 일시적으로 곤란하게 하는 최루(催淚) 또는 질식 등의 작용제를 내장된 압축가스의 힘으로 분사하는 ㉠ 총포형 분사기, ㉡ 막대형 분사기, ㉢ 만년필형 분사기 또는 ㉣ 그 밖의 휴대형 분

사기를 말하는데(살균 · 살충용 분사기는 제외, 「총포등단속법」 §2④ 및 「총포등단속법 시행령」 §6의2), 그 구조 및 성능은 다음 [참조]의 기준을 갖춘 것이어야 한다(「총포등단속법 시행규칙」 §2의2).

참고

* 분사기의 구조 및 성능

○ **분사기의 구조** – 분사기는 다음의 구조를 갖춘 것이어야 한다. 다만, 「총포등단속법 시행령」 제9조제3항제1호 단서에 따라 치안목적용 등으로 경찰청장의 승인을 받은 경우는 예외로 한다(「총포등단속법 시행규칙」 §2의2①).

1. 분말분사기
   가. 발사장치는 탄창장전식이 아니며 화약을 사용하지 말 것
   나. 가스용기에 내장된 압축가스의 힘으로 분말약제통에서 분사구를 통해서 분말이 분사되는 형식일 것
   다. 재질은 금속 또는 강화플라스틱으로 하되, 사용되는 가스용기의 압력에 견딜 수 있는 것일 것
   라. 발사안전장치를 부착해서 안전사고를 방지할 수 있을 것
   마. 분말약제통은 연속 5회 이상 사용해도 팽창·균열되는 등의 결함이 없을 것
   바. 가스용기는 행정안전부장관이 지정하는 기관의 형식승인을 얻은 제품일 것
   사. 가스용기에 넣는 가스는 압축탄산가스 17g 이하일 것
   아. 발사되는 내용물은 120g 이하의 불연성 분말이어야 하며, 금속 또는 플라스틱 등이 함유된 약제 등이 아닐 것
   자. 제작하는 분사기마다 손잡이 부분에 제조회사·제품명칭(영문 약자 2자) 및 두 자리의 제조연도와 제조순번에 따라 일련번호로 여섯 자리의 제조번호를 새겨서 표시할 것
2. 액체분사기
   가. 발사장치는 탄창장전식이 아니며 화약을 사용하지 말 것
   나. 분사기에 내장된 가스압력에 의해 액체약제통에서 분사구를 통해서 액체가 분사되는 형식으로서 그 가스압력은 1㎠당 8kg 이하일 것. 다만, 가스용기를 사용하는 경우에는 제1호 나목 · 다목 · 바목 및 사목에 따른다.
   다. 재질은 금속 또는 강화플라스틱으로 할 것
   라. 액체약제통은 1㎠당 15kg(가스용기를 사용하는 경우에는 1㎠당 20kg)의 압력에 의해서 균열 또는 파열되는 등의 결함이 없을 것
   마. 발사되는 내용물은 불연성 액체일 것
   바. 제작하는 분사기마다 몸통 부분에 제조회사 · 제품명칭(영문약자 2자) 및 두자리의 제조연도와 제조순번에 따라 일련번호로 여섯자리의 제조번호를 새겨서 표시할 것

○ **분사기의 성능** – 분사기의 약제는 인체에 무해한 분말 또는 천연액체로 하고 약제통에 화약을 사용해서는 안 되며, 최대분사거리는 7m 이내여야 한다. 다만, 막대형분사기의 최대분사거리는 10m 이내여야 한다(「총포등단속법 시행규칙」 §2의2②)

(마) 전자충격기 – 「총포등단속법」에서 전자충격기란 사람의 활동을 일시적으로 곤란하게 하거나 인명에 위해(危害)를 가하는 전류를 방류할 수 있는 ⓐ 총포형 전자충격기, ⓑ 막대형 전자충격기 또는 ⓒ 그 밖의 휴대형 전자충격기를 말하는데(산업용 및 의료용 전자충격기는 제외, 「총포등단속법」 §2⑤ 및 「총포등단속법 시행령」 §6의3), 그 구조 및 성능은 다음 [참조]의 기준을 갖춘 것이어야 한다(「총포등단속법 시행규칙」 §2의3).

참고

***전자충격기의 구조 및 성능**

○ **전자충격기의 구조(「총포등단속법 시행규칙」 § 2의3①)**

1. 전자충격기는 전원스위치·단속기·변압기 및 방전장치로 구성될 것
2. 제작하는 전자충격기마다 몸통부분에 제조회사·제품명칭(영문 약자 2자) 및 두 자리의 제조연도와 제조순번에 따라 일련번호로 여섯 자리의 제조번호를 새겨서 표시할 것

○ **전자충격기의 성능(「총포등단속법 시행규칙」 § 2의3② 및 「총포등단속법 시행규칙」 별표 2의3)**

구 분	성 능
실효전력	10W 이내일 것
절연상태	AC 5,000V에서 0.5mA 이내일 것
실효전류	0.05A 이내일 것
최대전압	60,000V 이내일 것

(바) 석궁 – 「총포등단속법」에서 석궁이란 추진력은 활의 원리를, 조준 및 발사장치는 총의 원리를 이용해 화살 등의 물체를 발사해서 인명에 위해를 줄 수 있는 ㉠ 일반형 석궁, ㉡ 도르레형 석궁(지렛대의 원리를 이용한 것) 또는 ㉢ 권총형 석궁을 말하는데(국궁 또는 양궁에 속하는 것은 제외, 「총포등단속법」 §2⑥ 및 「총포

등단속법 시행령」 §6의4), 그 구조 및 성능은 다음 [참고]의 기준을 갖춘 것이어야 한다(「총포등단속법 시행규칙」 §2의4).

참고

*** 석궁의 구조 및 성능**

○ **석궁의 구조(「총포등단속법 시행규칙」 § 2의4①).**

1. 림 · 현 · 방아틀뭉치 및 개머리로 구성될 것
2. 제작하는 석궁 및 화살마다 몸통에 제작회사 · 제품명칭 및 두 자리의 제조연도와 제조순번에 따라 일련번호로 다섯 자리의 제조번호를 새겨서 표시할 것

○ **석궁의 성능(「총포등단속법 시행규칙」 § 2의4② 및 「총포등단속법 시행규칙」 별표 2의4).**

구 분	성 능
탄력성	68kg 이하일 것
유효사거리	30m 이내

▷ 폭죽 같은 장난감용 꽃불도 「총포등단속법」에서 소지 · 사용 등이 제한되는 화약류에 포함되나요?

장난감용 꽃불은 「총포등단속법」에 따른 화약류에 포함되지만, 제조 · 수출입을 하는 경우를 제외하고는 소지하거나 사용할 때 「총포등단속법」에 따른 특별한 제한을 받지 않는다.

▷ 인쇄체크 장난감용 꽃불류란?

장난감용 꽃불류란 다음 [참고]에 해당하는 화약류로 다음의 성능에 적합한 기준을 갖춘 것이어야 한다(「총포등단속법 시행규칙」 §4).

참고

*** 장난감용 꽃불류의 종류(「총포등단속법 시행규칙」 §4①)**

1. 불꽃 · 불티 또는 꽃불을 주로 내는 것

가. 불어내기꽃불 · 구슬타기꽃불 · 불꽃불기꽃불 · 분수꽃불이나 그 밖의 원통 또는 구슬

모양의 꽃불류로서 화약 15g 이하인 것
나. 나팔꽃불이나 그 밖의 손잡이가 달린 꽃불류로서 불꽃을 내며 화약 10g 이하인 것
다. 은파꽃불이나 그 밖의 줄이 달린 꽃불류로서 화약 10g 이하인 것
라. 번쩍이꽃불이나 그 밖의 손잡이가 달리고 화약이 노출된 꽃불류로서 번쩍이는 불티를 내며 화약 10g(철분이 30% 이상 함유된 꽃불류로서 화약 15g) 이하인 것
마. 탐조꽃불이나 그 밖의 손잡이가 달리고 종이로 싼 꽃불류로서 화약 10g 이하인 것
바. 선향꽃불이나 그 밖의 불꽃을 내며 손잡이가 달리고 화약이 노출된 꽃불류로서 화약 0.5g 이하인 것

2. 회전을 주로 하는 것
가. 불바퀴꽃불이나 그 밖의 원반둘레에 화약을 싼 종이통을 붙인 꽃불류로서 화약 4g(폭발음을 내는 것은 화약 3.9g, 폭약 0.1g) 이하인 것
나. 꽃차꽃불이나 그 밖의 종이통을 붙인 꽃불류로서 화약 4g(폭발음을 내는 것은 화약 3.9g, 폭약 0.1g) 이하인 것
다. 무늬꽃불이나 그 밖의 원반 또는 널판에 바퀴모양의 꽃불을 붙인 꽃불류로 화약 1g(폭발음을 내는 것은 화약 0.9g, 폭약 0.1g) 이하인 것

3. 달리기를 주로 하는 것
가. 금붕어꽃불이나 그 밖의 물위를 달리는 꽃불류로서 화약 2g 이하인 것
나. 피리꽃불이나 그 밖의 피리소리를 내는 통꽃불류로서 화약 0.5g 이하, 폭약 1.5g 이하인 것
다. 케이블카꽃불이나 그 밖의 줄에 종이통 등이 달린 꽃불류로서 화약 1.5g 이하인 것
라. 꽃차꽃불이나 그 밖의 바퀴모양의 꽃불류로서 화약 1g(폭발음을 내는 것은 화약 0.9g, 폭약 0.1g) 이하인 것
마. 폭룡꽃불이나 그 밖의 화약을 종이로 싸서 접은 꽃불류로서 화약 1g 이하인 것

4. 날기를 주로 하는 것
가. 피리로켓트꽃불이나 그 밖의 피리소리를 내며 꼬리가 달린 통꽃불류로서 화약 0.5g 이하, 폭약 2g 이하인 것
나. 유성꽃불이나 그 밖의 꼬리가 달린 통꽃불류로서 화약 2g(폭발음을 내는 것은 화약 1.9g, 폭약 0.1g) 이하인 것
다. 위성꽃불이나 그 밖의 널판에 통이 달리고 회전 또는 상승을 하는 꽃불류로서 화약 1.5g 이하인 것

5. 위로 쏘아올리는 것을 주로 하는 것
가. 난옥꽃불이나 그 밖의 위로 쏘아올리는 둥근통꽃불류로서 단발식이고 화약 10g 이하인 것 또는 연발식이고 둥근통의 안지름이 1cm 이하이며, 화약 15g 이하인 것
나. 우산꽃불이나 그 밖의 둥근통에 넣은 방출물을 쏘아올리는 둥근통 꽃불류로서 화약 10g 이하인 것

6. 폭발음을 주로 내는 것
   가. 연기폭음꽃불로서 화약 1g 이하, 폭약 0.12g 이하인 것(성냥의 측약 또는 두약과의 마찰에 의해서 불이 나는 것은 제외)
   나. 폭음꽃불이나 그 밖의 점화에 의해서 폭발음을 내는 둥근통폭음꽃불(연기 폭음꽃불은 제외)로서 둥근통의 바깥지름이 4mm 이하이고 화약 1g이하, 폭약 0.05g 이하인 것(성냥의 측약 또는 두약과의 마찰에 의해서 불이 나는 것은 제외)
   다. 구슬폭음꽃불로서 지름이 1cm 이하, 무게 1g 이하이고 폭약 0.08g 이하인 것
   라. 크리스마스폭음꽃불이나 그 밖의 소형의 통 안에서 마찰에 의해서 폭발음을 내며 테이프 등을 방출시키는 것으로서 폭약 0.05g 이하인 것
   마. 딱총화약으로 화약 한 알이 지름 4.5mm 이하, 높이 1mm 이하이고 폭약 0.01g 이하인 평옥 및 화약 한 알이 지름 3.5mm 이하, 높이 0.7mm 이하이고 폭약 0.04g 이하인 권옥
   바. 폭죽(점화에 의해서 폭발음을 내는 것으로서 바깥지름 4mm 이하인 둥근 통 20개 이하를 연결한 것에 한함)으로 둥근 통 1개가 화약 1g 이하, 폭약 0.05g 이하인 것
7. 연기를 주로 내는 것
   가. 연막꽃불이나 그 밖의 통꽃불류로서 화약 15g 이하인 것
   나. 뱀구슬꽃불로서 화약 5g 이하인 것
8. 모형 비행기용 또는 모형 로켓트용의 추진기로서 화약 5g 이하인 것
9. 시동약으로 화약 15g 이하인 것
10. 화재경보용 또는 도난방지용으로 사용되는 꽃불류로서 폭약(폭발음을 내는 것에 한함) 0.18g 이하인 것
11. 기밀시험용으로 사용되는 발연화공품으로서 화약 15g 이하인 것

***장난감용 꽃불류의 성능(「총포등단속법 시행규칙」 §4②)**

1. 불꽃·불티 또는 꽃불을 주로 내는 것은 불꽃의 길이가 180cm 이하인 것
2. 날기를 주로 하는 것은 지상으로부터 날으는 높이가 5m 이상인 것
3. 회전을 주로 하는 것은 지속 연소시간이 10초 이하인 것
4. 위로 쏘아 올리는 것을 주로 하는 것은 지상으로부터 쏘아올리는 높이가 5m 이상인 것
5. 연소시 발생하는 소리가 10미터 떨어진 거리에서 85db 이하인 것
6. 딱총화약(안전화약)은 불연제로 표면을 입힌 것

나) 장난감용 꽃불류에 대한 「총포등단속법」의 적용 배제

화약류 중 장난감용 꽃불류에 대해서는 「총포등단속법」의 다음 규정이 적용되지 않는다. 다만, 장난감용 꽃불류에 관해 「총포등단속법」 제4조(제조업의 허가), 「총포

등단속법」 제9조(수출입의 허가 등) 또는 「총포등단속법」 제25조(화약류저장소 설치 허가)에 따른 허가를 받은 사람의 경우에는 아래 제1호부터 제6호까지, 제8호, 제11호 및 제12호만 적용되지 않는다(「총포등단속법」 §3①).

1. 「총포등단속법」 제6조(판매업의 허가)
2. 「총포등단속법」 제6조의2(판매업자의 지위승계)
3. 「총포등단속법」 제7조(판매업자의 결격사유)
4. 「총포등단속법」 제8조(행상과 옥외판매 금지)
5. 「총포등단속법」 제10조(소지의 금지)
6. 「총포등단속법」 제12조(총포 · 도검 · 화약류 · 분사기 · 전자충격기 또는 석궁의 소지허가)
7. 「총포등단속법」 제13조(총포 · 도검 · 화약류 · 분사기 · 전자충격기 또는 석궁의 소지자의 결격사유 등)
8. 「총포등단속법」 제18조(화약류의 사용)
9. 「총포등단속법」 제19조(취급의 금지)
10. 「총포등단속법」 제20조(화약류의 폐기)
11. 「총포등단속법」 제21조(양도 · 양수 등의 제한)
12. 「총포등단속법」 제23조(발견 · 습득의 신고 등)
13. 「총포등단속법」 제32조(화약류의 안정도 시험)
14. 「총포등단속법」 제35조(도난 · 분실의 신고)

(2) 위험물품 취급 관련 법령

총포 · 도검 · 화약류 · 분사기 · 전자충격기 또는 석궁과 같은 위험물품은 다른 사람의 생명을 위협하거나 신체에 해를 끼칠 수 있는 기구이므로 그 취급에 제한이 필요하다. 「총포등단속법」은 이들 물품의 규제에 관한 일반법으로서 총포 · 도검 · 화약류 · 분사기 · 전자충격기 또는 석궁의 제조 · 거래 · 소지 · 사용이나 그 밖의 취급에 관한 사항을 규정하여 이들 물품으로 인한 위험과 재해를 예방함으로써 공공의 안전을 유지하기 위한 법이다.

그 밖에도 위험물품의 안전한 소지 · 사용 · 운반 등을 위해 「야생동 · 식물보호법」, 「집회 및 시위에 관한 법률」(이하 「집회시위법」), 「철도안전법」, 「항공안전 및 보안에 관한 법률」(이하 「항공안전보안법」), 「선박안전법」 등 개별 법령에서 취급방법,

사용제한 등에 관한 사항을 규정하고 있다.

한편, 경찰공무원, 경호보안요원, 청원경찰, 광산의 화약취급직원 등 그 직무의 특성상 불가피하게 위험물품을 취급하는 사람에 대해 「경찰공무원법」, 「경비업법」, 「청원경찰법」, 「광산보안법」 등의 법령에서 위험물품의 사용범위, 방법 등에 관한 사항을 규정하고 있다. 또한, 기념관 건립을 위해 자료로 사용되는 총포·도검·화약류 등의 무기류에 대해 「전쟁기념사업회법」, 「독도의용수비대 지원법」 등에서는 「총포등단속법」의 적용을 배제하도록 규정하고 있다.

[도표] 위험물품 관련 법령

법 령	목 적	위험물품 관련 주요 규정
「총포·도검·화약류 등 단속법」	총포·도검·화약류·분사기·전자충격기 또는 석궁의 제조·거래·소지 및 사용 등의 취급에 관한 사항을 규제해서 위험과 재해를 미리 방지함으로써 공공의 안전을 유지하는 데 이바지함	• 위험물품의 소지·사용 및 운반 등 (제3장 및 제4장)
「집회 및 시위에 관한 법률」	적법한 집회 및 시위를 최대한 보장하고 위법한 시위로부터 국민을 보호함으로써 집회 및 시위의 권리 보장과 공공의 안녕질서가 적절히 조화를 이루도록 함	• 집회 또는 시위 시 위험물품 휴대·사용 금지(제16조부터 제18조까지)
「항공안전 및 보안에 관한 법률」	공항시설, 항행안전시설 및 항공기 내에서의 불법행위를 방지하고 민간항공의 안전 및 보안을 확보하기 위한 기준·절차 및 의무사항 등을 규정함	• 위해물품 휴대 금지(제21조)
「철도안전법」	철도안전을 확보하기 위해서 필요한 사항을 규정하고 철도안전관리체계를 확립함으로써 공공복리의 증진에 기여함	• 위해물품 휴대 금지(제42조) • 위험물의 탁송 및 운송 금지(제43조) • 위험물의 운송(제44조)

「출입국관리법」	대한민국에 입국하거나 대한민국으로부터 출국하는 모든 국민 및 외국인의 출입국관리와 대한민국에 체류하는 외국인의 체류관리 및 난민의 인정절차 등에 관한 사항을 규정함	• 출입국관리공무원의 무기 등 휴대 및 사용(제77조)
「야생동·식물보호법」	야생 동·식물과 그 서식환경을 체계적으로 보호·관리해서 야생동·식물의 멸종예방, 생태계의 균형유지 및 사람과 야생 동·식물이 공존하는 건전한 자연환경을 확보함	• 수렵면허(제44조부터 제46조까지) • 수렵강습(제47조) • 수렵면허의 취소·정지(제49조) • 수렵승인(제50조) • 수렵보험(제51조) • 수렵제한(제55조) • 그 밖의 수렵 시 준수사항 (제42조, 제43조 및 제52조 등)
「경범죄처벌법」	공공의 질서유지 및 치안확보를 위해서 가벼운 범죄에 대해 가벼운 형벌인 벌금, 구류 또는 과료의 형으로 처벌함	• 총포 등 조작 장난 금지 (제1조제50호)
「선박안전법」	선박의 감항성 유지 및 안전운항에 필요한 사항을 규정함으로써 국민의 생명과 재산을 보호함	• 위험물의 운송(제41조)
「경찰공무원법」	국가경찰공무원의 책임·직무의 중요성·신분 및 근무조건의 특수성에 비추어 그 임용·교육훈련·복무 및 신분보장 등에 관해서 「국가공무원법」에 대한 특례 등을 규정함	• 무기휴대(제20조)
「경찰관직무집행법」	국민의 자유와 권리의 보호 및 사회공공의 질서유지를 위한 경찰관(국가경찰공무원만 해당)의 직무수행에 필요한 사항을 규정함	• 경찰장비의 사용(제10조) • 분사기 등의 사용(제10조의3) • 무기의 사용(제10조의4) • 사용등록의 보관(제11조)
「전투경찰대설치법」	간첩(무장공비를 포함)의 침투에 대한 방어·포착·섬멸이나 그 밖의 대간첩작전을 수행하고 치안업무를 보조하는 전투경찰대를 설치하기 위함	• 무기휴대에 대한 「경찰공무원법」 준용 (제4조)

「특정범죄가중처벌 등에 관한 법률」	건전한 사회질서의 유지와 국민경제의 발전에 기여하기 위해 「형법」·「관세법」·「조세범처벌법」·「산림자원의 조성 및 관리에 관한 법률」 및 「마약류관리에관한법률」에 규정된 특정범죄에 대해 가중처벌함	• 관계 공무원의 무기사용(제7조)
「대통령 등의 경호에 관한 법률」	대통령 등에 대한 경호를 효율적으로 수행함	• 무기 등의 휴대 및 사용(제19조)
「청원경찰법」	청원경찰의 직무 · 임용 · 배치 · 보수 · 사회보장이나 그 밖의 필요한 사항을 규정함으로써 청원경찰의 원활한 운영을 기함	• 무기의 휴대(제8조)
「경비업법」	경비업의 육성 및 발전과 그 체계적 관리에 대해 필요한 사항을 정함으로써 경비업의 건전한 운영에 이바지함	• 특수경비원의 무기사용(제14조) • 특수경비원의 의무(제15조)
「교정시설경비교도대설치법」	보호감호소, 구치소 및 교도소에 대한 경비임무와 무장공비 등의 침투를 거부하는 작전임무를 수행하기 위해 설치된 경비교도대에 관해 규정함	• 무기의 휴대 및 사용(제5조)
「민영교도소 등의 설치·운영에 관한 법률」	교도소 등의 설치·운영에 관한 업무 일부를 민간에 위탁하기 위해 필요한 사항을 정함으로써 교도소 운영의 효율성을 높이고 수용자의 처우향상과 사회복귀를 촉진함	• 무기구입(제31조)
「광산보안법」	광산근로자에 대한 위해를 방지함과 아울러 광해를 방지함으로써 지하자원의 합리적인 개발을 도모함	• 화약류의 사용(제10조)
「전쟁기념사업회법」	전쟁기념사업회를 설립해서 전쟁에 관한 자료를 수집 및 보존하고, 전쟁의 교훈을 통해 전쟁의 예방과 조국의 평화적 통일을 이룩함	• 위험물품의 수집 · 보존 · 관리 및 전시(제5조)

「독도 의용수비대 지원법」	독도 의용수비대 기념사업회를 설립해서 독도를 수호하기 위해 특별한 희생을 한 독도 의용수비대의 대원과 유족 등에 대해서 국가가 응분의 예우와 지원을 함으로써 그 명예를 선양하고 국민의 애국정신 함양에 이바지함	• 위험물품의 수집·보존·관리 및 전시(제6조)

2) 위험물품의 소지

(1) 소지허가

총포·도검·화약류·분사기·전자충격기 또는 석궁의 소지는 원칙적으로 금지되며, 「총포등단속법」에서 정하는 사유에 해당하는 경우에만 예외적으로 허용된다.

총포 등을 소지(所持)하려면 행정청으로부터 허가를 받아야 하며, 특히 총포인 경우에는 매 5년마다 소지허가를 갱신해야 한다.

한편, 20세 미만인 사람은 총포·도검·화약류·분사기·전자충격기 또는 석궁의 소지허가를 받을 수 없다.

▷ 총포·도검·화약류·분사기·전자충격기 또는 석궁을 소지하고 싶어요. 어떻게 해야 하나요?

누구든지 「총포등단속법」에서 정하는 경우를 제외하고는 총포·도검·화약류·분사기·전자충격기 또는 석궁을 소지할 수 없으며, 소지하려면 반드시 소지허가를 받아야 한다.

소지허가를 신청할 때에는 신청인 주소지를 관할하는 지방경찰청 또는 경찰서에 소지허가신청서 및 신체검사서(운전면허증) 등을 제출해야 한다.

가) 위험물품 소지의 금지 및 허용

(가) 소지의 일반적 금지 – 누구든지 다음 어느 하나에 해당하는 경우를 제외하고는 총포·도검·화약류(장난감용 꽃불류는 제외)·분사기·전자충격기 또는 석궁을 소지할 수 없다(「총포등단속법」 §3①, 「총포등단속법」 §10 및 「총포등단속법 시행령」 §12①).

1. 법령에 따라 직무상 총포 · 도검 · 화약류 · 분사기 · 전자충격기 또는 석궁을 소지하는 경우
2. 「총포등단속법」 제4조제1항 또는 제2항에 따른 제조업자가 자신이 제조한 총포 · 도검 · 화약류 · 분사기 · 전자충격기 또는 석궁을 소지하는 경우
3. 「총포등단속법」 제4조제3항 단서에 따라 화약류를 제조한 사람이 자신이 제조한 화약류를 소지하는 경우
4. 「총포등단속법」 제6조제1항에 따른 판매업자가 판매를 위해 총포 · 도검 · 화약류 · 분사기 · 전자충격기 또는 석궁을 소지하는 경우
5. 「총포등단속법」 제6조제1항에 따른 총포판매업자가 「총포등단속법」 제6조제2항 단서에 따라 판매하는 총용실탄(銃用實彈) 또는 공포탄을 소지하는 경우
6. 「총포등단속법」 제9조제1항 또는 제2항에 따라 수출입허가를 받은 사람이 그 총포 · 도검 · 화약류 · 분사기 또는 전자충격기를 소지하는 경우
7. 「총포등단속법」 제18조제1항에 따라 화약류의 사용허가를 받은 사람(「총포등단속법」 제21조제1항 단서에 따라 사용허가를 받지 않아도 되는 사람을 포함)이 그 화약류를 소지하는 경우
8. 「총포등단속법」 제21조제1항에 따라 화약류의 양수(讓受)허가를 받은 사람(「총포등단속법」 제21조제1항 단서에 따라 경찰서장의 양수허가를 받지 않아도 되는 사람을 포함)이 그 화약류를 소지하는 경우
9. 위 제1호부터 제8호까지에 해당하는 사람의 종업원이 그 직무상 총포 · 도검 · 화약류 · 분사기 · 전자충격기 또는 석궁을 소지하는 경우
10. 문화재로서의 가치가 있는 총포 · 도검 또는 화약류를 문화재보호관리기관이 발행한 증표를 가지고 소지하는 경우
11. 「초 · 중등교육법」 및 「고등교육법」에 따른 각급 학교 또는 공공기관에서 교재용 또는 연구용 총포(공기총만 해당) · 도검 · 화약류 · 분사기 · 전자충격기 또는 석궁의 사용자로 지정된 사람이 소지하는 경우
12. 사격장 · 사설수렵장 또는 검술도장 등에서 총포 · 도검 또는 석궁을 일시 대여받아 같은 장소 안에서 사격 · 수렵 또는 검도수련을 하는 경우
13. 군 · 학교 또는 공공기관에서 지휘 또는 예식에 사용하기 위해 지휘도(指揮刀) 또는 예식도(禮式刀)를 소지하거나 현역의 군 · 경 지휘관이 지휘용으로 소지하는 경우. 이 경우 도검은 날을 세우지 않은 것만 해당됩니다.
14. 「민방위기본법」 · 「소방기본법」 및 「선박안전법」에 따라 인명구조를 위한 구

명줄발사총을 그 업무와 관련해서 그 소속기관의 장의 명령에 따라 소지하는 경우

15. 총포·도검·화약류·분사기·전자충격기 또는 석궁의 제조업자가 연구 및 개발용으로 제조소 안에서 사용하기 위해 지방경찰청의 승인을 받아 총포·도검·화약류·분사기·전자충격기 또는 석궁의 원부를 비치·관리하는 경우
16. 소지허가를 받은 총포(공기총만 해당)에 사용하기 위해 그 부품에 해당하는 산탄탄알·연지탄 및 조준경을 소지하는 경우

(나) 예외적 소지 허용 – 다만, 「총포등단속법」에 따라 소지허가를 받은 경우에는 총포·도검·화약류·분사기·전자충격기 또는 석궁의 소지가 허용된다. 이 경우에도 총포 등의 소지허가의 범위는 다음에서 열거하는 경우로 제한된다(「총포등단속법」 §12, 「총포등단속법 시행령」 §14 및 「총포등단속법 시행규칙」 §22, 「총포등단속법 시행규칙」 §23 및 「총포등단속법 시행규칙」 §24).

1. 사격경기·운동 또는 호신을 목적으로 권총을 소지하는 경우. 다만, 호신용 권총은 사회적 지위 또는 업무의 성격상 신변의 위협으로부터 몸을 보호하기 위해 필요하다고 인정되는 사람에게만 소지가 허가된다.
2. 수렵·유해조수구제(有害鳥獸驅除) 또는 사격경기를 목적으로 산탄총·단탄총·공기총 또는 석궁을 소지하는 경우
3. 다음 어느 하나에 해당하는 경우
   가. 인명구조·도살(屠殺)·마취(痲醉)·어획(漁獲)·건축이나 그 밖의 산업적 용도에 사용하는 구명줄발사총·구명용신호총·도살총·마취총·포경총·포·섬총·포경용표지총·건설용 타정총 및 쇠줄발사총을 소지하는 경우
   나. 청소용이나 그 밖의 산업용에 필요한 총포로서 ㉠ 광산용에 사용되는 광쇄총과 동등 이상의 성능을 가진 총포, ㉡ 건설용에 사용되는 타정총과 동등 이상의 성능을 가진 총포, ㉢ 시멘트소성로에 사용되는 청소총과 동등 이상의 성능을 가진 총포를 소지하는 경우
4. 국가기관 또는 공공기관에서 시험 및 연구의 목적으로 총포·도검·분사기·전자충격기 또는 석궁을 소지하는 경우
5. 체육대회 또는 국제규모의 사격경기에 참가하는 선수나 후보자로서 대한체육회장, 한국장애인복지진흥회장, 대한사격연맹회장, 한국장애인사격연맹회장 또는 그 지회장에 의해 적격하다는 추천을 받은 사람이 그 체육대회 또는 사격경기에 사용하기 위해 권총을 소지하는 경우

6. 도검술경기 · 수렵 · 도살 · 농어업 · 장식 또는 가보용(家寶用)으로 쓰거나 보관하기 위해 도검을 소지하는 경우
7. 축제 · 예식 등 행사용의 총포 · 도검과 가보 · 장식용의 도검이나 그 밖의 도검으로 일반풍속 또는 관습상 필요하다고 인정되는 것을 소지하는 경우
8. 경비 · 호신 또는 동물몰이의 목적으로 분사기 또는 전자충격기를 소지하는 경우
9. 법령상 무기를 휴대할 수 있는 사람이 호신용 또는 범인검거용으로 가스발사총을 소지하는 경우
10. 법인이 종업원 등에게 다음 어느 하나에 해당하는 용도 구분에 따라 산업용총 · 가스발사총 · 분사기 또는 전자충격기를 소지하게 하는 경우
   가. 토목 · 건축이나 그 밖의 산업용: 산업용총
   나. 경비용: 가스발사총(소지하는 사람이 법령상 무기를 휴대할 수 있는 경우만 해당) · 분사기 · 전자충격기
11. 총포(화약 산탄총만 해당)의 소지허가를 받은 사람이 허가받은 그 총포에 교체해서 사용하기 위해 총신을 소지하는 경우

(3) 위반 시 제재 – 이를 위반해서 법령상 소지가 허용되는 경우에 해당하지 않으면서 총포 또는 화약류의 소지허가를 받지 않고 이를 소지하면 10년 이하의 징역 또는 2천만원 이하의 벌금에(「총포등단속법」 §70①제2호), 도검 · 분사기 · 전자충격기 또는 석궁의 소지허가를 받지 않고 이를 소지하면 5년 이하의 징역 또는 1천만원 이하의 벌금에(「총포등단속법」 §71제1호) 각각 처해진다.

또한, 거짓이나 그 밖의 옳지 못한 방법으로 총포 · 도검 · 화약류 · 분사기 · 전자충격기 또는 석궁의 소지허가를 받으면 3년 이하의 징역 또는 700만원 이하의 벌금에 처해진다(「총포등단속법」 §72제7호).

나) 위험물품의 소지허가 신청

(가) 신청기관

총포 · 도검 · 화약류 · 분사기 · 전자충격기 또는 석궁의 소지허가를 받으려면 다음 구분에 따른 기관에 소지허가를 신청해야 한다(「총포등단속법」 §12①).

1. **총포**
   가. 엽총 · 가스발사총 · 공기총 · 마취총 · 도살총 · 산업용총 · 구난구명총 또는 그 부품: 주소지 관할 경찰서

나. 엽총 · 가스발사총 · 공기총 · 마취총 · 도살총 · 산업용총 · 구난구명총 또는 그 부품 외의 총포: 주소지 관할 지방경찰청

2. 도검 · 화약류 · 분사기 · 전자충격기 또는 석궁: 주소지 관할 경찰서

(나) 제출서류

소지허가를 신청할 때 제출해야 할 서류는 다음과 같다(「총포등단속법 시행규칙」 §21①부터 ④까지).

1. 다음 구분에 따른 소지허가신청서
   가. 총포: 총포소지허가신청서(「총포등단속법 시행규칙」 별지 제9호서식)
   나. 도검: 도검소지허가신청서(「총포등단속법 시행규칙」 별지 제10호서식)
   다. 화약류: 화약류사용(소지)허가신청서(「총포등단속법 시행규칙」 별지 제14호서식)
   라. 분사기 · 전자충격기 · 석궁: 분사기 · 전자충격기 · 석궁소지허가신청서(「총포등단속법 시행규칙」 별지 제10호의2서식)
2. 신체검사서(공기총 · 가스발사총 · 마취총 · 산업용총 · 구명줄발사총 · 도검 · 분사기 · 전자충격기 및 석궁의 경우 이외에는 종합병원 또는 병원에서 발행한 것만 해당). 다만, 가스발사총 · 도검 · 분사기 및 전자충격기의 경우 「도로교통법」 제80조에 따른 운전면허가 있는 사람은 신체검사서를 첨부하지 않고 운전면허증으로 대체할 수 있다.
3. 총포 · 도검 · 화약류 · 분사기 · 전자충격기 또는 석궁의 출처를 증명할 수 있는 서류
4. 대한체육회장 · 한국장애인복지진흥회장 · 대한사격연맹회장 · 한국장애인사격연맹회장 또는 그 지회장이 발급한 사격선수확인증(사격경기용 총포를 소지하는 경우만 해당)

한편, 건설공사 · 경비 등을 위해 법인의 대표자 · 대리인 · 사용인이나 그 밖의 종업원이 산업용총 · 가스발사총 · 분사기 또는 전자충격기를 소지하고자 하여 그 법인의 대표자가 소지허가를 신청할 때에는 관할경찰서장에게 다음 서류를 제출해야 한다(「총포등단속법」 §12② 및 「총포등단속법 시행규칙」 §21⑤ · ⑥).

1. 산업용총 · 가스발사총 · 분사기 또는 전자충격기소지허가신청서(「총포등단속법 시행규칙」 별지 제10호의3서식)
2. 실제사용자 전원의 신체검사서(건설용타정총 사용자와 「도로교통법」 제80조에 따른 운전면허가 있는 가스발사총 · 분사기 · 전자충격기 사용자의 경우는 제외)

3. 산업용총 · 가스발사총 · 분사기 또는 전자충격기의 출처를 증명할 수 있는 서류
4. 정관 및 대표자와 임원의 명단

(다) 허가기준(결격사유 등)

다음 어느 하나에 해당하는 사람은 총포 · 도검 · 화약류 · 분사기 · 전자충격기 또는 석궁의 소지허가를 받을 수 없다(「총포등단속법」 §13①).

1. 20세 미만인 사람. 다만, 대한체육회장이나 특별시 · 광역시 또는 도의 체육회장이 추천한 선수 또는 후보자가 사격경기용 총을 소지하는 경우는 제외된다.
2. 심신상실자(心神喪失者), 마약 · 대마(大麻) · 향정신성의약품(向精神性醫藥品) 또는 알콜의 중독자나 그 밖의 이에 준하는 정신장애자
3. 금고 이상의 실형을 선고받고 그 집행이 종료(집행이 종료된 것으로 보는 경우를 포함)되거나 면제된 날부터 3년이 지나지 않은 사람
4. 「총포등단속법」을 위반해서 벌금형을 선고받고 3년이 지나지 않은 사람
5. 「특정강력범죄의 처벌에 관한 특례법」 제2조제1항 각 호의 구분에 따른 특정강력범죄 및 미수를 범해서 징역 이상의 형에 대한 집행유예를 선고받고 그 유예기간이 끝난 날부터 2년이 지나지 않은 사람
6. 「총포등단속법」을 위반해서 금고 이상의 형에 대한 집행유예를 선고받고 그 집행유예의 기간이 끝난 날부터 1년이 지나지 않은 사람
7. 「총포등단속법」 제45조 또는 「총포등단속법」 제46조제1항에 따른 허가취소처분을 받고 1년이 지나지 않은 사람 또한, 위의 어느 하나에 해당하지 않더라도 다른 사람의 생명 · 재산 또는 공공의 안전을 해칠 염려가 있다고 인정되는 경우에는 소지허가를 받지 못할 수 있다(「총포등단속법」 §13②).

(라) 허가증 발급

총포 · 도검 · 화약류 · 분사기 · 전자충격기 또는 석궁의 소지허가를 받은 사람은 다음과 같은 양식의 허가증을 발급받게 된다(「총포등단속법」 §65① 및 「총포등단속법 시행규칙」 §57).

1. 총포소지허가증: 「총포등단속법 시행규칙」 별지 제37호서식
2. 도검소지허가증: 「총포등단속법 시행규칙」 별지 제38호서식
3. 화약류사용(소지)허가증: 「총포등단속법 시행규칙」 별지 제40호서식
4. 분사기 · 전자충격기 · 석궁소지허가증: 「총포등단속법 시행규칙」 별지 제38호의 2서식

참고

* 총포 또는 석궁의 소지에 필요한 교육이수

(가) 교육대상자 – 총포(엽총 및 공기총만 해당) 또는 석궁의 소지허가를 받으려는 사람은 허가를 받기 전에 다음 사항에 관한 교육을 받아야 한다(「총포등단속법」 §22①).

1. 총포 · 도검 · 화약류 및 석궁에 관한 법령
2. 엽총 · 공기총 또는 석궁의 사용 · 보관 및 취급에 관한 실기

다만, 다음 어느 하나에 해당하는 사람은 위의 교육을 면제받거나 소지허가를 받은 이후(통상 연기사유 소멸일부터 7일 이내)에 교육을 받을 수 있다(「총포등단속법」 §22①단서 및 「총포등단속법 시행령」 §26①·②).

1. 교육면제대상자

가. 총포 · 석궁의 제조 또는 판매업허가를 받은 사람

나. 총포 · 석궁 또는 화약류의 취급업소에서 6개월 이상 총포·석궁 또는 화약류 취급업무에 종사한 경험이 있는 사람

다. 대한체육회에 가맹된 사격경기단체에 선수로 등록된 사람

라. 국가경찰의 교육기관·총기전담 취급부서, 군의 병기학교·군사격지도대, 대한체육회 또는 대한체육회산하 경기단체에서 6개월 이상 총기취급에 종사한 경험이 있는 사람

마. 사격총의 소지허가를 받은 사람

바. 교육면제 평가시험(「총포등단속법 시행규칙」 제33조의2)에 합격한 사람

2. 사후교육대상자

가. 총포 · 석궁 소지허가 신청 후 사격 및 수렵대회 요원으로 참가하게 된 사람

나. 총포 · 석궁 소지허가 신청 후 질병이나 그 밖의 부득이한 사유가 발생한 사람

(나) 교육과목 및 강사 – 위 교육의 구분과 과목 및 시간은 「총포등단속법 시행규칙」 [별표 9]와 같다(「총포등단속법 시행규칙」 §32①).

교육을 담당할 강사는 「총포등단속법 시행규칙」 [별표 10]의 자격을 갖춘 사람 중에서 위촉된다(「총포등단속법 시행규칙」 §32②).

(다) 수강신청 – 교육을 받으려는 사람은 다음 서류를 갖추어 서울 지역의 경우에는 총포 · 화약안전기술협회에, 서울 외의 지역의 경우는 지방경찰청 또는 경찰서에 제출해야 한다(「총포등단속법」 §22①·③ 및 「총포등단속법 시행규칙」 §33②).

1. 교육수강신청서(「총포등단속법 시행규칙」 [별지 제17호]서식)
2. 사후교육의 사유를 증명할 수 있는 서류(사후교육을 받을 사람만 해당)

(라) 교육수료증 발급 – 교육을 마치면 교육수료증(「총포등단속법 시행규칙」 [별지 제18호]서식)을 발급받게 된다(「총포등단속법」 §22② 및 「총포등단속법 시행규칙」 §33③). 이를 허가기관에 제시해야 소지허가증을 발급받을 수 있다.

▷ 미성년자(20세 미만)인데 총포 · 도검 · 화약류 · 분사기 · 전자충격기 또는 석궁을 소지할 수 있나요?

20세 미만인 사람은 「총포등단속법」에 따라 총포 · 도검 · 화약류 · 분사기 · 전자충격기 또는 석궁의 소지허가를 받을 수 없다.

특히, 18세 미만인 사람은 총포 · 도검 · 화약류 · 분사기 · 전자충격기 또는 석궁을 취급(제조 · 판매 · 수수 · 적재 · 운반 · 저장 · 소지 · 사용 · 폐기 등)해서는 안되며, 그들에게 이를 취급하게 해서도 안된다.

다) 소지허가의 결격사유

(가) 미성년자 소지 금지

20세 미만인 사람 즉, 미성년자는 총포 · 도검 · 화약류 · 분사기 · 전자충격기 또는 석궁의 소지허가를 받을 수 없다(「총포등단속법」 §13①제1호 본문).

(나) 미성년자 소지 금지의 예외

그렇지만, 대한체육회장이나 특별시 · 광역시 또는 도의 체육회장이 추천한 선수 또는 후보자가 사격경기용 총을 소지하려는 경우에는 예외적으로 20세 미만이라도 소지허가를 받을 수 있다(「총포등단속법」 §13①제1호 단서).

라) 취급(소지 포함)의 결격사유

(가) 18세 미만자 취급 금지

18세 미만인 사람은 총포 · 도검 · 화약류 · 분사기 · 전자충격기 또는 석궁을 취급(제조 · 판매 · 수수 · 적재 · 운반 · 저장 · 소지 · 사용 · 폐기 등을 말함)해서는 안되며, 누구든지 그들에게 이를 취급하게 해서도 안된다(「총포등단속법」 §19제1호 본문).

(나) 18세 미만자 취급 금지의 예외

그러나 대한체육회장이나 특별시 · 광역시 또는 도의 체육회장이 추천한 선수 또는 후보자가 사격경기용 총 · 석궁을 소지하는 경우에는 예외적으로 18세 미만이라도 취급이 가능하다(「총포등단속법」 §19제1호 단서).

(다) 위반 시 제재

이를 위반해서 18세 미만자가 총포 · 도검 · 화약류 · 분사기 · 전자충격기 또는 석궁을 취급하거나 그들에게 이를 취급하게 하면 3년 이하의 징역 또는 700만원 이하의 벌금에 처해진다(「총포등단속법」 §72제1호).

▷ 허가를 받아 총포를 소지하고 있어요. 일정기간이 지나면 허가를 다시 받아야 하나요?

행정청의 허가를 받아 총포를 소지하고 있는 사람은 매 5년마다 그 소지허가를 갱신해야 합니다. 이 기간 내에 갱신하지 않으면 소지허가가 취소됩니다.

마) 총포 소지허가의 갱신(更新)

(가) 갱신 의무

총포의 소지허가를 받은 사람은 허가를 받은 날부터 5년마다 그 소지허가를 갱신해야 한다(「총포등단속법」 §16①).

(나) 갱신 예고

총포의 소지허가를 한 지방경찰청장 또는 경찰서장은 총포의 소지허가를 받은 사람에게 갱신기간 만료 30일 전까지 허가갱신에 필요한 안내사항을 통지할 수 있다(「총포등단속법」 §16② 및 「총포등단속법 시행규칙」 §28의2).

(다) 갱신 시 제출서류

총포의 소지허가를 갱신하려는 사람은 갱신기간 만료일까지 다음 서류를 갖추어서 소지허가를 받은 지방경찰청 또는 경찰서에 제출해야 한다(「총포등단속법」 §16② 및 「총포등단속법 시행규칙」 §28①본문).

1. 총포소지허가갱신신청서(「총포등단속법 시행규칙」 별지 제13호서식)
2. 신체검사서(공기총 · 가스발사총 · 마취총 · 산업용총 · 구명줄발사총의 경우 외에는 종합병원 또는 병원에서 발행한 것만 해당). 다만, 가스발사총의 경우 「도로교통법」 제80조에 따른 운전면허가 있는 사람은 신체검사서를 첨부하지 않고 운전면허증으로 대체할 수 있다.
3. 사진(가로 2.5cm×세로 3cm)
4. 총포소지허가증 및 사격선수확인증(사격경기를 목적으로 총포를 소지하는 경우만 해당)

(라) 갱신 연기(延期)

재해 · 질병이나 그 밖의 부득이한 사유로 갱신기간 내에 신청할 수 없는 경우에는 갱신기간 만료일까지 ㉠ 총포소지허가갱신연기신청서(「총포등단속법 시행규칙」[별지 제13호의2]서식)와 ㉡ 연기사유를 기재한 서류를 소지허가를 받은 지방경찰청 또는 경찰서에 제출해야 한다(「총포등단속법」 §16② 및 「총포등단속법 시행규칙」 §28①단서 · ③).

「총포등단속법」 제47조제2항에 따라 재해 예방 또는 공공의 안전유지를 위해 지정된 기관에 보관 중인 총포에 대해서는 그 총포가 반환될 때까지 소지허가의 갱신이 유보될 수 있다(「총포등단속법 시행규칙」 §28①단서).

갱신 연기를 받은 사람은 그 사유가 없어진 날부터 3개월 이내에 갱신을 신청해야 한다(「총포등단속법」 §16② 및 「총포등단속법 시행규칙」 §28③).

(마) 위반 시 제재

이를 위반해서 갱신기간 내에 총포의 소지허가를 갱신하지 않으면 그 소지허가가 취소된다(「총포등단속법」 §46①제4호, 「총포등단속법 시행규칙」 §52 및 「총포등단속법 시행규칙」 [별표 17]제5호제3목).

▷ 모의총포는 허가 없이도 소지할 수 있나요?

누구든지 수출을 목적으로 하는 경우를 제외하고는 모의총포를 소지할 수 없다.

바) 모의(模擬)총포의 소지 등 금지

(가) 모의총포의 의미

모의총포란 총포와 아주 비슷하게 보이는 것으로서 다음 어느 하나에 해당하는 것을 말한다(「총포등단속법」 §11①, 「총포등단속법 시행령」 §13 및 「총포등단속법 시행령」 [별표 5의2]).

1. 금속 또는 금속 외의 소재로 만들어진 것으로 모양이 총포와 아주 비슷해서 범죄에 악용될 소지가 현저한 것
2. 금속 또는 금속 외의 소재로 만들어진 것으로 금속 또는 금속 외의 물체를 발사하거나 소리 · 불꽃을 내는 것 중 다음 어느 하나에 해당하고, 인명 · 신체에 위해(危害)를 가할 우려가 있는 것

가. 발사되는 물체(이하 "탄환"이라 함)의 크기가 직경 5.7mm 미만인 것
나. 탄환의 무게가 0.2g을 초과하는 것
다. 발사된 탄환의 운동에너지(파괴력)가 0.02kgm를 초과하는 것
라. 탄환의 앞부분이 둥글게 처리되지 않아서 예리한 것
마. 순간 폭발음이 90db을 초과하거나 가연성의 불꽃을 내는 것

(나) 모의총포의 소지 등 금지

누구든지 모의총포를 수출하기 위한 목적으로 제조·판매 또는 소지하는 것 이외에는 제조·판매 또는 소지할 수 없다(「총포등단속법」 §11①).

(다) 위반 시 제재

이를 위반해서 수출 외의 목적으로 모의총포를 제조·판매 또는 소지하면 2년 이하의 징역 또는 500만원 이하의 벌금에 처해진다(「총포등단속법」 §73제1호).

(2) 소지 제한

총포·도검·화약류·분사기·전자충격기 또는 석궁의 소지허가를 받은 사람이라도 「총포등단속법」에 따른 허가의 취소사유에 해당하는 경우와 재해의 예방 또는 공공의 안전유지를 위해서 필요하다고 인정되는 경우에는 소지허가 취소, 소지의 일시 금지, 보관명령 등의 제한을 받을 수 있다.

총포·도검·화약류·분사기·전자충격기 또는 석궁의 소지허가가 취소되면 해당 물품을 허가관청에 영치(領置)시키고 6개월 이내에 제3자에게 양도·증여하거나 폐기하는 등의 방법으로 소유권 포기를 위한 조치를 해야 한다.

▷ 어떤 경우에 총포·도검·화약류·분사기·전자충격기 또는 석궁의 소지허가가 취소되나요? 또한, 소지허가가 취소된 총포 등은 어떻게 처리되나요?

총포·도검·화약류·분사기·전자충격기 또는 석궁의 소지허가를 받은 사람이라도 허가의 취소사유에 해당하는 경우와 재해의 예방 또는 공공의 안전유지를 위해서 필요하다고 인정되는 경우에는 소지허가가 취소될 수 있다.

총포·도검·화약류·분사기·전자충격기 또는 석궁의 소지허가가 취소되면 해당 물품을 허가관청에 영치(領置)시키고 6개월 이내에 제3자에게 양도·증여하거나 폐기하는 등의 방법으로 소유권 포기를 위한 조치를 해야 한다.

가) 소지허가의 취소 사유

총포 · 도검 · 화약류 · 분사기 · 전자충격기 또는 석궁의 소지허가를 받은 사람이 다음 어느 하나에 해당하는 경우에는 그 소지허가가 취소된다(「총포등단속법」 §46①, 「총포등단속법」 §47①제1호 및 「총포등단속법 시행규칙」 [별표 17]).

1. 「총포등단속법」 제13조제1항에 따른 소지의 결격사유에 해당하게 된 경우
2. 「총포등단속법」 제17조제1항 · 제2항 또는 제4항을 위반한 경우
3. 총포 · 도검 · 화약류 · 분사기 · 전자충격기 또는 석궁을 도난당하거나 분실해서 국가경찰관서에 신고하고 30일이 지난 경우
4. 「총포등단속법」 또는 「총포등단속법」에 따른 명령을 위반한 경우
5. 재해의 예방 또는 공공의 안전유지를 위해서 필요하다고 인정되는 경우

나) 소지허가 취소 후 절차

(가) 위험물품의 임시영치(臨時領置) 및 소지허가증의 반납

소지허가가 취소되면 법원의 재판 또는 검사의 결정에 따라 총포 · 도검 · 화약류 · 분사기 · 전자충격기 또는 석궁이 몰수되거나 국고에 귀속된 경우를 제외하고는 허가관청으로부터 해당 총포 · 도검 · 화약류 · 분사기 · 전자충격기 또는 석궁의 제출명령을 받아 허가관청에 임시로 영치하게 된다(「총포등단속법」 §46②).

소지허가가 취소되면 그 허가증을 허가관청에 지체없이 반납해야 한다(「총포등단속법」 §65②).

이를 위반하면 300만원 이하의 과태료가 부과된다(「총포등단속법」 §74①제2호, 「총포등단속법 시행령」 §84① 및 「총포등단속법 시행령」 [별표 17]제21호).

(나) 소유권 포기를 위한 조치

㉠ 소지허가가 취소된 위험물품의 양도·증여 및 폐기 의무 – 소지허가가 취소되어 그 총포 · 도검 · 화약류 · 분사기 · 전자충격기 또는 석궁을 허가관청에 임시로 영치한 사람은 6개월 이내에 총포 · 도검 · 화약류 · 분사기 · 전자충격기 또는 석궁을 적법하게 소지 · 사용할 수 있는 제3자에게 양도 · 증여하거나 폐기하는 등의 방법으로 소유권 포기를 위한 조치를 해야 한다(「총포등단속법」 §46③).

양도 · 양수, 증여 및 폐기의 구체적인 방법은 아래 표와 같다(「총포등단속법」 §20①, 「총포등단속법」 §21①, 「총포등단속법」 §46④, 「총포등단속법」 §74①제1호, 「총포

등단속법 시행령」 §84①, 「총포등단속법 시행령」 [별표 1]제5호, 「총포등단속법 시행규칙」 §30① 및 「총포등단속법 시행규칙」 §53①·②).

구 분		방 법
양도·양수 또는 증여		총포·도검·화약류·분사기·전자충격기 또는 석궁의 소지허가(화약류의 경우는 양수허가)를 받은 사람에게만 이를 양도 하거나 증여할 수 있고, 양수하거나 증여받는 사람은 다음에 해당하는 서류를 작성해서 허가관청에 양수 또는 증여에 따른 반환신청을 할 수 있다. 1. 반환신청서(「총포등단속법 시행규칙」 [별지 제29호]서식) 2. 양수인 또는 증여받는 사람의 소지허가증(화약류의 경우는 화약류양도·양수허가증) 3. 양도인 또는 증여한 사람의 소지허가반납증[화약류의 경우는 화약류사용(소지)허가증]
폐 기	총포·도검·분사기·전자충격기 또는 석궁의 경우	개인적인 폐기는 금지되며, 허가관청에 폐기할 물품에 대한 폐기를 요청하면, 이를 허가관청에서 직접 폐기한다.
	화약류의 경우	① 화약류폐기신고서(「총포등단속법 시행규칙」 [별지 제15호]서식) 및 ② 폐기계획서를 작성해서 폐기하려는 곳을 관할하는 경찰서에 제출함으로써 화약류폐기신고를 해야 한다. ※ 이를 위반해서 폐기신고를 하지 않으면 300만원 이하의 과태료가 부과된다.

㉡ **소유권 포기 조치를 하지 않은 위험물품에 대한 허가관청의 최고(催告)·공고(公告) 및 매각·폐기** – 위와 같은 소유권 포기 조치를 하지 않거나, 소지허가가 취소된 사람의 소재가 명확하지 않은 경우 허가관청에서 처리일 14일 전까지 그 처리에 대해 최고하거나, 다음에 해당하는 내용을 허가관청의 게시판에 14일 이상 공고할 수 있다(「총포등단속법」 §46⑤ 및 「총포등단속법 시행규칙」 §54).

1. 임시 영치된 총포·도검·화약류·분사기·전자충격기 또는 석궁의 종류 및 수량
2. 임시 영치된 일시·장소 및 보관장소
3. 소유자의 성명 및 주소
4. 처리방법이나 그 밖에 필요한 사항

위의 조치에도 불구하고, 해당 위험물품이 다음의 어느 하나에 해당하면 허가관청이 이를 매각할 수 있으며, 매각할 수 없거나 매수를 원하는 사람이 없는 경우에는 폐기할 수 있다(「총포등단속법」 §46⑥ 및 「총포등단속법 시행령」 §69①).

1. 최고 또는 공고에서 정한 처리기간이 끝난 날부터 6개월이 지나도 그 총포 · 도검 · 화약류 · 분사기 · 전자충격기 또는 석궁에 대한 반환신청이 없는 경우
2. 처리기간이 끝난 후 부패 · 변질될 염려가 있는 경우
3. 보관에 지나치게 많은 비용이 드는 경우 등 계속적인 보관이 곤란한 경우

허가관청에 의해 매각된 대금은 보관 및 매각에 든 비용을 공제하고 권리자에게 반환되며, 처리기간이 끝난 후 6개월이 지나도 반환청구를 하지 않은 총포 등의 매각대금은 국고(國庫)에 귀속된다(「총포등단속법」 §46⑦ 및 「총포등단속법 시행령」 §69② · ③).

▷ 총포 · 도검 · 화약류 · 분사기 · 전자충격기 또는 석궁의 소지허가를 받았어도 경찰서에 보관해야 하는 경우가 있나요?

총포 · 도검 · 화약류 · 분사기 · 전자충격기 또는 석궁을 소지했더라도 허가관청이 재해의 예방 또는 공공의 안전유지를 위해서 필요하다고 인정하는 경우에는 그 소지 또는 사용이 제한되거나 허가관청에 의해 보관명령을 받을 수 있다.

다) 공공의 안전을 위한 위험물품의 소지 제한

(가) 위험물품의 소지 제한 사유

허가관청(관할 지방경찰청 또는 경찰서)은 재해의 예방 또는 공공의 안전유지를 위해서 필요하다고 인정되는 경우 총포 · 도검 · 화약류 · 분사기 · 전자충격기 또는 석궁의 소지허가를 취소하거나 그 소지 · 사용 등을 일시금지 또는 제한할 수 있다(「총포등단속법」 §47①제1호 및 제3호).

(나) 위험물품의 보관 명령

허가관청은 위의 조치를 할 때 필요하다고 인정되는 경우 그 총포 · 도검 · 화약류 · 분사기 · 전자충격기 또는 석궁을 지정된 장소에 보관하도록 명령할 수 있다(「총포등단속법」 §47②).

총포 등의 소지자가 지정된 일시까지 지정된 곳에 이를 보관하면 허가관청이 그 보관사실을 증명하는 서면을 교부하게 된다(「총포등단속법 시행령」 §70의2②). 이 때 총포 등의 보관기간은 수렵 등과 같이 법령에 따라 총포 등의 사용이 허용되는 기간을 제외한 기간이다(「총포등단속법 시행령」 §70의2④).

참고

*** 보관된 위험물품의 반환 신청**

– 보관 중인 총포·도검·화약류·분사기·전자충격기 또는 석궁을 반환받으려면 ㉮ 반환받으려는 이유와 이를 증명하는 서류 및 ㉯ 총포 등의 보관사실을 증명하는 서면을 허가관청에 제출해야 한다(「총포등단속법」 §47② 및 「총포등단속법 시행령」 §70의2③).

(3) 소지 시 준수사항

총포는 면허세의 과세 대상으로서 매년 면허세를 납부해야 하지만, 그 총포 또는 총포의 부품이 허가관청에 보관된 경우에는 보관기간 중에 출고해서 소지한 적이 없는 한 면허세를 납부하지 않아도 된다.

「총포등단속법」에서는 위험물품으로 인한 위험과 재해를 예방하고 공공의 안전을 유지하기 위해 위험물품의 소지에 대해 여러 가지 제한을 두고 있다.

▷ 총포의 소지허가를 받은 경우 면허세를 내야 하나요?

「총포등단속법」에 따른 총포의 소지허가는 「지방세법」에 따른 면허세가 부과되는 면허에 해당하므로, 총포의 소지허가를 받은 사람은 매년 면허세를 내야 한다.

그러나 법령상 사유로 그 총포가 경찰관서에 보관된 경우에는 면허세가 부과되지 않는다. 다만, 보관기간 중 한 번이라도 출고해서 소지했다면 면허세를 내야 한다.

가) 총포의 소지허가에 대한 면허세

(가) 과세대상

「총포등단속법」에 따른 총포(대한사격연맹에 등록된 사격선수용 총포는 제외)의 소지허가는 다음과 같이 「지방세법」에서 면허세가 부과되는 면허에 해당한다(「지방세법」 §160②, 「지방세법 시행령」 §124① 및 「지방세법 시행령」 [별표1] 〈제3종〉제123호·〈제5종〉제6호).

1. 수렵용 총포: 제3종 면허
2. 수렵용 외의 총포: 제5종 면허

총포의 소지허가는 매년 1월 1일에 그 면허가 갱신된 것으로 보아 매년 면허세가 부과된다(「지방세법」 §161②).

(나) 세율

면허세의 세율은 아래 표와 같다(「지방세법」 §164①).

구 분	인구 50만 이상 시(市) 및 자치구 아닌 구(區)가 설치된 시	기타 시	군
제3종 (수렵용 총포)	27,000원	15,000원	8,000원
제5종 (수렵용 외의 총포)	12,000원	5,000원	3,000원

위를 적용함에 있어 「지방자치법」 제4조제1항에 따라 둘 이상의 시·군이 통합하여 인구 50만이상 시에 해당되는 지방자치단체가 되는 경우 해당 지방자치단체의 조례로 정하는 바에 따라 통합자치단체가 설치된 때부터 5년의 범위(기산일은 통합지방자치단체가 설치된 날이 속하는 해의 다음 연도 1월 1일로 한다)에서 해당 통합 이전의 세율로 적용할 수 있다(「지방세법」 §164④).

도농복합(都農複合)형태의 시의 경우 해당 시의 동(洞)지역(시에 적용되는 세율이 부적합하다고 조례로 정하는 동지역은 제외)은 시로, 읍·면지역(시에 적용되는 세율이 부적합하다고 조례로 정하는 동지역을 포함)은 군으로 보며, 광역시의 경우 군지역은 군으로, 그 밖의 지역은 시로 본다. 또한, 인구 50만 이상 시란 동(同)지역의 인구가 50만 이상인 경우를 말한다(「지방세법」 §164② 및 ③).

(다) 납부방법

새로 총포의 소지허가를 받거나 그 허가를 변경받는 사람은 허가증을 교부 또는 송달받기 전까지 주소지를 관할하는 시·군청에 그 면허세를 신고·납부해야 한다(「지방세법」 §165).

이를 위반해서 면허세를 기한까지 납부하지 않으면 체납된 면허세에 0.03%에 상당하는 가산금[체납된 지방세가 30만원 이상인 경우에는 납부기한이 지난 날부터 1개월이 지날 때마다 가산금에 더해서 0.012%에 상당하는 중(重)가산금이 부과]이 부과된다(「지방세법」 §27). 납세독촉(납부 또는 납입의 최고를 포함)을 받고도 지정된 기일까지 면허세를 완납하지 않으면 재산이 압류되는 등 「지방세법」의 체납처분방법에 따라 처리된다(「지방세법」 §28).

나) 허가관청에 보관된 총포의 소지허가에 대한 면허세 비과세

(가) 비과세대상

「총포등단속법」에 따라 총포의 소지허가를 받았더라도 「총포등단속법」 제47조제2항에 따라 공공의 안전유지를 위해 필요하다고 인정되어 허가관청의 명령에 의해 총포 또는 총포의 부품이 지정된 장소에 보관된 경우에는 면허세가 부과되지 않는다(「지방세법」 §163②제6호 및 「지방세법 시행령」 §126의2제3호 본문).

(나) 비과세의 예외

다만, 동일한 과세기간 중에 반환받은 기간이 있는 경우에는 면허세 비과세대상에서 제외된다(「지방세법 시행령」 §126의2제3호 단서). 예를 들어, 경찰관서에 보관된 총포 또는 그 부품을 1년 중 한 번이라도 출고해서 소지한 경우 매년 1월 1일에 그 총포를 소지했는지 여부와 관계없이 면허세가 부과된다.

▷ 총포 · 도검 · 분사기 · 전자충격기 또는 석궁을 소지할 때 반드시 지켜야 할 사항은 무엇인가요?

「총포등단속법」에서는 위험물품으로 인한 위험과 재해를 예방하고 공공의 안전을 유지하기 위해 위험물품의 취급에 여러 가지 제한을 두고 있다.

다) 허가받은 용도 외 휴대 · 운반 금지

총포 · 도검 · 분사기 · 전자충격기 또는 석궁의 소지허가를 받은 사람은 허가받은 용도에 사용하기 위한 경우나 그 밖에 정당한 사유가 있는 경우 외에는 그 총포 · 도검 · 분사기 · 전자충격기 또는 석궁을 소지하거나 운반해서는 안된다(「총포등단속법」 §17①).

이를 위반하면 그 소지허가가 취소되며(「총포등단속법」 §46①제2호, 「총포등단속법 시행규칙」 §52 및 「총포등단속법 시행규칙」 [별표 17]제5호 위반사항란의 제7호), 300만원 이하의 과태료가 부과된다(「총포등단속법」 §74①제2호, 「총포등단속법 시행령」 §84① 및 「총포등단속법 시행령」 [별표 17]제3호).

라) 허가받은 용도 외 사용 금지

총포 · 도검 · 분사기 · 전자충격기 또는 석궁의 소지허가를 받은 사람은 허가받은 용도나 그 밖의 정당한 사유가 있는 경우 외에는 그 총포 · 도검 · 분사기 · 전자충격기 또는 석궁을 사용해서는 안된다(「총포등단속법」 §17②).

이를 위반하면 그 소지허가가 취소되며(「총포등단속법」 §46①제2호, 「총포등단속법 시행규칙」 §52 및 「총포등단속법 시행규칙」 [별표 17]제5호 위반사항란의 제6호), 2년 이하의 징역이나 500만원 이하의 벌금에 처해진다(「총포등단속법」 §73제1호).

마) 총포의 안전한 보관 · 휴대 · 운반 의무

총포의 소지허가를 받은 사람이 그 총포를 보관 · 휴대 또는 운반하는 경우에는 실탄이나 공포탄을 장전해서는 안 되며, 총집에 넣거나 포장해야 한다(「총포등단속법」 §17③).

이를 위반하면 300만원 이하의 과태료가 부과된다(「총포등단속법」 §74①제6호, 「총포등단속법 시행령」 §84① 및 「총포등단속법 시행령」 [별표 17]제18호).

바) 총포의 임의개조 금지

총포의 소지허가를 받은 사람은 그 총포의 성능을 변경하기 위해 임의로 총포를 개조해서는 안된다(「총포등단속법」 §17④).

이를 위반하면 그 소지허가가 취소되며(「총포등단속법」 §46①제2호, 「총포등단속법 시행규칙」 §52 및 「총포등단속법 시행규칙」 [별표 17]제5호 위반사항란의 제2호), 2년 이하의 징역 또는 500만원 이하의 벌금에 처해진다(「총포등단속법」 §73제1호).

사) 위험물품의 대여 금지

총포 · 도검 · 분사기 · 전자충격기 또는 석궁의 소지허가를 받은 사람은 총포 · 도검 · 분사기 · 전자충격기 또는 석궁을 다른 사람에게 빌려주어서는 안 되며, 또한 다른 사람에게 그것을 빌려서도 안된다(「총포등단속법」 §21⑤).

이를 위반하면 5년 이하의 징역 또는 1천만원 이하의 벌금에 처해진다(「총포등단속법」 §71제3호).

아) 위장 또는 혼합포장 후 소지 금지

총포 · 도검 · 분사기 · 전자충격기 또는 석궁을 위장하거나 다른 물건과 혼합포장해서 소지 · 저장 · 운반하거나 발송해서는 안된다(「총포등단속법」 §34②).

이를 위반하면 3년 이하의 징역 또는 700만원 이하의 벌금에 처해진다(「총포등단속법」 §72제1호).

자) 도난 · 분실 시 신고 의무

총포 · 도검 · 분사기 · 전자충격기 또는 석궁을 도난당하거나 잃어버린 경우에는 지체없이 국가경찰관서에 신고해야 한다(「총포등단속법」 §35).

이를 위반해서 신고하지 않거나 거짓으로 신고하면 300만원 이하의 과태료가 부과된다(「총포등단속법」 §74①제1호, 「총포등단속법 시행령」 §84① 및 「총포등단속법 시행령」 [별표 17]제12호).

차) 그 밖에 공공의 안전유지를 위한 준수사항

총포 · 도검 · 분사기 · 전자충격기 또는 석궁을 소지하는 사람은 공공의 안전유지를 위해 총포 등의 운반 및 취급 등과 관련해서 다음 사항을 준수해야 한다(「총포등단속법」 §47③ 및 「총포등단속법 시행규칙」 §54의3).

1. 개인이 보관하는 총포는 캐비닛 등 자물쇠장치가 된 장소에 보관할 것
2. 수렵을 위한 총포운반 전에 주소지 관할 경찰관서에 수렵장소 · 수렵기간 등의 사항을 신고할 것
3. 수렵 기간 중 총포의 야간운반 금지를 위해 관할 경찰서장이 일출 전이나 일몰 후 경찰관서에 총포를 보관할 것을 지시하는 경우 이에 따를 것
4. 그 밖에 공공의 안전유지를 위해 경찰서장이 발하는 지시나 명령에 따를 것

이를 위반하면 300만원 이하의 과태료가 부과된다(「총포등단속법」 §74①제6호 및 「총포등단속법 시행령」 §84① 및 「총포등단속법 시행령」 [별표 17]제18호).

참고

*** 총포 · 화약안전기술협회 가입 및 회비 납부**

- 총포의 소지허가를 받은 사람은 허가를 받은 날부터 총포·화약안전기술협회(이하 "협회"라 함)의 회원이 된다. 다만, 일시 소지허가를 받은 사람으로서 협회의 정관으로 정하는 사람은 그렇지 아니한다(「총포등단속법」 §49).
- 협회의 회원 중 총포의 소지허가를 받은 사람에게는 장약(裝藥)총포의 경우 연 7,500원, 공기총의 경우 연 3,000원의 범위에서 정관이 정하는 회비가 징수되며, 회비는 소지허가 또는 소지허가의 갱신을 받을 때 다음 갱신일까지의 기간에 해당하는 회비가 징수된다(「총포등단속법」 §58②, 「총포등단속법 시행령」 §78① 및 「총포등단속법 시행령」 §79①).

▷ 화약류를 소지할 때 반드시 지켜야 할 사항은 무엇인가요?

「총포등단속법」에서는 위험물품으로 인한 위험과 재해를 예방하고 공공의 안전을 유지하기 위해 위험물품의 취급에 여러 가지 제한을 두고 있다.

카) 남은 화약류에 대한 조치 의무

화약류 사용(소지)허가가 취소되거나 사용할 필요가 없게 되면 지체없이 그 화약류를 양도하거나 폐기해야 한다(「총포등단속법」 §33).

이를 위반하면 300만원 이하의 과태료가 부과된다(「총포등단속법」 §74①제2호, 「총포등단속법 시행령」 §84① 및 「총포등단속법 시행령」 [별표17]제11호).

타) 위장 또는 혼합포장 후 소지 금지

화약류를 위장하거나 다른 물건과 혼합포장해서 소지 · 저장 · 운반하거나 발송해서는 안된다(「총포등단속법」 §34②).

이를 위반하면 3년 이하의 징역 또는 700만원 이하의 벌금에 처해진다(「총포등단속법」 §72제1호).

파) 도난 · 분실 시 신고 의무

화약류를 도난당하거나 잃어버린 경우에는 그 소유자 또는 관리자는 지체없이 국가경찰관서에 신고해야 한다(「총포등단속법」 §35).

이를 위반해서 신고하지 않거나 거짓으로 신고하면 300만원 이하의 과태료가 부과된다(「총포등단속법」 §74①제1호, 「총포등단속법 시행령」 §84① 및 「총포등단속법 시행령」 [별표 17]제12호).

하) 응급조치 의무

화약류의 소유자 또는 관리자는 화약류의 안정도에 이상이 있거나 화약류저장소의 인근에서 화재나 그 밖의 긴급을 요하는 위험상태가 발생한 경우에는 즉시 다음 어느 하나에 해당하는 응급조치를 하고 국가경찰관서에 신고해야 한다(「총포등단속법」 §36 및 「총포등단속법 시행령」 §65).

1. 저장된 화약류를 안전한 지역에 이전할 수 있는 여유가 있으면 이를 이전하고, 감시원을 배치할 것
2. 통로가 위험하거나 이전할 수 있는 여유가 없으면 화약류를 물속에 침전(沈澱)

시키는 등 안전한 조치를 할 것

3. 위의 조치 제1호 및 제2호에 따르지 않는 경우에는 화약류저장소의 입구 및 창을 흙포대 등으로 완전하게 밀폐하고, 나무로 된 부분에는 방화(放火)조치를 하며, 필요한 때는 부근의 주민에게 대피하도록 경고할 것
4. 습기가 흡수되거나 변질(變質)·불발 및 반폭 등으로 인해 본래의 성능 또는 원형을 상실한 화약류 또는 현저하게 안정도에 이상이 있다고 인정되는 화약류는 폐기할 것

이를 위반하면 3년 이하의 징역 또는 700만원 이하의 벌금에 처해진다(「총포등단속법」 §72제1호).

갸) 화기취급 및 흡연 금지

누구든지 화약류의 제조소·판매소·저장소나 그 밖의 취급소에서는 지정된 장소 외에서 불씨를 다루거나 담배를 피워서는 안 되며, 관리자의 승낙 없이 불이 일어나기 쉬운 물건을 지니고 그 장소에 들어가서는 안된다(「총포등단속법」 §37).

이를 위반하면 2년 이하의 징역 또는 500만원 이하의 벌금에 처해진다(「총포등단속법」 §73제1호).

냐) 취급대상의 통제 의무

화약류의 소지자는 화약류관리보안책임자 또는 화약류취급보조원에게만 화약류를 취급하도록 통제해야 한다(「총포등단속법」 §47③ 및 「총포등단속법 시행규칙」 §54의3제4호).

이를 위반하면 300만원 이하의 과태료가 부과된다(「총포등단속법」 §74①제6호, 「총포등단속법 시행령」 §84① 및 「총포등단속법 시행령」 [별표17]제18호).

댜) 화약류저장소 저장 의무

다음에 해당하는 수량 이상의 화약류를 저장하려면 반드시 「총포등단속법」 제25조에 따른 화약류저장소에 저장해야 한다(「총포등단속법」 §24①, 「총포등단속법 시행령」 §27 및 「총포등단속법 시행령」 [별표 6]).

이를 위반하면 3년 이하의 징역 또는 700만원 이하의 벌금에 처해진다(「총포등단속법」 §72제1호).

▷ 총포를 사용할 때 반드시 지켜야 할 사항은 무엇인가요?

총포와 같이 다른 사람의 생명을 위협하거나 신체에 해를 끼칠 수 있는 기구를 사용할 경우에는 각별한 주의가 요구된다.

「총포등단속법」, 「경범죄처벌법」, 「집회시위법」 등의 법령에서는 총포 사용에 관한 제한 및 처벌 사항을 규정하고 있다.

랴) 허가받은 용도 외 사용 금지

총포의 소지허가를 받은 사람은 허가받은 용도나 그 밖의 정당한 사유가 있는 경우 외에는 총포를 사용해서는 안된다(「총포등단속법」 §17②).

이를 위반하면 2년 이하의 징역 또는 500만원 이하의 벌금에 처해진다(「총포등단속법」 §73제1호).

먀) 총포 등 조작장난 금지

여러 사람이 모이거나 다니는 곳에서 상당한 주의를 하지 않고 총포를 다루거나 이를 가지고 장난하면 10만원 이하의 벌금, 구류 또는 과료에 처해진다(「경범죄처벌법」 §1제50호).

뱌) 「국가보안법」 위반자에 대한 무기제공 금지

「국가보안법」 제3조, 「국가보안법」 제4조, 「국가보안법」 제5조, 「국가보안법」 제6조, 「국가보안법」 제7조 및 「국가보안법」 제8조의 죄를 범하거나 범하려는 사람이라는 사실을 알면서 그 사람에게 총포를 제공하면 5년 이상의 유기징역에 처해진다(「국가보안법」 §9①).

샤) 집회 · 시위 시 위험물품의 휴대 · 사용 금지

집회 또는 시위의 주최자, 질서유지인 및 참가자는 ㉮ 총포를 휴대 · 사용하거나 ㉯ 다른 사람에게 이를 휴대하게 하거나 사용하게 하는 행위를 해서는 안된다(「집회시위법」 §16④제1호, 「집회시위법」 §17② 및 「집회시위법」 §18②).

위 사항을 위반하는 행위로 질서를 유지할 수 없는 집회 또는 시위에 대해서는 관할 경찰관서장에 의해 해산 요청 및 명령이 내려질 수 있다(「집회시위법」 §20①제5호). 또한, 위 사항을 위반하면 다음 구분에 따라 처벌된다(「집회시위법」 §22③ 및 「집회시위법」 §24제5호).

1. 주최자: 1년 이하의 징역 또는 100만원 이하의 벌금
2. 질서유지인 및 참가자: 6개월 이하의 징역 또는 50만원 이하의 벌금 · 구류 또는 과료

(4) 화약류

화약류를 사용하려는 사람은 화약류의 사용지를 관할하는 경찰서의 사용허가를 받아야 합니다. 또한, 일정량 이상의 화약 또는 폭약을 사용하려면 화약류관리보안책임자를 선임해서 허가관청에 신고해야 한다.

화약류의 사용허가를 받았더라도 「총포등단속법」에 따른 허가 취소 사유에 해당하는 경우와 재해의 예방 또는 공공의 안전유지를 위해서 허가관청이 필요하다고 인정되는 경우에는 그 사용허가가 취소되거나 그 사용이 제한될 수 있다.

화약류는 취급에 각별한 주의가 요구되는 물품으로, 화약류를 사용할 경우에는 「총포등단속법」, 「경범죄처벌법」, 「집회시위법」 등 각종 법령에서 정한 사항을 준수해야 한다.

가) 허가받은 용도 외 사용 시 재허가 의무

「총포등단속법」 제18조제1항에 따라 화약류의 사용허가를 받은 사람이 그 화약류를 허가받은 용도 외에 사용하려는 경우에는 사용허가를 다시 받아야 한다(「총포등단속법」 §18②).

이를 위반하면 5년 이하의 징역 또는 1천만원 이하의 벌금에 처해진다(「총포등단속법」 §71제2호).

나) 남은 화약류에 대한 조치 의무

화약류의 사용허가가 취소되거나 사용할 필요가 없게 된 경우에는 지체없이 그 화약류를 양도하거나 폐기해야 한다(「총포등단속법」 §33).

이를 위반하면 300만원 이하의 과태료가 부과된다(「총포등단속법」 §74①제2호, 「총포등단속법 시행령」 §84① 및 「총포등단속법 시행령」 [별표 17]제11호).

다) 도난 · 분실 시 신고 의무

화약류를 도난당하거나 잃어버린 경우에는 그 소유자 또는 관리자는 지체없이 국가경찰관서에 신고해야 합니다(「총포등단속법」 §35).

이를 위반해서 신고하지 않거나 거짓으로 신고하면 300만원 이하의 과태료가 부과된다(「총포등단속법」 §74①제1호, 「총포등단속법 시행령」 §84① 및 「총포등단속법 시행령」 [별표 17]제12호).

라) 화기취급 및 흡연 금지

누구든지 화약류의 제조소·판매소·저장소나 그 밖의 취급소에서는 지정된 장소 외에서 불씨를 다루거나 담배를 피워서는 안 되며, 관리자의 승낙 없이 불이 일어나기 쉬운 물건을 지니고 그 장소에 들어가서는 안 된다(「총포등단속법」 §37).

이를 위반하면 2년 이하의 징역 또는 500만원 이하의 벌금에 처해진다(「총포등단속법」 §73제1호).

마) 장부의 비치 및 기재 의무

화약류 사용자는 화약류 출납부를 비치하고 기재해야 하며, 기재가 완료된 화약류 출납부는 2년간 보존해야 한다(「총포등단속법」 §63 및 「총포등단속법 시행령」 §81①제3호·제2항).

이를 위반하면 300만원 이하의 과태료가 부과된다(「총포등단속법」 §74①제2호, 「총포등단속법 시행령」 §84① 및 「총포등단속법 시행령」 [별표 17]제19호).

바) 화약류 등의 취급·장난 금지

여러 사람이 모이거나 다니는 곳에서 상당한 주의를 하지 않고 화약류나 그 밖의 폭발위험이 있는 물건을 다루거나 이를 가지고 장난하면 10만원 이하의 벌금, 구류 또는 과료에 처해진다(「경범죄처벌법」 §1제50호).

사) 「국가보안법」 위반자에 대한 무기제공 금지

「국가보안법」 제3조, 「국가보안법」 제4조, 「국가보안법」 제5조, 「국가보안법」 제6조, 「국가보안법」 제7조, 「국가보안법」 제8조의 죄를 범하거나 범하려는 사람이라는 사실을 알면서 그 사람에게 화약류를 제공하면 5년 이상의 유기징역에 처해진다(「국가보안법」 §9①).

아) 집회·시위 시 화약류 휴대·사용 금지

집회 또는 시위의 주최자, 질서유지인 및 참가자는 ㉠ 폭발물과 같이 다른 사람의 생명을 위협하거나 신체에 해를 끼칠 수 있는 기구를 휴대·사용하거나 ㉡ 다른 사람에게 이를 휴대하게 하거나 사용하게 하는 행위를 해서는 안 된다(「집회시위법」 §16④제1호, 「집회시위법」 §17② 및 「집회시위법」 §18②).

위 사항을 위반하는 행위로 질서를 유지할 수 없는 집회 또는 시위에 대해서는 관할 경찰관서장에 의해 해산 요청 및 명령이 내려질 수 있다(「집회시위법」 §20①제5호). 또한, 위 사항을 위반하면 다음 구분에 따라 처벌된다(「집회시위법」 §22③ 및 「집회시위법」 §24제5호).

1. 주최자: 1년 이하의 징역 또는 100만원 이하의 벌금
2. 질서유지인 및 참가자: 6개월 이하의 징역 또는 50만원 이하의 벌금 · 구류 또는 과료

(5) 그 밖의 위험물품

도검 · 분사기 · 전자충격기 또는 석궁은 취급에 각별한 주의가 요구되는 물품으로, 이를 사용할 경우에는 「총포등단속법」, 「집회시위법」 등 각종 법령에서 정한 사항을 준수해야 한다.

「총포등단속법」, 「국가보안법」, 「집회시위법」 등의 법령에서는 도검 · 분사기 · 전자충격기 또는 석궁과 같은 위험물품에 관한 제한 및 처벌 사항을 규정하고 있다.

가) 허가받은 용도 외 사용 금지

도검 · 분사기 · 전자충격기 또는 석궁의 소지허가를 받은 사람은 허가받은 용도나 그 밖의 정당한 사유가 있는 경우 외에는 이를 사용해서는 안 된다(「총포등단속법」 §17②).

이를 위반하면 2년 이하의 징역 또는 500만원 이하의 벌금에 처해진다(「총포등단속법」 §73제1호).

나) 「국가보안법」 위반자에 대한 무기제공 금지

「국가보안법」 제3조, 「국가보안법」 제4조, 「국가보안법」 제5조, 「국가보안법」 제6조, 「국가보안법」 제7조 및 「국가보안법」 제8조의 죄를 범하거나 범하려는 사람이라는 사실을 알면서 그 사람에게 총포 · 탄약 · 화약 및 그 밖의 무기를 제공하면 5년 이상의 유기징역에 처해진다(「국가보안법」 §9①).

다) 집회 · 시위 시 위험물품의 휴대 · 사용 금지

집회 또는 시위의 주최자, 질서유지인 및 참가자는 ㉠ 도검 등 다른 사람의 생명을 위협하거나 신체에 해를 끼칠 수 있는 기구를 휴대 · 사용하거나 ㉡ 다른 사람에게 이를 휴대하게 하거나 사용하게 하는 행위를 해서는 안 된다(「집회시위법」 §16④제1호, 「집회시위법」 §17② 및 「집회시위법」 §18②).

위 사항을 위반하는 행위로 질서를 유지할 수 없는 집회 또는 시위에 대해서는 관할 경찰관서장에 의해 해산 요청 및 명령이 내려질 수 있다(「집회시위법」 §20조①제5호). 또한, 위 사항을 위반하면 다음 구분에 따라 처벌된다(「집회시위법」 §22③및 「집회시위법」 §24제5호).

1. 주최자: 1년 이하의 징역 또는 100만원 이하의 벌금
2. 질서유지인 및 참가자: 6개월 이하의 징역 또는 50만원 이하의 벌금 · 구류 또는 과료

4) 위험물품의 양도 · 양수

(1) 화약류

화약류(장난감용 꽃불은 제외)의 양도는 화약류 양수허가를 받은 사람(법령상 허가를 받지 않아도 되는 사람을 포함)에게만 할 수 있으며, 양수는 화약류 제조업자 · 판매업자 · 수입허가를 받은 사람 또는 양도허가를 받은 사람에게서만 받을 수 있다.

▷ 화약류를 양도(양수)하고 싶은데 미리 허가를 받아야 하나요?

누구든지 화약류 양수허가를 받은 사람(법령상 허가를 받지 않아도 되는 사람을 포함) 외의 사람에게 화약류를 양도해서는 안 되고, 화약류 제조업자 · 판매업자 또는 수입허가를 받은 사람과 양도허가를 받은 사람 외의 사람으로부터 화약류를 양수해서는 안 된다.

따라서 화약류를 양도 · 양수할 때에는 양도하려는 사람과 양수하려는 사람이 각각 관할 경찰서장의 허가를 받아야 하며, 허가를 신청할 때에는 화약류 양도 · 양수허가신청서, 화약류 사용허가증 사본 등의 서류를 제출해야 한다.

가) 양도 · 양수의 허가

화약류를 양도 · 양수하려는 사람(「총포등단속법」 §46③에 따라 양도 · 양수 의무가 발생한 경우를 포함)은 그 주소지 또는 화약류의 사용지를 관할하는 경찰서장의 허가를 받아야 한다. 다만, 다음 어느 하나에 해당하는 경우에는 허가를 받지 않아도 된다(「총포등단속법」 §21① 및 「총포등단속법 시행령」 §25).

1. 제조업자가 제조할 목적으로 화약류를 양수하거나 제조한 화약류를 양도하는 경우
2. 판매업자가 판매할 목적으로 화약류를 양도 · 양수하는 경우
3. 화약류의 수출입허가를 받은 사람이 그 수출입과 관련해서 화약류를 양도 · 양수하는 경우
4. 총포의 소지허가를 받은 사람이 수렵 또는 사격을 위해서 수렵용 실탄 또는 공포탄은 1일에 100개 이하, 사격용 실탄은 1일 200개 이하를 양수하는 경우
5. 「광업법」에 따라 광물을 채굴하는 사람이 그 광물의 채굴을 목적으로 각 1,125g 이하의 화약 및 폭약을 양수하는 경우
6. 화약류의 제조업 · 판매업 또는 화약류저장소를 양도 · 양수하는 경우

이를 위반하면 5년 이하의 징역 또는 1천만원 이하의 벌금에 처해진다(「총포등단속법」 §71제3호).

화약류의 양도 · 양수의 목적이 분명하지 않거나 공공의 안전유지에 지장이 있다고 인정되면 양도 · 양수의 허가가 제한될 수 있다(「총포등단속법」 §21②).

나) 양도 · 양수의 허가신청 절차

(가) 양도허가의 경우

화약류를 양도하려는 사람이 양도허가를 신청할 때에는 화약류의 사용지가 특정된 경우에는 사용지를 관할하는 경찰서에, 사용지가 특정되지 않은 경우에는 양수하려는 사람의 주소지(법인인 경우에는 주된 사무소의 소재지)를 관할하는 경찰서에 화약류 양도 · 양수허가신청서(「총포등단속법 시행규칙」 별지 제16호서식)를 제출해야 한다(「총포등단속법」 §21① 및 「총포등단속법 시행규칙」 §31① · ②).

화약류를 양도하려는 사람은 양수하려는 사람이 소지하는 화약류 양도 · 양수허가증(「총포등단속법 시행규칙」 [별지 제39호]서식) 뒷면의 양도인 · 양수인 기재란에 소정의 사항을 기재해야 한다(「총포등단속법 시행규칙」 §31④).

(나) 양수허가의 경우

화약류를 양수하려는 사람이 양수허가를 신청할 때에는 화약류의 사용지가 특정된 경우에는 사용지를 관할하는 경찰서에, 사용지가 특정되지 않은 경우에는 양수하려는 사람의 주소지(법인인 경우에는 주된 사무소의 소재지)를 관할하는 경찰서에 다음 서류를 제출해야 한다(「총포등단속법」 §21① 및 「총포등단속법 시행규칙」 §31①·②).

1. 화약류 양도·양수허가신청서(「총포등단속법 시행규칙」 [별지 제16호]서식)
2. 화약류사용허가증 사본
3. 광업권허가증 사본·조광권인가서 사본 또는 탐광계획인가서 사본(광물의 채취를 위해 화약류를 사용하려는 사람만 제출)

화약류를 양수하려는 사람은 양도하려는 사람이 소지하는 화약류 양도·양수허가증(「총포등단속법 시행규칙」 [별지 제39호]서식) 뒷면의 양도인·양수인기재란에 소정의 사항을 기재해야 한다(「총포등단속법 시행규칙」 §31④).

(2) 그 밖의 위험물품

총포·도검·분사기·전자충격기 또는 석궁의 양도는 해당 물품의 소지허가를 받은 사람에게만 할 수 있으며, 양수는 해당 물품의 소지허가를 받은 사람에게서만 받을 수 있다.

▷ 총포·도검·분사기·전자충격기 또는 석궁을 양도(양수)하고 싶은데 소지허가가 없는 사람과도 거래할 수 있나요?

소지허가가 없는 사람에게는 총포·도검·분사기·전자충격기 또는 석궁을 양도할 수 없으며, 소지허가가 없는 사람으로부터 총포·도검·분사기·전자충격기 또는 석궁을 양수할 수도 없다.

가) 양도인·양수인의 자격 제한

총포·도검·분사기·전자충격기 또는 석궁의 제조업자·판매업자 및 수입허가를 받은 사람과 소지허가를 받은 사람은 제조업자·판매업자 및 수입허가를 받은 사람과 소지허가를 받은 사람 외의 사람에게 총포·도검·분사기·전자충격기 또는 석궁을 양도해서는 안 되고, 또한 이들로부터 총포·도검·분사기·전자충격기 또는 석궁을 양수해서도 안 된다. 다만, 총포·도검·분사기·전자충격기 또는 석궁의 제조업 또는 판매업을 양도·양수하는 경우에는 그렇지 않는다(「총포등단속법」 §21④).

이를 위반하면 5년 이하의 징역 또는 1천만원 이하의 벌금에 처해진다(「총포등단속법」 §71제3호).

5) 위험물품의 운반

(1) 운반 방법과 제한

위험물품의 운반은 위험물품으로 인한 재해를 예방하고 공공의 안전을 유지하기 위해 제한될 수 있으며, 교통수단에 따라 개별 법령에서 그 운반의 방법·제한사항 등을 규정하고 있다. 따라서 철도를 이용한 운반은 「철도안전법」, 선박을 이용한 운반은 「선박안전법」, 비행기를 이용한 운반은 「항공안전보안법」에 따른 방법 및 절차 등을 준수해야 한다.

가) 제조업자·판매업자 외 위험물품 수출입 금지

(가) 수출입허가대상

총포·도검·화약류·분사기·전자충격기 또는 석궁을 수출 또는 수입하려면 그 때마다 경찰청장 또는 지방경찰청장의 허가를 받아야 하는데, 그 허가는 제조업자 또는 판매업자만 받을 수 있다. 다만, 국가기관 또는 지방자치단체에서 사용하려는 것으로서 경찰청장의 승인을 받은 경우에는 그렇지 않다(「총포등단속법」 §9①부터 ③까지).

(나) 위반 시 제재

이를 위반해서 허가 없이 위험물품을 수출입하면 다음의 구분에 따라 처벌된다(「총포등단속법」 §70①제2호 및 「총포등단속법」 §71제1호).

1. 총포 또는 화약류의 경우: 10년 이하의 징역 또는 2천만원 이하의 벌금
2. 도검·분사기·전자충격기 또는 석궁의 경우: 5년 이하의 징역 또는 1천만원 이하의 벌금

나)「항공안전보안법」에 따른 위험물품의 휴대 · 탑재(搭載) 금지

(가) 금지대상

항공기에서는 다음 물건 등을 휴대하거나 탑재할 수 없다(「항공안전보안법」 §21① 본문).

1. 무기(탄저균, 천연두균 등과 생화학무기 등을 포함)
2. 도검류
3. 폭발물
4. 독극물
5. 연소성이 높은 물건 등

(나) 예외적 허용 사유

다만, ①「항공법」 제59조제1항에 따라 국토해양부장관의 허가를 받은 경우 또는 ② 항공보안요원이 항공기 내의 질서와 안전을 방해하는 행위를 방지하기 위한 직무를 수행하는 경우에는 분사기, 전자충격기 또는 국제협약에 따라 휴대가 허용되는 무기를 휴대하거나 탑재할 수 있다(「항공안전보안법」 §21①단서 및 「항공안전 및 보안에 관한 법률 시행규칙」 §12의2).

1. 「총포등단속법 시행령」 제6조의2 및 「총포등단속법 시행령」 제6조의3에 따른 분사기 또는 전자충격기
2. 국제협약에 따라 휴대가 허용되는 무기

허가를 받거나 직무수행을 위해 항공기 안에서 위험물품을 휴대하거나 탑재할 때에는 항공기에 탑승하기 전에 해당 항공기의 기장에게 이를 보관하고, 도착지에서 반환받아야 한다(「항공안전보안법」 §21②).

(다) 위반 시 제재

이를 위반해서 항공안전본부장의 허가 없이 휴대 또는 탑재가 금지된 위험물품을 항공기에 휴대 또는 탑재하거나 다른 사람에게 이를 휴대 또는 탑재하게 하면 2년 이상 5년 이하의 징역에 처해진다(「항공안전보안법」 §44).

(2) 운반 시 준수사항

총포 · 도검 · 화약류 · 분사기 · 전자충격기 또는 석궁은 취급에 각별한 주의가 요구

되는 물품으로, 이를 운반할 경우에는 「총포등단속법」에 따른 운반의 방법, 절차 등을 반드시 준수해야 한다.

▷ 총포 · 도검 · 화약류 · 분사기 · 전자충격기 또는 석궁을 운반할 때 반드시 지켜야 할 사항은 무엇인가요?

「총포등단속법」에서는 위험물품으로 인한 위험과 재해를 예방하고 공공의 안전을 유지하기 위해 위험물품의 취급에 여러 가지 제한을 두고 있다.

가) 허가받은 용도 외 운반 금지

총포 · 도검 · 분사기 · 전자충격기 또는 석궁의 소지허가를 받은 사람은 허가받은 용도에 사용하기 위한 경우나 그 밖에 정당한 사유가 있는 경우 외에는 그 총포 · 도검 · 분사기 · 전자충격기 또는 석궁을 지니거나 운반해서는 안 된다(「총포등단속법」 §17①).

이를 위반하면 ① 소지허가가 취소되며(「총포등단속법」 §46①제2호, 「총포등단속법 시행규칙」 §52 및 「총포등단속법 시행규칙」 [별표 17]제5호 위반사항란의 제7호) 되며, ② 300만원 이하의 과태료가 부과된다(「총포등단속법」 §74①제2호, 「총포등단속법 시행령」 §84① 및 「총포등단속법 시행령」 [별표 17]제3호).

나) 위장 또는 혼합포장 후 운반 금지

총포 · 도검 · 화약류 · 분사기 · 전자충격기 또는 석궁을 위장하거나 다른 물건과 혼합포장해서 소지 · 저장 · 운반하거나 발송해서는 안 된다(「총포등단속법」 §34②).

이를 위반하면 3년 이하의 징역 또는 700만원 이하의 벌금에 처해진다(「총포등단속법」 §72제1호).

다) 총포의 안전한 운반 의무

총포의 소지허가를 받은 사람이 그 총포를 보관 · 휴대 또는 운반하는 경우에는 실탄이나 공포탄을 장전해서는 안 되며, 총집에 넣거나 포장해야 한다(「총포등단속법」 §17③).

이를 위반하면 300만원 이하의 과태료가 부과된다(「총포등단속법」 §74①제2호, 「총포등단속법 시행령」 §84① 및 「총포등단속법 시행령」 [별표 17]제4호).

라) 화약류 운반신고 의무

(가) 신고대상

화약류를 운반하려는 사람은 발송지를 관할하는 경찰서장에게 신고해야 한다. 다만, 「총포등단속법 시행령」 [별표 13]에서 정하는 화약류의 종류 및 수량에 대해서는 운반신고 없이 운반할 수 있다(「총포등단속법」 §26① 및 「총포등단속법 시행령」 §48).

이를 위반해서 화약류를 운반할 때 신고하지 않거나 거짓으로 신고하면 2년 이하의 징역 또는 500만원 이하의 벌금에 처해진다(「총포등단속법」 §73제4호).

(나) 신고방법

화약류 운반신고를 할 때에는 특별한 사정이 없는 한 운반개시 4시간 전까지 발송지를 관할하는 경찰서에 화약류운반신고서(「총포등단속법 시행규칙」 [별지 제20호]서식)를 제출해야 합니다(「총포등단속법」 §26① 및 「총포등단속법 시행규칙」 §38①).

재해의 예방 또는 공공의 안전유지를 위해 필요하다고 인정되는 경우 화약류의 운반이 일시 금지되거나 제한될 수 있다(「총포등단속법 시행규칙」 §38③).

(다) 신고필증 교부

화약류운반신고서가 접수되면 경찰서에서 발급한 화약류운반신고필증(「총포등단속법 시행규칙」 [별지 제21호]서식)을 교부받는다. 만약 화약류 운반에 제한을 받았을 경우에는 그 제한내용이 신고필증에 기재된다(「총포등단속법 시행규칙」 §39①).

(라) 신고필증 반납

화약류운반신고필증은 다음에서 정하는 사유 및 방법에 따라 반납해야 한다(「총포등단속법 시행규칙」 §40).

1. 화약류를 운반하지 않게 된 경우: 발송지를 관할하는 경찰서에 반납
2. 신고한 운반기간이 지난 경우: 발송지를 관할하는 경찰서에 반납
3. 운반을 완료한 경우: 도착지를 관할하는 경찰서에 반납

참고: 화약류 운반신고자의 준수사항

▷ 화약류운반신고필증 소지 의무

화약류를 운반하는 사람은 교부받은 화약류운반신고필증을 반드시 지니고 있어야 한다(「총포등단속법」 §26③).

이를 위반하면 300만원 이하의 과태료가 부과된다(「총포등단속법」 §74①제3호, 「총포등단속법 시행령」 §84① 및 「총포등단속법 시행령」 [별표 17]제7호).

▷ 기술상 기준 및 신고필증 기재사항 준수 의무

화약류를 운반하는 때에는 그 적재방법 · 운반방법 · 운반경로 및 운반표지 등에 관해 「총포등단속법 시행령」 제49조에 따른 적재방법의 기술상의 기준, 「총포등단속법 시행령」 제50조에 따른 운반방법의 기술상의 기준 및 「총포등단속법」 제26조제2항에 따른 화약류운반신고필증에 기재된 지시에 따라야 한다. 다만, 철도·선박·항공기에 의한 운반은 그렇지 않다(「총포등단속법」 §26④, 「총포등단속법 시행령」 §49 및 「총포등단속법 시행령」 §50).

이를 위반하면 3년 이하의 징역 또는 700만원 이하의 벌금에 처해진다(「총포등단속법」 §72제6호).

제2절 경호보안 환경의 종류

경호환경은 일반적 환경과 특수적 환경으로 나누어 볼 수 있다. 전자는 ㉮ 경제발전, 과학기술, ㉯ 동력화, 정보화 팽창, ㉰ 생활양식 및 국민의식 변화, ㉱ 범죄의 다양화 및 증가, ㉲ 경제생활의 향상을 들 수 있고, 특수적 환경은 ㉠ 경제전쟁, 지역이기주의, ㉡ 한국의 국제적 지위향상, ㉢ 북한의 위협 등을 들고 있다.

1. 일반적 경호보안환경

1) 경제발전

경제발전은 필연적으로 물질위주의 사회구조로 변모시키고, 많은 사람들의 부의 축적을 가져온다. 반면에 이러한 부의 분배에서 소외된 계층을 가져오고 결국은 빈부의 격차에 따른 지역간·계층간의 갈등을 가져온다.

2) 과학기술발전

현대의 과학기술의 발전은 위해를 가하려는 위해자 또는 위해조직이 위해의 수단으로서 첨단장비나 기술을 활용함으로써 위해자 입장에서는 위해의 성공 가능성을 높여 위해의 의지를 수월하게 하는 역할을 한다.

3) 정보화

현대사회의 정보화의 진전은 범죄의 광역화와 지능화, 신속화가 '알카에다'의 예에서 보았듯이 이메일 등 정보화 수단의 이용 등으로 발각의 가능성은 낮아지고 그만큼 위해 가능성을 높였다.

4) 사회구조와 국민의 의식구조 변화

사회구조의 변화에 따른 국민들의 의식구조의 변화와 생활양식의 변화는 경호작용에도 영향을 미치고 있다. 즉 성공적인 경호보안은 국민들과 다른 조직들과의 치

밀한 협력체계하에서만 담보될 수 있다. 그러나 의식구조나 생활방식이 개인화 · 이기주의화됨으로써 이러한 측면에 어려움을 가져오고, 그 만큼 경호위해의 가능성을 높이고 있다.

5) 국제화 · 개방화

최근 가속화된 국제화와 개방화의 동향은 경호보안작용에 매우 커다란 영향을 미치고 있다. 개방화와 국제적 교류의 증대는 국제적으로 악명 높은 테러분자나 테러조직의 활동성을 높이고, 경찰이나 경호보안기관의 통제성을 어렵게 하는 결과를 낳고 있다.

인구의 도시집중과 주거지역의 밀집화, 산업시설의 증대와 산업지역의 증가는 범죄유발요인을 낳게 하여 각종 범죄의 양적 증가와 범죄의 도시화 · 흉악화 등 질적 변화를 가져오게 되고, 교통수단의 발달과 1일 생활권의 확대는 범죄의 기동화 · 광역화 및 도시범죄의 지방교류 등을 촉구하게 되며, 과학기술의 이용, 풍부한 정보의 활용은 범죄의 지능화 · 조직화 등 질적 변화를 초래하게 된다.

6) 냉전체제의 붕괴와 신경제질서의 성립

과거의 미소를 중심으로 동서간의 냉전체제하에서는 이념적 갈등을 위주로 한 테러의 가능성과 국지적 분쟁이 주였다. 그러나 오늘날 이러한 냉전체제가 붕괴되고 이전의 사회주의체제하에서 힘에 의해 눌려져 있던 인종갈등, 민족주의, 지역주의 등이 본격적으로 대두되어 서로간의 무력충돌과 테러, 암살 등의 다양한 형태로 발생됨으로써 광범위한 위해환경이 조성되었다.

또한 경제생활의 향상은 폭리범죄, 신용범죄, 특허범죄 등의 경제사범을 증가시키고, 국제교역 및 교류의 증대는 범죄의 국제화를 초래하여 범죄조직의 국제화, 범죄수법의 국제교류 뿐만 아니라 관세범죄, 외자범죄, 밀수범죄, 국제밀무역 등의 증가를 가져오게 된다.

2. 특수적 경호보안환경

경호보안의 특수적 환경요인으로는 크게 암살, 테러, 유격전 등이 있다. 세계 각국의 역사 속에서 암살 및 테러사건이 없었던 나라는 없다. 어느 시대 어느 곳에나 음모자나 테러분자들이 있었고, 지도자들은 항상 위기에 놓여 있었던 것이다. 그러므로 인류의 발전과 생태를 기록하여 온 역사 속에는 암살 음모의 증가와 지능적인 테러도 면면이 점철되어 있는 것이다. 더욱이 고도로 발달한 인지에 의하여 이 비극적이고 야만적인 행위의 방법도 복잡하고 교묘한 양상으로 발전하고 있다.

구분	테러	암살	전쟁	게릴라전
임무수행범위	중간	좁다	넓다	넓다
주대상	민간인, 시설	민간인	작전중인군대, 경찰, 주요시설	작전중인군대, 경찰, 주요시설
조직규모	중간	중간	크다	크다

세계는 군사전쟁에서 경제전쟁으로 탈바꿈하여 지역이기주의 또는 지역경제주의로 발전, 소수민족의 테러 단체들의 투쟁이 증가되고 있다. 미국·러시아를 중심으로 한 동서냉전체제가 그 막을 내림에 따라 그 동안 공산주의 독재체제 밑에서 억눌려 있던 각 민족들의 자기 찾기를 위한 치열한 투쟁이 전개되고 있다. 그러나 이 같은 오랜 세월동안 빼앗겼던 자기 자신을 찾는다는 민족적 욕구는 인간본연의 정당성에도 불구, 다른 민족의 욕구를 인정하는 바탕을 갖춘 평화공존의 합리적인 대안으로 나가지 못함으로써 민주주의와 시장경제를 두 축으로 신세계 건설을 추구하려는 유럽 등 전 세계에 짙은 그림자를 던져 주고 있다. 또한 이와 궤를 같이해 냉전 속에 경제발전에 치중, 강국으로 떠오른 독일과 일본 국내 일각에서는 외국인에게 경제부국을 빼앗기지 않겠다는 방어적 성격의 배타주의와 패권주의가 다시금 고개를 들고 있다.

결국 동서냉전의 폐허 위에 부상하고 있는 세계 각국의 신민족주의 성향은 한편으로는 억눌려온 민족주의 염원으로, 다른 한편으로는 한때 할 수 없이 포기했던 공격적 국수주의의 회복으로 상반되게 드러나고 있다.

이와 관련 지역이기주의에 따른 경제전쟁이라는 새로운 형태의 세계 질서가 편성되기 시작했는 바, 냉전시대의 팽팽한 군사적 대립이 해소된 자리에 자국의 이익을 우선으로 하는 경제우선주의가 들어설 것은 진작부터 예상돼 왔던 것이지만, 여기에 덧붙여 블록화의 형태를 띤 지역경제주의까지 등장한 것은 경제전쟁의 가능성을 한층 높여 주고 있다. 이 같은 급격한 국제정세 변화는 전통적으로 러시아·동구권의 지원 및 영향을 받아온 구주·중동·아시아 지역의 극좌 테러단체 대부분이 재정상 압박 등으로 활동이 크게 위축되어 전반적인 감소 추세를 보이고 있는 반면, 각 지역의 소수민족분리주의 테러단체들에 의한 소모적 테러투쟁은 오히려 증가되고 있다.

소수인종 및 민족, 종교적 편견, 장애인 노인 등 약자층을 대상으로 이유 없는 증오심을 갖고 테러를 자행하는 증오범죄(hate crime)가 심각하게 등장하고 있다. 이와 같은 특수적 환경요인은 경호조직의 증감에 영향을 미치게 되며 심지어는 조직의 존폐위기까지 초래하게 되는 경우도 많이 발생한다.

한국은 국제적 지위향상과 더불어 해외에서의 자국인 대상 납치·살해 등 테러위협이 증가되고 있다. 북한의 고립심화와 내부 불안정·적화통일 노선 지속추구 등과 관련된 대남위협 증가에도 불구하고 국민들의 대공의식이 해이되었으며 국내불법체류 외국인 증가, 마약관련 범죄 및 정신이상자 증가, 극단적 집단이기주의와 통제에 대한 무조건적 반발 추세, 기타 선진사회로 가는 각종 병리현상 만연 등 많은 사회적 불안요소들이 국내 경호환경에 부정적으로 작용되고 있다.

최근 북한의 경제적 곤경과 정치적 불안정으로 인하여 테러 및 유격전의 유발이 우려되고 있다. 북한은 경제적 곤경에 처해 있다. 식량과 연료의 부족 등으로 김일성 사망 이후 김정일체제는 심한 경제난을 겪고 있다. 국제적 신용도의 추락과 정치적 고립으로 북한은 국제금융시장에서의 차입이 어려운 실정이다. 게다가 무리한 정권의 세습과정으로 군사적 문제를 야기시킬 가능성마저도 있다. 이러한 어려운 현실에 직면한 북한은 핵 대포동장거리미사일 등을 빌미로 하여 일본과 미국을 상대로 경제적 협조를 위한 협상을 전개하고 있다. 북한은 경제적·정치적 문제를 해결하기 위하여 전략적으로 테러 및 유격전도 서슴지 않을까 우려가 된다.

3. 국내 치안 환경 요인

1) 범죄의 양적 증가

1960년대 이후에는 인구증가, 산업화·도시화로 대표되는 매우 급속한 사회적 변동을 경험하였다. 이러한 과정에서 다양한 사회문제 중 중요한 것으로 등장한 것이 범죄문제로 전체범죄의 발생건수는 1964년부터 1973년까지는 감소하였으나, 그 후 점진적으로 증가하였고, 1987년도부터는 급격한 증가추세를 보이고 있다.

범죄발생현황을 외국과 비교해 보면 먼저 1994년의 주요범죄 발생건수는 미국이 13,991,700건, 독일이 6,537,748건, 일본이 1,926,254건, 한국이 889,408건으로 미국, 독일, 일본, 한국의 순을 보이고 있고, 전년대비 주요범죄 증가율은 한국이 53% 증가한 반면, 독일이 32%, 일본이 1.4%, 미국이 1.1% 각 감소하였다(법무연수원, 「범죄백서」, 1996. p.38).

2) 범죄의 질적 변화

범죄의 유형이 다양해졌고, 범죄의 수법이 첨단기술을 활용하는 등 지능화 되었다. 또한 국내의 모든 지역이 일일생활권으로 변화함으로써 범죄의 광역화 · 기동화 현상이 뚜렷해졌다. 아울러 범죄대상이 무분별해졌으며, 피해자에 대한 성폭력이 일상화되는 등 범죄의 양상이 반인륜적으로 변화하고 더욱 흉폭해졌다. 이러한 범죄발생양상의 변화는 1960년대 이후 진행되어 온 사회변동과 연관되어 있다.

3) 범죄의 국제화 현상

㉮ **불법체류 및 밀입국 등 출입국관리사범의 증가** : 외국인 불법체류 현황을 보면 1995년말 현재 96,749명으로 지난해와 비교할 때 무려 2배 이상 증가하였으며, 전체 외국인 체류자 269,641명의 35.8%에 달하고 있다.

㉯ **국제 범죄조직의 국내 진출기도** : 세계의 치안을 위협하는 국제범죄조직으로는 이미 전세계적으로 악명을 떨치고 있는 이탈리아와 미국의 마피아 및 일본의 야쿠자 조직이 있으며, 최근에는 새롭게 부상하고 있는 중국계 트라이어드(삼합회)와 러시아의 마피아의 활동이 활발해 지면서 국내진출을 시도하고 있고, 국내 범죄조직 또한 이들과 연계할 조짐마저 보이고 있다.

㉰ **마약 · 총기류 · 위조달러 등의 불법 밀반출 증가** : 최근 국내에 외국산 마약 · 총기류 밀반입 및 위조달러의 반입 · 유통이 빈번히 발생하고 있으며 이들 범죄가 주로 국제범죄조직 등과 연계되어 있는 경우가 많은 것으로 나타나 우려가 되고 있다.

㉱ **인터넷 등을 이용한 국제해킹 위협 가중** : 정보화시대가 본격화됨에 따라 전세계의 정보전산통신망이 서로 긴밀하게 연결되면서 인터넷(Internet) 등 국제전산망

을 이용, 국내전산망에 침투하여 국가의 중요정보나 기업체의 중요 연구결과를 불법적으로 유출해 가거나 파괴하는 국제적인 해킹사건이 자주 발생하여 국가의 안전과 경제기반을 위협하고 있다.

㉤ **테러공포의 확산** : 최근 테러양상을 보면 과거 공산권의 이념적·물리적 힘의 지원을 받은 극좌테러리즘이 크게 위축된 반면, 냉전하에 잠복해 있던 민족적·종교적·인종적 갈등이 표면화되면서 자기 민족의 생존을 위한 격한 저항의 형태로써 상대방에 대한 테러를 자행하는 것이 주류를 이루었다. 특히 최근에는 미국의 이라크 침공에 대한 알카이다를 비롯한 회교권의 원리주의 단체들에 의해 저질러지는 테러가 세계를 공포로 몰아넣고 있으며, 우리나라의 경우도 대이라크 파병에 따라 테러의 목표가 되고 있다.

4) 북한의 위협 등

남북정상회담의 개최 등 남북간의 화해무드가 조성되고 있지만, 한편으로는 서해상의 교전이나 천안함 격침사건, 국지적 간첩의 침투, 제한된 테러행위 등의 가능성이 상존함으로써 이에 대한 대처가 요구된다.

제3절 경호보안환경의 악화와 위기관리

현대는 문명의 이기를 누리는 이면에 악화된 경호보안 환경 속에서의 위기의 시대이다. 모든 국가와 민족들이 위기 속에서 존재하고 모든 조직직과 개인이 위기 안에서 탈출하기 위한 끊임없는 생존 투쟁을 벌이고 있다.

각종 재난과 외침으로부터 국민의 생명과 재산이 손상될 우려가 있을 때 이러한 위기를 예방하고 관리할 일차적 책임은 국가에 있다.

지난 1990년대 이후 계속적으로 발생했던 서해 훼리호 침몰사고, 성수대교붕괴, 아현동가스폭발사고, 삼풍백화점붕괴사고, 화성씨랜드·인천호프집 화재사고 그리고 대구지하철화재 등은 위험관리를 제대로 하지 않아 발생한 인재였다. 그 외에 굵직한 대형범죄를 비롯한 남북대치상황에서 벌어지고 있는 안보체제는 물론 급속한 산업화·도시화에 따른 교통사고, 산업재해, 대형재해와 지구온난화현상으로 자연재해 발생율도 높아지고 있다.

따라서 악화되고 있는 경호보안환경은 곧 위기 또는 위험이며 이에 대한 적절한 관리는 필수적이다. 일반적으로 '위험'이란 물질, 사람, 환경, 기계 등 어떤 것이든지 자신이 지니고 있는 고유한 본질이 외부요소에 위해를 끼칠 수 있는 가능성 또는 잠재성을 의미한다. '리스크'란 위험으로부터 일어날 것으로 인지된 위해의 강도를 포함한 위험발생에 대한 개연성을 의미한다. 일반적으로 위기관리(Risk & Crisis Management)란 천재(天災)나 인위적인 비상사태, 전쟁 따위의 위기 상황을 예방하고 그에 적절하게 대처해 나가는 활동이라고 할 수 있다. 즉, 이는 조직이나 개인이 위기에 대처하여 바람직하지 못한 결과를 최소화시키고 그에 따른 신속한 조치를 취하는 일이며 위험의 확인·측정·통제를 통해 최소한의 비용으로 위험에 따르는 불이익을 극소화하는 활동으로 경호보안업무인 시큐리티(Security)는 위기관리의 한 분야라고 할 수 있다.

1800년대 역마차와 철도로 대표되는 서부개척 시대에는 범죄자들로부터 안전하게 금괴를 수송하는 것이 경호보안의 주요한 업무였다. 여기서 지켜야할 가장 중요한 가치는 '금'이고 이에 대한 위협은 '강도'라는 간단한 등식이 성립된다. 즉, 1800년대 미국 서부시대의 시큐리티의 업무내용을 정의하자면 '범죄자의 강도행위로부터 안전하게 금괴를 수송하는 것'이 된다.

하지만 오늘날의 기업활동은 과거와는 전혀 다른 개념의 복잡하고 다양한 활동과 가치를 창조해 내게 됐다. 즉, 과거의 '물질 자산' 외에 '정보'나 '지적자산' 등의 새로운 패러다임의 가치가 등장하기 시작한 것이다. 이러한 가치의 확대현상은 각기 다른 가치에 대한 다양한 위협요소를 가져오게 됐으며, 이에 따라 시큐리티의 범위도 급속히 팽창하게 됐다.

본래 Risk Management(위기관리)라는 말은 1930년대 미국에서 보험업계의 비용관리 측면에서의 보험관리로서 생겨난 말이지만, 오늘날의 일반적인 정의는 '경영활동에 따르는 각종 리스크를 최소비용으로 억제하는 체계적 조치'로 설명된다. 리스크에는 여러 가지 파악방식이 있는데, 그 중 고용·생산·판매·투자·연구·개발 등의 업무활동에 따르는 손실과 이익의 기회가 공존하는 동태적 리스크(투기 위험), 재산손실, 인적손실, 배상책임 손실, 사업장애 등과 같이 손실만이 존재하는 정태적 리스크(순수위험)로 나누는 것이 일반적이다.

위기관리는 크게 예방-대비-실행-사후관리 4단계로 이루어지고 있으며, ㉮ 예방단계에서는 평소 위기요인의 정밀진단과 지속적인 정보수집, ㉯ 대비단계에서는 파악한 위기요인과 수집된 징후에 대한 대응계획의 수립 및 대응능력구비, ㉰ 실행단계에서는 위기상황의 정확한 인식과 전 역량을 동원한 신속한 대응, ㉱ 사후관리단계에서는 위기관리 과정의 평가와 위기재발방지를 위한 제도적 장치마련 등이 가장 중요한 요소가 된다. 이를 3단계로 표현하면 제1단계는 위기를 잘 예측하고 이를 미리 예방하는 것이며, 제2단계는 위기가 발생했을 경우 피해를 최소한 줄일 수 있는 방안 모색이며, 제3단계는 발생한 위기를 수습한 뒤 이를 회복시키는 해결단계로 대처한다. 이중 가장 중요한 것은 제1단계 위기의 사전예방인데, 이를 위해서 사회 환경변화에 대한 예측과 대응과 위기를 인색할 수 있는 안목을 가져야 한다.

제4절 환경설계를 통한 범죄예방(CPTED)

경찰청의 '범죄예방을 위한 설계 지침'에서 "환경설계를 통한 범죄예방(CPTED)"이라 함은 적절한 건축설계나 도시계획 등을 통해 대상지역의 방어적 공간특성을 높여 범죄가 발생할 기회를 줄이고 지역 주민들이 안전감을 느끼도록 하여 궁극적으로는 삶의 질을 향상시키는 종합적인 범죄예방 전략으로 정의하고 있다.

CPTED는 경찰의 범죄예방활동의 일환으로서 범죄가 발생하기 전에 적극적인 범죄예방활동의 하나로서 고려되어진 것이다. 이것은 "범죄로부터 피해를 입을 가능성이 있는 잠재적 피해자들을 보호하기 위하여 범죄의 구성요건이 되는 가해자, 대상, 장소들 간의 상관관계를 분석하여 범죄를 예방하거나 범죄의 불안감을 감소시키기 위한 일련의 물리적 설계"를 의미한다. 다시 말해 CPTED는 관할지역내 해당지역의 방어 공간적 특성을 강화함으로써 잠재적 범죄자들에게 체포의 위험성을 증가시키거나 범행의 성공가능성을 현저히 낮게 인식시켜 범죄를 억제시키고자 사회내의 물리적, 사회적 환경개선을 통해 예견되는 미래의 개연성이 높은 범죄기회를 줄이고자 노력하는 활동이라고 할 수 있다.

CPTED(Crime Prevention Through Environmental Design)란 용어의 시초는 1971년 제프리(Jeffery)의 "환경설계를 통한 범죄예방"이라는 책에서 처음으로 소개되었다[7]. Jeffery는 여기서 물리적 설계는 물론 향상된 시민참여와 더욱 효과적인 경찰력의 사용을 포함하는 3중 전략을 제안하였으며 범죄를 예방하는 방법은 범죄가 감소하거나 소멸되게 하기 위한 기회를 만드는 방법으로 전체 환경을 설계해야 한다고 주장하였다. 이러한 물리적 환경의 변화를 통한 범죄예방은 1차적 범죄예방에 해당하는 것으로 해당지역의 방어공간의 특성을 강화함으로써 잠재적 범죄자의 입장에서 볼 때 검거의 위험을 증가시키는 것이라고 하였다.

CPTED의 개념의 정립과 이론적 근거의 연구는 1968년 뉴만(Oscar Newman)의 "방어공간(Defensible Space)"[8]에서 유래된 것으로 특정한 건축설계와 주민들이 주거지역의

---

7) CPTED란 용어의 시원(始源)은 1971년 미국의 국립법집행 및 형사사법연구소(National Institute of Law Enforcement and Criminal Justice)가 전기회사인 Westinghouse에 주거용, 상업용, 교육용, 운송용 시설의 네 가지 시설에 대하여 범죄환경을 위한 환경설계 프로그램을 위탁하면서 비롯되었다(C. Ray Jeffery, "Crime Prevention through Environmental Design", Beverly Hills, California: Sage Publications Inc., 1977, pp.224-227)

주변공간에 대하여 책임을 갖도록 설계함으로써 범죄를 예방할 수 있다는 것이다. 예를 들면 건축물의 층수가 적고 복도와 계단 및 입구의 설계는 감시가 용이하도록 설계하고 공공지역과 사유지역을 구분하기 위해 표지를 사용하는 것 등이 있다.[9] Newman은 그의 저서에서 소개된 안전한 환경의 창조에 개별적이거나 복합적으로 작용하는 범죄예방과 방어공간을 위한 물리적인 설계의 4가지 기본요소로서 영역성(Territoriality), 자연적 감시(Natural Surveillance), 이미지(Image), 그리고 입지조건(Milieu)을 제시하여 개념구성을 하였는데, 이 기본사상과 과정들은 1972년 이후 범죄예방정책의 기초가 되었다.

CPTED는 환경자체에 밀접하게 연관된 범죄피해원인들을 인위적으로 조작함으로써 일정한 환경 안에서 발생하는 어떤 특정범죄나 두려움을 제거하려는데 궁극적인 목적이 있다.

또한 물리적 환경의 변화를 통하여 잠재적 범죄자의 입장에서 볼 때 이득에 비해 상대적으로 높은 검거의 위험이 인지됨으로써 범죄예방이 가능하다는 것이다.

---

8) 방어공간(Defensible Space)이란, 거주자와 지역주민을 범죄로부터 보호해 줄 수 있도록 환경을 조성해 놓은 주거공간을 지칭하는 개념이다. 즉 사회자체를 방어하는 물리적인 사회구조를 창출함으로서 범죄를 통제 할 수 있는 효과를 거두고자 하는 개념에 기초한 것이다. 이 이론은 인력에 의한 방범체계의 한계성을 극복하려는 목적으로 시행되어 발전하여 왔다.

9) 국제CPTED협회(International CPTED Association: ICA)는 CPTED에 대한 정의를 "건축환경의 적절한 설계와 효과적인 이용은 실제적 범죄발생과 범죄에 대한 두려움(Fear of crime)을 감소시키며 궁극적으로 삶의 질(quality of life)을 개선할 수 있다"고 규정하였다. 이러한 정의에 대해 상당한 대다수의 학자들이 실용성을 인정하였고, 실제 1979녀 아메리카대륙게임(Pan America Game)과 1982년 세계 CPTED박람회, 1972년 세계정치회의(World Political Convention) 등의 미국 국제행사에 적용되어 테러방지에 큰 역할을 하였다(D. J. Digemans, "Defensible Space Design in the California Town House", California Geographer, 1978.).

제3장

경호보안 조직관리론

제3장 경호보안 조직관리론

제1절 경호보안 조직의 기능

1. 조직의 의의와 경호보안조직

1) 조직의 의의

조직(組織, organization)은 다수의 인간들이 공통된 목적 달성을 위해 상호작용을 하고 조정하는 활동 내지 협동체계로, 기업체 · 학교 · 노동조합 등 2명 이상의 사람들이 공통 목표를 달성하기 위해 통일적인 의지 아래 협동해나가는 행위의 체계라고 할 수 있다.

조직은 개인 없이는 존재할 수 없으며, 단순한 개인의 총화(總和) 이상의 것이다. 조직은 개인의 퍼스널리티(Personality)에 주목하는 것만으로는 해명할 수 없는 고유의 현상이나 특징을 나타낸다. 조직은 여러 사람들로 구성된 사회적 실체이며 인간의 구성체로 일전한 목표를 지향하고 있다. 조직을 효율적으로 관리하기 위한 조정체계가 요구되며 적정한 구성원을 유지하면서 조직 목표를 수행해 나간다. 내부에 조직 구성원 · 구조 · 관리 등 자체 요인들을 가지면서 외부와의 경계가 구분되어 있다.

조직을 이해하기 위해서는 ㉮ 조직의 형성과 유지, ㉯ 조직내의 행위과정과 조직의 구조, ㉰ 조직의 양의성 등의 관점이 중요하다.

즉 ㉮ 인간이 조직을 형성하는 기본적인 이유는 조직이 복수의 사람들의 주체성을 결합함에 의해서, 각자가 분산해 있는 경우의 단순총화 이상의 확대된 주체성을 만들어낸다는 점이다. 이 확대된 주체성에 바탕을 둘 때 보다 고도의 욕구 충족이

가능해 지기 때문에 사람들은 조직에 참가하는 것이다. 조직의 참가자를 조직의 성원이라고 한다. 조직이 존속하기 위해서는 목표 달성, 성원의 욕구 충족, 성원의 공헌 확보, 협동을 위한 수단 확보 등의 과제가 사회적 환경이 부과하는 제약 속에서 계속해서 충족되지 않으면 안된다.

㉯ 이들 조건을 계속적으로 충족시키기 위해서는 조직 내 각 성원의 의지와 행위가 계속해서 조정되어 정합적(整合的)으로 연결되어 가지 않으면 안된다. 이와 같은 조정과 연결의 매개로서 조직에는 규범과 통솔자가 존재한다. 통솔자를 중심으로 각 성원 사이에는 방사선상으로 커뮤니케이션 회로가 형성되며, 이를 통해 지시와 보고를 주고 받음으로써 성원의 주체성이 연결된다. 조직의 가장 단순한 형태는 1인의 통솔자가 약간명의 성원을 통솔하는 단위 조직이다. 복수의 단위 조직이 모이고 그들을 통솔하는 보다 상위의 통솔자가 출현하면 복합조직이 형성된다. 이와 같은 통솔자를 여러 단계 중층화해가면 성원수가 수십만 명 되는 거대조직의 형성도 가능해진다. 조직이 피라미드 구조를 취하는 기본적 이유는 이와 같이 다수의 성원의 정합적 연결을 위한 통솔자의 단계화에 있다.

㉰ 조직은 '협동의 체계'인 동시에 '지배의 체계'라고 하는 양의적인 성격을 갖고 있다. 조직이 대규모화해 갈수록 성원은 복수의 단계로 분화함과 아울러 계층간의 수익 격차나 의사 결정권의 격차가 넓어지는 경향이 있고 또 계층간의 대립도 발생하기 쉬워진다. 그리고 통솔자가 특권적인 수익을 향수하고 의사결정권을 집중적으로 장악하게 되면 통솔자는 지배자의 성격도 띠게 된다. 동시에 규범이라는 것도 협동을 가능하게 하기 위한 조정수단의 성격만이 아니라, 개인에 대해 구속이나 금욕을 가하는 양의적인 성격을 갖게 된다. 조직에 있어서 소외의 문제를 고찰할 때는 '지배의 체계'라고 하는 성격에 주목할 필요가 있다.

2) 경호보안조직

소규모 조직에서 출발한 많은 경호보안조직들은 오늘날 이미 거대 군단화 되었다. 그러나 향후 이들은 자신의 생존을 위해 많은 분열과 고통을 감수해야 할 것이다. 이러한 분열은 민간경호보안회사들이 처음부터 합리적으로 조직화되고, 그들이 수행해야 하는 임무와 역할을 정확히 파악했었다면 충분히 피할 수도 있다.

피터 드러커(Peter Drucker)는 그의 저서 『경영 : 임무, 책임, 실행』(1974)에서

"조직이란 완벽한 구조체계를 갖추고 시작하는 것이 아니라, 체계를 만들어 가며 시작하는 것이다. ……(중략) 각 기업은 자신의 업무와 전략에 가장 적합한 핵심 활동에 관한 사항들을 스스로 창안해 내야만 한다"고 지적하고 있다. 단순히 조직 자체보다는 기능과 역할에 초점을 맞춤으로써 민간경호보안회사들은 앞으로의 성장에 적응할 수 있다.

조직이나 규모의 차이에도 불구하고 대부분의 경호보안회사들은 기능 역할에 있어서 보편성을 지닌다. 공통적인 기능에 있어서 그 정도의 차이는 단순히 경호보안회사의 규모에 따른 차이일 뿐이다. 즉, 회사의 크고 작음에 따라 개인과 그의 사유권에 관한 임무이거나 나아가 국가의 일부에 대한 임무를 수행할 것인가의 차이이다. 이러한 역할을 수행하는 데 있어서 중요한 것은 민간보안회사가 어떻게 임무를 수행하는가? 하는 방법론이다.

어느 경호보안조직에 있어서나 기본적인 기능은 다음과 같다.

(1) **경영**(Management) : 기업경영의 최종목표는 이윤창출이라 하겠다. 경영이란 기획, 조직, 방향설정과 조정 등을 통해 모든 조직의 역할을 통합하는 일이다. 즉, 인적자원, 자금, 전략을 바탕으로 목표를 정하고 조직을 위한 기준들을 설립하는 것이 경영이다.

(2) **관리**(Administration) : 각종 분야에서 전체 조직을 위해 효과적으로 운영하기 위한 일련의 활동을 말한다. 어떠한 경호보안조직에 있어서도 일상적으로 다루어야 하는 관리부문의 업무는 보고서의 작성과 파일작업, 각종 서신(공문)에 대한 처리, 유·무선 통신에 대한 응답과 처리 등이다. 관리부문에는 보험에 관한 업무도 포함된다.

(3) **영업 및 마케팅**(Sales & Marketing) : 기업의 생존을 위해 당연히 지속적인 이윤의 극대화가 필요하다. 그러기 위하여 새로운 사업분야가 필요하다. 영업 및 마케팅은 사업부문의 개척과 점유, 고객접촉과 계약에 관한 전반이다.

(4) **회계**(Accounting) : 경호보안회사도 다른 기업과 마찬가지로 재무적 관리가 필요하다. 경호보안 분야의 이익은 비교적 적기 때문에 화폐로 측정, 기록, 분류, 요약을 정확히 해야 하며, 고객에게 적정요금을 청구하고 경호보안요원들에게는 올바른 봉급을 지불해야 한다.

(5) **인사**(Personnel) : 경호보안회사의 관리경영은 본질적으로 사람에 관한 것이

다. 인사업무는 경호보안요원과 회사 관리요원을 모집·보충하고 분야를 나누며 자격을 부여하고 교육을 시키는 등의 일이다.

(6) **기획**(Operations) : 기획(planning)은 정책과 기준을 실행하는 것이다. 장단기 계획 및 전략적 계획 등을 수립하여 목표를 향해 매진해 나간다. 그 과정에서 고객의 요구를 수용하여 계획 설정에 반영한다. 계획에 따라 경호보안위치에 요원들을 배치하고 경호보안계약에 따른 제반사항을 관할한다. 또한, 발전적 계획을 연구하고 일정 작성 및 경호보안요원의 파견, 경호보안 지점 명령서와 경호보안 보고서 등의 작성에 관한 업무들이 여기에 속한다.

(7) **장비관리**(Logistics) : 경호보안요원들은 일반적으로 제복(유니폼)을 입고 특수한 장비들을 사용하게 된다. 장비관리 부서의 업무는 이러한 장비들을 회사규정과 형편에 따라 구입하고 이들을 각 경호보안요원에게 지급하고 관리한다. 비용의 효율적 관리와 관련하여 이러한 자산에 대한 구매력과 관리능력은 어느 경호보안회사에 있어서도 중요한 일이다.

(8) **교육훈련**(Training) : 이 조직의 기능은 때로 인사부문이나 기획부문 아래 둘 수 있다. 사전훈련과 예비교육 그리고 지속적인 재교육 등의 업무가 이 부서의 업무이다.

(9) **감독·통제부**(Supervision) : 이 부서의 업무는 회사의 모든 단계에서 일어날 수 있는 중대 사항의 책임을 나눠 처리하는 것이다. 일반적으로 감독은 기획부서 아래 둘 수 있다. 그러나 관리의 모든 단계에 대한 어느 정도의 감독과 통제는 이 부서 조직을 통해 시행하는 것이 효율적이다.

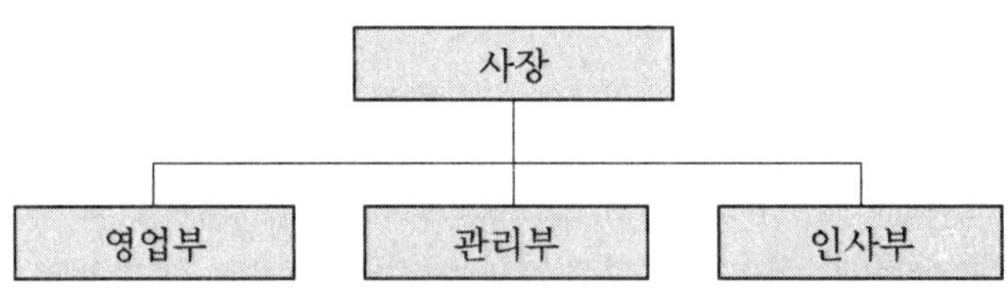

【그림 3.1】 작은 규모의 경호보안회사

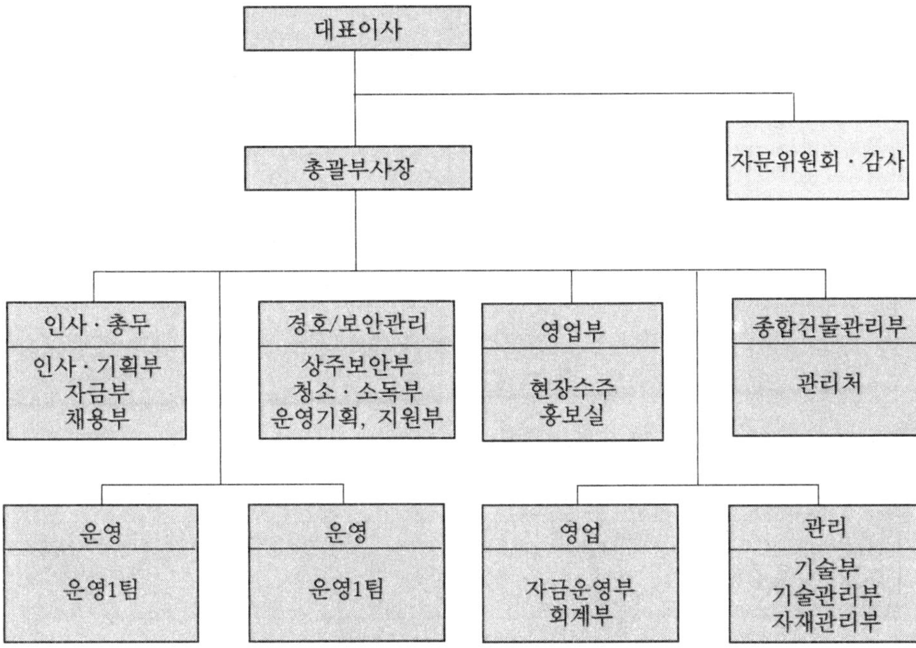

【그림 3.2】 중간 규모의 경호보안회사

*출처:(주)더큐브시큐리티

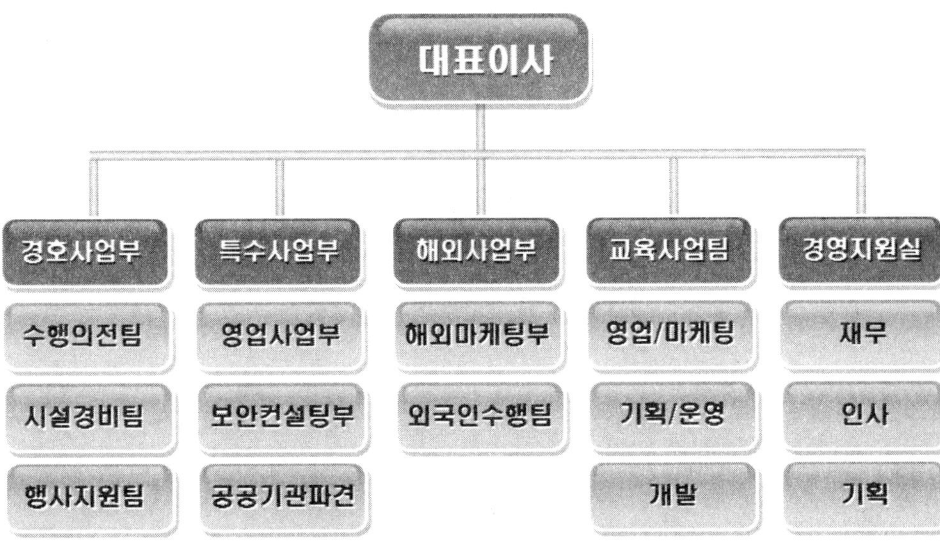

【그림 3.3】 큰 규모의 경호보안회사

*참조: 삼성에스원, 캡스조직도

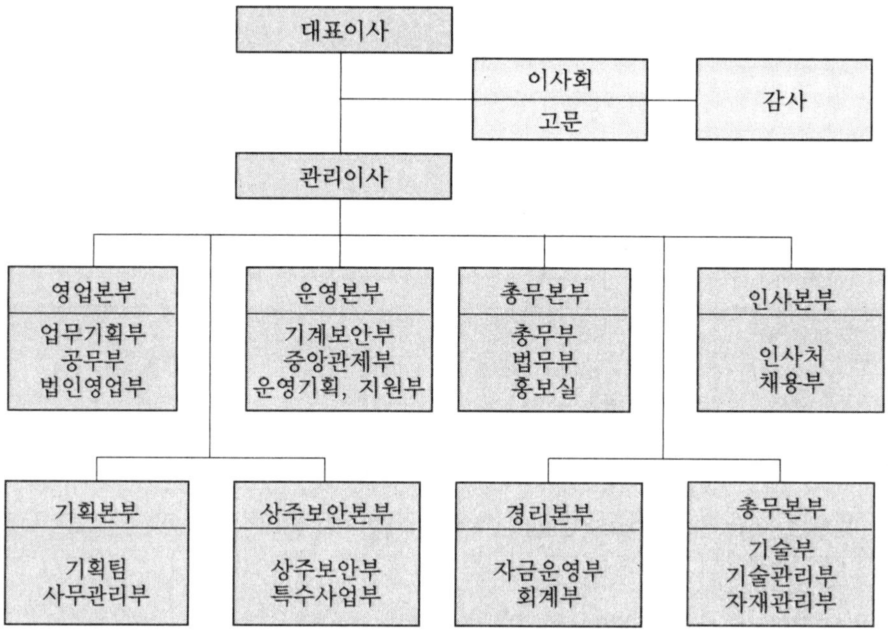

【그림 3.4】 자체(상주) 경호보안회사

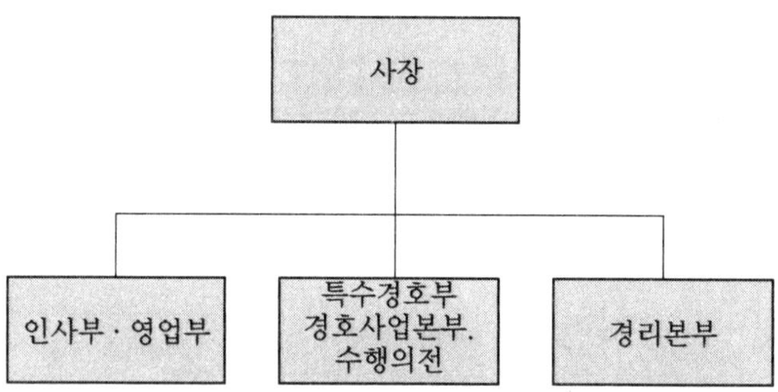

【그림 3.5】 경호회사조직도

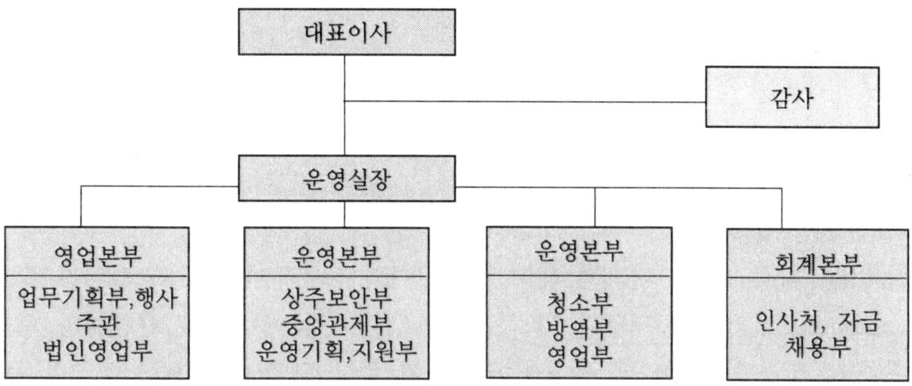

【그림 3.6】 경호보안회사 조직도(청소용역포함)

【그림 3.1】은 작은 규모의 민간경호보안회사 조직의 전형을 보여 준다. 부서의 결합과 한 사람이 몇 가지 다른 업무를 수행하는 점에 유의해야 한다. 예를 들면, 인사담당 부장은 지원자들을 면접하는 것 이외에 배경에 대한 조사도 담당한다. 또한, 사전교육을 담당하고 유니폼과 장비 지급 업무도 담당한다. 【그림 3.2】는 보다 큰 조직의 중간 형태를 보여 주는데, 이러한 업무들을 몇 명의 다른 사람들이 나누어 맡고 있다.

【그림 3.4】는 전형적인 자체적 민간경호보안회사의 구조와 조직 및 부서간 관련 기능을 보여 준다. 이 경우 기획담당 이사는 부사장 아래 보고라인을 둔다. 그리고 기획관련 보고사항은 바로 사장에게 보고된다. 자체적 회사에서는 인사담당 부서에서 지원을 받고 사원의 조직을 만들며 초기교육을 수행한다. 지원자의 배경에 대한 조사는 조사부에서 담당하며 봉급의 지급은 회계·경리부에서 수행한다. 영업·마케팅 부서를 두어 보다 집약된 서비스를 고객에게 제공하고 고객에 대한 직접적 접촉업무를 담당한다.

위에 나타난 세 가지 조직표에서 기본업무 수행은 동일하다는 사실에 유의해야 한다. 성공적인 민간경호보안회사의 관리는 무엇보다 이러한 업무의 고유요소와 상호관련에 대한 정확한 이해가 우선이다. 위에 표에 나타난 모든 기능들은 성공적인 경호를 위한 핵심인 것이다.

2. 민간경호보안 조직

경호보안활동은 창조적 경영활동이라 할 수 있다. 성공적으로 경호시장을 개척하기 위해서 관리자는 경호보안이 어떻게 조직되고, 경호가 어떠한 구성을 갖는가[계약(부분축약)경호, 전체 자체경호, 두 형태의 복합적 경호 등이 가능함]에 대해 정확히 이해해야만 한다.

조직(組織, organization)이라는 용어는 기관이나 도구, 기구 등을 의미하는 그리스어 organon으로부터 파생되었다. 조직은 하나의 목적으로 뭉친 사람들의 그룹으로 이루어지며, 상호간에 합의된 목적을 달성하기 위한 모임이다. 보통 조직은 두 개의 부분으로 나뉜다. 관리자(administrator, 대표와 기획자), 그리고 기능적인 구성원들(수행자와 가공자)이 그것이다. 이러한 역할은 환경에 맞추어 상호간에 변화가 가능하다. 따라서 조직은 요구되는 목적을 달성하기 위해 만들어지는데, 이 목적은 조직의 대표와 기획자, 혹은 업무를 수행하는 사람들 혹은 어떤 경우에서는 이 둘 다에 의해 결정된다.

각각의 조직형태가 갖는 장단점을 파악해야만 한다. 경호보안형태는 일반적으로 다음 두 가지 범주로 나뉜다.

* **자체(상주)경호보안(Proprietary Security)** : 경호보안 조직 전체가 자사에 고용되어 경호보안 서비스를 수행한다
* **계약경호보안(Contract Security)** : 경호보안이 개별조직 형태의 조직에 고용되어 특정 고객에 대한 경호보안을 도급에 의해 부분적으로 의뢰받은 업무를 수행한다

위의 두 가지 형태는 경호보안전문가들 사이에서 끊임없이 논의되고 연구되고 있다. 자체(상주)경호보안조직에서는 고용주가 인사, 회계, 승진 등에 대해 보다 많은 통제력을 가질 수 있다. 반면에, 계약경호보안조직에서는 이 부문들이 보다 융통성이 있다. 하지만 이런 두 가지 형태는 각각 장단점이 있다.

1) 자체(상주)경호보안

자체적으로 경호보안업무 담당부서를 조직하여 운영하는 자체(상주)경호보안(Proprietary Guard Forces)은 보호를 받는 조직의 부분이 된다. 즉, 조직(경호보안을 고용한 조직 또는 회사)은 고용기준을 조정하고 이를 따를 것을 주장할 수 있다. 봉급은 일반적으로 조직 내에 다른 직위와 동등하게 지급되고, 교육도 일반적으로 조직 내의 다른 직위와 동등하게 이루어진다. 경호보안요원들은 회사와 회사 내의 각각의 조직 및 기능에 대해 정확한 지식이 있어야만 한다. 위의 모든 것들은 계약경호와는 대조적이라 할 수 있다.

자체(상주)경호보안은 몇 가지 단점이 있다. 회사에 대한 상당한 정보의 공유는 규정 및 내규를 시행하는 데 문제점을 일으킬 수 있으며, 고용된 내부요원의 공모에 의한 도난 및 다른 문제를 야기할 수 있다. 게다가 자체경호는 융통성 있는 빠른 대응 및 노조의 파업과 같은 비정상적이고 일시적인 사태의 대응에서는 취약할 수 있다. 자체경호의 규모가 회사의 예산에 따라 결정되기 때문에 일반적 계약사항 이외에 특수사항, 병가, 휴가, 제세비용(세금 관련 비용) 등도 고용회사가 부담하고 교육관련 비용 및 구인(요원의 선발)도 고용회사가 담당한다. 결국, 고용회사 쪽은 도급경호 계약을 했을 때보다 비용면에 있어 효율적이지 못할 수도 있다.

2) 도급계약경호보안

외부 경호보안전문회사에 도급을 주어 계약에 의해 그 업무를 수행케 하는 계약경호보안(Contract Guard Forces)은 다양한 가격 제안과 융통적 조건을 제공한다. 도급경호보안계약으로 고용회사는 기본훈련을 받은 요원을 일부 시간에만 필요한 인원만큼 요구할 수 있다. 여기에 특정장소를 위해 특정훈련을 받은 요원을 추가로 요구할 수도 있다. 고객은 먼저 경호보안요원의 면접을 요구할 수도 있다.

경호보안요원의 규모에 따라 경호회사는 질병이나, 기타 다른 이유로 임무에 임할 수 없는 요원들을 대체해 줄 수도 있다. 또한, 특수한 경우 경호보안요원을 확대하여 파견할 수도 있다. 경호보안회사의 관리팀은 대개 고문 및 전문 상담가와 같은 충분한 전문 평가단을 갖추고 관련 실정법 내에서 다양하고 유용한 경호의 실행에 대해 조언한다. 이는 계약자가 예상하고 있는 다양한 위험요소와 경호보안회사를 고용했을 때 효율을 정확히 조언함으로써 신뢰도를 제고할 수 있다.

자체경호보안과 마찬가지로 계약경호보안도 자신만의 문제점을 지니고 있다. 만약, 경호보안회사가 방심했을 경우, 경호보안 수준은 떨어지게 된다. 경호보안회사는 경호보안의 수준이 저하되면 즉각 충분한 훈련을 받은 다른 요원을 투입해야만 한다. 많은 수의 경호보안회사가 초기 수준의 훈련만을 마치거나 전혀 경호보안훈련의 경험이 없는 요원들로 이루어져 있기도 하다.

3) 자체경호보안과 계약경호보안의 선택

자체(상주)경호보안서비스 보다 계약경호보안서비스가 인건비 등의 문제로 훨씬 빠른 속도로 성장하고 있다고 할 수 있다. 양자간의 결정요인으로는 근무지역, 근무지역 범위, 임무, 근무시간, 근무자의 자질 등을 들 수 있다. 두 가지 경호 형태간의 선택은 여러 가지 융통적 사항과 비용에 따라 결정된다. 하지만 결정이 명확하게 구분되지는 않는다. 고용회사의 필요에 따라 효율적인 경호관리가 결정된다.

(1) 자체경호보안서비스의 장점

(가) 경호보안요원 자질의 상대적 우수성 : 상주경호보안은 상대적으로 안정된 신분보장과 높은 급료, 높은 위상으로 연령이 낮고, 자질이 우수한 사람들로 구성되어 있다.

(나) 효과적 통제와 관리 : 경호보안책임자가 경호보안요원들을 직접 관리하기 때문에 경호보안요원에 대한 강력한 통제가 가능하고 경호보안서비스면에 있어서도 경호보안요원을 고용한 사용자의 요구에 신속하게 대처하는 장점을 가진다. 그리고 상주경호보안은 시설주의 필요에 따라 적절하게 교육·훈련을 시킬 수 있고, 교육·훈련의 과정에 효율성을 쉽게 측정할 수 있는 장점이 있다. 또한 각 경호보안요원들의 개개인에 대한 업무수행 능력도 보다 정확하게 평가할 수 있다.

(다) 높은 애사심(충성심) : 상주경호보안요원들은 계약경호보안요원들보다 자신들을 고용한 회사나 사용자에게 상대적으로 높은 충성심을 가진다.

(라) 우수한 자기계발 기회 : 상주경호보안은 계약경호보안보다 안정적이기 때문에 사용주로부터 업무수행능력을 인정받기 원하며 자신의 경호보안업무 수행능력에 따라 사용주로부터 얼마든지 인정을 받을 수 있다고 생각하고 자기발전을 위한 노력을 아끼지 않는다.

(2) 계약경호보안서비스의 장점

(가) 비용의 저렴성

(나) 행정관리 측면의 이점 : 구성원 중에 질병이나 해임 등으로 인해 업무수행상의 문제가 발생했을 때, 인사이동과 근무인력 대체에 따른 행정상의 문제를 쉽게 해결할 수 있다. 계약경호보안은 경호보안수요의 변화가 생길 때마다 기존 경호보안인력을 감축하거나 또는 추가적으로 고용을 확대할 수 있는 장점이 있다.

(다) 인적자원 측면 : 계약경호보안은 상주경호보안에 비해 비상사태에 있어서 인적자원의 탄력적인 운용이 가능하다. 계약경호보안업체들은 대규모 경호보안인력을 관리하고 있기 때문에 훨씬 더 능률적으로 이들 인적자원을 관리할 수 있는 장점을 가진다.

(라) 소신적 임무수행(형평성) : 경호보안업무 수행에 있어 사용자를 의식하지 않고 소신껏 경호보안업무에 임할 수 있는 장점이 있다. 즉, 계약경호보안요원들이 상주경호보안원들보다 시설주나 사용자들의 요구에 객관적으로 응할 수 있는 특성을 가진다.

(마) 전문성 : 계약경호보안은 사용자의 요구에 맞는 다양한 경호보안상품을 구비하고 경호보안서비스를 제공함으로써 경호보안프로그램 전반에 걸쳐 전문성을 가진 경호보안인력을 쉽게 제공할 수 있다.

(3) 경호보안요원의 수(Number Guards)

일반적으로 20명 이상인 대규모의 경호보안업무수행은 경호보안회사와 계약하는 것이 유리하다. 대규모의 경호보안을 필요로 하는 고객은 계약경호가 자체경호보안보다 비용면에서 효율적이라고 생각할 수도 있다. 그것은 계약경호보안이 시간당, 경호보안요원당 비용이 낮기 때문에 실질적으로 자체경호보안의 전체나 일부분을 계약경호보안으로 대체하는 것이 비용절감에 유리하다는 판단에서 기인한다. 한편, 자체경호보안은 보다 깊이 있는 전문성이나 상황 대처능력이 미흡하다.

(4) 임무의 본질

단순한 임무는 단지 몇 시간 안에 계약경호보안에 의해서 수행이 가능하다. 복합임무는 오랜 기간의 훈련과 집중적이고도 풍부한 현장 경험을 요구한다. 단순임무는 계약경호보안만으로도 충분하지만 복합적인 책임을 수행하는 경호보안은 세심한 사전협상과 계약으로 자체경호를 수행하는 것이 좋다.

(5) 감독(통제)의 유용성

계약경호의 경우든 자체경호의 경우든 간에 경호보안요원들은 감독받고 통제된다. 관리자가 자체경호를 선택했다면 이러한 감독은 보다 집중적이어야 한다.

(6) 지역 인력시장의 고려

자체경호와 계약경호 모두 지역적으로 같은 인력시장에 의존해야 한다면 이것 또한 고려되어야 할 것이다. 실업률이 높지 않은 지역에서는 높은 임금과 복지를 갖춘 자체경호가 유리하다. 그러나 인력시장이 풍부하다면 계약경호 또는 개별적 보안계약에 따른 경호보안이 비용면에서 효율적이다.

(7) 예산에 대한 고려

모든 경호보안은 주어진 예산 속에서 행해진다. 결과적으로 자체경호와 계약경호 사이의 경호보안비용에 대한 고려는 필수적이다. 일반적으로 계약경호를 담당하는 경호보안요원은 자체경호에 속하는 경호보다 낮은 임금과 혜택을 받는다. 임금체계, 보너스, 보기 및 교육 등 계약이 보다 상세할수록 자체계약의 수준에 접근할 수 있다.

4) 자체경호와 계약경호보안의 결합 형태

모든 경호보안이 같은 능력을 요구하는 것은 아니다. 어떤 경호보안요원은 입구에서 신분증 확인과 같은 단순업무만을 수행하기도 하며, 또 다른 경호보안요원은 경보안전 체계에 응답하는 것과 같은 더욱 복잡한 임무를 수행하기도 한다.

자체경호보안과 계약경호보안을 결합함으로써 서로의 약점을 최소화하는 효과를 얻을 수 있다.

결합의 가장 기본적인 형태에서 단순업무를 위해서는 계약경호보안요원을, 복잡한 업무를 위해서는 자체경호보안요원을 활용한다. 소수의 자체경호보안요원을 가진 조직은 그들의 직원을 증대시키기 위하여 계약경호보안요원을 뽑을 것이다. 계약경호보안요원은 자체경호보안요원들의 일상업무를 덜어 주고 특별한 활동을 가능하게 해주는 유연한 인력지원이다. 또한, 그들은 특별행사를 위한 추가인원이 필요할 때나 자체경호보안요원의 감독하에 일을 할 때 이용된다.

어떤 조직들은 자체경호와 계약경호보안의 혼합 형태를 활용한다. 주의 깊게 선택된 직원은 출입문에서 밖으로 유출되는 물건을 검사하거나 금속탐지기를 검사하는 계약경호보안요원을 감독한다. 이러한 계약경호보안요원들은 주기적으로 몇 달간 순환되고 새로운 계약경호보안요원들은 공모를 줄이거나 일상업무를 수행하는 동안 경각심을 유지하게 된다.

많은 조직들은 결합형태의 경호를 이용하고 있다. 계약경호보안요원은 단순업무에 이용되고 자체경호보안요원은 계약경호보안요원이 수행하는 것보다 난이도 높은 훈련을 요구하는 업무를 수행하거나 특별한 상황에 대처하는 데 이용된다. 세 번째 수준의 안전 경호보안요원은 제복을 입은 경호보안요원들을 감독하거나 초기의 조사나 감독을 수행하는 상급 직원들로 구성된다.

제2절 민간경호보안회사의 설립과 기획

1. 경호보안회사 설립제한

경호보안업체간의 과다경쟁을 방지하고 경비업의 건전한 육성발전을 위하여 한국에서는 법인이 아니면 경비업을 영위할 수 없도록 하고 있다(「경비업법」 §3). 경호보안업은 범죄예방을 목적으로 공공성을 강하게 띠고 있는 업종이므로 그 책임성을 높이기 위하여 개인이 아닌 법인(法人)을 설립하여서만 운영하도록 하고 있으며, 법률이 정한 일정규모 이상의 시설이나 자본금을 갖추어야한다.

법인(法人)이란 사람의 집단 또는 재산의 집단으로 권리의무의 주체가 될 수 있는 자를 말한다. 일정한 목적과 조직 하에 결합된 사람의 단체[社團, 또는 組合]와, 일정한 목적을 위하여 출연한 재산의 집합인 재단(財團)이라는 실체에 대하여 법인격이 부여되는 때에 법인이 된다. 법인격이 있는 사단을 사단법인(社團法人)이라고 하고, 법인격이 있는 재단을 재단법인(財團法人)이라고 한다.

비영리사단법인의 설립에는 (1) 목적의 비영리성, (2) 설립행위(정관 작성), (3) 주무관청의 허가, (4) 설립등기라는 4가지 요건이 필요하다. "학술 · 종교 · 자선 · 기예 · 사교 기타의 영리 아닌 사업"을 목적으로 하여야 한다. 여기서 '영리 아닌 사업'이라 함은 개개의 구성원의 이익을 목적으로 하지 않는 사업을 말하며, 반드시 공익 즉 사회일반의 이익을 목적으로 할 필요는 없다. 비영리사업과 아울러 영리사업을 하는 때에는, 그 목적은 영리성을 띠게 된다. 그러나 비영리사업의 목적을 달성하기 위하여 필요한 한도에서 그의 본질에 반하지 않는 정도의 영리행위를 하는 것은 상관없다. 그러한 영리행위로 인한 수익은 언제나 목적사업의 수행에 충당되어야 하고, 어떠한 형식으로든지 구성원에게 분배하여서는 안된다.

사단법인을 설립하려면 2인 이상의 설립자가 법인의 근본규칙을 정하여, 이를 서면에 기재하고 기명날인하여야 한다(민법 §40). 이 서면을 정관(定款)이라고 하며, 이러한 정관의 작성이 사단법인의 설립행위이다. 정관의 기재사항으로는 (1) 목적, (2) 명칭, (3) 사무소의 소재지(사무소가 여러 개 있을 때에는 이를 모두 기재하고, 주된 사무소를 정하여야 함), (4) 자산에 관한 규정(자산의 종류, 구성, 운용방법, 회비 등에 관한 사항), (5) 이사의 임면에 관한 규정(임면 방법), (6) 사원자격의 득실에 관한 규정(입사, 퇴사 및 제명 등에 관한 것), (7) 존립시기나 해산사유를 정하는 때에는 그 시기 또는 사유(반드시 규정해야 하는 것은 아니므로, 이에 관하여 특히 정하고 있는 때에만 기재) 등이다. 이와 같은 필요적 기재사항 외에도 사단의 근본 원칙을 더 기재할 수 있고, 일단 정관에 기재되면 그 효력은 필요적 기재사항과 차이가 없다(임의적 기재사항).

법인이 목적으로 하는 사업을 주관하는 행정관청인 주무관청의 허가가 있어야 한다(민법 §32). 법인의 목적이 두 개 이상의 행정관청의 소관사항인 때에는, 그들 모두가 주무관청이며, 그들 모두의 허가를 받아야 한다. 사단법인은 최종적으로 주된 사무소의 소재지에서 설립등기를 하여야 하며, 이 설립등기를 함으로써 법인이 성립한다.

설립자(발기인) 상호간에 법인 설립을 목적으로 하는 법률관계가 성립되면(발기인 조합 또는 설립자 조합), 이는 민법상의 조합으로 이해하며, 이 조합이 행하는 정관의 원안을 작성한다든가, 필요한 서류의 작성, 사무실의 임차 등과 같은 행위는 준비행위에 속하며, 준비행위는 조합 자체가 책임을 진다고 해석된다. 설립자 조합이 그 조합계약의 이행행위로서 정관을 작성하고, 법인의 최초의 구성원을 확정하면, 설립중의 법인이 성립되고, 이는 법인격 없는 사단이라고 보아야 한다. 이 설립중의 법인의 행위는 후의 법인에 귀속된다고 해석하는 것이 통설이나, 판례는, 설립중의 법인의 행위에 대하여 설립된 후의 법인이 책임을 지는 것은 '설립 자체를 위한 행위'에 한하는 것으로 본다.

참고

***회사의 종류**

회사(會社)란 상행위 기타 영리를 목적으로 법률에 의하여 설립된 사단법인을 말한다.

(1) 사원의 책임내용을 중심으로 상법상 합명·합자·주식·유한회사의 4종으로 분류된다.

㉠ 合名會社(partnership) : 모두 무한책임사원만으로 구성되어 회사대표권과 업무집행권을 가지며, 회사채권자에 대해 직접·연대·무한책임을 부담한다. 사원은 회사와 인적 신뢰가 깊어 사원의 지위인 지분을 타인에게 자유로이 이전할 수 없다.

㉡ 合資會社(limited partnership) : 유한사원과 무한사원의 2원적 조직으로 구성된 회사이다. 유한책임사원은 재산출자만 할 수 있고 그 지분을 양도할 수 있다.

㉢ 株式會社(joint-stock corporation, company limited by shares) : 자본의 구성분자인 주식을 소유한 주주로서 구성된 회사로서 주주는 회사채권자에 대해 아무런 책임도 지지 않는 간접유한책임사원만으로 성립된 회사이다(인수가액의 한도로 출자의무만 부담).

㉣ 有限會社(private company) : 출자금한도로 유한책임을 지는 사원으로 구성된 회사로 주주와 달리 사원은 현물출자시 자본전보책임을 부담한다.

(2) 학설상 분류로 사회학적으로 사원의 개성과 회사와의 관계에 따라 인적(組合的 · 個人主義的)회사 · 물적(社團的 · 資本 · 團體主義的)회사로 구분된다. 전자는 사원의 개성이 짙고 존립기초가 사원의 인적 신뢰에 있는 반면(합자회사), 후자는 자본적 결합으로 개성이 희박하고 회사재산이 존립기초인 회사이다(주식회사).

법률형태상 기업 경영과 소유의 귀속 및 구성원이 사원자격인가 기관자격인가에 따라 개인주의적 · 단체주의적 회사로 구분된다. 전자는 사원 자신이 업무를 집행하는 자기기관 소유이고 후자는 제3자 기관에 의해 업무를 집행하는 회사이다.

(3) 회사의 설립 및 존속에 관한 준거법에 따라서 한국법에 의해 설립된 회사를 內國會社(domestic corporation), 외국법에 의해 설립되어 외국에서 영업을 하는 회사를 外國會社(foreign corporation)라고 하고 내국회사도 상법에 의하여 설립된 회사를 '일반법상 회사'라고 하고 '특별법상 회사'와 구분하고 있다. 특별법상 회사도 일반특별법상 회사(은행·신탁·보험회사)와 회사설립을 위해 특별법이 제정되어 있는 특정특별법상의 특수국책회사(한국은행 · 한국전매공사 · 한국전력주식회사 등)가 있다.

(4) 경제상 분류로서 기업결합형태에 따라 支配會社와 從屬會社, 모회사와 자회사, 持株會社와 系列會社로 구분할 수 있으며, 공개상장여부에 따라 公開會社와 閉鎖(家族)會社, 상장회사와 비상장회사 · 등록회사로 구분되며, 자본의 내외에 따라 內資會社와 外資會社 및 合作會社, 國際會社로 구분할 수 있다. A회사가 B회사를 계약, 주식이나 지분의 보유(자본 참가형태), 사원의 파견(인적참가형태) 등에 의해 지배하고 있을 때 A회사를 母會社, B회사를 子會社라고 한다. 또 발행한 주식이 증권거래소에 상장되고 그곳에서 매매되고 있는 上場會社가 있고, 그렇지 않는 非上場會社가 있는데, 후자는 세법상 불리한 대우를 받지만 전자는 내부자거래금지, 주식상호보유금지의 제한을 받는다.

(5) 기타 목적에 따라 상행위를 목적으로 하는 商事會社와 그 외의 영리를 목적으로 하는 民事會社, 자본의 대소에 따라 大企業 및 中小企業, 小企業 등의 분류가 있다.

영리사단법인(회사)의 설립은 정관작성에서 설립등기에 이르는 절차에 의해 그 주요부분이 사원될 자의 설립행위로 이루어진다. 그러나 그 설립행위의 내용은 회사의 종류에 따라 다르지만 설립절차는 대체로 실체형성과정과 설립등기로 설립된다.

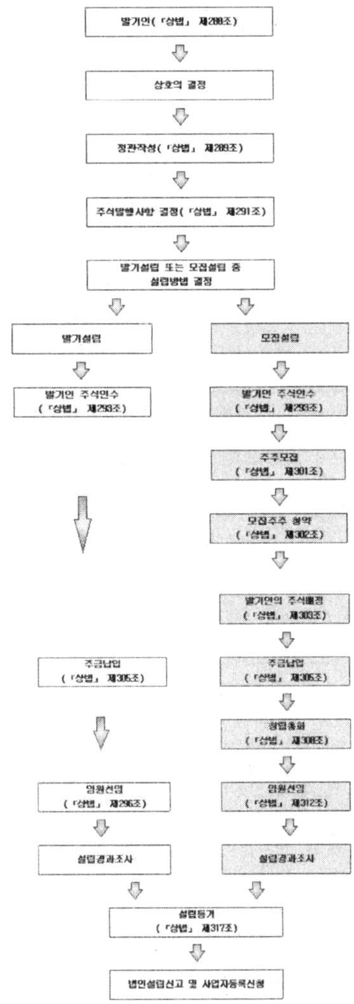

회사의 기본규칙인 정관(定款, by-laws)을 작성하고 그 구성원인 사원[出資者]과 출자사항이 확정되면 회사의 실체가 확정된다(인적회사). 물적회사(유한 · 주식회사)의 경우에는 이밖에도 출자하고 임원을 선임하며 주식회사의 모집설립의 경우에는 창립총회(創立總會)를 마침으로써 회사의 실체가 형성된다. 회사가 법정요건을 갖추어 실체형성절차(정관작성→사원확정 및 출자이행→기관구성)를 완료한 경우 본점소재지에서 설립등기라는 형식을 갖춤으로써 비로소 성립하게 된다.

설립등기이전에 회사는 권리능력이 없으나 설립절차중에도 법인아닌 사단으로 소송법상 당사자능력과 소송능력은 있으며 부동산에 관한 등기능력도 있는데, 이러한 회사를 "설립중의 회사"라고 한다. 회사가 설립등기를 하여 외관상 유효하게 성립하였으나 그 설립행위에 중대한 하자(흠)가 있는 경우에는 회사설립의 무효 · 취소의 소에 대한 원인이 된다. 소송의 방법으로써만 회사설립의 무효나 취소를 주장할 수 있으며 판결이 확정되어도 그 효력은 장래에 대해서만 발생한다. 그래서 회사의 설립등기시부터 무효 · 취소시까지 존재하는 회사가 있게 되는데, 이를 사실상회사[表見會社]라 하여 가능한 기존 상태를 보호해 거래안정을 도모하고자 한다.

2. 경호보안업의 허가

경호보안업을 영위하고자 하는 법인은 도급받아 행하고자 하는 경비업무를 특정하여 그 법인의 주사무소(본사)의 소재지를 관할하는 지방경찰청장의 허가를 받아야 한다(「경비업법」 §4①). 법인이 허가를 받기 위해서는 「경비업법 시행령」(§4②)이 정하는 경호보안인력 · 자본금 · 시설 및 장비를 갖추어야 한다.

1) 허가의 대상 및 범위

허가(許可)란 법령에 의하여 일반적으로 금지되어 있는 행위를 특정의 경우에 특정인에 대하여 해제하는 행정처분을 말한다. 경호보안업은 공익성(公益性)이 크기 때문에 책임성을 높이기 위하여 허가제를 채택하고 그 대상은 개인이 아닌 법인으로 한정하고 있다.

(1) 법인(法人)만이 허가대상이다.

(2) 1개 지방경찰청장 허가로 전국 영업이 가능하다.

2) 허가의 종류

「경비업법」상 규정된 허가의 종류로는 신규허가 · 변경허가 · 갱신허가로 구분할 수 있다. 법인을 설립하고 허가업종을 선택하여 최초로 경호보안업허가를 받는 것을 신규허가라 하고, 허가업종의 일부를 허가 받아 경호보안업을 영위하던 기업이 업종을 변경하거나 추가하고자할 때 받는 것이 변경허가이다. 경비업허가에 대해 5년의 유효기간을 두고 만료일 30일전에 허가를 갱신하여 허가 받도록 하는 것이 갱신허가이다(「경비업법」 §6).

(1) 신규허가

경호보안업의 허가를 신규로 받고자 하는 경우에는 허가신청서에 행정안전부령이 정하는 서류[시행규칙 §3: 별지2호서식(경비업허가신청서 또는 변경허가신청서), 정관 1부, 법인 임원의 이력서 1부, 경비인력 · 시설 및 장비의 확보계획서 1부(경비업 허가의 신청시 이를 갖출 수 없는 경우에 한함)]를 첨부하여 지방경찰청장에게 제출하여야 한다(시행령§3①).

이에 따라 허가 또는 변경허가 신청서를 제출하는 법인은 경비인력 · 자본금 · 시설 및 장비를 갖추어야 한다. 다만, 경비업의 허가 또는 변경허가를 신청하는 때에

[별표 1]의 규정에 의한 시설 등(자본금 제외)을 갖출 수 없는 경우에는 허가 또는 변경허가의 신청시 시설 등의 확보 계획서를 제출한 후 허가 또는 변경허가를 받은 날부터 1월 이내에 [별표 1]의 규정에 의한 시설 등을 갖추고 지방경찰청장의 확인을 받아야 한다(시행령§3②).

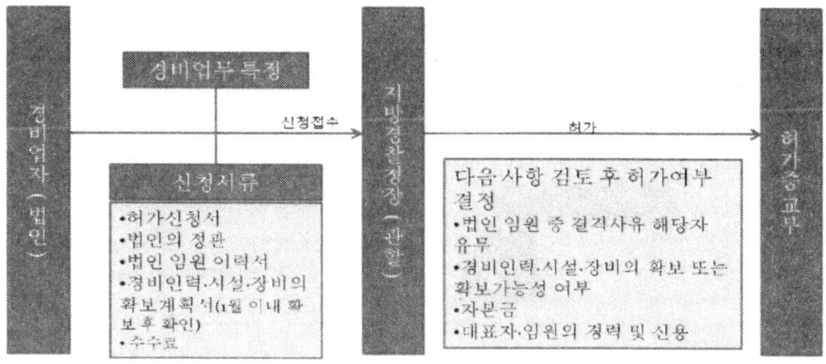

「경비업법 시행령」 제3조 제2항관련 [별표1] <개정 2008.12.31>

【 경비업의 시설 등의 기준 】

시설등기준 업무별	경비인력	자본금	시 설	장비 등
시설경비업무	20인 이상	1억원 이상	기준 경비인력수 이상의 사람을 동시에 교육할 수 있는 교육장	○행정안전부령으로 정하는 제복 및 장구: 기준경비인력수 분 이상의 제복 및 장구
호송경비업무	무술유단자 5인 이상	1억원 이상	기준경비인력수 이상의 사람을 동시에 교육할 수 있는 교육장	○ 호송용차량: 1대 이상 ○ 현금호송백: 1개 이상 ○ 행정안전부령으로 정하는 제복 및 장구: 기준경비인력수 분 이상의 제복 및 장구
신변보호업무	무술유단자 5인 이상	1억원 이상	기준경비인력수 이상의 사람을 동시에 교육할 수 있는 교육장	○ 통신장비 ○ 행정안전부령으로 정하는 장구: 기준경비인력수 분 이상의 장구
기계경비업무	전자·통신 분야기술자격증 소지자 5인을 포함한 10인 이상	1억원 이상	기준경비인력수 이상의 사람을 동시에 교육할 수 있는 교육장	○ 감지장치·송신장치·수신장치 및 관제시설 ○ 출동차량: 출장소별 2대 이상 ○ 행정안전부령으로 정하는 장구: 기준경비인력수 분 이상의 제복 및 장구
특수경비업무	특수경비원 20인 이상	5억원 이상	기준경비인력수 이상의 사람을 동시에 교육할 수 있는 교육장	○행정안전부령으로 정하는 제복 및 장구: 기준경비 인력수 분 이상의 제복 및 장구

1. 하나의 경비업무에 대한 자본금을 갖춘 경비업자가 그 외의 경비업무를 추가로 하고자 하는 경우 자본금을 갖춘 것으로 본다. 다만, 특수경비업자 외의 자가 특수경비업무를 추가로 하고자 하는 경우에는 이미 갖추고 있는 자본금을 포함하여 특수경비업무의 자본금 기준에 적합하여야 한다.
2. 하나의 경비업무에 대한 시설을 갖춘 경비업자가 그 외의 경비업무를 추가로 하고자 하는 경우에는 경비인력이 더 많이 필요한 경비업무에 해당하는 교육장을 갖추어야 한다.
3. "무술유단자"라 함은 대한체육회에 가맹된 단체 또는 문화체육관광부에 등록된 무도 관련단체가 인정한 자에 한한다.
4. "호송용 차량"이라 함은 현금 기타 귀중품의 운반에 필요한 견고성 및 안전성을 갖추고 무선통신시설 및 경보시설을 갖춘 자동차를 말한다.
5. "현금호송백"이라 함은 현금이나 그 밖의 귀중품을 운반하기 위한 이동용 호송 장비로서 경보시설을 갖춘 것을 말한다.

경비업 허가와 관련된 제품

(시설)경비업 허가			신변보호 추가시
사진	명칭	개수	
	가스총	20정	+5정(추가)
	경적	20개	+5개(추가)
	경봉	20개	+5개(추가)
	경비복 + 경비모	20벌	+5벌(추가)
	외근반도	20개	+5개(추가)
	무전기	X	5개
	우비, 경비화, 요대 등, X반도	각 관할 지역에 따라 변동	각 관할지역에 따라 변동

▶ 가스총 허가 서류 안내

1. 법인 소지허가 신청서 1부
2. 법인사업자 등록증 사본(사용인감날인) 1부
3. 법인등기부등본(원본) 1부
4. 법인정관 사본(원본대조필) 1부
5. 사용자 연명부(사용인감날인) 1부
6. 사용자 신체검사서 각1부(운전면허증 소지자는 운전면허증 앞·뒤 사본 각1부)
7. 사용자 재직증명서(사용인감날인) 1부
8. 위임장 1부

「경비업법 시행령」 제3조 제2항 [별표 1] 경비업의 시설 등의 기준에 의하여 허가 또는 변경허가의 신청을 받으면 지방경찰청장은 경비업을 영위하고자 하는 법인의 임원중 결격사유(「경비업법」§5)에 해당하는 자가 있는지의 유무, 경비인력 · 시설 및 장비의 확보 또는 확보가능성의 여부, 자본금과 대표자 · 임원의 경력 및 신용 등을 검토하여 허가여부를 결정하여야 한다. 이에 따른 검토를 충분히 한 후 지방경찰청장은 경비업의 허가 또는 변경허가를 한 때에 신청인에게 [별지 제3호서식]의 허가증을 교부하여야 한다(시행령§4①②).

경비업자는 경비업 허가증을 잃어버리거나 경비업 허가증이 못쓰게 된 경우에는 허가증 재교부신청서에 ㉠ 허가증을 잃어버린 경우에는 그 사유서, ㉡ 허가증이 못쓰게 된 경우에는 그 허가증 등의 서류를 첨부하여 지방경찰청장에게 허가증의 재교부를 신청하여야 한다(시행령 §4③). 「경비업법」에 따른 경비업의 허가를 받거나 허가증을 재교부 받고자 하는 자는 일정한 수수료를 납부하여야 한다(동법 §27의2, 시행령 §28).

(2) 변경허가

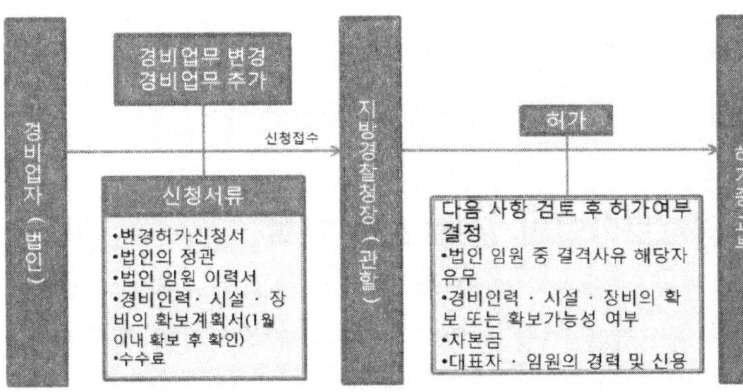

경비업의 허가를 받은 법인(경비업자)이 허가를 받은 경비업무를 변경하거나 새로운 경비업무를 추가하고자 하는 경우에는 변경허가 신청서에 소정의 서류를 첨부하여 지방경찰청장에게 제출하여야 한다(시행령 §3①).

경비업 법인이 (1) 영업을 폐업하거나 휴업한 때, (2) 법인의 명칭이나 대표자 · 임원을 변경한 때, (3) 법인의 주사무소나 출장소를 신설 · 이전 또는 폐지한 때, (4) 기계경비업무의 수행을 위한 관제시설을 신설 · 이전 또는 폐지한 때, (5) 특수경비업무를 개시하거나 종료한 때, (6) 그 밖에 대통령령이 정하는 중요사항(시행령§5④: 정관 목적)을 변경한 때에는 지방경찰청장에게 신고하여야 한다(「경비업법」 §4③).

(3) 갱신허가

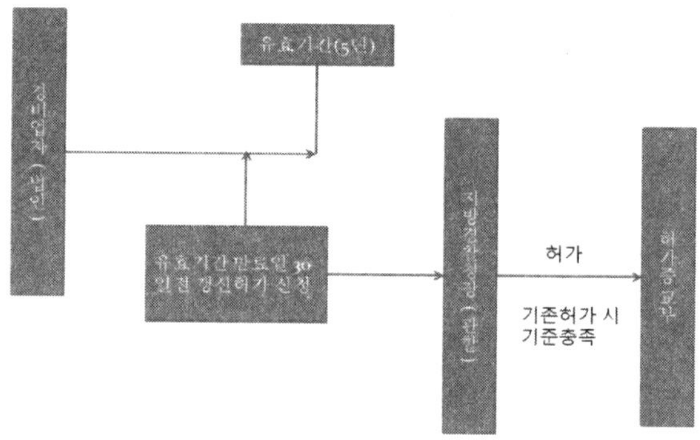

갱신허가는 신규허가와 마찬가지로 유효기간이 만료되는 경비업체에 대하여 허가조건 등 제반사항을 준수하고 있는지를 파악하여 경비업허가를 계속 유지시킬 수 있는 능력이 있는 지를 검토하는 허가라고 할 수 있다. 허가의 유효기간은 경비업 허가받은 날로부터 5년으로 하며(「경비업법」 §6①), 유효기간이 만료된 후 계속하여 경비업을 하고자 하는 법인은 행정안전부령(시행규칙 §6)이 정하는 바에 의하여 갱신허가를 받아야 한다(동법 §6②). 만약 갱신허가를 신청하지 않을 때는 허가 유효기간 만료로서 취소되며, 5년이 미경과된 경비업체는 유효기간 만료일 30일전까지 경비업갱신허가신청서(전자문서로 된 신청서 포함)에 허가증 원본, 정관(변경사항이 있는 경우)을 첨부하여 지방경찰청장에게 제출하여 갱신허가를 신청하여야 한다. 지방경찰청장은 갱신허가를 신청한 법인이 시행령 [별표 1]의 규정에 의한 경비인력 · 자본금 · 시설 및 장비 등 기준을 충족한 경우에 한하여 갱신허가를 하여야 한다. 지방경찰청장은 유효기간이 만료된 허가증을 회수하고 새 허가증을 교부하여야 한다(시행규칙§6).

3. 경호보안업의 운용(조직)기획

일본인들은 단순히 기획 그 자체가 중요한 것이 아니라 기획의 설립과정과 이행과정이 중요함을 깨닫고 있다. 기획을 발전시키기 위해서는 이미 전술한 바와 같이 목표를 설정하는 것이 중요하다. 한번 목표가 설정되면 회사는 올바른 지향점을 찾아 매진해야 할 것이다. 또한 목표에서 파생된 각각의 세부 대상에 따라 성취를 위한 방법론적 문제를 고려해야 할 것이다. 목표가 거시적 관점을 지향한다면 사업대상에 따른 세부목표는 특정한 성질을 띠며, 대개 1년 또는 사분기의 시간 구조 안에 속하는 것이다.

경호보안 서비스판매를 확장시키는 것, 잠재적 고객과 접촉하는 것, 신입사원의 채용계획 등이 세부 목표이며 이들의 구체적인 기획 설정은 그다지 어려운 일은 아니다. 다만, 세부목표와 사업대상의 설정은 보다 창의적이어야 한다. 비용절감, 해결된 사건의 통계, 갈등해결의 문제, 인사교육 등이 그 범주 안에 있다. 세부사업 목표는 그 무엇이 선택되든지 간에 현실성이 있어야 하며, 성취 가능한 것이어야 하고 경호보안요원들과 상호 교류할 수 있어야 한다.

각각의 사업목표는 회사의 목표에 기본하고 있으므로, 결국 회사에 대한 기여도와 구성원의 팀워크와 창의성 발달에 이바지해야 하는 것이다. 경호보안사업은 경쟁적이며 여러 가지 조건들의 변화에 역동적이다. 시장상황의 이상변동을 해결할 수 있는 장기적이고 광범위한 목표의 발전은 중요하다. 예를 들어, 단순 연간사업 부문에서는 실패했더라도, 이것이 5개년 계획의 범주 안에서는 향후 시장 점유율을 확장하는 데 기여한 경우라면 결코 실패로 단정지을 수 없다.

단기이익의 창출보다는 전체 시장의 점유율을 확장시키는 것이 목표이므로 수입상의 일시적인 손해를 감수하더라도 주요 고객의 확보가 시장점유를 위해 더욱 중요함은 물론이다. 회사는 단순한 단기적 실패보다 개괄적이고 전반적인 전망을 중시해야 한다는 것이다.

보안허가증

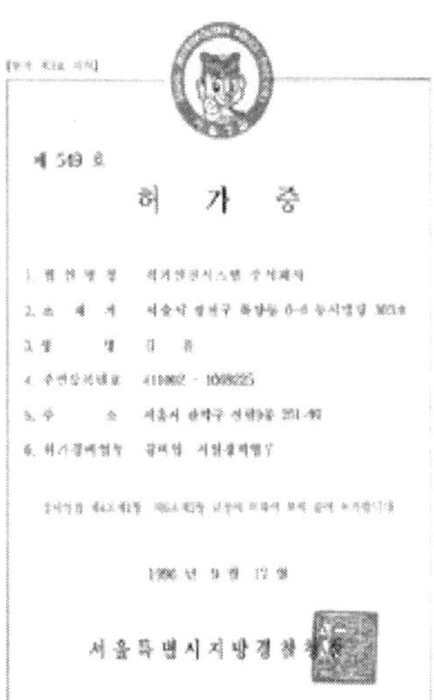

사업자등록증

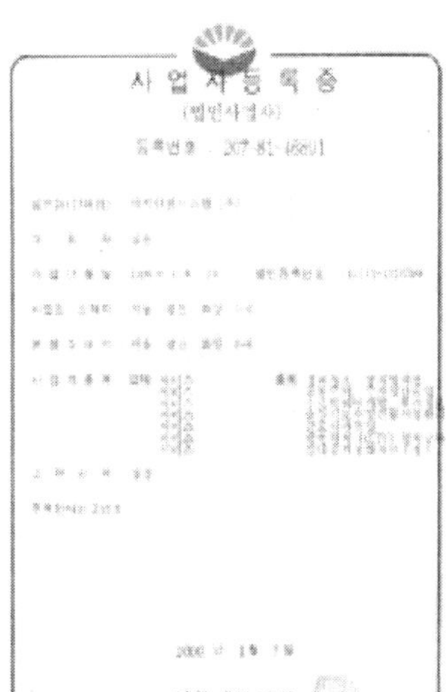

저수조 청소업 신고필증

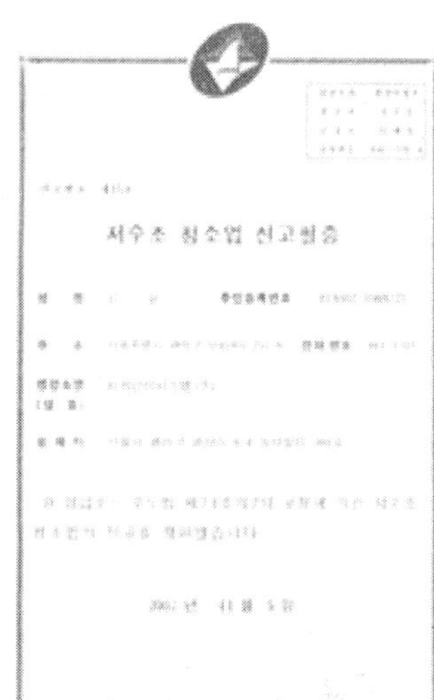

근로자파견사업 허가증	위생신고증	소독업 허가증

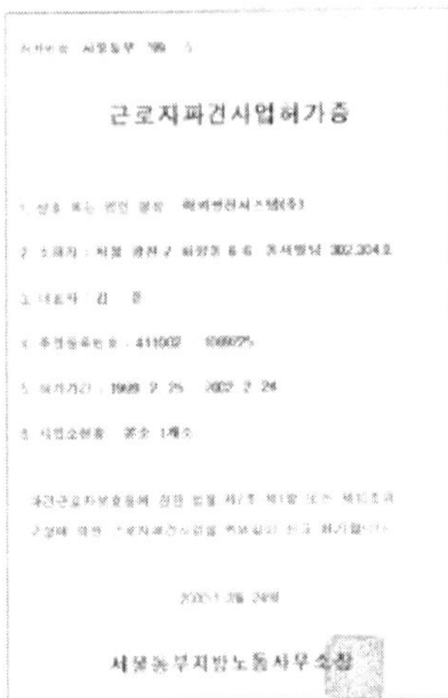

근로자파견사업허가증

서울동부지방노동사무소장

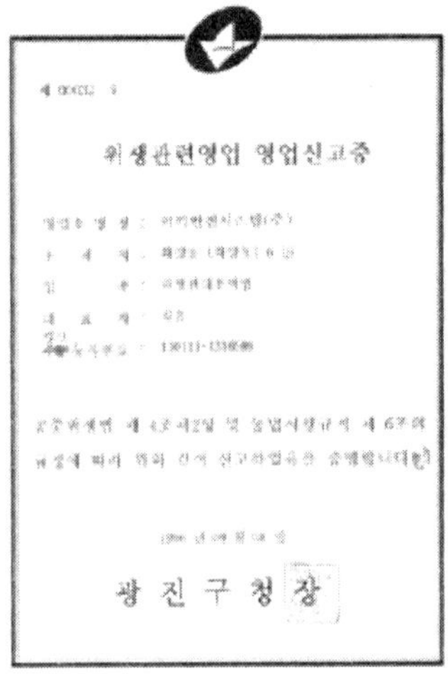

위생관련영업 영업신고증

광 진 구 청 장

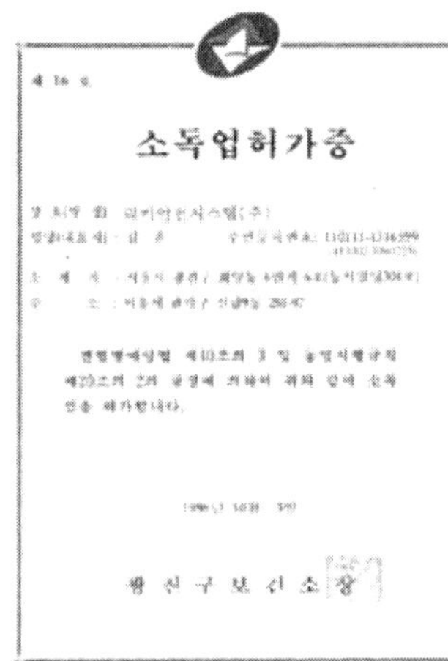

소독업허가증

광 진 구 보 건 소 장

소프트웨어사업자 신고서	서비스표 등록증	ISO인증

제3절 경호보안회사의 조직관리

1. 조직의 운영계획

조직의 운영계획(Operational Plans)의 수립과 그 이행과정이 단순한 계획 자체보다 중요한 것이다. 계획을 발전시키기 위해서는 목표를 설정하고 그 목표가 한번 설정되면 올바른 지향점을 찾아 매진해야 한다. 또한 목표에서 파생된 각각의 세부대상에 따라 성취를 위한 방법론적 문제를 고려해야 할 것이다. 목표가 거시적 관점을 지향한다면 사업대상에 따른 세부목표는 특정한 성질을 띠며 대개는 1년 또는 4분기 시간 구조안에서 설정될 것이다. 세부 목표는 경호보안서비스 판매를 확장시키는 것, 잠재고객과 접촉하는 것, 신입사원 채용계획 등이며, 이들의 구체적 계획설정은 그다지 어려운 일은 아니지만 세부목표와 사업대상 설정은 보다 창의적이고 달성이 가능한 현실성 있어야 한다. 그 범주에는 비용절감, 분쟁해결 문제, 인사교육 등이 될 것이다.

회사의 기본목표를 근간으로 각각의 사업목표를 설정하여 조직 구성원간의 팀워크와 창의성 개발에 이바지할 수 있도록 경호보안요원들과도 상호교류가 이루어져야 한다.

2. 조직관리의 원칙

어떤 기업 조직이라도 건전한 관리원칙(Management Principles)에 기초를 두고 있어야 한다. 이러한 기초가 없다면 비능률적이고 자기 파괴적인 조직구조가 될 뿐이다. 이에 따라 조직관리에 대하여 다음과 같은 원칙을 참고할 필요가 있다.

1) 권한에 따른 책임의 부과-계층제

모든 회사에는 각자가 수행해야 할 임무와 권한이 있으며, 그 임무수행에 각자가 책임을 져야한다. 이러한 권한과 책임의 정도에 따라 직무를 등급화한 것으로 피라미드형태의 조직이 계층(階層)이다. 관리기능은 수행되어야할 임무를 분명히 규정하고 그것을 성취할 특정한 개인에게 계층별로 부과하고 있다. 이처럼 권한과 책임의 정도에 따라 공식조직을 구성하는 성원들간에 상하의 등급 및 계층을 설정하여 각 계층간에 권한과 책임을 배문하고 명령계통과 지휘·복종관계의 체계를 확립하는 것을 계층제(hierarchy)라고 한다. 계층적 조직의 가장 전형적인 것은 군대조직이며 민간경호보안업의 경영조직 및 경호경비대 조직도 계층제의 원리에 의해 편성되고 있다.

2) 통제(통솔)의 범위

(1) 통솔범위의 원리

한 관리자가 직접 통제나 감독할 수 있는 수에는 한계가 있다. 인간은 지식이나 시간, 능력, 주의력 등에 한계가 있기 때문에 일정한 수의 직원을 통솔하여야 한다는 통솔범위의 원리가 있다. 통솔범위(統率範圍, span of control)란 한사람의 상관이 효과적으로 직접 감독할 수 있는 하부 직원의 수를 말한다. 지나치게 많은 직원에 대한 관리와 책임이 주워진다면 적절하게 활동을 통제하거나 관리할 수 없게 된다. 직원을 관리·통솔할 수 있는 수는 개인의 역량과 책임의 복잡성에 따라 다양하겠지만 대개는 7~12명 정도가 적당하다고 본다.

(2) 통솔범위의 결정요인

통솔범위의 결정요인에 대하여 귤릭(Luther Gulick)은 조직기능, 시간적 기능, 공간적 요소, 계층제의 형태를 들고 있고, 알렌(Louis A. Allen)은 통솔자가 속해 있는 기관의 조직이나 관리의 형태, 담당 업무의 성질, 참모의 상황 및 능력, 통솔자의 명확한 정책 등을 들고 있다. 대체로 통솔범위에 영향을 미치는 결정요소는 다음과 같다.

(가) 부하직원이 담당하는 직무의 성질이 기계적·반복적·표준화되어 단순하고 동질적인 때에는 통솔범위가 확대된다.

(나) 감독자의 능력, 인품, 부하에 대한 신임도가 높을수록, 부하직원이 유능하고 동일한 교육훈련을 받은 경우에는 통솔범위는 확대된다.

(다) 안정된 조직, 기성조직인 경우 통솔범위가 확대되며 권한위임과 책임체제가 확립된 조직의 경우 그 범위가 확대된다.

(라) 장소분산 조직보다는 동일건물 배치조직인 경우가 통솔범위가 확대되며, 감독자와 부하의 집무장소의 거리가 가까울수록 통솔범위는 확대된다.

(마) 정보처리, 회계제도, 통제제도 등 조직의 관리기술이 활성화된 조직은 그렇지 못한 조직보다 통솔범위가 확대된다.

3) 명령의 통일

명령통일(命令統一, Unity of Command)은 조직의 어떤 구성원도 한 사람의 상사 또는 감독자로부터 명령을 받아야 하며, 두 사람 이상의 상사로부터 명령을 받거나 섬겨서는 안 된다는 것이다. 한 직원은 상급관리직원의 명령과 지휘체계에 따라 업무를 수행해야 한다. 직원은 감독자를 통해서 상사로 이어지는 권위와 위계질서가 서야한다는 것이다. 일관된 명령체계를 통하여 관리자로부터 위임에 의한 업무처리라든지 업무수행에 통일성을 기해야 한다. 특별한 경우를 제외하고는 직접적으로 감독관을 통해서 관리가 이루어 져야 한다.

명령통일의 원리가 직면한 문제는 전문화 원리와 어떻게 조화하느냐 하는 점이다. 조직활동의 성격과 의사결정이 지식의 전문성을 요구할 때, 복수의 전문가의 판단이나 명령에 영향을 받지 않을 수 없게 되었다. 이런 점에서 오늘날과 같은 전문화된 조직에서는 명령통일의 원리보다는 명령 다원화가 적용되고 있는 실정이다. 그러나 경호보안조직이나 경비대 등은 위험상황에서 고객의 생명과 신체 및 재산을 지키는 활동을 하기 때문에 명령통일의 원칙을 지켜야 할 것이다.

4) 업무의 분업과 전문화

부여된 임무를 수행하기 위하여 개인은 필요한 기능을 이행하는데 권한과 권위를 가져야 한다. 어떤 결정이 이루어지기전에 특정인에게 권한이 집중된다면 변화하는 시장요구에 회사는 적절하게 대응하기가 어려워진다. 따라서 조직관리가 원만하게 이루어지기 위해서 업무를 종류와 성질별로 나누어 조직 구성에게 가능한 한가지의 주된 업무를 분담시킴으로써 조직관리상의 능률을 향상시키는 것이 분업(分業, division of work)이다. 분업과 동시에 전문화(專門化, Specialization)가 생기는 것이므로 분담하여 부과된 책임에 비례하여 목적·과정 또는 방법·고객·시간·지리적 여건 등에 따라 전문화된 업무에 대한 권한과 권위가 전제된 조직이 구성되어야 한다.

분업은 구성원들이 주된 업무만을 전담하므로 작업능률을 향상시키고 개인능력이상으로 조직을 확대할 수 있는 장점이 있는 반면에, 과도한 분업으로 단순 업무만을 반복하는 조직구성원은 흥미를 상실하여 능력발전이 이루어지지 않는 단점도 있다. 그리고 조직내의 단위간 조정(調整)을 어렵게 하여 통합적 조직관리보다 업무중복, 낭비, 책임회피 등을 가져올 수 있다.

5) 기능의 조정

회사가 효과적으로 업무를 수행하기 위해서는 조직의 각기의 기능이 상호 조정하고 보완되어야 한다. 조정(調整, coordination)이란 조직의 공동목적을 달성하기 위한 여러 기능과 업무수행을 조화 있게 결집하고 배열하는 것이다. 예컨대 감독관의 조사중 지적된 부족한 점은 그 문제를 해결할 수 있는 다른 직원을 통해서 보완되어야 한다. 조정은 조직의 기능들이 질서 있게 정리되고 그것을 통하여 서로 마찰과 중복을 제거할 수 있는 것이다. 회사의 목표성취를 위해서는 기능을 서로 통합하고 조정할 책임은 관리자에게 있다.

조직간의 상호의존성이 높아지고 있으며 조직이 거대화되고 복잡해질수록 효율성을 높이기 위해서 기능의 분화는 불가피하다. 이와 같은 분업화된 각 구성원의 개별적 노력을 통합하는 기능이 조정이다.

조정의 방법으로 조직(組織)에 의한 조정이 있고 리더십에 의한 조정이 있다. 조직의 목표를 분명히 설정하고 조직단위의 권한과 책임이 모호하여 혼선이 발생할 경우가 많기 때문에 그 한계를 명확히 함으로써 조정이 용이하다. 대규모조직에서는 기획조정실 등의 조정기능을 전담하는 별개의 기구를 설치하여 조정을 실현할 수도 있다. 조직내의 계층제는 명령계통과 지휘·복종관계의 체계확립을 바탕으로 구성된 것이므로 이를 통한 조정이 가능하다. 아울러 조직내 원활한 의사소통을 촉진케하여 갈등요인 발생을 어렵게 함으로써 조정을 용이하게 한다.

조직구성원의 공동체 의식의 확립과 협동정신의 앙양은 조직의 일체감을 형성하는 것이다. 이러한 리더십에 의한 일체감이 조성된 조직은 조정이 용이하다. 또한 동기부여를 통하여 조직구성원들이 능동적·자발적으로 조직발전에 동참함으로써 조정이 용이해지는 것이다.

제4절 경호보안산업의 미래

1. 한국 경호보안시장의 현황

글로벌 금융위기로 인한 경제침체로 각 기업들은 어려움을 겪고 있지만 경호보안산업은 상대적으로 높은 성장률을 나타내고 있다. 이는 기업의 경영위기가 기술 및 인력유출 등 경호보안위기로 이어질지 모른다는 우려로 경호보안솔루션의 수요가 꾸준히 증가하고 있기 때문이다. 최근 강호순사건과 조두순사건을 비롯한 각종 흉악범죄가 증가하면서 경호보안체제에 대한 관심이 높아졌고, 지방자치단체의 U-City 프로젝트가 활성화됨에 따라 경호보안장비의 수요가 꾸준하게 증가하고 있다. 아울러 지구온난화로 인해 재해발생건수가 크게 증가하면서 재난예방 관련 사업이 경호보안산업의 중요한 분야로 자리매김할 것으로 보인다. 많은 지자체에서 홍수나 산불 등 자연재해 예방을 위해 재난관리시스템을 구축하고 있는 추세가 이를 반증하고 있다.

사회 전반적으로 녹색성장 바람이 거세짐에 따라 향후 경호보안시스템에 있어서도 저 전력기술을 통해 에너지효율을 높이고 인체에 무해한 친환경 경호보안장비를 개발하는 추세가 가속될 것으로 보인다.

현재 무인 전자경호보안시스템서비스의 경우 상가나 기업시장은 포화상태에 이른 반면, 아직까지 주택시장에서의 보급률은 미미한 관계로 향후 아파트나 공동주택단지에서 얼마나 수요를 많이 창출할 수 있느냐가 향후 이 시장의 성장성을 가늠할 중요한 요소로 작용할 것으로 보인다. 이와 관련 신도시나 지자체의 u-City 프로젝트에서 CPTED 개념이 많이 도입되고 있고, 여기에 앞서 에스원, ADT캡스, KT텔레캅 3사가 컨설팅이나 통합관제센터 구축사업에 참여하는 경우가 많아지고 있어 향후 주택시장에서의 수요가 증대될 것이라는 기대가 높은 상황이다.

통신보안 분야의 경우 최근 디지털 변조방식을 이용한 도청기와 생체이식이 가능한 마이크로칩인 베리칩(Verichip)을 이용한 도청 및 위치추적 등 도청 및 위치추적 기술이 절정에 이르고 있으며, 통신보안기술도 이러한 최첨단 도청장치를 감지해낼 수 있는 기술위주로 발전하고 있다.

2. 경호보안산업의 미래

한국 경호보안산업은 1조원 정도의 규모를 형성한다. 정부에서는 "Securing Knowledge Korea 2013" 프로젝트를 통하여 물리적 보안, IT보안 그리고 융합경호보안분야를 모두 포함하는 지식정보 보안산업에 대한 지원을 강화함으로써 이 시장을 향후 2013년까지 18.4조원 규모로 확대하고 수출도 30억달러 수준까지 끌어올린다는 계획을 밝힌 바 있다. 행정안전부는 U-City 구축기반조성사업을 추진하면서 유비쿼터스 신기술을 활용해 지역주민의 편익증진과 행정효율성 제고에 노력하고 있고, 각 지방자치단체별로 다양한 u-City 사업이 추진되고 있다.

관련 업계에 따르면, 현재 전국적으로 30여 만 곳의 주택과 사무실 등에 무인경비시스템이 설치돼 있다. 최근 월 사용료 3~4만 원 정도의 보급형 무인경비상품이 출시되면서 고객층은 더욱 확대되고 있다. 그 동안 주변에 불안요소가 있어도 비용문제로 무인경비시스템 설치가 쉽지 않았던 점을 감안하면, 일반인에게까지 확산될 기회로 전망된다.

현재 경호보안업계의 화두는 디지털화다. U-City, Safe City 사업 등 대규모 프로젝트가 추진되면서 저마다 디지털시대를 위한 전략과 실천방안 마련에 부심하고 있다.

또한 경호보안 서비스 미래는 무선데이터망을 이용한 사이버 아파트 사업과 가정내 전화선과 이동전화망을 활용, 가전·조명·보일러·가스 기기 등을 네트워크화해 무단침입·화재·가스누출 사고발생 시 자동으로 통보하는 시스템 개발에 착수했다.

더불어 경호보안산업은 향후 인터넷과 정보화 산업이 성숙될수록 가장 중요해질 보안 시장이 될 것이다.

경호보안시스템은 24시간 모니터링해 고객 가정에 도둑이 침입하거나 화재발생 등 문제가 일어날 경우 경호보안직원이 신속히 출동한다. 기존 전자경호보안시스템이 9.4Kbps의 전용선이나 일반 전화선을 이용하는 것과 달리, 최고 10Mbps의 초고속인터넷을 이용하기 때문에 신속하고 안정적인 서비스가 가능하다. 한국 경호보안서비스는 부익부 빈익빈이 심화되고 점차 개별화되는 사회적 관계, 복잡한 환경에서 자신을 안전하게 지키려는 욕구, 범죄 증가추세를 따르지 못하는 국가경찰력의 한계, 이런 사회적 상황과 맞물려 경호보안산업이 태동했다. 하지만 고객의 요구는 변화·증대되는 반면, 대응상품은 제한적이다. 공공 서비스 차원에서 해결을 기대하기란 너무 무리이다. 더욱이 작고 효율적인 정부는 전세계적 트렌드다. 치안권한도 지방자치단체나 민간기관에 이양되고 있는 추세이다. 일반경찰의 역할은 범죄수사에 한정되고, 단순 방범과 교통 업무는 민간업체에 위탁되는 것이다. 또한 사립탐정(민간조사)의 역할이 강화되면서 민간치안인력과 경찰간의 협력과 공조도 강화될 것이다.

이는 온라인에서도 동일하다. 기술 관련 산업현장과 지식재산권 보호, 해킹 등의 사이버범죄가 사회적 이슈로 부상하고 있다. 결국 개인적 차원에서 치안 시스템을 강화하려는 경향에 따라 경호보안산업의 장래는 밝을 수밖에 없다.

제4장

경호보안 경영관리론

제4장
경호보안 경영관리론

제1절 경호보안회사의 경영

1. 경영과 경영관리 개념요소

경영(經營, Management)의 최종목표는 이윤창출이라 하겠다. 경영이란 기획, 조직, 방향설정과 조정 등을 통해 모든 조직의 역할을 통합하는 일이다. 즉, 인적자원, 자금, 전략을 바탕으로 목표를 정하고 조직을 위한 기준들을 설립하는 것이 경영이다. 경영에는 네 가지 기본 기능이 있다. 기획(계획, planning), 조직(organizing), 조정(control), 감독(directing)이 그것이다. 이 네 가지 기능들은 서로 유기적인 관련을 맺으면서 경영 사이클(Management Cycle)을 형성한다.

보안직능에서 경영관리(經營管理)는 ㉮ 보안조직의 목적을 명확하게 표현하고, ㉯ 다양한 구성요소와의 책임과 권한의 범위, 조직관계를 나타낸다. ㉰ 보안직능과 영업의 전략적 협력을 규정하고, ㉱ 조직내부의 직능부서와 타기업을 모두 포함하여 정기적 혹은 부정기적인 의사소통방법을 규정한다. ㉲ 성공적인 보안활동에 필요한 정보아이템의 검색과 정보를 생성하기 위한 체제를 확립한다.

(1) 계획(planning)은 회사의 목표달성을 위해 전력을 발휘하는 일이다. 또한, 계획은 이러한 회사의 초목표(超目標)에서 파생된 여러 가지 특정 대상을 설정하는 일을 포함한다. 계획은 앞으로의 비전에 대한 명확성과 회사가 미래에 처할 상황과 상태에 대한 정확한 예견에 따라 초점을 맞추는 능력이기도 하다. 미국의 회사들은 전통적으

로 연간 영업실적과 같은 단기목표에 초점을 두는 반면, 일본 회사들은 대조적으로 단기 이익보다는 5년, 10년 심지어 20년까지의 장기시장 상태에 초점을 맞춘다.

(2) 조직(organization)은 업무할당과 특정사업 대상에 대한 전체적인 조율을 포함하며, 서로 다른 대상간의 관련 문제에 대한 관찰과 조정도 담당한다. 중요한 문제에 있어서 경영은 명백성과 최종 결정을 제공하는 것이다. 일상적인 결재사항은 적절한 직급 수준에 위임하는 것이 바람직하다. 그러나 결정사항이 경영진에 의해서만 이루어질 사항이라면 즉각적이면서도 보다 정확하게 행해져야 한다.

(3) 조정(control)은 조직과 활동 초점의 기준을 삼을 수 있는 목표, 정책 그리고 강령(규범) 등을 설정함으로써 이루어진다. 회사를 이루는 각 개인마다 회사가 지향하는 목표와 이를 위한 협동의 가치를 추구해야 함은 물론이다. 공통의 목표에 대한 정확한 이해는 조직의 성공을 위한 공동작업에 필수적이다.

(4) 감독(directing)은 특별한 목표와 지시와 조정뿐만 아니라 목표를 달성하는 데 필요한 감시감독을 포함한다. 경영자 쪽은 중대한 문제에 대해 분명하고 최종적인 결정을 제공해야 한다. 매일 매일의 결정은 적절한 직원 수준에 따라 이루어져야 한다. 그러나 단지 경영자 쪽에서만 결정이 이루어졌을 때 그것은 신속하고 결정적으로 이루어져야 한다.

2. 경호보안회사의 경영실태

경호보안회사들은 때때로 회사를 떠난 자리에 새로운 계약직 신입사원들(이들은 대체로 회사가 원하는 수준 이하의 업무능력 소유자들일 수 있다)로 대체하여 오히려 만족할 만한 서비스를 제공하기도 한다. 극도로 저하된 업무능력은 새로운 관리자의 영입으로 활기를 되찾을 수 있으며, 또한 이를 통해 질 높은 작업이 되기도 한다. 두 경호회사가 같은 노동시장에서 인력을 공급받았더라도 한 회사는 훌륭한 평판을 얻고, 다른 회사는 좋지 않은 서비스를 제공하는 수도 있다. 어떻게 이런 일이 가능한가? 이 문제의 답은 건실한 경영원칙의 적용에 있다.

많은 경호보안회사들이 겪고 있는 문제는 경호보안요원들의 업무능력이 떨어진다는 것이 아니다. 경호보안회사들은 같은 노동시장으로부터 인력을 공급받으므로 최초 인적 자원의 질은 동일하다. 다만, 실적이 극도로 저조한 회사들은 실상 경영능력이 빈약한 것이 대부분이다.

제2절 경호보안업의 경영성공 조건

1. 경호보안업의 경영성공 조건

경호보안업의 성공조건을 일반화하는 것은 그리 쉽지 않다. 왜냐하면 경호보안업이 설립되어 성공을 거두기까지는 인내를 필요로 하기 때문이다. 그러나 지금까지 드러난 기업의 성공사례를 보면 다음과 같이 네 가지로 요약할 수 있다.

첫째, 경호보안업의 독립성과 자율성의 확보이다. 즉 독립된 조직으로서 특수하거나 차별적이며 또한 한시적인 전략임무만을 자율적으로 담당하는 역할이 부여되어야 한다.

둘째, 과감한 도전정신과 실패를 두려워하지 않는 기업문화의 구축이다. 왜냐하면 기업을 통해 신구사업을 개발하고자 할 때 그 필요성이 인식된다 해도 만약 기업의 구성원들이 "막대한 자금을 투자해 실패하면 어떻게 하나?"라든가 "경호보안회사가 실패하면 어떤 책임을 져야 하나?" 등과 같은 생각을 하게 되면, 신규사업개발이 효율적으로 이루어질 수 없게 된다.

셋째, 인사평가의 혁신을 통한 기업가 정신의 고취이다. 개인의 창의성과 자유로운 발상으로 신규사업개발에 활용하기 위해 '기업내부에 설립하는 인사평가제도의 재편성을 통해 끊임없이 기업가 정신을 고치할 수 있는 토양들을 조성해야 한다.

넷째, 독립된 사업가적 창조성을 발휘하는 기업 내 기업가의 발굴 및 육성이다. 왜냐하면 기업 내 기업가란 기업조직 내에서 아이디어를 수익성 있는 사업으로 구체화하는 데 실천적 역할을 수행함으로써 기업의 성장을 주도하는 도움을 주기 때문이다.

2. 경호보안의 목표

1) 정책목표와 전망

민간보안업체와 공적 경호보안(경호처, 경찰)의 공통된 기본목표는 고객인 국민의 만족이지만 근본 목표는 다르다고 할 수 있다. 민간기업은 고용주와의 계약을 통한 이윤추구가 목표(Goals)이지만, 공기업은 법을 통한 국민의 생명과 재산보호가 목표이다. 많은 회사들이 안고 있는 주요 문제 가운데 하나는 회사가 요구하는 조직의 목표를 분명하게 규정하는 일이다. 그러나 실제로 경영현장에서는 초점을 단기목표에 맞추고 있으며, 일상적인 운영만이 중요시 될 뿐이다. 회사들은 2년 내지 5년간의 장기전망과 계획보다는 분기별 프로젝트에 관심을 두고 있다. 즉, 시장 전체의 전망과 성장보다는 하루 밤의 단순 실적에만 초점을 둔다. 경호회사의 경영인이 분명하고 이해하기 쉬운 회사의 목표를 설정하는 것은 무엇보다 중요한 일이다. 물론, 최우선 목표는 서비스의 질적 향상이다. "우리는 고객에게 가능한 최고의 서비스를 제공할 것입니다"라고 말하는 것은 쉽다. 하지만, 다른 가변적인 문제들은 고려했는가? 예를 들어, "조직 내의 어느 부서가 비용 효율면에서 어떻게 기여하고 있는가?" 내지는 "이익을 산출하고 있는가?", "이익과 서비스는 조직에 합리적인가?", "수입과 지출의 균형이 맞는가?" 등의 문제들이 우선적으로 고려되어야 한다. 아마도 보다 현실적 또는 합리적인 목표는 고객이 받아들일 만한 서비스를 제공하면서 이익을 극대화시키는 일일 것이다.

조직의 목표는 대개 이른바 '임무에 관한 지침 및 보고(Mission Statement)'라는 것으로 요약될 수 있다. Mission Statement는 개념을 확대하여 'Vision Statement'라고도 하며, 최근 대규모 회사에서는 보편화되어 있다. 이것은 조직의 목표설정과 그것의 달성방안에 대하여 자세히 설명하고 있다. 전망보고서(Vision Statement)는 단순한 임무가 아니며, 경영부문에 있어 많은 정책과 문제들을 고려해야 한다. 글로벌기업은 항상 구성원과 고객의 생명을 제일로 여기고 기업자산을 효과적으로 보호하기위하여 경호보안부서를 운영하며, 보안부서는 기업의 생산과 서비스활동에 의해 발생하는 구성원의 책임을 제한하고 직원의 개인정보, 기업자산을 악의적 의도를 가진 침입자나 범죄행위로부터 보호하기 위한 경호보안프로그램과 절차를 마련하여 적용하고 있다. 보안정책(Security Mission Statement)은 현실적이고도 합리적이며 정직해야 함과 동시에 목표설정은 성취 가능성이 우선적으로 고려되어야 한다.

2) 윤리강령

경호보안회사를 운영하는 기업의 윤리강령(Code of Ethics)은 고객에 대한 책무, 고객 중심의 경영, 고품질경영 등으로 경영상 목표를 달성할 수 있다. 「민간경호보안:

민간경호보안 업무능력에 관한 보고서」에 따르면 '윤리강령'은 '도덕적 · 윤리적 원칙과 철학을 구체화한 성명서'라고 규정하고 있다.

많은 회사들은 이러한 윤리강령을 회사의 전망보고서(vision statement)에 포함하고 있다. 또 다른 회사들은 이러한 원칙들을 별도로 문서화시켜 놓기도 한다. 윤리적 원칙이나 강령은 문서화된 각종 지침들이 특정하게 다루고 있지 않는 상황들을 피고용자가 처리함에 있어서 그들에게 유용한 지침을 제공하고자 고안된 것들이다. 궁극적으로 피고용자들의 행동과 조치가 측정되고 평가될 수 있는 기준이 제공되는 것이다.

회사가 자신만의 고유한 윤리강령을 발전시키는 것도 가능하지만, 대부분의 회사들은 산업기준을 적용하고 있다. 예를 들면, 많은 회사들은 국제직업경호보안요원연합(IAPSC)의 강령을 채택하고 있기도 하다. 「민간경호보안: 민간경호보안 업무능력에 관한 보고서」에서는 두 가지 윤리강령을 발전시켜 놓았다. 하나는 경호보안회사의 경영인을 위한 것이며, 다른 하나는 근로자를 위한 것이다. 경호회사 경영인들을 위한 강령은 대부분 국제직업경호보안요원연합에 의한 것으로, 보다 간결한 강령으로 대체되었지만 피고용인(근로자)의 윤리강령은 경호보안요원만을 위해 특별히 문서화된 강령의 형태로 남아 있다

전망보고서(vision statement)의 경우에 있어서 조직을 위한 원칙들과 업무 과정은 반드시 윤리강령을 반영해야만 한다. 근로자들의 입장에서 살펴보면 이러한 강령들과 상충되는 정책을 개발하는 것은 회사의 모든 강령을 무용지물로 만드는 것과 같다. 강령이 한번 채택되면 조직 내의 모든 활동의 지침으로서 효과를 발휘해야 한다. 결과적으로 제안된 모든 강령은 시행 전에 조심스럽게 시험과 토론을 통해 검증되어야 한다.

참고

***경호보안업무 수행에 있어서 경호보안요원이 지켜야할 윤리강령**

민간경호보안업무인 범죄예방과 치안유지에 중대한 기여를 하는 공익요원으로서 긍지와 자부심을 가지고 다음 사항을 준수한다.

- 본인은 경호보안요원으로서의 책임을 인정하고 의무를 성실히 수행한다.
- 본인은 고객의 생명과 재산을 보호하고, 회사 또는 본인에게 할당된 다른 기관에 대한 범죄의 예방 및 감소에 최선을 다한다.
- 본인은 경호보안업무를 수행함에 있어서 정직과 성실, 신의와 근면을 가지고 일하며,

모든 사람의 헌법적 권리를 존중하고 최선의 도덕적 원칙을 준수한다.

-본인은 임의적 판단에 영향을 미칠 수 있는 사적인 감정이나 편견에 치우치지 않고 합법적이고 진실된 자세로 타인의 권리를 보호한다.

-본인은 회사나 고객의 정보에 대하여 근무기간 이후라도 존중하고 보호한다.

-경호보안업무중 발생하는 위급사항에 대하여는 관할 관서와 업무협조하에 원만히 처리한다.

-항상 전문가답게 행동하며 함부로 어떠한 추가적인 보상이나 금품을 받지 않는다.

-교육과 훈련을 철저히 받고 업무수행능력 개선을 위하여 지속적으로 노력하며, 민간경호보안업무 수행에 대한 준비를 게을리 하지 않는다.

***경비원이 지켜야할 윤리강령**

법과 윤리에 따라 범죄로부터 고객의 생명과 재산을 보호하고 각종 규정을 준수하고 투철한 직업의식으로 경비원으로써의 직업능력을 함양하며 신의·성실과 책임을 신념으로 직업윤리를 이행할 것을 다음과 같이 다짐한다.

1. 법과 원칙을 준수하고 범죄와 사고로부터 고객을 보호하는데 최선을 다한다.
2. 직무를 수행함에 있어 고객의 보호와 편의에 대해 확실하게 인식하고 그 책임을 다한다.
3. 민간경비의 발전과 효율성 제고를 위하여 교육과 훈련을 통해 직무능력을 함양 하는데 부단한 노력을 경주한다.
4. 어떠한 경우에도 전문인으로서 긍지와 책임감을 잊지 않고 주어진 업무이외의 행위를 하지 않는다.
5. 언제나 회사를 대표한다는 신념으로 고객으로부터 신뢰감을 얻고, 범죄 및 사고예방에 최선을 다한다.
6. 예방수칙을 숙지하고 고객의 위험상황 및 재산상 손해가 예상되는 순간에 투철한 사명감으로 피해를 최소화 한다.
7. 복장과 장비는 규정에 따라 단정하게 착용하고 근무지를 이탈하지 않으며 근무지 청결을 유지한다.
8. 근무수칙을 준수하고 소속 상사의 명령에 복종하며, 동료와 친화관계를 유지 한다.
9. 업무상 지득한 고객의 정보를 소중하게 여기고 철저하게 보호한다.
10. 민간경비의 최일선을 담당한다는 자부심으로 공경비와 협조하며 고객안전과 나아가 지역사회 안정을 도모한다.

2 0 0 9 년 6 월

*** 경비지도사가 지켜야 할 윤리강령**

우리는 민간경비의 중심으로 사명감과 긍지를 가지고 경비지도사 직업강령에 따라 행동하고 실천할 것을 다짐한다.

1. 우리는 세계평화와 대한민국의 안녕과 질서유지를 위한 사명감을 갖고 근무에 임한다.
2. 우리는 법과 도덕적 원칙을 준수하고 언제나 정의의 편에서 책임과 의무를 다하여 국가와 사회에 봉사한다.
3. 우리는 국민의 안전과 사회질서 확립에 기여하는 민간경비의 중추로서의 자부심과 전문인으로서의 긍지를 가지고 모범적으로 처신한다.
4. 우리는 팀워크와 동지애로 민간경비 발전에 노력하고 각자는 경비지도사를 대표한다는 생각으로 행동한다.
5. 우리는 고객이 안전하고 품위 있는 분위기를 느낄 수 있는 최선의 안전 서비스를 제공할 수 있도록 항상 고객의 입장에서 긍정적이고 창조적으로 업무를 수행한다.
6. 우리는 법률이나 윤리강령에 배치되는 경우를 제외하고는 지득한 비밀은 선임기간 이후라도 보호한다.
7. 우리는 효율적인 업무수행을 위하여 자신의 능력계발과 심신단련에 부단히 노력한다.
8. 우리는 자신의 능력을 최상으로 향상시켜 고객과 시민의 신뢰를 얻도록 최선을 다한다.
9. 우리는 동료, 상사, 부하직원에 대한 배려와 이해, 협력을 이끌어 내어 애사심과 인화단결의 기틀을 만들어 직장 분위기를 밝게 하는데 노력한다.
10. 우리는 전반적인 민간경비의 육성, 발전으로 국민생활 안전이 확보될 수 있도록 지대한 관심과 노력을 경주한다.

2009년 7월 3일

3) 정책과 과정

정책과 과정(Policies and Procedures)의 목적을 달성하기 위해서는 효율성을 고려하는 경영관리자라면 반드시 목표달성에 대한 방법을 설정해야 한다. 이것이 조직을 위한 정책의 기능이다. 조직은 특정업무 사안을 처리하는 데 있어서 경영 지침을 구체화하는 것이다. 또한, 정책은 특정사안에 대한 관심도를 반영하여 프로그램을 설립하는 데 기여해야 한다. 전자의 예로 조직 안전 프로그램을 직접 설립하는 것이 하나의 예이며, 후자의 예는 고용 실제에 있어서 동등한 기여에 관한 정책을 설립하는 것이다.

경호보안조직에 있어서 정책은 특히 중요하다. 자신의 초목표(超目標, 회사의 기본 목표)를 달성하는 것 이외에, 더욱이 경영의 여러 부수적인 목적과 모든 것을 협조하는 것에 이르기까지 경영의 어려 분야에서 중요하다. 그리고 정책에 관한 모든 문서들은 책임소송에서도 중요한 역할을 한다. 정책관련 문서들은 특정사안에 대한 경영자의 관심 정도를 나타내기도 한다.

예를 들면, 잘못된 구금(체포)으로 경호보안회사가 피소를 당하면, 체포강령을 문서화한 회사가 그렇지 않은 회사보다 스스로를 방어하기에 좋은 입장을 지킬 수 있다. 문서화된 수칙이 없으면 경호보안요원이 회사의 정책에 따라 임무를 수행했는가 하는 것을 증명하기란 어려운 일이다. 정책 관련 문서들이 「업무관련 지침」과 혼동되어서는 안 된다(정책문서는 보다 근본적이고 상위개념이다). 어떤 회사에서는 너무나도 빈번하게 「업무관련 지침」에 정책사항 을 담아 하달한다. 하지만 「업무관련 지침」은 임시직 사원이나 인턴사원들에게는 해당하지 않는 경우도 있으며, 향후 입사자가 종종 관련정책 사항을 단순업무 관련지침 문서에서 발견해서 참고하는 수도 있다.

정책문서 는 반드시 조직계통의 결재 선상에서 처리된 일련번호를 붙여야 하며, 다음과 같은 형식을 갖추어 회사의 정책 매뉴얼에 따라야 한다.

정책관련 문서들은 다음의 여섯 가지 기본항목을 포함해야만 한다.

(1) 결재처리 번호가 미리 붙여져야 한다. 대규모 회사에서는 대개 기능에 따라 (혹은 관련 사항에 따라) 알파벳 일련번호를 사용한다. 예를 들어, 인사 관련 문서에서는 모두 B를 볼 수 있으며, 소수인원 채용에 대한 정책문서는 B-12와 같이 분류된 번호가 붙여질 수 있다.

(2) 관련정책의 가장 중요한 초점을 제목으로 삼아 붙인다. 제목에 따라 파일분류를 할 수도 있으며, 이에 따라 향후 문건을 쉽게 찾을 수 있다. 항상 제목을 신중하게 고려하여 정해야 한다. 예를 들어, "경호보안요원의 화기(총기) 사용에 관한 정책"이라는 제목이 "경호보안요원 정책 지시사항 #3"이라는 제목보다는 읽는 사람에게 보다 상세한 정보를 미리 제공한다.

(3) 정책문서는 사업분야에 대한 설명, 즉 회사가 "왜 이 정책을 중요하게 여기는가?"에 대한 설명을 포함해야 한다. 이것은 관련정책 뒤에 있어 합리적인 이유들을 설명하고 사업이행의 결과를 설명해야 한다. 또한, 회사의 윤리강령이나 향후 전망 보고서 관련사항에도 주목하여 작성되어야 함이 올바른 것이다.

(4) 정책사항에 대한 일반적 지침을 세우도록 해야 한다. 정책은 업무수행과 달성

에 대한 정확하고 구체적인 지침이 아니라 일반적인 사항을 안내하는 것임을 주목해야 한다. 예를 들어, 사고에 대한 정책은 어떠한 사고라도 사후 반드시 사고 보고서를 제출하라는 것이 정책사항이다. 즉, 정책은 이에 대한 형식이나 보고서 작성요령을 설명하는 것이 아니다.

(5) 회사의 새로운 정책사항에 대한 결정과 남용을 막기 위하여 반드시 결재 선상의 결재과정을 밟도록 해야 한다. 정책에 대한 상세한 지침사항은 적절한 결재 선상의 간부에게 위임하는 것도 중요하다.

(6) 정책문서에는 사업이행에 대한 날짜를 정확히 기록하도록 한다. 정책사항은 최신 경향에 따라 개정되고, 이에 따른 최근 개정일자가 기록되어야 한다. 물론, 잘 작성된 정책은 자주 개정될 필요가 없을 것이다. 그러나 어떤 회사들의 경우는 2년 내지 5년마다 회사의 전체 정책을 개정하고 재발간 하는 경우도 있다. 물론, 이는 회사가 최신의 경향과 추세를 반영하고자 함이기도 하다.

정책(政策)은 보다 폭 넓은 지침과 경영자의 의도를 말하는 것이다. 이에 따른 업무실행 과정은 정책이 어떻게 이행되는가 하는 방법에 대한 설명이다. 방금 언급한 것에 대한 예를 들면, 다음과 같은 설명을 할 수 있다. 즉, 정책은 '종업원이 연루된 사고에 대해서는 반드시 사고보고가 이루어지도록 해야 한다'라는 것이며, 이에 대한 구체적인 방법과 규칙을 설명하는 것은 아니다. 반면에, 실행문서는 이 정책에 대한 자세한 수행방법을 알려 준다. 이러한 서류들은 특정양식을 사용하며, 구체적인 정보를 요구하고, 결재담당 계통상에 있어서 적절한 사본을 준비할 필요가 있다.

결국, 정책은 상위경영의 영역이다. 그러나 업무실행은 정책을 수행하면서 관련된 일선 실무담당자에 의해 발전되는 것이다. 예를 들어, '하루 중 경호보안요원의 근무시간이 12시간을 넘어서는 안 된다'라는 정책이 있다면, 기획운영부장은 스케줄 작성담당자와 경호보안요원 파견 배치담당자에게 업무교대와 재배치에 대한 효율적인 방법을 개발할 것을 지시해야 한다. 동시에 경호보안요원들에게 적절한 휴식시간을 보장하는 등의 관련 사항에 대한 대비들을 지시한다.

상황이 바뀜에 따라 업무수행 과정도 바뀌어야 한다. 결과적으로 업무수행 관련 지침의 변화는 정책의 변화보다 훨씬 자주 그리고 많을 수밖에 없다. 사고보고에 대한 예를 들면, 조직이 개편될 때마다 보고 경로는 변화되며, 업무수행 지침도 개정될 것이다. 정책이 바뀌는 것이 아니라, 단지 수행과정이 바뀌는 것임에 유의해야 한다. 마찬가지로 새로운 문서양식의 발간이나 보고설명 사항의 변화에 따른 업무과정의 변화도 주의해야 한다. 따라서 업무과정은 자주 개정되고, 지난 1년간의 업무고찰에 따라 변화할 수도 있는 것이 업무과정이다.

업무과정은 대개 정책과 업무관련 매뉴얼에 따라 발생하게 된다. 따라서 특정 문제에 대한 처리를 맡은 피고용인(근로자)은 매뉴얼 목록에서 해당 사안과 적절한 정책과 수행지침을 찾아 처리하면 되는 것이다.

이미 언급한 대로 정책은 일반적 지침과 개괄적인 업무수행 지침을 말하는 것이다. 따라서 매일 매일의 일상적이고 사소한 것을 모두 관련정책에 따라 적용하는 것은 어려운 일이다. 대개 많은 회사에서는 일회성 또는 일시적이고 특정한 문서나 사안들은 단순업무 지침서나 메모를 이용한다. 그러나 이러한 단순업무 지침서나 메모도 기한이 지난 정책이나 업무과정 지침서에 따른 것이라면 당연히 개정되어야 함은 물론이다.

4) 기준 및 수칙

정책 및 업무 수행과정에 대한 매뉴얼을 모든 종업원에게 전체 문서를 모두 발간하여 제공하는 일은 어려운 것일 뿐만 아니라 불필요한 일이다. 매뉴얼의 많은 항목은 특정사안에 관한 것이기에 일상적이고 기본적인 업무를 담당하는 피고용인에게는 해당하지 않을 수도 있다. 더욱이 변경될 때마다 매뉴얼을 발간하는 일은 관리상에 대단한 어려움을 준다. 그러면 이러한 문제를 어떻게 해결하여 바람직한 조직적 행동을 이끌어 낼 것인가?

이러한 문제에 대한 해결에 접근하기 위해서는 정책이나 업무수행 과정에 기초한 조직의 업무수행에 대한 기준 또는 수칙을 만드는 것이다. 예를 들어, 사고에 대한 정책이나 업무수행 과정은 '업무 중 부상을 당하면 즉각 담당 상관에게 보고하라'는 기준으로 보다 구체화 될 수 있다. 또한, '모든 경호보안요원은 적절한 제복(유니폼)을 착용한다.'라는 것이 정책이라면, 어떤 형태의 유니폼을 얼마나 구입하여 각각의 경호보안요원에게 지급할 것인가? 하는 것을 물류구매부 담당직원에게 지시하는 것이 업무수행 과정이며, 경호보안요원들이 유니폼을 착용하는 구체적 요령과 방법 및 지침이 기준이라고 할 것이다.

실제 업무수행에 있어서 기준과 수칙(Standards and Codes)이 중요하게 작용할 수도 있다. 많은 피고용인(근로자)들은 자신들이 특정업무를 수행하기에 앞서 요구사항 내지는 주의사항을 문서화된 기준에서 확인할 필요가 있으며, 기준에 대한 수정은 담당실무 간부가 행할 수 있다. 대개는 담당 과장이나 팀장급에서 수정이 가능하다. 간단히 말하면, 업무수행기준은 회사 안에서 각자의 경호보안요원이 반드시 알아야 하고, 행동해야 하는 최소한의 구체적 규범인 것이다. 기준은 반드시 구두가 아니라 문서로 모든 근로자들에게 전달되어야 한다. 경호보안요원의 경우에는 적절한 문서상에 유니폼이나 업무기록 사항과 같은 사안의 항목들을 문서화된 기준으로 작성하여 지급하는 일이 어려운 것은 아니다.

정책과 마찬가지로 기준 및 수칙도 자주 변경되어서는 안 될 것이다. 하지만, 기준에는 업무수행 과정 문서처럼 피고용인(근로자)들이 알아야 하는 구체적이고도 충분한 전문적 내용 또는 특정내용이 있어야 한다. 경호보안회사에서는 일반적으로 여러 기준사항을 소메모책자로 발간하여 경호보안요원들이 휴대하고 다니도록 하고 있다. 그리고 정기적으로 담당 간부가 각각의 경호보안요원에게 기준의 내용에 대한 숙지를 요구하고 점검하기도 한다.

참고

*** 경비근무 일반수칙**

1. 나는 담당지역 경비에 대한 일체의 책임을 진다.
2. 나는 명령에 의하지 아니하고는 절대로 근무지를 이탈하지 아니한다.
3. 나의 시선은 경비책임구역을 절대로 떠나지 않으며 외래인의 행동은 의심을 두고 감시한다.
4. 나는 외래인의 출입통제를 친절 · 겸손히 하되 출입통제 원칙에 의하여 실시한다.
5. 나는 야간에 접근하는 거동수상자는 사격자세로서 확인·무장을 해제시키고 수상한 행동을 할 때에는 기선을 제압 체포한다.
6. 나는 인접 초소간에 통신 또는 신호에 의하여 서로 정보를 지원한다.
7. 나는 제반사고 및 위험성에 대비 즉각 비상조치를 취한다.
8. 나는 근무중 담화 · 흡연 · 졸지 않으며 어떠한 일이 있어도 총을 손으로부터 놓지 않는다.
9. 나는 근무중 발생한 제반사항을 철저히 인계인수 한다.

*** 안전근무수칙**

1. 경비지역내 항만시설을 보호하기 위하여 적정하게 순찰을 하고 있는가?
2. 항만출입인원 및 차량의 통제시 위험물 및 인화물질 등 소지 또는 적재여부를 확인하고 있는가?
3. 지역내에서의 사진기 휴대 및 촬영을 금지시키고 있는가?
4. 경비근무 일반 및 특별수칙을 숙지, 실천하고 있는가?
5. 교대근무시 인계인수는 철저히 하고 있는가?
6. 교대근무시간 엄수와 단정한 복장을 착용하고 있는가?
7. 출입의 통제는 정확히 하고 있는가?
8. 긴급보고체계는 숙지하고 있는가?
9. 무단접근선박에 대한 통제는 실시하고 있는가?

3. 경호보안의 업무수행과 책임

경호보안회사는 고객의 책임에 관한 부분도 충분히 고려하여 계약을 체결해야 한다. 고객은 항상 적절한 경호보안서비스를 제공받으며 일정한 의무사항을 준수해야 한다. 그러나 발생 가능한 모든 위험요소는 늘 경호보안회사와 함께 나눈다. 이러한 위험요소를 늘 경호보안회사와 함께 나누어야 하는 것을 주지해야 한다.

경호보안요원이 항상 고객의 시야 안에서 업무를 수행한다면, 경호보안회사는 경호보안요원의 행동에 대한 모든 교육과 책임을 감수해야 한다. 따라서 사건 이전에 경호보안의 범위를 규정하는 것이 경호보안회사로서는 무엇보다 중요하다. 모든 경호보안회사의 모든 정책사항을 일관된 형식의 리스트로 만드는 것은 쉬운 일이 아니다. 하지만, 몇몇의 정책사항들은 이미 경호보안산업 분야에서 상당 부분 표준화되어 있다.

1) 체포업무 수행과정

경호보안업체가 체포를 수행할 때는 항상 소송에 피소될 위험성이 존재한다. 민사소송의 잠재적 원인은 잘못된 체포 조치나 구금에서부터 지나친 무력의 사용에 이르기까지 광범위하다. 특별한 법적 권한이 부여되지 않은 경호보안요원의 경우 과도한 업무수행에서 문제가 일어나지 않도록 사전에 준수해야할 업무수칙을 마련해둘 필요가 있다. 어떤 경호보안회사들은 소속 경호보안요원에게 어떠한 상황 하에서도 체포하는 것을 금하여 이러한 문제를 피하고 있다. 하지만, 이러한 방식이 항상 합리적이며 나아가 실용적일 수만은 없다. 예를 들어, 고객이 상점 내의 좀도둑을 막기 위한 소매상인이라면 서비스를 제공하는 경호보안요원이 좀도둑을 체포하지 않을 수는 없을 것이다.

회사가 경호보안요원으로 하여금 체포행위를 제한적으로 허락한다면, 체포행위가 가능한 상황과 조건에 대하여 분명한 정책이 있어야 할 것이다. 체포수행 과정에 대한 방법론 역시 명백히 서술된 체포업무 과정(지침)도 있어야 함은 물론, 정책에는 체포업무 위임에 앞서 필수적 훈련에 대한 요구조건도 기록되어야 한다.

2) 무력의 사용

경호보안요원이 고객의 희망사항에 따라 행동하거나 체포업무를 수행할 때의 한계는 어디까지인가? 자기방어와 고객에 대한 방어는 어떠한가? 정책이 이것에 대한 명백한 규정을 두고 있지 않다면, 결국, 이러한 경호보안회사는 준비성이 없는 것에 불과하며 무시당하는 일 외에는 얻을 것이 없다.

무력사용에 대한 정책은 물론 무기사용(무기가 치명적인 상해를 줄 수 있는 무기든지 아니든지 간에 그리고 행동을 제한하는 수갑과 같은 무기에 이르기까지)에 대한 것도 포함해야 한다. 또한, 치사(致死)에 이르는 무력사용에 대한 특별한 규정이 있어야 함은 말할 필요도 없다.

3) 검색과 압수

경호보안요원들은 제한된 범위에서 특정 시설물의 출입에 있어 검색을 한다. 법률적 권한이 포괄적으로 인정하고 있지 않은 상황에서 기업의 업무수행방침은 매뉴얼로 제공되어야 한다. 경호보안요원들이 검색과 압수에 대한 적절한 방법을 이해하는 것은 상당히 중요한 일이다. 체포와 고소행위와 관련된 경우라면 이는 특히 중요하다.

4) 응급상황의 대처

경호보안요원은 예상하지 못한 응급상황에 전문적으로 대처할 수 있어야 한다.

경호보안행위가 있는 곳은 언제나 책임에 관한 위험성이 존재하기 마련이다. 결과적으로 경호보안회사는 발생 가능한 모든 형태의 응급상황에 대한 정책을 준비해 놓아야 하는 것이다. 예를 들어, 경호보안요원은 응급조치를 행해야 할 경우가 있으며, 회사는 소속 경호보안요원이 응급조치를 해야 하는 상황을 정책에 설명해야 함은 물론이고, 사전에 경호보안요원에게 필요한 교육을 행해야 한다.

화재 또한 모든 경호보안요원이 대처해야만 하는 중요한 문제이다. 소형화재의 경우에 회사는 경호보안요원에게 소화기의 사용을 지시하여 대처하게 할 것인가? 아니면 모든 화재를 소방관서와 연결하여 조처하도록 할 것인가? 책임에 대한 문제는 어떤 경우에도 존재한다. 그러므로 경호보안회사의 경영은 경호보안요원과 회사, 나아가 고객을 안전하게 보호할 수 있는 합리적인 정책을 결정해야만 하는 것이다.

5) 불가항력 사건의 조치(천재지변 등)

지진이나 혹한의 폭풍우가 닥친 경우에는 어떻게 해야 하는가? 경호보안요원은 현장을 피해야 하는가 아니면 남아서 근무에 임해야 하는가? 그렇다면 얼마 동안인가? 파견부서와 담당 간부는 어떻게 조치해야 하는가? 사건이 발생하기 전에 이러한 문제에 대한 결정은 이미 그 한계지침이 정해져야만 하는 것이다.

6) 경호보안현장에서의 일반적 행동수칙

경호보안회사들은 경호보안현장에서의 경호보안요원이 취해야 할 일반수칙에 대한 설명과 규정을 담은 정책을 수립할 필요가 있다. 이러한 일반수칙에 관한 정책에는 물론, 현장에서의 절도행위 금지, 채용에 대한 청탁, 고객재산의 남용 등 회사의 신용에 치명적인 해를 입힐 수 있는 유사행위에 대한 회사의 엄격한 정책이 포함되어야 한다. 또한 현장에서의 독서 및 개인행위에 대한 방침도 필요하다.

7) 규율위반 조치에 관한 정책

경호보안회사는 정당한 고용에 있어서 규율위반에 대한 문제를 다룰 수 있는 정책이 필요하다. 즉, 어떠한 규율위반은 즉각적인 해고 조치를, 또 다른 위반은 권한정지와 그 조치의 영향은 어느 사람에까지 미칠 것인가, 그리고 반대로 경호보안요원의 해명조치는 어떻게 이루어지는가 등의 사항이 공식적인 경로를 통해서 이루어져야 한다. 경호보안회사간의 연합조직이 있다면 해명의 과정과 절차는 서로의 정책을 참고할 수 있을 것이다.

8) 관리정책

많은 정책들은 관리계통의 업무로 다루어진다. 예를 들어, 경호보안요원의 주당 근무시간에 대한 규정이나 초과근무에 대한 규정 등이다. 유니폼과 장비의 지급, 착용, 업무보고, 병가, 정기휴가, 회사 차량의 사용, 임금지급 체계 등도 관리상의 정책에 속한다. 일반적으로 이러한 것들은 노동법을 따르고 있다.

4. 경호보안업의 감독

감독(監督 또는 지휘, directing)은 매일 기본적으로 관리자에 의해 수행된다. 그것은 목표의 성취, 직원의 동기화, 결정, 조정, 혁신 등을 수반한다. 또한 조정, 분쟁해결, 수행평가 등을 요구한다. 여기에서 무엇보다도 중요한 것은 리더십이다.

1) 리더십

관리에 있어서 리더십(Leadership)의 역할에 관한 많은 문헌들이 있다. 리더십이란 조직의 목표달성을 위하여 조직 내 개인 및 집단에게 영향을 미치고 동기를 부여하고 활동을 촉진하는 영향력을 말한다. 한국에서는 2002년 FIFA 월드컵에서 대한민국을 4위, 2006년 FIFA 월드컵에서 오스트레일리아를 16강에 올린 경력이 있는 거스 히딩크(Guus Hiddink)의 리더십이나 국가대표 감독으로 부임해 한국인 감독으로서는 최초로 2010년 남아공 월드컵 본선에 진출해서 월드컵 16강에 진출하게 한 허정무(許丁茂)감독의 리더십을 본보기로 들고 있다. 유능한 리더는 부하의 욕구나 목표를 만족시키는 동시에 기관의 목표를 창조하는 데 그의 영향력을 사용할 수 있는 사람이다. 이것은 이전에 논의한 목표와 명령통일의 원리로 거슬러 올라간다. 리더로서 관리자는 부하들의 욕구를 회사의 목표를 성취하는 데 최대한 결합시키도록 설득해야 한다.

많은 연구자들은 보이지 않는 리더십의 본질을 측정하는 데 시도해 왔다. 리더십 이론의 충분한 논의는 이 책의 범위에서 다루지는 않지만 회사의 리더에게 나타나는 몇 가지 특성을 제시할 수 있다.

리더십은 목표를 전제로 행동이 전개되는 과정이다. 따라서 조직관리에 있어서 필수불가결의 요소이다. 리더십은 지도자와 추종자 및 환경적 변수간의 영향관계로 계층간의 책임자만이 갖는 기능이 아니고 동료간 또는 말단 구성원도 발휘할 수 있다. 이것은 공식적·법적으로 주어진 지위 뿐만 아니라 전문적이 기술능력, 자질, 특성 등의 권위를 통하여 발휘되는 기능으로, 지도자와 추종자의 상호작용을 통하여 발휘되는 것이다.

이러한 유형의 리더십은 회사뿐만 아니라 직원들에 대해 책임을 수반한다. 직원들은 경영진으로부터 그들 사이에 일관성, 공정성 그리고 결단성 등의 확실한 것을 기대할 권리를 가진다.

일관성은 유사한 상황에 유사한 방법으로 대처하는 것을 의미한다. 직원들은 경영자들의 행동이 규정되고 일관된 원칙에 기초했을 때 안심한다. 직원들이 규정된 기준에 어긋나는 행동을 했을 때 관리자들이 어떻게 행동할지 예측하는 것은 비교적 간단하다. 일관성은 또한 공정성(일관되게 이해되고 적용되는 규칙)을 촉진시킨다. 일관성과 공정성을 통해 관리자는 직원들 사이에 신임을 얻게 된다.

공정성은 실제적인 직원문제를 다루는 데 관계할 뿐만 아니라 직원들의 인지를 수반한다. 직위나 문서에 따르는 것보다 더 많은 자유가 개인에게 허락되는 회사의 이중기준이 있을 때 직원은 빨리 결정하게 된다. 회사에서 승진과 지위에 수반되는 특전이 있고 이것과 직위의 남용 사이에 차이가 있다는 것은 누구나 부인하지 못한다. 경호보안회사에서 경영진이 부정직하고 고객의 재산을 남용하는 것을 용서하거나 규정된 기준들을 어기는 그 어떤 행위는 회사의 운명에 치명적일 것이다.

회사가 자주 간과하는 경영진의 하나의 특성은 결정적일 수도 있다. 권한의 위임으로 경영진은 부하 관리자나 감독자들이 매일의 결정을 가능하게 한다. 부하들은 때때로 경영진에게 그들의 권위 수준 이상의 결정을 언급할 필요가 있다. 이러한 결정은 빨리 행동으로 옮겨져야 한다.

2) 의사결정 모델

의사결정(意思決定, decision-making)이란 일정한 목적을 달성하기 위해 몇 개의 대안 중에서 하나의 대안을 선택하는 과정이다. 이런 점에서 리더십도 결국은 좋은 선택에 관한 모든 것을 말한다. 많은 관리자들은 기본의사 결정모델을 배운 적이 없다. 이 모델은 너무나 간단해서 거의 상투적임에도 불구하고 그것의 간결성은 효과적인 경영도구이다. 의사결정 모델은 다섯 가지 구성요소로 되어 있다.

(1) **문제인지와 규정** : 비록 시작하기에 이론적으로 보이지만 많은 문제해결자들은 문제를 분명하게 규정하는 데 실패하여 많은 노력을 소모한다. 많은 경우 가까이에 있는 문제가 단지 더 커다란 문제의 증상인 경우가 많다. 또, 어떤 경우 실제 문제가 분명하게 보이지 않을지도 모른다. 의사결정하는 첫단계는 문제를 규정하는 것이다.

(2) **사실수집과 문제해결의 범위를 결정하기 위한 가설설정** : 사실의 수집까지 문제에 대해 숙고하는 것은 쓸모 없다고들 한다. 의사결정의 모든 유형에도 해당되는 얘기다. 문제연구의 부분으로 근본적인 문제해결의 범위를 축소하거나 확대할 필요성이 있다. 특히, 재정적 결정을 수반한다면 문제에 관하여 몇가지 가설을 설정하는 것은 항상 필요하다.

(3) **문제에 대해 가능한 해결책 개발** : 창조성은 진정한 리더십의 증명이다. 복잡한 문제를 해결하기 위하여 새로운 방법으로 생각하는 것이 필요하다. 그러나 모든 문제를 해결하는 데 요구되는 것은 아니며, 의사결정 과정의 단계에서 고려될 수 있다.

(4) **가능한 해결책 분석, 비교** : 이 단계에서는 이전 단계에서 논의된 해결책을 분석하고 순위를 매긴다. 만일, 복잡한 문제라면 분쟁이 되는 해결책은 그룹에서 논의되거나 컴퓨터 모델로 분석될 수 있다. 이 단계의 목표는 실행되지 않거나 수락되지 않는 해결책을 제거하는 것이다.

(5) **문제에 대한 최상의 해결책 선택** : 문제 해결의 마지막 단계로 최상의 해결책은 이전 단계에서 규정된 수락 가능한 해결책에서 선택한다. 이 해결책은 그것이 실제로 문제를 해결할 수 있는지 확신하기 위해 문제 진술에 견주어 검사되어야 하며 그리고 난 후에 이행된다.

제5장

경호보안업체 인사관리

제5장
경호보안업체 인사관리

제1절 인사관리

1. 인사관리의 의의

인사관리(人事管理, personnel management)란 기업 조직의 능동적 구성요소인 인적 자원으로서의 종업원의 잠재능력을 최대한으로 발휘하게 하여 그들 스스로가 최대한의 성과를 달성하도록 하며, 그들이 인간으로서의 만족을 얻게 하려는 일련의 체계적인 관리활동을 말한다. 이는 조직의 효율적인 목표 달성을 지원하기 위해 그에 적합한 인재를 충원하고, 적소에 배치하며, 능력 발전을 도모하고, 근무 의욕을 고취시키는 활동이다. 인사관리는 기업 목표의 실현을 위한 관리활동이다.

인사관리에 있어서 제2차 세계대전 전에는 주로 생산방법을 배경으로 종업원의 개인적 능률을 중시하여 노동력을 최고도로 이용하는 데 중점을 두었으나, 제2차 세계대전 후에는 인간관계연구의 영향과 생산방법의 집단화·자동화 등에 따른 팀워크(teamwork)의 필요와 노사관계의 안정확보에 의한 경영활동의 원활을 위한 협력관계의 형성이 특별히 요청되었기 때문에 협력관계형성을 중요하게 다루었다.

따라서 오늘날의 인사관리는, (가) 기업의 생산적 목적의 달성, (나) 조직 내 이해관계의 조정, (다) 인간적 측면의 충실 등 3가지를 지주로 하여 이들을 효과적으로 관리하는 기술의 체계라고 할 수 있다. 즉, 오늘날의 인사관리는 인간노동력의 관리로서의 인력관리(人力管理: manpower management)에 그치는 것이 아닌, 인간을 전인적 존재(wholeman)로 이해하는 입장에서 인간으로서의 욕구를 충족시켜줌으로써

사기(morale) 또는 근로의욕을 드높여 그들 스스로가 창의력을 발휘하는 자발적 협동체제가 형성·유지되도록 하는 관리활동이다.

2. 인사관리의 내용과 목적

인사관리와 비슷한 용어로 노무관리(勞務管理)가 있는데, 한국에서는 두 용어가 반드시 통일적으로 사용되는 것은 아니다. 회사에 따라서는 이 부문의 스태프로 인사부와 노무부서를 분리해서 두고 있다. 그러나 대체로 인사관리는 종업원을 최고로 활용하는 것을 목표로 하기 때문에 종업원의 채용·배치·이동·승진·퇴직 등의 고용관리, 종업원의 능력개발관리, 노동의욕관리 등을 내용으로 한다. 반면 노무관리는 종업원의 생활안정과 노사관계의 안정을 목표로 하기 때문에 노동조건의 적정화, 고용의 보장, 정년퇴직 후의 생활보장, 노사관계의 개선 등을 내용으로 한다.

그러나 실제로는 양자를 명백히 구분해서 관리하기란 힘들다. 따라서 광의의 인사관리나 노무관리는 협의의 인사관리(고용관리)와 노사관계관리·인간관계관리의 3가지 면을 포괄하는 것으로 보는 것이 타당하다. 즉 광의의 인사관리 내용으로는 (1) 직무분석, 선발과 배치, 교육과 훈련, 직무평가, 보수제도, 안전계획 등 협의의 인사관리, 즉 고용관리, (2) 단체교섭·고충처리·경영참가 등의 노사관계관리, (3) 종업원 PR·제안제도·인사상담제도·동기부여, 참가적 리더십 등의 인간관계관리 등을 들 수 있다.

인사관리의 목적은, (1) 기업의 경영목적의 효율적인 달성에 기여하는 데 있으며, 성과는 이익·업적·생산성·비용·품질·결근율·이직률 등에 나타난다. (2) 종업원 각자의 욕구를 충족시켜줌으로써 기업에의 협동적 의욕을 높이는 것으로, 성과는 사기조사(morale survey) 등을 통해 측정할 수 있다. (3) 신체장애자의 고용, 정실주의(情實主義)의 배제, 성별·학력별 차별의 폐지, 지역사회의 복지향상과 같은 사회적 책임의 수행과도 관련을 갖는다.

3. 경호보안 인사

경호보안회사의 인사관리는 "사원의 기대 및 행동과 기업의 목적 사이에 하나의 균형을 형성하는 것"을 과제로 삼고 있다. 경호보안요원의 인사관리 기능은 기업에만 국한된 기능이 아니고 사회정책의 일환으로써 외부적으로도 영향력이 있다. 즉 회사는 어떻게 이 특별한 직업에 맞는 적절한 경호보안요원을 찾을 것인가? 이것이 인사(Personnel)의 범위이다. 회사는 적절한 지원자들을 모집하고 자격조건이 맞는 지원자들을 선출해서 임무를 부여한다. 인사전문가는 여러 문제들을 해결해 주는 자문위원 역할과 다양한 노동법(勞動法, labour law)에 대해서도 지식을 가지고 있어야 한다.

제2절 경호보안회사의 인사관리

1. 경호보안업 인사관리 관련법

1) 경호보안업 종사자의 노동법

인권법(Civil Right Legislation)을 보면 모든 인사관리의 형태, 즉 고용·해고·승진·급여와 고용조건에 대해 차별을 금한다. 양성평등고용 기회는 감독하여 승인하는 책임을 맡고 있는 정부의 중요한 역할이다.

고용실행을 위한 표준화의 정착 및 근로자 선발을 위한 동일 표준은 출신지역 또는 성별로 인한 거절 또는 선정비율의 차별에 의한 고용실행 및 정책을 금지하고 있다.

「대한민국 헌법」 제32조 제4항 및 제36조제2항은 여성의 신체적·생리적인 특성에 맞는 근로와 차별금지를 규정하여 여성근로자의 모성보호와 여성고용의 촉진을 도모하고 있다. 이러한 헌법 정신을 실현하기 위해 「남녀고용평등과 일·가정 양립 지원에 관한 법률」, 「근로기준법」, 「고용보험법」 및 「모자보건법」 등에서 여성근로자의 보호에 관해 규정하고 있다. 특히 「남녀고용평등과 일·가정 양립 지원에 관한 법률」은 근로자의 모집·채용에서 정년·퇴직·해고에 이르는 고용과정의 전체를 대상으로 성별, 혼인 또는 가족상의 지위, 임신, 출산 등과 관련된 차별을 금지하고 있다.

2) 직업상 안전 및 보건에 관한 법률

인사담당자는 법률과 연관되는 「직업상 안전과 보건에 관한 법률」(The Occupational Safety & Health Act)에 대해 회사가 확실하게 응하도록 하는 책임이 있다. 권리는 경호보안요원들이 위험한 환경에서 일하는 경향 때문에 경호보안회사를 위한 어떤 특정한 문제들에 대한 내용과 근무지에서 근로자의 안전을 확실히 하기 위해 마련되었다. 이러한 승인의 효과적인 부분은 근로자 교육과 정확한 기록보존을 하도록 하는 것이고, 또한 사고보고, 구매업무와 연관된 근로자들의 위험을 알리고, 이 분야의 특별한 안전규칙을 승인하도록 하고 있다. 보편적으로 감독승인의 책임을 지는 기관들도 관련 법규와 심지어 무보수 자문 서비스까지 하고 있다.

한국 「직업안정법」은 모든 근로자가 각자의 능력을 개발·발휘할 수 있는 직업에 취업할 기회를 제공하고, 정부와 민간부문이 협력하여 각 산업에서 필요한 노동력이 원활하게 수급되도록 지원함으로써 근로자의 직업안정을 도모하고 국민경제의 균형있는 발전에 이바지함을 목적으로 제정되었다. 아울러 근로자의 안전과 보건에 관하여는 「산업안전보건법」에서 정하는 바에 따르도록 하고 있다(근로기준법 §76). 아울러 산업안전·보건에 관한 기준을 확립하고 그 책임의 소재를 명확하게 하여 산업재해를 예방하고 쾌적한 작업환경을 조성함으로써 근로자의 안전과 보건을 유지·증진함을 목적으로 한 「산업안전보건법」이 마련되어 있다.

3) 보상과 연금법

인사전문가는 노동규범과 법을 잘 알아야 한다. 이러한 법률은 경호보안분야에 직접적인 효과를 가져온다. 예를 들면, 시간외 근무수당과 관련된 법은 경호보안비용에 영향을 주고 그것은 작업기능에 전달되어야 한다. 인사담당자는 위험근무 중 상해에 노출된 근로자들이 있는 보안회사에 특별한 관심을 가져야 하며, 근무 중 상해에 관련된 보상법(Compensation and Benefits Law)을 숙지해야 한다.

한국 「고용보험법」은 고용보험사업으로 고용안정·직업능력개발 사업, 실업급여, 육아휴직 급여 및 산전후휴가 급여 등을 실시하고 있다. 실업급여는 근로의 의사와 능력이 있음에도 불구하고 취업하지 못한 상태에 있는 피보험자의 생활에 필요한 급여를 실시하여 근로자의 생활안정과 구직활동을 촉진하기 위한 「고용보험법」에 따른 고용보험 사업의 일종이다. 보험관계의 성립 및 소멸에 대해서는 「고용보험 및 산업재해보상보험의 보험료징수 등에 관한 법률」에 따른다.

2. 고용 절차

경호보안회사에 인사 고용절차(The Hiring Process)에는 몇가지 위험요소들을 가지고 있다.

첫째, 신입직원 모집, 고용과 신입 경호보안요원을 교육시키는 데 따르는 비용문제는 고려되어야 할 문제이다. 그러므로 회사의 고용과정(인사고용)에 관한 최대의 관심사는 가능한 비용을 적게 들이는 것이다. 둘째, 회사의 고용과정 중 어떤 차별성을 나타낸다면 그것은 중요한 책임을 져야 한다. 이러한 이유로 각각의 지원자들은 지원서 작성과 면접시 연령심사, 결혼여부, 인종 등과 관계없이 똑같은 대우를 받아야 한다.

최종적으로 경호보안회사들은 적절한 인사기준을 가지고 있다. 만일, 경호보안요원이 범죄사실이 있다면 경호보안회사는 고용과정 중 밝혀내야 한다. 그렇지 않으면 무책임한 직원고용에 대해 고소를 당하게 된다.

고용은 많은 절차를 거쳐야 하는 과정이라는 사실을 아는 것이 중요하다. 인사담당자는 신입직원을 모집할 때, 근로자의 유형에 따라 몇몇을 선택하거나 필요한 모든 절차를 택한다. 이때 담당자는 개개인의 단점과 장점을 찾아내야 한다. 경호보안회사들의 직원채용 과정에서 범하기 쉬운 실수는 거짓말 탐지기 또는 인성 테스트와 같은 다른 방법을 충분히 이용하지 않고 개개인 면접과 지원서에 너무 의존한다는 것이다.

분명한 것은 더 많은 방법을 사용하면 더 확실한 직원을 뽑을 수 있을 것이라는 것이다. 그러나 여러 방법들을 더 사용할수록 고용에 필요한 비용이 더 드는 것도 사실이다. 그러므로 근로자의 책임능력과 작업유형에 따라 적절한 채용절차를 선택하는 것이 필요하다. 예를 들면, 회계분야에 필요한 인원을 뽑을 때는 경호보안요원을 뽑을 때와는 다른 방법을 선택해야 한다. 보다 중요한 것은 가장 비용이 많이 드는 절차는 제일 마지막에 하는 것이다. 지원서 작성을 다 끝내기 전까지는 거짓말 탐지기 사용을 하지 않고 15,000원이 드는 인성검사를 한 후에야 외부조사원에 의한 배경과 경력을 조사해야 한다.

많은 회사들은 지원자들에 의해 제출된 서류를 통해 경력과 요구자격에 부합한 자원을 찾는다. 서류심사 후 경력을 확인하고 인성 테스트를 한다는 것을 아는 몇몇의 지원자들은 스스로 물러난다.

1) 신입 경호보안사원 채용

고용절차 중 첫번째 단계는 적합한 지원자를 모집(Recruiting)하는 일이다. 인사전문가는 상습 약물복용, 알코올 중독, 범죄자와 같은 경호보안요원으로 적합하지 않은 자원자들을 가려내는 것이 중요하다. 동시에 신입사원의 지원자격(오직 몇 명의 지원자들만이 지원할 수밖에 없는)을 너무 엄격하게 해서는 안 된다.

지원자의 기본자격의 두 가지는, 첫째 미래의 계약들에 대한 인사역할과 작업을 통지해야 하는 영업 사원이다. 둘째, 경영기능이다. 효과적인 인사는 동원가능 인력을 계획하고 빠져나갈 인력을 예상해야 한다. 경호보안요원들은 실행할 업무의 유형을 매우 확실하게 알아야 한다. 그 자리에 맞는 특별한 능력이 필요한 업무가 다른 큰 기업들에서 행해지는 것만큼 형식적이지는 않지만 중요한 일이므로 적합한 지원자가 있으면 인사전문가가 채용할 결심을 돕는다.

직업훈련은 고용절차의 중요한 한 부분이다. 공정한 고용은 나이와 신체장애와 같은 기본적인 요소들로부터 차별화할 수 없다. 결과적으로, 인사부는 21~50살의 나이 또는 정확한 시력과 보청기 없이 정상적인 대화를 3m 밖에서까지 들을 수 있는 능력과 같은 고용기준을 지지해야 한다. 심지어 기능적인 교육 또는 말하고, 읽고, 쓰는 능력과 같은 가장 기본적인 기준은 어떤 소수무리들에 대한 차별에 도전이 될 수 있다. 업무교육은 유형에 따라 시간과 교육내용을 다르게 받는다.

업무교육에서 회사는 일반적인 고용기준을 개발해도 좋다. 모든 업무가 요구하는 기본적인 사항들은 회사의 문서에 상세하게 서술되어 있어야 하며, 이것들은 현실적이어야 한다. 【표 5.1】은 개인보안에 따른 업무능력에 의해 추천된 가장 기본적인 기준을 나열한 것이다.

【표 5.1】 개인 경호보안의 업무능력을 위한 지원자의 최소한도의 자격

㉮ 최소연령 18세 ㉯ 고등학교 졸업장 또는 이와 동등한 필기시험 ㉰ 주어진 임무의 이해와 실행능력을 판단하는 필기시험 ㉱ 범죄사실 없어야 함 ㉲ 최소한의 신체적 등급 a) 무장한 직원의 시력이 각각 2.0과 보청기 없이 30m 거리의 대화를 들을 수 있는 능력 b) 업무수행을 방해하는 신체적인 결함이 없어야 함

그러나 「경비업법」에서는 경호보안업무를 수행하고자 하는 경비원이 되어서는 안되는 결격사유(缺格事由)에 대하여 규정하고 있다. 절대적 결격사유는 정신장해나 금치산·한정치산의 선고가 있으면 그 정도를 불문하고 절대적으로 자격을 부여하지 않는 것을 말하며, 상대적 결격조항은 그 정도 여하에 따라 자격을 부여하지 않

는 것으로서 자격의 취득 또는 취소에 재량의 여지가 있다. 또한 자격의 취득요건으로 절대적 결격사유를 규정하였다가 취득 후 질병이 발병한 경우의 취소요건은 상대적 결격사유로 되어 있거나, 금치산·한정치산은 절대적 결격사유이면서 정신장해는 상대적 결격사유로 하는 등 법률에 따라 결격사유의 규정방법이 다양하다.

일반경비원(또는 경비지도사)이 될 수 없는 결격사유로는 (1) 만18세 미만인 자, 금치산자, 한정치산자, (2) 파산선고를 받고 복권되지 아니한 자, (3) 금고 이상의 실형의 선고를 받고 그 집행이 종료(집행이 종료된 것으로 보는 경우 포함)되거나 집행이 면제된 날부터 5년이 지나지 아니한 자, (4) 금고 이상의 형의 집행유예선고를 받고 그 유예기간 중에 있는 자 등으로 정하고 있다(경비업법 §10①).

특수경비원의 결격사유에 해당되는 경우는 (가) 만18세 미만 또는 만60세 이상인 자, 금치산자, 한정치산자, (나) 위에서 언급한 경비업법 제10조 제1항 제2호 내지 제4호의 일반경비원의 결격사유에 해당하는 자, (다) 금고 이상의 형의 선고유예를 받고 그 유예기간 중에 있는 자, (라) 행정안전부령이 정하는 신체조건(시행규칙§7: 팔과 다리가 완전하고 두 눈의 맨눈시력 각각 0.2 이상 또는 교정시력 각각 0.8 이상)에 미달되는 자로 규정하고 있다(동법 §10③). 특수경비원의 경우에는 일반경비원과는 달리 연령의 상한을 두고 있다.

특수경호보안요원의 일종인 청원경찰을 채용할 경우에는 청원주가 임용하되, 임용을 할 때에는 미리 지방경찰청장의 승인을 받아야 한다. 「청원경찰법」상 청원경찰은 청원경찰의 배치결정을 받은 청원주가 임용하되, 그 임용에 있어서는 미리 지방경찰청장의 승인을 얻어야 한다(청경법 §5①). 청원주는 그 배치결정통지를 받은 날부터 30일이내에 배치결정된 인원수의 임용예정자에 대하여 청원경찰임용승인을 지방경찰청장에게 신청하여야 하며, 청원경찰을 임용하거나 퇴직한 때에는 10일 이내에 그 임용사항을 사업장의 소재지를 관할하는 경찰서장을 거쳐 지방경찰청장에게 보고하여야 한다(시행령§4). 청원경찰의 임용자격은 18세이상 50세미만의 자로 남자의 경우에는 남자의 경우에는 군복무를 마쳤거나 군복무가 면제된 사람으로 신체가 건강하고 팔다리가 완전하고 시력(교정시력을 포함)은 양쪽 눈이 각각 0.8 이상이어야 한다(청경법 §5③, 시행령 §3, 시행규칙 §2). 또한 국가공무원법 제33조 각호(1. 금치산자 또는 한정치산자, 2. 파산선고를 받고 복권되지 아니한 자, 3. 금고 이상의 실형을 선고받고 그 집행이 종료되거나 집행을 받지 아니하기로 확정된 후 5년이 지나지 아니한 자, 4. 금고 이상의 형을 선고받고 그 집행유예 기간이 끝난 날부터 2년이 지나지 아니한 자, 5. 금고 이상의 형의 선고유예를 받은 경우에 그 선고유예 기간 중에 있는 자, 6. 법원의 판결 또는 다른 법률에 따라 자격이 상실되거나 정지된 자, 6의2. 공무원으로 재직기간 중 직무와 관련하여 「형법」 제355조 및 제356조에 규정된 죄를 범한 자로서 300만원 이상의 벌금형을 선고받고 그 형이 확정된 후 2년이 지나지 아니한 자, 7. 징계로 파면처분을 받은 때부터 5년이 지나지 아니한 자, 8.징계로 해임처분을 받은 때부터 3년이 지나지 아니한 자)의 어느 하나에 해당하는 자는 청원경찰로 임용될 수 없다(청경법 §5②).

적합한 지원자를 채용하는데 필요한 것은 경제상황의 분석과 노동임금이다. 일자리가 부족할 때는 경호보안업이 전망 있는 직업이 된다. 일자리가 넘쳐 난다고하더라도 경호보안업을 매력적이고 경제적인 직업으로 만들어야 한다.

경호보안요원의 요구에 적합한 임금도 중요하다. 비록 많은 사람들이 일자리를 찾고 있지만 경호보안요원들은 교육의 정도, 경험 등을 그다지 요구하지 않는다. 만약, 인사전문가가 오직 우수한 지원자들만 채용을 한다면 더 많은 임금을 지불해야 할 것이다. 이것은 높은 임금, 보너스, 연금 등으로 이루어진다. 이러한 장려금은 고객과 계약시 계약비 속에 포함될 수 밖에 없다. 최근의 노동상황을 영업사원에게 알리고 장려금 문제를 조정하는 것에 대해서는 비판적이다.

직원을 채용할 수 있는 가장 보편적인 방법은 지역신문을 이용하는 것이다. 광고는 직업의 중요한 자격요건을 심사하는 도구로 사용되는 데 도움이 되며 어떤 특별한 제안을 강조할 수 있다.

신문광고를 낼 때는 몇 가지를 고려해야 한다. 첫째는 광고비용이 저렴하지 않다는 것이다. 그 비용은 광고 빈도수와 광고의 크기에 따라 달라진다. 많은 회사들은 변화가 필요할 때 광고를 바꿔서 기본적인 광고를 한다. 이것은 짧은 기간에 여러 번의 광고를 하는 것보다 더 많은 비용절감 효과가 있다.

단순히 전화번호와 함께 "경호보안요원 구함-시간당 얼마"라고만 광고를 낸다면, 그 옆에 더 많은 정보자료를 가지고 더 큰 지면에 광고를 할애한 다른 회사와 대항하는 타 경쟁회사와의 경쟁하기에는 승산이 없다.

광고는 짧은 시간에 가장 많은 독자의 관심을 모은다. 신문은 광고면에서 효과적이지만(경호보안요원이 될 가능성 있는 지원자를) 잠재적인 경호보안요원 모집의 오직 한 가지 방법만을 강구해야 할 것이다. 이것은 경호보안요원이 될 수 있는 잠재적인 경호보안요원이 보기 쉬운 부분에 광고를 해야 한다는 것을 의미하고 회사보다는 다른 장소에서 임시 면접을 보도록 관리한다. 실업대책 기관들은 항상 이점을 주목하여 고용주와 함께 협력해야 하고 초기의 적격심사를 처리해야 한다.

법을 공부하는 초급대학이나 보안경호 훈련을 하는 많은 직업학교들에서의 견습 프로그램으로 경호보안요원이 될 가능성이 있다. 계절적 근로자 또는 교사와 같은 긴 휴가를 가지는 근로자는 또 다른 잠재적 수요이다.

2) 지원응모

일자리를 찾는 모든 사람들이 첫번째로 해야 할 일이 지원서(The Application)를 작성하여 응모하는 일이다. 많은 회사들은 대개 표준형식을 사용한다. 나이, 졸업년도, 인종, 성별 등과 같은 항목이 적혀 있는 지원서는 차별성이 있으므로 피하는 것이 좋다. 주소와 전화번호 그리고 전고용주로부터의 지원자에 대한 적절하게 평가한 충분한 자료 없는 지원서도 피하는 것이 좋다.

세 가지 지원서의 요건

1) 지원자가 지시사항을 읽고 이해할 능력이 있는가?
2) 지원자의 쓰는 능력을 서술
3) 고용절차 중의 하나인 경험여부의 검사이다.

이러한 이유로, 지원은 차별 없이 받아들어져야 하고 지원자들은 사무실에서 지원서를 작성해야 한다. 지원자들은 지원서를 집으로 가져가서 작성한 후에 제출할 수 없다. 이것은 지원자가 읽고 쓸 수 있는 가를 알기 위해서이다. 만약, 지원서에서 요구한 자료가 없다면 그것은 나중에 제출할 수 있다.

지원서에 기재된 모든 내용이 틀림없음을 입증할 증명서를 지원서와 함께 제출해야 한다. 이 증명서는 지원자에 대해 다른 기관이나 회사로부터 보내진 자료로 구성되어 있다. 어떤 회사들은 이전 고용주와 신원보증인들에게 지원자가 작성하고 서명을 한 지원서를 보낸다. 만약, 신용검사가 적격심사 과정의 한 부분이라면 이것은 진술서에 포함되어야 한다.

3) 적격심사를 위한 면접

초기 면접(The Screening Interview)의 목적은 부적격 지원자를 가려내는 일이다. 면접관은 지원자가 지원서의 질문에 따라 정확히 내용을 기입하고 채우는지에 중점을 둬야 한다. 지원자는 이 직업과 연관된 이전의 경험과 교육에 대한 일반적인 경력에 대해서만 대답을 해야 한다. 지원자의 능력을 제한하는 어떠한 요인이 있다면 상담이 필요하다.

만일, 지원자가 이 일을 하기에 적합하지 않다면 면접관은 다음 기회에 적당한 자리가 생기면 알리겠다고 말하고 면접에 응해서 고맙다는 인사를 해야 한다. 면접관이 채택하지 않은 지원서는 필히 그 이유를 지원서에 기록해야 한다. 그것은 나중에 고용과정 중 차별을 두었다는 불만이 나왔을 때에 필요한 것이다.

4) 평가 및 검증

채용된 지원자들의 능력을 알기 위한 해당 검증 및 평가(Testing)를 하는 것이 필요하다. 지원자의 정직성과 업무기술을 파악할 수 있는 몇몇 시험 유형이 있는데, 거기에는 기능검증, 인성검사와 일반능력 검사 등이 있다. 이 검사는 지원자의 적성을 아는 아주 효과적인 방법이다.

(1) 기능검증

기능검증(Skill Test)은 거의 쉽게 개발되고 공정하다. 그 좋은 예로 타이프 치는 일을 포함한 업무를 보는 비서에게 타이핑 테스트를 실시한다. 그러나 하는 일과 연관되는 검사를 하는 것이 중요하다. 기술검사는 정부에 의해 인정받은 공정한 고용실습과 같은 타당성이 있는 내용을 가져야 한다. 회사는 업무에 쓰일 기술검사를 해야 한다.

보통 개인자문위원이나 검사전문 회사에 의뢰하여 공정하게 실행될 수 있다. 타이핑 업무를 하지 않는 비서 지원자에게 타이핑 테스트를 하는 것은 무모한 일이며, 업무 종류가 다른 워드프로세서를 사용해야 한다면 수동 타자기를 사용해 검사를 하는 것은 타당성이 있다.

(2) 거짓말 탐지검사

정직성과 성실성을 검사하는 것은 매우 어렵고 민감한 부분이다.

미국의 가드마크(Guards Mark)사는 미국에서 규모가 큰 경호회사 중 하나이다. 가드마크사는 거짓말탐지기를 사용해 아주 훌륭한 성과를 보고 있다. 보석회사와 제약회사와 같은 특별보안이 필요한 회사들은 거짓말 탐지검사(Polygraph Testing)를 실시한다. 대부분의 거짓말탐지기에 대한 지식이 없는 사람들은 작동자가 지원자에게 그 기계를 채운 후 몇 가지 질문으로 거짓말을 하는지 여부를 알아낸다고 믿는다. 실제검사는 조심스럽고 부드럽게 진행되는 중 어느 정점에 달했을 때라는 사실을 이해하지 못한다.

전문 거짓말탐지자는 고객과의 협의를 통해 지원자에게 할 질문을 좀 더 개발시킨다. 고객이 원하는 정보를 끌어내기 위해 조심스럽게 질문해야 하며 개인적인 질문을 지원자에게 반복해서 한다. 요령 있는 거짓말 탐지자는 면접 때 지원자의 범죄사실이나 의심스러운 일들을 자주 이끌어 낸다. 지원자는 거짓말 탐지기의 '두려움' 때문에 면접관에게 정직하게 대답해야 한다고 압박을 받는다.

일단 면접이 끝나고 질문에 대해 편안해졌을 때 거짓말 탐지검사가 시작된다. 이 기계는 일상적인 질문들과 섞여 몇몇의 질문을 통해 감지한다. 그 때 이 기계는 기록을 다시 본 후 예민한 반응을 보이는 곳을 찾는다. 이름 있는 거짓말탐지기는 지원자가 거짓말을 한다고 하지 않고 어떤 질문에 대해 예민한 반응을 보인다고 하거나 지원자의 뒷조사를 할 때 어떤 부분에 신경을 쓰라고 말한다.

거짓말탐지기는 효과적인 자격심사 장비로서 입증을 받고 있다. 그러나 그것의 사용으로 인해 초래되는 부정적인 면도 고려해야 한다.

(3) 인성검사

심리학협회의 인성검사(Personality Trait Tests)에 대한 최근 연구는 부정직성을 가려내고 불성실한 고용요구를 피할 때 사용된다고 보고한다.

인성검사는 인권강령과 동일 표준의 지침서로 차별을 두지 않을 경우에는 해볼만하다. 최근에 어떤 기업들은 지원자가 경호보안직에 지원했을 때 주어진 테스트에서 어떤 특정 질문을 받았다고 이의를 제기해 고소당했다.

차별을 피하는 방법은 타당성 있는 검사에 의지하는 것이다. 타당성은 심리 테스트에서는 중요한 개념이다. 이 테스트는 개념적인 타당성을 가지고 있는데, 그것이 인성을 재는 척도가 된다면 업무수행 능력과 연관 지어 생각할 수 있다. 기술검사에 대한 구체적인 타당성을 내포한 테스트는 업무수행 중에 이용될 것이다. 타당성의 기준은 테스트와 예상된 업무실행 사이의 관계에서 찾을 수 있다. 법적으로 변론을 하자면 사용자는 테스트에서 이러한 기준이 되는 것 중 하나를 찾을 수 있다는 사실을 설명할 수 있어야 한다. 인성검사의 경우 테스트는 타당성의 기준을 내포해야 한다.

이름 있는 테스트 회사들은 다방면의 타당성의 연구를 하고 그들의 고객들이 쉽게 이용할 수 있도록 노력한다. 그들이 필요하다면 부분적 타당성을 연구할 수 있다.

5) 검사이행

검사이행(Use of Test)은 지원자에 대해 심사숙고하거나 지원자에게 적합한 부서를 찾는 일을 쉽게 할 수 있게 해 준다. 예를 들면, 정직하지 못한 지원자는 경호업무가 맞지 않다. 다른 테스트에서 그다지 사회성이 강하지 못하다고 판정받은 지원자는 조건은 부합하지만 공사장에서의 밤교대 근무자로는 적합하다고 할 수 있다.

낮은 테스트 비용은 비록 작은 회사들에서도 적당한 가격에 테스트를 실시할 수 있다는 이점이 있다.

6) 건강진단

일의 특성상 많은 회사들은 담당의사에 의한 지원자의 건강진단(Medical Screening)을 요구한다. 검사는 근로자가 업무수행을 할 신체적 역량이 뛰어난지 업무수행에 영향을 끼칠 수 있는 과거병력이 있는지를 검사한다. 예를 들면, 노동자 보상문제를 가진 경력이 있는 지원자는 아마도 경호회사에 대해 이와 같은 요구를 할지도 모르기 때문이다. 그러나 신체검사는 비용이 많이 들고 차별둔 불필요한 검사로 인해 나중에 큰 비난을 가져올 가능성도 있다.

보편적인 건강진단은 마약 복용여부의 검사이다. 직장에서의 마약복용을 금지하도록 하고 마약 복용검사에 앞장서도록 하고 있다. 마약검사는 경호직업을 지원한 비복용자들에게는 효과적인 조처지만 시민자유연맹에 의해 거부되고 분쟁의 대상이 되고 있다.

경호보안업무의 특성 때문에 건강진단은 그 필요성을 인식시키기 쉽고 비용이 적게 든다. 모든 고용심사 프로그램처럼 마약검사 프로그램도 이전에 이행된 것을 연구조사하고 회사방침 기록에 따라 설명되어야 한다. 다른 분쟁의 대상이 되는 분야는 지원자의 후천성 면역 결핍증의 검사다. 이 테스트의 일반적인 의도는 회사 내에서 건강에 대한 염려를 하지 않도록 하기 위해서이다. 그러나 이 테스트는 AIDS 병 그 자체를 찾는 것이 아니라 이 병을 일으킬 수 있는 보균자를 밝히는 데 있다. 결과적으로, 이것은 이 업무를 수행할 지원자를 찾기 위해서도 아니고 효과적인 고용을 위한 적성검사도 아니다.

7) 사후조사 · 심사

몇몇을 제외한 대부분의 회사들은 사후조사(Background Screening)를 하거나 약간의 뒷조사만을 하는 경향이 있다. 많은 회사들은 범죄여부를 확인하기 위해 지원자의 지문확인을 요구하며 지문검사를 마칠 때 경호보안업무를 할 수 있다.

지원자들에 대한 뒷조사는 격심한 노동이다. 사후조사를 할 때 전화를 이용하거나 직접 발로 뛰지 않는 한 바로 정보를 얻을 수 있는 길은 없다. 모든 지원자들의 사후조사는 비용이 많이 든다. 그러므로 인사전문가는 조사할 수준과 추가조사를 위한 지시자들을 위한 어떤 매개변수를 두어야 한다. 예를 들면, 매니저에 대한 설문조사는 경호보안요원에 대한 조사보다 더 세밀하고 열심히 해야만 한다.

지원서에서 어떤 잘못된 정보를 발견하면 그것이 간단한 실수였거나 또한 의도적으로 비밀에 부쳤다면 더 깊은 조사를 해야 한다. 이러한 조사를 하지 않으면 지원서를 거절할 수밖에 없다.

거기에는 인사 전문가가 이용할 수 있는 많은 적격심사 선택권이 있다. 첫번째 방법은 지원서가 통과될 동안 지원자가 작성한 몇몇의 지원서를 학교 신용조회처, 전경영주에게 보내는 것이다. 이 편지는 조사목록의 완성을 요구하고 경호보안요원의 인사기록은 그 편지가 되돌아 올 때까지 보류된다. 이것은 즉시 제공되지만 많은 시간이 필요하고 방대한 서류정리와 기록관리가 필요하다.

둘째 방법은 회사의 정규, 비정규 직원이 각 지원자의 기록을 조사해서 연속적으로 전화를 하는 것이다. 오직 기본정보만 조사되고 뒤따르는 편지들은 필요할 때 배달된다. 이것은 경호보안요원에 대한 정보를 즉시 제공하지만 아주 힘든 작업이다.

인사전문가가 사후조사를 수행할 개인 조사업자를 이용할 때는 심사숙고해야 한다. 정상가격에 기본적인 조사를 제공해 줄 많은 데이터베이스 서비스가 있기 때문이다. 모든 정보를 이용할 수 있는 것은 아니고, 어떤 것은 최신정보가 아니기 때문에 요구에 맞춰 빠른 방향전환이 필요하다. 이러한 데이터베이스는 뒷조사 전문조사가가 사용할 때 특히 유용하게 쓰인다. 이러한 서비스는 경호보안요원 채용시 추가비용이 드는데, 부적절한 경호보안요원을 채용할 때와 비교를 하면, 결국 커다란 비용절감 효과가 있다.

신규 채용 시 고려사항

- 입사서류를 통한 성장 배경 및 주변 환경 여건 확인
- 면접을 통한 애사심, 성실성 및 도덕성 검증
- 면접 시 관상학적 측면 고려
- 인성검사를 통한 사회성, 대인관계 및 인적격 결함 파악
- 필요 시 범죄 사실 관련 여부 추가 조사
- 신규 채용 시 신뢰도 측정 프로그램 활용

신규 채용 후 고려사항

- 고용계약서 및 기업비밀 보안서약서 작성
- 기본적인 보안교육 실시
- 부서 배치 후 체계적으로 지켜야 할 보안내용 재교육

사후조사는 다음 사항을 따라야 한다.

㉮ 범죄기록 조사

이것은 지원자에 대한 가장 중요한 정보이며, 또한 가장 정보수집이 어렵다. 증명서 체제가 있다면 적격심사 과정을 이미 거친 경호보안요원을 채용하는 것이 가능하다. 어떤 지역에서는 전화로 자료를 제공하거나 직접방문 또는 위임장에 사인을 요구하기도 한다. 어떤 관할구역에서는 범죄기록 조사가 불가능하다.

㉯ 경 력

많은 인사부에서는 고용날짜나 직위와 같은 기본적인 정보 외에는 어떠한 정보도 제공하지 않지만, 이 일은 전화로 비교적 쉽게 이루어진다. 그들은 때때로 지원자가 재고용되기에 적합한지 어떤 이유로 해고 되었는지와 같은 증명을 해 주기도 한다.

㉰ 병 력

지원자의 병력을 조사하는 것은 두 가지 이유에서이다. 지원자가 일을 하기에 적합한지 아니지를 결정하고, 또한 과도한 노동자 보상 보험요구를 가지는 지원자를 밝히기 위해서이다. 자원자의 책임감 수련여부를 알려면 신체검사와 마약복용 검사도 해야 한다.

㉱ 교 육

이것의 자료는 전화상으로 쉽게 얻어질 수 있다. 교육수준은 어떤 관리직이나 기술에서는 중요하다.

㉤ 신 용

이것에 대한 자료도 신용조회처를 통해 얻어질 수 있으며, 부수적인 자료는 보통 신용보고서에서 찾을 수 있다. 최근에는 직업을 구할 때 개개인의 등급기록을 재출하지 않기 때문에 신용조회는 점점 어려워진다. 이러한 신용조회를 위해서는 지원자의 동의를 얻어야 하고 그 결과를 알려 주어야 한다.

8) 최종면접과 고용제의

지원절차의 모든 과정이 완전히 끝난 후 지원자의 기록은 재검토되고 고용결정이 이루어진다. 보통 지원자에 대한 자료를 재검토하고 인사전문가가 한 질문에 대답을 하는 최종 개인면접이 있다. 최종면접(Final Interviews)에서 지원자는 희망부서와 활동지역을 질문 받게 된다. 면접이 모두 끝난 후에 지원자는 보통 인사과로부터 고용제의(Job Offer)를 받는다.

지원자에게 고용제의는 임무, 과제, 봉급의 의미로서 매우 특별하다. 고용제의 후 발생할지도 모를 혼란을 미리 방지하려면 지원자에게 서면으로 알리는 것이 좋다. 이 과정은 컴퓨터 워드를 이용하면 간단하다. 대부분의 경호보안요원들은 동등한 초봉과 비슷한 업무로 고용된다.

3. 경호보안회사 입사단계

1) 입사시 제출서류

(1) 서약서

서약서는 기업에 입사했을 때 본인의 입사의사를 확인하기 위해서 제출하게 하는 것으로 신입사원에 대해 새로이 그 기업의 일원이 된 것을 자각시키고 정신적 긴장을 높인다는 의미를 갖고 있다.

물론 대부분의 기업은 미리 인쇄된 양식이 준비되어 서명, 날인만 하면 된다. 이후 경호보안요원이 말썽을 일으켰을 때 기업의 규정에 따라 징계를 내리면 된다. 물론, 서약서가 있건 없건 관계없이 회사의 규정을 위반했을 때 취업규칙의 징계조항에 의해 처분을 받는다.

□ 인적자원관리

1단계	2단계	3단계
신규채용자에 대해 보안서안서를 징구하고, 간단한 보안사항 설명	신규채용자에 대해 보안서안서를 징구하고, 필요시 보안교육 실시	신규채용자에 대해 보안서약서 징구 및 정기적인 보안교육을 실시하고, 경력자 채용시 별도의 보안조치 실시
재직자에 대해 필요시 간단한 보안교육 실시	재직자에 대해 외부전문가 초빙 교육 실시	보안담당자에 대한 외부 전문 교육 실시
재직자에 대해 보안서약서 징구	재직자에 대해 연봉체결시마다 보안서약서를 징구하고 회사 내·외부 프로젝트에 참여하는 경우 보안서약서 별도 징구	

서 약 서

본인은 (주)_____경호보안회사에 입사함에 있어 다음 각 사항을 준수할 것을 서약합니다.

- 다 음 -

1. 사원으로서 사규를 엄격히 준수 할 것이며, 만일 사규를 위반 할시에는 어떠한 처벌도 감수 할 것임.
2. 사원으로서 업무상 비밀은 사내외를 막론하고 엄수 할 것임.
3. 회사의 승인 없이 액면의 과다를 막론하고 공금 및 회사 자산을 유용하여 회사에 손해를 초래하였을 시에는 어떠한 처벌도 감수할 것임.
4. 계열회사 또는 거래처와 물적, 금전적인 수수행위나 향응을 받음으로 인해 사원총화를 해치는 행위를 하였을시는 어떠한 처벌도 감수 할 것임.
5. 회사를 퇴직한 후라도 재직시 본인의 고의 또는 과실로 인하여 회사에 손해가 발생하였을 시에는 민, 형사상의 책임을 질것이며 모든 민, 형사상의 책임 문제는 본사가 소재한 주소지의 관할 법원에서 처리하는 것을 원칙으로 함.

6. 채용시 허위기재 또는 기타 중요한 경력 등을 속이는 부정한 방법으로 입사하였을시는 회사의 어떠한 조치도 이의를 제기하지 않음.

20○○년 ○○월 ○○일

서약인 주　　소 :
주민번호 :
전화번호 :
성　　명 :

(주)____경호보안회사 귀중

(2) 이력서

이력서는 회사가 채용 여부를 경정하는데 사용하는 가장 중요한 자료로 우선 그 이력서를 보고 서류심사를 하는 경우가 많다. 따라서 자신의 경력이 정확히 전달되고 호감을 갖고 읽을 수 있도록 신경을 써서 써야만 할 것이다. 가장 중요한 것은 알아보기 쉬운 글자로 정중하게 쓰는 것이다. 글씨를 잘 못쓴다고 해서 다른 사람에게 대필해 받는 것은 안된다. 글씨는 서투르고 좀 못쓰더라도 정중하게 쓴다면 상대방에게 그 마음은 전달될 것이다. 이력서는 절대 거짓으로 쓰면 안된다.

특히 학력이나 경력을 허위기재 하면 안된다. 예를 들면 고졸인데 대졸로 쓴 경우 나중에 걸리면 합격취소의 사유가 된다.

<table>
<tr><td rowspan="3" colspan="3">사 진
(3cm*4cm)</td><td colspan="4">이 력 서</td></tr>
<tr><td>성 명</td><td colspan="2">(한글)
(한자)</td><td>주 민 등 록 번 호
</td></tr>
<tr><td>생년월일</td><td colspan="3">서기 20○○년 ○○월 ○○일 (만 ○○세)</td></tr>
<tr><td colspan="3">현 주 소</td><td colspan="4"></td></tr>
<tr><td colspan="3">전자우편</td><td colspan="2"></td><td>긴급전화</td><td></td></tr>
<tr><td>년</td><td>월</td><td>일</td><td colspan="3">학 력 · 전공 심화 과정 · 자 격</td><td>발 령 청</td></tr>
<tr><td></td><td></td><td></td><td colspan="3"></td><td></td></tr>
<tr><td></td><td></td><td></td><td colspan="3"></td><td></td></tr>
<tr><td></td><td></td><td></td><td colspan="3"></td><td></td></tr>
<tr><td></td><td></td><td></td><td colspan="3"></td><td></td></tr>
<tr><td></td><td></td><td></td><td colspan="3"></td><td></td></tr>
<tr><td></td><td></td><td></td><td colspan="3"></td><td></td></tr>
<tr><td></td><td></td><td></td><td colspan="3"></td><td></td></tr>
<tr><td></td><td></td><td></td><td colspan="3"></td><td></td></tr>
<tr><td colspan="7">자 격 사 항</td></tr>
<tr><td colspan="7">위의 내용이 사실과 틀림없음.
2010 년 월 일
○ ○ ○ (인)</td></tr>
</table>

(3) 신원보증서

어떤 회사라도 대부분 입사시에는 서약서와 함께 신원보증서를 제출하는데, 요즘은 신원 및 재정을 동시에 보증하는 신원 및 재정보증서를 제출하기도 한다.

신원보증서는 입사한 본인이 고의 또는 과실로 회사에 중대한 손해를 입혔을 경우 본인과 보증인이 연대하여 그 손해를 배상한다는 것을 확약한 증서이다. 일반적으로 보증인은 2명을 세우는 경우가 많다. 보증인은 일정액의 재산세 분기당 순수재산세 납부액이 어느 정도 수준에 맞아야 하며, 요즘은 회사가 지정한 신원보증보험에 가입한 경우에는 보증인의 입보의무를 면제해 주기도 한다.

신 원 보 증 서

성　　　명 :

주민등록번호 :

연　락　처 :

본　　　적 :

주　　　소 :

위 사람 귀사에 재직 중 직무를 수행함에 있어 근무태만, 기밀누설, 외부결탁, 중대과실 등 직책에 위반되는 행위 등으로 인해 귀사에 손해를 끼친 경우에는 본인 등이 연대하여 이를 책임지는 것은 물론이며 귀사에 폐를 끼침이 없도록 할 것을 확약하고 본 증서를 제출합니다.

20　　년　　월　　일

연대책임자　관　　계:
주　　소:
주민번호:
성　　명:

연대책임자　관　　계:
주　　소:
주민번호:
성　　명:

(주)_____경호보안회사 대표이사　귀중

2) 근로계약서

회사의 제출하는 서류는 응모단계에서 이력서·신상명세서로 시작되어 그만 둘 때의 사직원까지 서류가 필요하다.

하지만 대부분 회사는 이미 정해놓은 일정한 내용·형식의 서식이 있고 거기에 필요사항을 기입하고 서명, 날인하면 되는 것이다. 근로계약서를 보면 개인과 회사간의 고용관계를 의미하는 것을 볼 수 있고 여기에 관련된 법률의 개략을 충분히 알아둘 필요가 있다.

근로계약서는 고용계약 또는 입사계약서라고 부르며 회사측(사용자)과 신입사원(근로자)과의 사이에 체결된 계약을 나타낸 것으로 근로자가 근로를 제공하고 사용자가 임금을 지불한다는 것을 내용으로 하고 있다. 서약서와 똑같이 미리 서류를 준비하고 여기에 날짜를 기입한 뒤에 서명날인하여 입사시에 회사에 제출하면 된다.

근로계약서에는 근로시간, 임금 등의 근로조건이 명시되어있으며, 또 근로계약에 근로자가 계약을 위반한 경우의 위약금과 회사에 손해를 끼친 경우의 손해배상액, 전차금을 임금과 상계하는 것, 강제저금을 하는 것 등을 정하는 것은 근로기준법에 의해 금지되어 있다.

대한민국헌법에 따라 근로조건의 기준을 정함으로써 근로자의 기본적 생활을 보장, 향상시키며 균형 있는 국민경제의 발전을 꾀하는 것을 목적으로 제정된 「근로기준법」의 내용은 제1장 총칙으로 시작되어 제2장(근로계약), 제3장(임금), 제4장(근로시간과 휴식), 제5장(여자와 소년), 제6장(안전과 보건), 제7장(기능습득), 제8장(재해보장), 제9장(취업규정), 제10장(기숙사), 제11장(근로 감독관) 등 근로조건에 관한 모든 것과 최후의 제12장에서는 벌칙규정도 제정해 두고 있다.

근 로 계 약 서

(주)○○경호보안회사(이하 "갑"이라 함)와 △△△(이하 "을"이라 함)는 아래와 같은 조건으로 근로계약을 체결한다.

- 아 래 -

제 1 조 【의 무】 "을"은 "갑"이 정한 사규 기타 제반규정을 성실히 준수한다.

제 2 조 【수습기간】 "을"의 수습기간은 ○○개월로 한다.

제 3 조 【급 여】 "갑"은 "을"의 수습기간 중 최초 3개월 동안은 그에게 부여된 급호에 상응하는 급여의 80%를 지급한다.

제 4 조 【계약의 해지】

① "갑"은 "을"의 수습기간 중 근무상황, 능력, 품행, 건강 상황 기타 직장 적응성 등을 판단하여, 갑의 직원으로서 자질을 갖추지 못하였다고 판단한 때에는 수습기간 종료 이전까지 언제라도 본 계약을 해지할 수 있다.

② "을"이 "갑"의 요구하는 자료를 허위로 제출하거나 제출치 아니함으로써 "갑"이 본 계약을 체결하게 된 경우에도 위와 같다.

제 5 조 【기 타】 본 계약에서 정하지 아니한 사항은 법령 및 "갑"이 정하는 사규 기타 제반규정의 내용에 따른다.

상기 계약을 증명하기 위하여 계약서 2부 작성, 각자 1부씩 보관한다.

20○○년 ○○월 ○○일

"갑"

상 호 : (주)○○경호보안회사

주 소 :

대표이사 : ○ ○ ○ (인)

"을"

주 소 :

성 명 : ○ ○ ○ (인)

제3절 경호보안요원의 업무 수행

1. 경호보안요원의 근무

1) 경호보안요원의 운영기준 및 임무

시설경비에 있어서 경호보안요원의 운영기준은 경비대상시설의 규모나 지리적 취약요소 등을 고려하여 그 인력을 조정할 수 있으며, 외곽울타리, 건물, 지역에 CCTV 등의 경호보안장비를 설치하여 운영할 경우 인력을 가감하여 근무하게 할 수도 있다.

보통 경호보안요원의 배치에 있어서, 정문이 상시 사용하는 출입문, 경비상황실의 인원은 2명이상, 핵심시설 밀집보호구역 출입구나 일반초소에 1명, 순찰이나 초동조치를 위해 2명이상 운영하게 된다. 시설의 규모 및 특성에 따라 적절한 규모로 5분대기조를 운용하며 상시 출동태세를 유지하고 경호보안상황실과의 통신대책이 강구되어야 한다. 아울러 군이나 경찰의 지원을 받을 수 있도록 필요한 계획을 수립하여 평상시 훈련을 통하여 원활한 지원을 받을 수 있도록 사전에 준비되고 필요시 경계협정서를 체결하여 최대한 협조할 수 있도록 대비하여야 한다.

직책	계급장	임무
대장	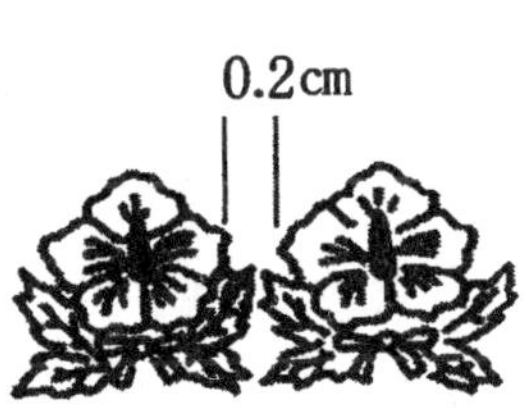	• 경비대 지휘통제 · 관리 · 교육 및 근무감독 • 경호보안 근무계획 편성 • 경비초소 순찰 및 경호보안요원 근무실태 관리 • 군 · 경찰 · 예비군 등 관련기관과 업무협조체제 유지 • 근무감독기관과 업무연락 체계유지 • 상황발생시 조치 및 보고 • 대원 면담 및 애로사항 조치 • 기타 지시사항 이행

<table>
<tr><td>반장</td><td>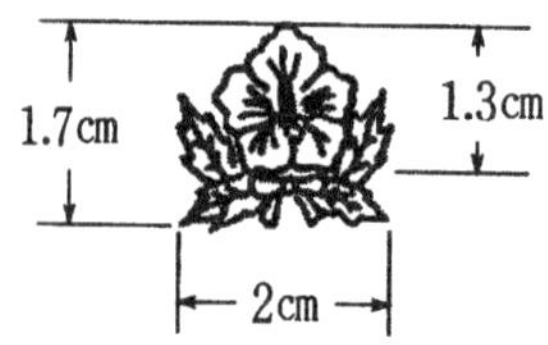
</td><td>• 경비반원 지휘통솔·관리·교육 및 근무감독
• 경호보안 근무계획 수립 및 이행
• 책임지역 내 순찰 및 경호보안요원 근무실태 확인
• 군 · 경찰 · 예비군 등 관련기관과 업무 협조
• 반원의 면담 및 애로사항 조치
• 기타 지시사항 이행</td></tr>
<tr><td>조장</td><td></td><td>• 조원 통솔·관리 및 근무 감독
• 경호보안 근무 배치 및 교대시 인계인수 상태 확인
• 유사시 상황보고 및 군 · 경찰 · 예비군 등에 상황 전파
• 책임지역내 · 외부 순찰 감시
• 초소순시 및 장비 유지관리
• 통신선 소통상태 확인
• 조원 면담 및 애로사항 조치
• 내방객 안내 및 차량 출입통제
• 기타 지시사항 이행</td></tr>
<tr><td>요원</td><td>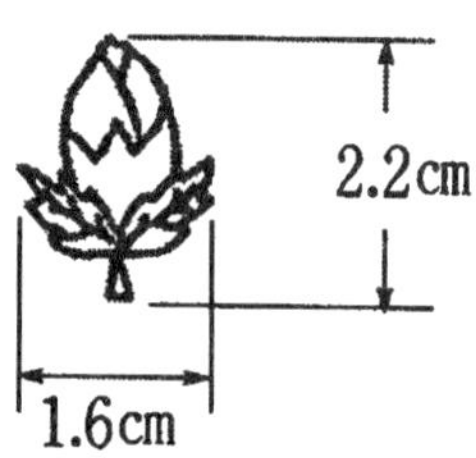
</td><td>• CCTV 모니터 감시 및 시설경비 근무
• 허가된 자 외 접근시 경고 및 계속 감시
• 상황 발생 시 경비보안상황실(조장)에 보고
• 초소통신선 소통상태 점검
• 출입인원 및 차량 통제
• 기타 지시사항 이행</td></tr>
</table>

경비원에 대한 지휘 · 감독을 위하여 조원 · 조장 · 반장 및 대장의 계급제도를 실시하는 경우 그 계급장은 [별도1]로 정하고 있는데(경비업법 시행규칙 §19③), 경비원이 제복을 착용할 경우에는 별도로 정한 계급장 · 모장 · 흉장 및 표지장을 일정한 위치[별도4]에 붙여야 한다. 대체로 각 직책별 임무를 보면 다음과 같이 부여할 수 있다.

2) 경호보안요원의 근무형태 및 시간

경호보안요원의 근무형태에는 3부제 2교대근무로서 예컨대 A조는 주간에 근무하고 B조는 야간에 근무하며 C조는 휴식하는 근무형태이고, 격일제 2교대 근무의 경우는 A조가 1일(24시간)근무를 하고 B조는 휴식을 취하는 근무형태이며, 일일근무는 1일에 8시간을 근무하는 것을 말하며 이외에도 시간제 근무를 하는 형태 등이 있다.

경계근무시간을 얼마로 정할 것인가에 대한 기준을 설정하기에는 어려움이 있다. 이는 근무지역에 대한 기후나 환경, 근무여건 등이 서로 다르기 때문이다. 따라서 근무지역의 제반 여건 및 의뢰자의 특수조건 등을 고려하여 실정에 맞게 근무시간을 정해서 근무를 하면 된다.

3) 경호보안요원의 업무수행

경비업체에 소속된 경비원은 허가받은 소정의 경비업무(Security Services), 즉 시설경비업무, 호송경비업무, 신변보호업무, 기계경비업무, 특수경비업무 등을 성실히 수행하여야 한다.

물론 경비업자는 경비원으로 하여금 경비업무를 성실하게 수행하게 하고, 도급을 의뢰받은 경비업무가 위법 또는 부당한 것일 때에는 이를 거부하여야 한다(경비업법 §7②). 부적절한 경비업무의 도급의뢰는 거부하여야 하는데도 거부하지 않아 1차위반을 받은 경우 영업정지 1월, 2차위반시 영업정지 3월, 3차위반은 허가취소 처분을 받게 된다. 경비업무에 관하여 사고가 발생했을 경우에 불가항력적인 경우를 제외하고는 그 책임을 면하지 못한다. 이를 위하여 경비업자는 소정의 결격사유에 해당하는 자를 경비지도사 또는 경비원으로 채용 또는 근무하게 하여서는 아니 된다(동법 §10③).

2. 경비업법상 경비원의 직무와 의무

1) 전체경비원의 공통의무

경비원은 직무를 수행함에 있어 타인에게 위력을 과시하거나 물리력을 행사하는 등 경비업무의 범위를 벗어난 행위를 하여서는 안된다(경비업법 §15의2①). 이를 위반하여 경비업무의 범위를 벗어난 행위를 한 경비원은 1천만원 이하의 벌금에 처한다(경비업법 §28⑤). 누구든지 경비원으로 하여금 경비업무의 범위를 벗어난 행위를 하게 하여서는 아니된다(동법 §15의2②). 이 규정을 위반하여 경비원에게 경비업무의 범위를 벗어난 행위를 하게 한 자는 3년 이하의 징역 또는 3천만원 이하의 벌금에 처한다(동법 §28②제6호).

민간경비의 역할은 매우 중요하며 민간경비원에 대한 책임은 강하게 요청되고 있다. 이러한 요청에 부응하기 위해서는 경비원에 대한 체계적이고 실효성 있는 교육이 중요하다. 주요 선진국가들의 경우에도 예외 없이 교육에 관한 사항들을 정하여 교육훈련을 강화하고 있다. 경비업자는 경비업무를 적정하게 실시하기 위하여 경비원으로 하여금 일정한 경비원 교육을 받도록 하고 있다(경비업법 §13①). 경비원에 대한 교육은 일반경비원과 특수경비원으로 구분하여 실시하며, 교육내용도 신임교육과 직무교육으로 나누어 실시하도록 하고 있다.

구분	신임교육	직무교육
일반경비원	28시간	월 4시간
특수경비원	88시간	월 6시간
청원경찰	76시간	월 4시간

2) 특수경비원의 직무와 의무

특수경비업자란 경비업법 제2조의 특수경비업무, 즉 항공기 포함한 공항 등 동법 시행령(§2)이 정하는 국가중요시설의 경비 및 도난·화재 그 밖의 위험발생을 방지하는 업무를 수행하는 경비업자를 말하며 이 특수경비업무를 수행하는 민간경비원을 특수경비원이라고 한다. 일반경비원과 달리 특수경비원은 다음과 같은 특별한 직무를 수행하면서 일정한 의무를 부담한다.

(1) 특수경비원의 직무

특수경비업자는 특수경비원으로 하여금 배치된 경비구역 안에서 관할 경찰서장 및 공항경찰대장 등 국가중요시설의 경비책임자와 국가중요시설의 시설주의 감독을 받아 시설을 경비하고 도난·화재 그 밖의 위험의 발생을 방지하는 업무를 수행하게 하여야 한다(경비업법 §14①). 국가중요시설에 대한 경비업무 수행을 위해 필요한 경우 시설주가 구입하여 국가에 기부채납된 무기를 신청하여 특수경비원에게 휴대하게 할 수 있는데, 정당한 사유없이 무기를 소지하고 배치된 경비구역을 벗어나서는 안된다. 그리고 특수경비원은 업무수행중 국가중요시설의 정상적인 운영을 해치는 장해를 일으켜서는 안된다(동법 §14②).

(2) 특수경비원의 의무

(가) 직무상 명령복종의무 : 특수경비원은 직무를 수행함에 있어 시설주·관할경찰관서장 및 소속 상사의 직무상 명령에 복종하여야 한다(동법 §15①). 그리고 직무수행 장소가 국가중요시설이고 유사시 무기를 휴대하고 근무하므로 명령과 복종관계가 확실해야 한다.

(나) 경비구역 이탈금지(수비)의무 : 특수경비원은 소속 상사의 허가 또는 정당한 사유 없이 경비구역을 벗어나서는 안되며(동법 §15②) 경비구역을 지켜야한다.

(다) 쟁의행위 금지의무 : 특수경비원은 파업·태업 그밖에 경비업무의 정상적인 운영을 저해하는 일체의 쟁의행위를 하여서는 안된다(동법 §15③). 이 의무에 위반하여 쟁의행위를 한 특수경비원에 대해서는 1년 이하의 징역 또는 1천만원 이하의 벌금에 처한다(동법 §28④제2호).

(라) 무기안전수칙 준수의무 : 특수경비원은 경비구역내의 관할 경찰서장 및 공항경찰대장 등 국가중요시설의 경비책임자와 국가중요시설의 시설주의 감독을 받도록 엄격히 규정하고 있고, 무기 구입은 시설주가 신청한 사항에 대하여 지방경찰청장이 필요성이 인정되는 때 시설주가 대금을 지불하고 무기 구입 후 국가에 기부채납케 되고 시설주의 신청에 의하여 이를 특수경비원으로 하여금 휴대하는 형식적 절차를 규정하고 있으며 정당한 사유없이 특수경비원은 배치된 경비구역을 벗어나지 못하도록 엄격히 규제하고 있다(동법§14). 또한 무기사용과 관리는 특수경비원의 무기휴대에 관한 민감한 사안이므로 특수경비원의 무기 휴대, 무기 종류, 그 사용기준 및 안전검사의 기준 등에 관하여 필요한 사항은 대통령령으로 정하게 되어 있으며 무기출납부 및 무기장비운영카드의 비치 의무화를 규정하였다. 특수경비원의 직무상 명령 복종 의무와 일체의 쟁의행위 금지, 무기 안전 사용수칙 등을 규정(동법 §15)하고 결격 사유자 발견의 신속성을 확보하기 위하여 경찰에 의한 경비업자 사실통보의무를 규정하고 있다(동법§17).

벌칙도 다른 분야와는 차별화하여 특수경비원이 국가중요시설에 대한 경비업무 수행 중 국가중요시설의 정상적인 운영을 해치는 장애를 일으켰을 경우 특수경비원은 7년 이하의 징역 또는 5천만원 이하의 벌금에 처한다고 하여 엄격히 처벌하고 있다(동법§28①).

특수경비원이 무기를 휴대하고 경비업무를 수행하는 때에는 다음과 같은 무기의 안전사용수칙을 준수하여야 한다(동법§15④).

(1) **경고의무 :** 특수경비원은 사람을 향하여 권총 또는 소총을 발사하고자 하는 때에는 미리 구두 또는 공포탄에 의한 사격으로 상대방에게 경고하여야 한다. 다만,

특수경비원을 급습하거나 타인의 생명·신체에 대한 중대한 위험을 야기하는 범행이 목전에 실행되고 있는 등 상황이 급박하여 경고할 시간적 여유가 없는 경우, 인질·간첩 또는 테러사건에 있어서 은밀히 작전을 수행하는 경우와 같이 부득이한 경우에는 경고하지 않을 수 있다.

(2) **범죄와 무관한 다중의 위해금지의무** : 특수경비원은 무기를 사용하는 경우에 있어서 범죄와 무관한 다중의 생명·신체에 위해를 가할 우려가 있는 때에는 이를 사용하여서는 아니된다. 다만, 무기를 사용하지 아니하고는 타인 또는 특수경비원의 생명·신체에 대한 중대한 위협을 방지할 수 없다고 인정되는 때에는 필요한 최소한의 범위 안에서 이를 사용할 수 있다.

(3) **14세미만·임산부에 대한 발사금지의무** : 특수경비원은 총기 또는 폭발물을 가지고 대항하는 경우를 제외하고는 14세 미만의 자 또는 임산부에 대하여는 권총 또는 소총을 발사하여서는 아니된다.

(3) 특수경비원의 무기휴대

(가) 무기의 종류 : 경비업법상 "무기"라 함은 인명 또는 신체에 위해를 가할 수 있도록 제작된 권총·소총 등을 말한다. 특수경비원이 휴대할 수 있는 무기종류는 권총 및 소총으로 한다(시행령 §20⑤).

(나) 지방경찰청장의 무기구입 : 지방경찰청장은 국가중요시설에 대한 경비업무의 수행을 위하여 필요하다고 인정하는 때에는 시설주의 신청에 의하여 무기를 구입한다. 이 경우 시설주는 그 무기의 구입대금을 지불하고, 구입한 무기를 국가에 기부채납하여야 한다(경비업법 §14③). 경비업법은 무기구입의 주체를 지방경찰청장으로 하고 있으며, 구입대금에 대해서는 시설주가 부담하도록 하고 있다.

(다) 시설주로부터의 무기대여 : 지방경찰청장은 국가중요시설에 대한 경비업무의 수행을 위하여 필요하다고 인정하는 때에는 관할경찰관서장으로 하여금 시설주의 신청에 의해 시설주로부터 국가에 기부채납된 무기를 대여하게 하고, 시설주는 이를 특수경비원으로 하여금 휴대하게 할 수 있다. 이 경우 특수경비원은 정당한 사유없이 무기를 소지하고 배치된 경비구역을 벗어나서는 안된다(동법 §14④).

특수경비원의 무기휴대 절차에 대해 「경비업법 시행령」제20조에서 규정하고 있다. 즉, 시설주는 특수경비원이 휴대할 무기를 대여받고자 하는 때에 [별지 제13호 서식]의 무기대여신청서를 관할경찰서장 및 공항경찰대장 등 국가중요시설의 경비책임자(관할경찰관서장)를 거쳐 지방경찰청장에게 제출하여야 한다(시행령 §20①). 시설주는 관할경찰관서장으로부터 대여받은 무기를 특수경비원에게 휴대하게 하는 경우에는 관할경찰관서장의 사전승인을 얻어야 한다(시행령 §20②). 이 규정에 의한 사전승인을 함에 있어서 관할경찰관서장은 국가중요시설에 총기 또는 폭발물의 소지자나 무장간첩 침입의 우려가 있는지의 여부 등을 고려하는 등 특수경비원에게 무기를 지급하여야 할 필요성이 있는지의 여부에 관하여 판단하여야 한다(시행령 §20③). 무기지급의 필요성이 해소되었다고 인정되는 때에 시설주는 특수경비원으로부터 즉시 무기를 회수하여야 한다(시행령 §20④).

무기에 대한 안전검사는 「경찰장비의 사용기준 등에 관한 규정」(이하 '경찰장비사용규정')제18조(경찰장비의 안전검사: 동규정 [별표2])의 규정의 기준에 따라 시행한다(시행령 §20⑥).

경비업법 시행규칙 제17조관련 [별지 제13호서식]

기관명 (앞쪽)

우 주소 / 전화( ) – / 전송( ) – 담당부서 :

문서번호 :
수 신 :

무기대여신청서					처리기간 30일
①시설주	성명				
	주민등록번호				
	직책				
②배치사업장의 명칭		③배치사업장의 소재지			
④특수경비원 배치인원					
대여요청량	⑤총기종류	⑥수량	⑦탄종	⑧수량	
⑨대여신청사유					
⑩대여기간					
⑪무기관리방법					
⑫비고					
경비업법 제14조제4항, 동법시행령 제20조제1항 및 동법시행규칙 제17조의 규정에 의하여 위와 같이 무기대여를 신청합니다. . . . 시설주 [인]					

210mm×297mm
(신문용지 54g/㎡(재활용품))

이 신청서는 아래와 같이 처리됩니다. (뒤쪽)

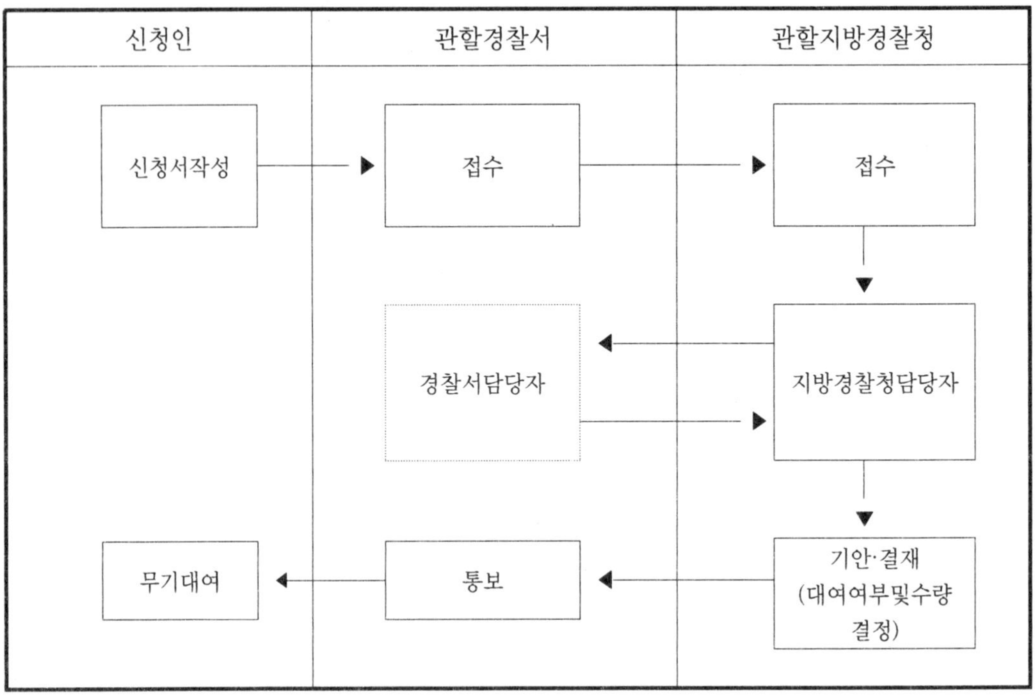

(라) 무기관리수칙 준수의무 : 시설주로부터 무기관리를 위해 지정받은 관리책임자와 특수경비원은 행정안전부령(시행규칙 §18)이 정하는 무기관리수칙을 준수하여야 한다(시행령 §20⑦).

(ㄱ) 무기관리책임자의 관리수칙…경비업법 제14조제4항에 의하여 무기를 대여 받은 국가중요시설의 시설주 또는 동조 제7항의 규정에 의한 관리책임자는 관리수칙에 따라 무기(탄약 포함)를 관리하여야 한다. 이에 따른 관리수칙은 다음과 같다.

㉠ 시설주는 무기 및 탄약 관리를 위한 책임자를 지정하고 관할경찰관서장에게 이를 통보할 것,

㉡ 무기고 및 탄약고는 단층에 설치하고 환기 · 방습 · 방화 및 총가 등의 시설을 할 것,

㉢ 탄약고는 무기고와 사무실 등 많은 사람을 수용하거나 많은 사람이 오고 가는 시설과 떨어진 곳에 설치할 것,

㉣ 무기고 및 탄약고에는 이중 시건장치를 하여야 하며, 열쇠는 관리책임자가 보

관하되, 근무시간 이후에는 열쇠를 당직책임자에게 인계하여 보관시킬 것,

ⓜ 관할경찰관서장이 정하는 바에 의하여 무기·탄약의 관리실태를 매월 파악하여 다음 달 3일까지 관할경찰관서장에게 통보할 것,

ⓑ 대여받은 무기를 빼앗기거나 대여받은 무기가 분실·도난 또는 훼손되는 등의 사고가 발생한 때에는 관할경찰관서장에게 그 사유를 지체없이 통보할 것,

㉦ 대여받은 무기를 빼앗기거나 대여받은 무기가 분실·도난 또는 훼손된 때에는 경찰청장이 정하는 바에 의하여 그 전액을 배상할 것(다만, 전시·사변, 천재·지변 그 밖의 불가항력의 사유가 있다고 지방경찰청장이 인정한 때는 제외),

ⓞ 시설주는 자체계획을 수립하여 보관하고 있는 무기를 매주 1회 이상 손질할 수 있게 할 것(시행규칙 §18①) 등이다.

㉨ 시설주 또는 관리책임자는 고의 또는 과실로 무기(부속품 포함)를 빼앗기거나 무기가 분실·도난 또는 훼손되도록 한 특수경비원에 대하여 특수경비업자에게 교체 또는 징계 등의 조치를 요청할 수 있다. 이 경우 특수경비업자는 특별한 사유가 없는 한 이에 응하여야 한다(시행규칙§18②).

무기관리책임자의 관리수칙으로는 ⓐ 무기출납부 및 무기장비운영카드의 비치·기록, ⓑ 무기의 지급·회수의 직접성 등을 들 수 있다(경비업법 §14⑦참조).

㈁ 출납시 무기관리수칙…경비업법 제14조 제4항의 규정에 의하여 무기를 대여받은 시설주 또는 관리책임자가 특수경비원에게 무기를 출납하고자 하는 때에는 관리수칙에 따라 무기를 관리하여야 한다. 이에 따른 관리수칙은 다음과 같다(시행규칙 §18③).

ⓐ 관할경찰관서장이 무기를 회수하여 집중적으로 관리하도록 지시하는 경우 또는 출납하는 탄약의 수를 증감하거나 출납을 중지하도록 지시하는 경우에는 이에 따를 것,

ⓑ 탄약의 출납은 소총에 있어서는 1정당 15발 이내, 권총에 있어서는 1정당 7발 이내로 하되, 생산된 후 오래된 탄약을 우선적으로 출납할 것,

ⓒ 무기를 지급받은 특수경비원으로 하여금 무기를 매주 1회 이상 손질하게 할 것,

ⓓ 수리가 필요한 무기가 있는 때에는 그 목록과 무기장비운영카드를 첨부하여 관할경찰관서장에게 수리를 요청할 것 등이다.

㈂ 특수경비원의 무기관리수칙에 따른 무기관리…경비업법 제14조제4항의 규정에

의하여 시설주로부터 무기 및 탄약을 지급받은 특수경비원은 다음의 관리수칙에 따라 무기를 관리하여야 한다.

㉮ 무기를 지급받거나 반납하는 때 또는 무기의 인계 인수를 하는 때에는 반드시 "앞에 총"의 자세에서 "검사 총"을 할 것,

㉯ 무기를 지급받은 때에는 별도의 지시가 없는 한 탄약은 무기로부터 분리하여 휴대하여야 하며, 소총은 "우로 어깨걸어 총"의 자세를 유지하고, 권총은 "권총집에 넣어 총"의 자세를 유지할 것,

㉰ 지급받은 무기를 다른 사람에게 보관·휴대 또는 손질시키지 아니할 것,

㉱ 무기를 손질 또는 조작하는 때에는 총구를 반드시 공중으로 향하게 할 것,

㉲ 무기를 반납하는 때에는 손질을 철저히 한 후 반납하도록 할 것,

㉳ 근무시간 이후에는 무기를 시설주에게 반납하거나 교대근무자에게 인계할 것(시행규칙 §18④) 등이다.

시설주가 무기를 지급하여서는 안되는 특수경비원은 ㉠ 형사사건으로 인하여 조사를 받고 있는 사람, ㉡ 사의를 표명한 사람, ㉢ 정신질환자, ㉣ 그밖에 무기를 지급하기에 부적합하다고 인정되는 사람 등에 해당하는 경우이며, 지급된 무기가 있는 경우 이를 즉시 회수하여야 한다(시행규칙§18⑤). 그리고 시설주는 무기를 수송하는 때에는 출발하기 전에 관할경찰서장에게 그 사실을 통보하여야 하며, 통보를 받은 관할경찰서장은 1인 이상의 무장경찰관을 무기를 수송하는 자동차 등에 함께 타도록 하여야 한다(시행규칙§18⑥).

㈃ 무기의 관리사항 지도점검…시설주가 대여받은 무기에 대하여 시설주 및 관할 경찰관서장은 무기의 관리책임을 지고, 관할 경찰관서장은 시설주 및 특수경비원의 무기관리상황을 대통령령(시행령 §20·21)이 정하는 바에 따라 지도·감독하여야 한다(동법 §14⑤). 관할경찰관서장은 시설주 및 특수경비원의 무기관리상황을 매월 1회 이상 점검하여야 한다(시행령 §21).

관할 경찰관서장은 무기의 적정한 관리를 위하여 무기를 대여받은 시설주에 대하여 필요한 명령을 발할 수 있다(동법 §14⑥).

(마) 특수경비원의 무기사용의 구체적 기준 : 특수경비원은 국가중요시설의 경비를 위하여 무기를 사용하지 아니하고는 다른 수단이 없다고 인정되는 때에는 필요한 한도 안에서 무기를 사용할 수 있다. 다만, (1) 무기 또는 폭발물을 소지하고 국가중

요시설에 침입한 자가 특수경비원으로부터 3회 이상 투기(投棄) 또는 투항(投降)을 요구받고도 이에 불응하면서 계속 항거하는 경우 이를 억제하기 위하여 무기를 사용하지 아니하고는 다른 수단이 없다고 인정되는 때, (2) 국가중요시설에 침입한 무장간첩이 특수경비원으로부터 투항(投降)을 요구받고도 이에 불응한 때를 제외하고는 사람에게 위해를 끼쳐서는 아니된다(동법 §14⑧).

3) 경호보안요원의 명부와 배치

「경비업법」 제18조제1항은 경비원의 명부와 배치에 대해 규정하고 있다. 경비업자는 경비원의 명부를 작성 · 비치하여야 한다. 경비업자가 경비원을 배치하거나 배치를 폐지한 경우에는 관할 경찰서장에게 신고하여야 한다(동법§18②).

(1) 경비원의 명부

경비업법의 규정에 의하여 경비업자는 경비원의 명부(별지 제14호서식)를 갖추어 두어야 하는데, 이에 따른 경비원의 명부를 주된 사무소 및 출장소(시행령 제5조제3항의 규정에 의한 출장소를 말하며, 당해 출장소에 배치된 경비원에 한함)에 갖추어 두고 이를 항상 정리하여야 한다(시행규칙 §23②). 경비업자가 경비원을 채용하는 경우 경비업법 제10조에 규정된 결격사유의 유무를 확인하기 위하여 필요한 때에는 주된 사무소 및 출장소를 관할하는 경찰관서장에게 범죄경력조회 등 필요한 협조를 요청할 수 있다(시행규칙 §23③).

경비원의 결격사유에 해당하지는 않지만 부정한 행위로 경비업체에서 내쫓긴 경비원이 다른 업체에 채용되는 불합리한 사태가 적지 않다. 「경비업법」상의 결격사유에는 해당하지는 않겠지만, 이러한 부정행위는 결국 경비업의 사회적 신뢰를 실추시키고 경비업무의 질을 떨어뜨린다는 점에서 문제가 될 것이다. 따라서 「경비업법 시행규칙」 제23조의 범죄경력조회 시스템과는 별도로 신상과 내용을 DB화하여 명예훼손이나 개인정보의 침해에 해당되지 않은 범위내에서 경비업계에서 더 이상 활동하지 못하도록 하는 장치가 필요하다.

(2) 경비원의 배치 및 배치폐지의 신고

신변보호와 시설경비를 수행하는 일부 경비업체의 일반경비원 등이 집단민원 현장에 불법적으로 동원되어 주민들과 충돌을 일으켜 신변보호와 시설경비업무를 수행하는 경비원을 배치 할 시에는 24시간 전까지 신고토록 하여 일부 경비원이 주민들에게 폭력을 행사한 후 도주하여 신원확인이 어렵게 하는 등의 폐단을 막고, 사전신고 의무를 위반 할 경우 경찰은 배치폐지를 명할 수 있도록 하여 경찰의 감독권한을 강화하였다.

경비대상시설의 소유자 또는 관리자로부터 경비업무를 도급받은 경비업자는 경비업법 제18조제2항의 규정에 의하여 경비업무를 수행하기 위하여 20일 이상 경비원을 배치하거나 그 기간을 연장하고자 하는 때에는 경비원을 배치한 후 7일 이내에 별지 [제15호 서식]의 경비원 배치신고서(전자문서로 된 신고서를 포함)를 배치지의 관할경찰관서장에게 제출하여야 한다.

경비업자가 경비원을 배치하거나 배치를 폐지한 경우에는 행정안전부령(시행규칙 §24)이 정하는 바에 따라 관할 경찰관서장에게 신고하여야 한다. 다만, 시설경비업무 중 행정안전부령(시행규칙 §24①단서)이 정하는 곳에 배치된 일반경비원 또는 신변보호업무를 수행하는 일반경비원의 경우에는 경비원을 배치하기 24시간 전까지, 특수경비원을 배치한 때에는 경비원을 배치하기 전까지 신고하여야 한다(경비업법 §18②). 시설경비업무 중 ㉮ 행사장 그밖에 많은 사람이 모이는 시설 또는 장소에서 혼잡 등으로 인한 위험의 발생을 방지하기 위하여 경비원에 의한 경비가 필요하다고 인정되는(시행령§30) 행사장, ㉯ 노사분규가 진행중인 사업장 또는 노사분규가 발생할 것으로 예상되는 사업장, ㉰ 재개발 · 재건축관련 이해대립이 있어 다툼이 있는 장소, ㉱ 특정 시설물 설치와 관련한 민원이 있는 장소, ㉲ 주주총회관련 이해대립이 있어 다툼이 있는 장소, ㉳ 건물 · 토지 등 부동산 및 동산에 대한 소유권 · 운영권 · 관리권 · 점유권 등 법적 권리에 대한 이해 대립이 있어 다툼이 있는 장소에 일반경비원을 배치하는 때에는 배치하는 기간과 관계없이 경비원을 배치하기 24시간 전까지 제출하여야 한다. 이 규정에 의하여 경비원의 배치신고를 한 경비업자가 경비원의 배치를 폐지한 때에는 배치폐지를 한 날부터 7일 이내에 경비원 배치폐지 신고서를 배치지의 관할경찰관서장에게 제출하여야 한다. 경찰관서장은 경비업자가 이를 위반하여 신고를 하지 아니하고 시설경비원 또는 신변보호경비원을 배치한 경우에 배치폐지를 명할 수 있다(경비업법 §18③). 이를 위반하여 경찰관서장의 배치폐지 명령을 따르지 아니한 자는 1년 이하의 징역 또는 1천만원 이하의 벌금에 처한다(경비업법 §28④). 경비원 배치신고시에 기재한 배치폐지 예정일에 경비원의 배치를 폐지한 경우에는 제출하지 않아도 된다(시행규칙§24②).

(3) 경비전화의 가설

관할경찰관서장은 시설주의 신청에 의하여 특수경비원이 배치된 국가중요시설 등에 경비전화를 가설할 수 있는데, 이에 의하여 경비전화를 가설하는 경우의 소요경비는 시설주의 부담으로 한다(경비업법 시행규칙§25).

(4) 갖추어 두어야 하는 장부 또는 서류

특수경비원을 배치한 시설주는 (1) 근무일지, (2) 근무상황카드, (3) 경비구역배치도, (4) 순찰표철, (5) 무기탄약출납부, (6) 무기장비운영카드 등의 장부 및 서류를 갖추어 두어야 한다. 특수경비원을 배치한 국가중요시설의 관할경찰관서장은 (가) 감독순시부, (나) 특수경비원 전 · 출입관계철, (다) 특수경비원 교육훈련실시부, (라) 무기 · 탄약대여대장, (마) 그 밖에 특수경비원의 관리 등을 위하여 필요한 장부 또는 서류 등을 갖추어 두어야 한다(경비업법 시행규칙§26).

3. 청원경찰의 의무와 직무수행

1) 청원경찰의 의무

특수경비의 일종인 청원경찰의 의무에 대하여는 「청원경찰법」 제5조 제4항의 규정(국가공무원법 제57조 · 제58조제1항 · 제60조 · 제66조제1항 및 경찰공무원법 제18조 준용) 외에 청원경찰의 복무에 관하여는 당해 사업장의 취업규칙에 의한다(청경법 시행령§10).

(1) 성실의무

청원경찰은 성실히 그 직무를 수행하여야 하는 의무를 진다. 이 성실의무는 가장 기본적인 의무로서 다른 의무도 여기서 나온다고 할 수 있다.

(2) 직무상 의무

청원경찰의 직무상의 의무로는 법령준수의 의무와 복종의 의무가 있다. 전자는 청원경찰은 법령을 준수하여야 하며 이에 대한 위반은 위법행위 또는 불법행위로서 징계 · 처벌 등의 원인이 된다. 후자는 소속상관의 직무상의 명령에 복종하여야 한다는 것을 의미하며 이를 위반한 때에는 징계사유가 된다.

(3) 직무전념의무

청원경찰은 전력을 다하여 직무를 수행하여야 한다. 그러기 위해서는 직장이탈금지의 의무와 정치운동금지의 의무가 있다(청경법 §5④). 전자는 소속상관의 허가 또는 정당한 이유없이 직장을 이탈하지 못한다는 것을 의미하며, 이 의무는 근무시간 등에 성립되는 것이지만 시간 외 근무명령이 있는 경우에도 성립된다. 후자는 청원경찰도 정치적 중립을 견지해야 하며 정치적 목적을 가진 행위를 해서는 안된다는 것을 의미한다.

(4) 직권남용금지

청원경찰이 직무를 수행함에 있어서 직권을 남용하여 국민에게 해를 끼친 경우에는 6월 이하의 징역이나 금고에 처한다(청경법 §10①).

청원경찰업무에 종사하는 자는 형법 기타 법령에 의한 벌칙의 적용에 있어서는 공무원으로 본다(동법 §10②).

2) 청원경찰의 직무범위

청원경찰의 배치장소 및 직무범위는 국가기관 또는 공공단체와 그 관리하에 있는 중요시설 또는 사업장, 국내주재 외국기관, 기타 행정안전부령으로 정하는 중요시설·사업장 또는 장소[시행규칙 §1: (1) 선박, 항공기 등 수송시설, (2) 금융 또는 보험을 업(業)으로 하는 시설 또는 사업장, (3) 언론, 통신, 방송 또는 인쇄를 업으로 하는 시설 또는 사업장, (4) 학교 등 육영시설, (5) 「의료법」에 의한 의료기관, (6) 그 밖에 공공의 안녕질서 유지와 국민경제를 위하여 고도의 경비(警備)가 필요한 중요 시설, 사업체 또는 장소] 등이다(청경법 §2). 청원경찰은 청원경찰의 배치결정을 받은 자(청원주)와 배치된 기관·시설 또는 사업장 등의 구역을 관할하는 경찰서장의 감독을 받아 그 경비구역 안에 한하여 경비목적을 위하여 필요한 범위 안에서 경찰관직무집행법에 의한 경찰관의 직무를 행한다(청경법 §3). 청원경찰의 근무지에서의 근무요령은 다음과 같다(시행규칙 §14).

① 자체경비를 하는 입초근무자는 경비구역의 정문이나 그 밖의 지정된 장소에서 경비구역의 내부, 외부 및 출입자의 움직임을 감시한다.

② 업무처리 및 자체경비를 하는 소내근무자는 근무 중 특이한 사항이 발생하였을 때에는 지체 없이 청원주 또는 관할 경찰서장에게 보고하고 그 지시에 따라야 한다.

③ 순찰근무자는 청원주가 지정한 일정한 구역을 순회하면서 경비 임무를 수행한다. 이 경우 순찰은 단독 또는 복수로 정선순찰(定線巡察)을 하되, 청원주가 필요하다고 인정할 때에는 요점순찰(要點巡察) 또는 난선순찰(亂線巡察)을 할 수 있다. 여기서 정선순찰은 순찰노선이 일정하고 경찰관 이동이 규칙적이므로 감독·연락이 용이하나 범죄행위자들이 이를 예측하고 출현할 수 있다는 단점이 있어서, 난선순찰을 통해 범죄자의 예측을 교란시킬 수 있고, 종횡무진한 순찰을 통하여 범죄예방을 증대시킬 수 있다. 그러나 순찰근무자의 위치추적이 곤란하고, 근무자의 태만과 소홀을 조장할 우려가 있으므로 이러한 난선순찰과 정선순찰의 장점을 살리고 단점도 보안되도록 절충한 방식의 요점순찰을 할 수 있도록 하고 있다.

④ 대기근무자는 소내근무에 협조하거나 휴식하면서 불의의 사고에 대비한다. 경비구역 밖에서 그 기관이나 시설·사업장 등과 관계되는 임무를 수행한다 하더라도 청원경찰의 임무수행으로 볼 수 없다. 다만, 현금수송·화약류를 수송하는 경우에는 연계된 업무로 본다.

3) 청원경찰의 직무수행

청원경찰은 「경찰관직무집행법」에 의한 직무수행을 하게 된다. 동법 제2조에서 예시하고 있는 경찰의 임무는 (가) 범죄의 예방·진압 및 수사, (나) 경비·요인경호 및 대간첩작전의 수행, (다) 교통단속(경비구역 내에서의 교통정리, 주·정차위반의 단속, 교통사고 발생시의 응급조치 등을 가리킨다. 법규위반행위와 교통사고 발생 등은 즉각 경찰관에게 연락·조치함)과 위해방지, (라) 기타 경비구역 내에서 안녕과 질서유지 등이며 이러한 직무수행은 경비구역 내에서 청원주와 관할 경찰서장의 감독하에 「경찰관직무집행법」에 의한 경찰관의 직무수행이 제한적으로 적용된다.

청원경찰에게는 경비구역 안에서 그 직무를 수행하기 위해서는 「청원경찰법」에 의하여 다음과 같은 직무상 권한이 부여된다.

(1) 범죄의 예방 및 범인 검거의 목적으로 거동이 수상한 자를 정지시켜 질문·조사하는 불심검문권

(2) 긴급구호를 요하는 자를 발견한 때에 관계기관에 긴급구호를 요청하는 등 적당한 조치를 하는 보호조치권

(3) 위험상태가 발생한 경우에 경고·억류·피난 등의 조치를 하거나 통행의 제한·금지조치를 하는 위험발생의 방지권

(4) 범죄의 예방과 저지를 위한 경고 및 제지 등의 조치를 하는 범죄의 예방과 제지권

(5) 범인의 체포·도주방지 대간첩작전 등을 위해서 무기 및 장구의 사용권 등의 권한이 있다.

그러나 청원경찰은 사법경찰 사무를 취급할 수 없으므로 수사활동 등 사법경찰관리의 직무는 금지된다. 아울러 청원경찰이 직무를 수행함에 있어서 직권을 남용하여 국민에게 해를 끼친 경우에는 6월 이하의 징역이나 금고에 처한다.

제4절 경호보안업무의 평가와 징계

1. 업무 평가

공정한 고용을 실행하기 위해 경호회사는 모든 근로자들의 승진과 봉급인상에 대해서 공정하도록 해야 한다. 이것은 우수한 직원과 업무성적이 부진한 직원을 구별하는 데 공정한 방법을 써야 한다는 것을 의미한다. 고용과 해고를 위한 경호보안요원의 업무능력 평가를 하는 비공식적 체제는 편애와 차별을 가져올 수 있다. 결과적으로, 경호보안회사는 직원 업무평가를 위한 공식적인 방식을 개발하여 인사 조치를 해야 한다.

효과적인 업무평가(Performance Appraisals) 방식은 공정하고 일관되게 경호보안회사의 모든 직위에 적용되어야 한다. 이것은 인사부의 세심한 평가감독과 결정을 할 때 일관된 평가만으로 이루어질 수 있다. 감독관들은 업무평가 준비에 대해 교육을 받아야 하고, 중요한 역할인 만큼 잘 이행되었는지를 평가해야 한다.

업무평가는 특정 업무에 대한 책임을 반영한다. 직원은 얼마만큼 주어진 임무를 잘 수행했느냐로 평가받는 것이지, 지도력, 활력 등과 같은 인성으로 평가되는 것이 아니다. 이상적인 방식은 감독관과 근로자가 임무수행을 시작할 때 어떤 임무가 주어질 것인가를 서로 합의하는 것이다. 이 방식이 항상 가능하지는 않지만 감독관과 근로자 사이의 계속되는 대화는 사기를 진작시키고 갑작스런 평가로 근로자를 당황스럽게 만들지 않는다.

업무수행 평가는 숫자를 사용한다. 숫자는 공평하게 느껴지고 쉽게 요약되고 평가된다. 문제는 그 숫자는 타당성을 증명할 수가 없다는 것이다. 감독관은 주어진 숫자로 판단을 하지만 그 평가비율의 이유는 설명하지 못하며 평가를 내릴 때 그 평가는 감독관의 의견도 같이 포함되어야 한다. 회사방침은 평가할 때 의견란에 지나치게 높거나 낮은 점수가 나온 타당성 있는 이유를 쓰도록 하고 있다.

근로자는 업무평가를 다시 받을 수 있는 기회를 보장받아야 하고 그것에 대해 의견을 말할 수 있다. 비밀평가는 근로자들이 평가방식이 공정한지, 일관성이 있는지를 판단할 수 없기 때문에 업무평가 방식이 가지고 있는 목적에 부합되지 않는다. 만약, 근로자가 그 평가에 동의를 하지 않는다면 그 평가와 같이 비동의서를 제안할 수 있고, 상급담당자에 의해 양쪽 입장을 정식으로 재검토할 수 있는 구조로 되어야 한다.

2. 징계와 해고

얼마나 회사가 잘 되는지 얼마나 지원자들이 적합한지는 문제되지 않는다. 다만, 하나 또는 더 많은 다른 이유로 징계가 필요하거나 해고될 근로자들은 항상 있을 것이다. 부당한 해고소송이나 차별에 대한 불평의 증가로 경호보안회사는 징계 체계를 채택하고 그 방식이 공정하다고 입증해야 한다.

1) 실업 및 퇴직금

전통적으로 근로자는 언제든지 해고될 수 있다. 최근 법원의 판결은 고용주는 근로자가 일을 계속할 수 있도록 구두 또는 서면으로 증명하도록 되어 있다. 결과적으로, 방침은 근로자들이 '별 이유 없이' 해고당할 때 계약법상의 권리로 충분히 탄원할 수 있도록 하고 있다.

고용주가 근로자에게 의도적으로 격심한 정신적인 스트레스를 주거나 다른 동료들이 일을 그만두도록 압력을 가하는 것을 방치한다면 고용주는 이 부당한 일에 대한 책임을 져야 한다. 잘못된 관리상의 업무평가의 결과는 부당한 해고에 대한 고소의 근거를 제공할 수 있다.

한국 「고용보험법」은 고용보험의 시행을 통하여 실업의 예방, 고용의 촉진 및 근로자의 직업능력의 개발과 향상을 꾀하고, 국가의 직업지도와 직업소개 기능을 강화하며, 근로자가 실업한 경우에 생활에 필요한 급여를 실시하여 근로자의 생활안정과 구직 활동을 촉진함으로써 경제 · 사회 발전에 이바지하는 것을 목적으로 1993년 12월 27일 법률 제4644호로 제정되었는데, 이 법에 따라 사업주와 근로자는 각각 월정급여액의 일정비율(0.3%)을 보험료로 납부해야 하며, 전국적인 고용보험 전산망 구축에 따라 지방노동사무소와 시 · 군 · 구에서 구인 · 구직 정보를 제공받게 된다. 근로자는 나이와 보험 가입기간에 따라, 실업시 임금 총액의 50%를 1996년 7월 부터 30~210일 동안 매달 실업급여로 받을 수 있게 되었다. 실업급여는 5인 이상 사업장에 적용되며, 70인 이상 사업장의 사업주는 「직업안정법」에 따른 보험료를 추가로 내야 한다. 단 실직후 노동청에 구직신청을 해야 하며, 본인의 큰 잘못이나 불법행동 등으로 해고를 당하였을 경우, 적당한 사유가 없이 직장을 스스로 옮기려 할 경우 등에는 혜택이 제외된다.

실업수당은 자의로 회사를 그만 두었거나, 어떤 이유로 해고당했을 때는 받을 수 없다. 또한, 지원자가 적절한 임무를 거부했거나 연금을 받기 위해 부정한 방법으로 청구할 때도 받을 수 없다. 연금지불을 거절하고 예치금을 보호하기 위해 고용주는 이러한 조건들 중 하나라도 입증할 수 있어야 한다.

사용자가 퇴직하는 근로자에게 지급하는 퇴직급여(The Cost of Terminations)제도에 관하여는 「근로자퇴직급여 보장법」이 정하는 대로 따른다.

회사에서는 징계행위와 해고에 대한 체계를 만들어 두어야 한다. 이런 문제들의 복합성 때문에 모든 해고는 인사담당자에 의해 다루어진다.

2) 징계체계

징계체계(Disciplinary Systems)를 개발함에 있어서 융통성 있게 각 근로자를 다루는 데 필요한 것에 대응해 정규 프로그램의 필요를 균형 있게 하는 것이 중요하다. 전체적으로 보면 법정에서 독자적인 체계를 방어하기보다는 정규체계를 방어하기가 더 쉽다. 그러나 주의 깊게 관리되지 않는 정규징계 체계는 전문적 사항과 보존되는 서면기록의 필요 때문에 칼의 양 끝날이 될 수 있다. 이런 이유로 모든 징계조치는 인사담당자에 의해 재검토되어야 한다.

일과 관련된 특별한 규칙이 있는데, 이는 모든 근로자에게 통보되고 영구적으로 시행된다. 규칙의 위반은 그것과 관련된 벌을 받아야 하고 처벌은 그 범죄행위에 부합되어야 한다. 그러나 회사는 처벌의 종류를 설명하고 어떻게 처벌받았는지에 대한 예를 제공해야 한다. 더 나아가 회사 또는 고객을 대상으로 한 도둑질과 같은 확실한 위법행위는 즉각적인 해고조치로 처벌될 수 있다. 이러한 위법들은 확실하게 확인되어야 한다. 중대성에 따라 경호보안회사에 대한 보통 처벌의 수준은 구두질책, 서면질책, 정직과 해고로 나누어진다.

한 번 위반을 하게 되면 즉각적으로 조사되어야 하고 위법행위를 한 근로자와 함께 이루어져야 한다. 징계조치는 구두질책이지만 기록으로 남겨야 하며 위법행위와 징계조치가 내포되어 있어야 한다.

징계체계의 중요한 부분은 항소과정이다. 이것은 조합을 다루는 데 특히 중요하다. 한 번 처벌이 확정되고 나면 근로자는 항소과정에 대한 조언을 받아야 하고 처벌을 받기 전에 처벌에 대한 항소를 할 기회를 가져야 한다.

3) 해고

경호보안회사는 각각의 경우 해고(Terminations)를 하기 전에 기록과 해고할 주변 환경도 정식으로 재검토해야 한다. 해고해야 할 이유를 확실히 하고, 면직은 회사방침과 관습에 따라 일관적으로 맞춰 나간다. 해고는 정상적으로 잘못된 운영업무 능력 부족 또는 주어진 업무거부 등에서 일어난다. 만일, 해고가 위에 열거한 것 중 한 가지라도 포함되지 않으면 근로자는 법적 소송을 할 타당한 이유가 있으므로 매우 조심스럽게 조사해야 한다.

해고를 입증할 충분한 기록들이 근로자의 서류에서 찾을 수 있다면 재검토가 결정되어야 한다. 예를 들면, 해고가 점진적인 징계의 결과라면 이 요구를 입증할 서류 안에 이전의 많은 조치들이 있어야 한다.

근로자는 인사담당자나 해고에 대한 면담을 어디서든지 가능하게 해야 한다. 담당자는 근로자에게 해고이유를 말하고 지금까지의 휴가비와 같은 급여지불에 대해서 설명한다. 정식해고통지서에 이러한 자료를 제공하는 것은 좋은 태도이며, 회사의 동의하에 이루어진 일에 대해 더 이상의 의문은 없을 것이다. 근로자가 어떤 회사 물건을 돌려줘야 하는 책임이 있는지에 대해서도 서류에 기술되어 있어야 한다. 이 서류의 복사는 근로자의 서류에 영구적인 한 부분으로 남기 시작한다.

생각컨대 해고(解雇)는 잘못된 임무수행에 대한 항소로 인한 경우나 차별의 불만에 대한 조치가 그 원인이 될 수 있다. 잘 운영되고 기록된 해고사건은 속임수를 쓰는 청구에 대해 좋은 방패가 되고 실업보험 비용의 감소를 가져온다.

3. 분쟁 해결

우리 사회에는 여러 형태의 분쟁이 발생하고 있으며, 이러한 분쟁에 대한 해결방법도 다양하게 발전되어 왔다. 분쟁이 발생했을 때 객관적이고 공정한 기준을 정해 이를 해결하고, 법을 통하여 인간이 사회생활을 하면서 지켜야 할 행위의 기준을 정함으로써 이를 준수하지 않을 때 적절한 규제를 가함으로써 질서를 유지할 수 있다. 아울러 사회를 구성하는 모든 사람이 인간다운 삶을 누릴 수 있도록 자유와 권리를 보장함으로써 정의와 인권수호는 물론 공익과 공공복리를 추구한다.

보통 분쟁에 대한 해결방식으로는 사적인 클레임단계에서의 당사자간에 우의적 해결(amicable settlement) 방법인 상담이나 교섭[合意 · 協議]이나 화해(和解, compromise) · 청구권의 포기(waiver of claim) · 알선(斡旋, intercession, recommendation) 등이 있고, 제3자의 개입에 의한 비강제적인 주선(周旋, good office) · 중개(仲介, mediation) · 조정(conciliation, arrangement) · 심사(inquiry, investigation) · 간이심리(mini-trial) · 사적결정(private judging), 제3자의 개입에 의한 종국적 해결로서 중재인의 개입에 의한 중재(arbitration) · 법관에 의해 엄격한 법정절차에 따라 해결하는 재판(litigation, 訴訟) 등의 방법이 있다.

분쟁이 발생하게 되면 분쟁당사자간의 자유로운 선택에 의한 해결 수단에 따라 처리하는 것이 원칙이나[이를 '手段의 自由로운 選擇 原則'이라고 하며 이 선택의 자유는 어디까지나 분쟁 당사자간의 합의를 전제로 하는 것임], 일단은 당사자간의 협상을 통하여 해결을 시도한 후에 제3자에 의한 해결(third-party settlement) 방법이 강구될 것이다. 그러나 어느 방법에 의할 것인가는 관계 법령의 규정과 당사자간의 과 계약 및 합의에 의하여 결정된다고 할 것이다. 계약 기타 법률관계의 당사자들은 시간과 비용의 막대한 출혈을 막기 위해 가능한 분쟁 해결을 재판권에 의하지 않고 자치적으로 해결하려는 소송외적 대체분쟁해결방안(Alternative Dispute Resolutions: ADR)이 모색되고 있다.

다양한 분쟁의 해결방법에 대한 최근 각국에서는 그 제도적 특징을 고려하여 분쟁처리의 구조와 종류에서 전통적인 사법제도에 의한 분쟁해결의 한계성이 드러남으로써 소송이외의 모든 분쟁해결방법을 총칭한 소송외적분쟁해결방법 내지는 대체분쟁해결방법(ADR)에 관하여 활발히 논의되고 있다.

사적분쟁을 해결하는 제도로서 민사재판 이외의 제도, 즉 상담이나, 화해, 알선, 조정, 중재에 의해 처리될 수 있다. 자치적 분쟁해결방법은 무역거래, 보험, 금융, 건설, 제조물 등에 관한 현대형 분쟁의 다양화 내지 대형화가 그 원인이지만 그 해결방법은 과거의 사실관계에 대한 흑백논리적 결론(Alles- oder Nichts-Prinzip)이 아닌 장래를 향한 이익조정적 분쟁해결에 그 비중을 두는 방향으로 옮겨가고 있다. 자치적 분쟁해결이 이해당사자 사이의 이해관계에 기초한 성공적인 협상에 의해 조정이 이루어지고, 화해가 성립하게 된다.

현대사회에서 크고 작은 분쟁해결에 이용되는 ADR제도의 공통적 특성은 신속·저렴하며, 법원개입의 가급적 배제, 당사자들의 의사결정 존중, 비형식적인 분쟁해결절차, 비공개의 사적인 절차 그리고 실체법 적용의 회피와 창의적인 규범창조 등이라 할 수 있다.

분쟁해결(Dispute Resolution)의 한 방법으로 화해계약은 일반적으로 근로자와 회사 사이의 분쟁을 효과적으로 해결하기 위해서 체결절차를 밟는다. 이 절차는 감독관들의 선에서 시작해서 공정한 외부중재자에 의해 체결된다. 이 절차의 목적은 큰 문제로 비약되기 전에 미리 문제를 해결하고 근로자가 경영에 대해 합법적으로 분쟁이 되는 것을 듣고 느낄 수 있도록 하기 위해서이다. 화해(和解, Conciliation)계약은 제3자의 개입 없이 당사자가 서로 양보하여 법적 권리와 의무 및 경제적·사회적·심리적 이익의 맞교환과 타협을 수단으로 하여 당사자에게 바람직스러운 법적 관계를 설정하기 위하여 기존에 일어난 다툼을 그만둘 것을 약속하는 과정이다. 화해는 가장 오래되고 널리 사용되는 분쟁해결 방법이라 할 수 있다. 화해에 대해서 대한민국은 민법상의 계약(민법 §731)으로 규정하고 있다. 화해 계약은 쌍무계약, 유상계약에 속한다. 그러나 계약 자유의 원칙상 내용 및 방식에 있어 제약은 없다.

대부분의 경호보안회사들이 조합을 조직하지 않고 대신 비정식 체제인 분쟁해결에 의존했다. 이런 체계는 보통 상급관리의 한 부분의 정책인 '열린 마음'을 가지고 보충된다.

대부분의 분쟁해결의 비정규 체계는 무리가 없으나, 경호보안회사의 인사관리의 다른 면에서는 정규체계의 편익과 대비하여 균형이 유지되는 것이 필요하다. 이것은 정상적으로 회사방침의 형식 안에서 근로자에게 그 체제를 전달하는 것보다 더 많은 것을 수반한다. 관리자는 중요 인사문제에 따른 문제점을 안고 있다. 왜냐 하면, 근로자들은 그들이 상급관리와 가까이 있다고 느끼지 못하고 열린 방침이 있다는 사실을 깨닫지 못했기 때문이다. 이 문제를 안고 있는 회사는 보통 조합을 결성할 시기가 된 것을 의미한다.

어떤 경호보안회사들은 공정한 중재자를 이용해 그들의 근로자들에게 공약의 한 부분으로서 공식 분쟁해결 시스템을 설치한다. 다른 회사들은 상급관리에 직접적으로 정보를 제공하는 무료통로를 사용하기도 한다. 그런 측정의 실제상 비용은 그들이 생산한 이익금을 가장 적게 비교 당한다. 그러나 회사 내에서 분쟁해결 절차는 최소한 각각의 근로자들에게 확실히 전달되어야 한다.

제6장

경호보안 교육훈련

제6장 경호보안 교육훈련

제1절 교육훈련

1. 교육훈련의 필요성

질 좋은 경호보안서비스를 고객에게 제공하기 위한 열쇠는 훈련이다. 만약, 직원들이 정해진 기준에 맞게 직무를 수행하기 위한 사항들을 배우지 않는다면 그들에게 좋은 근무성과를 기대할 수 없을 것이다. 많은 경호보안업체들이 직원들에게 훈련을 제공한다고는 하지만 우수한 근무성과를 위해 필요한 포괄적인 프로그램을 가지고 있는 기업은 많지 않다. 이렇듯 효과적인 포괄적인 프로그램을 사용하지 못하는 가장 보편적인 이유는 훈련에 소요되는 경비(經費) 때문이다. 부족한 훈련은 결과적으로는 계약을 성사시키지 못하거나 법정소송과 같이 높은 비용지출을 초래하기도 한다. 그러므로 훈련에 경비를 많이 들일 필요는 없지만 효과적일 필요는 있다.

경호보안 대상자에 대한 신변의 안전 및 재산을 보호하는 경호보안요원의 자질향상을 위해서는 체계적이고 전문적인 교육을 받아야 가능하다. 이를 위해서 경호보안업체에서는 많은 시간과 비용을 투자해야하기 때문에 교육훈련을 기피하는 현상이 있는데 이는 경호보안요원들의 자질을 의심하게 하고 있다.

효과적인 교육훈련프로그램의 비결은 진보적으로 기업의 수준을 향상시킬 수 있게 하는 지속성이다. 진보적인 훈련은 초급부터 상급 경영진에 이르기까지 기업 내 각 직급에 맞는 훈련의 목표를 설정하여 완벽한 자질을 갖춘 요원들을 양성해야 한다. 이러한 목표들은 기본적인 훈련 프로그램을 강화해 추진되어야 하고, 이상적으로는 질 좋은 서비스를 유지하기 위한 자발적인 책임감이 반영되어야 한다.

진보적인 훈련 프로그램은 적응단계 훈련 프로그램, 현장훈련, 강화·보강훈련, 감독관을 위한 훈련과 경영진 훈련 프로그램 등 몇 가지 단계로 분류될 수 있다.

2. 경호보안의 교육훈련

교육훈련은 직원들에게 일을 잘 수행하기 위해 필요한 기술과 정보를 제공한다. 하지만, 다른 부수적인 여러 가지 이유가 있어 경호보안 훈련은 중요하다. 만약, 직원들이 분명한 장점을 단기간에 볼 수 있다면 누구나 교육훈련을 더욱 신중하게 받아들일 것이다. 그러나 우리나라 경호보안요원은 「경비업법」에서 정한 교육을 이수하여야만 그 직책에 대한 자격이 주어지기 때문에 일반경비원은 28시간, 특수경비원은 88시간의 신임교육을 이수해야만 한다. 이는 경호보안업무를 수행하기 위해서는 의무적으로 이수해야하는 관문이기 때문에 그 실질적 성과는 의구심이 드는 바이다. 의무적으로 받기 때문에 교육훈련 효과에 대해서는 장담하기 어려울 뿐이다.

근무배치 이후에도 매월 정기적으로 받아야 하는 직무교육도 있다. 특히 보충, 강화 훈련과 같은 훈련은 포상과 밀접하게 연관되어 있어야 한다. 이를 실행하기 위한 한 가지 방법은 직원들을 분류해 승진이나 임금인상을 특정한 종류의 훈련과정의 이수와 연관시키는 방법이다. 만약, 직원이 다양한 훈련과정의 이수를 통해 진보를 이루었다면 그 직원은 언젠가 관리자의 위치로 승진될 준비가 되어 있는 것이다.

한편, 모든 직원이 관리자의 위치에 부합되는 조건을 갖추고 있지 않기 때문에, 실제적인 포상에 의해 일반적인 근무실적이 확연히 향상될 것이다. 만약, 훈련이 만족할 만한 결과를 거두고 끝났다면, 직원들에게 장기적인 이점을 제공하는 방법 또한 고려되어야 한다.

3. 교육훈련의 문서화

모든 훈련 프로그램의 주요한 부분 중 하나는 기업이 훈련과정을 제공한다는 것을 증명하는 훈련증서(Documenting Training)이다. 경호보안요원의 신임교육 이수후에 반드시 이수증을 교부받아 경비원명부에 기재하여 그 기록을 유지하여야 한다. 이 증서에는 누가 훈련과정을 이수했고, 또 어떤 훈련을 받았는가 하는 등의 사항이 포함되어 있어야 한다. 이러한 사항은 직원이 직무를 잘 이행했는지 아니면 직무권한을 벗어난 행위였는지를 증명해 줄 수 있기 때문이다. 효율적으로 훈련을 문서화하기 위해서 기업은 개개인의 훈련기록과 모태가 되는 주된 훈련파일을 보관해야 한다.

1) 개인훈련 기록

각 개인훈련기록(Individual Training Records)은 직원의 인사파일에 날짜와 훈련주제 등을 첨부해야 한다. 가장 쉽고 보편적인 방법은 모든 제공된 훈련에 대해 기업이 수료증을 수여하는 것이다. 수료증은 컴퓨터 프로그램을 통해 제작되거나 사무용품 대리점에서 기본적인 수료증 용지를 구입할 수 있다. 적응단계를 위한 훈련 프로그램과 같이 빈번히 사용되는 이수증은 제목부분을 미리 인쇄해 놓을 수도 있다.

이수증은 첫째, 쉽게 복사되어 직원의 인사파일에 첨부될 수 있어야 하고, 둘째 미래의 구직활동을 위해 이용할 수 있는 영구적인 훈련기록으로 직원에게 제공되어야 하는 두 가지를 충족시켜야 한다.

만약, 기업이 진보적이고 체계화된 훈련 프로그램을 가지고 있다면 매번 훈련을 이수할 때마다 기록을 첨가시킬 수 있는 단 한 장의 기록용지를 사용할 수 있다[표 6.1]. 이것은 직원의 훈련이수 사항을 빠르고 한눈에 전반적인 상황을 파악할 수 있다는 장점이 있다. 그러나 이는 매번 직원이 각 훈련과정을 이수할 때마다 직원파일을 꺼내 정리해야 하므로 많은 노동력을 필요로 한다.

셋째, 개개인의 기록을 유지하는 방법은 컴퓨터의 자료기능을 이용하는 것이다. 직원근무 계획표 프로그램 중 몇몇은 개인의 자격과 훈련의 기록 등을 추적할 수 있는 모듈을 포함하고 있다. 이는 개인과 기업 전체의 훈련상황에 대한 자료를 뽑아 볼 수 있게 해 준다. 예를 들어, 기업이 새로 감독관으로 승진시킬 직원을 찾을 때 컴퓨터는 감독관을 위한 훈련과정을 이수한 모든 직원명단을 제시해 줄 수 있다. 또한, 응급처치나 소방훈련 수료와 같이 자격훈련 과정에 요구되는 모든 직원명단을 매달 제공해 줄 수도 있다.

특히, 계획조정자나 파견담당자에게 중요한 훈련의 종류는 현장 훈련이다. 일반적으로 특수한 현장에서 근무할 수 있게 하기 위한 현장 훈련이며 특수한 현장을 위해 훈련된 직원명단은 특히 파견업무담당자가 빈틈이 생긴 근무 시간표에 파견할 직원이 필요할 때 매우 유용하다. 이는 무능한 직원을 훈련된 직원으로 대치시킬 수 있기 때문에 고객의 불만을 사전에 예방할 수 있다. 만약, 기업이 현장 감독관에게 훈련에 대한 자료를 제공하는 프로그램을 개발했다면 이러한 명단은 컴퓨터 자료를 통해 쉽게 산출될 수 있다.

또한, 개개인의 훈련기록은 기업에 근무하기 전에 받았던 경험이나 훈련을 포함시켜야 한다. 이는 법정소송시 훈련상의 빈틈을 메워 줄 수 있고 승진을 위해 요구되는 기업 내의 훈련을 받지 않은 새로 입사한 경력자의 경우에 당할 수 있는 불합리를 피할 수 있게 한다.

【표 6.1】 개인훈련 기록

개인 훈련 기록				
이름:____________		직원:____________		
주제	시간	성적	날짜	강사명
법률상의 효력	2			
응급처치	2			
일반 직무	2			
적응지도	2			

2) 회사의 훈련기록

일반적으로 훈련은 두 가지 면을 가지고 있다. 만약, 회사에서 교육훈련의 기회를 제공하지 않으면 회사는 그에 대한 책임을 져야 한다. 그러나 기업이 훈련을 제공하더라도 이에 대해 적합하고 충분한가를 증명해야 할 필요가 있다. 이러한 이유로 기업은 직원들에게 제공되었던 모든 훈련에 대한 기록(Company Training Records)을 유지할 필요가 있다.

각 훈련에 관한 파일은 수업 시간표와 강의 계획을 포함해야 한다. 강의 계획서는 강의요강이나 사본으로 이루어져 있지만 특정한 주제에 대해서 상세하게 나타내야만 한다[표 6.2]. 또한, 가능할 때마다 수업은 국가적으로 공인된 기준이나 수업과 관련된 참고 자료를 기초로 해야 한다. 강사의 자격에 대해 수료증을 요구할 경우에는 강사의 인사파일에 첨부시켜야만 한다. 만약, 계약자가 훈련을 제공했었다면 자격요건 등의 사항은 그들의 제안서에 포함되어 파일에 첨부되어야 한다. 이는 전문가의 증언이 필요한 경우나 정보제공 차원에서 제공되는 주요한 부분이다.

【표 6.2】 훈련요강

훈 련 요 강
주　　제 : 위급상황에 따른 조치 수업 시간 : 4시간 참고 자료 : 강사의 수업자료 훈련에 필요한 충분자료 : 소화기에 관한 비디오 지진에 관한 비디오
수업개요 수업 목표 : 근무장소에서 발생할 수 있는 위급상황과 이에 대처하기 위한 직원의 역할을 숙달되게 하는 데 그 목적을 둔다. Ⅰ. 응급화재 a. 기본적인 화재유발 화학약품 b. 화재발상의 근원지와 예방법 c. 화재와 도구의 분류 d. 화재경보기 e. 화재진압 f. 화재대처 방안과 대피 Ⅱ. 지진 a. 지진에 대한 행동 계획안 b. 지진발생 전의 안전점검 c. 지진에 대한 대처 방안 d. 복구 Ⅲ. 기타 위급상황 a. 정전 b. 폭탄에 대한 위협 c. 홍수

인물이나 시험, 시각교육 기재에 대한 복사물과 같이 강사가 사용하는 기본자료는 수업파일에 첨부되어야 한다. 안전이나 법집행기관에 의해 마련된 비디오테이프는 일반적으로 강사의 지침서와 함께 파일에 첨부되어야 한다.

수업파일에 대해서는 두 가지 방법이 있다. 만약, 수업 계획표가 표준화되었다면 매번 수업이 있을 때마다 각각의 분리된 파일을 만들 필요가 없다. 수업 시간표는 수업파일과는 분리되어 관리될 수도 있다. 만약, 훈련이 단 한 번만 실시되거나 변동 사항이 있다면 수업을 위한 분리된 수업파일이 있어야 한다. 보충 자료나 참고자료는 매번 복사해야 할 필요는 없지만 분리되어 관련된 폴더에 파일해야 한다.

좋은 훈련수업은 직원이 그 주제를 제대로 이해했는지를 측정할 수 있는 시험도 포함해야 한다. 이 시험의 결과는 수업파일이나 직원의 인사파일 중 원하는 곳에 파일할 수 있다. 그러나 직원이 시험에 떨어진 경우, 기업이 그에 따른 적절한 조치를 취하지 않거나 재시험 등을 통한 조치를 취하지 않았을 때는 기업태만의 일부분을 증명하는 데 쉽게 이용될 수 있다.

4. 경호보안 적응단계의 훈련

1) 훈련주제(Training Topics)

적응단계의 훈련은 경호보안업체에서 직원이 담당근무를 맡기 전 직원에게 제공되는 훈련으로 흔히 초기단계 또는 적응지도 단계라고 불린다. 이러한 훈련의 목적은 직원에게 근무에 필요한 기본적인 정보를 제공하는 데 있다. 이 훈련의 가장 중요한 부분은 기업의 훈련 안내서에 수록되어 있는 기업의 기준에 대한 충분한 정보를 제공하는 것이다.

이러한 훈련에 대한 시간할애 여부는 경호보안업체의 책임자들 간의 분쟁의 한 부분이다. 개인경호에 대한 특별전문위원회는 최소 8시간의 훈련과 16시간 이내의 현장연수와 함께 3개월 안에 최소한 32시간을 추천하고 있다([표 6.3] 참조).

초기훈련을 위한 적절한 시간을 결정하기 위해서, 기업은 반드시 스스로에게 '새 직원들에게 무엇을 가르쳐야 하는가?'라는 질문을 던질 필요가 있다. 직원이 보안직원으로서 알아야 할 모든 일을 가르치는 것이 신입사원을 당황하게 만드는 경우가 있는데, 이것은 시간과 보안상 불가능한 일이며 직원들이 모든 정보를 기억하는 것도 불가능하다. 그러므로 기업은 반드시 필요한 최소한의 주제들과 각각을 위해 요구되는 시간을 설정해야 한다.

몇 가지 주제들은 모든 오리엔테이션에 포함되어야 한다. 처음 수업은 기업의 기준과 해고당할 수 있는 위반사항들, 근무와 복장에 대한 기준들을 강조해야만 한다. 또한, 고객과의 관계에 있어서 기업의 기준과 고객에 대한 서비스를 증진시킬 수 있는 방법들도 포함시켜야 한다.

두 번째로 중요한 주제는 근무에 관련된 민사와 형사에 관한 법률문제이다. 이는 직원이 근무 중 직면할 수 있는 모든 사항들과 각각의 범죄를 증명하기 위한 법적인 요소들을 배워야 한다는 것을 의미하는 것이 아니라 오히려 직원의 직권에 대한 법적인 한계에 초점을 맞추고 있다. 구속에 관한 권한이나 공권력의 이용 등이 이러한 주제들이다. 다른 것들과 달리 이 두 가지 주제들은 법정에서 보안직원에게 일어날 수 있는 것이다. 법률에 대한 수업은 직원의 실제역할에 맞추어져야 한다. 예를 들어, 기업이 상점에 대한 보안을 전문으로 한다면 법률에 대한 시간은 소매치기와 절도에 관한 내용일 것이다. 만약, 기업이 체포에 대한 정책이 없다면 이 부분은 매우 짧아질 것이다.

【표 6.3】 개인경호 특별전문 위원회의 훈련표본

(이 시간표는 매 시간마다 10분간의 휴식이 있다.)

야간 경호보안요원이나 경호를 위한 적응단계 훈련의 표본

구분	내용	분
1교시	오리엔테이션(2시간)	
	- 무엇이 보안인가?	15
	- 홍보	15
	- 부서	15
	- 용의 복장	10
	- 유니폼이나 도구의 정비와 안전장치	20
	- 보고서 작성	15
	- 법률시행의 역할	10
2교시	법적 권한과 한계(2시간)	
	- 예방과 판단	40
	- 공권력이 이용	25
	- 수색과 압수	15
	- 체포권한	20
3교시	위급상황 대처법(2시간)	
	- 폭탄 위협에 대한 조처	40
	- 화재, 폭발, 홍수, 폭동 등에 대한 조처	60
4교시	일반직무(2시간)	
	- 순찰	40
	- 화재의 예방과 통제	30
	- 안전	30

세 번째로 중요한 수업은 어떻게 직원이 위급상황에 대처해야 하는가에 대한 것이다. 기업이 광범위한 범위의 보증을 포함시키지 않는 한 너무 상세할 필요는 없다. 이 수업의 의도는 일이 잘못 되었을 때 직원이 해야 할 일과 보고해야 할 대상을 신입사업에게 인지시키기 위함이다.

대부분의 기업은 수업에 대한 관찰과 요점메모, 보고서 작성을 포함해야 하고 모든 주요한 과목을 초기훈련 시간에 소개해야 한다. 그러나 오리엔테이션에 가능한 시간은 한정되어 있기 때문에 이 훈련으로 직원을 숙련자로 만들기는 불가능하다. 이러한 주제들은 보강, 강화훈련의 부분에 포함되어야 하고 끊임없이 확인되어야 한다. 초점은 기본적인 사항들과 어떻게 이러한 주제들이 도움이 될 수 있는가에 있다.

주제들 또한 기업에 맞추어져야 한다. 예를 들어, 직원들에게 수갑이 지급된다면 기업은 반드시 사용법에 대한 설명서를 지급해야 한다. 또한, 직원이 무장되었다면 화기에 대한 훈련은 반드시 시행되어야 한다. 직원이 작은 화재 등을 진압해야 한다면 기본적인 소화기 사용법에 대한 훈련을 실시해야 한다. 직원근무시 사용할 만한 도구나 취해질 행동에 대해서는 충분히 설명을 해줘야 하며, 주제들은 현장실습으로 실시되거나 보강훈련으로 연기될 수도 있다.

2) 훈련 프로그램의 선택(Training Options)

일반적으로 초기단계의 훈련은 직원들이 정식으로 받을 수 있는 것이 한 번이기 때문에, 대부분의 경호보안업체는 일괄적으로 제작된 훈련 프로그램을 사용하고 있다. 이러한 훈련은 직원들에게는 좀 더 지속적이고 흥미로운 훈련을 제공해 줄 수 있고 강사진의 관련을 줄일 수 있다. 또한, 이는 훈련에 관련된 사무직원에게는 각 수업시작 후부터 끝날 때까지 본래의 업무에 전념할 수 있게 해준다. 그리고 강사들은 훈련 중 직원들에게 질문 받은 사항들에 답을 해주고 시험이 필요한 경우에는 이를 실시하면 된다.

가장 잘 제작된 프로그램은 비디오테이프와 슬라이드를 이용한 프레젠테이션과 같이 각 경호회사의 특성을 고려해 제작된 프로그램들이다. 그러나 공교롭게도 큰 규모의 기업들만이 이러한 프로그램들을 사용할 수가 있다. 보안업체가 자체적으로 이러한 자료를 제작한다면 슬라이드의 경우가 훨씬 더 쉽다. 왜냐 하면, 슬라이드는 최신자료와 정보들을 훨씬 쉽게 삽입할 수 있기 때문이다. 비디오테이프의 경우, 효과는 크지만 제작하기는 더 어렵고 비싸다.

간혹 이러한 이유들로 제작업체에 의뢰하는 경우도 있다. 그러나 전문가에 의해서 제작되지 않은 비디오테이프는 직원들에게 기업에 대한 책임감과 충성심을 심어주기 위한 목적의 초기단계 훈련의 경우에는 적합하지 않다.

몇몇 기업들은 기업에 관련된 슬라이드와 유니폼을 등장시켜 강화된 슬라이드 프로그램을 사용한다. 이렇게 제작된 프로그램의 수정은 비용이 저렴하기 때문에 자체제작 프로그램의 대안으로 사용될 수 있다. 또한, 몇몇 기업들은 포괄적이거나 산업특성에 맞춰 제작된 프로그램들을 권한다.

3) 교육훈련비용 절감(Reducing Training Costs)

초기훈련의 비용은 본래 직원 봉급의 일부분이다. 만약, 경호보안업체의 지원자가 근로자가 된다면 지원자에게는 훈련시간에 대한 임금을 지불해야 한다. 몇몇 기업들은 채용의 조건으로 초기의 적응단계 훈련을 이수하는 것으로 이 문제를 해결한다. 지원자는 채용되기 전 이 훈련을 성공적으로 이수해야만 한다. 이것은 기업의 입장에서는 채용하기 전에 훈련을 이수하지 못한 지원자를 추려낼 수 있고 이러한 지원자들에게 불필요한 임금을 지불해야 하는 점을 줄일 수 있다.

두 번째 방법은 30일이나 초기에 현장 실습 훈련과 같은 특정한 시간동안 신입사원에게 훈련비용을 지불하는 것이다. 이것이 비용을 완전히 없앨 수는 없지만 비용을 절감시킬 수는 있다. 또한, 이는 훈련기간 동안 한 푼도 지불하지 않는 것보다는 기업에 훨씬 나은 이미지를 줄 수 있다.

한편으로 기업이 초기훈련 비용을 줄이기 위해서 일정한 수준의 훈련이수를 요구할 수 있다. 한 예로 기업이 지원자에게 수료증 취득을 요구하는 것이 흔한 일은 아니지만 이러한 수료증을 갖추고 있는 지원자는 법적인 상태나 체포, 수색이나 압수 등에 대한 법률적 지식을 갖추고 있는 것으로 간주되므로 훈련의 기간을 줄일 뿐 아니라 수료증에 대한 기업의 비용을 줄일 수 있다.

몇몇 기업들은 수수료 때문에 경호지원자를 훈련시키는 훈련학원 설립을 선택한다. 이 학원은 보통 재정적으로 독립되어 있고 수수료는 모기업에 다시 청구된다. 이 훈련비용은 그 후 일반 간접비로 분류되고 경호보안업체는 어떠한 훈련도 실제적으로 실시하지 않는다. 종종 직업전문 학교나 초급대학은 이와 비슷한 훈련 과정을 개설하고, 정부의 자금을 유지하고 졸업자들을 취직시키기 위해 안간힘을 쓴다. 그러므로 집중적인 적응단계 훈련을 제공하는 대신에 이러한 학교들과 관계를 맺어 채용 프로그램을 마련할 수도 있다. 그러나 이러한 프로그램의 질적인 수준은 매우 다양하기 때문에 교과과정과 강사의 자질은 경호보안업체에 의해서 정기적으로 검토되어야 한다.

초기단계 훈련 대신에 직업전문 학교와 같은 외부기관이나 경호요원 지원 요건 등에 훈련이수를 요구하는 데 있어서의 약점은 질이 떨어진다는 데 있다. 업체측에서는 얼마나 잘 교과과정을 이수했는지, 아니면 모든 요구되는 과정들을 이수했는지에 대해 상세히 알 수 있는 방법이 없다. 이러한 선택들이 약간의 비용절감을 가져올 수는 있지만, 장기적인 관점으로는 기업이 관리하고 발전시킨 훈련 프로그램의 대체 방안은 될 수 없다. 만약, 기업이 비용을 절감하기 위해 외부의 훈련기관을 사용하기로 결정한다면 반드시 채용 전 기술에 대한 시험과 같은 지원자의 직무에 대한 지식이나 훈련의 수준을 확인할 수 있는 몇 가지 방법을 고안해야만 한다. 경호요원 지원 요건이나 외부훈련 기관의 사용은 적절한 훈련을 위한 기업의 법적인 책임감을 말해 주지 않는다.

4) 실전훈련

일반적으로 훈련은 정해진 틀 안에서 훈련생들에게 이론을 바탕으로 한 주제들을 주로 가르쳐 왔다. 그러나 경호보안업체 같은 기업체에서 이러한 방법의 훈련이 가장 효과적인 방법은 아니다. 그 대신에 많은 기업들은 직원이 수행하는 실제적인 업무를 바탕으로 한 실전훈련(Performance-Based Training)을 시도해 왔다. 이는 업무에 대해 적절한 수준의 기술을 시범보이고, 직원은 그 업무에 대한 자질을 실전을 바탕으로 한 훈련을 통해서 평가받을 수 있고, 이후에 다른 업무로 진척될 수 있게 해 준다.

실전을 바탕으로 한 훈련의 가장 주요한 이점은 직원이 자질을 갖추기 이전에 훈련의 효과를 측정해 볼 수 있다는 것이다. 그러므로 시범으로 보여지는 업무는 반드시 훈련의 기준에 적합해야 한다. 이 시스템은 군대에서 매우 효과적으로 사용되고 있다. 이 훈련은 직원들이 설정된 기준에 맞추어 업무를 수행할 수 있는지에 초점을 맞추고 있다. 이는 불필요한 정보를 없애고 훈련자체에 초점을 맞출 수 있게 해 준다. 그러므로 이 훈련은 특히 실전훈련에 적합하다. 그러나 모든 필요한 주제들이 실전을 바탕으로 한 훈련을 통해서 이루어질 수는 없다. 예를 들어, 법적 권한과 같은 주제들은 긴 설명과 실례들을 필요로 한다. 그러나 이러한 주제들도 시나리오를 사용하면 좀 더 효과적인 훈련으로 만들 수 있다.

5. 경호보안 현장 훈련

일단 직원이 기본적인 업무를 수행하는 데 필요한 지식을 습득했다면 근무 예정지에 대한 훈련을 받아야 한다. 직원의 업무가 비교적 비슷하지만 각각의 고객의 요구사항에 따라 약간의 차이가 있을 수 있다. 이는 각기 다른 구조와 특성을 지니고 있기 때문이다. 예를 들어, 순찰과 방문자의 신분확인이라는 일의 본질은 같지만 고층건물인지 공사장인지에 따라 차이점이 있게 된다. 그러므로 현장훈련의 목표는 고객이 계약시 요구한 사항들을 수행하기 위한 준비과정이다. 결과적으로 이 훈련은 이론이 아닌 실전을 바탕으로 이루어져야 한다.

흔히 훈련하면 강사들이 앉아서 필기하는 학생들에게 수업을 진행하는 교실을 연상시킨다. 그러나 이러한 전형적인 훈련으로는 고객의 요구사항을 만족시킬 수 없다. 이것은 현장훈련이라고 알려진 실전을 바탕으로 한 특정한 형태의 훈련을 만들어 냈다. 현장훈련이 실전을 바탕으로 한 가장 보편적인 예이지만 가장 소홀히 취급되기도 한다. 이는 신입사원들이 감독관에게 업무에 대해서 설명을 듣거나 다른 직원들과 근무함으로써 현장에 대한 훈련을 받았다고 가정하는 경향이 있기 때문이다. 또한, 계약서에서 요구되는 모든 업무를 수행할 능력이 있는지에 대한 시험도 거의 없기 때문에 효과적인 현장훈련은 조직적이어야 하고 지도적인 기업의 기준과도 일치해야 한다.

현장훈련의 기본적인 틀은 직무훈령이다. 이 훈령은 현장에서 업무를 잘 수행하기 위해 알아야 할 모든 기초사항을 포함한다. 직무훈령으로부터 직원에게 실시되는 훈련업무에 대한 점검표를 만들어 낼 수 있다[표 6.4]. 점검표에는 훈련의 목표와 강사에 의해 시범 보여지고 설명되었던 날짜가 포함된다. 또한, 직원이 만족스럽게 업무를 수행한 날짜도 기록해 놓는다. 일단 점검표가 완성되면 감독관은 서명을 한 후 직원의 인사폴더 파일에 첨부시킨다. 그러면 직원은 특정한 업무에 대해 자격요건을 갖추었다고 간주된다.

【표 6.4】 훈련 점검표

현장 훈련 기록
직 원 명 : ______________
업 무 : ______________
업무 달성 날짜 : ____________
업 무 : 설명한 날 : 시범보인 날 : 강사명 :
1. 모든 소화기의 장소
2. 응급 전화번호
3. 순환 노선 (근무 점검표)

6. 경호보안 강화 및 보강훈련

전문적인 경호보안업체에서 교육훈련은 끝이 없다. 직원들은 반드시 기본적인 업무에 대한 강화, 보강훈련을 받아야 하고 고객과 경호업체에 대한 변동사항을 숙지해야 한다. 이렇듯 강화, 보강훈련이라 알려진 진행훈련의 목표는 장기적으로는 고용자들에게 직업에 대한 발전의 기회를 제공하는 데 있다. 강화훈련의 핵심주제들은 적응단계 훈련에서 요구되는 최소한의 한도를 넘어 지식을 넓히고 안전에 대한 이론과 일상 업무에서는 흔히 사용되지 않는 기술까지의 보강·강화를 기본으로 한다. 또한, 강화훈련은 기업의 기준, 정책이나 새로운 절차들을 설명하는 기회이기도 하다.

이 훈련은 대부분 실내에서 이루어지고 전형적인 훈련의 방식이 없는 대신 감독관과 각 직원 사이에 상호작용을 기반으로 한다. 결과적으로, 강화훈련은 기업에 의해 제공되는 훈련과 기업에 의해 권장되는 훈련의 두 가지 요소를 포함한다고 볼 수 있다.

여기에 지속되는 훈련을 제공하기 위한 몇 가지 방법이 있다. 많은 기업에서 사용하는 간단한 방법은 특정한 훈련주제에 대해 월간 훈련회보를 준비하는 것이다. 이 회보는 직원이 작성해야 하는 필기시험이 포함되어 작성된 후 감독관에게 채점을 위해 제출된다. 시험에 떨어진 직원은 그 주제에 대해 숙달될 때까지 감독관으로부터 즉석의 교정훈련을 받는다. 그런 후 시험결과는 직원의 인사파일에 첨부된다.

다른 방법은 기업이 매달 바뀌는 훈련 메시지를 녹음해 놓은 직통 전화를 개설해 놓고 직원은 전화나 메시지를 통해 감독관에 의해 준비된 간략한 시험을 치르는 것이다. 그러면 감독관은 즉시 채점을 통해 시험에 통과하지 못한 직원들에 대해서 훈련을 실시하게 된다.

감독관에 의해 업무에 대한 보강 부분이 제시되고, 이에 의해 직원은 불확실한 부분에 대해 설명을 들을 수 있으므로 모든 현장훈련 프로그램에서 감독관의 역할은 매우 중요하다. 훈련에 대한 감독관의 책임감은 기업의 책임감을 반영한다. 감독관은 시험을 통해서 직원들 개개인마다 똑같은 시간을 들이는 대신 특정한 부분에 문제가 있는 직원들에게 초점을 맞출 수 있다는 것을 명심해야 한다.

강화훈련을 위한 많은 방안들이 있지만 경호 회사들의 필요성과 일치되는 경우는 많지 않기 때문에 직원들에게 이러한 프로그램을 권장하고 참여에 대한 대가를 포상하는 것은 경영진의 책임의 한 부분이다. 더 나아가 경영진은 이러한 훈련비용이 타당한가를 확실히 하고 현장훈련과 같은 보강훈련 프로그램의 목표를 설정해야 한다.

제2절 경호보안요원의 교육훈련

1. 경호보안요원에 대한 교육의 종류

민간경호보안의 역할은 매우 중요하며 경호보안요원에 대한 책임은 강하게 요청되고 있다. 이러한 요청에 부응하기 위해서는 경호보안요원에 대한 체계적이고 실효성 있는 교육이 중요하다. 주요 선진국가들의 경우에도 예외 없이 교육에 관한 사항들을 정하여 교육훈련을 강화하고 있다.

한국 「경비업법」에서도 경비업자는 경비업무를 적정하게 실시하기 위하여 경비원으로 하여금 일정한 경비원 교육을 받도록 하고 있다(동법 §13①). 경비업자는 경비원에 대하여 실시하여야 하는 교육에는 (1) 대상자에 따라 일반경비원 교육과 특수경비원 교육이 있고, (2) 교육의 성격에 따라 신임교육과 직무교육, (3) 교육 시기에 따라 사전교육과 사후교육으로 분류할 수 있다.

구분	신임교육	직무교육
일반경비원	28시간	월 4시간
특수경비원	88시간	월 6시간
청원경찰	76시간	월 4시간

2. 일반경비원의 교육

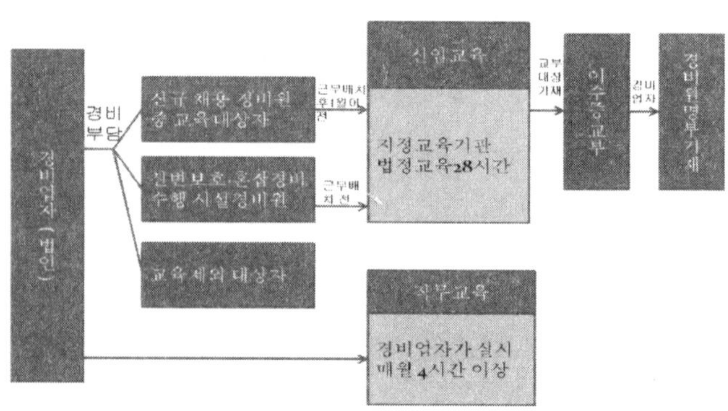

일반경비업자가 경비원을 채용하는 경우 경비원에게 경비업자의 부담으로 신임교육 및 직무교육을 받게 하여야 한다. 일반경비업자는 (1) 경비원의 경력이 없는 사람으로서 일반경비원으로 채용된 사람, (2) 경비원 교육을 받은 후 3년 이

상의 기간동안 경비업무에 종사하지 아니하다가 일반경비원으로 채용된 사람인 경우에 대하여는 일반경비업자의 부담으로 신임교육을 받게 하여야 한다. 다만, 일반경비원으로 채용된 사람이 「경찰공무원법」에 의한 경찰공무원, 「대통령 등의 경호에 관한 법률」에 의한 경호공무원·별정직공무원 또는 「군인사법」에 의한 부사관 이상의 경력을 가진 사람인 경우에는 그를 신임교육의 대상에서 제외할 수 있다(동법시행령 §18①).

일반경비원에 대한 신임교육은 경비협회(「경비업법」 §22①), 경찰교육기관, 경비업무 관련학과가 개설된 대학 등 경비원에 대한 교육을 전문적으로 수행할 수 있는 인력과 시설을 갖춘 기관 또는 단체 중 경찰청장이 지정하여 고시하는 기관 또는 단체가 실시하고, 직무교육은 경비업자가 실시한다(시행령 §18③). 일반경비원에 대한 교육의 과목·시간 그밖에 교육의 실시에 관하여 필요한 사항은 행정안전부령(시행규칙 §12)으로 정하고 있다(시행령 §18④).

일반경비원 신임교육의 과목 및 시간(시행규칙 제12조 제1항관련 [별표 2])

구분(교육시간)	과목	시간
이론교육 (7시간)	「경비업법」·「경찰관직무집행법」 및 「청원경찰법」	4
	범죄예방론(신고 및 순찰요령을 포함한다)	3
실무교육 (18시간)	테러 대응요령	3
	화재대처법	2
	응급처치법	3
	분사기 사용법	2
	예절 및 인권교육	2
	체포·호신술	3
	질문·검색요령(관찰·기록기법을 포함한다)	3
기타(3시간)	입교식·평가·수료식	3
계		28

보통은 경비원을 새로 채용하기 2개월 전에 9과목 28시간 신임교육을 이수하게

해야 하지만, 지방경찰청장이 행사장 등 혼잡 등으로 위험의 발생을 방지하기 위하여 노사분규가 진행중인 사업장 및 발생할 것으로 예상되는 사업장이나 주택 재개발·재건축 관련 이해대립이 있어 다툼이 있는 장소, 특정시설물의 설치와 관련하여 민원이 있는 장소, 주주총회와 관련하여 이해대립이 있어 다툼이 있는 장소, 부동산 및 동산에 대한 소유권 운영권 관리권 등 법적 권리 다툼이 있는 장소 등의 문제가 있는 경비대상시설에 배치되는 경비원과 신변보호업무를 수행하는 경비원의 경우는 배치전까지 신임교육을 받게 하여야 한다.

경찰청장은 일반경비원에 대한 신임교육의 실시를 위하여 연도별 교육계획을 수립하여 신임교육기관 또는 단체(시행령 §18③)에서 실시하도록 하고, 직무교육은 경비업자가 매월 4시간이상 실시하여야 한다(시행령 §18②).

【 일반경비원 교육의 종류와 실시주체 】

구 분	신임교육	직무교육
교육시기	-경비원으로 임용되어 근무배치 전	-경비원으로 임용되어 근무 중
교육실시 주체	-경찰교육기관, 경비협회, 경찰청장이 지정하여 고시하는 기관 또는 단체	-경비업자
교육과목	-법정되어 있음(시행규칙§12①)	-법정되어 있지 않음
교육시간	-28시간	-매월 4시간
교육이수증	-교육실시 기관에서 이수증 발급 -경비업자는 교육을 받은 자의 명부 배치	-없음
미실시한 경우	-행정처분	-행정처분

※ 경비업법 시행령 제18조 및 동법 시행규칙 제12조 및 13조 참조.

신임 및 직무교육실시의 기관 또는 단체의 장은 신임교육의 과정을 마친 사람에 대하여는 일반경비원 신임교육 이수증교부대장(별지 [제11호 서식])에 그 사실을 기재한 후 일반경비원 신임교육이수증(별지 제12호서식)을 교부하여야 한다. 경비업자는 일반경비원이 신임교육을 받은 때에는 경비원의 명부(시행규칙 §23①: 별지 [제14호 서식])에 그 사실을 기재하여야 한다.

일반(특수)경비원 신임교육 이수증 교부대장

「경비업법 시행규칙」제12조 제4항관련 [별지 제11호서식]

번호	성명	주민등록번호	주소	자택 : ( ) 직장명 : ( )	교육이수증교부번호	교부일	비고

297mm×210mm
(일반용지 54g/㎡(재활용품))

3. 특수경비원의 교육

특수경비업자는 정기적으로 특수경비원 교육을 받게 하고 이 교육을 받지 아니한 자를 특수경비업무에 종사하지 못하게 하고 있다(「경비업법」 §13②). 즉, 특수경비업자는 대통령령(경비업법시행령 §19)이 정하는 바에 따라 정기적으로 특수경비원교육을 받게 하고 특수경비원교육을 받지 아니한 자를 특수경비업무에 종사하게 하여서는 안된다. 이에 따라 특수경비업자는 경비업무를 적정하게 실시하기 위하여 (1) 특수경비원의 경력이 없는 사람으로서 특수경비원으로 채용된 사람, (2) 특수경비원교육을 받은 후 3년 이상의 기간 동안 특수경비업무에 종사하지 아니하다가 다시 특수경비원으로 채용된 사람에 대하여는 특수경비업자의 부담으로 경찰교육기관이나 행정안전부령이 정하는 기준에 적합한 기관 또는 단체에서 개설한 특수경비원 신임교육을 받게 하여야 한다(시행령 §19①). 특수경비원의 신임교육은 배치전 사전교육이므로 특수경비원으로서의 자격을 부여하는 역할을 한다고 볼 수 있다.

특수경비원 신임교육기관은 경찰교육기관이나 소정의 기준에 적합한 기관 또는 단체로, 특수경비원 신임교육의 과정을 개설하고자 하는 기관 또는 단체는 [별표 3]의 규정에 의한 시설 등을 갖추고 경찰청장에게 지정을 요청하여야 한다. 경찰청장은 교육과정을 개설하고자 하는 기관 또는 단체가 이 지정을 요청한 때에는 다음 기준에 적합한 지의 여부를 확인한 후 그 기준에 적합한 경우 이를 특수경비원 신임교육을 실시할 수 있는 기관 또는 단체로 지정할 수 있다. 이에 따른 지정을 받은 특수경비원교육기관의 장은 [별표 4]의 규정에 의한 과목의 교육을 위하여 필요한 경우에는 경찰관서의 시설물 이용 또는 관련 소양을 갖춘 경찰관의 파견을 관할

경찰관서장에게 요청할 수 있다(시행규칙 §14).

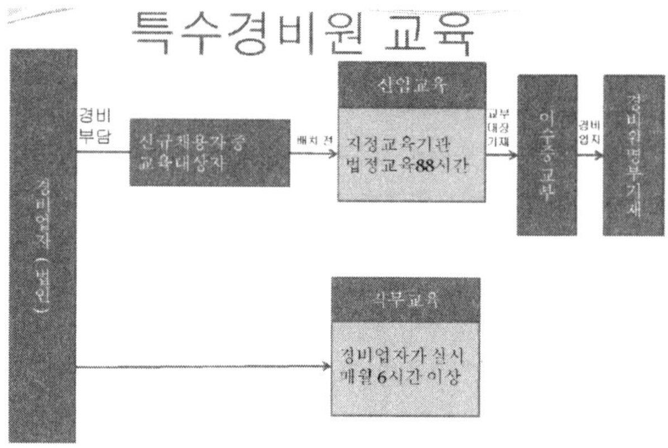

특수경비업자는 정기적으로 매월 6시간 이상 특수경비원 직무교육을 받게 하고 특수경비원 교육을 받지 아니한 자를 특수경비업무에 종사하게 하여서는 안되며, 이에 따른 특수경비원의 교육시 관할경찰서 소속 경찰공무원이 교육기관에 입회하여 지도·감독하여야 한다(「경비업법」 §13). 특수경비원 교육기관의 장은 특수경비원교육과정을 이수한 자에게 특수경비원 교육이수증을 교부하고, 특수경비원 교육이수대장에 기록하여야 한다(시행규칙 §15). 그리고 관할경찰서장 및 공항경찰대장 등 국가중요시설의 경호보안책임자(관할경찰관서장)는 필요하다고 인정하는 경우에는 특수경비원이 배치된 경비대상시설에 소속공무원을 파견하여 직무집행에 필요한 교육을 실시할 수 있다(시행규칙 §16②).

특수경비원 신임교육의 과목 및 시간 (시행규칙 제15조제1항관련 [별표 4])

구분 (교육시간)	과목	시간
이론교육 (15시간)	「경비업법」·「경찰관직무집행법」 및 「청원경찰법」	8
	「헌법」 및 형사법(인권, 경비관련 범죄 및 현행범체포에 관한 규정을 포함)	4
	범죄예방론(신고요령을 포함한다)	3
실무교육 (69시간)	정신교육	2
	테러 대응요령	4
	폭발물 처리요령	6
	화재대처법	3
	응급처치법	3
	분사기 사용법	3
	출입통제 요령	3
	예절교육	2

	기계경비 실무	3
	정보보호 및 보안업무	6
	시설경비요령(야간경비요령을 포함한다)	4
	민방공(화생방 관련 사항을 포함한다)	6
	총기조작	3
	총검술	5
	사격	8
	체포 · 호신술	5
	관찰 · 기록기법	3
기타(4시간)	입교식 · 평가 · 수료식	4
계		88

4. 청원경찰 교육훈련제도

청원주는 청원경찰에 임용된 자에 대하여 경비구역에 배치하기 전에 경찰교육기관에서 직무수행상 필요한 교육을 받게 하여야 한다. 다만, 경찰교육기관의 교육계획상 부득이하다고 인정할 때에는 우선 배치하고 임용후 1년이내에 교육을 받게 할 수 있다. 경찰공무원(전투경찰순경 포함) 또는 청원경찰에서 퇴직한 사람이 퇴직한 날부터 3년 이내에 청원경찰로 임용되었을 때에는 이 교육을 면제할 수 있다(시행령 §5).

청원경찰의 교육기간 · 교육과목 · 수업시간 기타 교육실시에 필요한 사항은 행정안전부령으로 정하고 있는데, 신임교육기간은 2주간으로 하고 그 교육과목 및 수업시간은 [별표 1]과 같이 한다.

「청원경찰법 시행규칙」 제6조 관련 [별표 1]

청원경찰교육과목 및 시간표

학과별	과목		시간
정신교육	정신교육		8
학술교육	형사법		10
	청원경찰법		5
실무교육	경무	경찰관직무집행법	5
	방범	방범업무	3
		경범죄처벌법	2
	경비	시설경비	6
		소방	4
	정보	대공이론	2
		불심검문	2
	민방위	민방공	3
		화생방	2
	기본훈련		5
	총기조작		2
	총검술		2
	사격		6
술과	체포술 및 호신술		6
기타	입교·수료 및 평가		3
계			74

직무교육은 청원주가 소속 청원경찰에 대하여 그 직무집행에 관하여 필요한 교육을 매월 4시간이상 실시하여야 한다. 관할경찰서장은 필요하다고 인정하는 경우에는 청원경찰이 배치된 사업장에 소속공무원을 파견하여 직무집행에 필요한 교육을 실시할 수 있다(시행규칙 §13).

제3절 경호보안관리자에 대한 교육훈련

1. 경호보안 감독관 훈련

1) 경호보안 감독관에 대한 교육훈련

경호보안 감독관의 중요한 역할은 강화훈련을 실시하는 것이다. 그러므로 평직원들이 업무에 대한 기본적인 사항들을 습득했을 때 감독관의 위치로 승진될 수 있다. 그러나 기본적인 기술의 전문성이 감독관으로서 완전히 준비된 것을 의미하는 것은 아니다. 필요한 인간관계나 전문적인 기술은 조장에게 요구되는 것과는 다른 점이 있다. 그러므로 감독관을 위한 훈련의 목표는 감독관으로서 필요한 기술을 가르치는 것이다.

직업개발 훈련은 평직원으로서 받았던 것보다 감독관으로서 좀 더 세부적인 안전에 대한 지식을 가르치는 데 있다. 예를 들어, 평직원이 경보 시스템에 대한 기본적인 요소를 배운다면 감독관은 경보 시스템 개발의 이론들을 배우게 될 것이다. 또한, 평직원이 순환경영 시스템을 사용하는 것을 알 필요가 있다면 감독관은 어떻게 순환보안관을 선발시켜야 하느냐를 배울 필요가 있다. 이렇듯 기본적인 기술들에 대한 상세한 지식은 훈련자로서 감독관의 역할을 위한 기본적인 요구사항이다.

비록 직원이 근무경험을 통해 인간관계에 대한 상호작용 능력을 개발했다고 하더라도 감독관의 위치는 좀 더 광범위한 커뮤니케이션 능력을 요구한다.

보통 문제들은 현장에서 발생하기 때문에 감독관은 고객과의 계약을 증대시킬 수 있고 어떻게 감독관이 관계를 유지하느냐에 따라 고객을 유지시킬 수도 있다. 또한, 감독관은 경호보안업체에 대한 정보를 찾는 잠재고객에게 접근하기 쉽기 때문에 마케팅에서 중요한 역할을 할 수도 있다.

새로 온 감독관들은 다른 직책의 직원들이 기존에 해왔던 것들에 대해 훈련상담 또는 규율을 통해서 개선할 점을 다루어야 한다. 감독관에게 가장 어려운 문제 중 하나인 평직원으로부터 감독관으로서의 과도기를 쉽게 넘기려면 경영진은 사내방송이나 개인적인 접촉을 통해서 감독관에게 자신감을 심어줘야 한다. 그러므로 적응단계 훈련은 감독관으로서 첫 근무를 시작하기 전에 반드시 거쳐야 한다. 이상적으로 이 훈련은 선택된 직원에게 상급강화 훈련을 통해서 제공되어야 한다. 이때 경영진은 새 감독관이 동기 부여 이론이나 상담에 대한 기본을 이해하고 있다고 가정하는 것은 오산이다.

감독관은 전체적인 기업의 규율 시스템과 업무에 적용되는 인사관계법이나 규율 모두 이해할 필요는 없다. 감독관에게 요구되는 행정상의 훈련의 양은 경호보안업체 내의 감독관의 역할에 달려 있다.

만약, 감독관이 임금대장에 대한 사항을 준비해야 한다면 이것은 반드시 훈련을 통해 다루어져야 하고, 아니라면 훈련시간은 축소될 수 있다. 감독관이 근무시간표나 빈틈이 생긴 근무시간에 대한 파견업무를 담당한다면 운영과 비용에 대한 이해가 필요하다.

감독관에게 운영에 대한 업무를 익히게 하는 가장 중요한 방법 중 하나는 사무실에서 시간을 할애하도록 하는 것이다. 평직원이 단순히 현장에서 업무를 봐야 하는 것과는 달리 감독관은 때로는 사무실에서 매달 일정한 시간을 할애해 업무를 봐야 한다. 이것은 행정직원을 통해서도 이루어질 수도 있으며 간단한 프로젝트를 경험삼아 기획하는 것을 통해서도 이루어질 수 있다. 이 시스템은 사무직원이 휴가 기간 중 교체인원을 제공할 수 있게 해 주며 감독관에게는 잠재적인 승진기회를 제공해 주기도 한다.

감독관이 사무실에 정기적으로 방문하기 때문에 현장경험을 통해 훈련에 필요한 비디오테이프나 전문적인 안전방송망과 같은 부수적인 교재에 대한 더 나은 선택을 할 수도 있다. 또한, 강화훈련과 관련이 있는 그 달의 주제를 선택하거나 적절한 비디오테이프를 선택할 수도 있다. 그런 후 감독관은 1달 동안 비디오테이프를 조사하고 그것과 관련된 퀴즈를 낸다. 여기에 맞춰 근무 전후에 보기 적합한 5분 정도 길이로 압축된 짧은 시간의 비디오테이프들이 있다. 보통 안전에 관한 비디오테이프의 길이는 20분 이하이고 이에 따라 감독관들은 30분 이내에 훈련을 끝낼 수 있다.

감독관이 안전경영이나 감독에 관한 직업개발 세미나에 참석하는 것도 유용할 수 있다. 경호보안요원을 위해 비전문적인 문제를 다루는 세미나는 거의 없지만 경호업체는 가능할 때마다 감독과 경영을 강조한 전문 수준의 세미나의 참여를 적극 권장해야 한다.

2. 경비지도사제도

한국 경비지도사제도는 경비업의 건전한 육성과 발전을 위하여 1995년 12월에 제5차 「경비업법」 개정시에 신설하여 1997년부터 시행되고 있으며 경비원을 지도·감독·교육하는 업무를 담당하고 있다.

경비지도사 시험 합격자 현황

(단위 : 명)

계	1회	2회	3회	4회	5회	6회	7회	8회	9회	10회	11회
연도	1997. 3.23	1999. 10.31	2001. 12.9	2002. 11.10	2003. 11.9	2004. 11.21	2005. 11.13	2006. 11.19	2007. 11.18	2008. 11.9	2009. 11.
15,941	2,398	7,875	635	796	769	647	670	719	760	672	666

2008년에는 제10회 경비지도사 시험을 실시하여 일반경비지도사 604명, 기계경비지도사 68명 도합 672명을 선발하였으며 2008년말 현재 경비지도사 합격인원은 총 15,941명으로 경비업체에 배치되어 민간경비의 질적 향상에 기여하고 있다.

1) 경비지도사의 의의와 직무

외국의 시큐리티 자격제도

- 미국
- 미국 산업시큐리티협회(ASIS : American Society Industrial Security)의 CPP(Certified Protection Professional)
- 일본

일본	한국
경비원 1·2급	없음(신변보호사1·2급)
경비원지도교육책임자	일반경비지도사
기계경비업무관리자	기계경비지도사

고객의 생명·신체와 재산의 안전에 밀접한 관련이 있는 경호보안업무는 전문지식과 기능을 가져야 한다. 「경비업법」은 경비업무를 수행하는 경비원의 이러한 전문지식과 기능의 양성을 확보하고 경비원의 지도·감독·교육을 위해 제5차 경비업법 개정(1995.12.30)시 경비지도사제도를 신설·도입하였다.

경비지도사는 경비원을 지도·감독 및 교육하는 자로서 일반경비지도사와 기계경비지도사로 나누고 있다(「경비업법」 §2제2호). 일반경비지도사는 시설경비업무, 호송경비업무, 신변보호업무, 특수경비업무 등의 경비업무에 종사하는 경비원을 지도·감독 및 교육하는 경비지도사를 말하고 기계경비지도사는 기계경비업무에 종사하는 경비원을 지도·감독 및 교육하는 경비지도사를 말한다(시행령 §10).

경비지도사의 업무로 (1) 경비원의 지도·감독·교육에 관한 계획의 수립·실시 및 그 기록의 유지, (2) 경비현장에 배치된 경비원에 대한 순회점검 및 감독, (3) 경찰기관 및 소방기관과의 연락방법에 대한 지도, (4) 그 밖에 대통령령이 정하는 직무 등을 수행한다(동법 §12②). 여기서 대통령령이 정하는 직무는 ㈀기계경비업무를 위한 기계장치의 운용·감독, ㈁오경보방지 등을 위한 기기관리의 감독(기계경비지도사의 경우에 한함) 등이 있다(시행령 §17①).

2) 경비지도사의 자격시험

㉮ **경비지도사 자격요건** : 일반경비원과 마찬가지로 (1) 만18세 미만인 자, 금치산자, 한정치산자, (2) 파산선고를 받고 복권되지 아니한 자, (3) 금고 이상의 실형의 선고를 받고 그 집행이 종료(집행이 종료된 것으로 보는 경우를 포함)되거나 집행이 면제된 날부터 5년이 지나지 아니한 자, (4) 금고 이상의 형의 집행유예선고를 받고 그 유예기간 중에 있는 자에 해당하면 경비지도사가 될 수 없다(「경비업법」 §10①).

경비지도사가 되려면 경찰청장이 시행하는 경비지도사 시험에 합격하고 행정안전부령이 정하는 교육(시행규칙 §9: 44시간)을 받은 자이어야 한다(동법 §11①).

㉯ **경비지도사 시험** : 경찰청장은 경비지도사의 수급상황을 조사하여 경비지도사를 새로 선발할 필요가 있다고 인정되는 때에는 경비지도사 시험의 실시계획을 수립하여야 하며, 이에 의한 시험의 실시계획에 따라 시험을 실시하고자 하는 때에는 응시자격·시험과목·시험일시·시험장소 및 선발예정인원 등을 시험시행일 60일전까지 각 지방경찰청 게시판 및 인터넷 홈페이지에 게시하는 방법에 의하여 공고[10] 하여야 한다(시행령 §11). 경비지도사 시험에 응시하고자 하는 자는 [별지 제8호서식]의 응시원서(전자문서로 된 원서를 포함)를 경찰청장에게 제출하여야 한다(시행규칙 §8).

시험은 필기시험의 방법에 의하여 제1차시험과 제2차시험으로 구분하여 실시하되, 경찰청장이 필요하다고 인정하는 때에는 제1차시험과 제2차시험을 병합하여 실시할 수 있다. 제1차시험 [법학개론, 민간경비론] 및 제2차시험은 각각 선택형으로 하되, 제2차시험 [경비업법(청원경찰법 포함), 일반경비지도사 2차과목은 경호학·범죄학·소방학중 1과목, 기계경비지도사 2차과목은 기계경비개론·기계경비기획 및 설

10) 「경비업법」 제27조 및 동법시행령 제31조의 규정에 따라 경비지도사시험관리업무의 위탁에 관한 사항과 동령 제28조에 의하여 경비지도사 시험응시 수수료를 고시하기 위하여 「경비지도사시험위탁및응시수수료책정고시」(2002. 7. 24 경찰청고시 제2001-5호)이 마련되어 있다.

계 중 1과목] 에 있어서는 선택형 외에 단답형을 추가할 수 있다.

제2차시험은 제1차시험에 합격한 자에 대하여 실시한다. 제1차시험과 제2차시험을 병합하여 실시하는 경우에는 제1차시험에 불합격한 자가 치른 제2차시험은 이를 무효로 한다.

【 경비지도사의 시험과목 】(시행령 제12조③관련 [별표 2])

구분	1차시험	2차시험
	선택형	선택형 또는 단답형
일반경비지도사	○법학개론 ○민간경비론	○경비업법(청원경찰법을 포함한다) ○소방학 · 범죄학 또는 경호학중 1과목
기계경비지도사		○경비업법(청원경찰법을 포함한다) ○기계경비개론 또는 기계경비기획 및 설계중 1과목

경찰청장은 시험문제의 출제를 위하여 ㈀고등교육법에 의한 전문대학 이상의 교육기관에서 경찰행정학과 등 경비업무 관련학과 및 법학과의 부교수(전문대학의 경우에는 교수) 이상으로 재직하고 있는 자, ㈁석사 이상의 학위소지자로 경찰청장이 정하는 바에 의하여 경비업무에 관한 연구실적이나 전문경력이 인정되는 자, ㈂방범 · 경비업무를 3년 이상 담당한 경감 이상 경찰공무원의 경력이 있는 자 등의 어느 하나에 해당하는 자중에서 시험출제위원을 임명 또는 위촉하는데, 시험출제위원의 수는 시험과목별로 2인 이상으로 한다(시행령§15). 시험출제위원으로 임명 또는 위촉된 자는 경찰청장이 정하는 준수사항을 성실히 이행하여야 한다.

시험출제위원과 시험관리업무에 종사하는 자에 대하여는 예산의 범위안에서 수당과 여비를 지급할 수 있는데, 공무원인 위원이 그 소관업무와 직접적으로 관련하여 시험관리업무에 종사하는 경우에는 그러하지 아니하다.

제1차시험에 합격한 자에 대하여는 다음 회의 시험에 한하여 제1차 시험을 면제한다(시행령§12). 그 외에도 경비지도사 시험의 일부를 면제하는 경우가 있는데 제1차 시험이 면제되는 자로는 다음과 같다(시행령§13).

(1) 경찰공무원법에 의한 경찰공무원으로 7년 이상 재직한 자,

(2) 「대통령 등의 경호에 관한 법률」에 의한 경호공무원 또는 별정직공무원으로 7년이상 재직한 자,

(3) 군인사법에 의한 각 군 전투병(보병, 포병, 기갑, 공병, 통신)과 또는 헌병병과 부사관 이상 간부로 7년 이상 재직한 자,

(4) 「경비업법」에 의한 경비업무에 7년 이상(특수경비업무의 경우에는 3년이상) 종사하고 행정안전부령(시행규칙§10)이 정하는 교육과정을 이수한 자[고등교육법에 의한 전문대학 이상의 교육기관(경비지도사의 시험과목 3과목 이상이 개설된 교육기관에 한함)에서 1년 이상의 경비업무관련 과정을 마친 사람, 경찰청장이 지정하는 기관 또는 단체에서 실시하는 64시간 이상의 경비지도사 양성과정을 마치고 수료시험에 합격한 사람],

(5) 고등교육법에 의한 대학(4년제) 이상의 학교를 졸업한 자로서 재학 중 경비지도사 시험과목을 3과목 이상 이수하고 졸업한 후 경비업무에 종사한 경력이 3년 이상인 자,

(6) 고등교육법에 의한 전문대학을 졸업한 자로서 재학중 제12조제3항의 규정에 의한 경비지도사 시험과목을 3과목 이상 이수하고 졸업한 후 경비업무에 종사한 경력이 5년 이상인 자,

(7) 일반경비지도사의 자격을 취득한 후 기계경비지도사의 시험에 응시하는 자 또는 기계경비지도사의 자격을 취득한 후 일반경비지도사의 시험에 응시하는 자 등이다.

제1차시험의 합격결정에 있어서는 매 과목 100점을 만점으로 하며, 매과목 40점 이상, 전과목 평균 60점 이상 득점한 자를 합격자로 결정한다. 제2차시험의 합격결정에 있어서는 선발예정인원의 범위안에서 60점 이상을 득점한 자중에서 고득점 순으로 합격자를 결정하는데, 이 경우 동점자로 인하여 선발예정인원이 초과되는 때에는 동점자 모두를 합격자로 한다. 경찰청장은 제2차시험에 합격한 자에 대하여 합격공고를 하고, 합격 및 교육소집 통지서를 교부하여야 한다(시행령 §14).

3) 경비지도사의 교육훈련

경비지도사 시험에 합격한 자는 소정의 교육과정의 교육을 받아야 한다(「경비업법」 §11①). 경비지도사 교육은 경비지도사에 대한 시행규칙 제9조의 규정에 의한 다음과 같은 과목 및 시간을 받아야 한다. 이에 따른 교육에 소요되는 비용은 경비지도사의 교육을 받는 자의 부담으로 한다(시행규칙 §9).

【 경비지도사 교육의 과목과 시간 】 (시행규칙 제9조제1항 관련 [별표1])

<table>
<tr><th>구분 (교육시간)</th><th colspan="2">과 목</th><th>시 간</th></tr>
<tr><td rowspan="10">공통교육
(28시간)</td><td colspan="2">○ 「경비업법」</td><td>4</td></tr>
<tr><td colspan="2">○ 「청원경찰법」 및 「경찰관직무집행법」</td><td>3</td></tr>
<tr><td colspan="2">○ 테러 대응요령</td><td>3</td></tr>
<tr><td colspan="2">○ 화재대처법</td><td>2</td></tr>
<tr><td colspan="2">○ 응급처치법</td><td>3</td></tr>
<tr><td colspan="2">○ 분사기 사용법</td><td>2</td></tr>
<tr><td colspan="2">○ 교육기법</td><td>2</td></tr>
<tr><td colspan="2">○ 예절 및 인권교육</td><td>2</td></tr>
<tr><td colspan="2">○ 체포 · 호신술</td><td>3</td></tr>
<tr><td colspan="2">○ 입교식 · 평가 · 수료식</td><td>4</td></tr>
<tr><td rowspan="10">자격의 종류별 교육
(16시간)</td><td rowspan="6">일반경비지도사</td><td>○ 시설경비</td><td>2</td></tr>
<tr><td>○ 호송경비</td><td>2</td></tr>
<tr><td>○ 신변보호</td><td>2</td></tr>
<tr><td>○ 특수경비</td><td>2</td></tr>
<tr><td>○ 기계경비개론</td><td>3</td></tr>
<tr><td>○ 일반경비현장실습</td><td>5</td></tr>
<tr><td rowspan="4">기계경비지도사</td><td>○ 기계경비운용관리</td><td>4</td></tr>
<tr><td>○ 기계경비기획및설계</td><td>4</td></tr>
<tr><td>○ 인력경비개론</td><td>3</td></tr>
<tr><td>○ 기계경비현장실습</td><td>5</td></tr>
<tr><td>계</td><td colspan="2"></td><td>44</td></tr>
</table>

4) 자격증의 교부

경찰청장은 경비지도사 시험에 합격하여 소정의 경비지도사 교육(시행규칙 §9)을 이수한 자에게는 시행규칙 [별지 제9호서식]의 경비지도사자격증 교부대장에 소정의 사항을 기재한 후, [별지 제10호 서식]의 경비지도사 자격증을 교부하여야 한다(동법 §11②, 시행규칙§11). 교부받은 경비지도사 자격증은 다른 사람에게 빌려주거나 양도해서는 안된다.

5) 경비지도사의 선임 · 배치

경비업자는 경비원의 지도 · 감독 · 교육에 관한 계획의 수립 · 실시 및 그 기록의 유지, 경비현장에 배치된 경비원에 대한 순회점검 및 감독, 경찰기관 및 소방기관과의 연락방법에 대한 지도 등의 업무를 수행하기 위하여 소정의 기준(시행령§ 16①관련[별표3])에 따라 경비지도사를 선임·배치하여야 하며, 결원이 발생할 경우나 자격정지 등의 사유로 그 직무를 수행할 수 없는 때에는 15일이내에 새로이 경비지도사를 충원해야 한다. 경비지도사의 신분증명서는 경비지도사가 소속된 경비업자가 [별도 5]와 같은 규격 및 지질로 발급한다.

신분증명서 (경비업법 시행규칙 제27조②관련[별도 5])

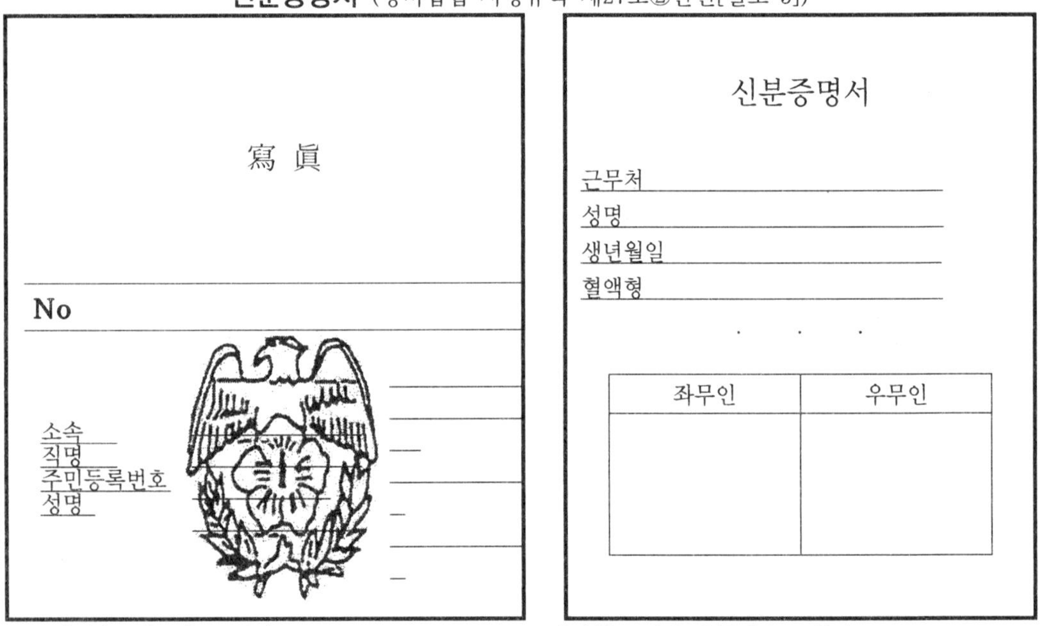

1. 지질은 "아트지"로 한다.
2. 경비원 모장은 초록색으로 한다.
3. 바탕 글씨는 황색으로 기타의 글씨는 흑색으로 한다.
4. 직명란의 "경비원" 또는 "경비지도사"는 청색으로 한다.

일반경비지도사는 시설경비업·호송경비업·신변보호업 및 특수경비업에 한하여 선임·배치하되, 경비원을 배치하여 영업활동을 하고 있는 지역을 관할하는 지방경찰청의 관할구역별로 경비원 200인까지는 일반경비지도사 1인씩 선임·배치하고, 200인을 초과하는 100인까지마다 1인씩을 추가로 선임·배치한다(2이상의 경비업을 하는 경우 경비지도사의 배치는 각 경비업에 종사하는 경비원의 수를 합산한 인원을 기준). 특수경비업의 경우는 특수경비원 교육을 이수한 일반경비지도사를 선임·

배치한다. 또 기계경비지도사는 기계경비업에 한하여 일반경비지도사의 선임·배치 기준과 동일하게 선임·배치한다. 그러나 경비지도사가 선임·배치된 지방경찰청의 관할구역에 인접하는 지방경찰청의 관할구역에 배치되는 경비원이 30인 이하인 경우에는 경비지도사를 따로 선임·배치하지 아니할 수 있다. 이 경우 인천지방경찰청은 서울지방경찰청과 인접한 것으로 본다.

6) 경비지도사의 직무 및 의무

경비지도사는 경비원을 지도·감독 및 교육하는 자로서 일반경비지도사와 기계경비지도사로 구분한다. 경비업자에 의해 선임된 경비지도사는 (1) 경비원의 지도·감독·교육에 관한 계획의 수립·실시 및 그 기록의 유지(월 1회 이상 수행), (2) 경비현장에 배치된 경비원에 대한 순회점검 및 감독(주 1회 이상 수행), (3) 경찰기관 및 소방기관과의 연락방법에 대한 지도, (4) 그 밖에 대통령령이 정하는 직무(시행령 §17) 등을 성실하게 수행하여야 한다(「경비업법」 §12).

기계경비지도사의 직무는 (가) 기계경비업무를 위한 기계장치의 운용·감독, (나) 오경보방지 등을 위한 기기관리의 감독 등인데, 이 직무는 주1회 이상 수행하여야 한다(시행령 §17).

경비지도사는 「경비업법」 제12조 제3항에 따라 같은 조 제2항 제1호의 직무는 월 1회 이상, 제1항 각 호 및 법 제12조 제2항 제2호의 직무는 주 1회 이상 수행하여야 한다. 다만, 2009년 7월 1일부터 2011년 6월 30일까지 제1항 각 호 및 법 제12조 제2항 제2호의 직무는 월 1회 이상 수행하여야 한다. 이는 2009년 3월 27일 국가정책조정회의에서 경제위기 조기극복을 위해 경기활성화에 부담이 되는 규제를 일정기간 유예하거나 완화하는 '한시적 규제유예 제도'를 도입·추진하기로 함에 따라 한시규정을 둔 것이다.

3. 경호보안업체 관리자의 훈련

1) 경영진 훈련 프로그램

평직원과 마찬가지로 관리자들도 적응단계와 보강, 강화훈련이 필요하다. 공교롭게도 많은 경호보안업체들이 경호보안업에 경험이 없는 초급관리자를 고용하고 이들에게 단지 현장실습만을 제공하고 있는 실정이다. 이것은 관리자들이 주로 시행착오를 통해서 배운다는 것을 의미한다. 그러므로 초급관리자가 경호보안산업에 대한 전반적인 이해를 도울 수 있는 정식의 훈련을 받는 것은 매우 중요하다. 심지어 경호보안요원으로서 상당한 현장경험을 가지고 있는 관리자라 할지라도 실제적으로 경영전반에 대해 이해하고 있다고 보기는 어렵다.

경영진을 위한 훈련프로그램(Management Training Programs)을 시행하는 가장 쉬운 방법은 기업 내의 각자 직책을 돌아보도록 하는 것이다. 경호보안업 관리자가 경호보안요원으로서 경험이 없다면 현장감독이나 경호보안요원으로서의 시간도 포함시켜야 한다. 또한, 사무직원도 훈련자로서 중요한 역할을 해야 한다.

한편, 경호보안요원의 현장실습과 마찬가지로 각 훈련자는 경영훈련시 반드시 습득해야 할 모든 업무를 포함시킨 점검표가 필요하다. 상급 경영진은 훈련을 감독하고 경영 훈련생에게 조언자로서의 역할도 해야 한다.

대부분의 신임관리자는 기업운영에 상당한 시간을 할애한다. 이는 운영이 사업의 중심부이기 때문에 당연한 것이지만 어떻게 계약이 마케팅에 의해 전개되고 어떻게 비용이 회계기능에 의해 할당되는지에 대한 확실한 이해 없이는 초급관리자는 보통 감독관보다 더 효율적이고 중요한 역할을 할 수 없기 때문이다. 현재 운영상의 문제점을 넘어서 그것이 어떻게 판매와 이윤에 영향을 미치는가까지 볼 수 있는 능력이 감독관과 관리자를 구분짓는 점이다.

또한, 정규과정의 현장실습 중에 경영 훈련생은 안전경영이나 경호보안산업에 관한 선택된 서적목록 등을 제공받아야만 한다. 이러한 서적은 전문도서관이나 공공도서관에서 쉽게 찾아 볼 수 있다. 경호보안업체는 물론 기업정보와 함께 도서목록을 개발해야 한다. 경영 훈련생의 필독 도서목록에는 평직원에게 지급된 기업의 정책, 절차서나 행동규범에 관한 기준 책자들도 포함해야 한다.

한편, 훈련생이 전문단체에 가입하는 것도 권장해야 한다. 많은 안전단체가 있지만 이 중에서 기업이 목표로 하는 바를 포함한 조직이여야만 한다. 이것을 통해 회원은 귀중한 정보를 제공받고 보다 밀접한 연결고리를 만들어 직업적인 발전을 가져올 수 있기 때문이다.

2) 직업개발훈련

안전(安全)에 관한 경호보안산업은 급속도로 변화한다. 전산화된 보안 시스템의 발전과 같은 기술혁신은 경호보안업체의 사업방식에 많은 변화를 주었다. 보험료의 증가와 같은 경제적인 변화도 경호보안산업에 지대한 영향을 주었다. 아는 것이 곧 힘이고 첨단기술이 곧 경쟁입찰에 영향을 미칠 수 있는 시점에서 경호보안업체는 관리자의 직업개발(Professional Development)훈련을 게을리 할 수 없다.

경호보안업체 관리자에게는 종종 간과하기 쉬운 직업개발 훈련, 세미나 또는 출판물과 같은 훈련의 기회가 풍부하다. 이러한 기회는 관리자나 경호보안관리자 모두의 직업개발에 초점을 맞춘다. 또한, 기업이 좀 더 경쟁적으로 운영될 수 있도록 하는 새로운 기술 발전에 대한 정보도 제공한다.

훈련은 보통 직업 단체의 회원제나 세미나를 통해서 이루어진다. 많은 양의 운영과 경영에 대한 세미나가 제공되기는 하지만 특정한 기업의 필요성이나 개인적인 직업개발에 부합할 만한 것을 고르는 것이 중요하다. 이것은 직업단체의 경우에도 마찬가지로 적용된다. 어느 단체에서 회원이 되기 위한 조건으로 회원비만을 요구한다면 그 단체는 직업적인 이유로는 가입할 만한 가치가 없는 것이다.

한국에서 경호보안업체와 관련된 단체로는 경비협회와 경비지도사협회 등이 있다. 경호보안업을 운영하는 경비업자가 경비업무의 건전한 발전과 경비원의 자질향상 및 교육훈련 등을 위하여 경비업자 5인 이상이 발기인이 되어 경비협회를 설립할 수 있다(경비업법 §22①). 경비협회는 반드시 법인으로 하여야 한다(동법 §22②). 협회는 정관이 정하는 바에 의하여 회원으로부터 회비를 징수할 수 있다(시행령 §26②). 경비협회는 최초 1978년 9월 21일 한국용역경비협회로 설립되었다가 1999년 한국경비협회로 개칭되었다. 한국경비협회는 경비업의 건전한 육성·발전과 경비원의 자질향상을 위한 교육 훈련 등을 행하며 회원의 품위보전과 권악옹호를 도모하고 경비업의 사회적 신뢰 제고와 생활 안전의 향상에 공헌함을 그 목적으로 하는 사단법인이다. 당초에 경비업 허가를 받은 경우 협회에 가입하도록 하였으나 규제완화 정책의 일환으로 단행된 제7차(1999년) 「용역경비업법」개정에서는 「경비업법」으로 법명을 변경하여 「행정규제기본법」에 의한 규제정비계획에 따라 경비지도사의 자격 등과 관련된 규정을 합리적으로 조정하고, 설립과 가입이 강제되던 경비협회 관련 규정을 정비하는 등 경비업과 관련된 과도한 규제를 개선·완화하였다. 한국경비협회는 「경비업법」에 의한 경비원에 대한 신임교육을 실시하는 이외에 자체 「교육훈련규정」(1992.10.29제정)에 의하여 연도별 교육기본계획에 따른 교육책임자 전수교육 형태의 관리자교육 및 경비협회 회원을 대상으로 한 경영자교육(세미나 포함)을 실시하고 있다.

또한 사단법인으로 한국경비지도사협회를 창립하여(1997.7.2) 경찰청의 법인허가를 받아 등록되어(2000.3.27) 경비지도사의 권익보호와 위상제고 및 자질향상을 위하여 제도와 법령의 정비, 직무 능력배양을 위한 연구활동을 비롯하여 경비지도사의 선임업무와 후생복리증진사업을 수행하고 있다.

제7장

경호보안업체의 사무관리

제7장 경호보안업체의 사무관리

제1절 사무관리 의의

경호보안회사의 담당자들은 현장업무에 가장 큰 비중을 둔다. 이것은 경영관리에 있어 외부 현장업무가 회사의 수익성을 유지시켜 주는 유일한 것이기 때문이다. 그러나 그에 못지않게 중요한 영역은 비용절감과 최소한의 경영유지에 중점을 둔 내부 사무관리 분야이다. 사무관리(事務管理)라 함은 기업 경영에서 경영 활동을 촉진하기 위한 사무를 관리하는 활동이다. 사무전담 내근자들은 다양한 업무보다는 대부분의 관리직 직원들과 같이 나약하고 무사안일한 경향이 있다. 경호보안회사가 살아남기 위해서는 내부적인 사무관리 업무는 일상분야의 운영만큼 긴급해 보이진 않지만 운영자뿐만 아니라 관리자의 많은 관심을 필요로 한다.

제2절 경호보안업의 사무관리

1. 사무관리 직원

1) 직원개발(Developing the Staff)

관리직원은 순수한 간접비이기 때문에 경호보안회사는 최소한의 관리직원을 두는 경향이 있다. 접수나 유니폼 배급, 서류정리와 같은 일상적인 사무기능은 초보수준의 관리자나 감독자가 수행한다. 반면에, 많은 경호보안회사들은 여러 기능을 수행하는데, 이것은 잘못된 계산이다. 이것은 [표 7.1]의 사무직원의 시간당 비용과 하급 관리자의 시간당 비용을 비교했을 때 더욱 분명히 나타난다. 이것은 추가비용이 있기 때문이다.

【표 7.1】 관리자 대 직원 급여 비교 (단위 : 원)

구 분	시간별 요금	연간 요금
문서정리 직원	7,700	16,000,000
하급 관리자	13,000	26,000,000
잠재적 절약	5,300	10,000,000

* 각 회사마다 기준이 달라질 수 있음.

경호보안회사의 관리자가 수행하는 막중한 관리업무는 고도의 스트레스를 유발한다. 관리자가 그들의 개인적 정력소모를 시작할 때의 스트레스는 우수한 경호보안요원들과 고객을 유지하는 상황에서 발생하는 데 형편없는 직원과 고객과의 관계에서 스트레스는 더욱 분명히 나타난다. 경호보안산업은 특성상 상당한 스트레스를 받는데, 유능한 관리자는 이러한 스트레스가 적당한 수준에서 유지되어야 한다는 것을 알아야 한다.

관리직원의 개발에 있어 초보관리자는 정식직원의 관점으로 생각하는 경향이 있다. 과도한 업무를 하는 보통직원은 보편적으로 "우리는 다른 직원을 쓸 형편이 못됩니다."라고 대답하는 반면, 훌륭한 관리자는 해야 할 일에 더 관심을 가진다. 만약, 정규 직원을 쓸 충분한 일거리와 돈이 없다면 비정규 직원이나 임시직원을 쓸 수 있다. 이것은 회사측에서 보면 월급지불이나 세무관련과 같은 주기적인 일에 유용하다.

또 다른 비정규 사원의 고용으로 인한 효과는 몇몇의 다른 지위에 있는 교체된 경호보안요원 대신으로 쓰여진다. 예를 들면, 경호보안요원은 2~3일 고객 주변에서 경호를 하고 나머지 시간은 사무실에서 보낸다. 이것은 관찰하는 업무습관을 가능하게 감독관들을 자극시키는 좋은 방법이다.

직원들을 키우는 한 가지 독창적인 방법은 사회단체 또는 직업학교에서 하는 인턴프로그램을 응용하는 것이다. 학생들은 방과 후 또는 주말에 적당한 임금으로 비정규 사원으로 일을 하고 그들의 성적이 매겨지게 된다. 성적이 좋은 학생들은 정규직원으로 채용될 가능성이 많다.

만약, 관리직 사무원의 갑작스런 병가 또는 휴가로 생기는 결원을 보충할 직원이 필요하다면 명망있는 회사로부터 임시직원을 고용할 수 있다. 이것이 추가비용이 들더라도 남아 있는 과도한 업무 부담을 지고 있거나 업무가 힘들다고 느끼는 것보다는 더 낫다. 게다가 우수한 임시직원은 경호보안회사의 정식직원으로 인정받을 수도 있다.

2) 주요 직원의 직책

경호보안회사의 사무실 직원은 사무관리자, 경리직원, 사무원 등과 같이 몇 가지 중요한 직책(Key Staff Positions)을 갖고 각자의 업무를 수행한다. 소규모 사무실에서 비서나 경리직원, 사무와 같은 임무는 보통은 통합적으로 이루어진다. 직책보다는 수행하는 임무에 초점을 맞추고 현재의 사무실 직원을 위해 적절한 직위 등급을 개발하는데 중점을 두는 것이 중요하다.

(1) 사무관리자

사무관리자(Office Manager)는 모든 관리직원에 대해 감독자로서 임무를 수행한다. 이것은 회계나 인사와 같이 관련된 기능을 감독하거나, 단지 사무직원에 한정될 수도 있다. 직원감독과 동기화뿐만 아니라 사무실관리자는 관리임무를 수행하기 위하여 시스템을 개발하거나 유지하는 책임이 있다. 이상적인 사무실관리자는 강력한 감독자여야 할 뿐만 아니라 관리 시스템과 실행, 상법, 회계, 인사업무에 관한 광범위한 지식을 갖추어야 한다.

소수의 경호보안회사만이 적절한 것에 사무관리자를 두고 사업을 시작한다. 그러나 이러한 직책은 회사의 초기단계에 더욱 중요하다. 대개의 경호보안회사에서 직원의 감독은 또 다른 관리자의 부수적인 업무로 병행된다. 그러나 운영의 첫날부터 관리경영 시스템을 개발하고 적절한 곳에 사무관리자를 두는 것이 필요하다.

경호보안회사가 정식 사무관리자의 고용부족을 해결하는 몇 가지 선택 방안이 있다. 하나는 초기단계나 관리경영 시스템의 정기적 검토단계에 고문기술자를 고용하는 것이다. 또 다른 방법은 시간제 사무관리자를 두는 것이다. 그러나 가장 널리 쓰이는 방법은 몇 가지 관리업무를 결합시키는 방법이다. 예를 들어, 인사관리자나 회계관리자로서 수행할 수도 있으며, 작은 규모의 사무실에서는 비서로서 일할 수도 있다. 그러나 관리경영 시스템을 개발하고 유지하는 데 책임을 맡고 있는 누군가가 사무실에 있다는 것은 중요하다.

(2) 비서

모든 경호보안회사에서 현재 근무하는 사람은 경호보안회사에서 하는 일과는 거리가 먼 사무적인 보조업무를 하는 비서(Secretary)도 있다. 많은 소규모의 회사들에서 비서는 오직 한 명의 관리직원이며, 회사와 관련된 관리문제를 다룬다. 정상적으로 비서는 응답, 접수, 문서정리와 일상적인 사무의 업무까지 다루는 관리보조 업무를 본다. 경호보안회사에서 비서는 구직자들을 먼저 심사하고 경력을 검토하고, 제복을 지급하는 일을 맡는다. 우수한 비서에게는 이러한 많은 업무가 주어지는 경향 때문에 업무능력이 뛰어난 사람에게 무리한 일을 시키는 것을 피하기 위해 직책의 정의를 명확히 하는 것이 중요하다.

(3) 경리계원

경호보안회사의 대부분의 업무는 전화를 통해 이루어진다. 고객들과 잠재적인 고객들 및 경호보안요원들, 구직자들, 다른 업주들과의 전화응대 업무는 보통 소규모 회사들에서 기타 업무와 겸하고 있으며, 그것은 조심스럽게 권고되어야 한다. 걸려온 전화의 양과 루트를 추적한 결과 매 시간 전화를 하는 비서의 업무유형을 중단

시키는 것보다 장기간 비정식 경리계원(Receptionist)을 쓰는 것이 비용면에서 더 효과적이다. 응답 없는 전화는 의뢰건수를 놓치는 결과가 될 수 있다.

일반적인 문제는 낮은 급여를 받는 경리계원과 회사에 대한 지식과 업무를 모르는 기타 잡무 및 부수적인 일을 하는 직원들이다. 서비스 산업에 종사하는 회사의 경우에 막대한 손해를 끼칠 수 있는 중요한 문제이다. 만약, 회사가 경리계원을 고용한다면, 그는 질 높은 고객 서비스 정신을 가지고 회사와 경호보안산업을 위해 폭넓은 훈련과 연수를 받아야 할 것이다.

(4) 사무원

경호보안회사 사무실에서는 대부분의 업무는 반복되는 보고서의 정리나 급여지불방법과 기록을 보관하는 일과 같은 서류업무이다. 이러한 업무를 위해 값싼 사무원(Clerical Worker)을 고용함으로써 고액의 급여를 받는 관리직원들로부터 최고액의 비용을 절감할 수 있고, 더 복잡한 문제들에 집중할 수 있게 해야 한다. 예를 들면, 일상적인 우편 보고서를 정리하는 업무관리자를 두면, 그들의 능력을 개발시키고 배차를 전담하는 직원을 두어 보다 고급인력을 회사의 다른 주요업무에 집중할 수 있다.

경호보안회사에서 보통 일어나는 반복적인 서류작업은 위급한 상황이 일어날 때까지는 관심 밖의 문제로 밀려 나는 것이 보통이다. 특별한 보고서를 작성할 때 또는 고객의 청구문제를 재검토할 때만 서류업무가 중요하게 여겨지기도 한다. 우수한 사무원은 핵심적인 기록들에 접근할 준비를 하고 관련된 자료들을 제공한다. 중요한 서류를 찾는 업무로 시간을 쓴다면 비용이 드는 것을 생각해야 한다. [표 4.1]의 예에 나타난 것보다 사무원은 비용절감 효과가 더 크다.

2. 경호보안업의 행정사무업무

1) 영업허가 및 사업자등록

경호보안회사는 업무(Tasks)를 할 때 관할권의 허가(許可)가 정상적인 사업으로서의 첫 번째 요건이다. 최소의 허가(Licensing)는 관할 주무부서(경찰청)에 대한 허가를 득하는 업무 및 세무당국에 사업자등록을 하는 것 등이다. 이것은 면허취급 요금의 지급과 총수익에 대한 세금 또는 급여 지불에 대한 세금을 필요로 한다. 사업자등록증 없이 일을 하면 실질적으로 벌금을 내야 한다. 만일, 경호보안회사가 법인회사라면 회사업무의 모든 상황을 모두 기록해야 한다.

사람이 태어나면 출생신고를 통해 주민등록을 하듯이, 사업을 하려면 반드시 관할 세무서에 사업자등록을 해야 한다. 사업자등록은 사업을 시작한 날로부터 20일 내에 관할 세무서에 하는 것이 원칙이다. 사업자등록을 하려면 세무서 민원봉사실에 비치된 법인설립신고 및 사업자등록신청서, 법인등기부 등본(담당 공무원의 확인에 동의하지 아니하는 경우), (법인명의) 임대차계약서 사본(사업장을 임차한 경우에 한함), 주주 또는 출자자명세서, 사업허가 · 등록 · 신고필증 사본(허가 전에 등록하는 경우 : 허가(등록)신청서 등 사본 또는 사업계획서), 현물출자명세서(현물출자법인의 경우에 한함) 등을 준비한다. 경호보안업종의 경우 「경비업법」에 의한 허가, 등록 또는 신고가 필요한 업종이므로 첨부서류와 인허가 승인 절차를 사전에 파악해야 사업자등록이 가능하다. 허가나 신고 대상은 관할 관청이 현장답사나 서류심사를 통해 결정하고 창업자에게 승인 허가 여부를 통지해 준다.

또한 경비업허가는 유효기간이 5년으로 경호보안회사 증명서와 면허의 만기일을 주의해 지킬 수 있는 정보 체계를 갖추어야 하고 만료 3일전에 갱신허가를 득해야 하므로 시기에 맞춰 이 정보를 파악하고 있어야 한다. 정보추적 체계를 구축하는 가장 효과적인 방법은 전산화된 자료 프로그램을 통해서 가능하다. 경호보안회사가 사용하기 위해 개발한 자동화 경호보안 시스템 체계 또는 핑커톤 자동화 자원체제는 많은 시간계획체제와 연결된 자료를 가지고 있다. 경호보안업무는 시간계획 · 기록추적 · 급여지급과 같은 모든 목적들을 위한 체계가 입력되어 있다.

2) 보험 및 공제

어떠한 사업도 위험은 감수해야 하는 경우가 생기는데, 경호보안회사들은 일의 특성상 다른 사업들보다 더 많은 위험을 내포하고 있다. 고객이 경호보안회사에 서비스를 의뢰를 할 때 그 고객은 보호활동을 위한 책임을 경호보안회사에게 일임한다. 계약의 불성실한 이행이나 경호보안회사의 경호보안요원들의 근무태만과 부주의는 분명히 회사에 위험부담을 주는 경우가 생긴다.

1980년대에 일어난 일련의 사건들을 살펴보면 경호보안회사의 책임감에 대하여 생각하게 한다. 먼저, 법정에서 수립된 몇 가지의 의무와 연합의 원칙에 대한 것이다. 이전에는 다른 사람에 의해 상해를 입은 피해자는 상해를 낸 가장 근접한 사람으로부터 손해배상금을 받을 수 있었다. 예를 들면, 경호보안회사에 의해 경호보안 서비스를 받는 어떤 사람이 주차빌딩에서 습격을 받았다면 습격한 범인만 재판을 받았다. 또 다른 사례를 살펴보면, 어떤 가수가 자기가 숙박하는 방에서 피습을 당해 그녀를 보호하지 못했다는 이유로 모텔주인을 상대로 고소해서 승소했다. 법정은 이와 비슷한 사례에서 범죄를 방지해야 하는 의무까지 포함시킨 것이다. 이것은 법률적 원칙과 몇몇의 의무사항들을 전환시킨 사례이다.

전통적으로 상해에 대해서는 둘 또는 더 많은 관련자들이 고소를 당하는데, 가장 많은 상해를 입힌 피고는 가장 많은 책임을 지도록 판결을 받고 많은 손해배상금을 지불했다. 그러나 이 원칙에 대한 새로운 해석에서 때때로 눈먼 돈의 원칙으로 언급되는데, 피고는 비록 많은 과실을 내지 않았다고 하더라도 원고에게 손해배상 전부를 해야 하는 의무를 가진다. 이것은 경호보안회사를 위해서는 매우 중요하다. 위의 사례를 보면, 주차빌딩의 주인과 경호보안회사 또한 고소당했고, 경호보안회사는 비록 고객의 요구나 계약된 대로 응했음에도 불구하고 상당액의 손해배상금을 지불하라는 판결을 받은 것이다.

이러한 불가피한 경우에 손해배상을 위해 막대한 출혈이 예상되어 있다. 회사가 이 사업을 계속 유지하기 위해서는 이러한 위험에 대비한 보험(Insurance)이나 공제(共濟) 가입이 필요하다.

(1) 일반 책임보험

경호보안회사에 의해 일어나는 위험은 일반 책임정책보다 우선한다. 다른 회사의 표준(규정) 책임보험과 다르게 경호보안회사 방침들은 부주의 · 태만 · 관심 · 보호와 통제에 대한 특별한 적용범위를 내포하고 있어야 한다. 실수와 태만에 대한 적용범위는 그 회사 또는 회사 근로자들이 임무를 완수하든 실패하든 간에 제3자가 상해를 입는 일이 생겼을 때도 보호된다. 주의·보호와 통제는 제3자의 재산의 손실과 손해를 막아 준다.

일반 책임보험(General Liability Insurance)의 적용 범위는 위험수준과 노출정도에 따라 보상의 기준을 정한다. 예를 들면, 무장한 경호보안요원은 좀 더 많은 책임보상을 지고 맨몸의 경호보안요원보다 보험할증이 더 높게 적용된다. 외부근무를 하지 않는 내근자는 무장하지 않은 경호보안요원보다 위험에 덜 노출되기 때문에 회사의 방침 아래 할증료가 붙지 않는다.

보험적용 범위는 보통 근로자가 하는 일에 따른 월급 정도에 의해 청구된다. 보통의 계산방법은 급여 지불 총액의 각 120,000원 정도이다. 보험할증은 수령액이 아닌 지불급여 금액을 기본으로 한다. 게다가, 할증료는 근로자의 임무에 따라 달라지는데, 회사는 가장 낮은 비율을 택한다. 예를 들면, 적은 수의 무장 경호보안요원들과 많은 수의 무장하지 않은 경호보안요원들이 있는 회사는 모든 근로자들에게 무장하지 않은 경호보안요원 할증을 적용하지 않아도 된다. [표 7.2]는 두 가지 계산방법의 다른 점을 보여 주고 있다.

【표 7.2】 보험비율 비교

근로자 부류	각 종류의 보험 비율	종류에 따른 매년 총지불액	회사 A	회사 B	회사 C
일반 경호보안요원들	0.038	₩1,123,200,000	₩56,160,000	₩42,690,000	₩42,690,000
무장한 경호보안요원들	0.05	₩261,600,000	₩13,104,000	₩13,104,000	₩13,104,000
사무직원	0	₩132,000,000	₩6,600,000	₩5,016,000	0
보험 할증료 합계	N/A	N/A	₩75,864,000	₩60,810,000	₩55,794,000

* 보험회사와 소속회사의 평가기준이 계약에 따라 달라질 수 있음.

어떤 위험정도에 따라 추가비용은 자기보험에 의해 절약할 수 있다. 이것은 공제할 수 있는 형태로 이루어진다. 회사는 손실액의 계산에 의해 공제를 인정할 수 있으며, 회사는 보험회사와 공제 가능액과 할증료를 줄이기 위해 협상할 수 있다. 공제할 수 있을 때 손실을 메우는 것은 흔히 있을 수 있는 일에서 추가 책임비용이 발생할 경우 보험회사에 보고되는 것이 일반적이다. 책임의 관계를 넘어서기 때문에 많은 고객들은 일에 대한 계획과 함께 일반 보통 책임보험의 적용범위가 합당한가에 대해 경호보안회사에 문의할 것이다. 보험회사의 노련한 경호분야의 적용범위 제시는 비용을 들이지 않고 보험 증명서를 제공할 것이다. 만약, 책임부담을 질만한 증거가 있다면, 반대로 보험회사는 경호보안회사가 결정할 가능성 있는 계약들도 재검토될 것이다.

(2) 초과 책임적용범위

초과 책임적용범위(Excess Liability Coverage)는 특별한 재해의 적용범위로 설계된다. 그것은 보통책임 경영방침의 한계를 넘는 사건들을 보호한다. 이 적용범위는 보호방침이라 하는데, 왜냐하면 그것은 몇몇의 더 작은 방침들을 보호하기 때문이다. 이런 종류의 보험은 비싸지는 않지만 경호보안회사들이 항상 이용할 수 있는 것은 아니다. 최고등급의 위험과 큰 손해액은 경호보안요원의 태만에서 비롯되기 때문이다.

만일, 경호보안회사가 보통책임(부담) 방침에 대해 평소의 액수대로 큰 보험을 계약한다면 초과책임(부담)은 매우 적당한 가격에 큰 소송을 필요로 하는 추가보호를 요청해야 한다.

(3) 지불보증 계약

경호보안회사들의 위험 적용 범위에서 기간을 정하지 않으면 지불보증 계약(Fidelity Bond)이라는 말보다 더 큰 문제를 불러올 수 있다. 지불보증 계약은 보험회사의 어떤 특별한 위험의 종류에 의해 보증되는 것과 연관이 있다. 사실 경호보안회사에 의해 몇몇 다른 종류의 지불보증 계약이 있으나 오직 한 가지 사실, 즉 경호보안요원의 불성실한 행동에 의해서만 고객은 보험의 보호를 받을 수 있을 것이다. 공동출자는 회사가 소신껏 한 일이 실패했을 경우 고소당할 때를 대비한 것이다.

중요한 고객들은 일을 의뢰할 때 입찰지불 보증 계약서를 경호보안회사에 요구한다. 보증 계약서는 금전적인 보증인데, 경호보안회사는 공고한대로 계약해 그것을 수락하고 실행할 것이다. 만약, 회사에 일이 주어진 후 계약대로 이행하지 못한 경우 입찰지불 계약은 상실되고 자금들은 재입찰 지불 보증계약 비용으로 쓰여진다. 입찰보증 계약은 정부와 같은 공공기관, 대리점과 큰 법인(주식회사)이 필요로 하고 있다.

계약이 한 번 이루어지면 어떤 고객들은 실행지불 보증 계약서를 받기를 원한다. 이 계약서는 그 회사의 내역서들과 일치하면 이행할 것이라는 보증이다. 기간 중 계약서를 쓸 때 대부분의 고객들은 고용인들의 불성실한 행동에 대해 계약자를 보호하는 지불보증 계약을 생각한다. 불행히도 모든 계약서가 제3자를 보호하는 것은 아니다. 표준 계약서는 업무 중 고용인의 위법행위에 대한 보호용으로 활용되기도 한다.

(4) 특별 보험적용 범위

경호보안회사에 의해 실행된 임무의 종류에 따르면 추가적으로 전문화된 특별보험적용 범위(Special Insurance Coverage)가 필요하다. 대부분 보편적인 전문화된 적용범위의 종류는 자동차 보험이다.

보험회사들은 자동차를 직접 소유하거나 빌리거나 임대하고 또는 근로자들이 직접 자신의 차를 사용하도록 요구하고, 임무수행 기간 동안 고객이 제공하는 차를 쓰기도 한다.

각각의 상황에 따라 다양한 보험이 적용된다. 고용인이 그들 개인의 보험방침을 소유한다면 그 방침은 작업진행 동안 사용하는 차량에 대해서는 부담하지 않는다. 이런 경우는 위험을 보호하는 제한된 방침을 포함하는 보험을 구입해야 한다. 자동차 보험 방침들은 보통 제3자의 신체상의 상해와 차량손상에 대한 부담적용 범위에 대한 책임으로부터 보호받을 수 있는 적용범위를 포함시킨다.

(5) 공제사업

손해율이 높아 보험가입이 어려울 경우 자체적으로 상부상조하기 위하여 자주적으로 만든 상호부조 형태로 공제(共濟)제도를 이용하기도 한다. 경호보안업체의 손해배상책임에 대비하여 조합을 결성하여 이에 가입하고, 미리 일정액의 부금을 갹출(醵出)해 적립하였다가 사고가 발생한 경우 적립금에서 일정액의 금액을 급여하여 사고로 인한 생활의 곤란을 덜어주는 공제조합을 이용한다.

「경비업법」에 의하면 한국경비협회는 제26조의 규정에 의한 경비업자의 손해배상책임을 보장하기 위하여 공제사업을 할 수 있도록 하고 있다(동법 §23①). 경비협회가 이에 따라 공제사업을 하고자 하는 때에는 공제규정을 제정하여야 하며(동법 §23②), 경비업자의 손해배상책임의 보장 외의 목적으로 공제사업을 운영하여서는 아니된다(시행령 §27②). 공제규정에는 공제사업의 범위, 공제계약의 내용, 공제금, 공제료 및 공제금에 충당하기 위한 책임준비금 등 공제사업의 운영에 관하여 필요한 사항을 정하여야 한다(동법 §23③).

3. 경호보안업의 문서관리

경호보안회사들은 서식과 같은 문서를 통해서 업무를 진행한다. 업무는 신청기관의 규모에 맞게 문서화하고 모든 임직원 및 관련자들의 손쉬운 이용을 보장한다.

보통 회사는 각종 사건발생의 형식을 가지고 있다. 시간기록 형식, 보고형식, 조사형식, 유니폼 문제형식, 사고보고 형식 등을 포함한다. 게다가 경호보안요원들과 감독관들은 특징고객의 필요에 따른 그들 스스로의 형식을 만드는 경향이 있다. 많은 형식들을 발생시켜 경호보안회사는 의견결정을 위해 필요한 정보를 얻을 수 있다.

회사 내에서의 문서의 형식을 통제하는 관리의 역할이 필요하다. 그것은 특별히 한 번의 사건에 대해 비공식 형식 사용이 가능하고 형식은 정식과정을 통해 개발되고 승인된다. 문서의 승인과 변경 및 폐기된 문서의 사용금지 등에 관한 절차를 수립해 둔다.

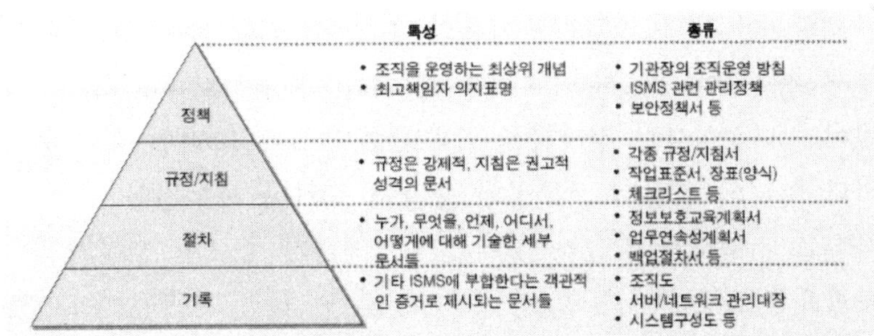

필요하다면 그 형식을 계획하고 결정하는 것이 첫 번째 일이다.

현존하는 상태로 사용될 수 있을까? 이 형태는 재사용될 것인가? 한 가지 가장 중요한 질문은 이 자료를 수집해야 할 필요가 있는가? 등이다.

형식관리의 기본원칙은 형식이 꼭 필요하다면 개발되어야 한다는 것이다. 회사에서 쓰는 형식은 재료와 크기뿐만 아니라 보편적인 외관의 조건도 표준화되어 있어야 한다. 표준 사이즈 형식들을 사용하면 회사는 실제적으로 인쇄와 생산비용을 절약할 수 있다.

형식을 설계하는 데 있어서 어떤 형식이 쓰여질 것인지, 어떻게 누군가가 필요한 형식을 수집해서 자료의 흐름을 효과적으로 할 수 있는지 생각해야 한다. 예를 들면, 근무시간 기록표는 컴퓨터화된 근무체계 속에 자료기입 사무원이 작성한다. 근무시간 기록표는 출근할 때 지속적으로 자료가 기록되어야 한다. 이것은 사무원이 각각의 형식을 써야 하는 시간을 감소시키고 또한 정식직원과 비정식 직원을 쓰는 차이점을 뜻한다.

형식 기안자들은 형식들의 다각적 인쇄에 필요한 것을 자주 점검해야 한다. 완벽한 형식을 재생산하는 데 드는 비용이 불분명한 것처럼 보이지만, 한 장당 드는 비용은 추가된 형식복사의 인쇄비용을 초과한다.

새로운 형식의 도입은 보관의 준비와 완벽한 처리능력이 있어야 한다. 예를 들면, 근무시간 기록표와 부수적인 기록들은 일정기간 동안 보관되어야 하는 법적인 기록들이다. 내부의 서신형태들은 그 사건이 지나서 더 이상의 가치가 없을 때까지 감식력 있게 자료를 보관해야 한다. 관리자는 관리의 부담과 사무원에게 드는 추가수당을 줄이기 위해서 어느 형식을 보관하고 얼마 동안 보관하는지를 결정해야 한다.

4. 경호보안업의 기록관리

경호보안회사의 관리상 기능의 중요한 일부 중 한 가지는 회사의 모든 기록들을 즉시 접할 수 있도록 정리하는 일이다. 불행히도 대부분의 정리방식은 제멋대로인 것이 많다. 회사는 정리함을 알파벳순 또는 일반적인 제목을 사용해 정리한다. 자료 하나 하나의 위치는 서류철의 숫자를 찾거나 사무원이 어떤 방식으로 정리했느냐는 사실을 추측해서 찾을 수밖에 없다. 게다가 중요한 서류가 분실되거나 사라질 동안 불필요한 많은 기록들이 가득 차서 몇 년 동안 보관될 수도 있다.

기록관리(Records Management)는 정리방식의 생성에서 출발한다. 이 방식은 보관된 일반적인 방대한 서류들을 확인하는 것이다. 이것들은 숫자 또는 글자로 쓰여져 있다. 각각의 종류들을 세분화하고 숫자로 구분하여 각각의 서류들에 나눠서 번호를 매긴다. 예를 들면, 많은 종류의 고객 서류들은 고객 하나하나씩으로 세분화된다. 이러한 세분화된 기록들은 계약을 위해 또는 부수적인 보고서는 지시를 내리기에 편리하도록 정리되어 야 한다.

정리방식은 서류처리에도 편리하다. 예를 들면, 고객서류들은 5년 후에 마이크로필름으로 보관되거나 저장창고로 보내진다. 세금기록들은 법적인 유지기간이 상실된 후 파기된다. 오래된 지시들은 새로운 개정판이 나왔을 때 처리된다. 정보의 성질을 정리표에 깔끔하게 표시해야 한다. 얼마나 오래 서류를 깔끔하게 정리하느냐 다시 말하면 불필요한 서류들을 처분하는 것과 관련된다.

기능적인 서류정리 방식에 있어서 기록들의 정리는 규칙과 정석을 따라야 한다. 그 방식을 사용하면 회사의 문서정리 사무원이 쓰는 방식보다 훨씬 쉽게 자료를 찾을 수 있다. 기록담당자들과 관리자들의 관계는 대부분의 업무에서 쓰여지는 기록관리를 좀 더 개발시키고 표준화되도록 한다.

기록들을 보관하는 것은 비용과 연관되어 있다. 물론, 대다수 비용은 기록유지를 위한 사무원들에게 드는 비용이다. 눈에 띄지 않는 또 다른 비용은 가구, 장비, 사무실 유지와 비축물품에 쓰이는 것이다. 또한, 급한 정보를 찾고 소송 동안 가장 핵심적인 정보를 만들 수 없을 때 드는 잠재적인 비용은 시간과 관계가 있다.

확실한 서류들은 색인을 해야 한다. 이것은 특별한 사고와 범죄사건과 관계 있는 서류정리이다. 고객과 회사를 위해서 각종 자료를 비축해 두는 것이 필요하다. 그러나 명심할 것은 모든 기록들이 전부 색인될 필요가 있는 것은 아니다.

비록 색인이 수동방식으로 되어 있더라도 그것은 컴퓨터화된 자료방식을 이용해 즉시 이용할 수 있도록 해야 더욱 생산적이다. 이것은 특정 기록을 몇 초 안에 찾을 수 있도록 한다. 만약, 데이터베이스 방식이 정보가 직접 입력이 되거나 경호관리 방식이 기록정보에 사용된다면 더욱 실용적이다. 게다가, 많은 회사들은 거의 동시에 색인, 수정되며 기록을 세밀히 조사할 수 있는 시각적인 디스크를 이용한 사무로 바뀌고 있다.

5. 경호보안업의 공간관리

대도시 지역의 사무실은 비싼 편이다. 더욱이 그 지역은 경호보안회사에 필요한 모든 요소들을 실행할 만한 충분한 공간이 없다. 결과적으로 관리기능을 활용할 수 있는 한 귀퉁이로 만들어 사용할 수밖에 없다. 이것은 곧 저장창고와 장비기구들의 공간을 최소한으로 줄이고 직원들이 자유롭게 일할 수 있도록 사무실 공간을 체계화시켜야 한다는 것을 뜻한다.

다른 대부분의 사무실처럼 경호보안 사무실도 고객들과 가까운 지역에 있고 보안이 잘 된 지역에 있다. 예를 들어, 모든 사무실은 행상인들, 구직자들, 방문자들로부터 피할 수 있는 대피지역 또는 통제구역을 가지고 있다. 기록들과 장비보관 지역과 관리(경영) 사무실들은 보통 관리통제 구역에 있다.

다시 말하지만 다른 모든 회사들처럼 경호보안 사무실들도 일과 관련된 기능들을 실행하는 업무연관 고리가 있다. 하나의 예는 임무를 시작하기 위해 유니폼을 빌려 입는 것에 대해서도 직원들의 일이 진행된다. 다른 것은 판매 마케팅과 작업실행이다. 기능적인 일은 연관 주변의 사무실 건물에 의해 근무자들이 효과적으로 일을 하면서 사무실 공간을 최대한 크게 사용할 수 있다.

또한 생각해 볼 수 있는 것은 행동으로 인한 소음의 크기와 근무자들의 집중력

수준이다. 발송자들(전화상으로 가장 많은 시간을 보내는)과 작업실의 소음단계는 때때로 높다. 복사기와 팩스기기 등과 같은 사무기기의 소음과 근로자들 통행량이 높게 작용한다. 예를 들면, 사무실에서 헤드폰을 쓰고 전화를 하면 소음을 줄일 수 있다. 복사기는 작업공간보다 보관장소에 두고 쓰면 낫다.

어떤 사무실은 두 가지 기능을 할 수 있다. 예를 들면, 회의실은 교육실이나 비정규직 사원들을 위한 작업공간으로도 사용할 수 있다. 유니폼 보관장소와 개인 사물함과 옷장을 두는 장소는 똑같이 사용된다. 이러한 모든 요소들을 균형있게 유지하는 것은 어렵고 거기에는 타협과 교환이 필요할 것이다. 그러나 기능적인 일의 연관고리와 일의 흐름에 중심을 두면 가장 작은 공간에서도 작업이 가능할 수 있다.

제8장

경호보안업의 마케팅과 영업관리

제8장
경호보안업의 마케팅과 영업관리

제1절 경호보안업의 마케팅

1. 영업과 마케팅

1) 마케팅과 영업의 개념

경호보안업은 다른 사람의 생명과 재산을 지켜주는 경호보안업무의 전부 또는 일부를 도급받아서 행하는 영업을 말한다. 영업은 기획적·계속적으로 영리행위를 하는 단위로 하는 기업생활관계를 규율대상으로 한다.

흔히 회사에서 마케팅을 담당하는 사람이 누구냐고 물어 볼 때 대부분 영업(營業, Sales)과 혼동하고 있는 것이 사실이다. 고객은 회사에 대한 무형의 서비스를 구매하기로 하고 그에 대한 대가를 지급하기로 하고 계약서에 서명을 한다. 이러한 과정은 판촉사원을 통해서 이루어지며 판매는 이러한 일련의 단계를 통한 최종적인 행위를 세일즈(Sales)라고 한다면 총체적인 과정을 마케팅(Marketing)이라 말할 수 있다. 영업(營業, Sales)을 영리목적을 가지고 동종의 행위를 반복하여 기획적 · 계속적으로 기업적인 단순한 판매행위라 한다면, 마케팅은 "비즈니스를 향상시키기 위해 할 수 있는 모든 것"이라고 레빈슨(Levinson, Jay C.)은 말한다. 따라서 마케팅은 기업과 소비자가 각자의 욕구를 충족시킬 목적으로 시장에서 행하는 교환활동을 말한다. 즉, 개인이나 조직의 목표를 만족시키는 거래를 창출시키기 위하여 제품이나 서비스를 기획하는 활동, 가격의 결정, 판매촉진, 유통을 계획하고 실행하는 과정을 마케팅이라고 한다(출처; AMA : American Marketing Association).

모든 비즈니스의 생존은 끊임없는 고객유치이다. 특히, 회사에 이윤을 남길 수 있고 장기간 회사와 계약을 할 수 있는 고객은 그 무엇보다도 중요하다. 경호보안업무도 동종의 전부 또는 일부를 도급(都給)받아 행하는 영업(Business)이다. 그래서 경보보안업도 고객을 유치하기 위해서는 고객이 필요로 하는 경호보안서비스를 제공하는 것이 절대적으로 필요하다. 이렇게 고객을 유치하고 유지하는 과정을 마케팅(Marketing)이라 한다.

유형의 상품을 판매하는 제조업과는 달리 경호보안회사는 무형의 경호보안서비스를 제공하는 영업이다. 결과적으로, 이것은 잠정고객을 초점으로 한다. 모든 기업의 활동은 좋은 서비스를 통해 고객을 유치하여 관리하는 데 종합적으로 초점을 둔다. 결과적으로, 경영진에 의해 구축된 목표는 종합적인 마케팅전략(Marketing Strategy)과 조화를 이루어야 한다.

2) 마케팅 전략

마케팅의 시작은 회사의 경영진이 회사가 요구하는 잠재고객의 발굴과 같은 정책결정에서 시작된다. 회사는 대기업, 지방자치단체, 공공기관, 대형 할인점을 고객층으로 할 것인가? 최고의 서비스를 제공하는 기업이 될 것인가? 아니면 틈새시장을 공략할 것인가?

이러한 문제에 접근하는 또 다른 방법은 기업을 분석하고 고객에게 어떻게 최고의 서비스를 제공할 것인가를 결정하는 것이다. 잠정고객에게 보여지는 기업이미지는 판매부문과 목표에 맞는 시장공략이 양립해야 한다. 예를 들어, 법인고객을 확보하기 위해서는 경찰 스타일의 제복보다는 정장 스타일의 제복(유니폼)이 적절하다. 정부나 지방자치단체 계약을 수주하기 위해서는 보안유지를 위한 검증된 요원확보가 요구된다.

마케팅을 통한 기업의 목표(매상, 이익의 극대화, 고객만조 등)를 달성하기 위하여 통제 가능한 마케팅의 전략요소에는 크게 제품(Product), 가격(Price), 유통경로(Place), 판매촉진(Promotion)이 있으며, 이 네 가지를 흔히 4P라고 한다. 이러한 통제 변수를 적절한 조합을 통해 상승효과를 발휘하여 목적을 이루어내는 전략을 마케팅 믹스(Marketing Mix)라고 부른다.

㉮ **제품**: 제품은 인간의 필요와 욕구 수요를 충족시켜주기 위하여 제공될 수 있는

것이다. 서비스제품 관리는 브랜드의 관리와 제품의 질, 주기 등을 고려해야 한다.

㉯ **가격**: 가격의 관리는 상품의 시장 도입시 가격 수준에 대한 고려, 경쟁 상품의 가격에 대한 대응 전략, 가격 결정에 영향을 주는 요인에 대한 고려 등이 있다. 가격 정책은 소비자가 가장 민감하고 신속하게 반응하여 즉각적인 효과를 가져온다.

㉰ **유통경로**: 유통경로의 관리는 서비스제공사가 협력점을 최대한 많이 확보하는 전략을 취할지 특화된 전문점을 협력점으로 택할지 등을 결정한다.

㉱ **판매촉진**: 소비자의 구매를 유도하도록 자사의 상품이나 서비스를 어필하는 것으로 대표적으로 광고, 판매촉진, PR, 인적판매 등이 있다.

목표시장의 설정은 잠정고객의 철저한 분석과 경호보안회사 내의 냉정한 자료분석을 기초로 한다. 이러한 분석이 잠정고객의 요구사항을 파악하는 것이다.

㉠ 어떻게 고객이 계약된 경호보안요원을 사용할 것인가?

㉡ 얼마나 많은 경호보안요원을 필요로 할 것인가?

㉢ 어떠한 직무를 수행할 것인가? 등이다.

경호보안회사는 그 후 고객의 자체보안능력을 조사해야 하고 다른 경호회사에 비해서 경쟁적 우위의 입장을 보여 줄 수 있는 시장을 찾아야 한다. 예를 들면, 새로운 동종업체들은 기존 대형업체와 경쟁하기 위하여 관심을 끌지 않는 범위 안에서 저가입찰을 시도한다. 반면에, 상대적으로 대형업체들은 규모가 큰 계약을 이행할 수 있는 능력을 가지고 있다.

경쟁에 있어서, 회사는 먼저 경쟁하려는 그 의도를 파악해야 한다. 대부분의 경호보안회사는 가격과 서비스의 질 두 가지 면으로만 경쟁한다. 최상급의 서비스를 제공하는 계약을 체결하는 것도 가능하지만, 한 쪽에 너무 치우치면 저가계약을 경쟁사에게 빼앗길 수 있다. 한편, 최소한의 금액을 지불하는 저가계약은 현금운용 능력과 양질의 서비스, 경영순익 등을 유지하기 어렵게 할 수 있다.

이러한 문제는 우리가 간과할 수 있는 전략적 목표를 가져온다. 이것으로 알 수 있듯이, 단지 계약을 수주하는 것만으로는 충분하지 않다. 회사의 장기적인 성공은 궁극적으로 얼마나 많은 고객을 유지하느냐에 달려 있다. 잦은 고객의 변동은 비용의 증가와 현금운용에 어려움과 장기계획 설립에 어려움을 증가시킨다. 고객은 가격을 중요시하지만 계약 이후에는 서비스 질에 좀 더 초점을 둔다.

이러한 이유로 회사의 목표는 반드시 마케팅 전략과 총체적으로 공조되어야 한다. 사원 개개인은 고객을 유치하기 위한 책임이 있지만, 고객을 유지하기 위해 질 좋은 서비스를 생산하는 것은 모든 회사기능의 유기적인 협조가 우선될 때만 가능하다.

3) 회사 이미지화

회사 이미지(Company Image)를 가장 잘 나타낼 수 있는 것이 바로 경호보안회사의 이름이다. 대부분의 회사는 철벽보안과 같이 힘과 안전을 상징할 수 있는 이름을 선택한다. 다른 경우에는 회사 지킴이와 같이 고객의 입장을 반영하는 이름을 사용하거나 창립자의 이름을 이용하기도 한다.

연구조사에 의하면 공식기구를 사칭한 회사이름은 비난을 증가시킨다. 이러한 이름들은 보통 무슨시 사설경호연맹과 같이 연맹, 부(部), 특별경찰, 기관 등을 도용하기 때문에 이러한 행위를 금지하고 있다. 준경찰이나 군대의 이미지에 의지한 회사이름은 부정적인 이미지를 유발시킬 수 있으므로 피해야 한다.

이름이 설정되면 다음단계는 회사로고와 대표색상이다. 로고는 회사 이미지의 상징이다. 이것은 모든 회사의 문서, 경호보안요원들의 유니폼, 광고에 사용되어야 한다. 로고는 쉽게 인식할 수 있어야 하고 회사와도 관련이 있어야 한다.

회사로고는 반드시 회사의 색깔과 연관이 있어야 한다. 회사의 대표색상은 사업의 중요한 부분인 것처럼 경호회사가 지속적이고 조화로운 이미지를 유지하는 데 중요한 역할을 한다. 이것은 조직의 배경과 무엇보다도 신용을 만들어 낸다. 점점 회사를 상징하는 색은 이미지를 다른 회사와 차별화시키는 추세이다.

2. 마케팅 과정 및 판매도구

1) 경호보안 시장조사

경호보안업체는 시장조사를 통해서 잠재고객이 누구이며 그들이 무엇을 원하는가를 탐색한다. 마케팅조사는 소비자의 욕구, 자사와 경쟁사의 상표에 대한 고객의 태도, 경쟁사의 전략 등과 같은 객관적인 '시장정보를 얻기 위한 일련의 경영활동을' 말한다. 이러한 정보는 현재 시장상황에 대한 정보를 제공함으로서 기업의 마케팅

전략을 보다 효율적이고, 효과적으로 이루어지게 하여 기업이 달성하고자하는 목표 달성을 가능하게 한다. 시장조사는 제품 및 서비스의 마케팅에 대하여 자료를 조직적으로 수집·기록·분석하는 활동이다. 흔히 조사의 방법으로는 자료분석, 설문지법, 관찰법(시장실사 및 실험), 집단면접법, 심층면접법 등이 있다.

(1) 자료분석

자료분석은 회사내외의 기존 자료를 수집하고 그것을 분석하여 마케팅과제를 해결하려고 하는 방법이다. 관련자료를 잘 수집하여 정리하고 이를 분석·평가하여 이용하기 쉽도록 정보를 정리해 구비한다.

(2) 시장실태조사

실제로 경호보안시장이나 고객의 대상자를 표본으로 축출하고 그 표본에 대하여 마케팅을 의뢰하거나 의견을 청취하는 행동관찰을 한다. 이렇게 얻은 조사결과를 분석하여 마케팅에 대한 통계적 자료조사를 제공하는 실태조사(실사)이다. 시장실사는 많은 비용과 인력이 필요하기 때문에 미리 조사목적, 비용, 기간, 표본수, 신뢰도, 조사내용 등을 고려하여 실시한다.

(3) 시장실험

신제품 발매를 즈음하여 실제 시장의 움직임이나 얻을 수 있는 정보, 데이터를 기초로 그 시장성을 예측하거나 발매시 채택된 여러 마케팅정책에 대한 효과를 측정하여 판매계획, 마케팅믹스 등을 결정하는데 사용한다. 여기서 얻을 수 있는 정보는 목표시장의 확인과 제품의 수정, 패키지 변경 등 보다 효과적인 마케팅전략을 확정하는데 유효한 기능을 하게 된다.

2) 광고

광고(廣告, Advertising)는 잠재적인 소비자에게 상품과 서비스에 대한 정보와 구입방법을 알리기 위한 목적을 가진 한방향 통신이다. 광고라는 한자어는 "널리 알리다"라는 뜻을 가지고 있다. 광고는 20세기의 사회를 상징하는 현상 가운데 하나이다. 그 기원은 대단히 오랜 것이어서 거의 문자가 발생되었을 당시에까지 거슬러 올라갈 수 있다. 또한 동·서양을 막론하고 그때 그때의 사회발전의 모습에 따른 광고활동을 찾아볼 수 있다. 그러나 광고가 오늘날처럼 왕성해지고 사회·경제·문화의 각 방면에 걸쳐 적지 않은 영향을 미치게 된 것은 금세기에 들어와서의 일이며 특히 대한민국에서는 해방 후에 자본주의 경제체제의 도입에 따라서 눈부신 발전을 하게 되었다. 「표시·광고의 공정화에 관한 법률」 및 동 시행령에 의하면, 광고라는 것은 사업자 등이 상품 등에 관한 자기 또는 다른 사업자등에 관한 사항, 자기 또는 다른 사업자등의 상품 등의 내용·거래조건 기타 그 거래에 관한 사항을 「신문 등의 자유와 기능보장에 관한 법률」 제2조 제1호의 규정에 의한 정기간행물, 동조 제5호의 규정에 의한 인터넷신문, 「방송법」 제2조 제1호의 규정에 의한 방송, 「전기통신기본법」 제2조 제1호의 규정에 의한 전기통신, 전단·팸플릿·견본 또는 입장권, 인터넷 및 PC통신, 포스터, 간판, 네온사인, 애드벌룬 또는 전광판, 비디오물, 음반, 서적, 간행물, 영화 또는 연극, 자기의 상품외의 다른 상품, 기타 이와 유사한 매체 또는 수단으로 소비자에게 널리 알리거나 제시하는 것을 말한다(동법 §2 및 시행령 §2). 「소비자 보호법」에서는 국가가 소비자를 보호하기 위하여 광고의 기준을 정할 수 있도록 되어 있고, 「방송법」에서는 방송광고의 내용, 시간 등에 대한 규제를 하고 있다. 현대의 광고는 대중 매체를 이용하는 일이 많기 때문에 매스 커뮤니케이션의 한 형태라고도 말할 수 있다.

광고의 핵심은 표현이다. 효과적인 광고는 대중의 주목을 끌 뿐 아니라 회사가 바라는 고객에게 친숙하게 다가갈 수 있어야 한다. 이를 위해서는 판매시장에 대한 철저한 조사가 필수적이다. 고객은 어떠한 출판물을 읽는가? 회사가 특정분야를 목표로 한다면 광고예산의 일부분을 그 분야에서 발행되는 정기간행물에 할당해야 한다. 또한, 특정 사업체나 협회 또는 조직에 광고를 하는 것도 매우 유용하다. 예를 들어, 고층건물의 경호보안을 전문적으로 하는 회사의 경우 고층건물협회에 회원으로 가입할 수도 있다. 상공회의소나 상업개선협회의 회원으로 가입하는 활동적인 사회참여도 고려되어야 한다.

효과적인 광고는 반드시 고객의 특정한 요구를 수용할 수 있어야 한다. 시장분석은 어떤 종류의 경호를 고객이 원하는지, 어떤 직무를 수행할 수 있는지 알 수 있게 해 준다. 테러리스트의 목표가 되는 핵발전소가 필요로 하는 경호보안요원과 공립학교를 순회 또는 순찰하는 경호보안요원은 능력에 차이가 있다. 그러므로 경호보안회사는 고객에게 맞는 경호보안요원을 보유하고 있다고 자신 있게 말할 수 있는 이미지를 반영할 수 있어야만 한다. 결과적으로, 팸플릿과 회사 간행물들은 일반적이 아닌 특정한 고객에게 초점을 맞추어야 한다.

광고는 반드시 지속적이고 반복적이어야 한다. 인쇄매체에 정기적으로 작게 나가는 광고는 한두 번 보여 주는 대형광고보다 큰 효과를 가져온다. 왜냐하면, 지속성은 회사에 대한 고객의 신뢰와 친숙함을 가져온다. 광고가 바뀌더라도 주요테마 이미지는 유지되어야 한다.

3) 판매도구

대부분의 경호보안회사는 영업사원이 있지만, 그들에게 적극적인 판매도구(Marketing Tools)를 제공하는 회사는 드문 편이다. 마케팅은 판매를 하는 기본적인 단계이지만 영업사원은 잠정고객들을 유치하기 위한 수단 내지는 도구를 가지고 있어야 한다. 더 중요한 것은 잠정고객이 회사가 원하는 고객이어야 한다. 회사경호를 위주로 하는 회사에게 저가계약을 마케팅 전략으로 삼으면 오래 가지 못할 것이며, 동종업종의 제살 깎아 먹기 식의 과당경쟁을 유발시킬 우려도 있다. 결과적으로, 전체적인 판매전략과 양립할 수 있는 많은 판매도구를 개발해야 한다.

(1) 고객명단

첫 번째로 경호보안을 필요로 하는 고객명단(Client List)을 확보해야 한다. 이것이 가장 기본적임에도 불구하고 많은 회사들이 잠재적 고객의 명단을 작성하고, 가능성이 있는 고객명단을 분석하는 데 많은 시간을 할애하지 않는다. 마케팅 담당은 모든 잠재고객 명단을 작성하고 명단 개개인을 철저하게 분석하고 조사해야 한다. 초기명단은 앞서 살펴 본 시장조사 단계에서 시작되어야 하며, 일간신문, 조합의 주소록, 전화번호부, 경호보안박람회 등을 통해서도 얻을 수 있다.

초기에 작성된 기업명단 중에는 많은 기업들이 경호보안서비스를 필요로 하지 않을 수도 있다. 그러므로 마케팅 담당은 상위명단 중 서비스를 필요로 할 가능성이 있는 명단을 요약하는 작업을 해야 한다. 물론, 이러한 작업은 전화조사와 경제뉴스를 모니터하는 것과 같이 많은 시간을 요하는 과정이지만 조사원들은 어떤 기업들이 경호보안요원을 이용하는가? 이용하고 있다면 도급에 의한 보안업체인지? 혹은 자사에 소속된 정규직 사원인가? 또는 경호보안회사를 이용하려는 최종적인 의사결정을 하는 사람이 누구인가를 파악할 수 있어야 한다. 일반적으로 기업의 경호보안 책임자인 의사결정권자는 장차 판매전략의 주요목표가 된다.

또 다른 잠재적 고객의 범주는 경호보안서비스를 현재 이용하고 있지 않지만 필요성을 느끼고 있는 경우이다. 이러한 경우 영업담당은 경호보안서비스를 통하여 비용의 절감과 그렇지 않은 경우의 잠정적인 손실을 보여 줄 수 있는 무료안전 점검을 제공해야 한다.

초기단계의 접촉은 기본적으로 감정을 드러내지 않는 저자세와 정보를 제공하는 단계이다. 예를 들어, 기업이 정규직의 경호보안요원을 고용하고 있다면 비용절감을 위해 계약직 경호보안요원으로 대체할 것인가? 만약, 기업이 계약직 경호보안요원을 고용하지 않는다면 영업 담당은 무료안전 점검을 제의할 수 있으며, 계약직 경호보안요원을 고용하고 있다면 만족하고 있는지 등을 살필 필요가 있다.

기존의 경호보안요원이 있는 기업에도 무료안전 점검을 제공할 수 있다. 그렇다면 기존 경호보안요원의 계약갱신은 언제인가? 오랫동안 계약이 체결되어 있는 상태라면 집중적인 판매전략은 한시적으로 유보되어야 한다.

그러나 판매전략의 핵심은 잠재적 고객들과의 관계를 유지하고 발전시키는 것이므로 고객과의 관계신장을 통해서 마케팅 담당은 경호보안회사 자체를 고객에게 친밀화시키고 확실한 단계의 대(對)고객 신뢰를 쌓기 시작함과 동시에 고객의 요구와 기업에 대한 이해도를 보여줄 수 있어야 한다.

(2) 기업 간행물

기업은 종종 기업 간행물(Company Literature)의 품질에 의해 평가되기도 한다. 무의식적으로 잠재고객은 팸플릿의 겉모양 또는 영업담당이 건넨 명함 등을 통해서 고객이 회사로부터 기대할 수 있는 서비스의 수준을 짐작한다. 전문적으로 잘 디자인된 인쇄물은 전문적이고 경영이 잘 되고 있는 기업을 암시한다.

대체로 기업의 인쇄물을 만드는 방법은 간단하다. 최고의 수준이 아니면 만들지 않아야 한다. 한 개의 최고급 팸플릿은 몇 개의 평범한 것보다 더 가치가 있다. 결과적으로, 기업은 안내문을 디자인하고 기획할 전문업체의 도움을 필요로 한다. 상업적 전문 디자이너는 회사의 로고, 명함, 편지지, 봉투 등을 디자인할 수 있다. 전문 디자이너들의 기획은 고객위주로 제작되어야 한다.

이러한 팸플릿(안내책자)은 고객과의 회의, 정기총회 등에서 배포되는 유인물이다. 많은 기업들이 유력한 예상고객에게는 가로 22cm, 세로 28cm의 고급스러운 소책자를 사용한다. 다시 한 번 말하지만, 사용목적은 예상고객에게 특정한 기업 이미지를 심어 주고 경호용역 회사가 고객의 요구에 부응할 수 있다는 확신을 심어 주기 위함이다. 이런 고급스러운 소책자는 유력한 고객에게 최상의 서비스를 제공하는 실속 있는 회사와 거래하고 있다는 의미를 전달한다.

내용 또한 기획 못지않게 중요하다. 최초의 이미지는 고객의 관심을 끌 뿐만 아니라 고객으로 하여금 팸플릿을 읽도록 만들어야 한다. 그리고 내용은 고객에게 기업이 고객의 안전문제에 대한 해결책을 신중히 고려하고 있다는 확신을 주어야 한다. 인쇄물은 고객이 영업담당을 만나서 가격을 논의하는 단계에 이르기까지 충분하도록 만들어져야 하며, 자기업체가 다른 업체와 다른 점과 고객의 선택이 최선이라는 근거를 충분히 보여 주어야 한다.

제2절 경호보안업의 영업관리

1. 경호보안계약을 위한 영업

1) 계약체결과정

계약(契約)은 상호 대등한 입장에서 당사자의 합의에 따라 체결되어야 하며, 당사자는 계약의 내용을 신의성실의 원칙에 따라 이를 이행하여야 한다. 계약은 의사표시인 청약과 승낙의 합치에 따라 성립하는 것이 가장 일반적이다. 그러므로 청약을 하고, 이에 대하여 승낙을 함으로써, 계약이 성립한다. 그러나 묵시적으로 행하여질 수도 있다. 때로는 이러한 청약과 승낙이 특별한 방법으로 행하여지는 경우가 있다. 경매와 입찰(入札)이 그러한 경우로서, 이를 계약의 경쟁계약이라고 한다.

고객과 가격을 결정하는 단계에 이르면 영업(Sales)담당은 확실한 계약서를 작성해야 한다. 까다로운 고객은 일반적으로 세부요구조건을 제시한다. 세부요구조건은 영업담당이 고객과의 공식적인 계약을 진척시킬 때 필요한 대부분의 사항을 담고 있다. 또한, 이것은 모든 입찰자들이 같은 요구조건 아래서 경쟁하는 것을 보장한다. 잘 만들어진 세부요구조건은 경호보안요원의 시간급여와 지불된 모든 임금들을 상술한다. 이러한 조건들이 없다면 저가입찰 기업들은 최소한의 임금을 책정함으로써 더 효과적으로 입찰에 응할 수 있다. 앞서도 말했듯이 계약서의 요구조건에 의해 고객은 모든 경쟁 입찰사들을 이런 조건 아래 평가할 수 있기 때문이다.

일단 고객이 세부요구조건을 제시하지 않기로 결정하면 영업담당은 계약요구 조건을 맞추기 위해 고객을 면밀히 검토해야 한다. 이는 근무시간이나 요구되는 지역, 유니폼과 장비, 특정상황 트레이닝과 특별한 근로자의 선택요구 등의 기본적인 요구조건을 포함한다. 또한, 영업담당은 임금이나 임금 일람표를 고객과 함께 확립해야 한다.

고객이 제공한 기본적인 정보들은 계약안으로 작성된다. 많은 영업담당들은 계약안을 혼자서 충분히 작성할 수 있지만, 복합적인 계약은 경영진과 함께 회계회사의 개입이 필요하다. 경영진은 특정한 유효인력과 필요한 도구 등의 계약조건을 작성하고, 회계는 경영에 바탕을 둔 직무상의 소요비용을 결정하고 고객이 지불할 가격을 계산한다.

결정된 가격은 영업담당에 의해 계약안이 쓰여지고, 다음에는 회사와 관리자, 경영감사, 보험적용 범위에 대한 정보 등을 담고 있는 계약안을 수정·보완하는 과정을 거친다. 보통 계약안을 계약서로 사용하는 경우가 많기 때문에 영업담당이 가격이나 비용과 같은 정보들을 포함시키는 것이 중요하다. 물론, 언제나 계약서를 수정할 수는 있지만, 이는 높은 비용이 필요할 뿐만 아니라 회사와 고객간의 좋지 않은 감정을 초래할 수 있다.

개인계약이나 개인고객의 경우에는 깨끗이 쓰여진 계약안과 설명서로도 충분하다. 대부분의 계약이나 중요한 고객과의 계약서에서 계약안은 다른 계약의 판매도구로 유용하게 쓰여질 수 있다. 비록 회사가 규정된 양식의 계약안이나 계약서를 사용하더라도 규정된 양식은 컴퓨터에 입력해 각각의 고객이 자신들만을 위해 특별히 제작된 계약안을 받게 하는 것이다. 이 문서들은 반드시 회사색깔과 로고가 인쇄된 서류철에 보관한다. 서류철의 다른 한 면은 회사 간행물이나 회사에 관한 기사와 계획안, 기존에 제공되는 서비스와의 비교 등을 삽입한다.

좀 더 정성을 들여 만든 계약안은 4공 바인더나 나선형 바인더를 사용할 수도 있다. 4공 바인더를 사용하는 회사는 인쇄된 면에 회사의 역사와 경영에 관한 것도 첨부할 수 있다. 또한, 특정한 고객의 자료와 가격은 같은 종이와 인쇄체를 사용하여 적당한 부분에 첨부함으로써 계약안을 마무리한다. 나선형 바인더는 먼저 인쇄된 회사의 로고가 새겨진 표지를 사용했을 때 인상적일 수 있다. 나선형 바인더는 프린터나 경제적인 탁상용 기계로도 쉽게 만들 수 있다.

계약안이 완성되면 가능한 한 빠른 시간 안에 고객에게 제시해야 한다. 이때 영업담당은 계약안에 대해 충분히 설명할 수 있고 고객의 질문에 답할 수 있어야 한다. 만약, 경호용역 회사가 계약에 단독 응찰한 업체라면 영업담당은 그 자리에서 즉시 문제를 해결할 수 있어야 한다. 복수 경쟁입찰의 경우 영업담당은 계약안의 특별한 이점(고객이 타사의 계약안을 볼 때에도 고려해 볼 만한)을 고객에게 강조하여 언제나 서비스의 질로 초점을 맞추어야 한다. 우수한 경호회사는 가격만으로 경쟁해서는 안 된다.

2) 계약체결을 위한 영업계획

(1) 외주활용절차

경호보안계약 체결을 위한 영업을 할 때 인력수급, 인원관리 문제 및 인사사고, 도난사고 발생시 자체 책임문제 등으로 현재 자체관리보다는 대부분의 회사가 용역으로 경호보안 전문업체에 외주(outsourcing)로 위탁관리하고 있는 실정이다. 고객 및 의뢰자 등 외주활용업체가 경호보안에 관해 문의하면 외주전문공급업체는 상담 및 기초자료를 전달하게 된다. 아울러 외주 전문공급 경호보안업체는 회사소개서 및 지명원을 제출한다. 그리고 현장에 대한 경호보안 진단 및 업무의 타당성을 파악하고, 그에 따른 적정인원을 산정하여 운영계획서 및 견적서를 제출하게 된다.

경호보안 활용업체에서는 경호보안회사에서 제출된 운영계획서와 견적 및 계약내용을 검토하고 당해 활용업체에서 요구하는 사항과 일치하면 계약을 체결하게 된다. 계약이 체결되면 경호보안업체에서는 경호보안업무를 진행하게 되는데, 그 업무는 경호봉나요원의 채용·선발, 교육훈련, 투입 및 배치, 배치후 현장관리 및 경호보안서비스를 제공하게 된다. 이를 위해 사전에 다음 사항을 점검하여 기획한다.

(2) 경호보안계약 기획

경호보안 목적이 회사내에서 발생할 수 있는 도난과 관련된 사고, 화재 발생을 미연에 방지하고 각종 사고 발생시 신속한 조치 및 출입인원, 차량, 자재 반, 출입통제, 기록, 보고를 위한 감시활동을 하기 위함이다.

가) 계약기간 : 경호보안 계약기간은 계약일로부터 통상 2년으로 하나 원도급사의 요구시 조정할 수 있다.

나) 근무편성 : 경호보안 근무편성은 1일 1개조(2명)명씩 24시간 격일제 근무를 원칙으로 하나 원도급사의 요구가 있을 때 근무시간 근무조 증감을 변경하여 인원을 조성할 수 있다.

다) 주요 업무 및 근무요령 : 경호보안에 관한 주요 업무 및 근무요령을 살펴보면 다음과 같다.

㉠ 경호보안요원은 지정된 위치에서 용모 복장을 단정히 하고 경호보안실 부근에서 정위치 근무에 임하며, 순찰근무는 통상 2시간 1회씩 실시한다.

㉡ 경호보안요원은 순찰 근무시 무전기, 가스총, 경적을 휴대하고 순찰한다.

㉢ 순찰코스는 정선코스와 난선코스로 구분하여 실시하되 정선코스는 일정한 주요 재산관리 장소에 정기적으로 순찰하기 위하여 실시하는 것이며, 난선코스는 취약장소를 경호보안요원 판단에 따라 수시 실시한다.

㉣ 주요 휴대용 고가 공구 및 계측기는 경호보안실내에 보관시키도록 하시고, 고가 재산, 부품, 자재류는 사전 근무자에게 인지시키고 재고 수량, 위치 등을 확인케 하여 순찰시 점검한다.

㉤ 현행범을 발견하거나 검거하였을 때에는 지체없이 책임자는 관할 경찰서에 인계한 후 보고한다.

㉥ 회사에 출입되는 차량, 물품의 반출입을 확인하고 출입자의 통제를 철저히 기록 유지한다(반출품은 반듯이 반출증수량과 확인된 후 통과 시킨다).

㉦ 기타 원도급사의 관리 책임자의 지시 사항을 수행한다.

㉧ 긴급시 비상연락 전화, 핸드폰 번호 등을 비치 신속히 전달한다.

라) 지급장비로는 계절적인 피복(동·하복 잠바, 파카)을 지급하고, 무전기, 가스총, 경적, 경비봉 등의 경호보안장비를 지급한다.

마) 손해배상책임과 관련하여 ⓐ "을"(외주 도급업체)은 「경비업법」의 규정에 따라 경호보안요원이 업무수행중 고의 또는 과실로 "갑"(의뢰인)의 경호보안대상 시설에서 발생하는 손해를 방지하지 못할 때에는 그 손해를 배상하여야 한다. ⓑ "을"은 손해배상을 하기 위하여 손해배상 책임공제에 가입하여 한국경비협회장이 확인한 그 증서 사본을 "갑"에게 제출한다. ⓒ 손해배상 책임한도액은 1회 1천만원으로 한다. 그 이상 요구시에는 보험료를 "갑"사에서 부담한다. ⓓ 공제(보험)금액 청구시 경찰조사에서 "을"(의 귀책사유가 성립이 되고, 외부침입에 의한 도난 증거가 성립되어야 한다(단 자체의 소행은 성립이 안됨).

바) 고지의무 및 면책 : "갑" 또는 "갑"의 시설내의 입주업체는 일과시간 이후 화폐, 수표, 유가증권, 보석류, 고가(高價)사치품, 소프트웨어, PC관련품, 주요 물품을 보관하지 않음을 원칙으로 하고 부득이 보관하여야 할 때는 보관사실을 경호보안요원에게 고지 확인시켜야 한다. "을"의 면책은 ⓐ 천재지변, 기타불가항력으로 인하여 발생한 손해, ⓑ "갑"이 고지의무를 결하여 발생한 화폐, 보석류, 고가품, 소프트웨어, PC관련 제품 등 통보를 결함으로 사실 확인이 불가한 사고에 대한 손해, ⓒ 대상시설내에 기물파손 등 외부침입 흔적 없이 발생한 손해, ⓓ 차량내부에 두고간 화폐, 보석류, 물품, ⓔ 경찰조사에서 경호보안요원에게 귀책사유가 없는 피해

등이다.

사) 근무자 복리후생 실시 : "을"은 채용한 근무자에 대하여 ㉠ 국민건강보험 가입, ㉡ 산업재해 보상보험 가입, ㉢ 국민연금가입, ㉣ 고용보험가입, ㉤ 건강진단 년 1회 실시 등의 후생복리 제도를 실시한다.

아) 감독과 신상 필벌 : 경호보안요원의 근무상태 확인은 1차 반장이 근무 중 실시하고, 본사 관리직원이 야간취약 시간에 월 1회 이상 불시 실시하며, 원도급사 관리책임자가 경호보안원의 근무상태에 따라 표창과 징계를 용역회사에 협조 할 수 있다. 경호보안요원의 철저한 근무로 범죄를 검거하거나 타의 모범이 되는 자는 표창하고 경호보안의 태만과 도난사건 발생 등 근무의 소홀 한자는 징계조치한다.

자) 기타 협조 및 건의사항 : 이 계획서외 경호보안업무에 필요한 사항은 쌍방협의 하에 시행한다. 원도급사에서는 경호보안 투입전 식사문제와 경호보안 초소 준비와 전기, 인터폰, 난로, 선풍기 등을 설치하여 근무에 불편함이 없도록 협조한다. 중요한 것은 반드시 사전 고지시키고 경호보안실내에 보관시켜 관리토록 한다. 기숙시설이 있을 경우 편의를 제공하도록 한다. 원도급사 건의사항은 추후 협의한다.

2. 경호보안의 입찰

1) 계약의 경쟁체결에 있어서 청약과 승낙

복수의 상대방에게 경쟁시킴으로써 유리한 조건으로 계약을 체결하는 방법에 경매(競賣)와 입찰(入札)이 있다

입찰은 계약체결의 특수한 방법이며 매매 · 도급(都給) 등의 계약체결에 많이 이용된다. 입찰에 붙인다는 표시가 청약인가 청약의 유인에 불과한가에 대해서는 문제가 있으며, 입찰에 붙인 자의 표시 내용에 따라 일률적으로 말할 수는 없으나 대개는 청약의 유인에 불과하다. 청약(請約)의 유인(誘引)은 상대방에 청약을 시키려는 의사의 통지이다. 청약은 승낙이 있으면 계약이 성립하는 확정적 의사표시이므로 청약의 유인과는 다르다. 유인에 응해서 상대방이 의사표시를 하는 것이 상대방의 청약이 되고, 유인한 자는 새로 낙부(諾否)를 할 수 있는 자유를 갖는다. 그러나 청약과 청약의 유인과는 구별을 하기 어려운 경우가 많다. 손님을 찾아 돌아다니는 택시나 정찰이 붙은 상품의 진열 등은 청약이라 볼 수 있으며, 구인광고 · 대가(貸

家)의 표찰(標札) 등은 청약의 유인으로 볼 수 있다.

입찰에 붙인 자는 가장 유리한 입찰, 즉 최고가격 또는 최저가격의 입찰에 대해서도 역시 낙부의 자유를 가지며 입찰자의 자력, 기타의 사정을 고려해서 반드시 가장 유리한 입찰에 대하여 승낙을 하도록 구속받지 아니하는 것이 보통이기 때문이다. 이 경우 상대방의 입찰이 청약이 되고, 낙찰에 의해서 승낙하는 것이 된다. 입찰 또는 경매에 있어 낙찰자, 경락자, 투찰가격, 낙찰가격 또는 경락가격, 그 밖에 일정한 사항을 결정하는 행위를 할 것을 합의하거나 다른 사업자로 하여금 이를 행하도록 하는 것은 카르텔에 해당한다(「독점규제 및 공정거래에 관한 법률」 §19①참조).

경호보안업체와 고객의 계약은 당사자간에 자유롭게 체결하는 것이 원칙으로 지금까지는 공동주택 단지 내 관리규약에 따라 수의계약 등 형태로 관리업자들을 선정해 왔는데 그 과정에서 각종 불법과 비리행위가 적발되는 등 잡음이 끊이지 않았다. 그래서 경호보안관리업자 선정시 투명성이 대폭 강화를 위해서 150가구 이상 공동주택(아파트)은 주택관리업자와 경호보안 등 각종 용역사업자를 경쟁입찰 방식으로 선정하도록 의무화했다. 국토해양부는 이 같은 내용을 골자로 한 「주택관리업자 및 사업자 선정지침」을 제정(2010.7.6)하여 ㉠ 150가구 이상으로 승강기가 설치된 공동주택, ㉡ 150가구 이상으로 중앙난방(지역난방 포함) 방식인 공동주택, ㉢ 건축법에 따라 건축허가를 받은 주상복합건물 중 150가구 이상 공동주택 등은 관리업자 선정할 때 경쟁입찰을 해야 한다.

입주자대표회의는 입찰예정일 14일 전 공동주택관리정보시스템(www.k-apt.net)에 관리대상물과 입찰일시, 장소, 계약기간 등을 공고해야 한다. 경쟁입찰을 통한 최저가 낙찰제 방식으로 진행된다. 선정결과는 정보시스템에 공개된다. 또 승강기 보수공사, 도색공사, 경호보안, 청소업자 등 각종 용업사업자 선정 시에도 입찰예정일 14일 전까지 전국·지역 일간신문이나 입찰전문 인터넷 사이트 등에 공고를 낸 뒤 경쟁입찰을 통해 최저가격으로 입찰한 사업자를 선정해야 한다.

관리주체가 공정하고 투명한 사업자 선정작업을 할 수 있도록 각종 수선공사와 용역 등은 입주자 대표회의에서 승인한 예산에 따라 집행되거나 입주자 대표회의의 의결을 거쳐야 한다. 이때 입주자 대표회의 임원인 감사가 선정시 반드시 입회해야 한다. 국토해양부는 다만 계약금액이 200만원 이하인 소액공사와 용역은 종전처럼 수의계약으로 사업자를 선정할 수 있도록 했다. 아파트 경호보안도 입찰을 주면 경호보안업체도 늘어날 것이며 경호보안요원의 채용이 늘어날 전망이다.

2) 입찰의 이해

(1) 입찰의 개념

우리나라의 건설정책은 주로 공공(公共)공사에 대한 계약제도의 변화와 밀접하게 연계되어 왔다. 정부는 공공 시설물의 완성을 위해 정부나 지방자치단체를 대신해서 공사를 수행할 업체를 선정하게 된다. 이때 업체의 선정은 입찰→낙찰→계약이라는 과정을 거치게 되며, 이 같은 일련의 과정을 규정하는 법체계를 통상적으로 입찰·계약제도라고 부르고 있다. 경호보안업의 계약체결도 입찰방식을 통해 경쟁력을 유지하여 수주할 수 있다. 광의의 계약제도는 이러한 일련의 과정 모두를 포괄하는 개념이며, 계약방식만으로 보는 것은 협의의 개념이라 할 수 있다.

조달청의 나라장터(http://www.g2b.go.kr)에서는 모든 공공기관의 입찰정보가 실시간으로 공개되며(Single-window), 입찰등록부터 입찰참가, 계약체결, 납품확인, 대금청구에 이르는 조달 관련 전 과정이 온라인에서 투명·신속·공정하게 처리된다. 또한 입찰은 반드시 문서에 의해 의사표시를 하게 되어 있으므로 타인의 청약내용을 알 수 없어 비밀이 유지된다는 점이 일반 경매행위와 구별된다.

(2) 입찰제도의 변천과정

초기에는 직접입찰과 우편입찰이였다. 1951년 재정법 재정 당시 정부계약에 있어서 입찰서는 입찰공고에 표시한 장소에서 입찰자가 직접 제출하는 것을 원칙으로 하였다. 이후 1961년 재정법이 「예산회계법」으로 대체되면서 직접입찰 외에 우편입찰이 예외적으로 허용되었다.

(3) 입찰용어

㉮ 수요기관 : 물품을 구매하거나 용역계약을 원하는 기관

㉯ 발주기관 : 구매요청을 접수하고 입찰과 계약을 수행하는 기관

㉰ 계약당사자 : 입찰에 참가하여 낙찰된 후 조달 요청된 물품의 납품 담당자

㉱ 공급기관 : 입찰공고를 확인하고 입찰에 참가하고자하는 업체

㉲ 추정가격 : 예산에 계산된 금액을 기준으로 산정, 설계된 자격중에 기타 자제비와 부가세가 제외된 가격

㉳ 기초금액 : 추정가격(금액)의 적절성을 심사부서에서 검토한 뒤 부가세를 포함한 금액

㉳ 복수예비가격 : 낙찰자를 경정하기위한 예정가격을 산출하기위한 것으로 투찰자를 15개의 임의의 칸 중 4개씩을 선택하게 되는데, 다수에 의해 선택된 4개의 예비가격

㉴ 예정가격 : 4개의 예비가격을 산술평균한 값으로 낙찰자 및 낙찰금액을 결정하기 위한 기준이 되는 가격

㉶ 예가변동폭 : 기초금액을 기준으로 예비가격을 만들기 위해 주어진 일정한 범위로 상한선·하한선이 정해진다

㉷ 적격심사(P.Q심사: Pre-Qualification) : 입찰자의 계약이행능력을 심사하여 우량업체를 낙찰자로 결정하는 일련의 과정으로 계약이행의 신뢰성을 확보함으로써 품질향상에 기여

㉸ 입찰보증금 : 입찰 후 계약을 보장받기 위한 물적 담보(통상적으로 5~10%를 현금이나 보증 보험증권으로 납부함)

㉹ 사정율 : 기초(예비)가격보다 예정가격이 얼마나 높은지 혹은 얼마나 낮은지에 대한 비율을 나타내는 것

(4) 입찰절차

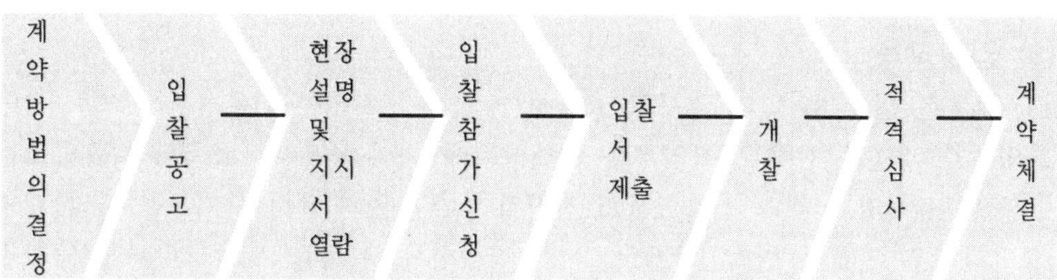

*출처: http://www.pps.go.kr/조달청 참조

입찰서제출 마감일 전부터 40일전에 입찰의 내용 등 세부사항을 공고하도록 해 투찰자로 하여금 공고내용에 있어 충분한 이해를 할 수 있는 시간적 여유를 제공한다.

셋째, 현장설명의 필요여부에 따라 현장설명일과 장소를 10~33일전에 공지하는데, 참석자의 번거로움, 주차문제, 시간의 소비 등을 이유로 대부분의 현장설명은 인터넷상 과업지시서라는 전자문서 열람으로 대체하는 경우가 대부분이다.

넷째, 입찰자들은 각 당 사의 허가요건, 자본금현황, 지역제한, 전년도실적, 특허기술보유 등의 사항을 고려해 입찰에 참여하겠다는 신청을 하게 되는데, 이는 발주

처의 요청에 따라 관련서류를 제출하는 것으로 발주처, 공사의 특성에 따라 예외적으로 적용되며, 행정처리의 간소화로 최초의 조달청에 업체등록을 한 것으로 입찰참가신청을 가늠한다.

다섯째, 입찰자들은 나라장터 홈페이지를 통해 투찰을 하게 되는데, 이 단계에서 15개의 임의예비가격이 정해져 함께 투찰을 진행하며, 이 과정에서 투찰금액을 반드시 기재하고, 발주처의 요구사항에 따라 필요한 서류를 사전에 우편발송하기도하고, 전자문서의 형태를 파일을 첨부하기도 한다.

여섯째, 투찰시간 마감 후 예비가격을 산출해 예비가격에 가장 근접해 자를 낙찰예정자로 선정 발표한다.

일곱째, 예비가격에 근접한 자를 대상으로 적격심사를 실시하는 단계로, 1순위 낙찰업체의 부적격 판명시 차순위 낙찰자가 적격심사를 받게 되어 최종 낙찰자를 결정한다.

여덟째, 최종 낙찰자는 계약을 체결하게 보증보험 증권 또는 공사이행 보증서 등의 제출과 함께 이루어지며, 앞서도 언급했듯이 특정공사를 제외하고는 업무 간소화의 영향으로 계약역시 전자문서로 이루어지게 된다.

(5) 입찰교육

입찰 교육은 입찰대리인의 업무의 효율성을 꾀하기 위하여 이론을 중심으로 간단한 모의투찰 과정을 통해 입찰업무를 이해하는데 의의가 있다. 초급과정은 공고문의 구성 및 용어의 이해와 전자입찰의 전반적인 흐름을 이해하여 기초를 다지는 과정, 중급과정은 입찰의 원리, 입찰의 유형, 적격심사, 사정율 분석 및 투찰가 산정 등에 대하여 세부적으로 진행되며 모의투찰 과정을 통하여 실습교육으로 진행된다.

(6) 교육 과목, 시간 및 비용

입찰교육은 노동부지원이나 고용보험 환급과정과 무관한 것으로 유료입찰정보 사이트를 이용하는 이용자들의 수요에 따라 입찰정보회사에서 자유롭게 이루어지는 형태로 진행되고 있으며, 교육에 소요되는 비용은 입찰교육을 받는 자의 전적인 부담으로 한다.

〈입찰교육의 과목 및 시간〉

교육내용	시간
전자입찰의 개요	50분
전자입찰의 용어 및 이용방법	60분
복수예가 방식 및 예정가격의 결정	50분
사정율 및 적격심사의 이해	50분
사정율 분석 및 투찰금액의 산정	50분
분석프로그램을 통한 모의투찰	120분

3. 경호보안 입찰의 종류와 방법

(1) 경쟁입찰의 종류

가) 일반경쟁입찰 : 사업종류별로 관련법령에 따른 면허, 등록 또는 신고 등을 마치고 사업을 영위하는 불특정 다수의 희망자를 공개경쟁입찰에 참가하도록 한 후 그 중에서 선정하는 방법이다.

나) 제한경쟁입찰 : 사업종류별로 관련법령에 따른 면허, 등록 또는 신고 등을 마치고 사업을 영위하는 자 중에서 계약의 목적에 따른 "사업실적, 기술능력, 자본금 등을 제한"하여 공개경쟁입찰에 참가하도록 한 후 그 중에서 선정하는 방법이다. 이 경우 5인 이상의 입찰참가 신청이 있어야 한다.

다) 지명경쟁입찰 : 계약의 성질 또는 목적에 적합한 특수한 장비·설비·기술·자재·물품이나 실적이 있는 5인 이상 입찰대상자를 지명하여 내용증명우편으로 입찰에 참가하도록 한 후 그 중에서 선정하는 방법이다. 이 경우 3인 이상의 입찰참가 신청이 있어야 한다.

나목 및 다목의 입찰방법으로 사업자를 선정하는 경우에는 일정한 방법으로 사전에 의결기관의 의결을 얻어야 하는 등의 소정의 제한이 따른다.

(2) 경쟁입찰에 부대되는 입찰방법

가) "내역입찰"은 경쟁입찰시 용역관리주체가 미리 공종별로 목적물의 물량을 표

시하여 배부한 내역서에 입찰자가 단가와 금액을 기재한 "입찰가격 산출내역서를 입찰서와 함께 제출"하는 방법을 말한다.

나) "부대입찰"은 공사발주를 위하여 경쟁입찰시 산출내역서에 입찰가격을 구성하는 공사 중 하도급할 부분, 하도급금액, 하수급인 등 하도급에 관한 사항을 기재하여 제출하는 입찰방법을 말한다.

(3) 부찰제(제한적 평균가 낙찰제) 및 제한적 최저가 낙찰제

우리나라 입·낙찰제도는 1995년 7월에 적격심사제도(PQ)를 도입하기 이전까지 최저가 낙찰제도를 근간으로 삼아 왔으며, 평균가 낙찰제나 제한적 최저가낙찰제(부찰제)가 보완적으로 활용되어 왔다.

최저가낙찰제도가 시장경제의 원리에 가장 부합되는 낙찰방식인긴 하지만, 공사비의 직접비수준에도 미치지 못하는 저가투찰(덤핑)이 일반화되고 부실공사에 대한 우려가 높아지면서 부찰제, 평균가 낙찰제 등 제한적 최저가 방식을 도입하였다. 그러나 평균가 낙찰제나 제한적 최저가 낙찰제는 덤핑방지의 효과는 있었지만 업체의 기술개발 노력이나 원가절감 노력을 촉진하지 못하였고, 예산절감에도 기여할 수 없는 상태에서 요행에 따른 낙찰이 이루어진다는 문제점을 낳고 있었다. 이 같은 문제점이 크게 부각됨에 따라 또다시 경쟁원리를 내세워 최저가낙찰제로 회귀하는 악순환이 지난 1995년까지 반복되어 오고 있다.

(4) 최저가 낙찰제

최저가 낙찰제란 국고의 부담이 되는 경쟁입찰에 있어서는 예정가격이하로서 최저가격으로 입찰한 자의 순으로 당해 계약이행능력을 심사하여 낙찰자를 결정하는 입찰제도이다.

최저가 낙찰제도는 건설공사 입찰에 있어서 건설 예정 가격에 대해 어떠한 제한없이 가장 낮은 가격으로 응찰한 업체에서 낙찰되는 제도로서 그동안 우리나라에서는 제한적 또는 일부 훼손되어 운영되어 오던 제도이다. 최저가 낙찰제는 정부가 발주하는 공사 중 1,000억원 이상의 대형공사에 최저가 낙찰제가 다시 도입된지 6개월이 지났지만 아직 제자리를 찾지 못하고 있다. 최저가 낙찰제는 자유시장경제의 원리에 입각해 가장 낮은 가격으로 입찰한 업체 가공사를 맡게 되는 것이지만, 덤핑 경쟁으로 인해 건설업계의 동반부실 뿐 아니라 부실시공을 가져온다는 우려가 제기돼 그동안 수차례 폐지와 도입이 반복됐다.

(5) 적격 낙찰제도(종합낙찰제도)

적격심사제는 최저가낙찰제의 가장 큰 단점으로 여겨지는 무리한 저가경쟁 또는 입찰담합의 문제점을 해소하고, 입찰금액의 적정성까지도 심사하여 최적의 낙찰자를 선정하고자 도입되는 제도이다. 동 제도는 1995년 이전까지 시행되던 최저가 낙찰제도가 부실공사의 원인으로 지적됨에 따라 1995년 7월부터 시행하고 있으며 시행실적으로 입찰참가자격을 제한하지 않은 경쟁입찰시에 적용중이다. 적격심사제도는 입찰금액에 대하여 시공능력과 입찰금액의 적정성 등 당해 공사의 계약이행능력이 있는지 여부를 심사하여 적정하다고 인정될 경우에 낙찰자로 결정함으로써 불량부적격자가 계약대상자로 선정되는 것을 배제하는 제도이다. 이러한 적격심사를 통해 부실시공 및 과당경쟁방지, 덤핑방지, 시행업체의 전문화 등의 효과가 있을 것으로 기대하고 있다.

적격심사 기준은 입찰가격과 비가격요소로 구분하여 평가하는데, 적격심사제는 공사비 이외에 기술능력, 공법, 품질관리 능력, 시공경험, 재무상태 등을 종합 심사하여 적격업체에 낙찰시키는 제도로서 종합낙찰제도라고 한다. 종합심사시, 공사규모에 따라 심사기준과 배점기준을 차등화하며, 낙찰요건은 최저가 입찰이 되어야 하고, 공사규모별로 일정점수 이상을 획득하여야 한다. 만약 최저가격 입찰자가 통과점수 미만인 경우에는 차순위 최저가격 입찰자순으로 적격심사를 실시한다. 「국가를 당사자로 하는 계약에 관한 법률 시행령」 제42조 제1항의 규정에 의한 낙찰자 결정시의 계약이행능력 심사의 방법 · 항목 · 배점한도액 기타사항은 「적격심사기준」에 규정 되어 있다.

이 제도는 원래 최저가낙찰제로 건설되었던 성수대교 붕괴사고가 발생(1994.10)하고 삼풍백화점이 붕괴(1995.6)되는 등 부실공사 폐해가 야기되자 이를 방지할 목적으로 1995년 7월에 도입된 입찰제도로 공사의 낙찰예정자를 대상으로 당해 공사의 계약이행능력이 있는지의 여부를 심사하여 적정하다고 인정될 경우에 낙찰자로 결정함으로써 불량 · 부적격자가 계약대상자로 선정되는 것을 배제하는 것으로 운용되고 있다.

(6) 입찰절차(조달청기준)

입찰에 참가하고자 하는 자는 입찰공고 또는 입찰참가통지서에 기재된 신청마감일 까지 다음 서류를 발주기관에 제출하여 입찰참가를 신청하여야 하며, 입찰참가

등록증 소지자의 경우에는 '가~라'의 서류는 불필요하다. 단, 전자입찰인 경우는 나라장터(국가종합전자조달) 시스템에서 별도 전자입찰 참가등록을 위한 이용자등록을 하여야 한다.

가. 입찰참가신청서(소정양식) 1통

나. 입찰참가를 증명하는 서류

다. 인감증명서 1통

라. 기타 공고 또는 통지로 요구하는 서류

입찰에 참가하고자 하는 자는 입찰에 필요한 공고문, 용역구매 입찰유의서, 국가종합전자조달(나라장터)시스템 전자입찰특별유의서, 청렴계약입찰특별유의서, 용역구매표준계약서, 용역구매일반조건, 특수조건, 청렴계약특수조건, 기타를 사전에 열람할 수 있다.

입찰관련 법령 등을 입찰전에 완전 숙지하여야 하며, 이를 숙지하지 못한 책임은 입찰참가자에게 있다. 입찰에 대한 입찰보증금 적립은 신용불량자, 가격등락이 심하여 계약을 기피할 우려가 있는 품목 등을 제외하고는 면제하는 대신 입찰(전자입찰의 경우는 전자입찰서로 갈음) 하단에 표기된 입찰보증금 지급각서에 날인하여야 하며, 낙찰자로 선정된 후 정당한 이유없이 소정의 기일내에 계약을 체결하지 아니하여 입찰보증금 국고 귀속사유가 발생할 경우에는 관련 규정에 의거 입찰금액의 5/100에 해당하는 입찰보증금을 지체없이 현금으로 납부하여야 한다. 소입찰은 입찰공고에 명시된 입찰시간과 장소에서 실시한다(내자입찰 : 본청 제3입찰실, 전자입찰: 계약담당자 PC).

입찰집행관은 입찰보증금을 납부(입찰보증금의 납부가 면제되는 자 제외)하고, 소정의 서류를 구비하여 입찰참가 신청을 완료한 자에 한하여 입찰에 참가하게 한다.

대리인이 입찰에 참가한 경우에는 입찰참가 신청서상(입찰참가 등록증)의 대리인인지 여부를 확인한다.

(7) 민간경호보안 입찰공고(아파트 기준) 예시

경호보안업체 입찰 공고

1. 위 치 : 경기도 00지구 000 아파트

2. 단지명 : 경기도 00지구 000 아파트
3. 단지규모
 가. 개동 세대
 나. 관리면적 : 47,964㎡/ 보안인원 5명(A조 - 2명, B조 - 2명 팀장 1명)
4. 계약기간 : 0000.00.00~0000.00.00(2년간)
5. 근무조건
 가. 0000년도 최저임금법에 저촉되지 않게 적용할 것
 나. 휴게시간 : 점심 및 저녁식사 시간(2시간), 오후 22시이후 교대 50분 근무 10분 휴식 격일근무
6. 선정방법
 입주자대표회의에서 제반관리에 필요한 사항(서류심사)심사후 선정
7. 참가자격
 가. 용역보안업 허가를 받은 업체로서 서울, 경기지역 업체
 나. 자본금 1억원 이상인 업체
 다. 손해배상책임 공제보험에 가입한 업체
 라. 보안용역 건으로 고소 및 고발 사실과 분쟁이 없는 업체.
8. 제출서류(밀봉제출)
 가. 용역보안업허가증, 사업자등록증, 법인등기부등본 각1부
 나. 인감증명서, 사용인감계 각1부
 다. 최저임금(휴게시간부여)적용에 따른 보안계획서(운영서)
 라. 회사소개서
 마. 보안용역수수료(월 보안요원 급료 및 1인당 단가)가 표시된 견적서
 바. 실적증명서
9. 등록마감일시
 가. 접수기간 : 2010. 00. 00.(목) ~2010. 00. 00(금)17:00까지
 나. 접수처 : 당 아파트 관리사무소
10. 기타사항
 가. 제출서류는 밀봉하여 접수할 것
 나. 접수된 서류는 일체 반환하지 않음
 다. 제출서류에 허위 또는 하자가 있을시는 선정 및 계약후라도 무효처리함
 라. 문의전화 : (010)-345-6789

00지구 000아파트입주자 대표회장

4. 경호보안 계약관리

계약(契約)이란 수행되는 일과 그 일의 대가를 지불하는 고객과 회사와의 합의를 말한다. 계약(contract)은 일정한 법률효과를 원하는 2인 이상의 당사자들이 내용상 일치하는 의사표시를 교환하여 완성시키는 법률행위를 말한다. 계약은 가장 일반적인 법률행위이다. 도급(都給)은 수급인이 어떤 일을 완성할 것을 약정하고 도급인이 그 일의 결과에 대하여 보수를 지급할 것을 약정하는 계약(민법 §664~674)으로서, 수급인이 스스로 재량과 책임 하에서 자기가 고용한 근로자를 사용하여 일을 완성한다. 도급인은 수급인의 근로자에 대한 지휘·명령을 할 수 없으며 민법 제9절에 법적근거를 둔다. 일반적으로 수급인인 경호보안업체에서는 도급인과 계약시 통상 1년에서 3년의 기간동안의 계약을 체결하며, 계약서를 2부 작성하여 날인하고 각자 한 부씩 보관한다. 계약기간이 만료되면 물가 상승, 인건비 상승 등의 요인을 고려하여 계약금액을 조정하고 재계약 한다.

따라서 이러한 경호보안계약에 의하여 경호보안업체는 경호보안의뢰자에게 경호보안급부에 해당하는 서비스를 제공할 의무가 있으며, 경호보안의뢰자인 고객은 경호보안업자에게 약정한 경호보안서비스 대금을 지급할 의무가 있다. 경호보안계약은 당사자 일방인 경호보안업자가 위해환경에 대비한 경호보안서비스 제공을 약정하고 그 상대방인 경호보안의뢰자는 제공된 경호보안서비스 결과에 대한 보수를 지급할 의무를 부담하는 계약이라고 이해된다. 즉, 계약서는 모든 조정과정을 통하여 이루어진 구두합의를 서면으로 구체화시키는 것이다.

경호보안계약은 불요식계약으로 서면의 작성과 같은 특별한 형식을 필요로 하지는 않으므로 구두로도 체결이 가능하다. 그러나 합의 내용을 명백히 하여 당사자간의 다툼을 미리 막기 위하여 계약서를 작성하는 것이 보통이며, 대부분의 상사계약은 서면으로 체결된다. 당사자간에 합의한 모든 내용을 서면화시키는 것이 계약서인데, 이에는 기본계약서 및 특별계약조건 및 첨부규정(Additional Provisions)이 있다.

특히 다수의 공중을 상대로 하는 집단적·정형적 거래에 있어서 개별적으로 교섭하여 계약조건을 정하는 것이 곤란하므로 보안업체가 일방적으로 정하는 조건에 따라 거래조건을 사용하는 경우가 있어 사적자치의 범위가 점차 좁아지게 된다. 이처럼 특정기업이 일정 종류의 거래에 대하여 획일적인 적용을 위해 계약내용에 관해 사전에 문자로 인쇄하여 놓은 계약조건을 보통거래약관(General Conditions) 또는 약관(約款)이라고 한다. 약관은 운영의 합리화, 법률의 상세화, 거래위험의 합리적 분배 등의 긍정적 기능을 갖고 있지만, 기업주의 우열적 지위의 유지 · 강화라든가, 거래위험의 전가 따위의 부정적 기능으로부터의 문제점이 있어 이에 대한 공정성을 확보하기 위하여 1986년12월에 「약관의 규제에 관한 법률」(약관법)이 제정되어 시행되고 있다(법률 제3922호). 신의성실의 원칙에 반하여 공정성을 잃은 약관조항은 불공정약관으로써 규제를 하고 있다.

많은 기업들이 계약서 없이 잠정합의를 하는데, 이는 나쁜 경영습관이다. 이것은 경호용역 회사가 고객이 원하는 바를 이행할지라도 이를 증명하기 어려울 뿐 아니라 양측의 문서적 합의 없이는 고객이 계약을 파기하더라도 비용지불 관계를 명확히 증명하기 어렵다. 문서계약은 일반적인 기업거래관행에 의해 규정되고 회사담당자 또는 변호사에 의해 준비, 검토되어야 한다.

참고

***청렴계약 이행서약서**

당사는 「부패 없는 투명한 기업경영과 공정한 행정」이 사회발전과 국가 경쟁력에 중요한 관건이 됨을 깊이 인식하며, 국제적으로도 OECD뇌물방지 협약이 발효되었고 부패기업 및 국가에 대한 제재가 강화되는 추세에 맞추어 청렴계약 취지에 적극 호응하여 조달청에서 발주하는 모든 공사, 물품 및 용역 등의 입찰에 참여할 때 당사 및 하도급업체(하도급업체와 직·간접적으로 업무를 수행하는 자를 포함)의 임직원과 대리인은

1. 입찰가격의 유지나 특정인의 낙찰을 위한 담합을 하거나 다른 업체와 협정, 결의, 합의하여 입찰의 자유경쟁을 부당하게 저해하는 일체의 불공정한 행위를 않겠습니다.
   - ㅇ 이를 위반하여 경쟁입찰에서 담합을 주도하여 낙찰을 받은 것이 사실로 드러날 경우 조달청에서 발주하는 입찰에 입찰참가자격 제한 처분을 받은 날로부터 2년 동안 참가하지 않겠으며,
   - ㅇ 경쟁입찰에서 담합을 주도한 것이 사실로 드러날 경우 조달청에서 발주하는 입찰에 입찰참가자격 제한 처분을 받은 날로부터 1년 동안 입찰에 참가하지 않겠으며,
   - ㅇ 경쟁입찰에서 입찰자 간에 서로 상의하여 미리 입찰가격을 협정하거나 특정인의 낙찰을 위하여 담합한 것이 사실로 드러날 경우 조달청에서 발주하는 입찰에 입찰참가자격 제한 처분을 받은 날로부터 6월 동안 입찰에 참가하지 않겠으며,
   - ㅇ 위와 같이 담합 등 불공정행위를 한 사실이 드러날 경우 「독점규제 및 공정거래에 관한 법률」에 따라 공정거래위원회에 고발하여 과징금 등을 부과토록 하는데 일체의 이의를 제기하지 않겠습니다.

2. 입찰, 낙찰, 계약체결 또는 계약이행과정(준공 이후도 포함)에서 관계공무원에게 직·간접적으로 금품·향응 등의 부당한 이익을 제공하지 않겠으며,
   - 이를 위반하여 입찰, 낙찰, 계약체결 및 계약이행과 관련하여 관계공무원에게 2억원 이상의 뇌물을 제공한 사실이 드러날 경우에는 입찰참가자격 제한 처분을 받은 날로부터 2년 동안 입찰에 참가하지 않겠으며,
   - 1억원 이상 2억원 미만의 뇌물을 준 자는 입찰참가자격 제한 처분을 받은 날로부터 1년 동안 입찰에 참가하지 않겠으며,
   - 1천만원 이상 1억원 미만의 뇌물을 준 자는 입찰참가자격 제한 처분을 받은 날로부터 6개월 동안 입찰에 참가하지 않겠으며,
   - 1천만원 미만의 뇌물을 준 자는 입찰참가자격 제한 처분을 받은 날로부터 3개월 동안 입찰에 참가하지 않겠습니다.
3. 입찰, 낙찰, 계약체결 또는 계약이행과 관련하여 관계공무원에게 금품, 향응 등을 제공한 사실이 드러날 경우에는 계약체결 이전의 경우에는 낙찰자 결정 취소, 계약이행 전에는 계약취소, 계약이행 이후에는 해당 계약의 전부 또는 일부계약을 해제 또는 해지하여도 감수하겠으며, 민·형사상 이의를 제기하지 않겠습니다.
4. 회사 임·직원이 관계 공무원에게 금품, 향응 등을 제공하거나 담합 등 불공정 행위를 하지 않도록 하는 회사윤리강령과 내부비리 제보자에 대해서도 일체의 불이익처분을 하지 않는 사규를 제정토록 노력하겠습니다.

위 청렴계약 서약은 상호신뢰를 바탕으로 한 약속으로서 반드시 지킬 것이며, 낙찰자로 결정될 시 본 서약내용을 그대로 계약특수조건으로 계약하여 이행하고, 입찰참가자격 제한, 계약해지 등 조달청의 조치와 관련하여 당사가 조달청을 상대로 손해배상을 청구하거나 당사를 배제하는 입찰에 관하여 민·형사상 어떠한 이의도 제기하지 않을 것을 서약합니다.

200 . . .

서 약 자 : ○○○회사 대표 ○○○ (인)

---

1) 기본 계약서

기본계약서(The Basic Contract)에는 계약파기의 경우에 대한 위약금과 보상에 대한 양측의 일정한 수준의 보완사항을 명시해야 한다. 예를 들어, 계약서에 24시간 중에 12시간 이상 근로자가 근무하는 경우, 업무과중에 따르는 근무의 질 저하와는 무관하다는 실질적인 보상을 명시화해야 한다. 계약서는 도난과 파손에 대해 회사와 고객 양측의

책임에 대해서도 규정해야 한다.

계약서에는 불필요한 미사여구(美辭麗句)를 사용하지 않는다. 단순업무 계약은 간단한 항목을 정리한 서면에 고객이 서명하는 것으로도 충분하다. 업무의 규모가 크고 복잡한 계약안의 경우에는 계약안 자체가 대형 계약서로 인정되는 경우는 드물다. 고객의 모든 변동요구 사항에 합의하는 답신을 반드시 작성한다. 변경계약서(흔히 최종 계약안과 합의과정에서 수차례 첨가 · 삭제되는 안)는 정부나 대기업을 상대할 때 사용된다.

앞에서 언급한 두 가지 종류의 계약서가 주로 사용되며 대부분의 경호용역 회사는 거의 모든 고객에게 기본 계약서를 사용한다. 대부분의 계약서는 특정한 서비스나 비용이 변동된 경우를 제외하고는 고객에게 동일하게 작성된다. 이로써 판매관리자가 이미 작성된 계약서에 서명하는 것만으로 매 계약마다 회사고문 변호사에게 자문을 받아야 하는 불편을 덜 수 있다. 특별한 근무 계획서와 소요보안이 드는 경우는 기본적으로 계약서에 따로 첨부되어야 한다.

기본계약서에 변동사항이나 특별 서비스를 첨부하는 경우에는 반드시 계약담당자와 협의해야 한다. 보편적인 계약서는 다음과 같은 사항이 포함되어야 한다.

① 계약 당사자 명시 (예 고객명과 경호보안회사)
② 합의목적 (예 어떤 종류의 경호보안서비스가 제공될 것인가?)
③ 근무계약 기간 (예 계약서의 발효시점 등)
④ 내용

많은 기업들이 기본 계약서를 사용하고 있기 때문에 고객의 특별한 요구사항은 대부분 계약서 자체에 첨가하거나 작성된 사항을 계약서에 첨부한다. 이 첨가사항은 계약범위에 한해서 세부사항을 명시해야 한다. 기본적으로 첨가사항은 다음의 사항을 포함해야 한다.

① 근무지역
② 근무시간
③ 현장감독을 포함한 최소한의 경호보안요원과 감독자수
④ 경호보안요원과 감독들의 세부적인 직무
⑤ 요구되는 유니폼, 장비와 제공주체
⑥ 경호보안요원과 감독의 급여체계
⑦ 특별한 기준, 트레이닝 증명서와 허가증

2) 부가 계약규정

기본적인 계약 이외에 경호보안계약은 더 많은 세부적인 부가규정(Additional Provisions)을 필요로 한다. 또한, 계약서에는 고객과 기업간의 여러 종류의 과업지시 및 안전수칙을 세부적으로 명시해야 한다.

계약은 만료시까지 지속적으로 효력을 발효하지만 중도 파기(30일 전 통보)에 대한 가격조정과 내용을 포함시켜야 한다. 계약서는 고객과 경호보안요원 및 업체 사이의 책임소재 한계를 분명히 기재해야 한다. 경호보안회사는 귀책사유에 따른 손해배상 규정을 명시하고 손해배상금에 대해서도 당사자간의 합의에 따라 구체적으로 명시해야 한다.

계약상의 경호보안회사와 고객간의 명확한 관계를 설정해야 한다. 파견된 경호보안요원은 경호보안회사의 근로자이며, 감독 요구사항이 누구인가를 명시해야 한다. 특히, 고객이 경호보안업체를 관리·감독하는 경우에는 더욱 중요하다. 이를 명시해 놓지 않은 경우 경호보안업체를 고객이 관리하는 중에 발생하는 부당한 요구사항에 대해서도 경호보안업체가 책임을 져야 한다. 고객과 기업간의 관계에서는 사전에 파견될 경호보안요원을 면접할 권한이 있으며, 채용 결정권은 고객이 갖는다는 사항을 명시한다.

파견된 용역업체의 직원을 임의로 스카우트할 수 없다는 사항도 명시한다. 이러한 문제는 보통 계약이 만료된 후에 고객이 파견된 용역업체 직원을 정규직으로 채용하거나 타 동종업체에 이직, 취업시키는 경우에 해당된다.

계약변경에 따른 규정과 변호사 비용지불 관계 계약상의 불이행시 법정소송 비용과 같은 법률적인 사항 또한 포함시킨다. 통상적으로 모든 변경사항은 계약당사자 간의 서면상으로 반드시 합의해야 한다. 끝으로, 만약 계약의 일부분이 무효화되는 경우도 나머지 규정이 효력을 발휘한다는 것을 기술한 권리증서에 관한 사항도 포함한다.

참고

***과업지시서(사례)-시설경비용역 과업지시서**

아리수홍보관 경비용역 도급업무의 과업지시사항은 다음과 같다.

1. 시설경비용역 대상
   가. 용역대상 : 아리수홍보관
   나. 대상시설
   ○ 위 치 : 서울시 광진구 능동 18번지 어린이대공원내
   ○ 대 지 : 3,350㎡
   ○ 건 물 : 연면적 892.21㎡(270평)
   ○ 규 모 : 지하1층, 지상1·2층/ 구조 : 철골조 + RC조

2. 경비원의 기본업무
   홍보관의 전시물 및 체험물, 영상시설물 등의 도난을 예방하고, 관람객이 보다 편안하게 관람할 수 있도록 다음 각호의 업무를 행한다.
   가. 경비원은 성실하고 정직하게 근무에 임해야 한다.
   나. 홍보관 내외부에 전시물·체험물 및 영상시설물 등을 경비한다.
   다. 홍보관 내·외에서 진행하는 각종 행사 등에 협조를 한다.
   라. 방문객에게 친절하게 안내하여야 하며, 안전하게 관람할 수 있도록 인원통제 등 필요한 조치를 취하여야 한다.
   마. 홍보관 내·외부에서 거동수상자 및 잡상인을 감시하고, 필요시 검문하여 출입제한 등의 조치를 취하며, 출입 제한구역 등에 출입을 통제한다.
   사. 홍보관 내부에서 행해지는 음주 및 고성방가, 혐오감을 주거나 풍기문란 등 다른 관람객들에게 편안한 관람에 지장을 초래할 수 있는 일체의 행위를 단속하고 필요시 보고를 하고 지시를 받아 퇴관 조치한다.
   아. 정시 또는 수시로 근무지를 순찰하여 사건사고를 미연에 예방한다.
   자. 필요할 경우, 홍보관의 일반출입자의 신원확인, 출입증 교부 등의 필요한 조치를 취한다.
   차. 폐관시간이 되면 남아있는 관람객을 친절하게 퇴관을 유도한다.

타. 관내에 긴급환자가 발생시에는 인명구조를 위한 모든 응급조치를 취하고 의료기관으로 후송할 수 있도록 만전을 기한다.

카. 각종 사건 사고 발생시 긴급조치 및 즉시 보고하여야 한다.

3. 근무형태 및 근무시간

경비원의 근무형태 및 근무시간을 다음과 같이 정한다. 단, 국가비상사태, 천재지변 등 긴급 상황이 발생하였을 때에는 홍보과에서 정할 수 있다.

가. 근무인원 : 2명

나. 근무시간 : 09:00부터 18:00까지(홍보관 운영에 따른 근무시간 변동가능)

다. 휴식시간 및 식사시간

- 휴식시간 : 매 50분 근무 후 10분간 근무자간 교대 휴식실시
  ※ 홍보관 운영에 필요한 경우에는 휴식시간을 조정하여 시행하여야 한다.
- 점심시간 : 11:40 ~ 13:40(1명씩 교대)

4. 경비원 근무자세

경비원은 어떠한 경우에도 홍보관의 명예와 위신을 손상하는 행위를 해서는 안되며 근무 중 특히 다음사항에 유의하여야 한다.

가. 근무 중에는 규정된 제복을 착용하고 용모를 단정하게 해야 하다.

나. 항상 바른 자세로 관람객을 대하여야 하며, 노인·어린이·장애인에 대하여 최대한의 서비스를 제공하여야 한다.

다. 관람객에게 친절 온화한 자세로 관람객에게 봉사하여야 하며, 경비업무 수행을 위하여 특별히 필요한 경우를 제외하고 관람객과 일체의 언쟁을 해서는 안된다.

라. 근무 중에는 음주, 도박, 오락, 무절제한 핸드폰사용, 잡담 등 기타 경비업무와 관련 없는 일체의 행위를 해서는 안된다.

5. 경비 용품 지급

경비용역에 필요한 기본장비와 용품 등은 용역업체에서 지급하고, 추가로 필요한 장비와 용품 등은 상호 협의하여 지급한다.

6. 순 찰

경비원은 각종 사건 · 사고를 미연에 방지하고 상황 발생 시 신속하게 대처 할 수 있도록 다음과 같이 홍보관의 내외를 순찰한다.

가. 순찰은 특별한 지시가 없는 한 1시간 간격으로 실시한다.

나. 순찰시에는 규정된 장비를 휴대하고 정숙하게 행동하여야 한다.

다. 순찰 중 모든 상황을 점검하며 도난, 화재예방 등에 역점을 둔다.

라. 순찰중 사건 · 사고의 우려가 있거나 사건·사고가 발생하였을 때는 즉시 조치 후 보고한다.

7. 기록유지 및 일일 보고
경비원은 일일 근무결과를 규정된 서식으로 일지를 작성하여 익일 보고 및 결재를 받아야 하며, 근무 중 발생한 특이 상황 및 조치결과, 이상유무 등은 반드시 기록하여야 하여 일일 근무 후 담당공무원에게 보고하여야 한다.

8. 기타 업무
가. 경비와 관련이 있는 각종 시설물의 작동상태를 수시 육안으로 점검하고 이상 징후 발견시 즉각 조치한다.
나. 화재예방을 위한 소화장비 등에 이상을 발견하였을 때 즉시보고 한다.
다. 강설시에는 "갑" 지시에 따라 제설작업에 임하여야 한다.
라. 비상시를 대비한 근무체제 유지
- 유사시를 대비한 직원, 유관기관전화번호, 보고계통도 비치
- 촛불 · 응급약품 등 비상용품은 항시 사용가능토록 보관 및 관리
마. 홍보관 관리 특성상 필요시 청소관련부분에도 적극 협조토록 한다.

9. 지시사항
본 과업지시서에 기재하지 않은 사항이라도 홍보관 경비에 필요하다고 인정할 때에 지시하는 사항은 명시한 사항과 같이 충실히 이행하여야 한다.

---

3) 계약준비 및 문서화

계약자유의 원칙에 따라 계약은 구두로도 무관하지만 후일의 분쟁의 소지를 줄이기 위하여 고객과 합의된 모든 내용을 문서화시킬 필요가 있다. 국가나 지방자치단체를 당사자로 하는 계약의 경우는 일정한 경우 문서화하는 것을 요건으로 하는 경우도 있다.

컴퓨터에 보관하는 것이 보다 더 효율적이며 사전에 세밀하게 문서화하는 것이 필요하다. 계약을 준비할 때 영업담당은 모든 필요한 사항을 입력시켜 최종적으로 특별히 고객만을 위해 준비된 것처럼 보이게 하는 최종계약서를 출력하여 상호의견을 절충하여 수정가필하고 최종적으로 서명날인하여 보관하도록 한다.

4) 경호보안 계약서 예시

경호보안계약서(Contract of Guard & Security)

_______________(이하"갑"이라 함)와 (주)한국경호보안시스템(이하 "을"이라 함)은 다음과 같이 상호 협정하고 이에 성실과 신의로 계약을 체결한다.

업무대상 : 시설경비보안업무 외
제공업무 : 1. 시설경비보안업무 2. 업무대행 3. 청소업무
계약기간 : 년 월 일 ~ 년 월 일
근무시간 : 24시간(부터 까지)
요원인원 : 총 명
총 액 :
기 타 : 본 계약과 별도로 용역인원의 증가·감소는 추후 협의하에 조정할 수 있다.

계약의 내용과 조건 : 첨부 경호보안 근무 기본조건에 정한 바와 같다.

이 계약의 성립을 증명하기 위하여 계약서 2통을 작성하여 각자 서명 날인한 후 각각 1통씩 보관한다.

"갑"
주 소 :
사업자등록번호 :
상 호 명 :
성 명 :

"을"
주 소 :
사업자등록번호 :
법 인 명 : ㉑

첨 부: 경호보안 근무 기본조건

경호보안 근무 기본조건

제 1 조 【목 적】 본 계약은 경비업법에 따라, "갑"이 위임한 특정 인원이나 시설, 상황 등의 보호, 활동을 통해 "갑"과 "갑"이 지시한 인명과 재산을 보호·유지하는 것을 목적으로 한다.

제 2 조 【업무의 확대】 "을"은 경호보안 업무의 특성상 시설보안업무 등 "갑"의 요구에 상응하여 업무의 범위를 확대할 수 있다. 단, "갑"의 이해관계 업무를 직·간접적으로 관여할 수는 없다.

제 3 조 【권리와 의무】

①"갑"과 "을"은 상호 협의 하에 경호보안요원의 근무감독 및 업무에 대하여 "을"에게 시정을 요구할 권한을 갖는다.

②"갑"과 "을"은 상호 협의 하에 근무수칙을 제정하고 "을"은 수칙에 의거하여 성실히 수행할 의무를 갖는다.

제 4 조 【기밀 유지】 "을"은 본 계약체결 및 실행과정에서 인지하거나 습득한"갑"의 기밀사항을 업무상 필요 이외의 용도로 사용할 수 없으며, 제3자에게 누설하거나 제공하지 않는다.

제 5 조 【법적 책임】 "을"의 고의 및 중대한 과실로 인해 "갑"에게 피해가 생겼을 경우, "을"은 민·형사상의 법적 책임을 져야 한다.

제 6 조 【손해 배상】

① "을"은 원인여하를 불문하고 경호보안요원의 단체행동으로 인하여 경호보안업무에 차질을 가져올 때에는 그로 인한 손해를 "갑"에게 배상해야 한다.

② "을"은 경호보안요원이 경호보안업무 수행 중 불가항력적인 일이 아닌 경우로 "갑"에게 입힌 일체의 손해에 대해서는 "갑"에게 전액 보상해야 한다.

③ "을"의 상가 각 항 이외의 고의 및 중대한 과실로 인한"갑"의 손해는 사단법인 한국 보안 협회 손해 배상 공제에 의하여 "을"이 책임·배상한다.

제 7 조 【"을"의 면책】

① 천재지변, 전쟁 등 불가항력 사유로 "을"이 업무수행을 계속 할 수 없음으로 인해 발생한 손해에 대하여 책임지지 않는다.

② "을"의 경호보안요원이 본 계약이 정하는 업무 이외에 "갑"의 요구에 의한 행위로 발생한 손해에 대하여 책임지지 않는다.

제 8 조 【경호보안요원 인원 및 배치】 배치 경호보안요원의 수와 배치장소는 "갑"과 "을"의 쌍방 합의에 따라 결정한다.

제 9 조 【경호보안요원 교체】 근무자 근무시간은 계약내용에 준하며 정당한 사유로 "갑"의 요청에 의한 근무자의 교체는 "갑"의 교체요청 통보 후 36시간 이내로 한다.

제 10 조 【계약료와 계약금 지급】 경호보안요원 1인 1일 용역비용은 본 계약 내용과 동일하며________(VAT별도)으로 지급한다. 계약금은 계약시 50%를 지급하고 계약 종료시 완불을 원칙으로 체결한다. 단, 특별한 사유 없이 계약파기 시 전체 계약금액의 50%를 지급하여야 한다.

제 11 조 【숙식 및 비용제공】 "갑"과 "을"은 업무로 인해 산출되는 경호보안요원의 숙박 및 숙직 비용은 "갑"과 "을"이 상호 협의한다. (단, 숙박 및 숙식비용은 현지 사정에 의거한다)

제 12 조 【사고 상해 책임】 "갑"과 "을"이 경호보안 근무 중 발생하는 근무자의 사고·상해에 대한 책임은 협의 하에 부담한다.

제 13 조 【복장 및 장비】

① 경비업법 제16조에 의거 "을"이 부담한다. 단, 사용자의 의사가 반영될 시 "갑"이 제공한다.

② "갑"은 "을"의 업무에 필요한 비품 및 시설을 제공한다.

제 14조 【복장 및 장비 파손에 대한 책임】 "갑"과 "을"은 근무 중 발생 수 있는 근무자의 복장과 장비에 대한 파손 책임은 각각 공동 부담한다.

제 15조 【휴식·휴가】 "갑"과 협의 후 결정한다.

제 16조 【운전 대행 조건】 "갑"이 "을"에게 운전을 대행시킬 때는 "갑"은 근무자의 나이에 준하여(만21세 이상 운전 가능) 종합 보험을 반드시 가입·신청하여야 하며, 각종 자동차 사고에 대한 책임은 자동차 종합보험으로 처리한다.

제 17조 【법적 증인 조건】 "갑"이 이해관계로 "을"을 법적 증인이나 진술의 대상으로 원할 시에는 사전에 "을"과 충분한 협의 하에 결정해야 한다.

제 18조 【계약 해지에 대한 조건】 "갑"과 "을"계약 내용을 성실히 이행하면 계약 불이행시 상호 협의 후 해지 할 수 있다.

제 19조 【경호보안요원 직접 채용제한】

① "갑"은 "을"의 근무자를 직접 채용할 수 없다.

② "갑"과 "을"의 계약 종료 후에도 "을"과의 사전 동의 없이 추가 근무나 직접채용

은 할 수 없다. 만약 채용했을 시 “갑”은 민 · 형사상의 책임과 손해 배상을 “을”에게 해야 한다.

제 20조 【근무 중지 및 해지】 “갑”의 위법적인 행위 또는 기만에 의한 계약은 인지 즉시 “을”은 해약과 동시에 철수 할 수 있으며, 이로 인한 모든 민 · 형사상의 책임은 “갑"에 있다.

제 21조 【해지 통보】 “갑”이 “을”에게 정당한 사유로 인한 계약 해지 통보는 사전 일주일 전면 통보해야 한다.

제 22조 【기타】 기타 필요한 사항은 “갑”과 “을”이 협정하여 결정하고 그 외의 사항은 일반 거래 계약 내용에 준하여 결정한다.

제 23조 【분쟁해결】 이 계약과 관련한 분쟁이 발생할 경우 합으로 해결하는 것을 원칙으로 하되 합의도출이 되지 않을 경우 대한상사중재원에 중재로 최종 해결하도, 당사자가 소송으로 해결하기로 하는 경우 소송의 관할법원은 “갑”의 소재지 관할 법원으로 한다.

기타특약사항.

과 업 지 시 서

1. 경호보안대상물

가. 대상물의 명칭 : ___청사, 기타 ___청장이 요청하는 시설 및 대상자

나. 소재지 : 서울시 ○○구 ○○동 00번지 및 필요시 ○○○ 전역

2. 경호보안목적

가. 경호보안대상물 · 신변보호 대상자 및 공공청사 테러에 대한 안전사고 예방

나. 청사 시설의 안전관리

3. 제공업무 형태

가. 인력경호에 의한 신변보호 및 시설보호, 출입통제

4. 근　　무

가. 평상시 기본인력 경호근무자(1인)는 매일 근무시간 30분전에 출근하여 구청 감독자에게 업무를 지시받고 근무해야 한다.

나. 집단 불법 민원 등 필요시 특별방호를 위해 구청의 요구시 2시간이내에 최대 50명을 동원하여 시설물 및 대상자 등에 대하여 경비(경호)를 해야 한다.

5. 경호보안근무자세

가. 근무자는 단정한 용모와 규정된 복장, 장구류를 착용

나. 내방객에 대하여 성의 있고 친절한 태도

다. 폭력적 성향을 가진 집단민원시 방어적 자세로 대처

라. 근무자는 경비업법상의 규정을 준수

마. 청내 순찰로 수시보고 체계유지

6. 근무자 구성

가. 근무자 선발기준 : 신장 170cm이상, 몸무게 70kg이상, 유단자 이상

나. 근무자 구성비율 : 팀장 3년이상 유경험자 40%
요원 1년이상 유경험자 60%

7. 업무범위

가. 방범업무

1) 경호보안구역내에서의 집단난동 방지 및 범법행위의 예방
2) 사고의 조기발전과 확대 방지를 위한 긴급대처
3) 질서문란 행위 출입자 통제 및 내방객 안내
4) 위법 반출입 물품의 검문검색
5) 시설 및 직원에 대한 안전보호와 위해방지를 위한 활동
6) 기타 신변보호에 관한 업무

나. 방재업무

1) 순찰을 통한 화재 및 기타 불안전 요소의 발견시 긴급통보 업무
2) 테러 우려자 및 인화 물질 소지자 등 위해물질 소지자 검색

8. 경호보안주요업무

가. 주요업무

1) 청사시설 출입시 거동이 수상한 자는 원칙적으로 부서 출입통제
2) 경호보안구역내의 출입자를 감시하며 특히 정문 및 현관 근무자는 잡상인, 음주만취자, 난폭자, 집단행동 예상자 등을 선별하여 통제조치
3) 긴급사태 발생시 및 화재 등의 위급시에는 소방서, 경찰서 등 관공서 관계자와 협조
4) 이외는 경비업법에 의거 업무를 수행

나. 긴급대처 및 사고확대 방지

1) 경호보안구역내에서 긴급을 요하는 사태가 발생하거나 그러한 징후가 있을 것으로 판단되면 신속하게 근무인원 전원이 현장에 출동하여 상황에 따라 합동근무 조치
2) 경호보안구역내에 긴급을 요하는 사고가 발생하거나 그러한 소지가농후한 경우에는 관계자에게 통보(선조치 후보고)

9. 주의사항

가. 무단침입 및 기습에 대비하여 사주경계 철저(보호장비 점검)
나. 긴급대처시 GAS총, 경봉, 랜턴, 무전기, 채증장비(디지털카메라 등)를 휴대
다. 화재발생 및 현행범 체포시 관계기관 신속한 통보로 공조

10. 상황별 대처요령 - 특별근무 및 일반(평시)근무시 적용

구 분	업 무 내 용
대규모 시위대 접근	- 근무자 1명은 청사외곽 부분을 순회·순찰하여 집단적인 인원, 시위장비, 차량을 확인하여(메인)팀장에게 통보 - (메인)팀장은 각 근무지에 단계별로 저지선을 구축 - 시위대 감시업무 강화, 촬영준비

법적자료 수집	- 체증자료를 위한 촬영요원은 물리적 충돌현장에 위치하여 증거자료 사진 및 영상자료를 수집하여야 하며 법적자료로 제출할 수 있도록 훼손을 미연에 방지(민원인들로부터 신변보호 가능지점에 선동자 또는 주동자급의 선동장면을 은밀하게 촬영한다) - 현수막, 천막, 시설파괴, 폭력행위, 업무방해, 폭력에 사용되는 장비를 포착한다.
청사 현관 진입 시	- 1차 비상발령시 현관 출입구를 폐쇄하고 시위자 출입을 통제한다. - 2차 비상발령시 시설건물 출입구 전부를 폐쇄하고 출입통제를 한다(인원 및 중요자료 이동동선 확보).
건물내부 진입 시	- 농성자와는 절대 언쟁을 피하고, 방어적인 자세로 대한다. - 거동수상자로 판단되는 내방객을 예의 주시한다. - 흉기류 소지자와 현행범은 제압 후 경찰에 인계한다. - 무력행위 집단 출현시에는 신속한 상황 전파한 뒤 경호보안계획에 따라 능동적으로 대처한다.
화염병 투척 시	- 화염병 투척시 소화기를 주요 출입구 등에 이동 비치하고 농성자와 대치지역 근무자는 휴대용 소화기를 휴대한다. - 대치지역에서는 반드시 단체행동을 하여야만 하고 장비(가스총, 무전기, 기타)를 피탈 당하지 않도록 자기방어를 최우선 한다. - 소화전, 소화기 위치를 사전 파악하여, 화재발생시 즉각 소화한다. - 석면포를 비치하여 화염병 투척시 화재를 진화한다.
건물내 난동으로 인한 혼잡 시	- 중요부서로 확인된 장소의 근무자는 이동하여 출입통제 및 신변보호에 중점을 두어 대피동선을 확보한다. (구청장, 그 외 주요인사)

계 약 서(안)

○○○시 ○○구 ○○동 소재한 ○○청사 경호보안계약의 내용은 다음과 같다.(이하 ________를 "갑" 도급자를 "을"이라 칭한다.)

☐ **경호보안 구역**

ㅇ대상 지역 : ○○청사, 기타 청장이 요청하는 시설 및 인원보호

ㅇ주된 위치 : ○○청사 방호 기타 방호가 필요한 시설 및 지역

☐ **제 공 업 무 :** 시설물 방호 및 경호보안업무
(청사, 기타 필요한 시설 및 대인경호)

☐ **계 약 기 간 :** 2010년 월 일부터 2010년 월 일까지

☐ **업무 개시일 :** 2010년 월 일부터

☐ **경호보안 계약료 :** (1일 8시간 기준 인당 원)(VAT포함)

☐ **계 약 인 력 :** 1,322명 (동시 최대 50명까지 근무가능)

☐ **시설물 방호 및 경호조건 :**

ㅇ "을"은 경호보안인력을 투입하여 지정된 구역에 시설 및 대인경호를 실시하고, 시행방법은 첨부 용역약관에 정한 바와 같습니다.

(인력 증원시 별도 약정서 작성, 기존 계약내용과 동일한 조건으로 실시)

☐ **용역비용 지급방법 :** 방호인력 투입 일수, 인원, 초과근무 시간을 정산 후 지급 (특별용역은 사업종료후, 평시 용역은 월말)

이 계약의 성립을 증명하기 위하여 계약서 2통을 작성하여 각자 서명날인 한 후 각 1통씩 보관합니다.

첨부 : 1) 기본계약조건 2) 특별계약조건

2010년 월 일

갑 :

사업자등록번호 :
주 소 :
성 명 :

을 :

사업자등록번호 :
주 소 :
성 명 :

기본계약조건

제 1 장 총 칙

제1조(목적) 이 계약조건은 갑이 위탁한 방호구역내의 대상자에 대하여 을이 경호보안서비스를 제공함으로써 사용자의 인명과 재산을 보호함을 목적으로 한다.

제2조(용어의 정의) 이 계약조건에서 사용하는 용어의 정의는 다음과 같다.

1. "대상자"란 갑이 을에게 용역경비를 위탁한 사용자, 피용자의 인명을 말한다.
2. "경호보안구역"이란 대상자를 보호하기 위하여 을의 경호보안요원이 경호보안업무를 수행하여야 하는 구역을 말한다.
3. "인력경호보안"이란 경호보안요원이 경호보안구역 내를 입초 또는 순찰을 하며 수행하는 경호보안업무를 말한다.
4. "사고"란 불법행위나 기타 불안전요소로 인하여 대상자에 가해지는 위력을 말한다.
5. "이상정보"란 대상자에 발생되는 정보를 말한다.
6. "긴급대처"란 대상자에 발생되는 정보대처를 말한다.
7. "경호보안요원"이란 대상물의 안전을 보장하기 위하여 배치된 을의 인력을 말한다.
8. "순찰"이란 경호보안구역내의 안전을 보호하고 안전 위해요소를 제거하기 위하여 경호보안요원이 실시하는 정기 또는 부정기 순시활동을 말한다(주택 또는 건물내 순찰시).

제3조(계약기간) 계약의 계약기간은 갑의 필요에 따라 을에게 요구한 시간만 유효하며 계약기간 연장시 본문과 동일한 조건으로 한다.

제4조(기밀유지) 갑과 을은 이 계약의 체결 및 이행과정에서 알게 된 상대방의 기밀사항을 제3자에게 누설하여서는 안된다.

제5조(권리의무의 양도금지) 갑과 을은 상호사전 서면동의 없이 이 계약을 제3자에게 양도할 수 없다.

제 2 장 인력경호보안 제공

제6조 (제공업무범위) ① 을이 제공하는 인력경호보안 제공업무의 범위는 경호보안계획서에 따라 순찰을 통한 방범 및 방재업무를 제공함으로 말한다.

② "방범제공업무" 란 다음 각 호의 어느 하나에 해당하는 경우를 말한다.

1. 집단 및 과격민원으로부터 청사방호 및 출입자 통제
2. 정당한 행정력 집행을 방해하는 폭력으로부터 관련공무원 경호 및 기타 필요한 대인경호
3. 대상물내의 질서유지 업무
4. 난동 및 기물파손 정상적인 업무 발생시 등 불법행위자 제압 경찰관서 인계
5. 출입자 관리 및 대 고객 안내업무
6. 기타 긴급사태 대처 및 불법단체로부터 위협받는 직원 경호
7. 불법행위 사항 체증 등

제7조(경호보안요원의 교체) ① 을은 경호보안구역내의 전반적인 인력정비 업무를 1일 8시간 제공함을 원칙으로 한다.

② 제공업무시간 이외에 초과근무 시간은 시간급 계산을 하여 정산함을 원칙으로 한다.

③ 초과근무시간에 대한 보상은 기존근무시간의 시간조정으로 상계처리할 수 있다.

제8조(경호요원의 교체) ① 을이 필요하다고 인정할 경우(사업장 이동, 사직 등)에는 사전에 갑과 협의 후 경호보안요원을 교체할 수 있다.

② 갑은 경호보안요원의 태만 또는 부주의로 인하여 손해를 끼친 경우, 또는 경호보안요원이 업무상 부적격하다고 판단될 경우에는 을에게 해당 경호보안요원에 대한 교체 또는 기타 적절한 조치를 요구할 수 있음, 을은 정당한 사유가 없는 한 갑의 요구에 따라야 한다.

제9조(복장 · 장구 및 장비) ① 제공업무를 수행하기 위하여 경호보안요원이 착용 및 휴대하는 복장 · 장구 · 장비에 대한 지급기준은 을의 주관으로 설정하며, 구입에 대한 비용은 을의 부담으로 한다.

(통상적 업무수행을 위한 기본장비 : 무전기, 가스총, 증거 체증장비 기타 보호장구, 복장 등)

② 통상적인 업무수행을 위한 복장, 장구, 장비 이외 갑의 필요에 의하여 추가 지급되는 물품의 구입을 위한 비용은 갑의 부담으로 한다.

③ 기타 필요한 사항은 「경비업법」에 준하되 업무의 특수성을 고려하여 갑과 을의 합의에 의하여 별도로 정한다.

제10조(지휘계통) 경호보안요원의 인사 및 지휘감독의 책임과 권한은 원칙적으로 을에게 있다. 다만, 갑의 통합된 경호보안계획 수행 또는 갑의 경호보안수칙수행 등 필요한 경우에는 갑의 지휘감독을 받을 수 있다.

제11조(교육, 훈련 및 휴가) ① 을은 경호보안요원에 대한 교육훈련을 부단히 실시하여 항상 고도의 업무수행 능력을 보장하여야 한다.

② 갑은 을 및 관련기관의 책임하에 실시하는 교육·훈련(예비군훈련, 민방위훈련 등)과 을이 인정한 휴가(경조휴가, 정기휴가 등)로 인한 결원을 인정하지 아니하며, 을의 사유로 인하여 발생한 결원시의 공백기간의 근무지 배치는 을의 인력으로 대체 지원을 받아 경호업무를 지속하는 것으로 한다.

제12조(출입자 관리) ① 경호보안대상물에 업무시간내의 출입자에 대한 을의 통제는 갑이 제시한 경호보안수칙에 따른다.

② 갑의 업무시간 이후 또는 휴일의 출입자에 대한 을의 통제는 다음과 같다.

1. 갑의 직원에 대해서는 갑이 발생한 신분증 또는 인증서 등을 확인하여 신원이 확실한 자에 한하여 출입을 허용한다.
2. 갑의 업무와 관련 있는 민원인 등이 방문할 경우에는 갑의 관리부서 관계자에게 연락하여 그 지시를 따른다.
3. 기타 갑측의 규정된 내방객 이외에는 일체 출입을 허용하지 않는다.

제13조(보고) ① 을은 경호 제공업무에 관한 필요한 사항을 소정의 양식에 기재하여 사용자가 지정한 시간에 갑의 책임자에게 보고하여야 한다.

② 을은 사고가 발생하였을 경우에는 갑 또는 을이 정한 소정의 양식에 의거 사고 및 조치내용을 갑의 책임자에게 보고하여야 한다.

제14조(비상연락망 및 경호명단 제출) ① 을은 중대사고, 천재지변, 전쟁, 폭동, 기타 비상사태를 대비하여 항상 비상연락체제를 유지하여 한다.

② 을은 계약된 인원에 대한 비상연락망을 갑에게 제출하여야 한다.
③ 을은 계약된 인원에 대하여 계약일로부터 3일이내 명단을 제출하여야 한다.

제15조(세부사항) 경호보안요원의 근무에 대한 세부사항은 경호보안계획서와 갑이 제시한 경호보안수칙에 의한다.

제 3 장 업무의 제공

제16조(제공업무) 을이 갑에게 제공하는 경호보안업무는 경호보안요원을 이용한 시설경비와 제2조 제1항의 “대상자” 에 대한 대인 경호보안을 말하며, 그 내용은 제공업무 계약조건에 따른다.

제17조(업무담당의 자격) ① 시설경비 및 신변경호요원으로 경호보안요원의 최소 기준은 다음과 같다.
1. 유단자 이상
2. 키 170cm, 몸무게 70kg이상 중 「경비업법」에 적합한 자

② 갑의 경호보안요청이 있을 시에는 을은 상호 합의된 인원을 지체없이 경호보안요원을 상주시켜야 한다.
③ 을은 책임감이 강하고 성실하며 건장한 자를 선발하여 경호보안업무를 수행하도록 하여야 한다.

제18조(경호보안계획) 갑과 을은 경호보안업무의 효율적 수행을 위하여 필요시 경호보안계획을 상호 협의하여야 한다.

제 4 장 비 용

제19조(계약료) ① 갑은 을의 청구에 의하여 경호용역 투입인원, 일수, 초과근무시간을 정산하여 매월 을이 신고한 은행 계좌에 입금한다.
② 일일 계산의 산출방법은 다음의 계산방법으로 한다.
{(일일인당 계약가×인원×근무일수)+(초과근무시간×시간당단가)}

제20조(계약료의 변경) 대상자 또는 경호보안지역의 변경으로 경호보안요원의 수가 변경되었을 때에는 갑과 을의 합의된 계약조건에 의하여 조정하여 정산을 실시

한다(1일 8시간 기준연장 근무시 시간급으로 추가 지급하되 시간급 인정은 최소 30분이상 근무시 적용한다).

제 5 장 사고와 책임

제21조(사고방지) 갑과 을은 대상물의 사고예방을 위한 활동을 지속적으로 실시하며, 사고가 발생하였을 때에는 신속히 대처하여 피해와 사고확대를 방지하여야 한다.

제22조(사고통보) ① 을은 경호보안구역에 사고가 발생하였을 때에는 지체없이 사고의 상세한 사항을 갑 또는 갑이 지정한 자에게 통보하여야 한다.

② 경호보안구역내에서 발생한 사고에 대하여 갑이 먼저 인지하였을 경우에 갑은 현장을 보존하고, 사고의 상세한 사항을 구두 또는 서면으로 경호보안요원에게 통보하여야 한다.

제23조(면책) ① 갑이 이 계약의 제공업무를 수행하는 을의 업무 담당 및 경호보안요원이 직무상 입은 손해에 대하여는 민·형사상 책임을 지지 아니한다.

② 을이 직무상 상대방에게 끼친 손해에 대하여 을이 전적으로 민·형사상의 책임을 진다.

③ 을은 다음의 각호의 어느 하나에 대하여는 책임을 지지 아니한다.

1. 을은 경호보안요원이 약정된 제공업무 이외에 갑의 부당한 요구에 의한 행위로 발생한 손해
2. 천재지변, 전쟁, 동란, 쟁의행위, 기타 불가항력으로 인하여 발생한 손해
3. 갑이 설치한 기기의 훼손, 고장, 기타 등으로 을의 책임에 속할 수없는 사유로 정상가동이 불가능하여 발생한 손해

제 6 장 해제와 종료

제24조(해제권) ① 갑은 을이 상당한 이유없이 업무개시를 하도록 정한 시기에 업무를 개시 하지 아니하였을 때 도는 을의 협정사항 및 의무사항 불이행시에는 계약을 해제 할 수 있다.

② 다음 각 호의 어느 하나에 해당하는 경우 갑은 이 계약을 해제할 수 있다

1. 을이 파산선고를 받았거나 파산의 신청이 있을 때

2. 을이 해산명령을 받았거나 해산 결의를 했을 때
3. 을이 용역 경호보안업이 계속 불가능 할 때
4. 을의 채무 불이행에 대하여 채무이행 최고를 하였음에도 불구하고 이행하지 않았을 때
5. 을이 이 계약의 중요 조항을 위반하였을 때

③ 을의 업무를 개시하여야 할 시기에 갑의 귀책사유로 업무개시가 불가능 하게 되었을 경우 을은 상당한 기간을 정하여 최고하였음에도 불구하고 갑이 이행하지 아니할 때에는 이 계약을 해제할 수 있다.

④ 갑이 부당한 업무를 지시하였을 때(불법적인 업무)

제25조(위약금) ① 을은 제24조 제1항, 제2항에 의하여 계약이 해제되었을 때에는 계약료에 상당한 위약금을 갑에게 지급하여야 한다.

② 갑은 제24조 제3항, 제4항에 의하여 계약이 해제되었을 때에는 계약료에 상당한 위약금을 을에게 지급하여야 한다.

제26조(계약의 종료 통보) 계약기간 만료로 이 계약은 종료된다.

제27조(근무인력 변경) 갑은 근무자의 근무태만 및 재산상의 불이익을 발생시킬 경우 을에게 근무인력 변경을 즉시 요청하고 을은 즉시 근무자를 교체하여야 한다.

제 7 장 부칙

제28조(계약의 발효) 이 계약중 경호보안업무 개시를 위하여 필요한 조항은 계약 체결일로부터 효력을 발생한다.

제29조(분쟁의 해결) 갑과 을 사이에 이 계약에 대한 분쟁이 발생하였을 때에는 쌍방이 합의하여 조정하는 것을 원칙으로 하되 불가피하게 합의나 조정에 이르지 아니한 경우 대한상사중재원의 중재로 최종 해결한다.

제30조(기타사항) 경호보안요원 수행원칙의 사항, 공휴일 경호보안업무 수행사항, 용역료 및 그 외사항은 특별계약조건에 의한다.

특별계약조건

갑과 을은 이 계약의 제공업무를 수행함에 있어 다음 사항에 합의한다.

1. 계약에 의거 경호보안요원은 평일 상주하여 지정된 장소에서 경호보안업무를 수행하는 원칙으로 하되, 다만 사건 미발생으로 경호보안요원이 필요 없을 경우 상주근무자는 "갑"의 요구에 의거 철수하여야 하며, 근무일수에서도 제외하고 청구하여야 한다. 단, 토 · 일요일 등에 긴급상황 발생시 갑의 요구에 의해 30분내 최초 10명을 동원하여 주어야 하며 추후 120분내 계약된 인원을 추가 동원 하여야 한다.
2. 갑의 요청에 의하여 일요일, 공휴일 경호보안수행을 요청하면 을은 이를 거부할 수 없다.
3. 갑과 을은 근무시간 이외의 연장근무 시간은 다음 산출식에 의거 추가용역료를 산출한다.

㉮ 추가 용역료 산출방법

(근무인력×기본근무 인당단가)+연장 근무시간 1시간 단위

시간당 연장근무 용역료 : 기본근무시간외 1인당 단가/8시간

㉯ 추가 용역료 발생예

㉠ 갑의 부득이한 사정으로 인하여 근무를 연장할 때

㉡ 단가산출은 토요일·일요일·공휴일을 제외한 전 기간을 적용하되 긴급시에는 인력을 투입하여야 하며 용역료 계산방법은 평일 시간급의 150%로 계산한다.

4. 계약만료일인 2010년 12월 31일 이후 다음연도 연간단가계약 체결전일까지(2011. 1 ~ 계약단가 체결전)용역료는 2010년 기계약 단가 용역료를 적용한다.
5. 갑은 대상물의 개선을 요하는 불안전한 부분에 대한 을의 요구가 있을시 신속히 필요한 조치를 취하여야 한다.
6. 을은 업무수행에 필요한 대상물내의 갑의 전화 및 기타 통신시설을 사용 할 수 있다.
7. 「경비업법 시행규칙」 제24조(경비원의 배치 및 배치해지의 신고)에 의거 24시간 전 배치신고는 "을"의 책임하에 하여야 한다.
8. 본 협정사항은 기본조건 및 제공업무약관 보다 우선하며 기타 사항은 기본계약에 따른다.

5. 품질관리

고객의 추천이나 불만은 기업에 매우 중요한 역할을 하기 때문에 계약안을 승인하고 계약을 체결한 이후에는 고객이 또 다른 마케팅팀의 일원으로 임무가 부여된다. 작은 계약에도 최선을 다하면 최대의 효과를 이끌어 낼 수 있다. 이런 이유로 영업담당자는 반드시 경호보안 파견업체의 서비스 관리가 요구된다. 이것은 계약관계를 유지하는 것의 일환이기도 하며, 정기적으로 고객업체를 방문해 서비스를 점검하는 품질관리를 의미한다. 서비스 점검사항에 따른 문제점은 현장직원이나 경영진에게 보고하고, 이에 따른 효율적인 대처방안을 수립할 수 있어야 한다.

경호보안업체의 상급관리자는 영업담당의 판매를 증진시키는 것보다 이러한 마케팅 효과를 중요하게 여기고 꾸준한 관리에 관심을 가져야 한다. 잠재적 고객은 보통 용역업체를 방문하여 상급관리자와 일을 처리하고 싶어 하지만, 고객이 하지 않을 경우 관리자가 직접 고객을 찾아나서야 한다. 가능한 상급관리자와 수석 영업담당은 고객과의 계약체결시 반드시 동석해야 한다.

계약체결 후에도 관리자는 서비스 만족에 대한 모임을 정기적으로 주재해야 한다. 실제로 한 공기업에서는 지사장이 한 달에 한 번 고객을 방문하도록 하고 있으며, 지사장이 정기적인 방문 외에 상급 경영진의 고객방문을 필요로 하기도 한다. 빈번한 고객방문은 좋은 서비스를 제공한다는 의미인 동시에 잠재되어 있는 문제점들을 해결할 수도 있다.

경영진의 직접참여는 품질보증 프로그램에 의해 뒷받침이 되어야 한다. 이 프로그램은 현장에서 일하는 감독과 중간간부들이 고객과의 계약을 회사의 수준에 맞추어 정상적으로 이행하도록 한다. 기업은 반드시 모든 고객과 파견된 직원의 직무이행 정도를 점검하고 비공개적으로 점검결과를 기록하여 적절한 개선책을 찾아 조치를 강구해야 한다. 이러한 점검들은 간단히 고객의 점검에 의해 알 수 있으며 세부사항은 '감독'을 통해서 이루어진다.

파견사원 개개인은 중요한 기업의 판매도구이기도 하다. 서비스는 계약고객에 제한된 것이 아니라 고객을 방문한 방문객에게도 똑같은 효과가 있으므로 파견사원은 긍정적인 이미지를 주어야 하며 기업의 서비스 내용과 정보에 대해서도 자세한 지식을 갖추고 있어야 한다. 그러므로 현장관리자는 정기적으로 고객을 방문하여 고객과 면담을 할 뿐만 아니라 파견사원의 근무상태를 점검하는 것도 매우 중요하다.

효과적인 마케팅과 올바른 영업담당자의 품질관리(Quality Control)의무를 통하여 경호보안업체의 이윤을 창출하며, 궁극적으로 고객을 유치하는 서비스의 질적 향상을 가져오게 된다.

제9장

경호보안업 재무회계관리

제9장
경호보안업 재무회계관리

제1절 재무회계의 의의와 회계원칙

1. 경호보안업체의 회계관리

일반적으로 경호보안업체에서 회계가 아주 중요한 기능을 하지 않는 편이기는 하지만 효율적 회계관행이 수익에 직접적인 영향을 미칠 수 있다. 업무에서 발생되는 수입과 지출을 최대한 정확하게 측정하여 수입과 지출의 관계를 잘 파악함으로써, 경호업체관리자는 보안을 절감시킬 수 있고, 어떤 특정한 계약시 수익을 측정해 보는 아주 중요한 역할을 담당한다.

회계(會計)는 회사의 재정업무를 분석하는데 필수적인 재정관리 도구들을 제공해 준다. 그것에 따라, 비용절감과 경쟁력을 동시에 고루 갖춘 계약가격을 신중하고 효과적으로 산출해 내야한다. 또 시간 외 근무나 계약상 의무조건의 불이행과 같은 문제점들을 부각시키기도 한다. 그리고 업무에 비해 비용이 너무 과도한지 부족한지를 확인한다. 여러 가지 측면에서 기업의 재무상태나 경영활동이 표현된 재무회계보고서는 경호보안업체관리자에게 무엇보다 유용한 도구가 된다.

따라서 회계란 각 경제단위가 자원분배에 관한 의사결정을 합리적으로 할 수 있도록 경제활동에 관한 정보를 측정하여 그 이용자들에게 전달해 주는 기능을 수행하는 활동이다. 이와 같은 회계시스템에서 작동하는 관리활동을 회계관리(會計管理)라고 한다.

2. 재무회계와 관리회계

1) 기업회계

모든 기업은 수입과 비용지출의 흐름의 파악이 필요하다. 이와 같은 기업회계(business accounting)는 기업의 경제활동을 주로 화폐로 기록·계산·보고하는 수단이다. 기업회계는 회계정보이용자들의 유형에 따라 재무회계와 관리회계로 분류할 수 있으며 이 양자는 서로 유기적인 관계를 맺고 있다.

2) 재무회계

기업의 경영실적·재정상태를 주주·채권자·투자자 등 외부의 관계자에게 보고할 목적으로 쓰이는 회계를 보통 재무회계(財務會計, financial accounting)라고 한다. 관리회계와 대비되는 것으로 외부보고회계라고도 한다. 일반적인 재무회계의 방법으로는 기간손익계산(期間損益計算)이 있다. 이것은 일정한 회계기간을 설정하여 그 기간 중의 활동결과 즉 기업자본의 투자·회수·재투자의 전말을 추적하고 손익계산서와 대차대조표를 통해 특정기간에 기업자본에서 생긴 손익의 변화와 특정시점의 기업자본의 크기를 주식 차원에서 명확히 밝히는 것이다. 이때 경영성적을 명백히 하기 위하여 발생주의원칙(發生主義原則)을 적용한다. 이 밖에 재무회계에는 경영외비용·수익 등을 포함시키며, 사업활동 결과로 발생한 순손익도 산정한다. 여기에 나타나는 기업이익을 명백히 하기 위해서는 이익잉여금과 자본잉여금의 구분을 확실히 경계 짓는 것이 중요하다. 주주나 채권자는 이러한 회계정보에 의해 기업의 수익력이나 재무안정성 등을 판정하고 자금투자에 대한 의사결정을 하게 된다. 각국에서는 이러한 회계정보가 미치는 경제적 영향의 중요성을 고려하여, 이해관계자들 간에 서로 대립하는 이해를 조정하기 위해 재무회계를 일반적 회계원칙이나 법령에 따라 제도적으로 규제하고 있다.

3) 관리회계

관리회계(管理會計, managerial accounting)는 경영자를 위한 회계를 말한다. 재무회계의 목적은 경영 외부의 이해관계자들에게 기업회계의 내용을 보고하는 것이지만, 관리회계는 재무회계와 관련을 가지면서도 경영자가 기업활동을 계획하고 조정하며 그것을 통제하는데 필요한 회계를 의미한다. 관리회계는 경영계획수립에 필요한 각종 계수를 제공함과 동시에 그 계획에 따르는 경영활동의 결과를 측정하여 이를 비교분석하고, 비능률이 발생하는 요소와 그 유책자(有責者) 및 원인을 신속히 밝힘으로써 현재 및 미래의 경영활동에서 낭비를 제거한다.

합리적 경영의 한 수단으로서 관리회계는 언제나 과거의 실적에 관한 계산인 재무회계와 달리 과거계산은 물론 예산 또는 표준원가계산 등과 같이 경영계획을 위한 미래계산까지도 포함한다(회계의 미래화). 재무회계는 1년 1회 또는 2회의 결산기별로 회계결과를 파악하지만 관리회계는 월별계산 · 주보 · 일보 등에 의한 계산보고가 행하여진다(회계기간의 단축). 재무회계는 기업전체의 경영성과 및 재정상태를 계산 파악하는 것이지만 관리회계는 책임중심점별(責任中心點別)로 경영계획과 실적을 파악할 수 있도록 계산한다(회계의 부문화). 재무회계는 화폐적 척도에 의한 계산만을 행하지만 관리회계는 금액계산은 물론 수량계산도 동시에 행한다. 회계결과가 경영에 이용되도록 하기 위하여는 그 결과의 신속한 보고가 필요하는 등 여러 가지 특색을 가지고 있다. 관리회계의 전형적인 내용은 예산통제 · 표준원가계산 · 변동원가계산 · 증분이윤분석(增分利潤分析) 등을 들 수 있다.

3. 회계원칙과 기업회계기준

1) 회계원칙

회계행위를 하는데 있어서 지켜야할 기본적인 지침이 되는 것으로서 회계의 기록, 계산 및 보고에 관한 방법을 기술한 것을 회계원칙(Accounting Principles)이라고 한다. 기업회계원칙(Business Accounting Principles)은 기업회계관습 중에서 일반적으로 공정 · 타당하다고 인정된 것을 요약하여 기업회계처리방법의 기준으로 정한 것을 말한다. 그 체계는 일반원칙, 손익계산서원칙, 대차대조표원칙으로 이루어져 있으며 모든 기업의 회계감사, 공인회계사의 재무감사기준이 된다.

기업회계원칙의 일반원칙으로는 ㉮ 신뢰성(객관성)의 원칙, ㉯ 명료성(공개성)의 원칙, ㉰ 충분성의 원칙, ㉱ 계속성의 원칙, ㉲ 중요성의 원칙, ㉳ 안정성의 원칙 등이 있다.

일반적으로 인정된 회계원칙(Generally Accepted Accounting Principles : GAAP)이란

기업실체에 영향을 미치는 경제적 사건을 재무제표 등에 보고하는 방법을 말한다. 이는 미국을 중심으로 하여 과거부터 회계실무에서 재무제표를 작성하는데 적용하여 왔던 회계개념과 회계관습, 회계절차 등을 종합한 것으로서 우리나라에는 기업회계기준 및 상법, 세법, 증권거래법 등에서 이를 정하고 있다.

회계원칙은 회계행위의 지침이며 회계실무를 이끌어 가는 지도원리이다. 회계원칙은 다수의 권위 있는 전문가의 합의에 의하여 그 나라의 회계이론과 회계실무를 종합적으로 체계화한 것으로 회계행위의 지침이 된다. 여기서 말하는 회계행위에는 회계담당자가 기업의 거래활동을 측정하여 보고하는 행위뿐만 아니라 기업의 회계보고서를 감사하는 회계감사인의 행위도 포함된다. 또한 회계원칙은 구체적인 회계처리방법이나 적용방법을 지시하는 것이 아니고 전반적인 사항에 대한 일반적 지침으로서 회계 행위의 판단기중이 되므로 회계실무를 이끌어 가는 지도 원리가 된다.

2) 기업회계기준

한국회계기준원(Korea Accounting Institute: KAI)은 「주식회사의 외부감사에 관한 법률」(이하 "외감법") 제13조와 동법 시행령 제7조의2의 규정에 따라 2000년 7월 27일부터 기업회계기준의 제정, 개정, 해석과 질의회신 등 관련 업무를 금융위원회로부터 위탁받았다. 한국회계기준원은 「외감법 시행령」 제7조의2의 규정과 정관의 규정에 따라 회계처리기준에 관한 사항을 심의 및 의결하기 위하여 회계기준위원회(Korea Accounting Standards Board: KASB)를 설치하여 운영하고 있다. 기업회계기준 전문은 기업회계기준의 일부는 아니나 회계기준위원회가 기업회계기준의 제정 및 개정 업무를 수행함에 있어서 기업회계기준의 구조와 제정 절차 등에 대한 회계기준위원회의 기본입장을 밝히기 위하여 제정되었다.

(1) 기업회계기준 제정절차 순서

단계	내용
과제선정	회계기준위원회는 이해관계자들의 의견과 제안을 지속적으로 반영하여 회계기준의 제·개정 과제를 선정한다.
토론서	한국회계기준원의 조사연구실 또는 외부위탁 연구팀은 연구과제에 대하여 국제회계기준과의 정합성 제고에 중점을 두어 토론서를 작성한다.
기초안	조사연구실은 토론서를 토대로 기초안을 작성하고 이해관계자들의 의견을 수렴하고 내부토론을 거쳐 공개초안시안을 작성하여 회계기준위원회에 상정한다.
기준위원회 심의	
공개초안	회계기준위원회는 공개초안시안에 대한 심의·의결을 거쳐 공개초안을 확정·발표하고 이해관계자들에게 검토의견의 제시를 요청(4~6주)하며, 필요한 경우 공청회를 개최한다.
공청회 및 의견조회	
기준위원회 심의	회계기준위원회는 공개초안에 대한 검토의견을 분석하여 반영여부를 심의한다.
기준서 제정	기업회계기준서 제정안을 최종의결하고 금융위원회에 보고한다.
기준서 공표	금융위원회의 특별한 수정요구가 없을 경우 회계기준위원회는 기업회계기준서를 공표한다.

(2) 기업회계기준의 구조

회계기준위원회는 회계기준제정기구가 회계기준을 제정 및 개정함에 있어서 기본적인 방향과 일관성 있는 지침을 제공하고 재무제표의 작성자, 감사인 및 이용자들의 재무제표에 대한 이해를 높일 목적으로 개념체계를 제정한다. 이에 따라 '현행의 기업회계기준'에 대한 '재무회계개념체계'와 '한국채택국제회계기준'에 대한 '재무제표의 작성과 표시를 위한 개념체계'를 제정하였다. 그리고 필요하다면, '일반기업회계기준'에 대한 별도의 개념체계도 제정할 것이다.

기업회계기준은 '한국채택국제회계기준'을 도입하기 전에는 '현행의 기업회계기준'으로 구성되고, '한국채택국제회계기준'을 도입한 후부터는 '한국채택국제회계기준', '일반기업회계기준', '특수분야회계기준' 등으로 구성된다. 현행의 기업회계기준은 '기업회계기준서', '기업회계기준해석서', '기업회계기준', '업종별 회계처리 준칙 등' 및 '기업회계기준 등에 관한 해석' 등으로 구성된다. 한국채택국제회계기준, 일반기업회계기준, 특수분야회계기준 등은 각각 '기업회계기준서'와 '기업회계기준해석서'로 구성되며, 기준의 본문은 아니지만 실무적용의 편의를 위하여 관련 실무지침 등을 제공한다. 한국채택국제회계기준, 일반기업회계기준, 특수분야회계기준 등은 향후 우리나라 회계기준의 근간을 이루게 되며 현행의 기업회계기준을 대체하게 된다.

가) 현행의 기업회계기준

'현행의 기업회계기준'을 구성하는 '기업회계기준서'는 관련 회계 주제의 회계처리 방법, 표시 및 공시에 대한 원칙을 제공한다. 동시에 기업회계기준서의 각 문단은 회계규범적인 성격을 갖고 있으므로 회계이론에 바탕을 두고 논리 정연하게 서술하고 있다. 기업회계기준서는 국제회계기준과의 정합성을 높이고 실무 적용상의 편의를 제공하기 위하여 문단식의 구조를 채택하고 있다. 기업회계기준서의 각 문단은 동일한 권위를 지니며 굵게 표시된 문단은 주요 기준을 의미한다. 각 문단은 해당 기준서의 목적과 결론도출근거, 본 전문과 '재무회계개념체계' 등을 배경으로 이해하여야 한다.

현행의 기업회계기준을 구성하는 기업회계기준서는 목차, 요약, 목적, 적용범위, 회계처리방법, 주석공시, 시행일, 경과조치 및 부록으로 구성되어 있으며 부록은 용어정의, 적용보충기준, 타 기준서의 개정, 회계기준위원회의 의결로 구성되어 있다. 별첨자료인 결론도출근거, 실무지침, 신구기준대비표 등은 기준서의 일부를 구성하지 않으며 기준서를 적용하는데 편의를 제공하기 위하여 제시되고 있다.

현행의 기업회계기준을 구성하는 기업회계기준서는 공표 순서대로 일련번호를 부여한다. 기준서 말미에는 표결 결과를 실명으로 공개하고 반대한 위원의 논거를 약술한다.

현행의 기업회계기준을 구성하는 '기업회계기준해석서'는 기업회계기준서에서 다루지 못한 세부 실행지침을 기술하고 기술적인 문제 등을 사례를 중심으로 해설하거나 기업회계기준서의 적용에 필요한 지침을 제공한다. 기업회계기준해석서는 기업회계기준서의 내용 중 일반적인 표현에 대한 분명한 해석이 필요하거나 사후적으로 기업회계기준서의 내용과 관련된 추가적인 회계 문제가 인식되는 등 기업회계기준서의 내용을 개정할 필요는 없으나 보완이 필요한 경우에 제정한다.

현행의 '회계기준적용의견서'는 기업회계기준을 실무에 적용하는 과정에서 제기되는 다양한 질의에 대한 회신 중 일반적인 적용이 필요한 내용으로 구성된다. 회계기준적용의견서는 회계기준위원회의 의결을 거치는 것은 아니며 한국회계기준원의 내부 전문가, 회계기준자문위원회 및 필요한 경우 질의회신위원회와 회계기준위원회 등의 의견을 반영하여 한국회계기준원 원장의 명의로 발표한다. 회계기준적용의견서는 한국회계기준원의 질의회신에 준하는 효력을 가지며, 과거의 질의회신 내용과 상충되는 경우에는 회계기준적용의견서가 우선한다.

나) 한국채택국제회계기준

'한국채택국제회계기준'은 회계기준위원회가 국제회계기준을 근거로 제정한 회계기준이다. 한국채택국제회계기준을 구성하는 '기업회계기준서'는 원칙적으로 목적, 적용범위, 회계처리방법, 공시, 부록, 등으로 구성된다. 부록은 용어의 정의, 적용보충기준 등으로 구성된다. 그리고 그 밖의 서문, 결론도출근거, 적용사례, 실무적용지침이 제공되는데 이는 기준서의 일부를 구성하지 않으며 기준서를 적용함에 있어서 편의를 제공하기 위해 실무지침으로 제시된다. 기준서의 각 문단은 해당 기준서의 목적과 결론도출근거, 본 전문과 '재무제표의 작성과 표시를 위한 개념체계' 등을 바탕으로 이해하여야 한다.

한국채택국제회계기준을 구성하는 기업회계기준서의 일련번호는 국제회계기준(International Accounting Standard: IAS) 및 국제재무보고기준(International Financial Reporting Standard: IFRS)의 일련번호와 일관되게 부여한다. 국제회계기준(IAS)에 대응하는 기업회계기준서의 일련번호는 1001호부터 1099호까지를 사용하고 국제재무보고기준(IFRS)에 대응하는 기업회계기준서의 일련번호는 1101호부터 1999호까지 사용한다.

한국채택국제회계기준을 구성하는 '기업회계기준해석서'는 기업회계기준서에서 명시적으로 언급되지 않은, 새롭게 인식된 재무보고문제에 대하여 지침을 제공한다. 또한 구체적인 지침이 없다면 잘못 적용될 수 있는 내용에 대한 권위 있는 지침을 제공한다.

한국채택국제회계기준을 구성하는 기업회계기준해석서는 참조, 배경, 적용범위, 회계논제, 결론, 시행일, 경과규정 등으로 구성된다. 그리고 그 밖에 서문, 결론도출근거, 적용사례, 실무적용지침이 제공되는데 이는 해석서의 일부를 구성하지 않으며 해석서를 적용하는 데 편의를 제공하기 위해 실무지침으로 제시된다. 각 기업회계기준해석서는 해당 해석서의 적용범위에 대한 제한규정을 둔다.

한국채택국제회계기준을 구성하는 기업회계기준해석서의 일련번호는 국제회계기준해석(Standing Interpretations Committee Interpretation: SIC Interpretation) 및 국제재무보고기준해석(International Financial Reporting Interpretations Committee Interpretation: IFRIC Interpretation)의 일련번호와 일관되게 부여한다. 국제회계기준해석(SIC Interpretation)에 대응하는 기업회계기준해석서의 일련번호는 2001호부터 2099호까지를 사용하고 국제재무보고기준해석(IFRIC Interpretation)에 대응하는 기업회계기준해석서의 일련번호는 2101호부터 2999호까지 사용한다.

회계기준의 실무적용을 위해서는 적절한 해석이 필요하므로 한국회계기준원은 국제회계기준위원회(International Accounting Standards Board: IASB)가 발표한 기준서의 결론도출근거, 적용사례, 실무적용지침 등을 근거로 한 실무지침과 국제재무보고기준해석위원회(International Financial Reporting Interpretations Committee: IFRIC)가 발표한 해석서의 부록을 근거로 한 실무지침을 발표하고, 필요하다면 한국의 실정을 반영하기 위한 실무지침을 추가적으로 발표할 수 있다.

국제회계기준에는 없는 문단으로서 한국채택국제회계기준에 추가된 문단은 해당 문단번호에 '한'이라는 접두어를 붙여 구분 표시하며, 국제회계기준의 문단을 회계기준위원회가 삭제한 경우에는 관련된 문단번호 옆에 '한국회계기준원 회계기준위원회가 삭제함'이라고 표시한다.

한국채택국제회계기준에서는 대응되는 국제회계기준을 언급하고, 특별한 예외의 언급이 없는 경우에는 한국채택국제회계기준을 준수하면 국제회계기준을 준수하는 것임을 명시한다.

다) 일반기업회계기준

'일반기업회계기준'은 「주식회사의 외부감사에 관한 법률」의 적용대상기업 중 '한국채택국제회계기준'에 따라 회계처리하지 아니하는 기업이 적용해야 하는 회계처리기준으로서 기준서와 해석서로 구성된다.

일반기업회계기준을 구성하는 기준서의 일련번호는 3001호부터 3999호까지를 사용하며, 해석서의 일련번호는 4001호부터 4999호까지를 사용한다.

라) 특수분야회계기준

'특수분야회계기준'은 관계 법령 등의 요구사항이나 한국에 고유한 거래나 기업환경 등의 차이를 반영하기 위하여 회계기준위원회가 제정하는 회계기준으로서 기준서와 해석서로 구성된다.

특수분야회계기준을 구성하는 기준서의 일련번호는 5001호부터 5999호까지를 사용하며, 해석서의 일련번호는 6001호부터 6999호까지를 사용한다.

구 분	기업회계기준서		기업회계기준해석서	
국제회계기준	IAS	IFRS	SIC Interpretation	IFRIC Interpretation
한국채택국제회계기준	1001~1099	1101~1999	2001~2099	2101~2999
일반기업회계기준	3001~3999		4001~4999	
특수분야회계기준	5001~5999		6001~6999	

(3) 기업회계기준서 제5001호 '결합재무제표' 제정 내용

가) 적용범위 : 이 기준서는 기업집단의 결합재무제표작성회사 및 결합대상계열회사가 법령 등에 의하여 기업집단결합재무제표를 작성하는 경우에 적용한다.

나) 결합재무제표의 작성기준일 : 결합재무제표의 작성기준일은 결합재무제표 작성회사의 결산일로 한다.

다) 결합재무제표 작성의 일반원칙 : 결합재무제표는 기본적으로 기업회계기준의 일반원칙에 따라 작성되는 것이나, 다수 계열회사의 다양한 회계정보를 결합해야 하기 때문에 결합재무정보의 유용성 확보를 위하여 중요성의 원칙과 충분성의 원칙 간에 적절한 균형이 유지되도록 하여야 한다.

라) 결합재무제표의 종류 및 형식 : 결합재무제표는 결합재무상태표, 결합손익계산서, 결합현금흐름표로 구성되며, 당해 회계연도분과 직전 회계연도분을 비교하는 형식으로 작성하여야 한다.

마) 결합집단내 다른 회계기준 적용시 면제 : 결합집단 내에서 서로 다른 회계기준, 즉 현행 기업회계기준(또는 일반기업회계기준)과 한국채택국제회계기준(국제회계기준을 포함)을 적용하는 기업들이 포함되어 결합집단 내 회계처리방법의 일치문제가 발생하는 경우에 이 기준서는 결합대상계열회사 간 회계처리방법을 일치하는 것을 면제한다.

제2절 경호보안회사 직원의 업무비용

1. 경호보안 직원의 업무비용의 측정

오늘날 수많은 경호보안업체들이 직원업무 비용을 측정하는 것에 대한 메커니즘에 대하여는 충분히 알려지지 않고 있다. 정확한 회계기법을 사용하기보다는 입증되지도 않고 정확성이 불분명한 공식에 의존하고 있다.

높은 경쟁력을 보이고 있는 경호보안업체들 사이에서 가격이란 모든 제반 비용에 합리적인 이윤이 덧붙여져 책정되어야 하지만 아직까지는 경쟁에서 살아 남기 위하여 가능한 최소한의 이윤만 남기는 선에서 유지되고 있다. 이것은 매 계약시마다 직원 업무비용의 구성요소(Components of Guard Rate)는 신중하게 산출되어야 한다는 것이다. 게다가 규모가 큰 계약의 고객들은 계약입찰 가격을 받아들이거나 비교하는 데 다소 억지스러운 면을 보이는 편이다.

새로운 회사들에 대한 일반적인 접근방식은, 우선 인력관리 비용을 측정하고, 그리고 나서 이윤을 남기기 위하여 총액에 더하는 것이다. 【표 9.1】 은 한 기업이 그러한 방법으로 산출한 예이고, 그 결과 시간당 비용이 4,000원으로 나왔다. 여기서 주목할 점은 청구하지 못한 시간 외 비용을 보상하기 위하여 유니폼 비용을 덧붙여 가격구성 요소를 추가하는 방법을 썼다. 이러한 예는 계약을 성사시키느냐 실패하느냐를 가늠하는 것이 될 수도 있다. 또한, 이 회사는 관리비용 외에 판촉 수수료를 별도로 반영시켰다. 이것 역시 분쟁의 여지가 있는 정책이다. 판촉 수수료는 일반적으로 간접비의 일부로 부가되는데, 이 경우에는 관리비용으로써 반영된다. 관리비용의 요소가 분명하고 판촉비용을 포함하지 않는다면 이러한 방법에도 문제가 없겠지만, 판촉 수수료를 포함시킨 관리비용이 어림짐작에서 나온 것이라면 가격은 과거의 경쟁적 수준으로 다시 돌아가야 한다.

【표 9.1】 가격 산출법(단위 : 원)

기본급	2500
초과근무 수당 4%	100
근로 소득세 17%	425
유니폼 비용 1%	25
휴가비 1%	25
판촉 수수료 2%	50
관리비용 2%	50
여가비	825
시간당 비용	4000

* 각 회사마다 기준이 달라질 수 있음.

좀 더 까다로운 접근방식은 다음의 네 가지 구성요소를 평가하여 신중하게 가격을 뽑아내는 것이다. 직접 지급 총액, 급여비용, 간접비 그리고 이윤이 네 가지 구성요소이다. 이러한 구성요소를 보다 잘 이해하고 되도록 이런 것들을 어떻게 최소화 할지를 강구하여야 한다.

경호보안업체 관계자는 최대한 낮은 입찰가를 고객에게 제시할 수 있다. 입찰에 붙는 가격과 떨어지는 것의 차이는 근소하기 때문이다. 그 입찰가는 최대한 낮게 조정되지만, 모든 비용과 합당한 이윤이 포함되어 있음이 분명하다.

2. 직원에게 지급하는 임금

1) 기본급

직접 지급임금 총액(Direct Payroll)이란 업무를 수행하는 직원들의 봉급을 말한다. 고객에게 봉급을 책정하는 선택권이 주어짐과 동시에 다른 회사들과 비교해 적정한 봉급의 최소 수준을 만드는 것도 중요하다. 이러한 조건이 선행되었을 때 계약조건에 적합한 후보자들을 끌어들이기가 용이해지는 것이다. 정부가 제정한 최소 임금선을 지킴으로써, 자격이 되는 경호보안직원들의 수가 제한된다. 대체로 최소임금수준을 간신히 지키는 기업은 그들이 보유한 경호보안직원들의 자질이 문제되어 중요한 계약입찰을 거의 따지 못하고 평판 역시 좋지 못한 경우가 많다.

급여수준과 종업원의 자질 사이에는 밀접한 관련이 있기 때문에 급여수준을 측정하는 일은 굉장히 중요하다. 관리자들은 자신의 분야에서 최근 실시된 급여조사에 신경을 써야 하고, 새로 생긴 기업이라면 그러한 조사결과를 충분히 고려해야 한다. 경호보안업체는 이러한 조사를 바탕으로 하여 자신들이 목표로 하는 수요계층에 적당한 기본급을 설정할 수 있다.

기본급(基本給)이란 기업이 지급에 동의할 수 있는 액수이다. 그리고 또한 약속된 업무를 제공할 수 있는 수준의 액수인 셈이다. 까다로운 고객은 경쟁입찰의 비교를 용이하게 하기 위해 일부분에서 기본급을 종종 결정한다. 만약, 고객이 이를 실시하지 않는다면, 경호보안업체에서 계약상 기본급여를 설정할 수 있게 해 주는 부분이다. 이것은 공정한 경쟁을 유도하며 부도덕한 기업들에 의해 저가입찰이 제기될 수 있는 소지를 방지한다. 대부분의 업체는 근무지역에 관계없이 똑같은 기본급을 지급하고 있지만 사실상, 경력이 있거나 그 기업에 장기근무한 직원의 나머지 차액은 경호보안업체에서 자체적으로 감당하는 것으로 하고, 근로자는 청구된 기본급 이상을 받고, 신참직원은 기본급 이하의 액수를 받음으로써 결과적으로 고객의 입장에서는 나머지 액수를 부당하게 지불하고 있는 셈이다. 어떤 경우든 정당한 처사는 아닐 것이다.

결론적으로, 기본급은 각 개인의 경력에 따라 측정되어야 하며, 장기 근속자에게는 그에 상응하는 급여를 인상시켜 주든지 대우가 좋은 직책으로 옮겨 주어야 한다.

2) 휴일근무 수당

흔히들 경호보안업무는 하루 24시간, 일주일을 연속 근무하는 것으로 생각한다. 야간근무나 일반적으로 주말 근무하는 급여에는 별 차이가 없다. 하지만, 지정된 휴일에 근무하는 것은 추가수당이 지급된다. 이러한 휴일은 계약서상에 분명히 명시되어 있으며, 이 날 근무한 경호보안요원에게만 수당이 지급된다. 경호보안업체는 고객에게 특정휴일이 돌아올 때마다 대금을 청구할 수도 있고, 계약상에 미리 휴일근무 수당을 시간당 비용의 하나로 산출해서 정해 놓을 수도 있다. 후자의 장점은 고객이 때마다 각각 다른 요금을 지급하는 대신 휴일마다 일정액수를 지급한다는 것이다. 어떤 방법을 사용하든 간에 추가수당을 지불하는 휴일을 구체적으로 계약서상에 명시시켜 놓는 것이 우선이다. 휴일근무 수당에 대한 청구는 시간당 비용을 결정하기 위해 연간 휴일근무 수당을 총 일한 시간으로 나누어 결정한다. 이러한 시간당 비용은 시간당 수당의 한 부분이 된다. 【표 9.2】는 이러한 산출방법의 한 예이다. 휴일근무 수당을 평상 기본급의 1.5배로 책정해 놓았고 한 달 휴일 4일 동안 근무한다고 가정해 놓았다. 여기서 주의할 점은 간접비와 이윤은 계산에 포함시키지 않는다는 점이다. 포상금은 특별히 또는 부수적인 일을 하였을 때 봉급에 덧붙여지는 액수이다. 예를 들어, 경호보안 중에서 감독기능을 하며 조장으로 일한 사람이 교대시 추가액수를 받는다거나 하는 것이다. 이것은 대개 기본급의 일부가 되어 지불되지만 고객이 요청하거나 추후에 명확화 되면, 하나의 항목으로 명시되어야 한다.

【표 9.2】 휴일지급 비용 계산법

한달 4일의 휴일근무 × 8시간 × 12개월 = 연간 384시간의 휴일근무 384시간 × 4650원 [기본급의 1.5배인 4000-900(간접비+이윤)] = 1,785,600원 1,785,600원 ÷ 2288(총연간 근무시간) = 780원(휴일근무 시간당 비용)

3) 수당 및 상여금

(1) 수당

각종 수당(手當, allowance)이란 일정한 급료 이외에 정기 또는 수시로 지급되는 보수를 말한다. 가족수당 · 특근수당 · 주택수당 · 근무지수당 · 주말수당 등이 이에 속한다. 가족수당 · 물가수당 등은 다분히 사회정책적인 의미가 있으며, 벽지수당 · 위험수당 등의 생명수당은 특수근무지나 특수업무 종사자에게 지급된다. 일반적으로 수당은 정상적인 근무 외의 작업에 대하여 근무의욕을 북돋우기 위해 지급된다.

가) 특근수당

주당 근로시간 44시간에 대한 토요일 오후 4시간에 대한 연장근무 수당을 계상한 것이 있다(예 시간당 기본급 2500원 ×4시간 ×1.5배 ×한달 4.34주). 예컨대 야간근로(하오 10시~상오 6시 사이의 근로)에 대하여 지급되는 야근수당은 야간근로시간에 상당하는 임금으로서 「근로기준법」 제46조의 규정에 의하여 가산 지급되는 통상임금의 100분의 50 이상의 금액을 말한다. 이러한 가산임금 지급제도는 근로자의 건강보전을 도모하기 위하여 가급적 야간근로를 억제할 목적 등에서 마련된 것이다. 휴일근무수당 · 야근수당을 통틀어 특근수당이라고도 한다.

나) 유급휴가 및 유급수당

일정한 조건을 갖춘 근로자가 임금(賃金)을 받으면서 쉴 수 있는 유급휴가(有給休暇, vacation with pay)로 한국의 「근로기준법」(勤勞基準法, 이하 '근기법')은 유급휴일 · 연차유급휴가 · 산전후휴가 등 3가지 유급휴가에 관한 규정을 두었다.

㉠ **유급휴일** : 근로자가 1주일에 적어도 1일씩 쉬고도 통상임금을 받을 수 있는 휴일이다. 사용자는 근로자에게 1주일에 평균 1회 이상의 유급휴일(有給休日)을 주도록 하고 있다(근기법 §55). 그러나 이 유급휴일은 주 동안의 소정근로일을 개근한 자에게 주어진다(근기법 시행령 §30). 따라서 병고(病故) 기타 사유로 소정일수를 채우지 못한 자는 이 주휴일의 혜택을 받지 못한다.

㉡ **연차유급휴가** : 1년에 일정한 일수를 쉬고도 출근한 것과 같이 통상임금을 받을 수 있는 휴가이다(근기법 §60). 근로자의 정신적 · 육체적 · 문화적 자질향상과, 전체 기업 또는 국가적 견지에서 노동력을 유지 · 배양하기 위한 최저한의 기본조건으로서 인정된 제도이다.

〈휴가부여요건〉 사용자는 1년간 8할 이상 출근한 근로자에 대하여는 15일의 유급휴가를 주어야 한다(근기법 §60①). 3년 이상 계속 근무한 근로자에게는 1년을 초과하는 계속근무연수 2년에 대하여 1일씩을 위의 15일에 가산한 유급휴가를 주어야 한다. 다만, 이 경우 가산휴가를 포함한 총 휴가일수는 25일을 한도로 한다.

〈휴가부여방법〉 사용자는 근로자가 원하는 시기에 휴가를 주는 것이 원칙이나, 근로자가 청구한 시기에 주는 것이 사업운영에 막대한 지장이 있는 경우에는 시기를 변경할 수 있다. 사용자는 휴가청구의 사유 여하에 따라 휴가를 인정할 것인가의 여부를 결정할 권한은 없다.

이 유급휴가 기간에 대하여는 취업규칙이나 기타로 정하는 바에 의한 통상임금 또는 평균임금을 지급하여야 한다(근기법 §60⑤). 연차유급휴가의 일수를 산정함에 있어서는 근로자가 업무상의 부상 · 질병으로 출근하지 못한 기간과, 임신 중의 여성이 보호휴가로 휴업한 기간은 출근한 것으로 본다(§60⑥).

그 밖의 월차유급휴가 · 유급생리휴가에 대한 월(月) 출근일수 산정에 대하여서는 현행법상 명문의 규정이 없으나, 제도의 취지로 보아 당연히 출근한 것으로 보아야 한다. 근로자가 연차유급휴가를 받을 권리는 1년간 행사하지 아니하면 소멸된다. 다만 사용자의 귀책사유로 사용하지 못한 때에는 예외이다(§60⑦).

㉢ **산전후휴가** : 임신 중의 여자근로자 · 여자공무원이 출산 전후에 걸쳐 90일을 쉬고도 임금 · 월급을 받을 수 있는 휴가이다. 「근로기준법」 제74조는 ① 사용자는 임신 중의 여성에게 산전과 산후를 통하여 90일의 보호휴가를 주어야 한다. 이 경우 휴가 기간의 배정은 산후에 45일 이상이 되어야 한다. ② 사용자는 임신 중인 여성이 임신 16주 이후 유산 또는 사산한 경우로서 그 근로자가 청구하면 대통령령으로 정하는 바에 따라 보호휴가를 주어야 한다. 다만, 인공 임신중절 수술(「모자보건법」 제14조제1항에 따른 경우는 제외)에 따른 유산의 경우는 그러하지 아니하다. ③ 제1항 및 제2항에 따른 휴가 중 최초 60일은 유급으로 한다. 다만, 「남녀고용평등과 일 · 가정 양립 지원에 관한 법률」 제18조에 따라 산전후휴가급여 등이 지급된 경우에는 그 금액의 한도에서 지급의 책임을 면한다. ④ 사용자는 임신 중의 여성 근로자에게 시간외 근로를 하게 하여서는 아니 되며, 그 근로자의 요구가 있는 경우에는 쉬운 종류의 근로로 전환하여야 한다. ⑤ 사업주는 제1항에 따른 보호휴가 종료 후에는 휴가 전과 동일한 업무 또는 동등한 수준의 임금을 지급하는 직무에 복귀시켜야 한다.

㉣ **월차유급수당** : 시간당 기본급 2500원 × 1일 × 8시간 ×1배(근로기준법 규정에 의한 1배 적용)

㉤ **연차유급수당** : 「근로기준법」에 의거 개근자에 대하여 연차 유급휴가를 주도록 되어 있으나 통상임금을 지급하는 것이 보통이다.

(2) 상여금

상여(賞與) · 성과급(成果給)이라고도 한다. 그러나 한국에서 보너스(bonus), 상여라고 하는 것은 이와는 성격을 달리하는 것으로서 저임금을 보충하기 위한 생계비 보조적, 임금 후불적 의미에서 정기적으로 지급되고 있다.

3. 지불급여 총비용

직원들에게 바로 지불되는 급여 외에도 반드시 계산되어야 할 지불급여 총액(Payroll Costs)에는 여러 가지 세금과 보험료가 포함되어 있다. 이러한 항목들은 총소득에 포함되고 고객에게 그러한 사항을 반드시 알리고 청구가격에 포함시킬 수 있는 비용이다. 다행히 이러한 비용들은 지불급여 총액의 한 부분이며, 간단한 수학 공식들로 변형될 수 있다. 이러한 비용에는 다음과 같은 요소들이 포함된다.

1) 산업재해보상보험

산업재해보상보험 사업을 시행하여 근로자의 업무상의 재해를 신속하고 공정하게 보상하며, 재해근로자의 재활 및 사회 복귀를 촉진하기 위하여 이에 필요한 보험시설을 설치·운영하고, 재해 예방과 그 밖에 근로자의 복지 증진을 위한 사업을 시행하여 근로자 보호에 이바지하는 것을 목적으로 「산업재해보상보험법」이 마련되어 있다. 이 보험은 근로자에게 근무 중 발생하는 모든 질병이나 상해 등에 대한 보상을 제공한다. 이 프로그램에 대한 보험료는 법에 따라 정부 프로그램이나 보험회사에, 경호보안회사에 의해 지급된다. 모든 프로그램 아래에서 보안절감은 낮은 사고나 질병률을 유지하여 얻을 수 있다. 또한, 다른 비율은 다른 근무자의 범위에 따라 지불된다.

2) 고용보험

「고용보험법」에 따른 실업의 예방, 고용의 촉진 및 근로자의 직업능력의 개발과 향상을 꾀하고, 국가의 직업지도와 직업소개 기능을 강화하며, 근로자가 실업한 경우에 생활에 필요한 급여를 실시하여 근로자의 생활안정과 구직 활동을 촉진함으로써 경제·사회 발전에 기여하기위한 고용보험 제도는 1995년 7월부터 시행되어 1999년 2월 1일부터는 전사업장에 적용되고 있다. 고용보험료는 노사가 분담하여 1%(각 0.5%씩), 고용안전 사업 0.3%(사업주 부담), 직업능력 개발사업 0.1%에서 0.7%(사업주 부담)까지이므로 평균 1.2%를 적용한다.

3) 청년 및 장애인의 고용

청년 미취업자에 대한 국내외 직업능력개발훈련 등의 지원을 통하여 청년고용을 촉진하고 지속적인 경제발전과 사회안정에 이바지함을 목적으로 「청년고용촉진 특별법」을 마련(2004.3.5, 법률 제7185호)하여 15세부터 29세에 이르는 청년에 대한 취업을 장려하고 있다.

또한 장애인이 그 능력에 맞는 직업생활을 통하여 인간다운 생활을 할 수 있도록 장애인의 고용촉진 및 직업재활을 꾀하는 것을 목적으로 제정된 「장애인고용촉진 및 직업재활법」에서는 상시 50명 이상의 근로자를 고용하는 사업주(건설업에서 근로자 수를 확인하기 곤란한 경우에는 공사 실적액이 고용노동부장관이 정하여 고시하는 금액 이상인 사업주)는 그 근로자의 총수(건설업에서 근로자 수를 확인하기 곤란한 경우에는 대통령령으로 정하는 바에 따라 공사 실적액을 근로자의 총수로 환산한다)의 100분의 5의 범위에서 대통령령으로 정하는 비율(이하 "의무고용률"이라 한다) 이상에 해당(그 수에서 소수점 이하는 버린다)하는 장애인을 고용하여야 하도록 규정하고 있다(동법 §28). 의무고용률에 못 미치는 장애인을 고용하는 사업주(상시 50명 이상 100명 미만의 근로자를 고용하는 사업주는 제외한다)는 대통령령으로 정하는 바에 따라 매년 고용노동부장관에게 장애인 고용부담금(이하 "부담금"이라 한다)을 납부하여야 한다(동법 §33①).

아울러 합리적인 이유 없이 연령을 이유로 하는 고용차별을 금지하고, 55세 이상인 고령자(高齡者)가 그 능력에 맞는 직업을 가질 수 있도록 지원하고 촉진함으로써, 고령자의 고용안정과 국민경제의 발전에 이바지하는 것을 목적으로 「고용상 연령차별금지 및 고령자고용촉진에 관한 법률」을 제정(1991.12.31, 법률 제4487호)하여 시행하고 있다.

4) 최저임금 및 임금채권 보장

근로자에 대하여 임금의 최저수준을 보장하여 근로자의 생활안정과 노동력의 질적 향상을 기함으로써 국민경제의 건전한 발전에 이바지함을 목적으로 「최저임금법은」이 마련되어 있다(1986.12.31, 법률 제3927호). 최저임금은 근로자의 생계비와 유사(類似)근로자의 임금 및 노동 생산성을 고려해 사업 종류별로 구분하여 최저임금위원회 심의를 거쳐 노동부장관이 정하도록 규정하고 있다. 특히, 사용자는 최저임금의 적용을 받는 근로자에 대하여 최저임금액 이상의 임금을 지급하여야 되며, 사용자가 이 법에 정한 최저임금을 이유로 종전의 임금수준을 저하시킬 수 없도록 규정하고 최저임금의 적용을 받는 근로자와 사용자 사이에 최저임금액에 미달하는 임금을 정한 근로계약은 그 부분에 한하여 무효가 됨을 명시하고 있다(동법 §6).

경기 변동과 산업구조 변화 등으로 사업을 계속하는 것이 불가능하거나 기업의 경영이 불안정하여, 임금 · 퇴직금 및 휴업수당 등을 지급받지 못하고 퇴직한 근로자에게 그 지급을 보장하는 조치를 마련함으로써 근로자의 생활안정에 이바지하는 것을 목적으로 「임금채권보장법」이 마련되었다(1998.2.20, 법률 제5513호). 기업의 도산 등으로 인하여 근로자가 임금 및 퇴직금을 지급받지 못할 경우를 대비 실직적인 생계보장을 위하여 부담금을 납부한다.

4. 가변적인 간접비용

간접비는 기업의 운영 정도와 연관이 있는 비용이다. 이 비용은 임대료나 경영진의 임금처럼 고정되어 있는 비용이나 사업운영의 정도에 기초를 둘 수도 있다. 이러한 비용은 몇 가지 경우에는 고객에게 직접 청구될 수도 있지만, 시간당 청구비율의 일부분으로 계산해 간접적으로 청구될 필요도 있다.

직접적인 임금비용은 직원의 실제 임금의 비율에 기초를 둔다. 반면에, 가변비용(Variable Overhead Costs)은 장기근속이나 계약의 요구조건 등과 같은 변수에 따라 변할 수 있다. 이러한 비용들은 다음과 같은 것들을 예로 들 수 있다.

1) 휴가 중 임금

휴가임금은 직무에 근로자를 유지하기 위한 장려금이다. 성실한 근무에 대한 보상과 휴식을 위한 기간에 목적이 있다. 그러나 경호보안업체에서 근로자에게 실제적인 휴가기간 대신에 현금을 지불하는 것이 통상적인 것은 아니다. 최근 법원판례에 따르면 휴가임금은 근로자의 임금의 구성부분이고 근로자가 직장을 그만 둘 때 비례배분에 기초를 두어 지급되어야만 한다. 결과적으로, 휴가임금 지불은 가변적인 비용으로 고려될 수 있고 간접비의 일부분으로서의 청구비로 계산될 수 있다.

2) 병 가

일상적으로 경호보안회사들은 병가(病暇)를 제공하지 않는다. 만약, 계약상이 연금을 삽입한다면 이러한 병가의 시간당 비용은 청구비의 부분으로 계산되어야 한다. 이 비용은 승인된 병가시간을 기본급여와 곱한 후, 이 산출된 임금 비용을 1년간 일한 시간으로 나누는 것으로 계산된다.

3) 의료보험과 생명보험

이러한 보험은 일반적으로 표준의 근로자 계약의 일부분은 아니다. 조건이 더 좋은 후보자를 끌기 위해서, 경호보안회사가 이러한 보험이나 연금을 제공할 수도 있고 고객이 계약의 일부분으로서 이들을 요청할 수도 있다. 만약, 고객이 이러한 연금을 직접 지불하기를 원치 않으면, 시간당 비용은 연간비용을 연간 총 근무시간으로 나눈 청구비율로 계산된다. 다시 말하면, 몇몇은 고객에게 직접적으로 청구될 수도 있지만, 나머지는 시간당 비율을 통해 간접적으로 청구되어야 한다.

4) 제복 및 유니폼 비용

제복 및 유니폼 비용과 관련된 몇 가지 비용이 있다. 이들은 최초의 유니폼 비용과 시간이 지남에 따른 교환비용과 정기적인 보수비용이 있다. 초기의 지급과 보수비용은 보통 기업의 운영비용의 부분으로 간주되어 간접비용으로 배분된다. 만약, 고객이 고객의 업체에서만 사용될 수 있는 특별한 유니폼을 요구하는 경우는 예외이다. 고객을 위해 특별히 제작된 유니폼 비용은 연간 유니폼 비용을 시간당 비율의 요소로서 산출된 연간 총근무시간으로 나누어 계산된 후 직접적으로 고객에게 청구된다. 몇몇 기업들은 유니폼의 수선을 위해 직원들에게 약간의 보안을 지급한다. 이러한 요소들은 청구비의 부분으로 계산될 수 있다.

5) 훈련비용

훈련비용은 적응단계 훈련과 같은 일반비용과 계약에 직접적으로 관계되어 있는 비용 등이 있다. 대부분의 고객은 현장실습을 조건으로 지정하지만 직접적으로 지불하지는 않는다. 이러한 경우 훈련비용은 청구비율로 계산되어야 한다. 이것은 산정된 연간 훈련 비용을 연간 근무시간으로 나누어 계산되어 시간당 비율로 환산된다.

6) 차량과 장비에 드는 비용

고객의 현장에서 사용되는 모든 전문적인 장비 및 도구는 청구비로 반영될 수 있다. 그러나 이러한 실제로 맞지 않는 수입은 잘못된 이윤의 상황으로 이를 수 있다. 가능할 때마다 차량과 도구는 시간당 비율의 부분이 아니라 고객에게 직접적으로 지불하기를 원치 않는 경우에만 비율로서 계산되어야 한다.

7) 관리비용

직원의 수가 증가함에 따라 경호보안회사가 보충한 관리자의 수도 증가되어야 한다. 이러한 비용의 일부는 대략 필요한 관리자의 수에 따라 고객에게 배분될 수 있다. 「국가계약법 시행규칙」(§8)은 원가계산에 의한 가격으로 예정가격을 결정함에 있어서 일반관리비의 비율은 일정한 비율을 초과하지 못하도록 하고 있는데, 경호보안용역의 경우는 100분의 5를 초과할 수 없다. 또 원가계산에 의한 가격으로 예정가격을 결정할 때 이윤율은 용역의 경우 100분의 10에 해당하는 율을 초과하지 못한다. 다만, 각 중앙관서의 장은 다음 각 호의 이윤율의 적용으로는 계약의 목적 달성이 곤란하다고 인정되는 특별한 사유가 있는 경우에는 기획재정부장관과 협의하여 그 이윤율을 초과하여 정할 수 있다.

5. 고정된 간접비용

고정된 간접비용(Fixed Overhead Costs)은 사업의 확장과는 거의 관계없이 기업이 지출하는 모든 비용을 포함한다. 예를 들어, 경영과 사무직원 임금, 사무시설의 임대비용, 기업에 관계된 차량과 판매비용, 유용물 등이 포함된다. 비록, 이러한 비용의 산출은 간단하지만, 대부분의 경호보안회사는 고정된 간접비로 어림잡는 경우가 있다.

간접비용은 연간운영 상태의 점검에 의해 산출된 실제 비용이다. 운영상태는 소요된 보안과 매달 벌어들인 수입의 요약이다. 임대나 유용물(이용물)과 같은 특정비용들은 실제비용이다. 유니폼 구입이나 차량보안과 같은 나머지는 연간예산의 부분으로 비례 배분된다. 총비용을 총청구된 시간으로 나누면 각 분야별 시간당 비용을 계산할 수 있다. 시간당 이러한 비용을 더하면, 시간당 서비스에 대한 간접비용을 산출할 수 있다. 간접비가 실제적이기 때문에, 보통 전년비용에 물가상승 요인을 더하는 것을 기본으로 한다. 경호보안회사 간부는 고객의 청구서에 사용될 간접비의 명목을 설정하기 전에 다음 해를 위한 비용과 수입을 산정해야 한다. 만약, 분석을 하지 않으면, 비율은 간접비를 포함하기에 너무 낮거나 경쟁에서 살아남기 위해 낮을 수도 있다. 방지책을 고안하기 위해, 많은 경호보안회사들은 임금비용의 계산방법과 유사한 시간당 급여의 비율과 같은 간접비의 요소를 표시한다. 다시 말하면, 이는 경쟁을 유도할 정도와 균형을 이루어야 한다.

6. 이윤산출

이윤은 직원에게 임금을 지급하고 모든 보안을 지출한 후에 기업에게 남는 돈이다. 기업이 예상하는 실제이윤 백분율은 경영진의 결정이고 특별한 계약을 성사시키기 위한 바람이나 위험이 따르는 것에 대한 보상 등의 비례에 기초를 한다. 새로 신설된 경호보안회사들은 일반적으로 일률적인 비율로 합산하거나 이윤의 백분율을 임금대장, 임금대장 비용과 간접비로 계산하는 등의 한두 가지의 오류를 범한다.

이윤산출(Calculating Profit)이 정확하기 위해서 이윤의 최종적인 청구비율을 전산화 해야 한다. 만약, 비용이 각 계산에서 같더라도 이윤의 정도나 청구비율은 다양할 수 있다는 것을 염두에 두어야 한다. 만약, 이윤이 비용의 백분율로 계산된다면 이윤은 언제나 너무 낮다. 계산이 일률적인 액수로 계산된다면 결과는 너무 낮거나 높을 수 있다. 이윤은 총비용에서 시간당 청구비율을 감안해서 계산될 수 있다.

제3절 계약비율과 요금

1. 계약비율 결정

1) 기본비용

기본요금(Base Rate)은 임금, 임금대장 비용, 간접비, 이윤 등의 네 가지 기본적인 요소에 의해 산출된다. 간단한 계약에서는 총계약된 시간을 기본요금 비율로 곱해서 계산한다. 그러나 대부분의 계약은 복합적인 요금비율을 사용한다. 각각의 요금비율은 기본적인 급여를 산출한 후 고정된 간접비용과 임금대장 비용과 이윤에 대한 공식으로 전산화한다. 각 요금비율에 대한 총계약시간을 합당한 비율로 곱해서 산출한다.

특정한 현장에 직원들을 유지하기 위한 장려금으로 계약서에 근무기간이 오래될수록 임금을 인상시키는 부분을 종종 지정하고 있다. 고객에게는 실제로 직원에게 지급되는 임금을 기준으로 청구해야 하는 반면, 계약서상에는 총연간 청구금액과 유효한 시간당 청구요금을 명시해야 한다.

2) 초과비용

노동법에는 직원이 최대로 정해진 시간 이외의 초과근무에 대해서는 특별 초과근무 수당을 지불해야 한다는 것을 명시해 놓고 있다. 이는 대부분 일 주일에 44시간을 근무했을 때이지만 24시간 이내에 9시간이나 10시간 이상을 근무하는 것을 포함하기도 한다. 근무시간 일부분에 요구되는 초과근무와 몇몇 경우의 초과근무 수당은 청구요금에 삽입되어야 한다. 초과근무에 대한 요금은 초과근무 수당을 설정해 결정하고[보통 기본급여(임금)의 1.5배] 요금의 다른 요소들을 계산한다.

이것은 간단히 말해서 임금비용이다. 그러나 경호회사의 관리자는 간접비와 요금의 이윤요소를 결정할 때 몇 가지 고려해야 할 선택 사항이 있다.

물론, 가장 간단한 방법은 다른 모든 요금과 같이 초과근무 요금에 대한 모든 요소들을 계산하는 방법이다. 그러나 초과근무의 경우에, 간접비는 요금인상에 대한 결과에 영향을 미치지 않기 때문에 관리자는 일정한 관리비를 유지하고 있어야 한다. 일정한 이윤을 유지한다면, 고객에게는 직원에게 지급될 추가금액만을 효과적으로 청구하는 것도 가능하다. 작은 계약들의 경우에는 일반적으로 기본임금의 1.5배를 초과근무 수당으로 할당하는 관례를 받아들인다. 그러나 계약의 규모가 커지는 경우에는 경쟁사와의 입찰에서 이길 수 있는 좀 더 정확한 방법 중의 하나를 사용하는 것도 유리한 방법일 수 있다. 연간 총초과근무 시간을 초과근무 요금과 곱한 후 총계약시간으로 나누면 시간당 비용을 계산할 수 있다. 이 비용은 임금요소의 부분인 기본요금에 합산된 후 산출된다.

3) 계약 제안서

계약 제안서(Contract Proposal)는 고객이 요구한 다양한 시간과 요금의 집합체에 지나지 않으며 보통 다양한 금액의 종류를 연간비용으로 분류해서 제시된다. 그러나 매우 경쟁적인 입찰은 비용을 최대한 줄이기 위한 필요성에 의해 고객의 요구사항을 반영한 주의 깊은 분석을 요구한다.

처음 시작해야 할 부분은, 가능한 직원의 수를 줄이면서 최대의 수준에 부응하는 이점을 살릴 수 있는 기본적인 스케줄의 개발이다. 이 또한 가능하다면 저임금의 임시직원을 활용하는 계획과 초과근무 시간을 제한하는 응용법이 포함되어야 한다.

제안서를 전개하기 위한 두 번째 단계는 기본적인 스케줄에 요구되는 다양한 요금의 개발이다. 초과근무, 휴일, 법정 공휴일과 연금 등은 연간, 시간당 금액으로 계산되어야 한다. 필요하다면, 기본적인 스케줄은 좀 더 경쟁력이 있는 금액의 사용을 통해서 변경될 수 있다. 일단 스케줄과 금액이 제시되면, 최종 제안서는 준비된 것이다. 규모가 큰 계약의 경우에는 모든 근무직을 한 덩어리로 묶는 것보다는 근무직에 따라 상세하게 나누는 것도 유리한 점이다. 이는 고객에게 어떻게 기업이 계약상의 요구사항을 충족시키려 하는지에 대해 명확한 그림을 제시해 줄 수 있게 한다.

(1) 고객에 대한 제안

일반적으로 고객에 제안된 프로젝트들은 고객의 승인과 의사결정을 위해 조사보고서, 기술 제안서, 프로젝트 문서, 프로젝트 계획, 계약제안서 등과 같은 다양한 명칭의 문서화된 형태로 제출된다. 이러한 제안서는 향후 서명될 계약서의 형태와 일치시킬 수 있다.

프로젝트를 어떻게 실행해야 성공할 것인가에 대한 명확한 비전을 다른 사람들이 알 수 있도록 명확하게 작성한다. 고객회사의 다른 구성원들도 이러한 비전을 이해할 수 있도록 작성한다. 고객은 제안서의 기술적인 품질에 의해 감명 받으므로 실제적인 내용이 실려 있는 제안서를 작성해야 경쟁상황에서 이길 수 있다.

(2) 제안서의 구성

제안서는 기술 영역, 인력구성 영역, 회사의 배경 영역, 재무와 기타사항에 대한 영역으로 나눈다.

가) 기술 영역 : 해결해야 할 문제, 추구하는 목적, 접근방법, 추속작업 프로그램에 대한 예비적 평가 등을 기술한다. 주의 점은 너무 일반적인 내용만을 담고 있다면 고객은 무엇을 어떻게 할 것인지 제대로 설명하지 못한다고 느낄 수 있으며 반대로 너무 상세하게 담고 있으면 고객이 프로젝트를 착수하거나 전문적인 의견을 무료로 제공하는 꼴이 된다.

나) 인력구성 영역 : 프로젝트를 수행할 경호보안요원 및 담당자의 이름과 프로필을 기술하고 있는 영역으로서 프로젝트를 감독하고 책임을 갖고 있는 책임담당자에 관한 사항도 포함한다.

제안서는 고객이 프로젝트의 승인을 지연하거나 프로젝트를 연기하기로 결정한다면 고객은 제안서에 제시된 서비스를 받지 못할 경우도 있다. 이 경우 재협상해야 하는 번거로움이 있다는 사실을 알고 있어야 한다.

다) 프로젝트 수행자의 배경영역 : 특정고객의 요구사항과 관련하여 회사의 실적경험과 역량을 서술(연혁, 실적 등)한다. 모든 고객에게 제공되는 표준화된 정보를 언급하는 일반적인 영역(윤리기준, 업계의 관행 등)과 이전에 수행되었던 유사한 프로젝트를 언급하고, 수행 담당자가 고객기업에 적격한 사람이라는 것을 증명하는 영역이다.

라) 재무 및 기타 사항에 관한 영역 : 서비스의 비용, 비용증가의 여지, 비용의 청구와 비용지불에 관한 내용, 기타 사항에 관한 영역을 망라한다. 고객이 선발절차를 적용한다면 재무영역은 본 제안서와 분리되어 제출해야 한다. 계약과 거래에 관한 표준화된 양식을 갖고 있는 경우에는 이를 제안서에 첨부하는 것도 좋다. 일부고객

은 자신들이 갖고 있는 양식을 사용하여 계약서를 작성할 것을 요구하기도 하는데 계약 성사를 위한다면 수용할 수밖에 없다.

(3) 제안서의 제출

대부분은 고객을 직접 만나 건네주면서 제안서의 내용을 구두로 짧게나마 설명할 수 있는 기회를 갖기 희망한다. 제안된 프로젝트가 어떻게 착수되는지에 관한 고객의 질문들에 답할 준비가 되어 있어야 한다. 고객이 프로젝트를 의뢰할 의사가 있다면 고객의 관심이 수그러들기 전에 고객을 만나서 구두 설명을 통해 프로젝트가 가져다 줄 이익에 관해 명확하게 설명하여 고객의 관심을 유발한다.

고객의 승인이 떨어지기를 원하지만 일반적으로 고객은 그 자리에서 바로 결정을 내리지 않는다. 프로는 자신의 프레젠테이션이 효과를 낼만큼 충분했는지 아닌지를 느낄 수 있으며 고객이 의사결정을 내릴 때까지 인내심을 갖고 기다려야 한다는 것을 잘 알고 있다. 만약 고객이 구두로 프레젠테이션을 받기 전에 제안서를 읽어보기를 원하거나 구두 프레젠테이션을 원하지 않는다면 만날 것을 고집하기보다는 일단 보고서를 건네주는 것이 현명하다.

(4) 고객의 반응

공공부분의 고객은 일반적으로 계약을 하기 전에 최소한의 입찰자 수, 내부적인 평가절차 등과 같은 규정들을 정해 놓고 있다. 일반기업의 경우에도 대규모의 복잡한 프로젝트를 발주하는 경우 제안서에 대한 평가를 기초로 선발절차를 사용하는데 결정이 이루어지기까지 몇 주, 또는 몇 달이 소요되기도 한다. 공공부문의 경우 선발기준, 경쟁자 등을 알려주기도 하는데 여러 가지 측면을 고려하여 상대적인 가중치가 부여된다는 점을 미리 파악하고 있어야 한다.

(5) 제안의 협상

예상하는 것 보다 좀 더 적극적인 역할을 수행해 주기를 바라는 일정변경을 요구할 수도 있다. 예를 들면 고객의 인력으로 일부 과제를 수행한다거나 프로젝트 진행의 수정을 원하기도 하는 경우가 있다.

비용에 관한 협상의 여지도 있다. 대부분 비용에 관해서는 협상의 여지가 없다고 하지만 최소한의 여지는 준비해 두어야 한다.

(6) 제안서에 포함되지 말아야 할 내용들

고객에 대한 제안서의 작성과 병행하여 고객회사에 취해야 할 접근방법에 대한 아이디어를 기록한 기밀노트를 준비해야 한다.

그러나 제안서에 포함되면 곤란한 ㉠ 고객 조직에 대한 기밀정보, ㉡ 만났던 경영자의 이름과 이들에 대한 정보, ㉢ 부서들 간의 관계, 경영자스타일, 문화적 가치와 규범에 대한 논평, ㉣ 고객조직구성원들의 다양한 태도와 프로젝트에 대한 반응들, ㉤ 내부정보를 얻을 수 있는 정보원과 믿을 수 없는 정보원에 관한 사항, ㉥ 다룰 문제에 대한 부가적인 논평과 데이터, ㉦ 확인된 다른 문제들, 잠재적인 문제들, 제안된 프로젝트에서 다루지 않고 있거나 고객과 논의되지는 않았지만 향후 필요하다고 여겨지는 영역, ㉧ 고객에 대한 제안서에 사용되지 않았으나 수집되었던 유용한 정보들, ㉨ 프로젝트를 실행하게 될 운영팀에 대한 기타 제안 사항들은 가능한 언급하지 않은 것이 좋다.

2. 임금과 청구요금

1) 임금과 청구요금과의 관계

모든 경호보안회사 관리자는 계약, 임금과 청구요금(Payroll and Billing)의 관계를 이해해야만 한다. 이 세 가지 요소는 직접적으로 기업의 수익에 영향을 미치기 때문에 정확해야만 한다. 계약상 경호보안회사가 제공하기로 동의한 서비스에 대해 고객이 지불하기로 동의한 가격을 지불해야 한다.

경호보안회사는 계약상의 요구조건을 위한 예산을 설정하기 위해 사용하는 특정한 계약을 근무 계획표에 표현해야 한다. 직원은 근무 시간표에 의해 고객의 기업에 서비스를 제공하고 이에 상응한 대가를 지불받는다. 최상의 상황은 고객이 직원의 모든 근무에 대해 대가를 지불하고 이를 충족시키는 계약서를 작성하는 것이다. 공교롭게도 종종 직원들의 병가나 결근으로 요구사항에 대한 적용범위가 변할 경우가 있다. 이러한 경우에, 근무 시간표는 실제로 근무한 시간과는 매우 다를 수가 있다. 실제로 직원이 근무한 시간에 대해 직원에게 수당을 지급하는데, 이는 경호보안회사측에서는 소요보안으로 나타난다. 이 지출보안은 고객과 경호보안회사 사이에서 승인되어야 한다. 계약상 확정된 근무시간이 충족되면 고객은 모든 보안을 지급한다. 고객에게 부과되지 않는 초과근무나 훈련시간은 기업이 지급해야 한다.

2) 임금대장의 전산화

컴퓨터의 발전으로 임금대장은 점차 쉬운 업무가 되고 있지만, 이러한 기술의 발전을 이용하는 경호보안회사도 증가하고 있다. 대부분은 임금대장을 사용하고 있는데, 많은 기업들에게 예비작업은 광범위하지만 여전히 임금계산은 수기로 하는 작업을 정보통신기술의 발달로 전산화(Computing Payroll)에 의해 이루어진다.

능률적인 임금대장의 기본적인 방법 중 첫번째는 예외적인 경우에 사용하는 시스템을 이용하는 것이다. 이 시스템에서, 모든 정규 직원은 일주일에 44시간을 일한다고 가정하고, 자동적으로 계산돼서 지급된다. 지각·결근이나 초과근무에 대한 조정은 예외사항으로 입력된다. 이것은 대부분의 직원이 특별한 몇 가지 경우를 제외하고 계획된 근무 시간표대로 근무하는 경우에 임금대장을 처리하는 데 많은 시간을 줄일 수 있다.

두 번째는 전산화된 근무 시간표와 임금대장 시스템을 사용하는 것이다. 근무계획자는 실제근무 시간과 지불하는 기간을 반영하여 계획된 근무 시간표를 개발한다. 지불기간의 마지막에 자료는 자동적으로 임금대장 프로그램이나 임금대장 서비스로 전환된다. 전산화된 교대경영 시스템의 발전으로 근무시간에 대한 보다 많은 기본적인 정보들이 모뎀에 의해 전송되고 보고서의 형식에 따라 발췌된다. 이렇게 요약된 정보는 수동의 임금대장을 만들 때나 다른 프로그램에 자동적으로 전환되는 경우에도 이용될 수 있다.

3) 전산화된 청구금액

얼마를 고객에게 청구해야 하는지의 결정은 어떻게 기업이 청구 시스템을 설정해 놓았느냐에 따라 간단하거나 복잡해질 수 있다. 전산 시스템을 이용하는 청구서(Computing Billing)는 자동적이다. 프로그램에 근무시간을 입력하면 청구금액과 임금대장이 전산화될 수 있다. 만약, 청구금액이 수동적으로 산출되면 청구서를 타자로 쳐야 하기 때문에 더 어려워진다.

간단히 말하면 고객 청구서는 고객이 얼마나 많은 근무시간에 대해 지불해야 하느냐를 보여준다. 그런 후 고객은 승인된 계약상의 금액을 시간에 따라 지불한다. 예를 들어, 높은 임금을 지불하는 직원을 저임금의 신입사원으로 대치시킨 금액들이 계약의 일부분에 명시되어 있다면, 이는 반드시 청구서에 반영되어야 한다. 또한, 고객은 고객의 요청에 따라 발생한 모든 보안을 지불해야 한다. 직원이 특별한 일 때문에 연장근무를 해야 한다면 고객은 반드시 계약상 명시되어 있는 초과근무에 대해서 지불해야 한다. 정확한 청구서는 고객의 신뢰도를 유지하는 데 중요하다. 까다로운 고객은 근무시간을 직접 기록해 청구서에 기입된 것과 비교할 수도 있다. 만약, 근무시간이 정확하지 않으면, 고객의 행동이 지나치다 해도 경호회사 경영의 능력을 형성하는데 의문적인 사항이 될 수 있다.

제4절 경호보안업 관련 과세

1. 세금과 과세

세금(稅金, tax) 또는 조세(租稅)는 국가 등의 정부기관이 특정한 목적의 달성 등을 위하여 개개인에게 소득 또는 행위에 대하여 징수하는 것이다. 그러나 이는 국가 또는 지방자치단체가 보상으로서가 아니라 그 재력의 취득을 위하여 과세권에 의거하여 일반 국민에게 그 자력(담세력)에 따라 균등하게 부과·징수하는 과징금을 말한다. 징수 대상은 금전 등으로 하나, 그 가치를 가지는 노동으로 하기도 한다.

세금을 매김, 납세의무의 내용을 확정하여 그 이행을 명령하는 행정 처분을 과세(課稅)라고 한다. 이는 국가·지방자치단체가 과징하는 점에서 조합비·회비 등과 다르고, 재력을 얻을 목적으로 하는 점에서 처벌을 목적으로 하는 벌금·과료·과태료·몰수 등과 구별되며, 반대급부 없이 과징하는 점에서 사용료·수수료 등과 구별된다. 또 일반국민에게 과징하는 점에서 특정 공익사업에 이해관계가 있는 자에게서 징수하는 부담금과 다르고, 강제적으로 부과·징수하는 점에서 관유재산수입·관공사업수입과 구별된다. 조세는 징수의 목적이 과세 주체의 일반경비를 지변(支辨)하기 위한 것인 점에서 일반적 수입이다. 특정한 경비에 충당하기 위하여 특정한 조세를 부과하는 경우가 있는데, 이 조세를 목적세라고 한다.

어떤 특정 재화가 거래되는 시장에서 조세가 부과되는 경우에는 초과 부담이 발생한다. 이는 조세가 생산자 또는 소비자 누구에게 부과하던지 그 경제적인 효과는 동일하다. 거래에 대하여 조세가 부과되면 생산자와 소비자의 경제적 잉여가 감소하고 그 감소된 잉여는 일부는 정부의 조세 징수로 정부에게 귀속되나, 일부는 누구에게도 귀속되지 않고 사라지는 경제의 비효율성이 발생하는데, 이러한 감소된 잉여분을 초과 부담 또는 자중 손실이라고 한다.

2. 조세의 종류

조세의 종류로는 과세권자에 따라 국세와 지방세로 나뉘며, 과세 방법에 따라 직접세와 간접세로 나뉜다. 조세법률주의에 관한 입법례로는 일년세주의와 영구세주의가 있다. 일년세주의라 함은 국가나 지방자치단체가 조세를 부과·징수하기 위해서는 국회가 그에 관한 법률을 연도마다 새로이 제정하여야 하는 주의를 말한다. 이에 대하여 영구세주의라 함은 국회가 일단 법률을 제정하면, 그 법률에 따라 국가나 지방자치단체가 매년 계속하여 조세를 부과 징수할 수 있는 주의를 말한다. 생각건대 우리나라에서는 법률의 효력은 특별한 규정이 없는 한 영구적이며 또한 헌법이 일년세주의를 규정하고 있지 않으므로 「대한민국 헌법」 제59조의 조세법률주의는 영구세주의를 규정한 것이라고 본다(통설).

1) 국세와 지방세

누가 세금을 부과하느냐에 따라 국가가 부과하면 국세, 지방자치단체가 부과하면 지방세라 한다. 국세는 중앙정부에 납부하는 세금으로 국세청을 통해 부과, 징수, 납부 등이 이루어지며, 지방세는 지방자치단체의 운영 등을 위해 「지방세법」에 의해 지방자치단체가 부과·징수하는 세금으로 보통세[취득세, 등록세, 레저세, 면허세, 주민세, 재산세, 자동차세, 주행세, 담배소비세, 지방소득세(2010년 신설), 지방소비세(2010년 신설)]와 목적세(도시계획세, 공동시설세, 사업소세, 지역개발세, 지방교육세)가 있다.

국세는 보통 1세목 1세법주의에 의해 각각의 부과 대상에 따라 각각의 세법이 존재한다. 국세에 관한 법률은 법인세법, 소득세법, 부가가치세법 등이 있으며 이들은 각각 법인의 소득, 개인의 소득, 부가가치대상인 재화용역의 공급을 그 과세대상으로 하고 있으며, 예외적으로 「상속세 및 증여세법」은 한개의 법률로 상속과 증여라는 2개의 항목을 과세대상으로 한다. 인지세는 국내에서 재산에 관한 권리 등의 창설·이전 또는 변경에 관한 계약서 기타 이를 증명하는 문서를 작성하는 자는 당해 문서를 작성할 때에 부과되는 세금이다(인지세법 제1조) 상품권이 발행되는 경우에도 상품권의 금액에 따라 일정한 인지세가 부과된다(동법 제3조).

국세는 법인세, 소득세, 상속세, 증여세, 부당이득세, 자산재평가세, 부가가치세, 특별소비세, 인지세, 주세, 전화세, 증권거래세 등이 있으며 지방세는 취득세, 등록세, 면허세, 주민세, 재산세, 자동차세, 농지세, 도축세, 마권세, 도시계획세, 공동시설세, 사업소세 등이 있다.

2) 직접세와 간접세

세금을 누가 부담하느냐에 따라 나누어진다. 직접세는 소득세, 법인세와 같이 세금납입자와 담세자가 동일한 세금을 말한다. 간접세는 부가가치세, 특별소비세 같이 납세자와 담세자가 서로 다른 경우이다.

3) 소득세

기타 다른 세금으로 소득세, 부가가치세, 양도소득세, 상속세 등이 있다. 소득세는 개인이 경제활동을 통해 얻은 소득에 부과하는 조세로 과세대상이 되는 소득은 다음과 같다.

<table>
<tr><th colspan="3">소득의 종류</th><th>소득의 내용</th></tr>
<tr><td rowspan="8">종합소득</td><td rowspan="3">자산소득</td><td>이자소득</td><td>채권에서 일정한 이률로 발생하는 소득 (예금이자 등)</td></tr>
<tr><td>배당소득</td><td>법인 등으로부터 받은 잉여금 및 분배금 (주식 배당금)</td></tr>
<tr><td>부동산 임대소득</td><td>부동산의 대여로 발생한 소득 (상가 임대료 등)</td></tr>
<tr><td rowspan="5">개별합산소득</td><td>사업소득</td><td>개인사업과 자유직업을 통해 발생하는 소득</td></tr>
<tr><td>근로소득</td><td>근로제공의 대가로 받는 소득 (급여, 수당, 상여금 등)</td></tr>
<tr><td>연금소득</td><td>국민연금, 공무원연금, 연금형 퇴직보험</td></tr>
<tr><td>일시재산소득</td><td>영업권, 예술품, 점포임차권, 산업재산권 등의 양도소득</td></tr>
<tr><td>기타소득</td><td>일시적으로 발생하는 소득 (상금, 복권 당첨금, 강연료 등)</td></tr>
<tr><td rowspan="3">분류과세</td><td colspan="2">퇴직소득</td><td>퇴직으로 인하여 얻는 소득</td></tr>
<tr><td colspan="2">산림소득</td><td>조림기간 5년 이상인 임자의 임목, 벌채 또는 양도소득</td></tr>
<tr><td colspan="2">양도소득</td><td>부동산 등의 양도로 얻는 소득</td></tr>
</table>

종합소득금액은 이자소득금액, 배당소득금액, 부동산임대소득금액, 사업소득금액, 근로소득금액, 일시재산소득금액, 기타소득금액 등 7가지 소득을 합산하여 과세하고(종합과세), 퇴직소득, 양도소득, 산림소득은 각 원천별 소득에 대해서 과세기간에 걸쳐 발생한 소득을 각 소득별로 합산하여 과세한다(분류과세).

4) 법인세

법인세(法人稅)란 법인이 경제활동을 통해 얻은 소득에 대하여 부과하는 조세를 말한다. 법인의 사업과 관련하여 발생한 모든 이익에 대해 법인세를 과세하므로 경호보안회사의 경우도 직접 당해 사업연도의 과세표준 및 세액을 산출하여 신고·납부하는 제도를 택하고 있다.

법인세의 과세대상은 법인이 얻은 소득(법인이 얻은 모든 순자산의 증가액)이 된다. 현행 「법인세법」은 법인의 소득을 각 사업연도소득[법인의 각사업연도의 익금(회계상 수익) 총액에서 손금(회계상 비용) 총액을 공제한 금액, 법인의 매 사업연도마다 경제적 활동에 의해 얻은 이윤으로 가장 기본이 되는 과세대상 소득], 청산소득[법인이 해산(합병 및 분할에 의한 해산포함)에 의해 소멸하는 경우 잔여재산가액이 자기 자본총액을 초과하는 금액], 토지 등 양도소득[법인이 주택을 양도하거나 투기지역에 소재하는 토지 및 건물 등을 양도할 경우에 그 소득, 부동산투기 억제할 목적으로 각 사업연도소득에 대한 법인세에 추가하여 과세]으로 구분하고 있다.

법인세의 납세의무자는 법인으로 등기를 한 단체나 법인등기의 요건은 갖추지 않았으나 인가·허가를 받았거나 법정 조건에 해당하는 단체는 법인으로 보아 「법인세법」을 적용한다.

과세소득과 과세표준, 납부세액 산정시 기업회계와 세무회계와의 차이를 조정하기 위해 기업이 작성한 재무제표상의 당기순손익을 기초로 세법에 따라 손금과 익금을 조정하는 일련의 절차를 세무조정이라고 한다.

제5절 예산 및 이윤분석

1. 예산

경호보안 사업은 운영을 하기 위해 예산(豫算)이 필요하다. 예산안은 정해진 기간 동안의 수입과 비용의 예측 보고서이다. 예산(Budgeting)은 재정적인 관점에서 미래의 계획을 보여 주는 사업상의 도구이며, 기업의 성장정도와 비용조절을 보여 주는 척도이다. 또한, 계획에 있어서의 변동사항을 반영·조정하고 상품이나 서비스의 수익성을 결정하는 데 이용될 수도 있다. 이는 경호보안회사에서 이용되는 가장 중요한 재정적인 경영도구이다. 이것은 보통 연간 계획인데 4분기나 2분기 주기로도 정해질 수 있다. 예산안은 여러 해에 걸친 프로젝트에 경우 수 해 동안으로 늘어날 수 있다. 예산안은 또한 정해진 기간 동안에 특정한 목적이나 프로젝트에 분배된 돈들의 합을 의미한다. 예산안은 물자와 지출의 조화를 찾기 때문에 좋은 계획이 꼭 필요하다.

예산은 자본예산과 운영예산으로 나누어진다. 자본예산은 장기간의 사용을 목적으로 하는 기업자원의 취득물을 포함한다. 기업이 구매한 차량이나 무전기 등이 이에 해당된다. 운영예산은 1년 정도의 단기간의 계획안을 의미한다. 운영예산은 수입(경호보안예산에 의해 예상되는 수입)이나 비용에 초점을 둔다. 이러한 비용은 임대료와 같은 고정된 운영비용이나 직원임금과 같이 유동적인 비용을 말한다. 또한, 이들은 반 유동적이거나 수익의 간접적인 변동요인 등도 포함한다. 한 예로 새 관리자를 고용하기 위해 계약상의 시간에 추가되는 관리자의 임금을 들 수 있다.

몇몇 경우 계획된 비용은 12개월로 배분된다. 이러한 배분은 단 한 번의 지출과 같이 매달 수익에 대한 상황파악을 어렵게 하는 것을 피할 수 있게 해 준다. 예를 들어, 8일에 보고서 양식과 직원 지침서를 인쇄하는 것은 단 한 번의 지출보안이다. 그러나 이렇게 8일에 나타나 있는 부가보안은 수익성의 관점에서는 나쁠 수도 있으므로, 계획된 비용은 균등하게 12개월로 배분되어야 한다.

매달, 기업은 그 달의 실제수입과 운영비용을 반영한 운영 보고서를 작성해야 한다. 또한, 회계 달은 달력에 표시된 달과 같을 필요는 없다는 것을 염두에 두어야 한다. 다시 말하면, 이는 각 월들을 비교할 때에 정확성을 보장하기 위해서이다. 월

운영 보고서는 그 달의 운영예산과 비교된다. 그런 다음 경호회사의 관리자는 이들의 차이점들이 타당성이 있는지 없는지를 결정해야 한다. 연간운영 보고서는 같은 방법으로 그 연도를 분석하는 데 사용된다.

2. 이윤 분석

경호보안회사 관리자는 기업이 정상궤도에 있는지를 가늠할 수 있는 몇 가지 회계학적인 이윤 분석(Analyzing Profitability) 도구들을 가지고 있다.

1) 이윤분석도구

첫번째는 도구는 월운영 보고서이다. 판매에 대한 백분율에 따라 각각의 항목들을 조사함으로써 그들의 수익에 대한 합당한 몫보다 더 많이 충당시킬 수 있는 분야를 확인할 수 있게 해 준다. 또한, 자금을 충분히 공급 못하는 부분을 확인하거나 다른 분야에 자금을 더 투입해야 하는 점 등을 결정하는 것도 가능하게 해준다.

두 번째는 주간이나 격주간 분석 보고서나 운영 보고서이다. 이는 기업에서의 총 근무시간과 고객에게 청구된 금액, 총초과근무 시간에 대해 고객에게 청구되거나 경호보안회사가 지급한 금액을 나타내 준다. 이 보고서를 주의 깊게 조사함으로써 문제가 발생할 수 있는 분야를 예견할 수 있다. 초과근무 수당과 훈련비용을 증가시키는 빈번한 이직률 등이 이러한 문제점들의 예이다.

세 번째로 이윤을 측정할 수 있는 방법은 실제근무 시간과 예산을 비교하는 것이다. 특정한 근무직을 위한 계약상의 수입으로부터 모든 현장의 인사비용을 감하면 관리자는 노동력 판매수익을 산출할 수 있다. 청구서의 판매수익과 마찬가지로 노동판매 수익은 인사비용을 부담하기에 충분한지 아닌지를 예견하게 해 준다. 노동력 판매수익과 청구서상의 판매수익을 비교하면, 관리자는 임금보다 인사비용에 의해 이윤이 영향을 받는지에 대해 예견할 수 있다. 직접 판매수익은 계약수입에서 모든 현장비용을 감해서 산출되고 차량지출이나 유니폼 비용 같은 보조비용에 있어서의 즉각적인 문제들에 사용된다. 직접판매 수익의 산업평균은 수입의 20~24%이다.

다음 단계의 분석요소는 운영수입이라 알려진 관리비용이다. 운영수입과 직접판매 수익을 비교하면 너무 많은 간접비를 지출했는지의 여부를 알 수 있게 해 준다. 순이익을 운영수입과 비교하면 관리자는 기업이 과도한 투기를 했는지, 너무 많은 세금을 내는지, 아니면 운영수입에 대해 위에서 고려된 지출과 관계된 다른 문제점들이 있는지를 예견할 수 있다.

마지막 이윤에 대한 측정법은 산업표준의 세금공제 전부의 수입을 비교하는 것이다. 잘 운영되고 있는 기업들의 세금공제 전 수입은 대략 3.5~6.5%이고 세금공제 후의 수입은 2.2~3.7%이다. 이상적인 것은 매년마다 기업의 수입이 두드러진 성장이나 하락없이 안정된 선을 유지하는 것이다.

2) 전산화

모든 분석에 쓰이는 도구들은 수작업으로 산출될 수 있지만, 임금과 청구서를 처리하고 자동적으로 분석 보고서를 통합된 전산시스템을 이용하여 처리하면 능률적이다. 제시간에 관리자가 간단히 조작되는 결정사항에 관한 항목을 시스템에 넣는다면 사실보다는 결과에 영향을 미칠 것이다. 이것은 사무실에 필요한 직원의 수를 줄일 수 있고 직원들이 보다 능률적으로 일할 수 있게 한다.

전산화(Computerization)된 청구 시스템은 임금(대장)의 사이클에 묶여 있는 것보다 고객에게 좀 더 반응하기 쉬운 청구 사이클을 가능하게 함으로써 고객에게 융통성 있는 서비스를 제공하게 한다. 또한, 이는 서비스에 대한 직무와 고객에 대한 지불 사이의 시간을 줄일 수 있게 함으로써 현금자금 유통을 늘릴 수 있게 한다.

제10장

경호보안회사의 구매와 장비관리

제10장 경호보안회사의 구매와 장비관리

제1절 경호보안회사 물적 설비의 구입

1. 자산 및 장비의 구매

경호보안업을 완전하게 수행하려면, 경호보안회사는 경호보안업무에 필요한 물품 및 장비들이 필요하다. 책상, 의자, 서류 정리함 등과 같은 기본적인 것에서부터 차량, 컴퓨터, 통신시설 등과 같은 비싼 물품들은 물론 여러 가지 경호보안장비들을 포함한다. 이러한 구매물품들은 회사의 수익구조를 반영하는 자산의 한 부분이 되고 있다. 이러한 구매(購買, purchasing)는 부지불식간에 회사수익의 낭비가 될 수 있다.

경호보안회사의 다른 기능처럼 취득한 물품과 장비 등의 재산은 효율적으로 관리·감독되어야 한다. 그리고 경호보안회사는 적시에 필요한 물품 및 장비를 공급받아야 한다. 왜냐 하면, 경호보안회사는 완전한 경호보안서비스를 효과적으로 제공하기위해서 이러한 물품들은 가능한 가장 비용이 절감되는 방법으로 획득되어야 하기 때문이다.

구매를 하는 데 포함된 확실한 고정적인 비용이 있는데, 이는 어쩔 수 없는 항목이다. 그러나 변화가 많은 일상적인 비용은 통제할 수는 있다. 비품과 장비의 구입에서 그 예를 쉽게 찾을 수 있다. 모든 사무실에서의 구매결정은 교육훈련을 받지 않은 근로자와 사원에게 맡겨지고, 물품의 낭비와 남용을 통제할 수 있는 체계를 갖추지 않으면, 이 결과 소규모 회사들은 대규모 회사보다 물품구매에 더 많이 지출을 할 수밖에 없다. 구매부서와 절차제도가 있는 전문가는 이러한 과도지불은 작은 사무실에서 소모되는 구매의 약 30%정도가 된다고 평가하고 있다.

이익도출의 중요한 요인은 물품의 구매에 있다. 경험 없는 근로자는 필요한 물품의 목록을 적고 앞으로 필요한 물품들을 같은 가게에서 계속해서 구입한다. 왜냐하면, 필요할 때마다 물품을 주문하는 것이 대량으로 구매하는 것보다 유리하고, 대량구입으로 할인되기에는 너무 주문량이 적기 때문이다.

이러한 낭비를 막는 첫번째 방법은 관리·감독되는 구매체계를 확립하는 것이다. 가장 일반적인 방법은 구입주문체계이다. 구입문의는 구매자에 의해 이루어지지만 구매자보다는 관리자에 의해 결재를 받아야 하며, 승인사항이 결재되지 않을 때 구매주문시 서명란은 공백으로 남겨 놓아야 한다. 또한, 구매주문에 관련된 모든 비용에 대한 자료는 목록으로 작성되어야 한다. 구매주문의 사본은 정리해 보관하고 물품을 받고 조사를 한 후 보고서를 완성한다. 그때 받는 보고서는 보관된 구매주문의 사본을 비교하여, 감사하는 회계직원에게 보내지고, 그 검사는 파는 사람에게 보내진다. 구매주문 체계는 감사하고 부정과 낭비의 가능성을 감소시키는 데 사용될 수 있다.

주문을 하기 전에 구매자는 무엇이 필요할지 먼저 생각해야 한다. 필요한 물품이 무엇인지를 결정할 때 사용하는 몇몇 도구들이 있는데, 첫째는 많이 사용되는 물품에 대한 분석이다. 물품분석은 구매자가 회사에 필요한 구매량을 결정하도록 물품의 재고 정도를 밝히는 데 도움을 준다.

재고품 목록에 있는 물품들은 회사의 비용을 나타낸다. 재고품들은 운영자금으로 구입되었고 그 투자는 되찾을 수 없다. 결과적으로, 초과 주문은 피할 수 없다. 재고품 파악을 통해 최소 재주문을 포함해서 가장 많이 사용되는 물품들을 밝히고 필요한 양이 확실할 때 물품은 재주문에 들어간다. 최소 목표량에 이루었을 때 최소량만 주문된다. 이러한 총수는 하루하루를 기초로 눈으로 조사 가능한 알기 쉬운 단위로 되어 있어야 한다. 이것은 규칙적인 재고품 조사를 요구하지는 않는다.

이용내력을 알기 위한 도구는 청구서이다. 그것은 소규모 회사의 제도수준에서는 그다지 필요치 않은 것처럼 보이지만 사용된 물품의 남용과 낭비에 대한 자료를 제공할 수 있고 최소의 재고를 유지할 수 있게 돕는다. 또한, 그것은 특별한 고객이나 업무 종류에 따라 지출을 배분하기 위해 사용될 수 있다. 체계방식이 사용되었음에도 불구하고, 회사는 용도를 추적하고 재고를 통제하는 어떤 방법을 가져야 한다. 이 체계는 초과주문을 피하고, 예상치 못했던 물품부족으로부터 보호하고 대량주문으로 인해 생기는 할인으로 이익을 취하도록 한다.

구매자가 무엇을 주문해야 하는지 안다면, 구매자는 물품이 필요한 부서를 파악해야 한다. 구매담당자는 제품의 새로운 출처를 끊임없이 찾아보아야 한다. 구매담당자는 목록을 보고 무역박람회와 도매 상가와 인명록 등의 자원을 개발해야 한다. 거기에는 매각인이 계속적으로 우수한 경쟁자가 되지 않는 한 특별 매각인에 대한 로열티는 없다.

구매절차의 핵심은 견적서의 요구이다. 이 견적서는 회사가 구매를 필요로 하는 물품의 목록에 따라 선택한 매각인들이 제공하는 것을 내포한다. 이때 각 매각인은 구매자가 제시한 가격에 응한다. 거기에는 가격표를 분석하는 두 방법이 있는데, 하나는 전반적인 가격을 분석하는 방법이고 다른 하나는 낮은 가격의 물품을 분석하는 방법이다. 첫번째 방법을 사용하면 구매자는 하한가가 낮은 가격을 제시한 매각인에게 주문을 한다. 이 방법의 불리한 점은 각각의 물품들의 가격이 다른 매각인들보다 더 높을 수도 있다는 것이다. 낮은 물품가격의 방법에서는 구매자는 물품들 중 가장 낮은 가격을 찾고 낮은 가격을 제시하는 다수의 매각인들에게 주문을 한다. 이 방식의 불합리한 점은 하나의 주문 대신에 다수의 주문들에 대해 일일이 조사를 해야 한다는 것이다.

구매자는 오직 가격 자체에만 아니라 제품의 질에 관심을 두는 것이 우선으로 중요하다. 그렇기 때문에 구매자는 상표를 부착하지 않은 많은 제품들을 선택하기 위한 조사를 해야 한다. 조사의 한 방법은 새 제품의 견본품을 테스트해 보도록 하는 것이다. 만약, 주문이 대량이라면 매각자는 그런 요구를 흔쾌히 수락한다.

서비스의 질은 다른 요소이다. 매각인이 늦게 배달하고 완전하지 못한 물품을 제공하거나 어떤 불만에 대해 무시를 한다면 도시에서 가장 싸다고 해도 더 이상 거래할 가치가 없다.

가격, 품질과 서비스의 균형을 유지하고 가장 낮은 가격을 제시한 매각인과 계속적으로 거래를 한다면 회사는 엄청난 절약을 할 수 있다. 어떤 물품을 구매할 때에는 매각인 목록을 개발해 필요한 물품의 목록에 대하여 가장 낮은 가격을 제시하는 자격 있는 매각인을 선택하는데 사용할 수 있다. 예를 들면, 경호보안회사의 주요지출은 인쇄기의 구매에 사용되는데, 이는 보고서 작성, 급여지불기록, 책자제판 등에 필요하기 때문이다.

2. 경호보안회사의 임대

확실히 값비싼 자산이 필요한 회사는 이 자산을 획득하는 세 가지 선택으로 임대, 구입, 차용이 있다. 왜냐 하면, 비용은 매우 높고 임대는 보통 짧은 기간 사용되기 때문이다. 예를 들면, 한 번의 조사에 감시 카메라가 필요한 경호보안회사는 필요한 장비를 빌려 쓰는 방법을 택한다. 이것은 오직 한 번밖에 쓰일지도 모르는 카메라 장비를 사는 것보다는 오히려 낫다. 장기간 필요할 어떤 자산은 차용해서 쓰는 것이 현명하다.

차용은 그 자산의 소유자와 특정지불 요금과 교환해 특정 기간 동안 소유해 사용하기로 허가를 받은 두 번째 소유자 사이의 계약이다. 그리고 거기에는 두 가지 종류의 차용이 있는데, 경영상의 차용과 자본상의 차용이 있다. 회계와 세금 목적을 위해서, 자본차용은 장비의 구매에 대한 형태로 다루어진다. 이 형태는 여기서는 더 이상 논의될 수 없다. 차용의 일반적인 형태는 경영상의 차용이다.

경호보안회사에서 차용은 고려해 볼만한 이득이 있다. 첫번째는 운영자금의 즉각적인 유출로부터의 분명한 절약이다. 큰 폭으로 떨어진 가격에 대해 지불할 필요는 없다. 회사의 대차대조표에 반영되지 않은 구입된 자산으로서 세제상 유리한 점이 있다. 차용비용은 임대기간 중 정확히 예산된다. 경영상의 임대는 일반적으로 서비스와 임대유지를 포함한다.

차용의 또 다른 중요한 이득은 쓸모없거나 가치가 떨어진 장비에 대해서 회사가 책임을 지지 않는다는 것이다. 예를 들면, 만약 회사가 순찰차를 산다면 값을 지불한 뒤에 차를 소유한다. 그 차는 회사 자산으로 세금을 지불해야 하고 차량 유지비를 초래하고 되팔 때의 가격은 정해져 있다. 반면에, 순찰차를 임대하면 매 2년마다 임대회사에 넘겨주고 새 모델을 임대할 수 있다. 복사기기, 컴퓨터, 팩스기기와 같은 짧은 기간에 실질적으로 제품개선을 필요로 하는 장비들에도 똑같이 적용된다.

물품의 구매 또는 임대 결정은 회계상으로 두 가지를 분석해서 비교를 끝낸 후 한다. 세금부담, 비용과 지출, 현재와 미래의 가치와 어떠한 다른 관련 있는 재정상의 자료에 분석, 비교 요인이 있다. 비교의 결과는 그 장비를 구입하느냐 임대하느냐의 경영에 대해 권고한다.

제2절 경호보안 장비 및 장구

1. 경호보안업체의 제복

1) 제복 스타일

유니폼은 다른 근로자로부터 경호보안요원을 구분 짓고 그들의 권위를 시각적으로 나타내는 상징이다. 또한, 유니폼은 회사 이미지, 제복 스타일(Uniform Style)과 색의 고유성을 반영한다. 그리고 유니폼의 형태는 회사에 따라 또는 어떻게 입혀지느냐에 따라 선택된다.

오늘날 많은 다양한 유니폼(제복) 형태가 있지만, 대개는 세 가지 일반적인 형태로 나누어진다. 전통적인 경찰복, 준군사복 또는 스웨터나 잠바 스타일, 특별한 경우의 사용을 위해 개발된 세가지 형태가 있는데, 이는 유니폼이 아닌 복제형태이다. 세 번째 유니폼의 형태는 경호보안이 확인되어야 하지만 락 콘서트와 같은 곳에서 찾아볼 수 있다. 그리고 유니폼은 티셔츠, 야구모자, 이름표 또는 다른 확인 가능한 품목 등 경호보안 방안이 적은 정도로 구성된다. 유니폼이 아닌 형태는 주류의 경호보안업무에서는 많이 이용되지 않고 있으며 일반적으로 고객에게 이용될 수 있는 선택을 주지 않아야 된다.

(1) 경호보안요원의 복제

서로 어울리거나 대비되는 셔츠와 바지, 경찰복 형태의 재킷과 실용적인 벨트로 구성되어 있는 전통적인 유니폼은 안전 경호보안요원의 제복이 경찰제복과 비슷한 형태를 띤다. 경호보안제복이 경찰제복과 유사한 이유는 고유한 경찰의 권위를 경호보안요원에게 부여하고자 하는 생각에서 비롯되었다. 그것은 대부분의 사람들이 경찰제복에 대해 가지는 심리적인 반응을 노리는 효과가 있다. 결과적으로, 전통적인 제복은 범죄를 강하게 억제하고 협조적인 이미지와는 상반되는 매우 강한 이미지를 준다. 그러나 한국 「경비업법」(§16)에서는 경비원의 복장·장비 및 출동차량에 관하여 필요한 사항은 행정안전부령(시행규칙 §19~22)으로 정하여 비교적 엄격히 관리하고 있다. 즉, 경비원의 제복은 경찰공무원 또는 군인의 제복과 색상 및 표지장이 명확히 구별될 수 있어야 하며, 경비원임이 식별될 수 있는 복장으로 정하여야 한다(시행규칙 §19①). 경비업자가 경비원의 제복을 정한 때에는 주된 사무소를 관할하는 지방경찰청장에게 그 형식 및 색상을 확인할 수 있는 사진을 제출하여야 한다(시행규칙 §19②). 경비원에 대한 지휘 · 감독을 위하여 조원 · 조장 · 반장 및 대장의 계급제도를 실시하는 경우 그 계급장은 [별도1]로 정하고 있다(시행규칙 §19③). 경비원이 제복을 착용할 경우에는 별도로 정한 계급장 · 모장 · 흉장 및 표지장을 일정한 위치[별도4]에 붙여야 한다.

표지장 등의 위치(경비업법 시행규칙§19④관련[별도 4])

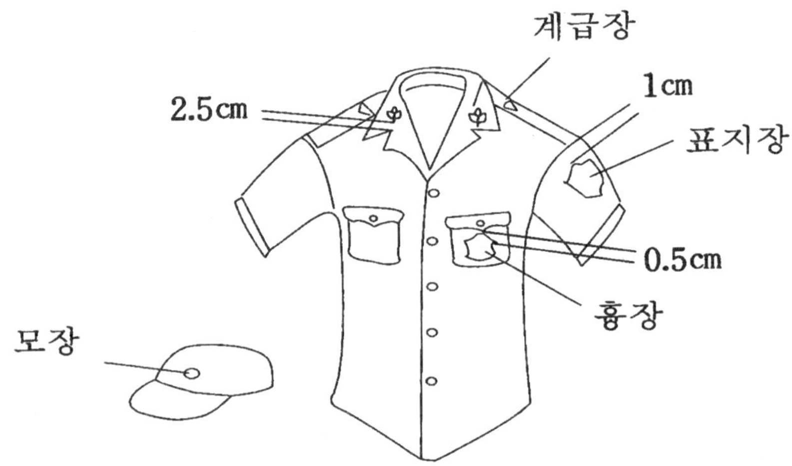

계급장(시행규칙 §19③관련 [별도 1])

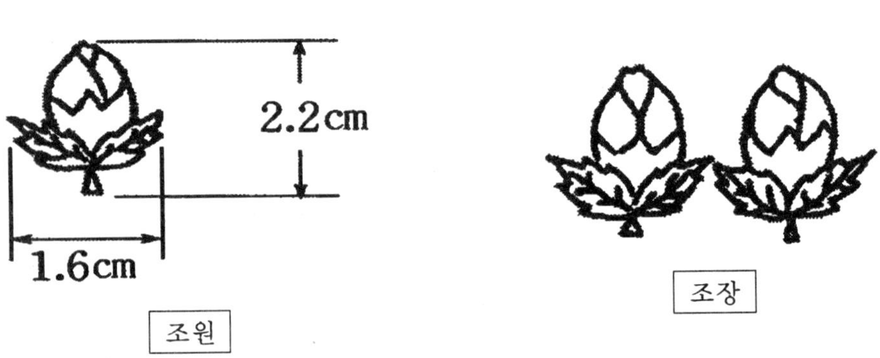

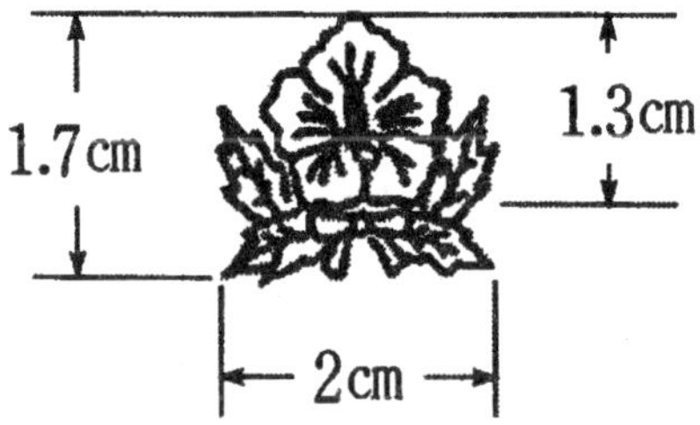

반장

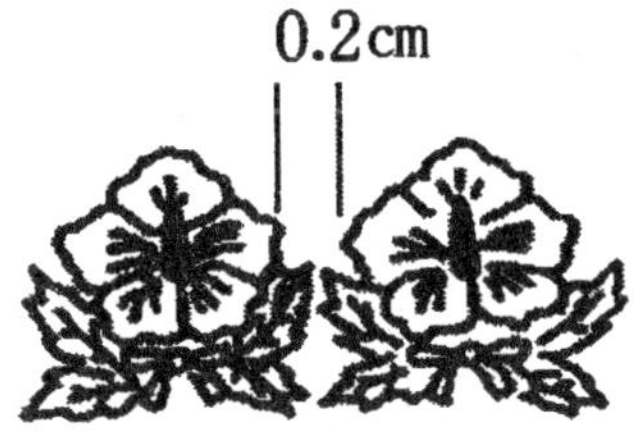

대장

지질 : 무궁화 → 황색금속지
무궁화잎 → 은색금속지

모장(시행규칙 §19④관련[별도 2])

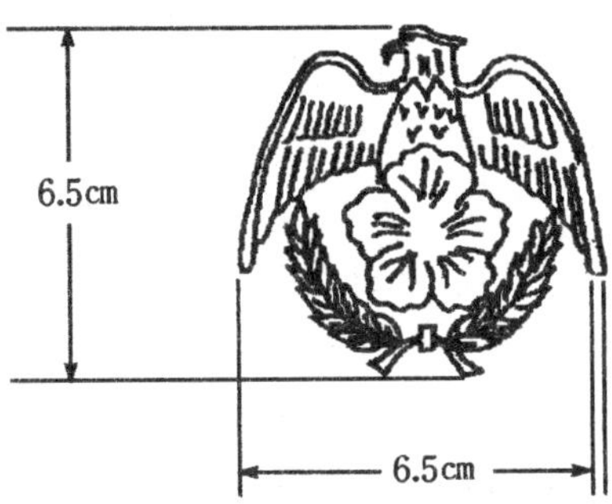

1. 지질 : 독수리 및 무궁화잎은 은색금속지, 무궁화는 황색금속지

흉장 및 표지장 (시행규칙 §19④관련[별도 3])

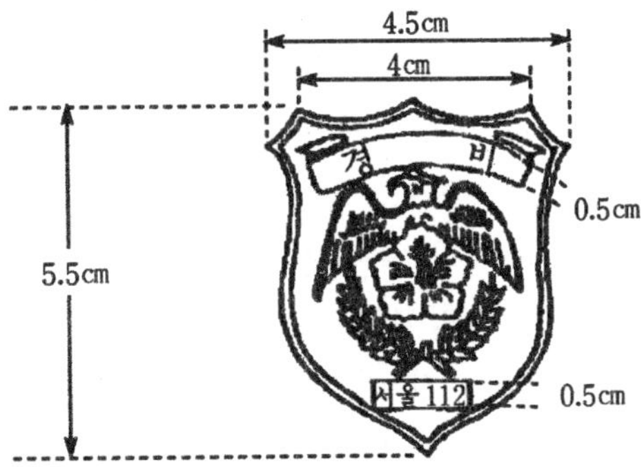

1. 흉장의 지질은 은색금속지, 표지장의 지질은 진청색라사지에 은색금속사 자수로 한다.
2. 상부의 경비는 음각한다.
3. 하부의 흉장번호는 경비업체별 약칭과 개인별 일련번호를 음각한다.

경비업자는 근무의 지역 및 내용에 따라 경비원으로 하여금 제복외의 복장을 착용하게 할 수 있다(시행규칙 §19⑤). 이에 따라 제복외의 복장(사복 등)을 착용한 경비원을 동일한 배치장소에 2인 이상 배치할 경우 경비업자는 통일된 복장을 착용하게 하여야 하나, 부득이한 경우에 한하여 복장을 달리할 수 있다.

(2) 청원경찰의 복제

가) 청원경찰 복제의 종류

청원경찰의 복제는 제복·장구 및 부속물로 분류한다(청원경찰법 시행령 §11①). 청원경찰의 제복·장구 및 부속물에 관하여 필요한 사항은 행정안전부령으로 정한다(청경법 시행령 §11②). 청원경찰법 시행령 제11조의 규정에 의한 청원경찰의 제복·장구(裝具) 및 부속물의 종류와 그 제식(制式) 및 재질은 다음과 같이 한다(청경법 시행규칙 §9①).

(가) 제복은 정모(正帽), 기동모, 근무복(하복, 동복), 성하복(盛夏服), 기동복, 점퍼, 비옷, 방한복, 외투, 단화, 기동화 및 방한화로 구분하고, 장구는 허리띠(요대), 경찰봉, 호루라기 및 포승(捕繩)으로 구분하며, 부속물은 모자표장(모장), 가슴표장(흉장), 휘장, 계급장, 넥타이핀, 단추 및 장갑으로 구분한다.

(나) 제복의 제식(制式)과 재질은 청원주가 결정하되, 경찰공무원 또는 군인 제복의 색상과 명확하게 구별될 수 있어야 하며, 사업장별로 통일하여야 한다. 다만, 기동모와 기동복의 색상은 진한 청색으로 하고, 기동복의 제식은 [별도 1]과 같이 상의는 노타이식, 가슴받이를 붙이고 긴소매, 전면 중앙에 프라스틱단추(소) 6개, 흉부좌우에 겉붙임 뚜껑주머니 및 프라스틱단추(소), 어깨·가슴에 표지장(좌측)과 같이 하고 하의는 긴 바지에 전면 좌우측에 겉붙임 옆주머니, 후면 좌우둔부에 겉붙임주머니 및 단추로 하고 기타는 「경찰복제에 관한 규칙」의 제식과 같이 한다.

「청원경찰법 시행규칙」 제9조제1항제2호관련 [별도 1]

기동복의 제식

앞면	뒷면

상의	하의
○노타이(no tie)식, 가슴받이를 붙이고 긴소매, 앞면 중앙에 프라스틱단추(소) 6개 ○흉부 좌우에 겉붙임 뚜껑주머니 및 프라스틱단추(소) ○어깨·가슴에 표지장(좌측)	○긴바지 ○전면 좌우측에 겉붙임 옆주머니 ○후면 좌우둔부에 겉붙임주머니 및 단추 ※기타 「경찰복제에관한규칙」에 따른 제식과 같다.

(다) 장구의 제식과 재질은 경찰 장구와 같이 한다.

(라) 부속물중 모자표장의 제식과 재질은 [별도 2]와 같이 하되, 기동모의 표장은 정모 표장의 2분의 1 크기로 하고, 부속물중 가슴표장, 휘장, 계급장, 넥타이핀 및 단추의 제식과 재질은 [별도 3]부터 [별도 7]까지로 가슴표장, 휘장 및 계급장을 달거나 부착할 위치는 [별도 8]과 같이 구체적으로 정하고 있다.

시행규칙 제9조제1항관련 [별도 2]

모장

색상 및 재질 : 금색 금속지

[별도 3]

가슴표장

색상 및 재질: 금색 금속지
"청원경찰"은 음각으로 새겨 넣는다.
"번호"에는 소속 기관과 그 일련번호를 새겨 넣는다(예: 체신 112).

「청원경찰법 시행규칙」 제9조제1항4호관련 [별도 4]

표지장

어깨휘장(좌측)	가슴휘장(좌측)
	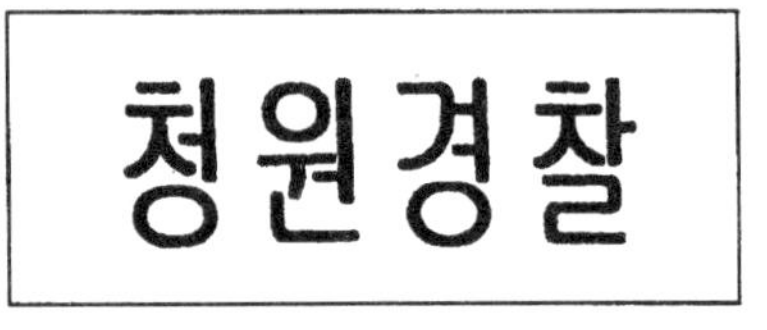
○너비 2cm, 바깥지름 10cm의 반원형 ○바탕색 : 상의 색상과 동일 ○글자(청원경찰)색 : 바탕이 밝은 색일 경우 검정색, 바탕이 어두운 색일 경우 흰색 ○글자 굵기는 4mm, 크기는 한 글자 기준으로 가로 2cm, 세로 5.5cm ○모든 제복 좌측 어깨에 부착	○가로 10cm, 세로 6.5cm ○흰색 바탕에 글자(청원경찰)는 검정색 ○글자 굵기는 4mm, 크기는 한 글자 기준으로 가로 2cm, 세로 5.5cm ○기동복, 점퍼, 비옷, 방한복 및 외투좌측 가슴에 부착

「청원경찰법 시행규칙」 제9조제3항 관련 [별도 8]

부속물의 위치

부속물 위치		
종류	**점퍼, 외투, 비옷, 방한복**	**근무복**

「청원경찰법 시행규칙」 제9조제1항관련 [별도 6]

넥타이 핀

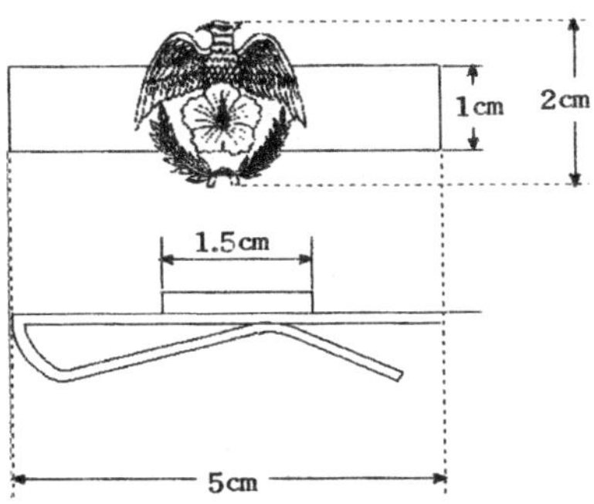

색상 및 재질 : 은색 금속지

「청원경찰법 시행규칙」 제9조제1항4호 관련 [별도 5]

계급장

조원(신임)

조원(8년이상 근속)

조장

반장

대장

색상 및 재질 : 금색 금속지

흉장 · 표지장 및 계급장을 패용 또는 부착할 위치는 [별도 7]과 같다.

[별도 7]

단추

색상 및 재질 : 은색 금속지

나) 제복의 착용

청원경찰은 근무 중 제복을 착용하여야 한다(청경법 §8①). 제복은 정모 · 기동모 · 동근무복 · 하근무복 · 성하복 · 기동복 · 점퍼 · 우의 · 방한복 · 외투 · 단화 · 기동화 및 방한화로 구분한다. 특히 청원경찰의 배치지의 특수성 등으로 특수복장을 착용할 필요가 있을 때에는 청원주는 지방경찰청장의 승인을 얻어 특수복장을 착용하게 할 수 있다(동시행령 §11③). 제복의 착용기간에 관하여 동 · 하복의 착용시기는 각 사업장별로 청원주가 결정하되, 그 착용시기를 통일하도록 하고 있다(시행규칙 §10).

청원경찰은 평상근무중에는 정모 · 근무복 · 단화 · 호루라기 · 경찰봉 및 포승을 착용 또는 휴대하여야 하고, 총기를 휴대하지 아니하는 때에는 분사기를 휴대하여야 하며, 교육훈련 기타 특수근무중에는 기동모 · 기동복 · 기동화 및 표지장을 착용 또는 부착하되, 요대와 경찰봉은 이를 착용 또는 휴대하지 아니할 수 있다(시행규칙 §9②).

이처럼 2000년 9월 27일 「청원경찰법 시행규칙」의 개정으로 사업자별 특성에 따라 청원주가 자율적으로 제복의 착용시기를 결정할 수 있게 되었고, 그 외에도 청원경찰의 식별을 용이하게 하기 위하여 가슴표지장을 신설하였으며, 청원경찰의 계급장을 근무연수별로 세분하게 되었다.

다) 급여품 및 대여품

청원경찰에게 지급하는 급여품은 [별표 2], 대여품은 [별표 3]과 같이 하되, 청원경찰이 퇴직한 때에는 대여품을 청원주에게 반납하여야 한다(시행규칙 §12).

「청원경찰법 시행규칙」 제12조제1항 관련 [별표 2]

청원경찰 급여품표

품명	수량	사용기간	정기지급일
동근무복(동복)	1	1년	9월 25일
하근무목(하복)	1	1년	5월 5일
성하복	1	1년	6월 5일
외투·방한복 또는 점퍼	1	2~3년	9월 25일
기동화 또는 단화	1	단기 1년 기동화 2년	9월 25일
비옷(우의)	1	3년	5월 5일
정모	1	3년	9월 25일
기동모	1	3년	필요할 때
기동복	1	2년	필요할 때
방한화	1	2년	9월 25일
장갑	1	2년	9월 25일

「청원경찰법 시행규칙」 제12조 관련 [별표 3]

청원경찰 대여품표

품명	수량
허리띠(요대)	1
경찰봉	1
호루라기	1
가슴표장(흉장)	1
분사기	1
포승	1

거친 이미지를 주는 경찰제복에 부드러운 이미지를 주기 위해 많은 회사들은 넥타이와 헐렁한 바지의 결합을 적용한다. 이것은 고객들에게 특별한 영향을 주었고 블레이저 재킷과 넥타이는 회사의 색깔, 로고와 조화를 이루었다. 더 부드러운 이미지와 넥타이의 시도는 전문적인 일을 하는 경호보안요원의 능력을 더불어 향상시킨다. 반면에, 범죄적인 요소를 다루는 경호보안요원의 능력이나 긴급상황시 즉시 보여지는 경호보안요원의 능력은 미미하다.

2) 제복의 선택

다양한 복제의 사용과 함께, 경호보안회사는 한 가지 스타일 제복의 선택(Selecting Uniform)은 비교적 어렵다. 제복을 입은 경호보안요원은 일반인들에게 회사를 직접적으로 대표하게 된다. 그들이 계획한 이미지는 회사와 동일시되어 경호보안회사가 목표로 하는 이미지에 대한 잘못된 제복의 선택은 사업의 관점에서는 치명적이다. 영구적이지 않은 제복은 교체비용을 증가시킨다.

경호보안회사 관리자가 물어 보는 첫번째 질문은 '누가 나의 고객이 될까?'이다. 만약, 회사가 오로지 큰 규모의 법인고객들을 목표로 한다면 그때 표준 제복은 법인조직과 같은 제복이 적당하다. 만약, 회사가 범죄적인 일을 다루는 업무를 본다면, 그때는 경찰 스타일의 제복이 표준제복이 되어야 한다.

표준으로서의 경찰 스타일 제복을 선택할 때, 회사는 그 제복이 얼마나 지역경찰 제복과 비슷한가를 생각해 볼 필요가 있다. 이러한 형태의 제복이 경호보안산업에서 선택될 때 큰 불명예를 초래하여 이에 대한 책임을 져야 하는 경우도 있다. 경호보안요원들은 경찰이 아니기 때문에 그러한 실수를 해서는 안 된다. 이러한 이유로, 유니폼의 유형과 색깔에 대한 제재를 가하는 법이 있는데, 대조되는 포켓, 견장과 같은 경찰과 대비되는 색깔과 스타일의 상용 등이 적극 추천된다.

배지(badge)의 사용에서도 똑같이 적용된다. 많은 경호보안회사들은 배지의 사용을 완전히 배제하거나 배지의 자리에 간단한 천조각을 부쳤다. 헝겊배지는 재킷이나 스포츠 점퍼와 같은 외투에 특히 사용된다. 왜냐 하면, 경호보안요원은 셔츠에서 외투로 그들의 배지를 옮겨 달아야 되는 것이 허락되지 않기 때문이다. 다른 선택은 좋은 모양을 지니고 있고 제복 셔츠에 손상을 주지 않는 금속 배지보다 훨씬 가격이 저렴한 플라스틱 배지의 사용이다. 만약, 금속 배지가 사용된다면, 그것은 경찰 및 군인 배지와 닮은 모양이어서는 안 된다.

대부분의 경호보안회사들은 회사의 이름과 로고를 담은 어깨 패치(표지장)를 채택한다. 패치는 또한 재킷 장식털로 사용될 수 있다. 회사 이미지를 반영하는 물품으로서 그 패치는 디자인이 잘 되어야 하고, 또한 바느질도 전문적이어야 한다. 제복 공급 업소를 통해 이용할 수 있는 일반적인 패치와 배지는 회사이미지를 대변한다.

기본제복에 더하여, 회사는 잠재적인 고객에게 추가제복 제공을 선택할 수 있다. 예를 들면, 기본 경찰 스타일 제복을 사용하는 회사는 특별선택으로 재킷 유니폼을 제공할 수 있다. 그러나 고객에게 많은 다양한 선택과 스타일을 제공한다면 비용면에서 그다지 절감효과가 없다. 모든 노력은 경호보안회사가 필요로 하는 유니폼의 양을 최소한도로 하는 데 기울여야 한다. 이것을 행하는 한 방법은 재킷과 같이 입거나 재킷 없이 입는 기본 유니폼을 디자인하는 것이다. 예를 들면, 회색바지와 경찰제복 형태의 흰 셔츠의 기본 유니폼은 검정경찰 점퍼, 회색제복 재킷 또는 남색재킷 등 어느 것과도 어울려야 한다. 경호보안회사의 한 기관에서 추가보안을 제안한다면 선택할 제복은 기본 유니폼보다 약간 더 높은 가격으로 고객에게 제시한다.

어디서 경호보안요원들이 일을 하게 되는가 라는 또 다른 질문을 해야 한다. 회사의 지리적 위치는 유니폼 선택에 영향을 미친다. 대부분의 회사들은 자그마한 요구사항으로서 폴리에스테르 혼방을 사용하기를 선호한다. 폴리에스테르는 더운 날씨에는 매우 불편할 수 있고 면이 더 적당하나 주름이 쉽게 진다. 이름 있는 유니폼 제조 회사는 보통 지역상황에 익숙하기 때문에 회사가 요구하는 적당한 소재와 혼방에 대해 조언을 해줄 수 있다.

계절 등의 환경에 맞는 유니폼 제조의 중요 지출이 될 수 있다. 순찰, 차량조사 또는 출입통제와 같은 외부업무를 수행하는 경호보안요원에게는 재킷 모자와 비옷 등과 같은 보호의복이 제공되어야 한다. 날씨가 좋지 않은 지역에서는 짧은 경찰 상의는 부적합하다. 그것은 입으면 자꾸 올라가고 몸이 노출되기 때문이다.

유니폼을 선택하는데 다른 두 가지 요소를 추가한다면, 그것은 품질과 비용이다. 불행히도 이 두 가지 요소는 서로 균형을 맞춰야 한다. 회사는 최상품의 유니폼을 선택할 수 있는 여유가 있어야 하며 허가 또한 필요하다. 선택할 수 있는 수와 유니폼 스타일을 제한함으로써 회사는 비용을 줄일 수 있다. 기본 유니폼에서 모자를 제외하거나 또는 크기가 있는 경찰 모자 대신 크기를 조절할 수 있는 야구모자를 선택하여 다양한 크기를 보관해야 하는 재고의 필요성을 줄임으로써 유니폼 비용에 막대한 영향을 가져올 수 있다. 포켓 가장자리를 보호하는 호주머니 뚜껑 위에 벨크로(velcro)와 같은 세심한 부분은 싸면서도 유니폼의 모양을 더 나아 보이게 만든다.

그러므로 회사의 완전한 제복은 환경과 경호회사가 의뢰를 맡은 고객들에게 적합한 것이어야 한다. 또한, 유니폼은 우수한 회사라는 이미지를 주도록 디자인되어야 하고 실질적인 비용절감 효과를 주는 것이어야 한다.

3) 제복 및 유니폼의 구입

경호보안회사가 제복이나 유니폼을 얻을 수 있는 길은 많다. 가장 보편적인 방법은 즉시 사용 가능한 유니폼의 재고를 유지시켜 유니폼과 장비를 경호보안요원에게 즉시 보내는 것이다. 이 방법은 회사가 대량의 유니폼을 할인 가격으로 구입하여 보내진 유니폼을 질에 따라 제한 수준을 유지하도록 요구한다. 그러나 이 방법은 계획된 대로 충분한 유니폼의 공급을 유지하고 실질적인 투자자본이 요구되는 비상시에 효과적이다. 회사는 유니폼의 세탁과 수선, 손상된 물품 또는 낡은 부분 교체에 대해서도 계획해야 한다.

어떤 회사들은 유니폼 재고를 주장하기보다는 지역 유니폼 가게를 선택해서 이용한다. 신입 경호보안요원들은 회사가 구입주문을 한 가게로 보내진다. 그 경호보안요원은 적당한 유니폼을 맞춰 입고 회사는 그에 따른 지불을 한다. 이 방법의 장점은 유니폼들은 새 것이고 경호보안요원 개개인에 맞게 맞춰 지고, 또한 경호회사는 유니폼 재고를 지속시킬 자본이 필요 없다는 것이다. 경호보안요원들이 회사를 떠나면서 그 유니폼은 수거되고 회사의 재고 목록의 도태를 형성한다. 이러한 이유로, 새로운 회사들은 이 방법을 자주 시도한다. 이 방법의 단점은 각 유니폼당 드는 비용이 대량구매 형식이면 전체비용이 매우 높다는 것이다.

몇몇 회사들은 특히 경호보안요원들이 자신의 유니폼을 스스로 조달하기를 원한다. 기본 유니폼이 매우 평범할 때 회사들은 구입하거나 지역 유니폼 가게에 주문을 통해 유니폼의 비용을 인상하고 그때 얼마 동안 경호보안요원의 소득에서 이 비용을 공제한다. 이 선택방법으로, 회사는 유니폼에 드는 지출을 줄이고, 구입된 유니폼의 품질을 관리할 필요가 없거나 매우 적어지게 된다. 그러나 해고된 경호보안요원이 회사 유니폼을 범죄에 잘못 사용할 가능성을 내포하고 있는 문제점을 가지고 있다.

다른 유형의 단체들에게 유니폼의 임대를 취급하는 회사들도 많다. 임대계약은 초기의 맞춤과 수선, 일상적인 세탁과 낡은 부분의 수선 등을 포함하고 유니폼의 품질과 형태에 대해 자세히 서술하고 있다. 그러나 지역적인 일에서 산업적으로의 빠른 전환 때문에 비용은 경호회사에게는 매우 비쌀 수 있다. 하지만 어떤 특정고객에게 특수 유니폼의 제공은 매우 유용한 선택이다. 예를 들면, 고객이 특정 색깔과 소재를 사용한 유니폼을 주문한다면 경호회사는 유니폼 제조회사를 통해 이러한 유니폼을 임대를 할 수 있고 고객에게 직접 비용을 청구할 수도 있다.

유니폼 구입은 회사가 어떤 구매를 하든 똑같은 방식으로 이루어져야 한다. 회사는 적임자를 찾아 그들의 장점에 따라 평가된 제안을 의뢰해야 한다.

2. 경호보안 장비 및 장구

1) 경호보안 장비의 종류

(1) 경호보안장비의 개념과 분류

가) 경호보안장비의 개념

경호보안과 관련된 장비에는 경호대상자가 위해자로부터 방어할 수 있는 최소한의 장비와 경호보안요원 자신이 위해공격자를 제압하거나 공격으로부터 방어할 수 있는 '호신장비', 경호대상자의 주택 또는 건물을 위해자로부터 방어하기 위한 '방호 및 감시장비', 여기에 포함된 각종 기계시설을 종합 통제할 수 있는 최첨단 '통제시스템' 등이 있다. 이 통제시스템은 행사장소에 있어서 실내의 제반시설을 통제·제어할 수 있는 부분과 외부에서 내부로 진입하는 부분통제 즉, 출입통제, 주차통제, 각방 출입자격 통제, 순찰통제 기타 방호, 감시장비 및 통제시설까지를 포함한다.

한편, 경호보안요원의 상호간, 주변여건에 맞추어 연결되는 위성·컴퓨터장비, 유·무선을 통합한 '통신장비', 육·해·공을 통한 기동에 필요한 '기동장비'가 있다. 또 도처에 잠재해 있는 위해로부터 방지·제거할 수 있는 '검색장비'로 구분할 수 있다. 따라서 경호보안장비는 테러 또는 상대의 공격을 과학적이고 전문적인 장비를 이용하여 효율적으로 대응하고 경호보안의 제반작용을 실행하는데 있어서, 명확한 판단을 보조 또는 보충하는 수단이다. 이러한 장비는 '오관(五官)' 또는 '육감(六感)'을 총동원하여 경험과 숙달된 기법을 바탕으로 인간의 한계에 이르는 미흡한 부분을 보좌하는 기능이다.

나) 경호보안장비의 분류

(가) 호신장비

일반적으로 호신장비(護身裝備)라 함은 자신의 생명과 신체가 위험상태에 놓였을 때 스스로를 보호하는데 사용하는 도구를 말한다. 우리나라의 경우 청원경찰은 이론적으로는 그의 신변에 있는 것은 무엇이나 호신용구로 사용할 수 있는 것이나, 「청원경찰법」에서는 경봉, 가스분사기 만을 호신용구로 인정하고 있고, 공공기관에서 인정하는 가스봉만을 휴대할 수 있다(청경법 §8, §11, §12).

청원경찰이 경봉이나 가스분사기, 가스봉 이외의 야구방망이나 곤봉 등을 휴대하는 것은 위법으로 허용되지 않는다. 그리고 미국과 같은 선진국의 경우 민간경호요원이 휴대할 수 있는 호신장비는 총기(권총, 기관단총, 소총, 엽총) 등 매우 다양하나 우리나라의 현행법상 경호보안요원은 정부기관의 민생치안 담당기관이 아닌 민간경호보안업의 신변보호요원이기 때문에 그 어떤 호신용 총이나 칼을 소지할 수 없도록 되어 있어 실제 경호임무에 어려움이 크다고 할 수 있다. 민간경호보안요원이 휴대 가능한 장비는 경봉, 경적, 수갑, 밧줄, 무전기, 소화기 등이다. 따라서 긴급상황이 발생할 때에는 방탄조끼 등을 이용한 인간 방호벽을 수축하여 육탄 경호방식 대처가 최선이라 하겠다.

(나) 방호장비

방호장비에는 물리적(인위적) 방벽과 자연적 방벽(산악, 절벽, 계곡, 강, 바다, 늪지역을 이용한 방호)으로 구분할 수 있다. 이런 방벽은 적의 침입 예상경로를 차단하기 위하여 설치 또는 이용하는 것으로 경호방법에 최후 예방경호 방법이라 할 수 있다. 따라서 침입의도를 갖고 침입하려는 적의 심리상태를 불안 또는 좌절시키는 효과가 있다.

물리적 방벽은 먼저 산악, 절벽, 계곡, 강, 바다, 늪 등 자연적 방벽기능을 살려 설치하는 것이 원칙이다. 물리적 방벽에는 시설방벽, 인간방벽, 동물방벽, 전기방벽 등이 있다. 시설방벽은 울타리, 담벽, 철조망, 칸막이, 출입구 설치 등이 있고, 인간방벽은 청원경찰, 경비원, 자체 경호보안요원, 군사시설 경비원 등이 있다. 동물방벽은 공격견, 경비견, 수찰견, 마약견, 폭발물탐지견, 거위, 말 등의 동물이 있으며, 전자방벽에는 보안등(조명등), 탐조등, 전류(교도소등)와 같은 전기방벽, 방호조명, 전류방벽, 기계시스템경비 등이 있다.

(다) 감시장비

감시장비는 경호보안임무에 있어 인력부족으로 인한 경호보안 취약점을 보완하는 수단으로 침입 또는 범죄행위를 사전 감지할 수 있는 장비를 말하는 것으로 전자파, 초음파, 적외선 등의 과학을 응용한 기계장비로 시스템경비에 이용한다.

시스템경비에는 ㉠ 중앙관제, CCTV, 출입통제, 경보관리, 교통관제 등을 연동제어 통합관리하는 통합관리시스템, ㉡ 시간별·출입자 기록, 근태관리, 주차장관리, 엘리베이터관리, 순찰관리 등의 출입통제시스템, ㉢ 마그네틱카드, 바코드, 근접식, 레이저판독, 번호식, 지문, IC카드, 자장 영상대조식, ID카드 등의 신분식별시스템, ㉣ 외곽침입, 누수, 출입문개방, 화재경보, 카메라영상감지, 비상구, 경계경보 등의 경보관리시스템, ㉤ 주차관리, 위반차량녹화, 영상지원 등의 교통관제시스템, ㉥ 취약지 카메라 순찰 및 녹화, 경보연동제어 등의 CCTV영상감시시스템, ㉦ 화재연동, 건물관리, 주차관리, 출입문차단, 환기관리 등 상호연계 제어 종합적 데이터 관리 등 연동제어시스템(중앙관제) 등이 있다.

건물 내의 필요요소에 감지기(콘택트)를 설치하여 이것이 진동, 온도, 습도 및 소리, 연기 또는 단선에 의한 이상을 감지하여 잠복위험을 정보 또는 통합 보안시스템으로 연결, 각 분야별 통제기능을 연동제어하에 통합관리체계를 갖출 수 있다.

(라) 통신장비

통신은 조직의 신경조직이다. 어느 조직이건 조직 구성원의 연락이 두절된다면 그 조직은 죽은 조직이다. 따라서 신속하고 정확하고 보안을 유지하면서 조직구성원만의 연락체계를 이루어야 한다. 경호통신체계는 행사장에 명향을 미치는 중요성, 취약성, 위치, 규모, 전파의 수용성 등에 따라 그 규모와 형식이 달라진다. 이러한 경호보안업무를 수행하는데 있어서 필요한 보고 또는 연락은 통상 유선(Cable을 이용)이나 무선(ISDN, IMT 등의 전파 이용)을 사용한다. 유선을 사용할 때에는 경호보안환경이 실내에서 이루어질 때 사용하며 무선을 실내 또는 실외 그리고 이동시 등 실제 경호보안임무 시에는 통상 무선통신을 이용한다.

그러므로 경호보안통신은 신뢰성(Rapidity), 정확성(Correctness), 안전성(Safety)이 고려되어야 하며, 경호업무가 경호대상자의 생명과 재산을 보호한다는 성격에 비추어 볼 때 매우 중요하다 할 것이다.

(마) 기동장비

기동장비라 함은 경호보안대상자의 경호를 위하여 경호대상자와 경호보안요원이 운용하는 차량, 항공기, 선박, 열차 등의 기동장비를 말한다. 이 같은 장비는 각 국가의 경제, 문화 등의 수준에 따라 각양각색이지만 몇 가지 공통적 장비를 소개하기로 한다.

첫째, 차량은 고급스럽고 기동성이 뛰어나며 안정성이 견고한 것을 많이 사용한다. 예를 들면 캐딜락, 올스모빌, 벤스(BMW), 푸죠, 도요다 살롱, 현대 그라나다 등이 있다. 이 차량은 결함이 항상 없어야 하며, 양호한 기계적인 상태를 유지하고 있어야 한다. 차량에는 무전기와 소화기, 신호탄, 반사경 등을 포함하는 비상장치가 제공되어야 한다. 둘째, 항공기 선박, 열차도 기동성과 안전성에 중점을 두고 경무장을 설치할 수 있는 장비를 이용하고 있으나, 각 국가의 지형, 철로 등 교통여건에 따라 다소 차이가 있다. 선진국일수록 독자적인 장비를 갖추고 있지만, 후진국에서는 항공기 및 헬기 등을 임대하여 사용하기도 한다.

선진국에서는 장거리 행차 또는 지방행차시 공중엄호를 위하여 고정익 항공기나 회전익 항공기가 운용되고 있다. 회전익 항공기는 행차로 수색을 위해 아주 적합하다.

(바) 검색장비

검색장비는 신변보호 및 중요행사를 수행함에 있어 위해요소에 대한 분석과 판단으로 적절한 조치를 강구하여 위해요소를 사전 제거하는 작용에 활용되는 장비이다. 즉 보안검색장비란 행사장, 숙소, 연도 등에 대하여 폭발물을 탐지하고 제거하며 제반 시설물의 안전 점검을 실시하는데 활용하는 장비를 말한다. 이것을 이용해 행사장(유숙지, 임석장소 등) 시설물에 대한 위해물질(흉기, 도검류, 화공품, 폭발물 등)을 탐지 및 제거하는 안전점검을 경호보안검측작용이라고 한다.

보안검색장비로는 ㉠ 대인검색장비인 문형금속탐지기(WMC : Walk through Metal deteC색)와 휴대현금속탐지기 등이 있고, ㉡ 휴대품X-ray 검색장비, ㉢ 위탁수하물 X-ray 검색장비, ㉣ 폭발물탐지장비, ㉤ 항공화물 검색장비(화물검색용X-ray 검색장비, 컨테이너화물용검색장비, Dolly화물용검색장비) 등이 있다.

(2) 호신장비의 개념과 종류

호신장비에 있어 호신의 뜻을 보면 일반적으로 호신(護身)이라면 '상대로부터 자신을 지킨다.' 혹은 '상대를 제압한다'는 의미로 해석된다. 호신의 개념을 크게 '자연사고로부터의 호신'과 '폭력사고(성폭력)로부터의 호신'의 두 가지 개념으로 나누어 볼 수 있다. 자연사고는 안전수칙을 불이행하여 생기는 사건 및 사고를 통틀어 말하는 것으로 안전수칙을 지킴으로써 호신상황에 노출되는 것을 최소화할 수 있을 것이다. 하지만, 폭력사고는 나의 의지와는 상관없이 타인에 의해 발생할 수 있는 사고이기 때문에 언제 어떤 일이 발생할지 모른다. 따라서 적절한 대응책이 필요하다. 이와 같이 자신의 생명과 신체가 위험상태에 놓였을 때 스스로를 보호하는데 사용하는 도구를 호신장비라고 한다.

경호보안용 호신장비에는 여러 종류가 있는데 먼저 검색장비(탐지기)에는 휴대용 금속탐지기, 봉형 금속탐지기, 문형 금속탐지기, X-Ray 검색기 등이 있다. 한국 「경비업법」(시행규칙 §20)상으로는 "경비원이 휴대하는 장구의 종류는 경적·경봉 및 분사기 등으로 하되, 근무중에 한하여 이를 휴대할 수 있다"고 정한다.

이들 장비는 무리한 힘을 주거나 충격을 주지 말아야 하며 고압전류가 흐르는 지역을 피해야하며 2대 이상 운용시 3m이상의 간격을 유지하여야 오작동의 염려가 없을 것이다.

그리고 통신장비와의 거리도 3m이상 되어야 한다. 센서의 영향을 주어 오작동, 고장의 우려가 염려되기 때문이다. 검사를 받는 사람들의 간격을 1.5m정도로 유지할 것이며 소지품은 별도로 검색한다.

그리고 기타 장비에는 Gas탐지기, 폭발물 탐지기 등이 있다 호신장비는 경봉, 분사기 등이 있는데 먼저 경봉은 막대 즉, 연질 플라스틱으로 제작되어 있는 것이 특징이다. 호신용은 철제로 제작, 3단 탈착식, 견고하여 공격대처에 용이한 게 특징이다. 분사기는 가스분사기로 가스봉과 가스총으로 구분되어 지는데 이 분사기는 유효사거리는 2~3m가 적정 거리이며 「총포 · 도검 · 화약류 등 단속법」에 의하여 사전 소지허가를 필요로 한다.

현재 호신장비로는 호루라기, 가스분사기(가스총), 스프레이, 삼단봉, 전기충격기, 캐칭넷(그물 총) 등 다양한 장비가 있다.

㉮ 물리적 힘을 가하여 방어(적극적 방어) : 전기충격기, 삼단봉

㉯ 주변의 도움을 요청(수동적 방어) :호루라기, 경보기

㉰ 신체 일부분을 제압(제압 방어) : 가스분사기, 스프레이, 캐칭넷

(3) 호신장비의 장 · 단점 및 문제점

제품구분	장 점	단 점
전기충격기	자극한 부분에 마비와 같은 통증을 느끼게 되어 행동에 제약을 준다. 휴대가 간편하다.	상대방의 몸에 자극해야하기 때문에 거리가 가까워야 한다. 상대방으로부터 공격의 위험성이 있다.
삼단봉	호신술을 익힌 사람에게 보다 적극적인 방어도구가 된다.	자칫하면 상대방에게 빼앗길 위험이 있다. 휴대가 불편하다.
호루라기	사용 방법이 쉽다. 휴대가 용이하다. 가격이 저렴하다.	위급시 당황하여 불지 못하는 경우가 있다. 사람이 없는 경우 더 위험할 수 있다.
경보기	사용 방법이 쉽다. 휴대가 용이하다.	호루라기와 마찬가지로 주변에 사람이 없는 경우 역효과를 볼 수 있다.
호신용 스프레이	빠른 휘발성과 즉효성, 확산성이 있다. 상대를 일시적으로 손상을 주지만 그 이후에는 그 이전 상태로 돌아간다.	상대방의 눈에 뿌려야하기 때문에 발사 사정거리가 가까워야한다. 분사구를 확인하여 사용해야 한다.

가스분사기	일시적 쇼크를 준다. 상대의 기선제압 가능하다. 범죄 예방효과(범죄 억제력)가 있다.	상대방에게 빼앗길 수 있다. 소지허가 및 신체검사가 필요하다. 휴대가 불편하다. 보안성이 적다.
캐칭넷	원거리에서도사용이 가능하다. 사용이 쉽다.	휴대가 불편하다.
호신술	휴대가 필요 없다. 상대를 제압 할 수 있다.	배우는데 시간이 걸린다. 방어를 못하는 경우가 생길 수 있다.

가) 호신장비의 장 · 단점

그 밖에 쌍절곤과 쌍절봉, 바늘, 송곳 등 극한 상황인 만큼 우리 주위의 생활용품이나 물건 등 헤아릴 수 없는 많은 종류가 있을 수 있을 것이다. 형태로는 대부분이 가방이나 허리에 착용하고 다니는 형태이고 호루라기와 같은 작은 소품이나 열쇠고리 형태들도 있으며, 해외사례로는 옷이나 반지형태도 있다.

〈호신장비별 방어유형〉

*출처 이지스-2 에스케이안전공사

나) 적극적 방어 제품

적극적 방어 제품으로는 전기충격기, 삼단봉이 있다.

㉮ 전기충격기

순간적으로 전압을 승압시켜 상대방을 일시적으로 제압하는 호신장비이다. 종류로는 핸디형, 막대형, 핸드폰 형 등 국내에서 유통되는 종류는 다양하다.

한국내 법규상 전기충격기는 60,000V를 초과할 수 없다. 치한퇴치에 사용하는 전기충격기의 성능은 17,000V이다(17,000V 정도의 전기충격기는 경찰청장의 허가 없이 소지가능하고 그 이상일 경우는 관할경찰서장의 허가를 받아야 한다).

〈전기충격기〉

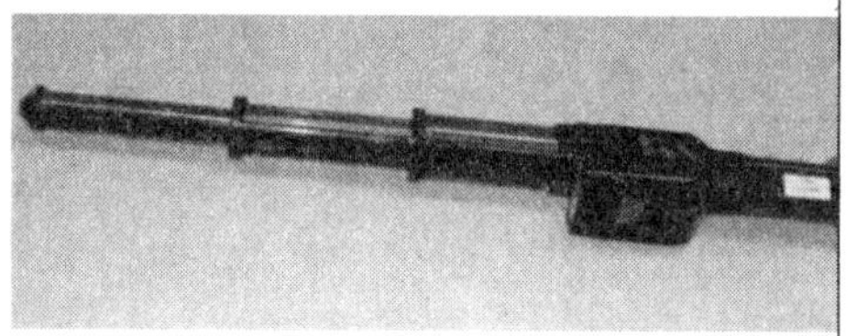

① 핸디형 - 일반적으로 사용하는 형태
② 막대형 - 보안업체나 주류를 취급하는 자영업자들이 선호하는 제품
③ 휴대폰형 - 구형 핸드폰과 흡사한 제품

㉯ 삼단봉

호신용 삼단봉은 접혀 있으면 약20cm이지만 펴면 60cm가 되는 접을 수 있는 긴 철재 막대 형태의 강철봉이다. 한 대 맞으면 뼈가 상할 수 있을 정도로 충격을 주는 안전 장구로 위험한 상황에서 안전을 위협하는 사람과 맞닥뜨렸을 때 사용된다. 재질은 알루미늄과 강철이 있는데 알루미늄은 가볍고 휴대가 용이하고, 강철은 좀 무겁지만 타격 효과가 커 좋다.

〈삼단봉〉

	◆길이 : 최대 340㎜± 최소 200㎜± ◆접혀 있으면 약 20㎝이지만 펴면 60㎝가 되는 막대형태로 평소에는 접어서 허리, 다리에 휴대한다.

다) 수동적 방어 제품

㉮ 호루라기

〈호루라기〉

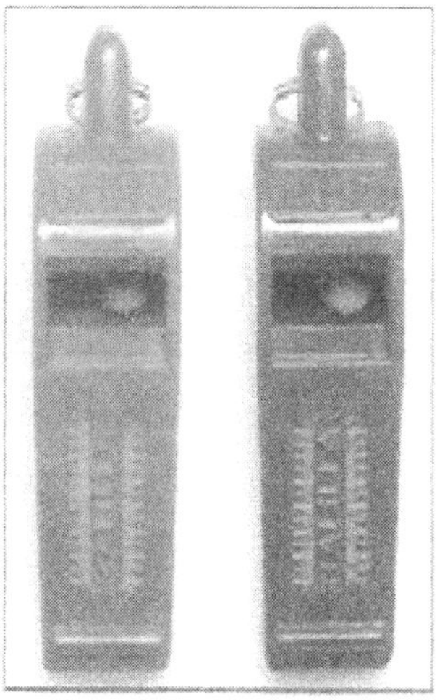

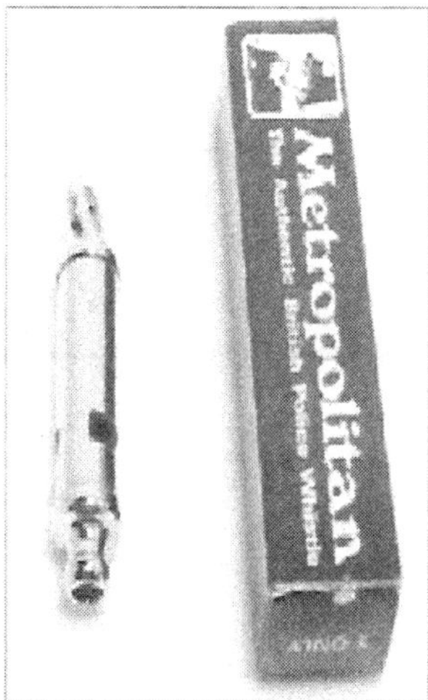

◆좌측에 있는 제품은 안에 pea가 있는 형태로 우리가 흔히 일반적으로 알고 있던 호루라기 태로 위급상황시 불어주면 된다. (길이 : 5㎝)

◆우측에 있는 제품은 안에 pea가 없는 형태로 두개의 관을 통해 서로 다른 소리가 난다. (길이 : 6.8㎝)

* pea : 호루라기 안에 들어있는 조금한 코르크가 된 알을 말하는데 제품에 따라 있는 것과 없는 것이 있다.

*출처: http://skgun.co.kr/ 이지스-2 에스케이안전공사

㉯ 호신경보기

경보기는 호루라기와 비슷한데 자동으로 경보음을 울리거나 줄 또는 버튼을 눌러 경보의 기능을 하는 것이다 입으로 부는 호루라기 제품을 대체하여 나온 제품이다

〈호신경보기〉

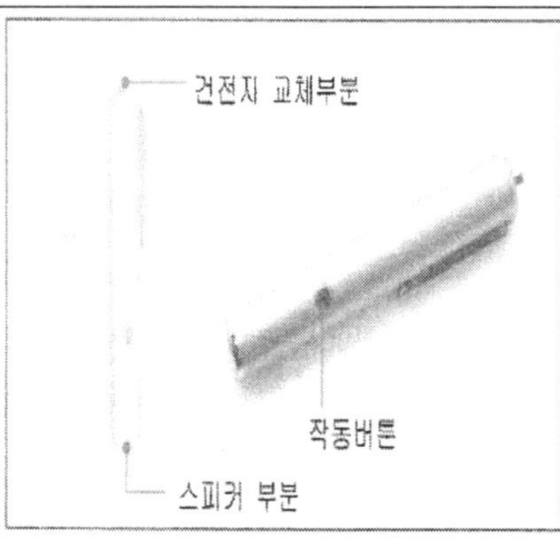

◆좌–위급상황시 단순히 손으로 버튼만 누르면 그 즉시 120db의 강력하고도 날카로운 굉음이 나온다
〈길이:10㎝, 무게: 25g, 소리:120db이상(10㎝거리 이내에서)〉

◆우–위급상황에 캡을 눌러 경보음을 발생시킨다. 130db의 경보음이 울린다.

*출처: http://skgun.co.kr/ 이지스-2 에스케이안전공사

라) 제압방어

㉮ 가스분사기

가스분사기란 가스총을 편의상 지칭하는 말이다. 공식적·법률적인 용어는 '가스분사기'이다. 보통 사용되고 있는 가스총은 '압축 가스총'으로 압축(액화) 이산화탄소를 이용하여 약제탄을 장전하고 방아쇠를 당기면 필요한 액화 또는 분말이 가스압력에 기화하여 약제탄 분출구를 통하여 약제가 분출된다. 가스총 발사 방식에는 크게 리볼버(탄창이 회전식으로 되어 있는 권총)방식과 분사방식으로 나뉜다. 리볼버 방식은 외관형태가 실제 총과 똑같이 제조되어 있어 범인으로 하여금 실제 총기로 오인하기 때문에 외관만으로도 범인을 제압하는 효과가 있다.

〈가스분사기〉

① 가스식

② 분사식

① 리볼버식 : 기존 분사방식과는 다르게 약재탄 한 발 한 발마다 화약을 이용 (약재는 화약 + CO2를 적용)
② 분사식(액체) : 가스분사기로 리볼버식보다 기가 작아 여성이 휴대하기 좋다.
* 리볼버 : 탄창이 회전식으로 되어 있는 권총

㉯ 캐칭넷

흉기 등을 소지한 범죄자 또는 난동자를 제압할 수 있는 제품으로 원거리에서 포획용 그물망을 발사하여 상대를 제압할 수 있는 방범도구이다.

〈캐칭넷〉

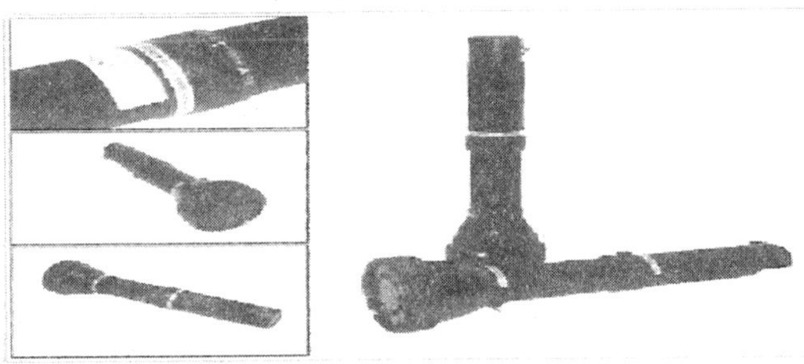	◆ 크기 : 98 × 49 × 350㎜ 98 × 49 × 500㎜ 98 × 49 × 510㎜ ◆ 거리 : 2 ~ 7m

*출처: http://skgun.co.kr/ 이지스-2 에스케이안전공사

㉰ 호신용 스프레이

호신용스프레이로는 식물성분과 화학성분 두 종류가 있는데 화학성분의 스프레이는 폭동 진압용으로 쓰이고 일반적으로는 식물성분의 스프레이를 사용한다.

〈호신용 스프레이〉

 ① 스프레이 ② DYE Witness	① 스프레이 : 분사거리 - 최소 1m 최대 3m ② DYE Witness : 후추성분이 들어있는 스프레이로 녹색의 액체가 들어있어 스프레이가 분사된 부분이 녹색으로 일주일동안 지워지지 않게 된다.

*출처: http://skgun.co.kr/ 이지스-2 에스케이안전공사

㉱ 호신술

적극적으로 상대방에게 위해를 가함으로써 호신하는 기술이 아니고, 상대방의 공격을 미연에 봉쇄하고 제어하는 기술이다. 기술을 익혀두면 유사시에 거의 반사적으로 기술을 발휘하게 된다. 물론 상대방이 무기나 흉기로 공격해 오는 경우에 적용하는 방어법도 포함된다.

㉤ 두 가지 이상의 기능을 접목한 제품

–전자충격기 + 후레쉬 + 경보기 + 호신봉 기능을 접목한 제품

국내 전자 충격기 중 가장 긴 제품으로 평소에는 1단으로 휴대하고 사용 시에는 3단봉으로 사용한다. 무게가 좀 나가고 크기도 좀 커서 휴대보다는 보안요원과 같은 직업적으로 방어를 필요로 하는 사람들이 주로 사용한다.

〈전자충격기〉

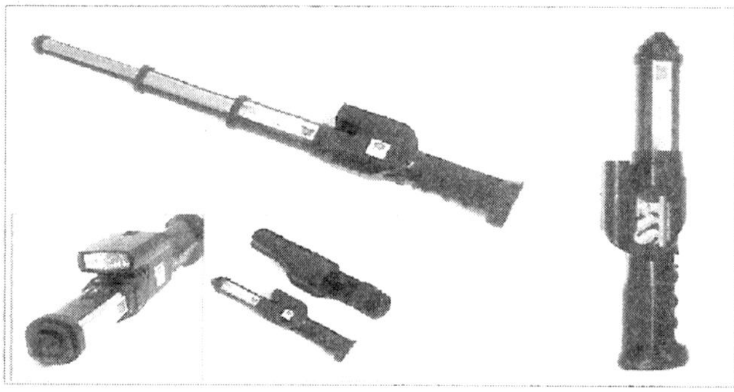

◆ 길이
- 1단일 때 - 325㎜
- 폈을 때 - 545㎜

◆ 무게 : 460g

*출처: http://skgun.co.kr/ 이지스-2 에스케이안전공사

㉥ 검색장비

보안검색장비로는 금속탐지기(문형금속탐지기, 휴대용금속탐지기), X-Ray 수하물검색기, 차량검색경, 가스탐지기, 폭발물탐지기 등이 있다.

검색기는 승객의 휴대품이나 위탁수하물 또는 화물들을 기기에 통과시켜 그 결과를 모니터에 영상으로 표시해 주는 장비로 승객의 생명과 안전을 위협하는 위험 및 위해물품들을 화물의 속을 직접 확인하지 않고도 검색요원들이 찾아낼 수 있게 도와주는 기기이다.

X-ray 검색기로 대표되는 보안검색장비는 1970년대 국내에 처음 보급됐다. 장비가 도입된 계기는 1974년 8월 15일 광복절 기념식이 열린 서울국립극장 단상에서 문세광의 총탄에 의해 발생했던 육영수 여사 피격사건이었다고 한다. 이로 인해 온 국민이 충격에 빠졌고, 그때부터 테러의 심각성에 대해 피부로 인식하기 시작했다는 설명이다. 그 이후 정부에서는 공항 등을 통한 총기류, 폭발물 등의 밀반입을 차단하기 위해 금속물질의 탐색이 가능한 X-ray 검색기를 공항에 도입하기로 결정했고,

6대를 일본 히타치 사로부터 수입해 김포공항에 설치했던 것이 최초 구축사례가 됐다는 설명이다. 이 당시에는 X-ray 검색기의 설치가 김포공항 등 일부 공항과 정부 주요시설 등으로 매우 국한됐으며, 수입·설치에 있어서도 매우 까다롭고 엄격한 절차를 요구했기 때문에 시장이 본격적으로 열리는 데는 한계를 지닐 수밖에 없었다.

1970년대 국내에 최초로 도입됐던 X-ray 검색기의 보급이 크게 확대됐던 시기는 바로 86아시안게임과 88서울올림픽이 연이어 열렸던 1980년대 후반이었다. 아시안게임과 올림픽이라는 세계적인 스포츠행사로 인해 각국의 선수단과 임원, 관광객 등 국내로 입국하는 외국인들이 급증하고, 이에 비례해 테러위협 또한 고조되기 시작하면서 국내 많은 공항과 정부청사 등에서 X-ray 검색기를 비롯한 보안검색장비의 수요가 폭발적으로 증가했던 것이다. 이러한 시장 확대로 인해 1980년대에는 일부 업체에서 국산제품을 개발해 실제 공항 등에 설치하기도 했다. 그러나 올림픽이 끝나고 테러위협이 감소하면서 국산제품의 보급이 활발히 이루어지지 못했다. 결국 제품개발을 위한 투자비용은 높은 반면, 국내시장규모가 워낙 미미했기 때문에 장비의 국산화가 오래 지속되지 못했던 셈이다. "제품개발은 했지만 기술발전이 이루어지지 못했다. 처음에는 외국 업체로부터 기술을 전수받으려고 했지만 그들의 기술발전 속도가 워낙 빨라서 개발경험이 전무했던 우리에게는 제품개발을 지속한다는 것 자체가 쉽지 않았다." 이로 인해 대부분의 보안검색장비가 수입에 의존하는 상황에 이르게 됐다.

1990년대부터 2000년대 초까지 이 분야에 있어 주목할 만한 사실은 독일 및 미국 업체 등 전 세계 보안검색장비 시장을 주도하고 있는 외국 업체들의 진출이 두드러졌다는 점이다.

또한, 이 시기에는 공항 및 정부청사 외에 기업으로 X-ray 검색기의 도입이 서서히 확대되기 시작했다. 이는 국가안전기획부(現 국가정보원)의 심의를 받아야 했던 대테러 장비의 허가제도가 1994년도에 폐지돼 정부기관이나 기업에서 장비를 구매하고, 나중에 보고하는 형태로 바뀌면서부터다. 그 이후에 삼성, LG 등 대기업을 중심으로 생산라인과 정문 등에 설치된 기업이 확대됐으며, 이는 최근 들어 핵심기술을 보유하고 있는 중소·벤처업체로까지 확대되는 추세를 보이고 있다.

2001년 발생한 美 9.11 테러사건은 전 세계 보안시장을 폭발적으로 성장시키는 하나의 기폭제가 됐다. 이는 국내 보안검색장비 시장도 예외가 아니어서 9.11 테러사건 이후부터 공항과 정부청사는 물론 기업에 이르기까지 X-ray 검색기 설치가 크게 확대되는 계기가 된다. 2000년대 초까지 사실 국내에서는 보안검색장비를 설치하더라도 제품의 질이나 운영방법 등에 대해서는 그다지 신경을 쓰지 않는 그야말로 '전시효과'에 그치는 경우가 많았다. 그러나 9.11 테러사건 이후로는 X-ray 검색기 운영요원들의 관련지식이 높아지고, 운용능력이 향상되었다. 이는 시장규모가 커진다는 것을 의미한다.

국토해양부, 인천국제공항공사 및 한국공항공사는 신종 항공테러 위협과 '2010 서울 G20 정상회의'에 대비하여 인천 등 4개 공항에 설치한 전신검색장비를 동년 9월 1일부터 운영했다. 이 최신 검색장비는 기존 문형 금속탐지 장비에 의해 탐지가 불가능하거나 신체에 은닉한 위해물품(세라믹 칼 · 무기, 분말 · 액체 폭약 등)에 대한 탐지가 가능한 보안검색 장비이다. 이는 미국 · 영국 · 네덜란드 · 프랑스 · 호주 · 일본 · 캐나다 · 이탈리아 · 태국 · 나이지리아 등 대부분 국가가 설치 운영 중에 있다.

그러나 전신검색장비 도입과 관련하여 논란이 되고 있는 프라이버시 침해 문제를 해소하기 위해 다음과 같은 사생활 보호대책을 마련하였다. 첫째, 전체 승객을 대상으로 하지 않고, 임산부 · 영유아 등 보호대상자는 전신검색장비 검색에서 제외하고 항공기 안전 운항과 승객 안전을 해할 우려가 있는 자 등 요주의 승객만을 대상으로 실시하도록 하였다. 특히, 승객이 전신검색장비의 검색을 원하지 않을 경우 현재와 같이 정밀 촉수검색을 선택하도록 하였다. 둘째, 전신검색장비는 검색 이미지의 보관 · 출력 · 전송 · 저장 기능이 없는 최신의 장비로 설치하고, 얼굴 등 신체 주요 부분은 희미한 이미지로 처리토록 하였다. 셋째, 보안검색요원과 이미지 분석요원은 검색대상 승객과 동성(同性)의 요원으로 배치하고, 이미지 분석요원은 검색을 받고 있는 승객을 볼 수 없으며, 검색요원은 이미지를 볼 수 없도록 하였다. 이미지 분석요원을 포함하여 누구라도 이미지 분석실에 카메라 · 휴대폰 또는 촬영 가능한 장비를 휴대할 수 없도록 한다.

최신 기종의 전신검색장비 설치 · 운영을 통해 테러에 대한 사전 예방적 기능을 수행하고, 기존 금속탐지 장비에 의해 탐지가 불가능하거나 신체에 은닉한 위해물품(세라믹 칼 · 무기, 분말 · 액체 폭약 등)을 탐지함으로써, 신종 항공테러 위협으로부터 국민의 생명과 재산을 보호하고 우리나라의 항공보안 수준을 한층 높인 것이다.

2) 경호보안 장비의 현대화 · 첨단화

민간경호보안요원은 「경비업법 시행규칙」 제20조(장구 등)에 의거하여 경적 · 경봉 및 분사기 등을 근무 중에 한하여 휴대할 수 있도록 되어 있다. 그리고 「경비업법 시행규칙」 제21조(분사기의 휴대)에 의거하여 경비업자가 경비원으로 하여금 분사기를 휴대하여 직무를 수행하게 하는 경우에는 「총포 · 도검 · 화약류 등 단속법」에 의하여 미리 분사기의 소지허가를 받아야 함을 규정하고 있다.

현재까지는 경호장비나 설비에 대한 관리제도가 마련되어 있지 않고 있으며, 사양 · 강도 · 규격 · 성능 등에 대한 규정이 없어 장비로 인한 경호보안요원 자신 또는 시민에 대한 피해는 잠재적으로 상존하고 있다. 그러므로 과도한 성능을 가진 장비들의 제한 등 규격과 성능에 관한 기준을 설정하여야 할 것이다. 또한 경적 · 경봉 · 분사기 이외에 통신장비, 검색장비, 순찰장비, 방범장비, 보호장비(방탄복, 방검복 등) 등 현대화된 장비 확보를 위한 재정적, 법규범적 근거가 마련되어야 한다.

경호보안업체 측면에서는 고도로 지능화 · 흉포화 · 첨단화 되어가는 범죄에 효율적으로 대응하기 위해서는 과학적인 첨단장비들을 개발하여 경호보안요원에게 구비 · 보강하게 해야 하고, 아날로그방식에서 디지털방식의 장비들로 교체를 하는 등 장구 · 장비의 현대화에 투자를 아끼지 말아야 할 것이다.

시설주의 측면에서도 예방적 차원에서 첨단 출입통제시스템, 검색 및 탐색장비, DVR장비, 방범 및 방재자동설비장치 등 과학적인 시설 확충에 충분한 재정적 지원을 해야 할 것이다.

3) 경호보안요원의 장비 및 무기

경호보안요원의 업무특성에 따라, 회사는 경호보안요원에게 기본적인 장비를 지급해야 한다. 결과적으로, 업무수행을 하는 데 절대적으로 필요한 이러한 품목들은 제공되어야 한다.

경호보안요원이 제공되기를 기대하는 품목들이 있다. 보편적으로 경호보안요원은 상대방을 제압하기 위해서는 분사기와 같은 부품들이 제공된다.

경호보안관리자는 경호보안요원이 준비한 물품들에 대한 모든 것을 관리할 수 없다는 사실을 깨달아야 한다. 예를 들면, 회사는 경호보안요원에게 손전등을 준비하도록 요구할 수는 있어도 어느 특정회사의 특정 형태를 사라고 강요할 수는 없다.

회사가 지급한 각 물품은 기본적인 책임부담을 내포하고 있다. 예를 들어, 회사가 수갑을 제공하면 또한 수갑 사용에 대한 적절한 신체적인 기술과 어떤 상황에서 이것을 사용해야 하는지를 교육시켜야 한다. 구급상자와 산소통의 제공은 경호보안요원에 대한 완전한 교육으로 응급처치를 할 수 있다는 것을 의미한다. 또한 분사기를 회사는 제공할 때 경호보안요원의 신분을 확실히 조사후 착용할 수 있게 해야 할 것이다.

(1) 경비원의 장구

한국 「경비업법」(시행규칙 §20)에서는 경비원이 휴대하는 장구의 종류는 경적 · 경봉 및 분사기 등으로 하되, 근무 중에 한하여 이를 휴대할 수 있도록 하고 있다. 「경비업법 시행규칙」 제21조는 경비업자가 경비원으로 하여금 분사기를 휴대하여 직무를 수행하게 하는 경우에는 「총포 · 도검 · 화약류 등 단속법」에 의하여 미리 분사기의 소지허가를 받아야 한다고 규정하고 있다.

(2) 분사기 종류와 구분

분사기는 "사람의 활동을 일시적으로 곤란하게 하는 최루 또는 질식 등의 작용제를 내장된 압축가스의 힘으로 분사하는 기기"를 의미한다. 일반적으로 개스분사기라고 불리고, 특히 총포형 분사기는 가스총이라고 불린다. 분사기의 종류에는 형식에 따라 총포형 분사기, 막대형 분사기, 만년필형 분사기, 기타 휴대형 분사기가 있으며, 약제의 종류에 따라 분말분사기와 액체분사기로 나눈다. 액체분사기 중 약제가 총알에 들어 있고, 화약이 들어 있어 발사시 총소리가 나는 것을 일반적으로 리발버(revolver)형이라고 부른다. 가스총(gas rifle)이 압축(액화) 이산화탄소를 사용하는 압축 가스총을 뜻하는 경우도 있다.

	리볼버식	분사식	분말식	분말분사식	스프레이식
형식	실탄발사 형식	액체분사 형식	분말방사 형식	기관분사 형식	노즐펌프 형식
종류	챌린저-9, 레인저	폴리스2, 카이저-7	SOS-909, 이지스	DH-2000,	에스코트, 보디가드 등

분사기에는 분말식 분사기와 액체식 분사기로 구분하는데 먼저 분말식은 총료형 분사기와 막대형분사기로 액체식분사기는 형태에 따른 총포형 분사기와 막대형, 만년필형, 기타 휴대형분사기로 구분한다.

㉮ **분말식 분사기** : 내장된 압축가스용기를 바늘로 뚫어주어 압축가스의 힘으로 분말 약제통에서 분사구를 통하여 분말이 분사되는 형식

㉯ **액체식 분사기** : 내장된 압축가스 힘으로 액체 약제 통에서 분사구를 통하여 액체가 분사되는 형식

(3) 분사기 사격자세

분사기 사격시 유의 사항으로는 다음과 같은 점을 유의한다.

㉠ 분사기의 안전 스위치를 사격을 할 수 있게 전환한다.

㉡ 상대방을 제압하기 전 자신과 상대방과의 안전거리를 확보해야 한다.

㉢ 반드시 바람의 방향을 염두하고 사격한다.

㉣ 평상시 분사기의 분사거리를 염두하고 있어야 한다.

㉤ 분사기의 특성상 제압 할 상대의 얼굴을 향하여 최대한 근접하여 사격한다.

- 정면으로 사격자세

- 아래로 사격자세

- 한손으로 사격자세

- 앉아서 사격자세

-정면사격 틀린 자세

-앉아서 사격 틀린 자세

(4) 분사기 소지 · 사용 허가 및 변경

분사기와 전자 충격기를 소지, 사용하고자하는 사람은 「총포 · 도검 · 화약류 등 단속법」(총포등단속법) 제12조의 규정에 의거 주소지 관할경찰서장의 소지허가를 받아야 구입하여 소지하고 사용 할 수 있다.

분사기 · 전자충격기 · 석궁의 소지허가를 받고자 하는 사람은 [별지 제10호의2서식]의 분사기 · 전자충격기 · 석궁 소지허가신청서를 관할경찰서장에게 제출하여야 한다. 이 허가신청서에는 다음의 서류를 첨부하여야 한다(「총포등단속법 시행규칙」 §21).

1. 신체검사서(공기총 · 가스발사총 · 마취총 · 산업용총 · 구명줄발사총 · 도검 · 분사기 · 전자충격기 및 석궁의 경우외에는 종합병원 또는 병원에서 발행한 것에 한한다. 다만, 가스발사총 · 도검 · 분사기 및 전자충격기의 경우 「도로교통법」 제80조의 규정에 의한 운전면허가 있는 사람은 신체검사서를 첨부하지 아니한다)
2. 총포 · 도검 · 화약류 · 분사기 · 전자충격기 · 석궁의 출처를 증명할 수 있는 서류
3. 대한체육회장 또는 한국장애인복지진흥회장, 대한사격연맹회장, 한국장애인사격연맹회장 또는 그 지회장이 발급한 사격선수확인증(사격경기용 총포를 소지하는 경우에 한한다)

(2) 청원경찰의 휴대 장구 및 무기

가) 장구

경원경찰이 휴대할 수 있는 장구는 요대 · 경찰봉 · 호루라기 및 포승으로 구분하며 장구의 제식 및 재질은 경찰장구와 같다.[11]

11) 경찰직공무원(경찰관)의 복제에 관한 사항을 규정함을 목적으로 「경찰관복제」(제정 1949.7.25 대통령령

청원경찰은 평상근무중에는 호루라기 · 경찰봉 및 포승을 착용 또는 휴대하여야 하고, 총기를 휴대하지 아니하는 때에는 「총포 · 도검 · 화약류 등 단속법」에 의한 소지허가를 받아 분사기를 휴대하여야 하며, 교육훈련 기타 특수근무중에는 요대와 경찰봉은 이를 착용 또는 휴대하지 아니할 수 있다.

나) 무기의 휴대 및 관리

(가) 청원경찰의 무기 휴대

지방경찰청장은 청원경찰이 직무수행을 위하여 필요하다고 인정할 때에는 청원주의 신청에 의하여 관할경찰서장으로 하여금 무기를 대여하여 휴대하게 할 수 있다(청경법 §8②).

청원주는 청원경찰이 휴대할 무기를 대여받고자 할 때에는 무기대여신청서를 관할경찰서장을 거쳐 지방경찰청장에게 제출하여야 한다(시행령 §16①). 이에 따른 무기대여신청은 [별지 제5호서식]에 의한다(시행규칙 §15). 대여신청을 받은 지방경찰청장이 무기를 대여하여 휴대하게 하고자 할 때에는 청원주로부터 국가에 기부채납된 무기에 한하여 관할경찰서장으로 하여금 무기를 대여하여 휴대하게 할 수 있다(시행령 §16②). 무기를 대여한 때에는 관할경찰서장은 청원경찰의 무기관리상황을 수시 점검하여야 한다(시행령 §16③).

제152호), 「경찰복제에 관한 규칙」이 제정(1984. 1.19, 내무부령 제407호)되었다.

「청원경찰법 시행규칙」 제15조관련 [별지 제5호서식] 〈신설 1999.10.2, 개정 2010.6.3〉 (앞쪽)

기관명

우 주소 /전화( ) - / 전송( ) -
담당부서명 : 담당자

문서번호 :
수신 :

<table>
<tr><td colspan="5" rowspan="2">무 기 대 여 신 청 서</td><td>처리기간</td></tr>
<tr><td>30일</td></tr>
<tr><td rowspan="3">①청원주</td><td>성명</td><td colspan="4"></td></tr>
<tr><td>주민등록번호</td><td colspan="4"></td></tr>
<tr><td>직책</td><td colspan="4"></td></tr>
<tr><td colspan="2">②배치사업장의 명칭</td><td></td><td>③배치사업장의 소재지</td><td colspan="2"></td></tr>
<tr><td colspan="2">④청원경찰 배치인원</td><td colspan="4"></td></tr>
<tr><td colspan="2" rowspan="2">대여요청량</td><td>⑤총기의 종류</td><td>⑥수량</td><td>⑦탄약의 종류</td><td>⑧수량</td></tr>
<tr><td></td><td></td><td></td><td></td></tr>
<tr><td colspan="2">⑨대여신청 사유</td><td colspan="4"></td></tr>
<tr><td colspan="2">⑩대여기간</td><td colspan="4"></td></tr>
<tr><td colspan="2">⑪무기관리 방법</td><td colspan="4"></td></tr>
<tr><td colspan="2">⑫비 고</td><td colspan="4"></td></tr>
<tr><td colspan="6">청원경찰법 제8조제2항 및 동법시행령 제16조제1항의 규정에 의하여 위와 같이 무기대여를 신청합니다.

. . .

청원주 ㊞</td></tr>
</table>

210mm×297mm
(신문용지 54g/㎡(재활용품))

이 신청서는 아래와 같이 처리됩니다. (뒤쪽)

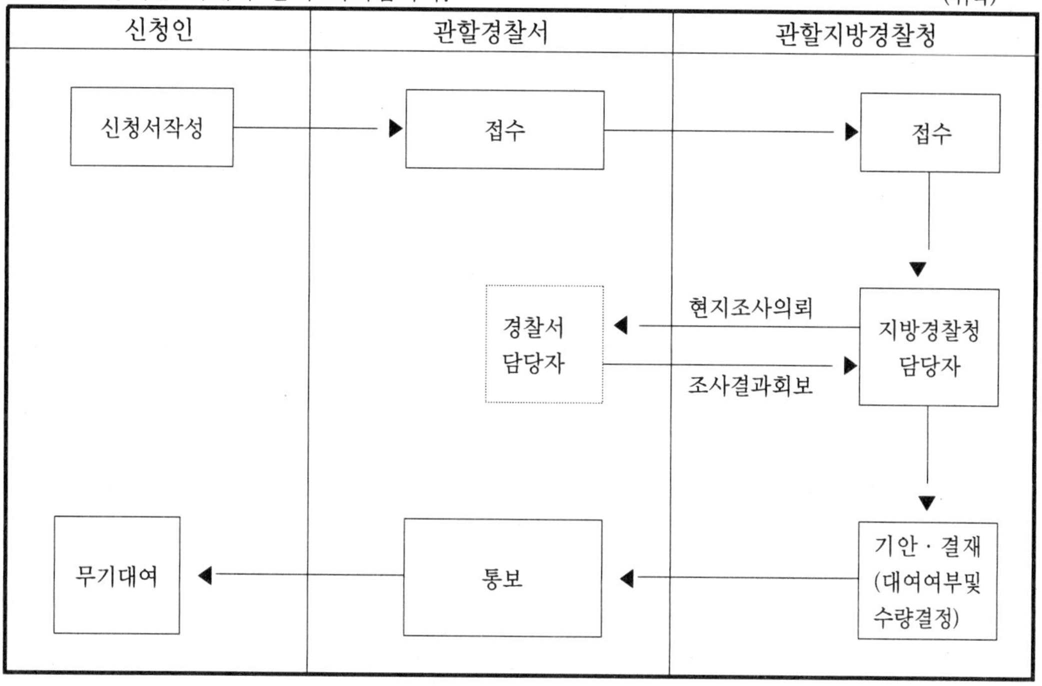

(나) 청원경찰의 무기관리수칙

무기는 인명 · 신체 또는 재산에 중대한 침해를 가할 개연성이 많이 내포하고 있으므로, 청원주 및 청원경찰은 행정안전부령이 정하는 청원경찰무기관리수칙을 준수하여야 한다(청경법 시행령 §16④). 무기 및 탄약을 대여받은 청원주는 다음 각호에 의하여 이를 관리하여야 한다(시행규칙 §16①).

1. 청원주가 무기와 탄약을 대여 받았을 때에는 경찰청장이 정하는 무기 · 탄약 출납부 및 무기장비 운영카드를 갖춰 두고 기록하여야 한다.
2. 청원주는 무기와 탄약의 관리를 위하여 관리책임자를 지정하고 관할 경찰서장에게 그 사실을 통보하여야 한다.
3. 무기고 및 탄약고는 단층에 설치하고 환기 · 방습 · 방화 및 총가(銃架) 등의 시설을 갖추어야 한다.
4. 탄약고는 무기고와 떨어진 곳에 설치하고, 그 위치는 사무실이나 그 밖에 여러 사람을 수용하거나 여러 사람이 오고 가는 시설로부터 격리되어야 한다.

5. 무기고와 탄약고에는 이중 잠금장치를 하고, 열쇠는 관리책임자가 보관하되, 근무시간 이후에는 숙직책임자에게 인계하여 보관시켜야 한다.
6. 청원주는 경찰청장이 정하는 바에 따라 매월 무기와 탄약의 관리 실태를 파악하여 다음 달 3일까지 관할 경찰서장에게 통보하여야 한다.
7. 청원주는 대여받은 무기와 탄약에 분실·도난·피탈(被奪) 또는 훼손 등의 사고가 발생하였을 때에는 지체 없이 그 사유를 관할 경찰서장에게 통보하여야 한다.
8. 청원주는 무기와 탄약이 분실·도난·피탈 또는 훼손되었을 때에는 경찰청장이 정하는 바에 따라 그 전액을 배상하여야 한다. 다만, 전시·사변·천재지변이나 그 밖의 불가항력적인 사유가 있다고 지방경찰청장이 인정하였을 때에는 그러하지 아니하다.

(다) 청원경찰의 무기출납수칙

무기와 탄약을 대여받은 청원주가 청원경찰에게 무기와 탄약을 출납하려는 경우에는 다음 각 호에 따라야 한다. 다만, 관할 경찰서장의 지시에 따라 제2호에 따른 탄약의 수를 늘리거나 줄일 수 있고, 무기와 탄약의 출납을 중지할 수 있으며, 무기와 탄약을 회수하여 집중 관리할 수 있다(청경법 시행규칙 §16②).

1. 무기와 탄약을 출납하였을 때에는 무기·탄약 출납부에 그 출납사항을 기록하여야 한다.
2. 소총의 탄약은 1정당 15발 이내, 권총의 탄약은 1정당 7발 이내로 출납하여야 한다. 이 경우 생산된 후 오래된 탄약을 우선하여 출납하여야 한다.
3. 청원경찰에게 지급한 무기와 탄약은 매주 1회 이상 손질하게 하여야 한다.
4. 수리가 필요한 무기가 있을 때에는 그 목록과 무기장비 운영카드를 첨부하여 관할 경찰서장에게 수리를 요청할 수 있다.

(다) 청원경찰의 무기취급상 준수사항

청원주로부터 무기 및 탄약을 지급받은 청원경찰은 다음 사항을 준수하여야 한다(청경법 시행규칙 §16③).

1. 무기를 지급받거나 반납할 때 또는 인계인수할 때에는 반드시 “앞에 총” 자세에서 “검사 총”을 하여야 한다.
2. 무기와 탄약을 지급받았을 때에는 별도의 지시가 없으면 무기와 탄약을 분리

하여 휴대하여야 하며, 소총은 "우로 어깨 걸어 총"의 자세를 유지하고, 권총은 "권총집에 넣어 총"의 자세를 유지하여야 한다.

3. 지급받은 무기는 다른 사람에게 보관 또는 휴대하게 할 수 없으며 손질을 의뢰할 수 없다.
4. 무기를 손질하거나 조작할 때에는 반드시 총구를 공중으로 향하게 하여야 한다.
5. 무기와 탄약을 반납할 때에는 손질을 철저히 하여야 한다.
6. 근무시간 이후에는 무기와 탄약을 청원주에게 반납하거나 교대근무자에게 인계하여야 한다.

(라) 청원경찰의 무기지급금지

청원주는 다음 각호의 어느 하나에 해당하는 청원경찰에 대하여 무기 및 탄약을 지급하여서는 아니되며 지급된 무기 및 탄약은 회수하여야 한다(시행규칙 §16④).

1. 직무상 비위(非違)로 징계 대상이 된 사람
2. 형사사건으로 조사 대상이 된 사람
3. 사의(辭意)를 밝힌 사람
4. 평소에 불평이 심하고 염세적인 사람
5. 주벽(酒癖)이 심한 사람
6. 변태적 성벽(性癖)이 있는 사람

4) 제복(유니폼)과 장비의 지급

보통의 경호보안회사에서 제복(유니폼)에 대한 가장 효과적인 비용절감 방안은 재고를 유지하는 것이다. 이러한 재고는 실질적인 투자를 나타내고, 안전하게 보호되어야 한다. 이것은 배급, 회수된 물품, 현재 보관되어 있는 재고, 주문된 물품, 회수해야 할 물품과 사용 불가능해서 버려야 하는 물품의 정확한 기록이 되어야 함을 의미한다.

물품 구입과 동시에 그것들은 서무과에서 보관하는 주요 재고목록에 추가 기입되어야 한다. 분실되고, 수리가 불가능하거나 사용이 거의 불가능한 물품들은 주요 재고 목록에서 제외되어야 한다. 분실되었거나 손상된 장비는 회사가 손실에 대해 재정적인 책임을 결정하도록 하는 정식보고 절차([표 10.1] 참조)를 거쳐 설명되어야 한다. 경호보안회사는 손실이 어떻게 설명되는지와 어떤 환경에서 경호보안요원이 손실에 대한 배상을 해야 하는지에 대한 명확한 방침을 가지고 있어야 한다.

재고 조사원의 기본적인 도구는 경호보안요원에게 배급되고 해직시 되돌려 받아야 할 회사재산을 기록하는 각 경호보안요원에 대한 배급기록이다. 기록은 새로운 물품의 지급 또는 추가물품 또는 필요 없는 물품의 반환을 승인한다. 재고 조사원은 배급물품과 현재 보관하고 있는 재고를 파악하여 주요 재고 목록표에 있는 모든 물품들에 대해 책임질 수 있어야 한다. 그리고 사무원의 재고감독은 적어도 해마다 집행되어야 한다.

회사는 배급물품의 숫자와 물품유형에 대한 기본 지침서를 익힌 재고 조사원을 제공해야 한다. 기본 지침서는 모든 경호보안요원들에게 적용되는 기본배급 목록과 특별부서 목록 양쪽이 포함돼야 한다. 예를 들면, 출입하는 차량들을 조사하는 외부업무 경호보안요원은 비옷 또는 코트, 모자와 손전등과 같은 기본배급을 받아야 한다. 제조공장에서 근무하는 경호보안요원은 기본배급에서 안전모와 안전신발을 추가해서 받아야 한다.

더욱이, 많은 회사들은 경호보안요원이 유니폼 지급에 대한 보증금을 내기를 원한다. 이 보증금은 사용 가능한 유니폼의 반환을 확실하게 하고, 모든 추가세탁과 수선이 필요할 때 사용된다. 보증금은 일반적으로 모든 유니폼을 대신하기에는 충분하지 않지만 경호보안요원이 해직했을 때 유니폼 반환을 적극적으로 유도하는 효과가 있다. 보증금은 급여 지불 총액에서 계속적으로 공제되어 모아진다. 보증금은 세탁비만 제외하고 유니폼이 회사로 반환된 후에 되돌려지게 된다. 또한, 유니폼에 대한 보증제도를 금하지만 이것은 어디서든 가능한 유니폼 복구 프로그램의 부분이 되어야 한다.

경호보안회사는 비용문제와 회사 유니폼이 잘못 사용되어 초래하는 회사 이미지 문제 때문에 유니폼 회수에 적극적이어야 한다. 대부분의 경우 유니폼, 물품의 비용은 경호보안요원의 마지막 급여에서 공제된다. 그러나 대부분 유니폼이 반환되기 전까지 경호보안요원의 급여지급을 보류하지는 않는다. 결과적으로, 회사는 유니폼 수거를 하는 감독관을 보내거나 청구 재판소를 통해 찾을 필요가 있다.

적극적인 제복(유니폼) 회수를 위한 프로그램은 다음과 같다.

㉮ 경호보안요원은 훈련기간 동안과 해직 후 모든 회사재산을 반환해야 한다는 사실을 명심해야 한다.

㉯ 경호보안요원에게 지급된 모든 회사자산은 배급 기록지에 경호보안요원의 서명에 의해 승인되어야 한다.
㉰ 어디서든 가능한 유니폼 보증금은 경호보안요원으로부터 회수한다.
㉱ 반환되지 않은 유니폼의 비용은 합법적이라면 경호보안요원의 마지막 급여에서 공제한다.
㉲ 정해진 날짜에 유니폼의 반환 후 승인된 반환 영수증을 경호보안요원에게 송부한다.
㉳ 경호보안회사의 대리인은 스스로 유니폼 수거를 해야 한다.

5) 경호보안 장비

고객과의 계약은 특별한 직위에서 특별한 경호보안장비(Post Equipment)의 사용을 필요로 한다. 이 장비는 고객이 제공할 수도 있고, 고객의 요구로 경호보안회사에서 구입하거나 경호보안회사에서 구입해 고객에게 임대할 경우도 있다. 이러한 장비형태에는 여행용 시계, 무전기, 손전등, 안전모와 같은 안전장비들이 있다.

【표 10.1】 제복 및 장비 분실 보고서

<table>
<tr><th colspan="4">유니폼 또는 장비의 손실 또는 분실 보고서</th></tr>
<tr><td colspan="3">1. 불만의 수</td><td>2. 보고유형
□분실 □도난 □손상</td></tr>
<tr><td>3. 근로자 이름</td><td>4. 배지</td><td>5. 요소</td><td>6. 근무상태
□근무 □비번</td></tr>
<tr><td colspan="2">7. 자산종류</td><td>8. 가치</td><td>9. 도난, 분실 또는 손상 날짜</td></tr>
<tr><td colspan="2" rowspan="4"></td><td rowspan="4"></td><td>10. 마지막 본 시간과 날짜</td></tr>
<tr><td>11. 마지막 본 장소</td></tr>
<tr><td>12. 규칙적인 보관장소</td></tr>
<tr><td>13. 감독관에게 보고된 첫번째 사건</td></tr>
<tr><td colspan="4">14. 사실여부: 분실, 손실 또는 도난 당시의 주변상황과 재산보호를 위해 취한 행동 또는 재산가치(짧고 간결하고 정확히 설명하시오).</td></tr>
<tr><td colspan="4">15. 나는 위의 사실이 최고의 지시와 재수집에 따라 완전하고 진실임을 증명한다.</td></tr>
<tr><td colspan="3">날짜</td><td>근로자 사인</td></tr>
</table>

【표 10.2】 개인 배급 기록

개인 장비 목록

이름 ______________________ 배지번호 ______________

서명 ______________________ 마지막 재고 날짜 ______________

(연필기입)

품목	수	날짜	재배급된 머리글자	날짜	머리글자	소견
고리, 열쇠, 포켓 보호대						
권총용 케이스(가죽), 권총						
끈(감독관용)						
넥타이 [검은색(남자)]						
넥타이 [검은색(여자)]						
넥타이, 버클(금속)						
모자 [보안용(남자)]						
모자, 깃털, 모피, 기병						
모자 [보안용(여자)]						
바지(검은색)						
배지						
벨트(보안용)						
벨트(수비대용)						
블라우스(보안용)						
셔츠(파란색)						
셔츠(흰색)						
속박(금속수갑)						
속박상자(가죽)						
야경봉, 밧줄고리, 끈						
이름표(플라스틱)						
재킷(겨울용), 솜이 많은 코트						
장갑(가죽)						
치마						
호각, 플라스틱 사슬과 고정대						

【표 10.3】 장비 재고 목록표

경호보안 부서 장비 검사 목록

사무실		칸막이방	
8	무선기 배터리 여유분	30	보안통로
7	2중 무선기	2	자물쇠
6	손전등	2	화학소화기
6	코트	1	비옷
5	교육원 열쇠꾸러미(NO. 1-2-3-4-5)	1	게시판
4	손목 억제제	1	손전등
3	비유	1	칸막이방 열쇠 꾸러미
2	발목 억제제	1	입구무전기 무전기 조정기
2	제한구역 표지		
2	총구역과 보안만능 열쇠		
2	체제7카드(제한되지 않은) 검사열쇠사물함(잠김)		
2	할론 소화기(전기화재 진압용)		
2	상자 있는 시계		
1	이산화탄소 소화기		
1	물 소화기		
1	업무용 열쇠		

날짜 ______________ 교대 ______________ 시간 ______________

나는 위의 모든 품목들을 검사했으며, 제외된 물품은 설명되었다는 사실을 확인한다.

(담당자 사인)

이 모든 재산은 안전하게 보호되어야 한다. 특정직위를 위한 우편주문은 부서에서 지정한 장비목록을 내포해야 한다. 표준의 재고 목록을 사용함으로써([표 10.3]

참조) 뒤를 이을 경호보안요원의 요구에 즉시 대응할 수 있는 품목조사가 용이하다. 분실 장비는 경호보안요원의 감독관에게 즉시 보고되어야 한다. 이것은 실질적으로 복구비용이 덜 비싼 고객상비의 경우에는 특히 중요하다.

어떤 부서에 장비를 지급하는 것은 개개인에게 장비를 지급하는 것보다 몇 가지 분명한 장점이 있다. 개개인의 경호보안요원에게 지급된 장비의 수를 감소시키는 것은 결국 비용을 감소시킨다. 예를 들면, 각 부서에 질 좋은 손전등을 지급하는 것은 회사가 각 개개인에게 하나씩 지급하는 것보다 훨씬 저렴하다. 그것은 고객에게 청구될 비용을 배분하기가 더 쉽기 때문이다.

단점은 장비에 대한 책임이 특정개인에게 고정되어 있지 않다는 것이다. 결과적으로, 분실되었거나 사용 불가능한 장비는 몇 명의 교대가 이루어지는 동안이나 감독관에게 발견되기 전까지 보고되지 않기 때문에 그 손실에 대한 재정적인 책임을 결정하기는 어렵다. 감독관들은 조사기간 동안 부서재고의 목록을 만들어야 하며, 손상되거나 분실된 장비에 대한 보고를 하지 않은 경호보안요원을 훈련시켜야 한다.

3. 경호보안회사의 차량관리

경호보안회사는 운송수단을 필요로 한다. 관리자들은 고객들을 만나야 하고, 감독관들은 각 부서들을 조사해야 한다. 많은 회사들은 개인소유 차량의 사용을 변상해 줌으로써 운송수단을 필요로 한다. 이 변상은 회계기능 차원에서 지출로 다루어진다. 회사는 업무차량이나 순찰차를 임대하거나 구입한다. 그러나 차량에 대한 운영예산은 임대 또는 구입계산으로부터의 분리를 필요로 한다. 차량 운영 예산은 몇몇의 중요 물품들과 달리 구입시 뿐만 아니라 운행에도 많은 비용이 소용된다. 연료와 기름비용은 가장 분명하게 쓰이며 대부분의 경호보안회사가 운영되는 한 계속 필요하다. 현실적인 예산은 임대를 하지 않는 한 수리와 일상적인 서비스와 차량유지를 포함해야 한다. 가능하다면, 이러한 비용은 임대계약에 포함되어 있어야 한다. 그렇지 않다면 예산을 세워야 한다.

차량경호를 위한 경호보안차량을 선택할 경우에 차량이동시 수행원의 요구에 맞는 차량선택하고, 경호보안대상자의 차량은 보수적 색상에 4도어로 운전기사는 대개 사복의 무장경찰관이나 경호보안요원이 되도록 한다.

경호보안차량 선정시 고려사항으로는 ㉠ 충분한 기동성을 보유하여야 하고, ㉡

경호보안대상자의 차량과 동일한 색상과 외형이 동일하고, 유리는 착색된 것이 좋다. ⓒ 특별한 외부부착물은 달지 않고, 안테나는 보이지 않는 것으로 한다. ⓔ 무기나 보호장구는 일반인이 볼 수 없도록 조치한다. ⓜ 통신장비가 구비되어야 하고 경호보안대상자가 탑승한 차량은 볼륨을 낮게 조정한다. ⓗ 방탄차량으로 하는 것이 효과적이다.

경찰순찰차와 같은 경호보안순찰차는 영구적으로 사용되도록 관리하여야한다. 높은 강도의 스트레스를 받기 쉽고 매일 교통혼잡과 비나 눈 온 뒤의 불안전한 상황 속에서 그 역할을 안전하게 계속하려면, 일상적이고 주기적인 관리를 철저히 하여야 한다.

경호보안회사 차량의 유지는 시간에 의해서 보다는 운행거리에 따라 운행계획을 수립해야 한다. 특정시간 동안 운행된 거리는 각각 다르고 정상적으로 업무의 시간계획을 초과할 것이기 때문이다. 차량은 수시로 서비스가 필요하기 때문에, 회사는 여분의 순찰차량을 이용할 수 있도록 해야 한다. 임대되었든지 빌렸든지 정상적인 계약으로 구입된 여분의 차량은 정기적인 순찰차량이 될 수 있다.

여분의 차량에 대한 준비 없이 순찰업무를 담당하는 것은 불성실한 관리이다. 차량예산은 매년 평가된 주행거리로 수치가 예상되며, 순찰유형과 지역을 기초로 운영부서에 의해 개발되어 돌아간다. 대신, 계획자는 평균 속도를 기초로 대강의 견적을 낼 수 있다.

㉮ 차량은 교대시간 동안 하루에 3시간을 운행할 수 없다.
㉯ 운전자는 도보순찰과 일상적인 조사를 하루에 6시간 한다.
㉰ 차량은 1년에 14일 차량수리와 관리를 위해 운행할 수 없다.

이러한 추정을 하면, 매년 운행거리는 약 126,360 km로 떨어진다. 생각해 보면, 이러한 것은 오직 추정해서 계획할 수 있고 정확한 경험에서 나온 회사의 축적된 자료로 수치는 좀 더 정확해 진다.

한번 한 해의 운행거리가 산정되면, 다른 비용이 들기 시작한다. 예를 들면, 차량이 매 12,000 km마다 관리된다면 그 추정된 운행은 적어도 1건당 36,000원의 비용에 10번의 관리가 필요할 것이다. 중요 엔진점검은 50,000 km마다 필요하게 되고 이 추정은 각 96,000원에 두 번의 점검이 필요하다. 연료비는 차량의 리터 비율당 km를 근거로 계산된다.

수리비용은 추정하기가 어렵고 이전의 수리기록을 근거로 계획된다. 중요한 차량의 손상은 보험으로 다루어지지만, 공제할 수 있는 것과 빈번한 차량의 조그마한 부분의 수리에 대해서도 생각해 볼 필요가 있다.

이러한 모든 비용은 7,678,800원인데, 그때 1년의 총차량운행 예산이 더해진다. 그 예산은 12개월 동안 배분되고 한 달 예산은 637,000원 정도가 된다. 차량예산은 차량의 변화목록에 따라 그 수치가 오르거나 내려갈 수 있다.

「경비업법」상 기계경비업자는 출동차량의 도색 및 표지를 경찰차량 및 군차량과 명확히 구별될 수 있는 것으로 정하여야 한다. 경비업자가 출동차량의 도색 및 표지를 정한 때에는 그 도색 및 표지를 확인할 수 있는 사진을 주된 사무소를 관할하는 지방경찰청장에게 제출하여야 한다(경비업법 시행규칙 §22).

제3절 경호보안회사의 자산 관리

1. 관리책임

한번 경호보안회사의 물적 장비가 구비하게 되면, 회사는 그 장비를 도난당하지 않도록 주의해야 하며 오용되게 사용하지 않고 의도된 곳에 사용하도록 해야 한다. 이 절차는 자산에 대한 책임(Accountability)의 문제로 귀결된다. 또한, 모든 자산이 정식으로 책임질 필요가 없다는 사실을 아는 것이 중요하다. 자산의 사용과 비용에 따라 어떤 물품들은 정식자산 책임제도에서도 쉽게 임대가 안 된다. 배터리와 같은 소모품의 예에서 그 예를 찾을 수 있는데, 그것은 비용이 싸게 들고 자주 사용되기 때문이다. 소모품의 경우 쓰임의 내역은 낭비되는지를 파악할 수 있다.

책임감은 물품 영수증에서 비롯된다. 수납계원은 어떤 물품이었는지를 조회해야 하고 지불된 물품이 발송되었는지를 확인해야 한다. 만약, 그 물품이 책임져야 할 장비라는 결정이 나면, 수납계원은 그것을 회사의 재산목록에 넣어야 한다.

물품목록을 유지하는 많은 방법들이 있다. 대부분의 주요물품들은 회사의 장부에 기록될 수 있는 일련번호를 가지고 있다. 또한, 회사는 확인 꼬리표를 사용한다. 꼬리표는 물품이 회사의 자산이라는 사실을 정확히 확인하는 이점을 가지고 있다. 만약, 꼬리표를 바코드로 기입한다면 물품목록 관리는 매우 쉬울 수 있다.

2. 자산의 지급과 회수

경호보안회사의 물적 자산은 개인의 장비로서 또는 직위에 대한 장비로서 두 가지 방법으로 분배되어진다. 유니폼이나 장비·장구 같은 개인 용품은 회사에서 근무하는 동안 특히 개인용도로 쓰인다. 그 자산은 직장을 그만 두었을 때 반환하여야 한다. 회사 사무실에서 사용되는 기구 또는 고객에게 필요한 위치에 대한 자산은 자산에 대해 공동의 책임을 지는 다수의 개개인들에 의해 이용된다.

배분된 자산은 조심스럽게 기록하여 주기적으로 검토되어야 한다. 거기에는 계약이 해지되었을 때 분배된 물품을 회수하는 체계가 필히 있어야 한다. 많은 회사들은 경호보안요원 개개인의 인사책자 안에 자산의 개인분배 기록을 둔다. 그래서 그 기록들이 체계화될 때 그 분배 기록은 작용한다. 만약 인사기록이 근로자의 해직을 즉각적으로 검토한다면 이 체계는 잘 돌아간다. 그러나 각 인사기록이 검토되어야 한다면 모든 자산의 물품목록 조사를 이해하기는 극히 어렵다. 보다 나은 체제는 특정개인의 감독 아래 중요한 위치에서 정식자산 자료를 지속시키는 것이다. 모든 사직한 사람들에 대한 자료는 깨끗이 정리할 필요가 있다.

위치에 대한 자산도 비슷한 방법으로 취급된다. 정확한 물품목록 조사는 중점적으로 지속되어야 한다. 모든 회사자산은 회수되어야 하고 이 물품목록 기록의 사용에 대해 책임을 져야 한다. 생각해 보면, 또한 이 체계는 역으로 작용할 수 있다. 고객들은 비상 열쇠와 같은 장비를 경호보안회사에 자주 제공한다. 또한, 이 장비에 대해 책임진 뒤 고객에게 돌려주어야 한다. 모든 장비를 확실하게 반환하고 회수하기 위해 검사 작성표를 사용하는데, 이것은 근로자가 해고된 어느 때라도 갖추어져야 하며 근로자의 인사기록은 기재되어 있어야 한다.

제11장

경호보안의 운용관리

제1절　운용관리의 의의
제2절　경호보안회사의 인력운영관리
제3절　경호보안업무의 실무운용

제11장 경호보안의 운용관리

제1절 운용관리의 의의

경호보안회사의 운영은 그 조직체나 기구, 인력을 실제 운용하고 경영하는 것이다. 그래서 운용(運用, operation)은 기업 내의 모든 기능을 실제적으로 뒷받침한다. 운영(運營)은 "operate(수행하다 경영하다, 관리하다)"라는 의미의 라틴어 operatus에서 기원하였는데, 이는 "일하다"라는 뜻을 가진 동사형태이다. 따라서 운영(operations)이라는 것은 실효를 거두기 위해 힘을 쓴다거나, 영향을 미치는 행위와 밀접한 연관이 있다. 예를 들어, 운영의 일환으로 인사부는 신규채용으로 인력을 충당하며 경영에 의해 확장된 장비요구는 구매부서 업무를 지원한다.

경호보안 시스템 체계가 완비되고, 새로운 시스템 서비스가 시작되면 그 시스템이 기대하는 기능과 성능을 계속해서 발휘하도록 하기 위한 단계가 운용관리(運用管理, operation management)이다. 운용 관리 외에 꾸준한 보완관리도 필요하다. 경호보안의 운용관리에는 경호보안시스템 운용의 목표, 운용관리 조직, 시스템 운용의 효율화가 충분히 고려되어야 한다. 이에 따른 회계는 소요경비와 임금운영을 통해서 공급받는다. 경호보안책임자의 책임인 기업 내 모든 기능의 적절한 조화는 경영의 뒷받침 안에서 점차 그 역할이 중요해지고 있다.

제2절 경호보안회사의 인력운영관리

1. 경호보안회사의 인력운영

1) 인력운영계획

경호보안회사 운영의 가장 기본적인 문제는 "몇 명의 경호보안요원이 필요한가?"에서부터 시작된다. 이것은 특정한 한 분야가 아닌 법인체의 설립허가 단계에서부터 필요한 인력이 예정되어 있고, 전조직 내의 운영에 관한 문제이기 때문이다.

우리나라 「경비업법」상 경비업 허가를 받으려면, 경호보안인력으로 시설경비업무의 경우 20명 이상, 호송경비 및 신변보호업무의 경우는 대한체육회에 가맹된 단체 또는 문화체육관광부에 등록된 무도 관련단체가 인정한 무술유단자 5명 이상, 기계경비업무의 경우 전자·통신 분야기술자격증소지자 5인을 포함한 10인 이상, 특수경비업무의 경우 88시간의 신임교육을 이수한 특수경비원 20인 이상을 필요로 한다.

2) 인력의 구성과 배치

대규모의 조직에서 배치인원의 구성과 직제편성은 여러 직함과 직위를 가지게 되겠지만 일반적으로 중소규모의 경호보안조직에서는 최고관리자, 중간관리자, 조장 및 조원으로 구분하여 운용할 수 있다. 현장에 투입되는 최고관리자는 보통 경호보안대장, 실장, 보안팀장, 반장 등의 직함을 사용하고 있다. 중간관리자는 일반적으로 부팀장, 주임 등의 직함을 사용한다. 때로는 조장이 중간관리자의 직무를 담당할 수도 있으며, 이러한 조직화는 사업장 및 조직의 규모에 따라 여러 형태로 직제 편성을 할 수 있다.

최고관리자와 중간관리자는 해당 경호보안업체의 경력사원 및 팀장급으로 구성해야 업무를 원활하게 수행함은 물론 업무의 효율성을 기할 수 있다.

조원은 지휘·명령 체계, 회사의 경영 등을 고려하여 신입사원으로 구성하는 것이 효율적이다. 그러나 사업장의 규모, 특성 등의 특수적인 환경에 따라서 조원은 경력사원과 신입사원을 혼합하여 구성할 수도 있다.

경호보안조직의 조직화에서 고려되어야 할 사항은 권한의 위임, 통솔의 범위, 경호보안요원의 소요(所要) 등이다. 경호보안요원이 다수인 조직구조에서 권한의 위임이 필요하게 된다. 권한의 위임에는 최종적인 책임과 운영상의 책임으로 분류된다. 최고관리자는 중간관리자에게 경호보안운영의 감독권한을 위임하고, 중간관리자는 조장에게 권한을 위임하는데, 이는 경호보안의 효율화로 연결된다.

경호보안요원의 소요 인원은 일반적으로 해당 경비대상시설의 규모에 비례한다. 뿐만 아니라 시설물의 중요도 및 중요시설, 물리적 방어 시스템, 주변 환경, 위해요소 등에 의해서도 소요 인원에 영향을 미친다.

경호보안업체의 운영에 있어서 한명의 경호보안요원의 근무시간이 24시간이라고 가정하면 일주일에는 168시간(24시간×7일)이며 일년에는 8,736시간이다. 168시간을 주당 평균근무 시간인 44시간으로 나누면, 결국 3.8명의 직원이 필요하다는 결론이 나온다. 이는 이론상 그 직책에 필요한 숫자를 예측할 수 있게 해 준다.

그러나 이러한 이론상 가정은 경호보안요원의 유효성에 영향을 미치는 여러 가지 요인을 고려하지 않은 가운데 나오는 추측일 뿐이다. 만약, 1년에 2288시간을 근무한다고 하자(주당 44시간×52주). 그러나 이 결과는 경호보안요원이 일을 할 수 없는 시간을 제외시켜야 한다. 예를 들어, 경호보안요원 1인당 1년에 1주일의 휴가가 있다고 하자. 기업의 정책상 1달에 2일간의 월차를 허용하면 이는 총 192시간(월 2회×8시간×12개월)이 된다.

만약, 기업이 법률상 연간 16시간의 훈련을 제공한다고 하고, 또한 연간 5일을 법정 공휴일을 휴무로 인정한다고 하자(8시간×5일). 이 모든 경우를 최대 근무가능 시간에서 제외시키면 실제 1명당 가능한 근무시간은 연간 1,996시간에 불과하다. 연간 총근무시간 8,736시간을 실제 가능 근무시간으로 나누면 필요한 직원은 3.8명이 아닌 실제로 4.4명이 필요하다는 결론이 나온다. 그러므로 기업의 특정한 직책에 필요한 경호보안요원은 4.4명이 된다. 물론, 이러한 수치는 기본적으로 계약서나 기업방침에 의해 규명된다.

【표 11.1】 가능산정 수치

연간 근무시간	주당 44시간 × 52주	2,288시간
휴 가	44시간	44시간
월 차	월 16시간 × 12개월	192시간
훈련시간	16시간	16시간
법정 공휴일	8시간 × 5일	40시간
실제 근무시간		1,996시간

고용계약의 종류에 따라 변하는 부수적인 요소들에 의해 운영관리자는 기업의 연간예산 책정시 필요한 인원을 산출할 수 있어야 한다. 물론, 기업이 산출한 직원수를 반드시 고용한다는 의미는 아니다. 그러나 이 소요인원계획은 신규채용시 인사부에게는 중요한 자료가 될 수 있다. 인사부가 산출한 숫자에 근접하면 근접할수록 기업은 더 효율적으로 운영될 수 있기 때문이다. 또한, 실제 근무자료와 비교해 연간계획은 각각의 계약이 예산과 비교해 얼마나 잘 운영되고 있는지 측정하는 데 사용된다.

2. 근무 계획 및 형태

인적자원 충당을 위한 근무계획(Scheduling)은 총근무시간과 인사관리상의 요구사항과 더불어 경호보안서비스 경영 전반에 초점을 둔다. 근무 시간표는 좀 더 정확한 운용방법이 된다. 이는 필요한 실제 소요인원수를 계획할 수 있게 하고 계약서상의 요구사항과 실제 운영상의 문제를 적절하게 조합할 수 있는 계획을 수립하는 역할을 한다.

1) 근무시간계획

일반적으로 계약서는 총근무시간이나 각 직책 및 포스트당 총근무시간과 같은 기본적인 요구사항만 명시해 놓고 있다. 【표 11.2】는 단순계약상 명시된 근무시간계획(Shift Planning)에 관한 요구사항이다. 각 포스트당 하루 요구되는 총근무시간을 보여 준다. 계획을 짜는 사람은 이러한 요구사항을 통해 얼마나 많은 정식직원 및 파트타임 직원이 필요한가를 계획해야 한다.

근무 계획표 작성의 목적은 직원과 초과근무 수당 보안을 가능한 한 최소한으로 줄이고자 하는 것이다. 또한, 계획자는 직원이 일할 수 있는 근무한계 시간을 고려해야만 한다. 예를 들어, 일반적으로 12시간은 경호보안요원(직원)이 방심하지 않기 위해서 휴식없이 최대한 일할 수 있는 시간이다. 좋은 경호보안회사는 회사방침으로 이러한 한계를 정해놓고 정부기관과의 계약에 일반적으로 이러한 사항을 요구하고 있다. 또한, 중요하게 고려해야 할 부문은 초과근무에 의한 정책이다. 많은 기업들은 더 좋은 입찰가격을 얻거나 고객에게 비용을 부담시키지 않기 위해 반드시 필요한 경우가 아닌 경우에는 초과근무에 대한 정책을 세우지 않는다.

여기 한 가지 경우를 들어보자. 기본적으로 주당 7일 근무에 매일 24시간씩 근무한다고 가정하자(일반적으로 이러한 경우에 1-24-7이라고 계약서에 약자로 명시되어 있다. 직원 1명, 24시간, 7일. 이러한 가정은 업무에 4명의 직원이 요구된다면 8시간이 남게 된다. 이러한 경우에 계획자는 몇 가지 선택을 할 수 있다. 주당근무시간 : 40시간인 경우).

㉠ 이 업무를 다른 업무들의 요구사항과 결합해 유동직원을 쓴다.
㉡ 한 직원에게 8시간의 초과근무를 설정한다.
㉢ 4명의 직원이 순번제로 8시간의 초과근무를 한다.

이러한 각각의 해결책은 장단점이 있다. 유동직원의 경우에는 초과근무 비용이 들지 않기 때문에 보안절감 차원에서 큰 효과를 볼 수 있다. 그러나 이 직원의 경우 최소한 다섯 가지의 다른 직무를 배워야 한다. 만약 모든 직무가 한 장소에서 이루어지며 간단하고 비슷하다면 다행이지만 서로 다른 장소에서 다른 직무를 배워야 한다면 문제는 달라진다. 왜냐 하면, 해당직원은 1주일에 한 번만 그 직무를 수행하기 때문에 다른 정규직원에 비해 직무에 대한 지식이 부족하다. 그러므로 이 모든 것을 고려한다면 융통성이 있고 직무를 빨리 배울 수 있는 뛰어난 직원이 가장 이상적이다. 하지만 이렇게 뛰어난 직원은 급속도로 승진을 할 것이고 중요한 자리에 배치를 받을 것이기 때문에 재배치를 위한 훈련이 필요하다. 그러므로 흔히들 사용하는 유동직원은 사실 논리적으로 논하는 이상적인 직원과는 반대이며, 회사에 처음 입사해 풀타임(full-time)으로는 일할 수 없는 상태의 직원이다. 결과적으로, 이 방법은 특성상 직책들이 비슷한 대형 편의시설에서만 사용되어야 한다.

이러한 이유로 대부분의 용역회사는 이것을 이용하지 않고 있는데, 이는 매우 근시안적인 접근이다. 그 포스트에 정기적으로 근무하는 직원이 가장 활용도 높은 지식을 가지고 있는 직원이기 때문이다. 대부분의 직원은 초과근무 수당에 대해 적극적인 관심을 보인다. 추가의 직원에 대한 훈련비용은 존재하지 않기 때문에 고객은 추가로 새로운 직원을 채용하는 경우는 없다. 그러므로 대부분의 경우에 경호용역회사는 8시간의 초과근무 시간을 사용하는 1-24-7을 사용한다.

만약, 초과근무로 결정이 되면 한 명의 직원에게 위임하거나 직원 사이에 순번제로 돌아가느냐 하는 문제는 간단하다. 어떤 고객은 상급직원이 초과근무하기를 선호하는데, 만약 이렇게 결정되면 근무시간을 교대해야만 한다. 이것은 한 명의 직원만이 너무 심신이 소모되고 특별수당을 받지 못하는 다른 직원들의 반감을 살 수 있기 때문이다.

【표 11.2】 근무의 범위

위치(포스트 및 장소)	요일	근무시간	총 근무시간
감독	월~금	08:00~16:00	40
포스트#1 -로비	월~일	00:01~24:00	168
포스트#2 - 로비	월~금	08:00~24:00	80
포스트#3 - 선적장	월~금	08:00~16:00	40
포스트#4 - 선적장	월~금	08:00~16:00	40
포스트#5 - 순찰	월~일	00:01~24:00	168
합 계			536

2) 근무형태 및 근무교대

근무형태는 크게 고정근무와 교대근무로 구분된다. 보통 고정근무는 관리자들의 근무패턴으로 최고관리자는 보통 대고객접견 업무가 많은 주간고정근무로 하고 있다. 그리고 교대근무자는 조장 및 경호보안요원들이 주야간을 교대로 근무한다.

근무형태구성은 경호보안대상 구역을 경계함에 있어 경호보안요원의 근무시간 정도에 따라 교대방식을 결정한다. 기계보안시스템업무에 있어서는 24시간 감시 및 경호보안업무가 가능하지만 인력경비에 있어서는 인간의 생리적 현상으로 인해서 휴식과 취침을 가져야만 근무에 임할 수 있다. 즉 1교대 및 일근, 2교대, 3교대 등의 교대방식을 통해 생리적인 현상을 극복할 수 있다.

경호보안구역을 교대로 근무함에 있어 1교대 및 일근은 맞교대라고 하기도하며, 24시간을 근무하고 하루를 휴식한 다음 날에 다시 근무하는 격일제 교대 방식이다. 24시간을 근무하는 격일제 교대방식은 비용면에서는 효율적이라고 할 수 있으나 월 근무시간이 많이 발생하므로 근무피로도가 가장 높고 이로 인하여 경호보안업무의 효율과 품질이 저하되는 단점이 있다. 경호보안업체에서는 선호하지 않은 방식이나 경영상태가 열악한 학교시설 등에 활용되어 전문지식없이 단순한 안내 및 순찰업무를 수행하기도 한다.

우선 기본적인 사항과 초과근무에 대한 것이 결정되면 기안자는 실제적인 근무교대표를 작성해야 한다. 일반적으로 대부분 중요한 고객들과의 접촉은 주간에 이루어지기 때문에 주간근무는 각 포스트의 장이나 상급직원이 맡게 된다. 결과적으로, 이들의 근무 계획표를 작성한 후에 다른 직원들의 것을 계획해 나가야 한다. 【표 11.3】 은 대부분의 경호보안회사들이 하고 있는 계획표이다.

【표 11.3】 표준근무 계획표

시 간	일	월	화	수	목	금	토
06:00~14:00	Ⅲ	Ⅲ	Ⅲ	Ⅳ	Ⅳ	Ⅲ	Ⅲ
14:00~22:00	Ⅳ	Ⅰ	Ⅰ	Ⅰ	Ⅰ	Ⅰ	Ⅱ
22:00~06:00	Ⅱ	Ⅳ	Ⅳ	Ⅱ	Ⅱ	Ⅱ	Ⅱ

위의 표에서 알 수 있듯이 세 명의 직원이 매일 같은 시간(8시간)을 근무하고 네번째 직원은 다른 직원이 휴무일 때 대체되어 있다. 네번째 직원(Ⅳ)은 다른 파트에서도 일하는 유동직원이다. 이 유동직원은 매일 같은 시간에 근무하는 표준근무를 할 수도 있고 네번째 직원처럼 다른 직원의 휴무일에 보강될 수도 있고 아니면 파견자의 필요에 따라 다양한 근무 시간표를 가질 수도 있다. 또한, 각 직원은 1주일에 2일간의 휴무를 포함하고 있으며 꼭 필요하지 않은 경우에는 적당한 기간에 직원들의 동시 휴무를 수립하는 것도 바람직한 일이다.

네번째 직원(Ⅳ)은 정상근무 시간표를 가지기 어렵기 때문에 장기간 근무하는 경우를 찾기가 어렵다. 이는 불시에 계획표를 수정해야 하는 어려움을 가져오기도 한다. 이 경우 직원은 광범위한 각 근무시간마다의 직무를 습득해야 하므로 뛰어난 직원들만이 이 경우에 적응할 수 있다. 그러나 유동직원과 마찬가지로 이 경우는 주로 신규직원에게 돌아간다. 이러한 종류의 직원(Ⅳ)은 경호보안회사에서 매우 흔하지만 아주 필요한 경우에만 사용되어야 한다.

위에 열거한 점들을 고려할 때 계획자는 반드시 이 시간표를 첫번째 선택으로 해야 하며, 또 하나의 시간표를 주목해야 할 필요가 있다.

대형계약의 경우에는 때에 따라서 경찰이 흔히 하듯이 전 근무시간을 교대로 해야 할 경우가 있다. 이 경우 계획자가 너무 빈번한 교대를 계획하지 않는다면 크게 문제될 것은 없다. 너무 빈번한 근무교대(Shift Rotation)는 두 가지 단점이 있다.

첫째, 직원들은 새로운 직무를 습득하기까지 일정한 시간을 필요로 한다. 근무가 같은 장소에서 이루어진다 해도 주간과 야간근무는 실제적으로 양상이 많이 다를 수가 있다.

둘째, 직원들은 근무시간에 신체적으로 적응하는 데 시간이 필요하다. 교대시간에 휴식시간이 길면 길수록 몸은 변화에 더 잘 적응하게 된다. 빈번한 교대근무 시간표는 피로와 스트레스로 인한 직원의 근무실적을 저하시킬 수 있다.

이러한 이유로 근무 시간표는 매 3개월보다 더 빈번하게 바뀌어서는 안 된다. 또한, 시간표는 주간-저녁-야간의 순서대로 유지되어야 한다.

3) 복합적 근무계획

계약이 확대 될수록 근무 시간표도 좀 더 복잡하지만 몇 가지 쉬운 방법들이 있다. 많은 포스트와 직원이 포함될 수 있도록 계획하는 사람은 근무 일정표를 작성함에 있어 더 많은 융통성을 발휘해서 복합적 근무계획(Planning for Multiple Post)을 수립해야 한다.

2교대는 하루를 기준으로 12시간을 근무하고, 3교대는 하루를 기준으로 8시간을 근무하는 방식이다. 교대방식의 결정에 수반되는 개념이 '조'의 편성이다. 예를 들어 하루를 기준으로 한 개의 경호보안구역에 경호보안요원이 1명 배치되어야하고, 야간에도 마찬가지로 12시간 근무하는 요원이 1명 있어야한다. 결국 주간조가 1명, 야간조가 1명 필요하게 되는 것이다. 이와 같은 경우를 2조2교대의 근무형태라고 한다. 하루를 기준으로 12시간을 교대 근무하는 2조2교대방식은 일주일정도의 기간을 기준으로 주야간 교대에 따른 휴무가 발생하므로 경호보안업무의 질 저하가 불가피한 교대방식이다. 마찬가지로 단순 감시업무나 순회·순찰업무를 수행한다.

3조2교대는 주간조 1명, 야간조 1명, 휴무조 1명으로 구성되고 12시간 근무를 하는 형태이다. 이 방식은 3일마다 교대휴무를 발생시킬 수 있어서 경호보안요원에게는 충분한 휴식을 취할 수 있는 교대방식이다. 최고의 수준을 지향하는 경호보안업체에서 활용되는 교대 방식이나, 다소 많은 경호보안요원이 소요되므로 시설주에게는 일부 부담이 될 수 있다.

5일마다 교대에 따른 휴무가 발생하는 5조2교대방식은 2조2교대와 3조2교대방식을 절충한 형태로 일정한 수준 이상의 전문성이 확보되는 교대방식이다. 경호보안업무의 품질과 경호보안요원에게 약간의 휴일을 보장하기위한 절충적이고 효율적인 교대방식이라고 할 수 있다.

【표 11.4】 근무 교대표

근무시간	일	월	화	수	목	금	토
00:01~08:00	Ⅳ	Ⅳ	Ⅳ	Ⅱ	Ⅳ	Ⅳ	Ⅳ
08:00~16:00	Ⅲ	Ⅰ	Ⅰ	Ⅰ	Ⅰ	Ⅰ	Ⅲ
16:00~24:00	Ⅱ	Ⅲ	Ⅲ	Ⅲ	Ⅱ	Ⅱ	Ⅱ
00:01~08:00	Ⅳ	Ⅳ	Ⅱ	Ⅱ	Ⅳ	Ⅳ	Ⅳ
08:00~16:00	Ⅲ	Ⅰ	Ⅰ	Ⅰ	Ⅰ	Ⅰ	Ⅲ
16:00~24:00	Ⅱ	Ⅲ	Ⅲ	Ⅲ	Ⅱ	Ⅱ	Ⅱ
00:01~08:00	Ⅳ	Ⅳ	Ⅳ	Ⅱ	Ⅱ	Ⅳ	Ⅳ
08:00~16:00	Ⅲ	Ⅰ	Ⅰ	Ⅰ	Ⅰ	Ⅰ	Ⅰ
16:00~24:00	Ⅱ	Ⅲ	Ⅲ	Ⅲ	Ⅲ	Ⅱ	Ⅱ
00:01~08:00	Ⅳ	Ⅳ	Ⅳ	Ⅱ	Ⅱ	Ⅳ	Ⅳ
08:00~16:00	Ⅲ	Ⅰ	Ⅰ	Ⅰ	Ⅰ	Ⅰ	Ⅲ
16:00~24:00	Ⅱ	Ⅲ	Ⅲ	Ⅲ	Ⅲ	Ⅱ	Ⅱ

【표 11.4】에서 보여 주는 근무 일정표에서는 유동직원의 사용이 배제되어야 한다. 일반적으로 24시간 이내의 근무일정은 일반적으로 교대나 초과근무 없이 조정이 가능하다. 평균 8시간 근무가 아닌 수화물 출입구의 경우와 같이 매일 9시간씩 주 5일 근무의 경우에는(1-9-5) 일정한 기간 동안 아르바이트 사원을 고용하는 것보다는 기존의 직원에게 5시간에 대한 초과근무 수당을 지불하는 것이 더 생산적이다(주당 근무시간 40시간인 경우). 이론적으로 근무시간이 12시간까지 확장될 수는 있지만 더욱 세분화시킬 필요가 있다. 직원 개개인의 육체적인 상태를 충분히 고려하면서 필요한 각 포스트에 최소한의 직원수로 감원하는 것이 요구되는 만큼 근무 계획표는 독창적이어야 한다.

【표 11.5】는 【표 11.2】에서 보여 준 일의 범위 내에 기초를 둔 복합적인 근무계획표(Multipost Schedule)이다.

【표 11.5】 표 11.2의 범위에 기초한 복합적 근무 계획표

근무 포스트	일	월	화	수	목	금	토
00:01~08:00							
로 비	5	5	5	3	3	5	5
순 찰	12	11	11	11	11	11	12
08:00~16:00							
주 임		1	1	1	1	1	
로 비	4	2	2	2	2	2	8
로 비		6	6	6	6	6	
선적장		14	14	14	14	14	
선적장		13	13	13	13	13	
순 찰	12	11	11	11	11	11	12
16:00~24:00							
로 비	3	3	4	4	4	4	3
로 비		7	7	7	7	7	
순 찰	9	9	10	10	10	10	10

독창적인 근무 시간표는 기업에 유익할 뿐만 아니라, 실제적으로 고객에게 더 많은 융통성이 있는 적용범위를 제공한다. 성수기에 드물게 사용되는 방법의 하나는

근무 시간표를 중복시키는 방법이다. 물론, 이것은 계획을 조정하는 사람에게는 더 많은 일을 요구하지만 성수기에는 확장된 적용범위를 제공할 수 있다. 근무 시간표 중복은 무보수의 점심식사 시간을 통해서 가능해질 수 있다. 통상적으로 8시간 근무 중간의 무급 점심시간과 함께 직원은 9시간을 근무한다. 물론, 직원에게 점심식사 시간을 제공해야 하지만 이는 다음에 근무할 직원과 시간을 중복시킬 수 있게 해 준다. 이것은 특히 근무시간에는 비교적 한가하지만 근무시간이 바뀔 때에는 혼잡해질 수 있는 직원 출입구를 적절하게 이용할 수 있다. [표 11.6]은 이러한 종류의 근무 시간표를 제시한다. 이런 종류의 근무 시간표의 경우에는 위급한 상황을 제외하고 직원은 반드시 점심식사 시간에 근무하지 않고 쉬도록 해야 한다. 만약, 직원이 점심시간에 근무를 하면 노동법에 의해서 그 직원은 반드시 그에 대한 보상을 받아야 한다.

또한, 계획수립자는 반드시 근무시간이 바뀌는 시간대를 심사숙고해야 한다. 관습에 따른 오전 7시나 8시의 근무교대가 항상 적절한 것은 아니다. 만약, 직원들이 하루 중 가장 바쁜 시간대에 근무교대를 해야 한다면 직원들에게 효율적인 근무를 기대할 수는 없다. 그러므로 근무교대는 가장 한가한 시간대에 이루어져야만 한다.

[표 11.6] 중복 근무 시간표

근무시간	일	월	화	수	목	금	토
23:30~08:30	Ⅲ	Ⅲ	Ⅲ	Ⅳ	Ⅳ	Ⅲ	Ⅲ
07:30~16:30	Ⅳ	Ⅰ	Ⅰ	Ⅰ	Ⅰ	Ⅰ	Ⅳ
15:30~00:30	Ⅱ	Ⅳ	Ⅳ	Ⅱ	Ⅱ	Ⅱ	Ⅱ

근무형태의 구성에 있어서 경호보안요원들에게 많은 휴식을 취할 수 있는 교대근무방식을 위하는 것이 경호보안요원 측면에서 업무의 전문성을 극대화할 수 있으나, 시설주의 측면에서는 휴무자가 많이 발생되기 때문에 경호보안요원이 많이 소요되고 따라서 고비용이 지출된다. 그러나 시설주가 경영적인 측면만을 고집하여 휴식이 거의 없는 근무형태를 요구할 경우에는 경호보안요원은 업무피로로 인해 경호보안업무의 전문화는 물론 효율화도 기대하기 어렵고 그로인한 이직율이 높아지므로 양측면을 적절히 고려하여 적합한 근무교대형태를 검토해야 한다.

3. 파견근로자

1) 근로자파견 및 파견근로자

파견근로자(派遣勤勞者)라 함은 파견사업주가 고용한 근로자로서 근로자파견의 대상이 되는 자를 말한다. 근로자파견사업의 적정한 운영을 기하고 파견근로자의 근로조건 등에 관한 기준을 확립함으로써 파견근로자의 고용안정과 복지증진에 이바지하고 인력수급을 원활하게 함을 목적으로 제정(법률 제5512호, 1998.2.20)된 법이 「파견근로자보호 등에 관한 법률」(이하 '파견근로자법')이다. 이 법에서 "근로자파견"이란 근로자파견사업을 행하는 파견사업주가 근로자를 고용한 후 그 고용관계를 유지하면서 파견사업주와 사용사업주간에 근로자파견을 약정하는 근로자파견계약의 내용에 따라 사용사업주의 지휘·명령을 받아 사용사업주를 위한 근로에 종사하게 하는 것을 말한다.

근로자파견의 기간은 원칙적으로 1년을 초과하지 못하지만, 파견사업주·사용사업주·파견근로자간의 합의가 있는 경우에는 파견기간을 연장할 수 있다. 이 경우 1회를 연장할 때에는 그 연장기간은 1년을 초과하지 못하며, 연장된 기간을 포함한 총파견기간은 2년을 초과하지 못한다(파견근로자법 §6①·②). 다만, 「고령자고용촉진법」 제2조 제1호의 규정에 따른 고령자인 파견근로자에 대하여는 2년을 초과하여 근로자파견기간을 연장할 수 있다(동법 §6③).

사용사업주가 2년을 초과하여 계속적으로 파견근로자를 사용하는 경우 등에는 당해 파견근로자가 명시적인 반대의사를 표시하지 않는 한 당해 파견근로자를 직접 고용하여야 한다(「파견근로자법」 §6의2①·②). 사용사업주는 파견근로자를 사용하고 있는 업무에 근로자를 직접 고용하고자 하는 경우에는 당해 파견근로자를 우선적으로 고용하도록 노력하여야 한다(동법 §6의2④).

사용사업주가 상시 4인 이하의 근로자를 사용하는 경우가 아닌 한 파견사업주와 사용사업주는 파견근로자임을 이유로 사용사업주의 사업 내의 동종 또는 유사한 업무를 수행하는 근로자에 비하여 파견근로자에게 차별적 처우를 하여서는 아니되며, 파견근로자는 차별적 처우를 받은 경우 노동위원회에 그 시정을 신청할 수 있다(§21①·②·④).

불법파견에 따른 시비가 불거지거나 적법한 하도급조차도 노동쟁의에 휘말리는 이유는 사내하도급이 타인이 고용한 근로자의 근로를 자신의 사업에 직접적으로 편입시키거나 결합시켜 사용 또는 이용하는 고용형태이고, 원도급의 인건비 절감 효과가 극대화되는 이점이 있지만 이와 동시에 원도급이 사내하도급 근로자의 인사노무관리 특히 임금 및 근로조건에 대해서는 어떤 책임도 지지 않을 수 있는 방식이라는 의혹을 받을 소지가 크며 원도급의 사업장에 직접 편입되기 때문에 직접적인 지휘명령관계가 없다하더라도 간접적인 지휘명령관계의 가능성이 온존하며 사내하청 업체의 독립성 역시 떨어지기 때문이다.

다양한 사회적 비용 혹은 근로자의 삶의 질 악화를 우려하여 외국에서도 아웃소싱 특히 사내하도급에 관해서는 다양한 형태의 규율을 한다. 예를 들어 임의고용의 원칙에 입각하여 고용에 대한 규제가 거의 없는 미국에서도 우리나라의 사내하도급과 유사한 업무 도급기업의 고용관계에 관해서는 약 30여개주가 별도의 규율을 하고 있어 이들 기업 근로자의 임금이 정규직 평균 보다 높은 것으로 보고되었다.

또한 파견근로자의 보호를 위해 파견기업과 사용기업에 공동책임을 지우는 공동사용자 개념을 이미 도입한 바 있다. 또한 이와 유사한 법적인 규율이나 원하도급업체간의 책임분담은 유럽의 여러나라에서도 다수 확인된다.

결국 아웃소싱이 정상적인 기업경영방식의 필요조건이자 충분조건이 되려면 기업이 아웃소싱을 통해 인건비 절감 등 각종 이익을 얻는 만큼, 형식적인 고용관계를 맺고 있지 않더라도 아웃소싱에 의해 영향을 받는 근로자들의 삶의 질이 악화되는 것을 방지하기 위한 책임이 필요한 것이다. 경영의 자유는 사용자로서의 책임과 동전의 양면에 있다.

한국에서 아웃소싱이 확대되고 부정적 인식이 사라지기 위해서는 아웃소싱 중 최소한 사내하도급에 관해서라도 다양한 형태의 사용자책임이 관행으로 자리잡히는 것이 최소한의 요건일 것이다. 이와 같은 정도경영이 이루어질 때 노사모두에게 아웃소싱은 보다 적극적으로 받아들여질 수 있다.

2) 파견업무담당자의 역할

인력에 대한 계획과 관계되는 직원운영과 근무 시간표는 적재적소에 직원을 파견(Dispatching)하는 기능의 필요성에 기초를 두고 계획되어야 한다. 이것은 이론과 실제상의 차이점을 말해 준다(다시 말하자면, 파견자 1/5이 필요함을 발견할 줄 아는 사람이어야 한다).

파견자는 근무직의 직원들과 요구되는 사항들을 상세하게 파악할 필요가 있다. 예를 들어, 복합적인 근무직이 있는 곳에서는 직원 한 사람이 다른 것들도 대신할 수 있을까? 만약, 공석이 생긴다면 어떤 근무직을 일시적으로 비워 둘 수 있을까? 어떤 특별한 훈련이 요구되는가? 근무직이 특정한 종류의 직원에는 부적합할 수 있을까?

또한, 파견자는 각 직원들 근무 시간표에 대한 상세한 지식이 있어야 한다. 예를 들어, 어떤 직원들은 공공장소에 더 적합한 반면 다른 직원들은 따로 떨어진 곳에 더 적합할 수도 있다. 훈련이나 신속한 대응력이 부족한 직원들에 대해서는 체력안전 시스템 검토가 필요하다. 체력의 한계가 있는 직원들의 경우에는 사무적으로 제한시키는 것이 바람직하다. 적재적소에 적합한 직원을 배치시키는 것도 계획조정자의 역할이다. 많은 회사에서 파견자가 고용과정의 일부분을 담당하는 것도 이러한 이유에서이다. 최소한 파견자는 파견될 새 직원을 면담해야만 한다.

흔히 모든 근무직이 모두 포함되었는지 확인해야 하는 파견업무는 인정받지 못하는 업무라고도 할 수 있다. 만약, 파견 업무 담당자(Dispatcher)는 직무를 잘 수행하더라도 근무교대가 원활하게 이루어지므로 어느 누구의 주의를 두지 하지만 반대의 경우는 고객부터 관리자에 이르기까지 모두의 주목을 받기 때문이다. 파견업무담당자는 긴급한 전화나 불만, 마지막 순간의 변동사항 등을 담당해야만 한다.

몇몇 회사에서는 근무일정이 매우 바쁘기 때문에 최대한 파견업무자를 유지하는 기간은 2년에 불과하다. 파견업무자는 다음 두 가지 사항을 항상 숙지해야 한다.

㉮ 모든 근무직을 다 포함해야 한다.
㉯ 계획되지 않은 초과근무는 피해야 한다.

3) 파견업무담당자의 도구

위에 열거한 요구사항을 만족시키기 위해 파견업무담당자의 도구(Dispatcher Tools)로 네가지 주된 수단을 사용한다. 첫째는 모든 근무영역과 필요한 요구사항을 반영한 근무조정자의 계획을 보여 주는 근무시간표이다. 이를 통해 모든 미해결의 근무직들을 쉽게 알 수 있어야 한다.

근무시간표는 보통 특별지시 사항, 고객의 긴급한 정보, 훈련요구 여부와 같은 세부사항을 기록한 용지가 첨부되어야 한다. 세부사항을 기록한 용지에는 요구되는 범위와 최대비용 절감 범위를 나타내는 기본적인 근무 시간표가 포함되어 있어야 한다. 또한, 많은 회사들은 특정한 근무처를 위해 훈련된 직원들의 명단과 특별한 이유로 특정 근무처에 배치되어서는 안 되는 직원명단까지 명시해 놓는다.

파견업무담당자의 세 번째 도구는 각각의 임무에 유효한 직원과 각 직원의 근무시간표를 보여 주는 용지이다. 이 목록표는 파견업무 담당자가 비어 있는 근무처를 채우고 보충하는 데 다양한 선택들을 할 수 있도록 자료들을 제공한다.

네 번째 도구는 회사 내 모든 직원, 감독과 관리자들의 자택 전화번호를 기재한 전화번호부 같은 연락 목록표이다.

파견업무를 관리하기 위해 유용한 몇 가지 견본이 있다. 첫번째는 근무자들의 근무시간 중 받은 모든 전화를 알 수 있는 전화기록이다. 이것은 파견업무담당자가 매일 검토해야 하는 귀중한 경영수단이다. 예를 들어, 고객들이 종종 근무교대 시간 후에 전화하거나 불평을 하기도 하기 때문에 파견업무담당자의 전화기록은 보관되어 경영진에게 이러한 정보가 전달될 수 있다. 만약, 파견업무담당자가 임금대장 기록을 보관하지 않으면 경리부에 근무교대 사항을 제공해 줄 만한 장치가 있어야만 한다. 많은 회사들은 특별히 고안된 무단결근, 태업, 초과근무 같은 변동사항을 기록하는 문서를 사용한다. 그 외에 파견업무담당자는 매일 모든 활동, 전달사항이나 변동사항을 기록해야 한다. 만약, 파견업무자가 훈령조치를 담당한다면 적절한 서식을 제공해야 한다. 마지막으로, 모든 근무처의 명령서(지시사항) 견본들은 파견업무담당자에게 필요한 참고자료이다.

4) 근무적용 범위의 보장

파견업무담당자의 주요한 업무 중 하나는 근무적용 범위(Post Coverage)를 확실히 하는 것이다. 직원이 병으로 근무를 할 수 없다고 보고되고, 만약 이것이 근무시작 시간에 임박해 일어났다면, 담당자는 반드시 즉각적으로 대처해야만 한다.

담당자에게 몇 가지 가능한 선택사항이 있다.

㉮ 아르바이트생으로 대치한다.

㉯ 총40시간을 근무하지 않은 정규직의 직원으로 대치한다.

㉰ 결근한 직원과 총40시간을 미처 근무하지 않은 직원과 근무 시간표를 바꾼다.

㉱ 근무시간이 끝난 직원을 조금 더 연장 근무시키고 4시간 동안 아르바이트 직원을 구하고 8시간의 초과근무 수당을 수용한다.

㉲ 근무시간이 끝난 직원과 다음 근무직원에게 반반씩 연장근무를 시키고 초과근무 수당을 지불한다.

㉳ 휴무인 정규직원으로 대치하고 초과근무 수당을 지불한다.

㉴ 대체직원을 찾을 때까지 감독자나 관리자로 대치한다.

㉵ 그 근무직은 빈자리로 놔두고 새로운 방향을 찾는다.

물론, 다른 선택사항들도 있지만 위에 열거한 이러한 종류들이 통상적으로 기업에서 사용되고 있는 것들이다. 파견업무담당자는 몇몇 근무직에 대해 근무시간이 끝나 교대하는 직원들에 대해서 알고 있어야 하고 때로는 감독자나 파견업무담당자들이 스스로 대치하는 경우도 있다는 것을 알고 있어야 한다. 가령 새벽 3시에 전화해서 결근한 직원을 대신해서 근무하도록 설득할 수 있는 사람이어야만 하기 때문이다.

5) 파견업무담당자의 표준운영 절차

파견업무담당자의 임무는 독창성이 요구되기 때문에 경영진은 가능한 업무수행에 대한 명백한 지침서를 확립해야만 한다. 파견업무자는 비어 있는 자리에 종종 유효한 직원으로 공석을 채우는 경향이 있기 때문에 때로는 그 포스트에 요구되는 훈련과정을 묵살할 수 있고 부적절한 직원을 배치할 수 있다. 그러므로 파견업무 담당자는 명백하게 서술된 지침서가 있어야 한다.

파견 업무 담당자의 정보지침서나 표준 운영 절차 동의서는 다음과 같은 사항들이 포함되어야 한다.

㉮ 파견업무담당자의 권한의 한계범위, 예를 들어 담당자가 직원들을 해고 할 수 있는가? (파견업무 담당자가 해서는 안 되는) 또는 무능력하고 술이나 약에 중독된 직원을 배치할 수 있는가? 업무담당자와 현장감독이나 차량순찰 감독들과의 관계는 어떠한가?

㉯ 틈이 생긴 자리의 직원배치나 고객과의 계약 등과 같이 수행되어야 하는 직무들

㉰ 행동(관리)에 대한 기준
㉱ 경영진이나, 고객, 외부기관(경찰서, 소방서)과의 접촉에 대한 지침서. 언제 접촉이 이루어져야 하며 어떤 절차에 의해서 이루어져야 하는가?
㉲ 앞에서 언급한 틈이 생긴 근무시간의 직원배치에 대한 지침서
㉳ 상해(재해) 보고서, 근무 시간표나 고객정보 용지와 같이 운영에 관한 문서들을 작성하는 데에 대한 절차
㉴ 요구되는 서비스의 처리에 대한 지침서
㉵ 각 포스트에 위급한 상황처리에 대한 지침서
㉶ 지진이나 눈보라 등과 같은 위급한 상황하에 계속적인 운영에 관한 훈련

파견업무자에게 가장 보편적으로 부가되는 두 가지 직무는 직원들에게 근무 시간표를 제공하는 것과 근무 일정표에 예정된 대로 직원들이 근무하고 있는지에 대한 확인 등이다. 대부분의 경우에는 이것은 일상적인 업무이다. 그렇지만 기업은 근무 시간표의 분배나 확인과정을 위해 공식적인 기준을 갖추고 있어야 한다.

기업의 규모는 파견업무담당자가 담당해야 할 다양한 선택사항들에 대한 가능성을 제시해 준다. 몇몇 회사에서는 모든 직원들에게 근무 시간표를 확인하기 위해 특별히 정한 날에 전화로 확인을 요구하고 있다. 전화로 확인을 하지 않은 직원에 대해서 파견업무담당자는 그에 상응하는 적절한 징계를 내린다. 어떤 담당자는 그들 스스로 각 직원에게 전화를 걸기도 한다. 나머지 회사들은 직원의 급여지불 수표와 함께 직원의 자택에 근무 시간표를 우편으로 보내기도 한다. 다른 효과적인 방법은 조장이나 현장감독들을 통해서 업무를 수행하고 파견업무담당자에게 보고하게 하는 방법이다. 이러한 업무에는 정답이 없다. 직원들이 예정된 근무 시간표를 통지받아야 한다는 것이 가장 중요하다.

6) 전산화된 근무 시간표와 파견 업무

전술한 것들은 근무 시간표나 파견업무를 위한 편람방법에 초점을 맞추었다. 이것들이 다양한 규모의 많은 회사들에 적용되어야 하기 때문에 많은 파견업무담당자나 초급관리들에게 큰 부담을 안겨준다. 다행히 전산화된 근무 시간표의 출현이 이들의 부담을 다소 덜어 주었다.

컴퓨터의 중요한 점은 파견업무담당자가 손으로 하던 것을 단지 좀더 빠르게 해

줄 뿐 모든 것을 대신해 줄 수는 없다는 것이다. 사용자가 각 포스트의 요구사항과 이용 가능한 직원들의 명단을 입력시키면 전산화된 근무일정 프로그램은 이들을 조합한 후에 근무 시간표를 인쇄해 낼 수 있다. 그러므로 이 근무 계획표는 계획조정자가 기본적인 정보를 정확히 입력시키지 않는 한 소용이 없어지므로 주의 깊게 계획표를 검토해야만 한다.

이러한 문제점에도 불구하고, 전산화된 근무계획 프로그램으로 많은 시간을 절약할 수 있다. 수동화된 시스템의 경우 대부분의 근무배정은 일상적인 업무이기 때문에 이것은 매주 손으로 일정표를 써야 한다는 것을 의미한다. 그러나 전산화된 경우 이를 즉각적으로 끝낼 수 있게 해 주고 단지 계획조정자나 파견담당자는 주된 시간표만을 입력하면 된다. 또한, 이 프로그램은 국경일이나 휴가 등을 입력시킬 수 있어 파견업무담당자에게 언제 직원들을 이용할 수 없는지를 상기시켜 준다. 만약, 파견업무담당자가 원한다면 컴퓨터는 가능한 직원명단 중에서 비어 있는 근무직을 채워 줄 수도 있다. 또한, 컴퓨터는 특정한 근무에 배치되어서는 안 되는 직원들은 명시해 주고 근무직들에 대한 특별한 훈련이 요구되어야 한다는 것을 인식시켜 준다.

유용한 전산화된 근무일정 프로그램은 완전한 경영도구이다. 프로그램들은 주소나 전화번호, 주민등록번호, 운전면허 등과 같이 개인자료들을 입력하는 데도 이용될 수 있다. 임금대장 프로그램들은 근무계획 프로그램과 함께 직접 조합할 수 있다. 만약, 적절하게만 이용한다면 이러한 프로그램들은 사무비용에 있어 두드러지는 비용절감을 가져올 수도 있다.

파견업무담당자의 입장에서 근무일정 프로그램은 뜻하지 않은 행운이다. 컴퓨터는 변동되지 않은 근무 일정표를 다시 써야 하는 번거로움 없이 일정표를 산출해 낼 수 있다. 모든 직원들과 직무들의 근무 일정표와 명단을 가나다 순으로 인쇄하고 프로그램에 따른 차이는 있겠지만 각 개인의 근무 시간표를 인쇄할 수도 있다. 몇 가지 키를 누르는 것만으로 모든 비번인 직원들과 그들의 전화번호 목록을 볼 수도 있다. 이것은 이 명단 중 훈련된 직원이나 근무직에 제한이 없는 직원들을 추려내 결정을 내리는 시간을 단축하게 해 준다. 고객 정보철은 또한 대부분의 프로그램들의 일부이며, 이 정보는 접근하기 위한 특별한 지시사항이나 위급한 정보들을 포함한다.

전산화된 근무일정 시스템의 두드러진 장점은 임금과 세금을 산출해 내는 회계모듈과 쉽게 접속할 수 있는 기능이 있다는 것이다. 최근에 갱신된 근무 일정표에 의해 실제의 서비스를 반영하는 파견근무담당자는 고객의 명세서나 직원의 임금지불 수표 등을 산출해 내는 데 필요한 모든 정보를 준비할 필요가 없어진다. 완전히 통합된 시스템은 또한 이윤 보고서나 근무변동의 분석과 같은 경영 보고서를 자동적으로 산출해 낼 수 있다.

제3절 경호보안업무의 실무운용

1. 경호보안 계획

1) 경호보안 진단

경호보안업무를 수행함에 있어서 위협요인으로 작용했던 인적·물적·지리적 위해요소나 범죄 자료 등을 참고로 현재의 위해요소를 분석하고 판단하여 수행해야 할 경호보안업무를 구체화하는 일련의 제반 활동을 경호보안진단이라고 한다.

경호보안업체에서는 경호보안진단 후 수립된 경호보안대책을 제안서 또는 운용계획서에 반영하여 의뢰자 또는 시설주에게 보고하고 계약을 체결하고 그 업무내용을 확정하게 된다. 따라서 경호보안진단은 운용계획을 수립하는 기본적인 경호보안계획이라고 할 수 있다.

그래서 효율적이고 효과적인 경호보안업무의 수행을 위해서는 정확하게 분석된 경호보안진단을 수행해야한다. 그리하여 경호보안진단을 수행함에 있어서 착안해야 할 사항은 다음과 같다.

(1) 경호보안대상의 규모, 중요물품 및 재산, 근무자의 수, 근무시간, 업종과 업태 등 그 사업장의 모든 일반 현황 및 정보를 파악한다.

(2) 경호보안대상의 인적·물적·지리적 취약한 위해 요소를 구분하여 파악한다.

(3) 손실이 예상되는 물품이나 지역을 순위별로 파악한다.

(4) 손실이 발생했던 현황을 시간대별·날짜별·요일별·계절별로 파악한다. 이를 분석하여 사고의 빈도와 잠재성을 미리 파악해 대비한다.

(5) 출입구의 수와 위치, 취약지역 및 주요사고 발생지역을 파악한다.

(6) 사업장 근무자들의 후생복지와 노사관계에 대하여 파악한다.

(7) 경호보안대상의 현황 및 운영체제 및 운영제도 등 현재 경호보안실태를 파악하여 미비하고 부족한 점을 파악한다.

(8) 현재 직영체제로 경호보안을 운영됐다면, 도급(都給)형태로의 전환시 임직원 및 근무자의 태도에 미칠 영향 및 비용절감효과 등을 파악한다.

(9) 위와 같은 현황파악을 토대로 요구되는 경호보안 정도를 진단 및 측정한다.

(10) 경호보안 정도를 측정한 뒤 경호보안활동의 전반에 대한 객관적인 종합분석을 수행하여 이를 토대로 경호보안운영프로그램(계획)을 수립한다.

정확하게 분석된 위해요소를 바탕으로 그에 대응할 수 있는 경호보안진단을 하여 경호보안운영계획에 충분히 반영시킨다. 시설에 대한 경호보안진단의 방법으로는 먼저 경호보안진단을 위해서 대상시설물의 이력에 대한 시설물이력서를 작성하고 당해 시설물의 위해요소를 판단 · 분석하여 그에 대응할 수 있는 경호보안요원 배치를 위한 포스트를 구성한다. 그에 따라 각 배치 포스트별 주요임무를 부여하고, 그에 대한 인원구성 및 근무형태를 구성하게 된다.

2) 시설보안계약에 따른 운용관리

인력수급, 인원관리 문제 및 인사사고, 도난사고 발생시 자체 책임문제 등으로 현재 대부분의 회사가 도급(都給)계약으로 전문 경호보안업체에 위탁관리하고 있다. 경호보안의 목적은 회사내에서 발생할 수 있는 도난 및 위험발생 관련 사고 화재발생 미연방지와 각종 사고 발생시 신속한 조치 및 출입인원, 차량, 자재 반·출입통재, 기록, 보고 등을 위한 감시활동을 하기위해서이며, 계약기간은 계약일로부터 통상 2년으로 하나 원도급사의 요구시 조정하기도 한다.

경호보안 근무편성은 1일 1개조(2명)명씩 24시간 격일제 근무를 원칙으로 하나 원도급사의 요구가 있을시 근무시간 근무조 증감 변경하여 인원을 조성할 수 있다.

(1) 주요업무 및 근무요령

경호보안요원은 지정된 위치에서 용모 복장을 단정히 하고 경호보안실 부근에서 정위치 근무에 임하며, 순찰근무는 통상 2시간 1회씩 실시한다.

㉮ 경호보안요원은 순찰 근무시 무전기, 가스총, 경적 등을 휴대하고 순찰한다.

㉯ 순찰코스는 정선코스와 난선코스로 구분하여 실시하되 정선코스는 일정한 주요 재산관리 장소에 정기적으로 순찰키에 의거 실시하는 것이 난선코스는 취약장소를 보안요원 판단에 따라 수시 실시한다.

㉰ 주요 휴대용 고가 공구 및 계측기는 보안실내에 보관시키도록 하시고, 고가재산, 부품, 자재류는 사전 근무자에게 인지시키고 재고수량, 위치 등을 확인케 하여 순찰시 점검한다.

㉱ 현행범을 발견하거나 체포 · 검거하였을 때에는 지체없이 책임자는 관할 경찰서에 인계한 후 보고한다.

㉲ 회사에 출입되는 차량, 물품의 반출입을 확인하고 출입자의 통제를 철저히 기록 유지한다. 반출품은 반드시 반출증수량과 확인된 후 통과 시킨다.

㉳ 기타 원청사의 관리 책임자의 지시 사항을 수행한다.

㉴ 긴급시 비상연락 전화, 핸드폰 번호 등을 비치 신속히 전달한다.

(2) 장비지급

계절에 따른 적합한 피복을 지급받는다(동 · 하복, 잠바, 파카 등).

아울러 업무에 필요한 경호보안장비(무전기, 가스총, 경적, 보안봉 등)를 지급받아 착용 및 휴대한다.

(3) 손해배상 책임

경호보안회사는 법률의 규정에 따라 보안요원이 업무수행중 고의 또는 과실로 고객의 경호보안대상 시설에서 발생하는 손해를 방지하지 못할 때에는 그 손해를 배상하여야 한다.

경호보안회사는 손해배상을 하기 위하여 손해배상 책임 공제나 보험에 가입하여 경비협회장이 확인한 그 증서 사본을 고객에게 제출한다.

손해배상 책임한도액은 통상 1회 1천만원으로 한다. 그 이상 요구시에는 보험료를 의뢰인 회사에서 부담한다.

보험금액 청구시 경찰조사에서 경호보안회사의 귀책사유가 성립이 되고, 외부침입에 의한 도난 증거가 성립되어야 한다. 다만 자체의 소행일 경우에는 성립이 안된다.

의뢰인 또는 대상시설내의 입주업체는 일과시간 이후 화폐, 수표, 유가증권, 보석류, 고과사치품, 소프트웨어, PC관련품, 주요물품을 보관하지 않음을 원칙으로 하고 부득이 보관하여야 할 때는 보관사실을 경호보안요원에게 고지 확인시켜야 한다.

(4) 근무자 복리후생 실시

경호보안회사는 채용한 근무자에 대하여 ㉮ 국민건강보험 가입, ㉯ 산업재해 보상보험 가입. ㉰ 국민연금가입, ㉱ 고용보험가입, ㉲ 건강진단 년1회 실시 등의 후생복리 제도를 실시한다.

(5) 감독과 벌칙

경호보안요원의 근무상태 확인은 1차 반장이 근무 중 실시하고, 본사 관리직원이 야간 취약 시간에 월 1회 이상 불시 검문을 실시하며, 원도급사 관리책임자가 보안요원의 근무상태에 따라 표창과 징계를 회사에 협조 할 수 있다.

경호보안요원의 철저한 근무로 범죄를 검거하거나 타의 모범이 되는 자는 표창하고 보안의 태만과 도난사건 발생 등 근무를 게을리한 자는 징계 조치한다.

(6) 기타협조 및 건의사항

기본계획서외 경호보안업무에 필요한 사항은 쌍방협의 하에 시행한다. 따라서 경호보안 진단 및 협상과정에서 협의를 원만히 도출해야한다.

원도급사에서는 경호보안요원 투입전 식사문제와 보안초소 준비와 전기, 인터폰, 난로, 선풍기 등을 설치하여 근무에 불편함이 없도록 협조한다. 중요한 것은 반드시 물품이나 장비를 지급할 경우 그에 대한 관리에 대해 사전에 고지시키고 경호보안 실내에 보관시켜 관리토록 한다.

기숙시설이 있을 시 편의를 제공토록 하고, 원도급사 건의사항은 추후 협의한다.

2. 경호보안 순찰업무

1) 경호보안 순찰 활동

시설의 주변을 철망 또는 철조망 등의 방책으로 둘러싸고 또 그 주변에 방범등을 설치하거나 건물의 문과 창문에 시정하고 또한 내부에게 외부의 침입자를 확인할 수 있는 감시 카메라 등을 설치하여 침입하려는 자가 단념하게 하거나 범죄 행위를 방지하기 위한 물리적 방위수단으로 방어 하더라도 침입하려는 자는 그 모든 방위수단도 통하지 않는 침입 방법을 생각하게 되므로 무엇보다도 경호보안요원이 방위의 최선이라고 할 수 있다.

순찰(巡察)은 경호보안요원이 지정구역내를 돌면서 경호보안 대상시설의 도난, 화재 등의 위험발생을 경계·방지하고 피해가 발생한 경우 그것을 최소화하는 활동이다. 순찰업무는 잘 훈련된 정신적·육체적인 능력을 발휘하고 인간이 지닌 오관을 잘 살려서 사소한 것을 놓치지 않고 샅샅이 살펴 활동을 해야 한다. 오관은 우리 인간이 지닌 감각 기능으로, 오감(五感)을 예민하게 살려 다음과 같이 순찰 활동을 한다.

시간-거리, 조명, 물체파악(어둠)

• 청각-말소리, 발소리, 움직임, 기타 소리 등에 의하여 거리 · 방향 · 위치를 파악한다.

• 후각-불에 타는 냄새, 파악 등의 냄새

• 미각-식량, 빵, 쌀과 같은 음식 부스러기를 확인, 침입, 잠복여부를 확인할 수 있다.

• 촉각-풍향, 온도, 습도 또는 손이나 발로 눌러 은폐 · 엄폐된 것을 확인한다.

2) 순찰의 유형과 전개

(1) 순찰의 유형

순찰(巡察, Tours)의 기본 형태는 그 방법과 내용에 따라 다양하게 나누어 볼 수 있는데, (가) 순찰 시간대를 기준으로 근무기준표에 따라 미리 정해진 시각에 정기적으로 하는 정시순찰과 수시로 하는 임시(수시)순찰로, (나) 순찰 경로를 기준으로 정선순찰과 난선순찰로, (다) 순찰인원을 기준으로 단독순찰과 복수순찰로, (라) 순찰수단(방법)을 기준으로 걸어서 하는 도보순찰과 자동차 · 자전거 등을 사용하는 차량순찰로, (마) 순찰지역이 내 · 외부인지를 기준으로 순찰경로가 경비대상시설 내부로 한정되어 있는 실내순찰과 외부인 실외로 한정되어 있는 외주순찰로, (바)기타 세밀순찰, 통상순찰, 조조순찰, 최종순찰, 잔류자확인순찰 등의 다양한 형태로 불리는 순찰이 있다.

순찰은 다양한 방법으로 운용할 수 있다. 기본적인 세 가지 유형으로 정기순찰, 더블체크 순찰, 불규칙 순찰이다. ㉮ 정기순찰 패턴은 미리 지정된 경로를 정해진 순서에 따라 점검 지역을 순회하는 정선순찰이다. 이는 순찰의 시작시간이 다양하더라도 순찰의 정형화와 경직화로 예측하기 쉽게 해 준다. ㉯ 더블체크 패턴은 직원이 종종 온 길을 거슬러 가거나 이미 점검한 지역을 다시 점검하는 것이다. ㉰ 불규칙 패턴의 난선(亂線)순찰은 순서나 빈도수에 상관없이 직원이 임의판단으로 자유롭게 선택해 점검하는 순찰이다. 예측하기 힘들다는 점에서 가장 선호하는 순찰 방법이다. 취약지점은 반드시 순찰하되 이리저리 불규칙 순찰하는 것이 좋다.

㉠ 정선순찰(定線巡察) : 정해놓은 순찰선을 따라 규칙적으로 순찰로 순찰노선이 일정하고 경찰관 이동이 규칙적이므로 감독·연락이 용이하나 범죄행위자들이 이를 예측하고 출현할 수 있다는 단점이 있다.

㉡ 난선순찰(亂線巡察) : 순찰자의 판단에 필요한 지점을 불규칙적으로 순찰로 범죄자의 예측을 교란시킬 수 있고, 종횡 무진한 순찰을 통하여 범죄예방을 증대시킬 수 있으나 순찰근무자의 위치추적이 곤란하고, 근무자의 태만과 소홀을 조장할 우려가 있다.

㉢ 요점순찰(要點巡察) : 정선순찰과 난선순찰의 장점을 살리고 단점도 보안되도록 절충한 방식이다. 중요요점에만 순찰함이 놓이게 되므로 순찰함이 정선순찰에 비해 적게 소요된다.

㉣ 자율순찰 : 인간에 대한 신뢰가 자율성을 바탕으로 창의적으로 임무를 수행하도록 하는 제도이다.

정선순찰, 난선순찰 외에도 순찰방법으로 순찰경호보안요원 1인이 단독으로 하는 단독순찰과 2일 이상이 하는 복수순찰이 있다.

청원경찰의 근무지에서의 근무요령을 보면, ① 자체경비를 하는 입초근무자는 경비구역의 정문이나 그 밖의 지정된 장소에서 경비구역의 내부, 외부 및 출입자의 움직임을 감시한다. ② 업무처리 및 자체경비를 하는 소내근무자는 근무 중 특이한 상황이 발생하였을 때에는 지체 없이 청원주 또는 관할 경찰서장에게 보고하고 그 지시에 따라야 한다. ③ 순찰근무자는 청원주가 지정한 일정한 구역을 순회하면서 경비 임무를 수행한다. 이 경우 순찰은 단독 또는 복수로 정선순찰(定線巡察)을 하되, 청원주가 필요하다고 인정할 때에는 요점순찰(要點巡察) 또는 난선순찰(亂線巡察)을 할 수 있다. ④ 대기근무자는 소내근무에 협조하거나 휴식하면서 불의의 사고에 대비한다(청경법 시행규칙 §14).

(2) 순찰활동의 전개

경호보안 근무요원은 일반적으로 고정된 근무와 이동하는 근무 두 가지로 나뉘어진다. 고정된 근무는 출입통제나 경보시스템 관리와 같이 특정한 임무를 수행한다. 이동하는 근무직원은 이상 유무를 점검하기 위해 현장을 순찰하는 등의 특정한 업무를 수행한다. 대부분의 경우에 이동순찰은 직원을 채용하는 데 있어 가장 보안을 절감할 수 있는 방법이다. 순찰직원이 현장을 예측하지 않고 자유롭게 움직이는 것은 범죄 예방의 효과가 지대하다.

그러나 직원순찰은 완전히 체계적으로 조직될 수는 없다. 직원은 쉽게 지루해질 수도 있고 직원이 모든 지역을 점검했다는 보장도 없다. 이러한 문제점을 배제하기 위해서 직원순찰은 규칙적으로 점검되어야 하는 점검지역들을 고려해 고안되어야 한다.

어떠한 방법이 사용되는지 직원에게 지시사항을 명백히 전달해야 한다. 이는 특히 불규칙 방법 채택시 매우 중요한 부분이다. 직원은 각 점검지역에 최소한의 방문수와 각 방문(점검) 사이에 최대한의 시간 등이 주어져야 한다. 예를 들어, 근무훈령에 "매 근무마다 각 지역에 최소 12번의 점검이 요구되고, 각 점검 사이에 1시간 이상이어서는 안 된다"라고 명시될 수 있다. 이는 직원들이 장시간 점검지역을 점검하지 않는 것을 미연에 방지하기 위함이다.

점검 지역은 언제나 특정한 목적에 따라 설정되어야 하고 순찰요원은 이 목적을 명백히 이해해야 한다. 그렇지 않으면, 순찰이 일상화되면서 직원의 시야가 좁아질 수 있고 점검지역을 건너 뛸 수도 있다. 이상적으로 각 점검지역마다 출입구, 창문, 도구점검과 같은 임무가 부여되어야 한다. 때로는 점검지역들은 직원이 전체적으로 돌아보고 막히지 않은 지역을 점검한 후 정해지기도 한다는 점을 경호보안 순찰요원은 숙지해야만 한다.

3) 순찰방법 및 유의사항

(1) 경호보안순찰 방법

가) 경호보안순찰중 수상한 인물 발견시 행동

먼저 수상한 사람이 경호원에게 노출됨을 모르도록 자연스럽게 행동한다. 다음으로 상급자에게 또는 같은 동료에게 은밀하면서도 신속하게 이를 알린다. 이어 그 곁을 떠나지 말고 적당한 간격을 두며 감시한다. 범행에 들어가려는 움직임이 있으면 즉시 경호 신호후 범인을 추적한다.

나) 경호보안순찰의 구분 실시

경호보안 및 순찰은 주·야간 연속적인 과정으로서 테러범과의 저촉이 계속 유지되어야한다. 따라서 경호·순찰은 주간 순찰과 야간 순찰로 구분하여 실시하여야 하며 이는 동등하게 중요시되어야 한다.

경호보안요원이 주간과 야간 중 어느 경호보안원칙 및 기술을 적용하느냐 하는 것은 다음 상황(순찰행동 결정에 영향요소)을 고려 가시도에 따라 달라진다.

㉮ 밝은 달빛 및 인공조명은 어둡고 구름 낀 날씨보다 관측을 용이하게 한다.

㉯ 짙은 안개, 비, 연막, 먼지, 눈 등은 낮이나 밤이나 가시도를 저하시킨다.

㉰ 일출 전에는 통상 주간 기술을 정확히 취하기에는 너무 어둡고 일몰 전에는 야간 기술을 취하기에는 너무나 밝다. 이러한 조건하에서는 경호원들의 순찰 행동을 변경시키거나 주·야간 원칙 및 기술을 결합시킬 필요가 있다.

다) 은폐 및 엄폐 요령

(가) 은폐요령 : 은폐란 테러 목적을 갖은 적의 관측으로부터는 보호되나 직사화기 사격으로부터는 보호되지 못하는 것을 말하며 자연적일 수도 있고 인공적일 수도 있다.

㉠ 불필요한 동작을 피한다.

㉡ 경계할 때는 가능한 자세를 취한다.

㉢ 반사체를 노출시켜서는 안된다.

㉣ 공제선을 피한다.

㉤ 잘 알고 있는 윤곽을 변화시킨다.

㉥ 정숙을 기한다.

(나) 엄폐요령 : 엄폐한 적의 직사화기 사격으로부터 방호되고 예방하는 것을 말하며 자연엄폐물과 인공엄폐물이 있다. 그러나 경호보안요원은 자연엄폐물을 잘 이용하는 기술을 습득해야 한다.

라) 기만 및 역기만

기만이란 테러범죄자를 오판하게 하거나 관심을 타방향으로 전환시키는 것이며 역기만은 적의 기만으로부터 방호하는 것이다.

(가) 기만 : 테러 범죄자가 획득할 수 있는 증거 및 징후를 경호인이 조작, 왜곡

또는 창조함으로써 적으로 하여금 그들에게 불리한 방식으로 반응토록 유도하는 모든 방법으로 가능한 모든 재료를 사용한다. 이 기만은 적으로 하여금 적시 적절하게 근본적으로 착각을 일으킬 수 있도록 계획하고 실행되어야 한다.

적을 기만함으로써 얻을 수 있는 효과는 다음과 같다.

㉠ 범죄자의 공격을 감소시키고, ㉡ 범죄자의 공격을 타 방향으로 전환, 집중시키며, ㉢ 범죄자로 하여금 오판을 하게 한다.

(나) 역기만 : 테러 목적을 둔 경호보안요원을 기만한다는 사실을 주지해야 한다. 따라서 이러한 적의 상황을 정확히 관측하여 적의 행동을 분석하고 주의집중과 냉철한 판단으로 적의 기만을 적시 적절하게 인식해야 한다.

역기만시에 유의할 사항으로는 ㉠ 일반인처럼 위장접근, ㉡ 의도적인 일시적 철수, ㉢ 테러 목표외 다른 목표 공격, ㉣ 통신교란 작전을 통한 허위명령 하달, ㉤ 중요인사, 출입기자등 위장신분증 사용 등이 있다.

마) 관측요령

관측(觀測)이라 함은 육안 또는 장비로 적의 테러활동 및 자연현상의 변화를 정확하고 세밀 하게 살피는 것을 말한다.

(가) 신속하게 전체 관측

- 명확한 목표물과 비정상적인 색채와 윤곽 그리고 이동상황에 대하여 신속히 전체를 관측한다.
- 자신의 관측구역 중앙에서 부터 시작하여 먼 곳으로 똑바로 관측한다.
- 관측지역이 광범위하면 고지 독립수 바위 등을 참고 점으로 하여 지역을 분할 관측한다.

(나) 세밀하게 관측

- 가까운 곳에서 먼 곳으로 세밀 관측한다.
- 50m 간격으로 평행으로 끊어서 관측하되 끊어진 곳은 약간씩 중첩되게 관측한다.
- 좌에서 우로 우에서 좌로 세밀 관측한다.
- 의심나는 곳은 잠시 멈추어서 한층 반복 관측한다.

(다) 야간감시요령

- 낮은 곳에서 공제선 투시
- 한 곳에 집념, 장시간 관측하지 말 것
- 오관 최대 활용, 사소한 소리에도 주의

(2) 순찰의 원칙과 순찰시의 유의사항

가) 순찰의 원칙

(가) 뒤처리가 미흡한 점이나 장소를 조기에 발견하여 처리한다. 부실한 뒤처리를 미뤄두면 사고가 발생하기 마련이다.

(나) 순찰중 발견된 점을 기록·보고하여 문제점을 지적한 동시에 해결하고 추후 자료로 활용한다.

(다) 미흡한 점을 수시로 처리하고 이를 기록·관리하여 통합적 대책을 수립한다.

(라) 종합적인 감소대책을 강구하여 완전한 환경이 순환적으로 조성되도록 피드백하여 활용한다.

나) 순찰시의 유의사항

순찰업무를 효과적으로 실시하기 위해서 경호보안 대상시설의 실태를 파악하고 시설의 다른 직원들과 우호적인 관계를 유지한다. 순찰업무수행시 세심한 주의력과 경계심을 가지고 근무에 임한다.

순찰업무는 (가) 사전준비 → (나) 순찰출발 전 → (다) 순찰실시중 → (라) 순찰 종료후의 4단계로 착안하여 진행한다.

(가) 사전준비로 대상시설의 구조 및 중점 장소, 점검사항, 순찰 경로·요령 등을 확인하고, 각종 도구 및 설비(경보장치, 피난시설, 소화설비 등)의 위치나 취급방법 등을 숙지한다. 아울러 과거에 발생한 사고 경향과 종별을 미리 연구하고, 순찰시 착안사항에 대해 충분히 이해하고 습득한다.

(나) 순찰근무 출발전에 순찰경로를 재확인하여 전회 근무자로부터 인계사항을 이해한다. 열쇠, 회중전등, 용구 등의 장비를 점검하고 잔업계, 작업계 등의 장부를 확인하여 파악해 둔다.

(다) 순찰실시중 정한대로 목적달성을 위해 노력한다. 같은 경호보안 팀과 항상

신호 등을 통한 연락 체계를 유지한다. 순찰중 이상유무 확인시 즉시 보고한다. 순찰은 특히 침입 가능한 위치를 자세히 확인한다. 순찰중 이전과 변화된 것이 있는가를 확인한다. 순찰 중 자신의 발소리나 문을 개폐할 때의 소리에도 주의하여 냄새나 인기척 등을 살피어 위해예방에 주의한다. 조치나 취급사항에는 그때마다 반드시 메모한다.

(라) 순찰이 끝나면 순찰시 취급한 조치사항이나 특이사항 등을 기록하여 근무책임자에게 보고하고 확실히 다음 근무요원에게 인계한다. 순찰결과의 기록을 통하여 통계처리하여 종합적 결과를 보고하고 향후 자료로 활용한다.

4) 순찰관리

직원이 모든 점검지역에 대해 적절한 시간간격을 두고 방문점검을 확인하는 데에는 여러 가지 순찰관리(Tour Management) 방법이 있다. 가장 간단한 것은 각 점검지역에 직원이 점검 후 서명을 하게 하는 일지이다. 그러나 직원이 첫번째 순찰에 서명한 것은 지우지 않고 마지막에 제자리에 돌려놓는다거나 감독관에 의해 정기적인 점검을 받지 않는 한 순찰여부에 대해서는 확신할 수 없다. 감독자에게 모든 용지가 모이지 않은 채 요구되는 곳을 돌아봤는지 혹은 일상업무 보고서와 대조해 점검상태를 점검하는 데는 많은 어려움이 있다.

순찰시계는 경호보안산업에서 이용되어 왔다. 가장 보편적인 종류는 각 점검지역에 열쇠를 두는 방법이다. 직원이 종이 디스크가 포함되어 있는 기록을 휴대하고 다니며 직원이 열쇠를 삽입했을 때 근무번호, 시간, 날짜 등이 디스크에 기록된다. 그런 후 이 디스크는 고객이나 감독관에 의해 점검된다.

실제상황에서 이 방법은 그리 잘 이용되지는 않는다. 시계(기록)는 무겁고 성가셔서 직원들에게 호응을 얻지 못한다. 잘 만들어졌어도 불만을 품은 직원에 의해서 망가질 수도 있다. 종이 디스크는 읽기도 어렵고 종종 체크도 되지 않는 경우가 있다. 점검됐다고 할지라도 순찰 후 하루나 일 주일 후에 될 수도 있다. 또한, 부도덕한 직원들은 여러 가지 방법으로 이 시스템을 조작할 수도 있다.

컴퓨터에 의한 마그네틱이나 광학판독기 이후의 방법들은 이미 순찰시계를 대체하기 시작했다. 순찰시계 시스템에 이용되었던 열쇠들은 바코드나 마그네틱 선들로 대체되었다. 직원은 때로는 신용카드나 연필 크기보다 작은 판독기를 지니고 다니면서 사건들을 조사하고 장소·시간·날짜 등을 기록한다. 또한, 직원은 코드를 통해 점검 지역에 관한 정보를 조사할 수 있는 능력도 있어야 한다. 순찰의 마지막으로 판독기에 입력된 정보들은 사무실의 컴퓨터에 모뎀을 통해 옮겨지고 보고서나 경영진의 사건들의 추적, 직원의 근무실적(상태), 일어나는 문제점 등을 산출하는 데 사용된다. 기업이나 고객이 필요로 하는 모든 정보는 이 시스템에 의해 기록 보관될 수 있고 일상업무 보고서는 사실상 필요 없게 된다.

3. 근무 요령

현장직원의 중요한 임무는 각 근무 직원에게 요구되는 사항들을 고객과의 의논을 통하여 실행하고 직원에 대한 고객의 요구사항을 서면화하여 현장매뉴얼(Post Orders)로 마련해 둘 필요가 있다. 근무실적이 좋은 직원은 계속 유지해야 한다. 흔히 고객의 입장에서 아무것도 하지 않은 채 그냥 배치되어 있는 직원을 볼 때 고객은 정기적으로 청구되는 많은 액수의 청구서를 상기하게 된다. 직원들에게 임무를 부여함에 있어 고객의 경영에 구체적인 공헌을 해 주는 활동적이고 빈틈없는 직원을 볼 수 있게 해야 한다. 그러면 직원은 더 많은 포상을 기대할 수 있는 일을 부여받을 수 있고 일을 하고자 하는 동기유발이 남아 있게 된다.

규모에 상관없이 각 근무는 근무요령을 정해 놓을 필요가 있다. 그로 인해 각 직원은 근무에 요구되는 사항을 명백히 이해해야만 한다. 공교롭게도, 많은 기업들은 근무요령을 준비하지 않은 채 계약을 이행하거나 조장에게 작성하게 한다. 올바른 접근방식은 가능할 때마다 고객과의 면담을 통해서 근무훈련의 초안을 작성한 후 직원들을 훈련시킬 때 요령을 사용하는 것이다. 훈령은 운영 첫달 후에 반드시 검토되고 조정되어야 한다. 그런 후에도 매년 정기적으로 검토되어야 한다.

근무요령에 관해서 두 가지 교육방침이 있다. 하나는 바인더를 사용해 모든 필요한 사항을 철해 놓아 직원이 필요할 때마다 참고하게 하는 방법이고, 다른 하나는 소형카드나 한 장으로 된 기본적인 점검표를 제공하는 것이다.

1) 근무매뉴얼

근무에 필요한 모든 이용 가능한 자료들을 모아서 하나의 자료로 만드는 데는 많은 노력이 필요하다. 이러한 근무매뉴얼(Post Manuals)은 아주 훌륭한 훈련도구이며,

사본은 파견업무담당자를 위한 참고자료로 매우 유용하게 사용될 수 있다. 이것은 화재경보 장치나 고층건물에서 사용되는 승강기 작동관리와 같은 현장에 필요한 도구나 관리와 같은 지시사항(요령)들이 포함되어 있다. 이것은 위급상황에 모든 기계작동을 정지하는 것과 같은 일반적으로 수행하지 않은 요령들도 포함되어 있다. 만약, 규격화된 형식이 사용된다면 유사한 근무요령들은 각 근무에 맞게 개발될 수 있으며, 홍보나 영업도구로도 사용될 수 있다. 한 경호보안회사는 각 지점에 4공 바인더에 기업의 로고를 붙여 제공한다. 몇 개의 부분은 이미 기업의 정책이나 절차들로 채워져 있다. 각 지점은 해당부분에 근무에 필요한 정보를 삽입한 후에 고객에게 일상적인 근무요령과 함께 제출한다.

그러나 이러한 요령들의 문제점은 일반적으로 처음 근무 보고서를 작성할 때를 제외하고는 그 이후에는 거의 읽히지 않는다는 것이다. 이들은 참고자료로는 유용하지만 직원들의 일상적인 업무와는 거의 관계가 없다. 그러나 검토하지 않는다면 손으로 작성되고 시대에 뒤떨어진 모든 규약(정관)과 불필요한 정보들이 포함된 요령들을 모두 봐야만 한다. 이러한 이유 때문에 많은 기업들은 매뉴얼형식을 없애버리고 직원들이 근무 중에 지니고 다닐 수 있는 짧은 점검표를 사용한다.

2) 근무요령 점검표

근무요령 점검표(Post Order Checklists)는 직원이 일상의 업무를 수행함에 있어 직무에 요구되는 사항들을 짧게 요약해 놓은 것이다. 이것은 직원이 근무를 수행하는데 있어 기억하는 데 도움을 줄 수 있도록 만들어진다. 이 특성상 점검표는 훈련받았다는 전제하에 이미 많은 양의 사항들을 담고 있지 않으며, 직원들이 근무활동 중에 지니고 다닐 수 있어 근무매뉴얼보다 더 유용하게 사용될 수 있다.

점검표의 약점은 간단하고 직원들이 충분한 훈련을 받았다는 전제를 한다는 것이다. 훈련을 위해 사용할 수도 있지만 직원들이 직무를 수행하는 데 있어 기억하지 못하는 부분에 대해서는 뒷받침되는 참고자료가 없다는 것이 문제다. 일상적으로 수행되지 않은 직무에 대한 사항은 담고 있지 않다.

전술한 두 시스템의 조화는 근무요령을 전달하는 데 최적의 조건을 제공할 수 있으며, 규격화된 근무매뉴얼은 훈련과 참고자료 목적으로 사용되고, 또한 직원은 일상의 업무에 있어서 점검표를 지니고 다녀야 한다. 위급한 상황에 대비해서 근무매뉴얼을 즉시 꺼내서 직원들이 사용할 수 있는 점검표를 적당한 부분에 포함시켜야 한다. 꺼내 쓰는 점검표의 사용은 위급상황의 경영위원회에 의해서 인정된 업무이며 잘 운영될 수 있다.

근무요령의 준비

근무요령(Post Orders)을 준비할 때, 간결함과 정확성이 중요하다. 만약, 기업이 이미 직원매뉴얼을 각 직원에게 지급했다면, 여기에 기업정책을 반복할 필요성은 없다. 요령들은 특별히 현장에 필요한 세부사항들을 다루어야 한다. 만약, 매뉴얼이 이용되면, 적당한 순서나 방법에 의해 색인되어 정보들을 찾아보기 쉬워야 한다. 특히, 위급한 상황과 같을 때 근무요령은 반드시 명료하고 분명하며 알기 쉬운 문체로 되어 있어야 한다. 이는 문장을 읽는 데 필요한 시간과 깊은 연관이 있기 때문이다. 세부사항에 대한 부분이 짧을수록, 더 쉽게 이해될 것이다. 요령은 반드시 모호하고 오해를 살 만한 단어와 문장을 배제하고 정확하고 명료한 단어들을 사용한 알기 쉬운 문장이어야 한다. 마지막으로, 매뉴얼은 낮은 교육 수준의 정도에 맞추어 쓰여져야 한다. 많은 직원들은 개인 차는 있겠지만 이해도가 떨어지기 때문이다(어떤 직원에게 영어는 제2외국어일 수도 있다). 결과적으로, 매뉴얼은 신문의 수준과 비슷한 정도로 쓰여져야 한다.

3) 특별지시 사항

직원의 직무는 세 가지 구성요소로 직결된다.

첫번째는 각 직원이 휴대하는 기업매뉴얼이다. 이는 모든 직원들이 근무시 적용되는 기업정책이나 정책들을 수록하고 있다. 많은 회사는 그것들을 일반적인 순서로 표기하고 있다. 두 번째 요소는 형식에 관계없이 근무훈령에 요약되어 있는 각 근무에 대한 특별지시 사항의 집합이다. 이러한 지시사항들은 시간이 경과함에 따라 약간의 변화는 있지만, 각 근무에 해당되는 위급상황에 대한 정책이나 절차와 일상업무를 반영한다. 세 번째, 근무지시 사항 부분은 보통 특별지시 사항이나 특별한 경우의 훈령 등을 지시하고 있다.

아무리 상세하게 기억된 근무요령이라 할지라도 근무에 있어 예기치 않은 일이 발생할 가능성에 대해서까지 기재할 수는 없다. 대신에 특성상 일시적이거나 근무요령의 수정을 검토하는 경우에 정보를 통보하기 위한 장치가 있어야만 한다(예를 들어 근무요령이 새로이 수정될 동안의 일시적인 대체방안). 이러한 예는 특별 강연이나 VIP들의 방문이다. 가장 확실한 방법은 서면에 의해서이다. 이러한 정보를 전달하기 위해 짧은 메모나 특별한 점검표는 일시적으로 근무처에서 직원에게 참고자료로 제시될 수 있다. 이는 교대근무 직원에게 전달될 수 있고 지시사항이 서면화되어 있기 때문에 오해가 생길 경우가 없다. 일단 특별훈령의 필요가 없어지면, 적절하게 폐기하든지 철해 놓을 수 있다.

때때로 시간 관계상 서면에 의한 메모가 불가능한 경우가 있다. 이 문제를 해결하기 위해, 많은 회사들은 각 근무처에 업무전달 대장을 사용한다. 이것은 각 직원이 받은 특별한 지시사항들을 쓸 수 있는 일종의 대장이다. 서면화되어 있기 때문에 각 근무시간에 필요한 직무들이 전달되지 않을 가능성은 거의 없다. 이러한 근무일지의 문제점은 직원이 지시사항을 이해하지 못해 잘못 표기했을 때이다. 이 경우 교대직원은 적혀 있는 사항을 이해하지 못할 수도 있다. 마지막으로, 만약 정보가 너무 미리 전달된다면 최근 정보들에 묻혀 버릴 수가 있다. 이러한 문제점들에도 불구하고 업무전달 대장은 구두에 의한 전달보다 훨씬 더 효과적이다.

4. 경호보안업무 중 우발(위기)상황 대응방법

1) 우발상황의 기본대응방법

(1) 우발상황의 개념

우발상황(偶發狀況, Accidental Circumstances, Contingency)이란 미래에 어떤 사건이 발생하거나 발생하지 않음으로써 궁극적으로 확정된 손실로서 발생여부가 불확실한 현재의 상태 또는 상황으로, 경호보안적 의미의 우발상황은 "계획적인 의도에 의해 경호보안 대상자에게 직·간접적으로 발생하는 위해기도사태와 우연히 또는 계획적으로 발생하는 경호보안행사를 방해하는 사태"를 총칭하며, 이러한 우발상황이 진전하여 경호대상자의 신상에 심각한 위해를 가할 수 있는 '위기상황' 또는 '비상사태'

로 발전할 수 있기 때문에 우발상황 발생시의 즉각 조치가 경호보안의 승패를 좌우할 수 있으므로 신중히 대처해야 한다.

(2) 우발사항(돌발사태)의 특징

가) 사전예측의 불가능

우발(위기)상황과 비상사태는 상황이 직접적으로 발생되기 전까지는 위해기도가 발생되는 시간, 장소, 방법을 사전에 예측하기가 힘든다는 것이다. 이것은 위해기도의 모든 여건을 위해기도자가 결정하고 실행하기 때문에 예측이 불가능하며, 이에 대한 대응조치는 항상 후속으로 이루어진다는 불리한 상황에 직면하게 된다.

나) 극도의 혼란과 무질서 야기

우발상황이 발생하게 되면 위기상황의 초래가 규모에 따라 차이가 생길 수 있으나 충격적 상황에 대한 심리적인 공포와 불안이 조성됨에 따른 혼란이 야기되며, 이 혼란으로 인하여 행사에 악영향을 미치는 무질서가 발생된다.

다) 자기 보호본능 기제의 발동

특히 총소리나 폭음에 의한 우발사태가 발생하게 되면, 일반인이나 경호보안요원은 인간의 기본욕구인 자기 자신을 보호하려는 보호본능이 발생됨에 따라 순간적으로 자세를 낮춰서 경호원의 본분을 망각할 수 있다. 그러므로 경호원은 자기본원의 임무를 망각하지 않기 위한 평소의 반복 숙달 훈련과 심리적 훈련이 요구된다. 그리하여 희생정신, 반사신경 등을 동원하여 피경호인에 대한 본능적 보호조치를 강구해야 한다.

라) 즉각 대응조치의 요구

자연적이든 인위적이든 우발상황이 발생되면 상황을 신속히 파악하여 근접경호원은 공격자에 대한 대적과 경호대상자의 방호 및 대피로 안전을 유지하기 위하여 순발력과 민첩성을 발휘하여 즉각 대응조치가 요구된다.

(3) 우발상황 대응방법

인지-경고(sound off)–방벽형성-방호(Cover) · 대피(Evacuate)–대적 · 제압

가) 공격인지

경호보안대상자의 안전을 위협하고 우발상황을 효율적으로 방지하기 위해서는 사전 관찰에 의해 발생 가능한 위협을 제거하는 것이다. 이것은 시각적인 정보에 의해 의문점을 제기하고 문제가 발생될 수 있다고 판단하였을 시는 어떤 대응조치가 필요할 것인가를 사전에 감지하여야 한다. 즉, 경호대상자에게 접근하는 모든 사람, 사물, 위해기도자가 숨을만한 장소와 어울리지 않는 물건, 경호보안 대상자와의 거리와 위치, 손의 움직임, 유대하고 있는 물품에 대한 의문점을 제기하고 문제점을 찾아내어 위해기도자의 공격 의지를 사전에 파악함으로써 우발상황의 발상을 사전에 막는 것이다.

나) 경고

위해기도자는 은밀하고 신속하게 취약한 부분을 공격해오기 때문에 이러한 행위를 근접경호원이 인지를 하더라도 다른 경호원이 알아차리기가 힘든 상황이 발생될 수 있다. 따라서 처음 상황을 인지한 경호보안요원이 "경고"를 함으로써 주변 경호보안요원으로 하여금 신속하게 상황에 대처하도록 하고, 위해기도자가 단독범이 아니고 공범이 있을 경우를 예상하여 제2의 공격에 대비하기 위한 목적이 있다.

"경고"를 하는 방법은 첫째, 위험의 발생위치, 둘째 위험의 종류와 성격을 간단 명료하고 신속하게 큰 소리로 외치는 것이며, 이것은 가장 중요하다. 예를 들어 "뒤에 칼", "2시 방향 총", "앞에 몽둥이", "위에 낙석" 등과 같이 공격의 방향과 종류를 간단명료하게 하여야 한다. 이러한 상황에 효율적인 "경고"를 위한 평소 훈련에 의한 무의식적 행동이 전개될 수 있도록 숙달 훈련을 하여야 한다.

다) 방패막의 형성

우발상황 발생시 경호보안팀은 전원 합심하여 우선적으로 대상자와 위해요인사이에 시각적·물리적 방패막을 형성해야하며, 동시에 대상자의 자세를 낮추도록 하고 가급적 빠른 시간내에 경호대상자를 위험현장으로부터 대피시켜야한다.

(가) 체위확장의 원칙 적용(Body Extend Principle)

전방에서 위해기도자가 무기(총, 칼)를 가지고 공격해 올 때, 제일 가까이 있는 근접 경호보안요원은 체위를 최대한으로 확장시켜 공격에 대한 방패막을 최대화하여 물리적 방벽을 형성시키도록 하여야 한다. 이 때 경호보안요원의 위치는 공격자,

경호보안요원, 그리고 경호대상자가 일직선이 되는 위치에서 체위를 확장함으로써 공격자의 공격뿐만 아니라 시야를 가려 제2의 공격을 제지하는 시각적 방벽효과를 줄 수 있다.

또한 최초 발견자의 방패막 형성에 따른 다른 근접경호보안요원이 공범과 제2공격에 대비한 방호벽을 형성시킬 수 있는 시간을 가질 수 있다.

(나) 인적방벽 효과의 적용

㉠ **수평적 방벽효과** : 위해기도자 입장에서 경호대상자를 위해할 수단은 여러 가지가 있겠으나 "총기"로 공격한다는 것을 가상해 볼 때 위해기도자 입장에서는 경호대상자와 근접해 있는 경호보안요원이나 수행원 등으로 '공격의 방해'를 받는다.

따라서 위해기도자는 방해 요인을 피하여 공격할 것이므로 경호대상자 주변에 있는 근접경호원은 서있는 자신의 신체(Body)로 자연적인 방벽효과를 제공하게 된다.

㉡ **수직적 방벽효과** : 경호대상자 주위에 있는 경호보안요원의 체위는 별 차이가 없으나 신장은 차이가 있어 수직적 의미의 방벽효과에 영향을 미친다. 경호보안활동시 근접경호원은 방벽효과측면에서 체격이 커야하며 신장도 우발상황 발생시 경호대상자를 보호하는데 큰 방벽효과를 제공한다.

라) 방호 및 대피대형의 형성

위해상황을 최초로 인지한 근무자에 의한 "경고"와 "방패막 형성"이 되면 공범에 의한 공격과 제2의 공격을 차단하기 위하여 공격의 종류와 주위상황을 파악하여 방호 및 대피 대형을 형성하여야 한다.

방호 및 대피 대형을 형성할 시에 ㉠ 경호대상자와 경호보안요원 및 위해기도자와의 거리, ㉡ 주위상황과 군중의 성격과 수, ㉢ 공격의 종류와 성격, ㉣ 대응소요시간에 대한 판단, ㉤ 방어 및 대피 대형을 형성할 수 있는 경호원의 수 등을 고려하여야 한다.

(가) 함몰형 대형(Cave in Formation)

함몰형 대형은 수류탄, 혹은 폭발물과 같은 폭발성 화기에 의한 공격을 받았을 때 사용되는 방호대형으로 경호대상자를 지면에 완전히 밀착시키고 그 위에 근접경호원들이 밀착하며 포개어, 경호대상자의 신체가 외부에 노출되지 않도록 해야 한다. 이때 경호대상자에게는 근접경호원에 의해 신체적인 통제와 완력이 가해지는데, 경호대상자의 신변을 보호하기 위해서는 체면이나 예의를 고려치 않는 과감한 행동이 요구된다.

(나) 방어적 원형대형(Defensive circle Formation)

위해의 징후가 현저하거나 직접적인 위해가 가해졌을 때 형성하는 방어대형이다. 근접경호원은 경호대상자가 보다 작은 표적이 되게 하기 위하여 무릎을 구부려 자세를 낮추도록 하고, 경호대상자의 전·후·좌·우에서 에워싸는 형태의 원형대형을 유지하게 된다. 일단 방호대형으로 위기를 모면하였다 하더라도 위해기도자와 무기가 완전히 제압되지 않고 재공격과 위험이 남아있다고 판단될 시에는 신속히 대피대형으로 전환하여 현장을 즉시 이탈시켜야 한다.

(다) 대피대형(Evacuate Formation)

우발상황이 발생되면 상황의 종류와 여건에 따라 함몰형 대형이나 방어적 원형대형을 형성한 후 제 2의 공격이나 위험으로부터 경호대상자를 보호하기 위해 안전지대로 이탈시키기 위한 대형이다.

대피대형시에는 방어적원형대형과 마찬가지로 경호대상자가 일체 외부에 노출되지 않도록 자세를 낮추게 한 상태에서 전·후·좌·우 완벽한 방벽을 유지하며 대형을 형성하여야 한다.

이때 대형의 유지를 위하여 최소 3-4명 이상의 경호원이 필요하며, 전방경호원은 대피로를 결정하고 이동하면서 전방경계와 진로를 개척하여야하며, 측방경호원은 경호대상자의 자세를 낮추게 하면서 허리띠를 잡거나 신체의 일부를 감싸고 좌·우 균형을 유지하면서 끌다시피 비상통로로 이동시킨다. 후미경호원은 경호대상자의 등과 엉덩이 부분을 몸으로 감싸고 경호대상자가 대형 밖으로 밀려나지 않도록 하고 뒤를 밀면서 신속히 이동하도록 한다.

마) 대피(Evacuation)

우발상황 발생시 가장 이상적인 즉각 조치의 방법은 경호보안대상자를 안전지대로 얼마나 신속하게 대피시키느냐에 달려 있으므로, 대피시에는 경호보안대상자에게 신체적 무리가 뒤따르더라도 예의를 무시하고 신속하고 과감하게 행동하여야 한다.

대피를 할 때는 먼저 대피로 확보에 주안점을 두고 제2의 범인에 의한 양동작전에 대비하여야 한다. 대피로는 위해기도자의 공격 역방향이나, 군중이 운집되지 않는 쪽 또는 비상구가 있는 쪽으로 대피시키는 것이 중요하며, 사전에 건물 내부의 안전공간이나 비상대피용 차량을 사전에 준비하는 것이 원칙이다.

또한 대피시에는 경호대상자를 신속하게 안전지대로 대피시키는데 전력을 다해야지, 부상당한 동료를 돌본다든가, 도주하는 범인을 추적하는 행위를 지양하여야 한다.

특히, 야외행사시에는 경호대상자의 근접거리에 대피를 위한 비상차량을 대기시키는 것이 필수적이며, 만일 경호대상자가 위해기도로 인하여 치명적인 상처를 입었을 경우에는 최기

병원(Nearest Hospital)으로 신속히 이동시켜야 한다.

바) 대적 및 제압

우발상황이 발생되면 먼저 방호대형을 형성하여 경호대상자를 보호하여야 하지만, 제2공격, 제3공격을 방지하기 위해서는 범인을 대적하여 제압하여야 한다.

대적과 제압을 할 때에는 주위의 환경, 공격의 방향과 방법, 무기의 종류, 범인의 공격기술과 능력 등을 순간적으로 파악하여 대처해야 한다. 이러한 대적과 제압은 고도의 기술을 필요로 하므로 경호원들은 평소 체력과 무도수련에 만전을 기해야 할 것이다.

대적과 제압에는 몇 가지의 단계를 거쳐야 하는데 첫 단계에서는 공격과 위해의 정도를 인지하고, 두 번째 단계에서는 주위상황과 경호대상자, 범인을 통제하여야 하고, 세 번째 단계에서는 범인과 무기를 제압하여 제2공격을 막아야하는데 단계별 내용은 다음과 같다.

(가) 공격방향의 전환

일단 위해기도가 인지되면 위해의 방법과 방향, 무기의 종류를 파악하여 "경고"를 한 후 시각적 방법이나 물리적 방법을 사용하여 경호대상자에게 진행되는 공격의 방향을 전환하여, 다른 근접경호원들이 방호대형과 대적을 할 수 있는 시간과 여유를 갖도록 하여야 한다.

즉, 위해의 가장 중요한 것은 공격의 방향이 어느 쪽이냐가 중요하기 때문에, 공격의 방향만 전환한다면 순간적인 혼란을 막고 대응 자세를 취할 수 있을 것이다.

공격방향을 전환하기 위해서는 다음 몇 가지 사항을 유의하여야 한다.

㉠ 공격자의 무기를 잡기 위해 손만 사용하는 것보다 손, 몸통, 다리, 발 등 신체 전체를 이용하여 전환하는 것이 훨씬 효과적이다.

㉡ 적의 공격무기의 방향전환이 가장 중요하지만, 경호원의 위치, 방향, 범인의 신체조건 등을 고려하여 경호대상자나 위해자의 몸의 방향을 전환시키는 것이 효과적일 때도 있다.

㉢ 경호대상자보다 공격자의 무기나 몸의 방향을 전환시키는 것이 훨씬 효과적이다.

㉣ 공격방향을 전환시킬 때는 오직 방향전환에만 몰두해야지 다음 상황을 생각하지 말아야 한다.

㉤ 공격자의 소지 무기를 최대한 고려하여 방향전환을 하여야 한다.

(나) 무기 및 범인 제압

위해기도자의 공격을 인지하고 공격 방향을 전환한 후에는 직접적인 공격을 제지하기 위하여 무기와 범인을 제압하여야 한다. 무기를 제압할 때는 무기의 종류와 공격의 형태에 따라 다양한 방법으로 제압을 하여야 하는데 다음 사항을 고려하여 신중히 처리하여야 한다.

㉠ **촉수거리의 원칙 적용** : 무기와 범인을 제압할 시에는 위해를 가하려는 범인으로부터 제일 가까이 있는 경호보안요원이 대적해야 된다는 것이 촉수거리의 원칙(Arm reach principle)이다. 그 이유는 대적을 한다는 것은 위해기도 범인이 먼저 공격을 감행한 상태이기 때문에 즉각적인 대응은 범인과 가장 가까이 있는 경호원이 대적하는 것이 가장 신속하기 때문이다.

㉡ **체위확장의 원칙 적용** : 범인과 가장 가까이 있는 근무자가 대적 임무를 수행할 때 칼이나 몽둥이, 맨손으로 공격시에는 공격의 방향만 전환시키면서 제압하지만, 총으로 공격시에는 체위를 최대한으로 확장시켜 방벽을 형성하며 적의 공격과 시야를 가림으로써 경호대상자를 안전하게 보호할 수 있다. 이 때 경호보안요원의 위치는 발견된 무기와 경호대상자 사이로 몸을 움직여 경호대상자, 경호보안요원, 총기가 일직선을 유지하도록 하면서 방패막을 형성하여야 한다.

㉢ **범인 밀착** : 체위를 확장시켜 방벽을 형성한 다음에는 최대한 신속하게 범인에게 밀착접근하여 무기의 공격방향을 전환시키기 위해 먼저 범인의 손을 제

압하고, 그 다음 팔과 몸전체의 균형을 무너뜨려야 한다. 이때 경호보안요원은 범인의 저항을 최소화하기 위해 손과 팔, 다리, 몸전체를 최대한 밀착시켜 범인의 행동반경을 최소화해야 한다.

㉣ **무기 제압** : 무기를 제압할 때는 위해기도 범인의 저항으로 발생될 수 있는 제 2공격을 막기 위해 무기를 든 범인의 손을 끝까지 제압하여야 한다. 칼이나 몽둥이와 같은 무기를 제압할 때는 범인의 팔을 꺾거나, 무릎으로 범인의 낭심을 가격한다든지, 혹은 발로 범인의 정강이를 계속 가격하여 몸의 중심을 무너뜨려 제압하는 것이 좋다.

㉤ **총기사용의 자제** : 위해기도 범인을 제압할 시는 가능한 한 총기사용을 자제하고 경호보안요원의 신체를 이용하여 제압하여야 한다. 대적의 목적은 위해기도를 무력화하는 것이지 위해기도자를 사살하려는 것이 아니며 경호보안요원의 총기사용은 일반인에게 피해를 줄 수 있는 가능성이 있으므로 자제하여야 한다.

㉥ **범인제압** : 위해기도범인의 무기를 제압하여 공격이 어느 정도 무력화되었을 때는 제2의 공격을 방지하기 위해 손, 발, 다리 등을 이용하여 범인의 몸전체의 중심을 무너뜨려 무기와 범인을 완전히 땅바닥에 제압하여야 한다. 제압시에는 단독으로 제압하지 말고 복수로 대응함으로써 실수로 인한 제2공격을 완벽하게 제거할 수 있다. 실제적인 제압기술을 수행하기 전에 자기방어(self defense)의 원칙을 배우고 익혀야 한다.

㉦ **범인 이동 및 보호** : 단수 또는 복수대응에 의해 무기와 신체가 완전히 제압된 범인은 빨리 현장에서 이동시켜 발생될 수 있는 제2의 사태와 행사장 주변의 질서를 유지시키도록 하여야 한다. 그리고 범인의 신변을 보호하여 범행사유 및 배후세력을 확인하고, 다른 위해세력에 의한 암살 또는 흥분한 군중에 의한 집단 공격에 대비하여 안전한 장소로 신속히 호송하여야 한다.

2) 도보(기동간) 사태 발생시 대처방법

경호보안대형의 변칙성과 기만성(복제 경호대상) 등을 이용한 예방이 우선이며 제압보다는 방어와 피경호인의 대피가 우선임을 염두에 두고 대처하여야 한다. 우선적으로 피경호인을 중심으로 한 방벽형성과 전방의 방어선을 구축한다. 사복(비밀경호보안)요원의 배치도 이러한 상황에서의 대처방법에 큰 도움이 될 수 있다.

3) 행사장 우발(비상)사태 발생시 대처방법

밀폐되거나 공간의 제한적 사항이 많은 곳이므로 경호대상자의 방벽형성과 더불어 장소에서의 대피(Evacuation)를 우선적으로 생각하여야 한다.

사람이 많은 행사장이나 군중들 사이에서의 사고의 경우 제2·제3의 피해자가 발생할 수 있는 확률이 높기 때문에 해당지역에서의 이탈(대피)은 추가 사고나 사태의 확산방지 차원에서도 꼭 필요하다.

비상사태시 대피할 수 있는 보호(대피)지역의 사전준비도 방법의 하나이다. 행사장이나 많은 군중들이 군집해 있는 곳에서의 사태발생의 경우 숙소경호보안과 달리 비상사태 발생시 일시 유동인원의 수가 많고 심리적 동요가 심하기 때문에 통제가 불가능한 경우가 많은 이유로 우선 통제 후 대피보다는 우선 대피가 유리하며 이러한 이유로 대피로의 사전 확보가 중요하다.

4) 숙소경호시 우발사태발생 대응방법

호텔의 유동인원 완전통제 후 경호보안실(CP, 중앙감시관제센타) 통제에 따라 움직이는 것이 가장 좋은 방법이며 숙소의 경우 우발적 사고(사태)보다는 사전 계획이나 답사 등이 이루어진 후 발생하는 경우가 많기 때문에 기만성을 최대한으로 이용하여 위해대상자의 시선이나 집중력을 떨어뜨리는 것도 중요한 일이다. 가짜 경호대상자의 이용 및 복제 경호보안차량의 운행, 대피로의 변화 및 변장 등을 최대한 이용한다.

5) 차량을 이용한 대응

차량경호보안은 경호대상자가 한 장소에서 다른 장소로 이동할 때 이루어지는 기동간의 경호보안이다. 차량경호가 아니더라도 우발상황 발생시 차량을 이용하여 대응방법으로 이용할 수 있다.

위험지역으로부터 대피가 우선되어야 한다. 후방으로 대피하며 목표물 6~7m 이상 밖으로 물러난다. 정지시에 대응사격을 시도한다. 차의 스핀을 이용하여 방향전환 후 대응사격 등의 조치를 취한다.

6) 테러발생시 대응(대처)방법

군, 경찰서, 소방서 등 관련기관에 신속한 연락을 취하여 구호를 요청한다.

보안(출입통제)을 유지하여 신속히 대피한다.

엘리베이터 사용을 금지하고, 문과 창문은 열어둔다.

7) 데모 · 분규시 대처방법

노사분규현장에서 근로자들과의 직접적 자극이나 충돌을 피하고, 경호대상자를 위한 안전지역을 확보한다.

모든 출입구는 봉쇄하고 시설물 내 가연성 물질이나 무기, 위해물질은 제거한다.

열쇠는 회수조치하고, 잠금장치는 교환하고 시설 내 방화시설은 철저히 확인 점검하여 대처한다.

8) 재난사고 발생시 대처방법

재난사고가 발생했을 경우 경찰관서 · 소방관서에 즉시 연락을 취하고 후속 조치를 강구한다. 피난처 확보에 주력하고 출입금지구역을 설정하여 주변지역의 질서를 유지할 수 있도록 통제한다.

최초신고 후 관련기관 주도하에 협력 · 조력하여 침착하게 대응한다.

9) 비상계획의 수립

초기대응의 신속을 위해 미리 준비된 절차에 따라 움직일 수 있는 명령체계를 구축하고 비상사태 발생시 투입될 수 있는 비상작전팀을 조직 구성하여 사전에 훈련하여 대비한다. 비상작전팀 및 외부기관과의 비상통신수단(무선 · 유선, Hot-line 등)을 준비해 둔다. 대중 및 언론에 대한 정보제공 범위 및 한계, 방법 등을 미리 수립해 만일의 비상사태에 대비한다.

5. 보고서

근무요령(Post Order)은 직원에게 고객의 요구사항을 전달한다. 경호보안과 관련한 보고에는 통상보고, 긴급보고, 경호보안일지, 사고보고서, 회사보고 등이 있는데, 각각의 내용, 기재요령 등 구체적으로 명시한다.

같은 방법으로, 직원들은 근무시 발생하는 문제점들을 고객과 교환해야 한다. 이를 위해 사용될 수 있는 많은 방법들이 있다.

1) 근무일지

많은 기업들은 근무일지(Post Logbook)를 사용한다. 이것은 특별지시사항(Special Instructions)에 따라 기록되어야 하는 사건들을 기록하거나 직원이 중요하다고 생각하는 일들을 기록하는 열람이다.

다음과 같은 예들이 포함될 수 있다.

- 근무시간
- 순찰완수(임무교대)
- 특별한 보고사항
- 업무전달 일지에 기록된 특별지시 사항
- 전달사항
- 감독관에 의한 점검
- 근무완수 시간

효과적으로 사용하기 위해서 근무일지는 정기적으로 검토되어야 한다. 많은 기업들은 감독관에게 검토를 요구하고 근무지를 방문했을 경우마다 서명해야 한다. 많은 고객들도 같은 방법으로 한다. 그러나 문제점은 정보가 근무처에만 있고 정기적으로 검토하지 않고 방문을 하지 않는 경호회사 사무실이나 고객에게 전달되지 않았을 때이다. 그러므로 정보사항이 고객이나 경호회사에 적시에 전달되지 않을 수도 있다. 문제나 불만에 대한 조사는 근무처의 방문이나 근무일지로 대체함이 요구된다.

2) 일상업무 보고서

많은 기업들은 근무일지 대신에 일상업무 보고서(Daily Activity Reports)를 사용한다. 이 보고서는 근무일지와 같은 정보를 담고 있고 책임자에게 근무시간이 끝난 후에 제출해야 한다. 어떤 기업들은 고객에게 보고서를 제출하기도 하고 나머지는 경호보안업체에 보내기를 요구한다. 그러나 여전히 대부분의 기업들은 고객과 회사 직원들에게 각기 다른 양식을 사용한다.

개개인의 보고서는 매일 직원들에게 꾸준한 정보 흐름을 제공한다. 이러한 정보는 중요할 수도 있고 때로는 가치가 없을 수도 있다. 이것은 만약 직원이 충분히 훈련되지 않고, 단지 '3시 점검-이상 무'와 같이 시각적인 것만 표시하는 경우에 특히 그렇다. 개인의 보고서가 고객에게까지 확대된다면 직원은 반드시 보고서를 쓰기 위한 분명한 지침을 받아야 한다. 보고서 양식의 작성시 양식의 검토는 직원의 필체를 읽는데 어려움이 있거나 길게 서술된 보고서를 작성할 능력이 없는 경우에는 문제가 있을 수 있다.

이러한 문제점들을 피하기 위해 많은 기업들은 예외 보고서의 개념을 채택한다. 이러한 개념 하에서는 직원은 여느 때와 다른 문제나 사건들만을 기재해야 한다. 고객은 일반적으로 이러한 점 이외에는 관심이 없고 일상적인 보고서를 읽어야 하는 것을 좋아하지 않는다. 일상업무 보고서의 유형은 문제점을 간략하게 지적한 점검표나 그에 따른 적절한 조치의 결합이다. 이런 보고서에 관여된 서류상의 일을 줄이기 위한 노력의 일환으로 몇몇 기업들은 모든 근무시간에 사용될 수 있는 간단한 보고서를 사용한다. 이러한 종류의 일상업무 보고서는 각 근무시간의 점검표와 점검표에도 명시되어 있는 발생한 문제점에 관한 설명 부분을 통합시켰다. 이는 검토자가 지난 24시간 동안에 발생한 주목할 만한 사건들을 즉시 주목할 수 있게 해준다.

보고서를 위한 적절한 구성은 기업이나 고객의 관여에 달려 있다. 일반적으로, 가장 효과적인 방법은 일상업무에 관한 영구적인 기록인 근무일지에 의해 뒷받침되는 예외 보고서이다. 예를 들어, 근무기간 중에는 일상적으로 중요하지 않을 수 있겠지만 형사상의 조사나 민사소송의 일이 발생한 경우에는 결정적일 수 있기 때문이다.

3) 사건 보고서

종종 일상업무 보고서에서 요구되는 것보다 더 완전한 설명을 필요로 하는 사건이 근무 중 발생할 수 있다. 이러한 이유로 대부분의 기업은 특별히 사건보고서(Incident Reports)를 사용한다. 이 보고서는 절도나 사건과 같이 심각한 사건의 경우에 예비조사로 구성되어 있고 적절하게 다루어져야 한다. 구성은 간단한 형식에서부터 경찰 조사서와 같은 진술서나 복잡한 점검표와 같이 다양하다.

사건보고서는 특별히 다루어져야 하고 경영진에 의해 완전여부를 즉시 검토 받아야 한다. 심지어 몇몇 기업에서는 평직원보다는 감독자가 작성하기를 요구한다. 잘된 사건 보고서는 제공된 정보에 직원들이 신속하게 대처하게 하고, 감독자가 지시하는 조치사항을 서술하는 공간이 있어야 한다.

제12장

경호보안관리

제12장
경호보안관리

제1절 보안의 개념

1. 보안의 개념과 종류

1) 보안의 의의

인간은 자기만 알고 있는 비밀을 감추지 못하고 누설하려는 욕구와 속성을 갖고 있다. 그러나 경호보안요원은 죽음으로서 보안을 지킬 수 있어야 한다.

보안(保安, Security)이 안전과 동의어로 쓰이기도 하지만, 보안이라는 기술적 용어는 무언가가 안전하지 않으나 안전해야 함을 뜻한다. 일반적으로 보호해야하는 대상에 대해 접근제어를 통해 안전을 도모하는 경우 보안이라는 용어를 사용한다. 전자 통신에서, 보안이라는 용어는 ㉮ 불의의 행위나 영향으로부터 침입 상태를 보증하는 보호 기준의 확립과 유지 보수의 결과를 낳는 상태, ㉯ 권한이 없는 사람들이 국제 보안을 지키는 공식 정보에 접근하지 못하도록 하는 상태와 같이 정의한다.

그리하여 보안(保安)이란 광의로 국가의 안전보장과 국가정책에 관하여 영향을 주는 인원, 문서, 자재, 시설, 지역 등을 제3자의 침해행위로부터 보호하는 제반대책이라 할 수 있다. 좁은 의미로는 자기 또는 취급기관이 부서의 임무, 인원, 문서, 자재, 시설 등을 보호하려는 제반 대책을 보안이라 하고 이와 같은 보안대책은 정부기관, 군사작전에서부터 일반기업경영전략에 이르기까지 필수적인 요소로 등장한지 오래다.

보안은 모든 사람의 책임이다. 자신의 보안을 남이 대신해 줄 수 없다. 보안책임자는 보안활동과 동시에 보호대상과 관련된 모든 관련자들에게 보안의식을 강화 할 수 있도록 교육할 책임이 있으며, 최고결정권자는 보안을 저해하는 모든 요소들에 대한 제제를 할 수 있도록 관리를 강화해야 한다.

2) 보안의 분류

보안(security)을 영역별로 나누어 보면, 정보통신(IT)영역에서의 ㉮ 컴퓨터 보안(해킹, 크래킹 등), ㉯ 인터넷 보안, ㉰ 응용프로그램 보안, ㉱ 정보 보안, ㉲ 네트워크 보안 등으로 구분하고, 물리적 영역에서의 경찰, 공항 보안검색, 주택경비, 물리 보안 등으로 나누어 살펴 볼 수 있으며, 사후 위험처리분야에서 보험이나 공제 등을 들 수 있다.

물리 보안이란 물리적으로 정보, 인명, 시설을 보호하는 것으로 이는 인가자나 비인가자의 출입관리, 천재지변으로부터의 시설보호, 방범관리 등 모든 물리적 위협에 대해 보안을 지키는 것을 의미한다, 한국에도 에스원, 캡스 등의 물리보안 전문업체가 있으며, 도난 관리 중심으로 보안활동을 하고 있다. 다른 보안의 기초가 되는 부분으로 물리보안이 취약하면 해당 시설의 안정성을 담보할 수 없다.

2. 보안과 비용간의 관계

보안이 없는 경우 그에 따라 사고가 날 확률이 높아지는 것은 명확하다. 또한 아무것도 안하는 것이 사고가 날 가능성이 없다는 점은 명맥하나 그로 인하여 잃어버릴 기회비용 또한 예측가능하다.

- 교통사고를 막는 방법은 차를 몰지 않도록 하는 방법이 최선일까?
- 도둑을 막기 위해 문이 없는 집을 만드는 것이 최선일까?

보안을 강화하기 위해 비용을 들이면 들일수록 보안사고로 인한 잠재적 피해액수는 줄어든다. 그러나 일정수준이 지나면 잠재적 피해액 보다 보안을 위한 비용이 더욱 많이 발생할 수 있다. 보안책임자는 최소한의 비용으로 최대한 잠재적 보안피해액을 줄이도록 노력해야 한다.

이와 같이 완벽한 보안의 구축은 불가능하다. 대부분의 보안활동은 위험을 최소한으로 줄이기 위한 활동일 뿐이지 완전히 없애기 위한 활동이 아니다.

위험은 끊임없이 변한다. 항상 동일한 수준의 보안을 유지하고 있었을 때 예전에는 안전했던 것이 지금은 더 이상 안전하지 않을 수 있다. 따라서 보안도 거기에 따라 변해야 하며 보안에 들이는 비용과 노력이 계속 달라질 수 있음에 대해 이해하고 계획할 수 있어야 한다.

3. 보안의 원칙과 기본자세

1) 보안의 원칙

(1) 알 사람만 알아야한다

보안에 있어서 가장 기본적이며 중요한 원칙이다. 보안의 대상이 되는 사실은 전파가 반드시 필요한가의 여부를 신중히 검토한 후에 이루어져야 한다.

(2) 적당성 원칙

수집한 정보나 생산된 정보는 사용자가 필요한 만큼 적당한 양을 전달하도록 한다. 사용자가 요구하는 것 이상으로 정보를 제공하는 것은 불필요한 보안상의 문제를 야기할 수도 있다.

(3) 보안과 능률의 원칙

보안을 지나치게 강조할 경우 애써 생산한 정보가 사용자에게 제대로 전달되지 않아 정책결정에 활용하지 못하는 불상사가 초래될 수 있다.

또한 지나치게 보안의 범위를 광범위하게 실정할 경우 보안시스템을 유지하는 것 자체가 과중한 업무부담으로 작용하여 본말이 전도될 수 있다. 따라서 무조건적으로 보안시스템을 가동시킬 것이 아니라 생산된 정보에 대한 충분한 사전검토가 있어야 한다.

2) 경호보안의 기본자세

(1) 비밀은 그 비밀을 알고 있는 사람이 지켜야 한다.

정보기관 관계자나 요원은 기밀사업 내용을 불필요하게 알리지 않도록 하고 측근자에게까지도 알리지 않는 자세가 중요하다.

(2) 비밀의 존재 자체를 감지 당하지 않도록 한다.

현실적으로 어떤 새로운 비밀이 생겼을 경우 그 책임자나 관계자는 평소와 다른 조심성을 보임으로써 분위기가 달라지고 따라서 사무실 내의 모든 직원사이에 억측과 유언비어가 나돌며 궁금한 사항을 추리하게 된다.

(3) 보안을 억지로 해서는 안 된다

가정의 등기문서나 재산관리의 경우 가족들에 대해 취급제한이나 열쇠관리를 한다. 모든 보안은 자기가 필요에 의해서 해야 한다.

(4) 위험을 미리 예견할 줄 알아야 한다.

위험을 예견한다는 것은 절반은 피한 것이나 다름없으며, 이를 예방할 수 있다.

(5) 의심 외의 보안은 없다

경제활동에서는 신용이나 신뢰는 하나의 자본이지만 보안에서는 선의(善意)의 의심이 필요하다.

(6) 자신은 금물이다

보안에는 완전은 없다. 예컨대 철통같은 경호보안속의 중요비밀도 내부직원의 배반행위에 의하여 누설될 수 있다. 내부직원의 신원조사가 끝났다고 해서 보안이 다 끝난 것은 아니다.

(7) 자만심을 경계하라

사람은 비밀을 알고 있을 때 타인에 대해서 우월해지고 자만해지기 마련이다. 현명한 정보요원은 말하는 것보다 겸손하게 듣기를 좋아한다.

제2절 보안누설 및 보안관리대책

1. 보안누설

1) 보안누설의 개념

적국 또는 반국가단체에 대하여 비밀로 하는 것이 대한민국의 이익을 위하여 필요하다고 인정되는 모든 기밀을 특히 보안사항(국가기밀)으로 다루고 있다. 국가기밀 또는 군사상 기밀은 평시에 있어서 국가안보상 극히 중요하게 다루어지고 누출되지 않도록 하여야 한다. 평시에는 물론 전시에 국가의 존립 및 안위를 위협할 만한 인터넷상의 국가기밀 등의 누설을 효과적이고 체계적으로 차단하고, 보안할 수 있는 대책을 마련하고 있다. 즉, 인터넷 등 정보통신망상에서 국가이익과 관련된 정보 중 '법령에 의하여 분류된 비밀 등 국가기밀을 누설하는 내용의 전기통신'은 유통행위 자체를 금지하고 있는 것이다.

또한 '누설(漏泄)'이라 함은 기존에 지득(知得)한 기밀이나 보안사항을 특정인 또는 특정다수인이 인식할 수 있는 상태에 두기 위해 통보하거나 고지하는 일체의 행위를 말한다.

전시에는 적과의 교전상태에 있어 전황을 극도로 불리하게 하거나, 행정·입법·사법기능의 수행을 현저히 곤란하게 할 수 있는 군사상 기밀 또는 국가기밀이 간첩행위 등으로 인해 누설·훼손·변경되거나 또는 적국 및 반국가단체에 전달되는 등 전쟁의 승패를 가름할 수 있을 정도로 국가안전에 중대한 위협이 될 수 있는 상황이 연출될 수 있으므로, 유출되지 않도록 유지되어야 할 것이다.

특히, 신속한 전파성과 익명성, 비국경성 등 인터넷상의 정보유통의 특성으로 인해 비밀취급의 인가를 받지 않는 사람이 비밀로 구분된 첩보나 자료에 접근하여 국가의 기밀 등을 누설하는 경우에는 국가의 존위자체가 훼손될 우려가 있다. 따라서 정부는 평시에는 물론 전시에 국가의 존립 및 안위를 위협할 만한 인터넷상의 국가기밀 등의 누설을 효과적이고 체계적으로 차단하고, 보안할 수 있는 대책을 마련하고 있다. 즉, 인터넷 등 정보통신망상에서 국가이익과 관련된 정보 중 '법령에 의하여 분류된 비밀 등 국가기밀을 누설하는 내용의 전기통신'은 유통행위 자체를 금지하고 있다.

한국에서는 「국가보안법」(§4)상 국가기밀누설죄 뿐만 아니라 「형법」(§113) 외교상 비밀누설죄, 제127조(공무상비밀누설죄), 「군사기밀보호법」상의 군사기밀누설 등의 죄, 「군형법」(§80)상 군사기밀누설죄 등으로 국가기밀을 누설한 자를 처벌하고 있다.

2) 보안누설의 유형

(1) 기도적인 누설

조직내 인원중 불평불만이나 다른 동기 때문에 의도적으로 외부에 정보를 누설시키는 것이 기도적인 누설이다. 이는 자기 스스로 누설하는 경우와 외부로부터 포섭되어 누설하는 경우도 있다.

(2) 보안의식 결핍으로 인한 누설

정보누설은 보안에 대한 무관심이나 자기 지식을 자만하거나 과시하는 과정에서 발생한다. 보안의식 결여는 주인의식이 희박한데서 기인하며 사고의 무형성으로 인하여 사고에 대한 사전 확인이 곤란하고 위험의식도 희박하다. 또 정보보호 자체를 제외하고 구체적인 실적이 드러나지 않기 때문이다. 자칫 컴퓨터 해킹, 전화도청, 컴퓨터바이러스 등의 수법을 통하여 컴퓨터관련 정보침해범죄를 저지를 수도 있으므로 주의해야 한다.

(3) 제3자의 침입에 의한 누출

가) 절취

정보를 빼내가려는 자가 대상목표에 잠입하여 필요한 자료 등을 절취하거나 복사 또는 사진 촬영하여 정보를 절취해 가는 방법이다.

나) 도청

도청(盜聽, eavesdropping)은 타인의 대화나 전화 내용을 당사자의 동의없이 몰래 엿듣는 행위를 말하는데, 전화도청(wiretapping)이나 컴퓨터 네트워크에 대한 도청, 아마추어 무선통신(HAM)용 수신기에 의한 도청이 이용되고 있다. 선진국가에서는 사생활의 침해로써 법률이나 판례에 따라서 금지되고 있으나 아직 무시되는 경향이 있다. 1972년 미국에서 닉슨 정부가 야당의 선거사무소의 전화에 도청장치를 설치하였다가 발각되어 정치문제화되어 1974년 닉슨이 결국 사임하게 된 것은 유명한 사례이다.

1977년 박동선사건(朴東宣事件)의 와중에서 드러난 미국정보기관의 청와대도청사건은 한국 국민의 분노와 경악을 불러일으켰다. 이 사건은 정치·외교적 차원에서 흐지부지 수습되고 말았지만, 상당 기간 한·미 외교관계에 불협화음을 지속시켰다.

또 1995년 미·일자동차 협상 때 미국 CIA가 일본측의 기밀회의를 도청, 작전을 미리 알고 협상했다고 해서 물의를 일으킨 사건도 국가 대 국가 간의 기밀 도청사건으로 화제가 되었다. 녹음테이프로 일반에 공개된 도청사건은 1979년 12·12사태 때 육군 3군사령부가 육군 전지휘관의 전화를 도청한 것이었다.

「대한민국 헌법」은 사생활의 비밀과 자유, 통신의 비밀을 보장하고 있으며(§17·18), 구체적으로 통신의 비밀을 보호하고 통신의 자유를 신장할 목적으로 제정된 「통신비밀보호법」은 통신 및 대화의 비밀과 자유에 대한 제한은 그 대상을 한정하고 엄격한 법적 절차를 거치도록 하고 있다. 따라서 법률의 규정에 의하지 않은 도청은 위법한 것이다.

다) 해킹(hacking)

보안은 허가되지 않을 사람은 볼 수 없는 기밀성, 허가받은 사람에게 정보를 보여 주는 가용성, 허가받지 않은 사람에 의해서 훼손될 수 없는 무결성을 말한다. 이와 같은 보안의 3요소인 기밀성, 가용성, 무결성을 훼손하는 행위를 해킹이라고 미국의 보안전문협회인 ISC2협회에서 정의를 하고 있다. 컴퓨터 네트워크의 보안 취약점을 찾아내어 그 문제를 해결하고 이를 악의적으로 이용하는 것을 방지하는 행위를 말한다. 이런 행위를 하는 사람들을 해커(hacker)라고 한다. 이 말은 1950년대 말 미국 매사추세츠공과대학(MIT) 동아리 모임에서 처음 사용되었던 '작업과정 그 자체에서 느껴지는 순수한 즐거움'이란 뜻의 '해크(hack)'에서 유래된다. 그러나 순수하게 작업과정 자체의 즐거움에 탐닉하는 컴퓨터 전문가들의 행위로 시작된 해킹은 컴퓨터가 일반화되면서 점차 나쁜 의미로 변질되었다. 즉, 다른 사람의 컴퓨터에 침입하여 정보를 빼내서 이익을 취하거나 파일을 없애버리거나 전산망을 마비시키는 악의적 행위가 빈발하게 된 것이다.

이런 파괴적 행위를 하는 자들은 크래커(cracker)라고 하여 해커와 구별하기도 한다. 그러나 일반적으로 해커와 크래커는 구별되어 쓰이지 않고 범죄 행위를 하는 자의 의미로 쓰인다. 해킹에 대응하여 컴퓨터 보안기술도 발달하였는데, 방화벽을 쌓아 불법접근을 차단하는 방식 등을 사용한다. 최근 들어 급증하고 있는 해킹범죄는 기술발전과 변화의 정도가 매우 빨라서 해킹에 대한 보안 솔루션을 개발해 대응책을 마련했다고 할지라도 하루가 다르게 변화하는 침입과 공격에 대처하는데 많은 어려움이 따른다. 컴퓨터 해킹을 통한 스파이 행위는 정보·기술을 훔치는 것뿐만 아니라 자료를 삭제하거나 교묘히 왜곡하는 행위, 그리고 바이러스를 이용해 시스템 자체를 공격·마비시키는 행위를 포함한다.

대표적인 해킹 사례로는 1985년 3명의 구서독 해커가 구소련의 KGB요원에게 포섭된 뒤 개인용 컴퓨터를 이용하여 미국 등 서방 선진국의 주요 군사기술 시스템에서 수천 개에 달하는 암호 등 극비정보를 빼내 건네준 사건을 들 수 있다.

한국에서 「정보통신망 이용촉진 및 정보보호 등에 관한 법률」은 정당한 접근권한이 없거나 허용된 접근권한의 범위를 초과하여 정보통신망에 침입하는 행위를 금지한다(§48①). 이를 위반하면 3년 이하의 징역 또는 3000만 원 이하의 벌금에 처한다(§63①1).

「정보통신기반보호법」에서도 주요 정보통신기반시설을 침해하여 교란·마비 또는 파괴한 자는 10년 이하의 징역 또는 1억원 이하의 벌금에 처하도록 규정하고 있다(§28①). 또 「형법」에서도 컴퓨터 등 정보처리장치에 허위의 정보 또는 부정한 명령을 입력하거나 그 밖의 방법으로 정보처리에 장애를 발생하게 한 자는 업무방해죄로 5년 이하의 징역 또는 1,500만원 이하의 벌금에 처하도록 규정하고 있다(§314②).

2. 보안관리

보안관리(保安管理, security management)란 자원에 접근할 수 있는 이용자에 관한 권한과 암호화를 위한 열쇠를 관리하는 기능을 말한다. 또한 보안관리는 인증 데이터나 신분, 접근 권한, 보안 레이블, 감사 기록 파일, 레코드 등과 같은 정보 시스템 내의 중요 데이터를 보호하기 위하여 필요한 관리적 기능을 의미하기도 한다.

1) 유형별 보안대책

(1) 경호보안

보안대상을 사람의 위해행위로부터 보호하는 것으로서 사람의 신중한 선택, 계속적인 관리 · 감독이 필요하다. 이를 위해 신원조사, 동향파악, 보안교육, 보안서약 등의 수단이 활용된다.

(2) 시설보안

대상 보안시설을 보호하기 위한 대책으로 자연 · 인공 · 동물방벽, 전기전자방벽 등의 방벽을 이용, 설치하거나 제한지역, 제한지역, 통제구역 등의 보호구역을 설치하는 방법이 있다.

(3) 문서보안

문서의 내용에 따른 비밀의 분류, 보안책임자의 지정, 복제 및 복사의 제한, 절차에 따른 대출열람, 비밀문서의 안전한 파기 등의 방법으로 문서보안을 실시한다.

(4) 통신보안

통신정보는 전기통신수단에 의하여 발신되는 통신을 수신 · 분석하여 산출하는 정보를 말하고, 통신보안이라 함은 통신수단에 의하여 비밀이 직접 또는 간접으로 누설되는 것을 미리 방지하거나 지연시키기 위한 방책을 말한다. 누설되어서는 안 될 보안사항이 통신수단에 의해 전달되는 과정에서 누설되지 않도록 하는 것으로서 통신장치에 대한 보안장비의 설치, 은어자제의 이용, 중요내용의 통화억제 등의 방법이 있다.

(5) 컴퓨터보안

1단계 보안인프라구축

1단계 추진사항	
문서화	- 보안정책의 작성 및 확정 - 보안지침 및 표준 작성 - 보안 운영 및 변경관리 절차
보안조직	- 관련 조직의 구성 및 확정
보안교육	- 교육프로그램 개발 및 확정 - 일반 보안교육 실행
보안관리	- 보안감사 및 평가방안 마련 - 위험관리 기법 도입
긴급대응	- 외부 해킹 대응책 강화 - PC 보안기능 강화

2단계 전사적 보안 시스템 구축

2단계 추진사항	
관리적 보안	- 부서별 정책, 지침, 절차 수립 - 보안시스템 관련 보안교육 실행 - 보안시스템 평가 및 진단 실시 - 정보분류 체계 수립
물리적 보안	- 출입통제시스템 강화 - 재난복구계획(DRP) 강화
네트워크 보안	- 인터넷 보안 아키텍처 구축 - 웹 방화벽 도입
서버 보안	- SecureOS(보안운영체계) 수립 - DB 암호화 툴 사용
응용시스템 보안	- C/S 환경하에서의 보안시스템 구현 - 시스템 개발/변경관리 보안대책 수립
PC 보안	- PC 보안관리체계 수립 - 그룹웨어 보안대책 수립

3단계 감사 및 유지관리

3단계 추진사항	
모니터링 및 점검	- 보안관리체계 모니터링 - 정기적인 보안감사
유지관리	- 보안개선 사항 검토 후 적용 - 침해사고 예방 및 대응 활동

컴퓨터보안대책으로는 직무권한의 명확화, 패스워드의 철저한 관리, 컴퓨터처리과정의 감사, 데이터 취급자의 견제 및 규제, 컴퓨터범죄에 대한 철저한 수사 등의 방법이 있다.

2) 보안점검사항

일상적 업무로부터 정보가 누설되지 않도록 인원, 문서, 통신, 시설 등에 대한 필요한 보안대책이 소극적 대책이고, 적극적 대책으로는 상대적인 첩보수집 활동이나 조직의 와해, 이간행위 또는 국가적 파업 등을 계획적이고 조직적으로 보호·저지하는 것을 말한다.

일상적이고 소극적인 보안 점검사항으로는 ㉠ 자기 책상, 서류는 제대로 정리하고 어떠한 장치를 하였는가, ㉡ 자기 취급업무를 남에게 의존하고 있지는 않는가, ㉢ 사무실 장치는 제대로 되었는가, ㉣ 주요물건은 비밀 또는 특별취급을 하고 있는가, ㉤ 비밀문건은 비밀관리기록부에 등재하며 원칙대로 하는가, ㉥ 불필요한 방문객이 자기 업무를 엿보지 아니한가 등이다.

계획적이고 적극적인 보안 점검사항으로는 ㉠ 생산문건의 배부가 필요한 곳으로 필요한 사람에게 정확하게 전달되었는가, ㉡ 배부기관 상호간에 접수확인 점검은 즉각 시행되었는가, ㉢ 배부된 자료가 보관 또는 관리상 허점은 없는가, ㉣ 자료의 대외 또는 국외 유출시 상당한 국가적 손실을 감안한 보안대책의 강구여부는, ㉤ 기타 화재 등 긴급안전대책은 수립되어 있는가 등이다.

3) 한국의 보안관리

국가안전보장 관련기관 중 중추적인역할은 대통령 직속인 국가정보원(國家情報院, NIS : National Intelligence Service, 이하 '국정원')에서 맡고 있다. 1961년 중앙정보부로 창설된 이래 1981년 국가안전기획부로 이름이 바뀌었다가 1998년 4월 새정부 출범을 계기로 이미지 개선과 국민 신뢰를 위해 지금의 이름으로 새롭게 출발했다.

국정원은 ㉮ 국외정보 및 국내보안정보(대공·대정부전복·방첩·대테러 및 국제범죄조직)의 수집·작성 및 배포, ㉯ 국가기밀에 속하는 문서·자재·시설 및 지역에 대한 보안업무(다만, 각급기관에 대한 보안감사는 제외), ㉰ 「형법」중 내란의 죄, 외환의 죄, 「군형법」중 반란의 죄, 암호부정사용죄, 「군사기밀보호법」에 규정된 죄,

국가보안법에 규정된 죄에 대한 수사, ㉣ 국정원직원의 직무와 관련된 범죄에 대한 수사, ㉤ 정보 및 보안업무의 기획·조정 등의 업무를 수행한다(국정원법 §3). 국가정보원장은 국가정보 및 보안업무에 관한 정책의 수립 등 기획업무를 수행하며, 동 정보 및 보안업무의 통합기능수행을 위하여 필요한 합리적 범위내에서 각 정보수사기관의 업무와 행정기관의 정보 및 보안업무를 조정한다(「정보 및 보안업무 기획·조정규정」 §3).

이외에도 정보 보안과 관련된 국가기관으로는 한국인터넷진흥원, 인터넷침해사고대응지원센터, 정보보호사령부(국방부 산하 2012년초 창설예정), 국가사이버안전센터(국정원 산하), 사이버테러대응센터(경찰청 산하) 등을 들 수 있다. 경찰청 사이버테러대응센터(Cyber Terror Response Center, 약칭 '네탄')는 해킹, 바이러스제작 및 유포 등 각종 컴퓨터 범죄의 포착과 수사를 담당하는 대한민국 경찰청의 사이버범죄 전담 수사기관을 말하며 네티즌들 사이에는 '사이버수사대'라고 불리기도 한다.

제3절 기업범죄 및 기업의 보안관리

1. 기업범죄와 위기관리

오늘날 기업범죄는 기존의 전통적 범죄유형을 벗어난 신종의 모습으로 나타나고 있는데, 대기오염·수질오염 등 각종 환경범죄, 제조물 책임 등 소비자에 대한 범죄, 부실공사, 그리고 기업의 종업원에 대한 범죄로 직업병·산업재해, 그리고 경제 범죄로서 독과점·탈세 등 개인에 의한 범죄와는 그 양상이 전혀 다르며 그 심각성과 폐해는 날로 커지고 있다. 더욱이 우리 사회에 있어서 고도산업화, 정보화에 대비한 각종 입법조치가 신속히 뒤따르지 못한 결과 이들 신종범죄는 최소한 새로운 입법장치가 마련될 때까지라도 손쉽게 범법 또는 탈법행위에 의해 손쉽게 폭리를 취하고 있는 것이다. 1960년대 이후 우리나라 경제개발의 한 주역으로 중요한 역할을 담당하였던 기업들이 1997년의 IMF사태 이후 무모한 차입경영과 방만한 문어발식 경영 등으로 인하여 사회적 지탄의 대상이 되었고, 기업의 양적 증대와 다양화는 한편으로 많은 부작용을 야기하였는데, 문제는 단순히 방만한 기업경영이나 무모한 차입경영에서 나아가 갖가지 범죄나 비리사건의 주역으로 기업이 등장하였다는 점이다.

특히 기업범죄는 대부분 영업활동과 관련하여 발생하며 그 수법이 지능적·전문적·조직적·비공개적으로 이루어지며 그 피해가 특정 개인에게 귀속되는 것이 아니라 바람직한 기업 환경과 경제구조를 악화시키는 등의 모습으로 나타나기 때문에 그 피해를 즉시 파악하는 것은 쉽지가 않다. 또한 기업범죄의 경우 피해자는 광범위하고 분산되어 있으며, 폭력성을 띠지 않는데다 직접적인 피해자가 적다는 이유로 일반 형사범보다 관대하게 처벌되는 경향이 있다. 기업이 세금을 포탈했을 때 국민의 납세액이 증가되고, 기업들의 가격담합의 경우에는 피해자는 국민이지만 수많은 사람에게 피해가 분산되기 때문에 국민들은 자신이 세금이나 제품 가격을 부당하게 더 많이 지불했다는 사실을 쉽게 인식하기 어렵다. 또한 기업범죄를 규제하는 법규도 갈수록 세분화, 전문화되면서 그 구체적인 구성요건을 하위 법령 또는 타 법령에 백지위임하거나 경제상황의 변동성에 대처하고 경제입법의 고정성과 불완전성을 보완하기 위한 일반조항 등이 자주 등장하게 되어 경제범죄 관련 법령에 정통하고 있지 않은 한 기업범죄에 신속하고 능동적으로 대처하기 힘든 것이 사실이다.

위기관리(Risk Management)라는 말은 1930년대 미국에서 보험업계의 비용관리 측면에서의 보험관리로서 생겨난 말이지만, 오늘날의 일반적인 정의는 '경영활동에 따르는 각종 리스크를 최소비용으로 억제하는 체계적 조치'로 설명된다. 리스크에는 여러 가지 파악방식이 있는데, 그 중 고용 · 생산 · 판매 · 투자 · 연구 · 개발 등의 업무활동에 따르는 손실과 이익의 기회가 공존하는 동태적 리스크(투기 위험), 재산손실, 인적손실, 배상책임 손실, 사업장애 등과 같이 손실만이 존재하는 정태적 리스크(순수위험)로 나누는 것이 일반적이다.

세계무역기구(WTO)체제 출범 이후 세계 각국은 상호시장을 표방하면서 자국 산업보호에 전력에 따라 경쟁력 확보의 핵심요소라 할 수 있는 첨단기술의 자체개발에 주력하고 있는데 이러한 기술개발은 연구인력, 자금, 시간이 소요된다는 점에서 손쉽게 첨단기술을 확보할 수 있는 정보, 기밀획득에 관심을 기울이다보니 기밀 수집을 위한 정보전이 날로 치열한 양상을 보이며 전개되고 있다. 2003년 이후 국가정보원이 국가산업기밀 보호센터를 개설한 이래 그동안 90조원에 이르는 엄청난 규모의 산업기술 유출방지 사건이 72차례 발생하였다. 이러한 기술유출 기도사건 75%에 이르는 54건이 반도체, 휴대전화 등 IT분야 최첨단 기술에 집중되어 있는 것으로 나타났다. 산업기밀 유출 양상도 과거 생계형에서 최근 발생한 반도체 기술유출 사건에서 볼 수 있듯이 외국정부 연계 및 기업형 사건으로 대형화되고 있고, 수법도 핵심인력 매수 · 스카우트 · 위장업체 설립 · 절취 · 해킹 등 가용(可用)한 모든 수단이 총동원되고 있다. 특히 우리나라가 짧은 기간에 세계경제 10대강국으로 부상하고 반도체, 휴대폰, 각종 전자제품 등 정보기술 분야와 자동차, 선박, 기계, 부품 등 제조업 분야의 기술이 세계최고 수준을 자랑하면서 경쟁국들의 산업 정보전의 표적이 되고 있는데, 경쟁상대인 중국과 대만은 물론이고 경제 강국인 일본, 유럽국가 등 대부분의 국가들이 우리의 최첨단 기술에 눈독을 들이고 기술을 빼내기 위해 수단 방법을 총동원하고 있다.

그러나 대다수의 국내 기업들은 기술보호의 필요성은 인식하고 있으면서도 실질적인 보호 장치 마련에는 소극적인데다, 임직원들의 보안에 대한 관심 및 전문지식마저 부족하여 경쟁국 산업스파이들의 손쉬운 표적으로 대두되고 있다. 또한 일부 연구원들은 본인이 개발한 기술은 본인 소유라는 인식을 가지고 죄의식 없이 개발

기술을 유출, 사업화하는 경우가 있고 사업화 이후에도 내부인과 연계하여 지속적인 기술유출 루트로 활용하고 있다.

산업기술의 불법 해외유출이 심각한 수준에 있으나 「부정경쟁방지 및 영업비밀보호에 관한 법률」에 따른 처벌대상이 민간 기업비밀 누설의 경우로 한정되어 있고, 각종 법률에 산재하여 있는 관련 규정으로는 산업기술유출 방지 및 근절에 큰 효과를 내지 못하고 있으므로 「산업기술의 유출방지 및 보호에 관한법률」을 제정(2006.10.27, 법률 제8062호)하여 국내 핵심기술을 보호하고, 국가산업경쟁력을 강화하며, 국가의 안전과 국민경제의 안정을 보장할 수 있도록 하였다. 이법에서는 부정한 방법으로 타인의 산업기술을 취득 · 사용 · 공개하는 행위를 금지하고, 산업기술에 대한 비밀유지의무가 있는 자가 그 산업기술을 유출 · 사용 · 공개하거나 제3자가 사용하게 하는 행위를 금지하며, 국가핵심기술 및 국가연구개발사업으로 개발한 산업기술에 대한 유출행위 등이 발생하거나 발생할 우려가 있는 때에는 즉시 그 사실을 지식경제부장관 및 정보수사기관의 장에게 신고하도록 하고 있다(동법 §14-§15). 아울러 정부는 산업기술을 보호하기 위하여 산업보안기술의 개발 및 전문인력의 양성에 관한 시책을 수립하여 추진할 수 있다.

부정경쟁방지 및 영업비밀 보호에 관한 법률

구분	내용	비고
영업비밀	❑ 공공연히 알려져 있지 아니하고 독립된 경제적 가치를 가지는 것으로서, 상당한 노력에 의하여 비밀로 유지된 생산방법, 판매방법, 그 밖에 영업활동에 유용한 기술상 또는 경영상의 정보 ❑ 비밀성(비밀유지성) ❑ 경제성(유용성) – 시행착오 등의 실패한 실험데이터도 인정됨 ❑ 신규성(비공지성) – 특허출헌 후 공개된 정보는 영업비밀이 될 수 없음	요건을 만족시키지 않으면 영업비밀로 보호받을 수 없음
침해행위	❑ 영업비밀에 대하여 부정취득행위가 개입된 사실을 알거나 중대한 과실로 알지 못하고 그 영업비밀을 취득하는 행위 또는 그 취득한 영업비밀을 사용하거나 공개하는 행위	고의 또는 과실
벌칙	❑ 국외 유출 - 10년 이하의 징역 또는 2 ~ 10배 벌금 ➢ "외국에서 사용될 것임을 알면서 취득 · 사용 또는 제3자에게 누설한 자" (2010.3.31 시행) ❑ 국내 유출 - 5년 이하의 징역 또는 2 ~ 10배 벌금	국외 > 국내 고의 > 과실

산업기술의 유출방지 및 보호에 관한 법률

구분	내용	비고
산업기술	제품 또는 용역의 개발·생산·보급 및 사용에 필요한 제반 방법 내지 기술상의 정보 중에서 관계중앙행정기관의 장이 소관 분야의 산업경쟁력 제고 등을 위하여 법령이 규정한 바에 따라 지정 또는 고시·공고하는 기술 ❏ 국내에서 개발된 독창적인 기술로서 선진국 수준과 동등 또는 우수하고 산업화가 가능한 기술 ❏ 기존제품의 원가절감이나 성능 또는 품질을 현저하게 개선시킬 수 있는 기술 ❏ 기술적•경제적 파급효과가 커서 국가기술력 향상과 대외경쟁력 강화에 이바지할 수 있는 기술	"산업기술" 해당 여부 불분명
국가핵심기술	❏ 국내외 시장에서 차지하는 기술적·경제적 가치가 높거나 관련 산업의 성장 잠재력이 높아 해외로 유출될 경우에 국가의 안전보장 및 국민경제의 발전에 중대한 악영향을 줄 우려가 있는 산업기술로서 「산업기술의 유출방지 및 보호에 관한 법률」 제9조에 따라 지정된 산업기술 ❏ 선정기준 - 국가안보 및 국민경제에 미치는 파급효과, 관련 제품의 국내외 시장점유율, 해당분야의 연구동향 및 기술 확산과의 조화 등을 종합적으로 고려 ❏ 2010년 1월 기준 49개 지정 • 전기전자(5개), 자동차(8개), 철강(6개), 조선(7개), 원자력(4개), 정보통신(11개), 우주(5개), 생명공학(3개)	지식경제부 고시 제2010-11호 산업자원부 고시 제2007-109호 ('07.8.29) 국가핵심기술은 폐지

정보통신망 이용촉진 및 정보보호에 관한 법률

구분	내용
개인정보	❏ 생존하는 개인에 관한 정보로서 성명·주민등록번호 등에 의하여 특정한 개인을 알아볼 수 있는 부호·문자·음성·음향 및 영상 등의 정보 ❏ 해당 정보만으로는 특정 개인을 알아볼 수 없어도 다른 정보와 쉽게 결합하여 알아볼 수 있는 경우에는 그 정보를 포함
기술적•관리적 보호조치	❏ 정보통신서비스 제공자등은 기술적·관리적 조치를 하여야 함 1. 개인정보를 안전하게 취급하기 위한 내부관리계획의 수립·시행 2. 개인정보에 대한 불법적인 접근을 차단하기 위한 침입차단시스템 등 접근 통제장치의 설치·운영 3. 접속기록의 위조·변조 방지를 위한 조치 4. 개인정보를 안전하게 저장·전송할 수 있는 암호화기술 등을 이용한 보안조치 5. 백신 소프트웨어의 설치·운영 등 컴퓨터바이러스에 의한 침해 방지조치 6. 그 밖에 개인정보의 안전성 확보를 위하여 필요한 보호조치 ❏ 정보통신서비스 제공자등은 개인정보가 안전하게 저장·전송될 수 있도록 다음 각 호의 보안조치를 하여야 함 1. 비밀번호 및 바이오정보(지문, 홍채, 음성, 필적 등 개인을 식별할 수 있는 신체적 또는 행동적 특징에 관한 정보를 말한다)의 일방향 암호화 저장 2. 주민등록번호 및 계좌정보 등 금융정보의 암호화 저장 3. 정보통신망을 통하여 이용자의 개인정보 및 인증정보를 송신·수신하는 경우 보안서버 구축 등의 조치 4. 그 밖에 암호화 기술을 이용한 보안조치

2. 기업의 보안관리

1) 기업보안관리 현황

최근 대기업의 정보유출 사건이 발생하면서 기업보안관리가 중요한 이슈로 부각되고 있다. 기업보안관리는 정보보호 환경 변화와도 밀접한 관계가 있는데, 최근 정보보호 환경이 변화하는데 따라 기업이 보안관리를 위해 고려해야 할 점이 많다.

(1) **정보보호 환경 변화** : 경기침체로 기업은 정보보호 예산 편성이나 자원할당에 소극적인 실정이다. 경영 컨설팅업체인 프라이스워터하우스쿠퍼스(PwC)가 주요 기업을 대상으로 조사한 결과 지난해 정보보호 예산 감소율이 전년도보다 7% 높아진 것으로 나타났다. 대대적인 정보보호 예산 삭감을 고려하고 있진 않지만 지속적인 경기침체로 비용감소는 불가피했던 것으로 보인다.

기업이 정보보호 예산을 줄이는 동안 정보보호 위협은 다각도로 나타났다. 그리드 컴퓨팅, 클라우드 컴퓨팅, 스마트폰 등 IT신기술이 등장하고, 웹2.0, 블로그, 소셜네트워크서비스(SNS) 등 커뮤니케이션 환경이 변화하면서 새로운 보안 위협이 등장하게 된다.

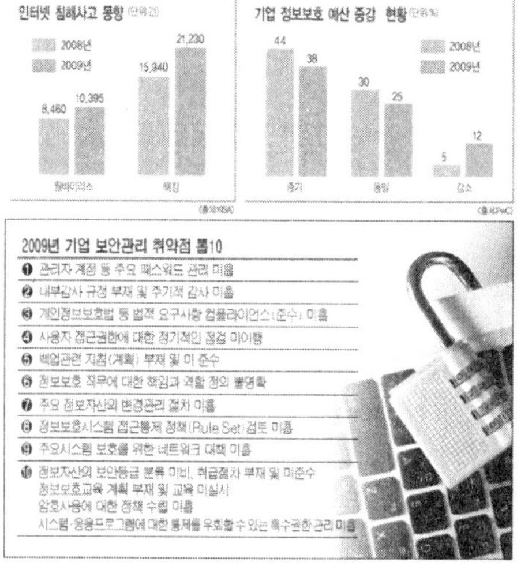

시만텍의 2010년 기업 현황 보고서에 따르면 사이버 공격으로 인한 기업의 손실액도 상당한 것으로 나타났다. 2009년 한해 동안 세계 기업의 75%가 사이버 공격을 경험했고, 이로 인한 기업 당 손실액은 연평균 200만 달러(약 23억원)로 조사됐다. 국내 기업 역시 사이버 공격으로부터 자유로울 순 없었다. 2005년부터 2007년까지 매년 4000억원 상당의 피해액이 발생했으며, 2009년 7.7 분산서비스거부(DDoS)공격 대란 때 피해액은 약 400~500억원으로 추산되고 있다.

(2) **기업보안관리**(企業保安管理, **ESM : Enterprise Security Management**)는 침입차단 시스템(firewall, 방화벽), 침입탐지시스템(IDS), 가상시설망(VPN) 등 다양한 종류의 보안 솔루션을 하나로 모은 통합보안관리시스템이다. 최근 기업보안 관리(ESM)는 통합 관리 수준에서 벗어나 시스템자원관리(SMS), 망 관리 시스템(NMS) 등 기업 자원 관리 시스템까지 확대, 개발되고 있다. ESM은 기업들이 서로 다른 기종의 보안 솔루션 설치에 따른 중복 투자, 자원 낭비를 줄일 수 있으며, 솔루션 간 상호 연동을 통해 전체 정보 통신 시스템에 대한 보안 정책을 수립할 수 있다는 장점이 있다.

ESM은 최근 통합관리 수준에서 벗어나 시스템자원관리(SMS), 네트워크자원관리(NMS) 등 전사적 자원관리시스템까지 포함하는 형태로 개발되는 추세여서 ESM이 상용화되면 기업들은 다른 기종의 보안 솔루션들을 설치하면서 중복투자를 하거나 자원을 낭비하는 것을 막을 수 있다. 그리고 또 하나, 솔루션간 상호 연동을 통해 전체 정보통신 시스템에 대한 보안 정책도 수립할 수 있다는 점이 ESM가 주목받는 이유중의 하나이다.

현재 세계적으로 ESM 시장은 몇몇 업체를 제외하곤 상용화된 제품이 거의 없을 정도로 아직 개발 단계에 불과하며 체크포인트, ISS 등 주요 보안솔루션 업체들이 최근 보안솔루션 상호연동을 위한 표준 프로토콜(OPSEC)에 합의하면서 ESM 구현을 가속화하고 있어 국내에서도 데이터게이트, 이글루시큐리티, 인젠, 어울림정보기술 등 보안업계들이 최근 ESM을 잇따라 출시하면서 제품 상용화에 주력하고 있다.

이에 따라 지금까지 개별 솔루션 위주로 형성되어 온 보안 시장이 ESM 중심의 통합보안솔루션 중심으로 이동하고 있으며, 이와 함께 PKI분야는 안전한 거래 인프라를 확립하고 e커머스 활성화를 위한 인증의 핵심요소로 각광받을 것으로 전망, e메일 보안은 콘텐츠필터링 · 암호화 · 서비스 등을 결합한 턴키 베이스의 솔루션이 부각될 것으로 예상된다.

(3) 기업 대응전략 : 급속히 진행되는 환경 변화 속에서 기업이 올해 가장 주목하는 부분은 새로운 정보보호 위협 요소들이다. 우선 트위터와 페이스북, 마이스페이스 등 SNS 위협 증가에 따른 기업 정보보호이다. 페이스북(5억명), 마이스페이스(2억 6,000만명), 트위터(1억550만명) 등 SNS 등록 사용자 수는 굉장하다. 이들을 통해 최근 개인정보 침해, 악성코드 유포, 신용사기 등 다양한 형태의 공격이 진행되고 있는데, 얼마전 회사명을 도용해 올린 글을 두고 트위터를 상대로 한 상표권 침해 소송사례가 미국에서 발생하기도 했다. SNS의 위험성을 기업도 인식하고 있지만, 그 대책은 미흡한 상황이다. 이 위험에서 벗어나기 위해 기업은 직원들의 SNS 사이트 접속 모니터링을 강화하고 감사를 수행하는 등 SNS 사이트 접속 관련 정책을 마련해야 한다.

기업과 관련해 최근 부각되는 위협요소 중 빼놓을 수 없는 게, 스마트폰을 이용한 모바일 오피스 환경 위협이다. 최근 기상청, 두산, 한진해운, 삼성SDS 등 국내 다양한 기업들이 모바일 오피스에 열을 올리고 있다. 그러나 '내 손 안의 사무실'구현은 업무의 편의성이 증대된 반면 예상치 못하는 위협이 상존한다는 특징이 있다. 스마트폰 분실은 기업정보 유출과도 무관하지 않으며, 악성코드에 감염됐을 땐 정보 손실을 가져오는 등 다양한 위협이 존재하고 있다. 모바일오피스 유행에 무조건 동참하기보다는, 모바일 오피스 구축 시 발생할 수 있는 위험을 사전에 파악하고 통제정책을 확실히 수립하도록 해야 한다.

가상화 기술 악용도 새로운 기업보안 위협 요소로 떠오르고 있다. 최근 언스트앤영(ERNST & YOUNG)보고서에 따르면 IT자산 가상화 활성화로 인해 다양한 사이버 공격이 예상되고 있는데, 기업은 사용자 접근통제 실패로 인한 정보유출, 악성코드 공격 등의 위협이 존재하는 만큼 가상화 기술을 무조건 도입하기 보단 다각도로 보안 정책을 강화할 필요가 있다.

국내 웜바이러스와 해킹이 지속적으로 증가하면서 악성코드와 취약점을 이용한 사이버 공격도 여전히 강세인 것으로 보인다. 한국인터넷진흥원(KISA)에서 발표한 인터넷 침해사고 동향 및 분석보고서에 따르면 전년도 대비 2009년 웜바이러스와 해킹이 각각 23%, 33% 증가한 것으로 나타났다. 그러나 이에 대비한 기업의 IT인프라는 여전히 부족한 상황인데, 시만텍이 2010년 발표한 기업 현황 보고서에 따르면 IT인프라 용량 및 성능 개선과 더불어 IT 위험관리 능력 강화를 IT핵심과제로 선정되기도 했다.

(4) 기업보안관리, 인재관리는 필수 : 2009년 한국인터넷진흥원(KISA)에서 정보보호관리체계(ISMS) 인증심사를 위해 50건의 기업 사례를 분석한 결과 발견된 취약점 중 1위는 관리자 계정 등 주요 패스워드 관리 미흡인 것으로 나타났다. 같은 해 언스트앤영(ERNST & YOUNG) 보고서에 따르면 기업 고위층의 75%가 경기 침체로 최근 해고된 직원의 앙갚음을 염려한다고 하는데, IT관리와 더불어 인재관리 또한 기업 보안관리의 필수 요소로 자리 잡고 있다.

2) 기업의 보안관리

(1) 임직원 보호 의무

기업보안은 보호와 손실예방에 중점을 둔 방어적 접근법에 의해서 활동해 왔다. 글로벌 조직의 위기관리와 기업의 보안업무는 그 책임과 역할이 매우 구체적이면서도 광범위하다. 또한 임직원의 안위(安危)가 시스템이나 소프트웨어보다 모든 면에서 훨씬 중요하다.

9·11 사태 이후 미국 등 선진국의 글로벌 기업들은 위기관리와 기업 보안업무를 매우 중요하게 여기고 있다. 북미·서유럽 선진국들은 '임직원 보호 의무(Duty of

Care)'라는 이름으로 이러한 안전관리 조치를 제도화하고, 해외 지사나 법인을 비롯한 해외진출 조직이 이를 필수적으로 실행하게 하고 있다. 한국에 들어와 있는 글로벌 기업 80% 이상이 이러한 시스템을 활용해 임직원과 그들의 가족을 보호하고 있다. 이런 비상대응 및 위기관리 체계는 과거에 극도로 위험한 오지나 분쟁 지역에서 활동하는 무기거래 기업이나 석유·가스 개발 업체 등에서만 중요하게 다뤄졌었고, 대기업들도 고작해야 담당자를 두는 정도에 그쳤던 것과는 매우 대조적인 모습이다.

국내 기업들도 10여년 전과 비교하면 많은 변화가 있었지만 해외 글로벌 기업과 비교하면 여전히 이 분야에 대해서는 무딘 편이다. 고객 개인정보 유출과 사이버테러, 해킹 등 이슈로 인한 정보시스템(IT)의 정보보호(Information Security) 관리업무 분야를 제외하고는 아직도 많은 업무가 안전관리실이나 보안부서, 비상계획팀을 중심으로 시설·외곽 경비와 출입통제, 영상감시, 예비군 및 민방위 관리에 그치는 형편이다. 게다가 조직 내 인사, 총무, 법무실 등 주요 부서와의 연계, 협조, 통제 등도 매우 미약한 실정이며 조직 내에서 담당 팀의 위상 제고는 더더욱 기대할 수 없다.

참고

*** 임직원 보호 의무(Duty of Care)는 이렇게**

딜로이트만 하더라도 글로벌 회원사를 포함해 하루 평균 1만 5000~2만 5000명의 직원이 지방이나 해외로 출장을 다닌다. 무리한 출장 일정으로 인한 건강악화, 이동 시 교통사고 등 흔히 일어나는 사고뿐 아니라 위험 지역에서의 갑작스런 폭동이나 폭탄 테러로 인한 피해, 인질, 납치 및 쓰나미나 해상안전사고와 같은 자연 재해로 인한 실종 등의 사건, 사고 사례는 우리가 생각하는 것보다 매우 자주 발생하고 있다.

*** 글로벌 기업 임직원(부양가족 포함)의 해외 출장·파견 관련 실제 사고사례**

◎ 국제선 비행기 기내에서의 가슴 통증 또는 심장마비
◎ 현지 풍토병인 뎅기열 감염, 신종플루 대유행시 감염(2009년), 최근 남아공 현지 전염병 발생[2010년 2월 이후 리프트밸리열(Rift Valley Fever)로 40명 이상 감염 확진, 2명 사망]
◎ 현지 폭동으로 억류되거나 폭탄 테러로 인한 인명 피해
◎ 비행기 공중 납치, 해상 해적행위에 의한 피해 및 납치(인질 협상)
◎ 쓰나미, 지진, 폭우, 홍수 등 국지적 자연재해로 인한 실종 및 부상

◎ 이동 중 교통사고, 총기 기습 등 돌발상황으로 인한 인명 상해
◎ 공갈, 협박, 조직범죄 피해, 살해, 강도, 택시 등 현지 대중교통 사용에 따른 위험
◎ 현지법 위반 또는 범죄 오인으로 인한 구금, 재판, 현지인과 시비
◎ 갑작스런 환경변화로 인한 심한 스트레스 장애, 언어소통 문제, 임직원 및 가족 치료 문제

의료 및 보안, 오지에서의 질병과 사고에 대한 대처도 이제 '하늘의 뜻'이 아니라 '인간의 뜻'으로 얼마든지 개선할 수 있고 그 피해를 최소화할 수 있다. 기본적으로 비상시 대응 계획을 수립해놓고 충분한 교육을 실시해야 하며, 인근 지역 기관의 의료 수준과 가용성을 세밀히 확인해둬야 한다. 인접 선진국과 본국으로의 의료 이송 등이 필요할 경우에 대비해 육상 및 항공 앰뷸런스, 동반 의료진 및 의료 장비와 약품 등을 어떻게 확보할 것인지 미리 계획해두어야 한다. 해외 출장자와 파견 근로자들이 건강 및 보안 문제가 생길 때 전 세계 어디에서나 365일 24시간 한국어를 비롯한 다중 언어로 소통할 수 있는 콜센터의 활용도 중요하다. 이를 위해 의료 인력 및 보안 인력을 갖춘 글로벌 전문 서비스 네트워크를 활용하는 방법도 매우 효과적이다.

---

(2) 정보관리의 특징과 보안책임조직

선진 글로벌기업들의 위기관리와 기업정보 보안관리의 특징을 분석해보면, ㉠ 이들 기업은 예기치 않은 상황을 미리 파악·분류하고 대처할 수 있도록 준비해두는 것을 기업의 핵심업무 중 하나로 삼는다. ㉡ 위기관리와 기업 보안을 기업 경영진 차원에서 고려하고 결정해야 하는 전략적 차원의 업무로 인정한다. 즉, 보안과 위기관리를 기업 경영에의 피해 최소화를 위한 주요 요소로서 관리해나가는 문화가 뚜렷하게 자리를 잡아가고 있다. 또 비상 상황 및 예기치 않은 재난에 대비한 적절한 대응 체계를 구축하고 비즈니스 연속성(business continuity)을 확보하는 위기관리 프로세스를 정립하고 있다.

리스크에 대비하는 문화라고 하면, 실제로 존재하지 않는 위험에 대해 강박적으로 집착하면서 두려움에 떨며 사는 모습을 떠올리기 쉽다. 하지만 실제로는 전혀 그럴 필요가 없으며, 정책(policies)과 기준(standards), 지침(guidelines)을 미리 정해놓고 회사 조직과 임직원은 거기에 맞춰 적절한 행동을 취하면 된다. 이러한 정책과 기준, 지침을 정해 놓으면 크게 두 가지 점에서 유용하다. 위기 상황에서 임직원은

기준에 따라 훈련한 대로 움직이므로 효과적으로 위기에 대처할 수 있다. 또 기준을 실질적인 목표와 성과로 삼아 기업이 위기를 얼마나 잘 관리하고 있는지를 판단하고 조정할 수 있다.

이러한 위기관리 문화를 새롭게 일구고 지속적으로 발전시키는 일이 최고보안책임자(CSO, Chief Security Officer)를 위시한 보안조직의 역할이다. 보안조직에서는 보안업무를 기획하고 각종 통제 사항을 관리하고 모니터링, 위협분석 등을 통하여 평시 보안관리를 이행한다. 조직임직원에 대한 보안교육을 시행하고 긴급상황에 대처하기 위한 비상계획을 수립하고 운영을 지원하는 등의 역할을 수행한다.

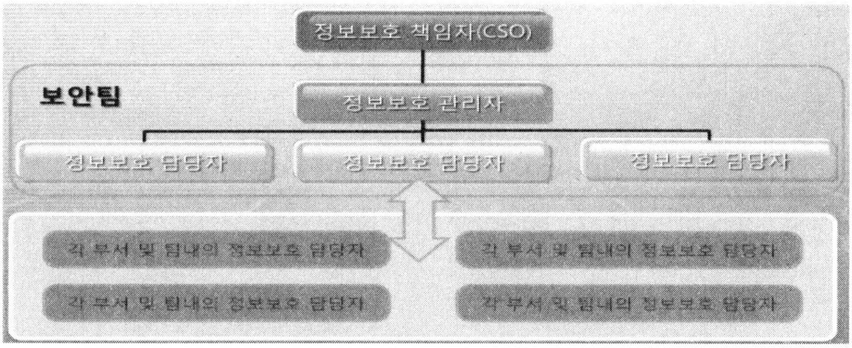

이제까지 지식경영, 다양성 확보, 혁신 등 다양한 분야에서 조직의 변화를 이끌어내기 위한 임원급 직책이 새롭게 생겨났지만, 기업 내부에서 CSO의 출현은 사실상 큰 변혁이나 다름없었다. 과거 요인(要人, VIP)임원의 신변보호나 물리적 보안 체계 수립과 같은 업무 영역에서 진화한 이 임무는 이제 글로벌 기업에서는 최고경영진에게 리스크와 위기관련 주요 의사결정사항을 직접 보고하고 자문하는 고급 관리직의 역할로 자리 잡고 있다. 미국의 경우 그 중 상당수는 FBI를 비롯한 연방·형사수사기관 출신이거나 정보기관, 국가수반의 경호실, 군 출신인 경우가 많다.

미국 국가경쟁력위원회(The Council on Competitiveness)에서 발표한 설문조사 결과를 살펴보면, 응답 기업 중 63%가 위기관리와 기업 보안 업무를 위해 CSO를 두고 있었다. 특히 CSO는 대부분 부사장 급이었고 그중 33%는 CEO에게 직접 보고하는 직속조직에 소속되어 있다고 한다.

(3) 최고보안책임자(CSO)가 하는 일

글로벌 기업에서 위기관리와 기업 보안업무들은 여러 가지가 있지만 이러한 업무들의 최종 목적은 임직원의 안전(safety) 확보로 귀결된다. 위기관리 및 보안관리 부문에 역사와 역량이 뛰어난 것으로 정평이 나 있는 IBM의 기업 보안 구성 체계와 업무 영역을 통해 CSO의 책임과 역할 범위를 살펴본다.

가) 물리적 보안(Physical Security)

위험 평가(Risk Evaluation & Assessment), 건물 · 시설 외곽 · 주변 보안(Perimeter Security), 출입통제(Access Control), 영상감시(CCTV Surveillance), VIP 보호(Executive Protection), 행사보안(Event Security), 잠금 열림제어(Lock & Key Control), 기타 각종 전자기적 보안 시스템 및 프로그램 등을 포함하는 가장 일반적이고 전형적인 보안 형태다.

나) 정보보호(Information Security · Protection)

정보 분류 · 등급관리 및 통제(Classification & Control of Information), 정보자산 위험 분석(Information Asset Risk Analysis), IT시스템 보안과의 연계 등을 포함하는 기업 정보자산 보호 활동을 총괄하는 프로그램이다.

다) 비상대응 및 위기관리(Emergency Planning & Crisis Management)

각종 비상 상황 및 재난에 대비해 비상계획(Emergency Plan)을 작성(Planning)하고 테스트(Drill)를 실시하며 비상시에 적절하고 효과적으로 대응(Response)함으로써 손실과 피해를 최소화하는 활동이다. 또 위기관리(Crisis Management)팀을 구성하고 시나리오를 구상해 모의훈련(Table-top Exercise)을 실시하며, 비상 · 위기 상황을 최대한 빠른 시간 내 대처해 비즈니스 연속성(Business Continuity)을 확보할 수 있게 하는 활동을 포함한다. 보다 세부적으로는 비상대응 계획 수립 및 대응, 위기관리팀 구성 및 실행, 임원승계 계획 실행, 외부 비상 서비스 제공 기관과의 연계, 테러 대응, 비즈니스 연속성 확보(IT시스템 재해 복구 포함) 등으로 나뉜다.

라) 사건, 사고조사 및 관리(Incident Management & Investigations)

테러, 시위, 범죄, 폭력, 성희롱 사건 및 기타 기업에 위험을 초래하거나 대외 이미지 · 신뢰도(Brand Image · Reputation · Credibility)에 영향을 미칠 수 있는 기업 내 구성원과 관련되는 사건과 사고를 조사(Interview & Investigations)한다. 또 사안의 실체를 발견·확인하고 데이터베이스(DB)화함으로써 장래의 리스크나 법적 문제(Legal Liability)를 예방하기 위한 활동을 포함한다.

마) 내부 보안 교육, 컨설팅 및 감사(Security Consulting & Reviews)

보안의식(Security Awareness)의 함양·제고를 위해 전체 경영진 및 임직원을 대상으로 각 사업장 별 특성에 맞는 계몽·홍보(Customized Education) 및 각종 위기관리·보안 교육을 시행한다. 또 보안의 목표가 달성되고 자산 보호를 위한 의무 사항(Requirements)이 잘 준수되고 있는지 자문·권고(Consulting)하고, 정기적·부정기적으로 감사(Review)를 실시한다.

바) 특수 프로그램

여행·출장 보안(Travel Advisory Security), 우편물보안(Mail & Mailroom Security), 물류보안(Logistics & Warehouse Security), 운송보안(Transportation & Aviation Security), 적재보안(Loading Dock Security) 등 다양한 프로그램을 포함한다(출처: IBM Corporate Security).

국내에서도 최근 아이티, 칠레, 미국 등지에서의 지진 및 폭설, 폭우 등의 잇따른 자연재해 발생과 태국, 중동, 아프리카 지역에서의 끊임없는 현지 치안 및 보안 문제, 테러 상황 발생으로 해외 출장자 및 주재원의 안전에 대한 염려의 목소리가 그 어느 때보다도 높아지고 있다. 기업은 글로벌 비즈니스가 계속 증가함에 따라 다양한 형태의 위험요소에 노출되고 있는 해외 임직원들의 안전관리를 개선하는 한편 사전에 위기관리와 기업 보안에 대한 전략과 통제 체제를 마련해야 한다. 이러한 패러다임의 변화는 임직원의 생산성 제고와도 직결되며 더 나아가 궁극적으로는 전사적 리스크 관리와 위기대응능력 향상에 크게 도움이 된다.

특히 남아공 월드컵을 두 달 앞두고, 현지의 치안, 범죄 등 상황이 그다지 나아지지 않고 있는 가운데 여러 위기상황에 대한 민간기업들의 사전 준비 필요성이 그 어느 때보다 높아지고 있다. 가장 우려되고 있는 현지 치안상태의 불안과 숙박·교통 문제뿐 아니라 매우 열악한 도시 기반시설로 인해 행사 기간 중 전력, 의료 등의 서비스가 극히 제한적으로 제공될 가능성도 전문가들 사이에서 지적되고 있는 실정이다. 도로시설의 낙후로 인한 교통 대란, 전력 수급문제로 인한 난방 및 통신망 사용 장애 위험, 의료 전문인력과 시설의 부족, 전염병 유행 등 치안 말고도 심각한 문제는 한두개가 아니다.

제4절 각종 시설의 보안관리

우리나라의 보안관리에는 국가의 안전을 위태롭게 하는 반국가활동을 규제함으로써 국가의 안전과 국민의 생존 및 자유를 확보하려는 '국가보안'을 비롯하여 광산근로자에 대한 위해를 방지함과 아울러 광해를 방지함으로써 지하자원의 합리적인 개발을 도모하기 위한 '광산보안' [㉮ 사람에 대한 위해의 방지(재해시의 구호를 포함), ㉯ 지하자원의 보호, ㉰ 광업시설의 보전, ㉱ 광해(鑛害, 광산에서의 토지의 굴착, 광물의 채굴, 선광 및 제련과정에서 생기는 지반침하, 폐석 · 광물찌꺼기의 유실, 갱수 · 폐수의 방류 및 유출, 광연의 배출, 먼지의 날림, 소음 · 진동의 발생으로 광산 및 그 주변의 환경에 미치는 피해)의 방지 등], 국제항해에 이용되는 선박과 그 선박이 이용하는 항만시설의 보안에 관한 사항을 정하여 국제항해와 관련한 보안상의 위협을 효과적으로 방지하여 국민의 생명과 재산을 보호하기 위한 '국제항해선박 및 항만시설의 보안', 「국제민간항공협약」 등 국제협약에 따라 공항시설, 항행안전시설 및 항공기 내에서의 불법행위를 방지하고 민간항공의 안전 및 보안을 확보하기 위한 기준 · 절차 및 의무사항 등을 규정한 '항공보안' 등이 제도적으로 마련되어 있다.

1. 항해선박 및 항만시설의 보안

1912년 영국여객선 타이타닉호의 해난사고를 계기로 1914년 「해상에서 인명의 안전을 위한 국제조약」이 채택되었다. 이 조약의 실시를 위해 한국에서는 「선박안전법」이 제정(법률 제919호, 1961.12.30)되었다. 또 2001년 9.11테러사건을 계기로 국제해사기구(IMO)에 해사분야의 테러대책의 강화가 검토되어 제5회 해상인명안전조약 체결국 정부회의(146개국)에서 「해상인명안전조약」(SOLAS: International Convention for the Safety of Life at Sea, 1974) 개정과 「선박 및 항만의 국제보안」(ISPS)코드가 채택되고부터 2004년 7월 1일까지 국제항해에 종사하는 여객선 및 총톤수 500톤 이상의 화물선 및 이 선박이 사용하는 항만시설을 대상으로 테러대책의 강화가 도모되었다.

날로 증가하는 테러사건 등 국제적인 해상보안상의 위협에 효과적으로 대응하고 국제항해에서 차지하는 우리나라 선사 · 선박 및 항만시설의 위상에 걸 맞는 해상보안책임을 확립할 수 있도록 국가적인 차원의 종합적이고 장기적인 해상보안체제를 마련하는 등 국제항해에 이용되는 선박과 그 선박이 이용하는 항만시설의 보안에 관한 기본사항을 정하되, IMO에서 2004년 7월 1일부터 국제협약에 따라 시행하고 있는 국제적인 해상보안기준에 맞추어 선박과 항만시설에 대한 보안책임자의 지정·운영, 보안평가의 실시, 보안계획서의 작성·비치 및 보안심사제도 등을 국내법체계에 맞게 수용함으로써 국제항해와 관련한 보안상의 위협을 효과적으로 예방하여 국민의 생명과 재산을 보호하기 위하여 「국제항해선박 및 항만시설의 보안에 관한 법률」을 제정(2007. 8. 3, 법률 제8618호, 이하 '선박보안법')하였다. 그 주요내용은 다음과 같다.

1) 국가항만보안계획 및 지역항만보안계획

항만시설에 대한 보안상의 위협을 사전에 예방하고 보안사건이 발생하는 경우 필요한 조치를 효율적으로 수행할 수 있도록 종합적이고 장기적인 관점에서 항만보안계획을 수립·시행할 필요성이 있다. 여기서 보안사건은 국제항해선박이나 항만시설을 손괴하는 행위 또는 국제항해선박이나 항만시설에 위법하게 폭발물 또는 무기류 등을 반입·은닉하는 행위 등 국제항해선박·항만시설·선박항만연계활동 또는 선박상호활동의 보안을 위협하는 행위 또는 그 행위와 관련된 상황을 말한다(선박보안법 §5).

그래서 국토해양부장관은 선박 및 항만시설의 보안에 관한 업무를 효율적으로 수행하기 위하여 항만보안의 기본방침 또는 보안사건의 대비·대응조치 등을 주요 내용으로 하는 국가항만보안계획을 10년마다 수립·시행하도록 하고, 지방해양수산청장은 국가항만보안계획에 따라 관할구역의 항만시설에 대한 지역항만보안계획을 수립·시행하도록 한다.

국가적인 차원의 국가항만보안계획과 개별 항만시설 단위의 지역항만보안계획을 통하여 항만보안에 대한 중·장기 추진방향을 수립·시행함으로써 항만시설의 보안업무에 대한 효과적인 정책집행이 가능할 것이다.

2) 보안등급의 설정·조정

국제항해선박 및 항만시설에 대하여 보안등급을 설정하고, 설정된 보안등급의 근거가 되는 보안사건의 발생 위험의 정도가 변경되는 때에는 보안등급을 조정하되, 보안등급을 설정하거나 조정하는 경우 국제항해선박 및 항만시설보안위원회의 심의를 거치도록 하고, 설정·조정된 보안등급은 해당 국제항해선박소유자 또는 항만시설소유자에게 즉시 통보하도록 한다(선박보안법 §6). 보안등급은 보안사건이 발생할 수 있는 위험의 정도를 단계적으로 표시한 것으로서 「1974년 해상에서의 인명안전을 위한 국제협약」에 따른 등급구분 방식을 반영한 것을 말한다.

보안사건의 발생 및 위험정도에 따라 보안등급을 설정·조정하고 각 보안등급별 보안조치사항을 효과적이고 통일되게 실시하게 함으로써 국제항해선박 및 항만시설에서의 유기적인 보안업무활동을 한다.

3) 국제항해선박에 대한 보안체제 수립·시행

국제항해선박소유자로 하여금 국제항해선박의 보안업무를 효과적으로 수행하게 하기 위하여 보안책임자의 지정, 선박보안평가의 실시 및 선박보안계획서의 작성·비치 등 보안체제에 관한 기본적인 조치사항의 법적 근거를 마련할 필요성이 있다.

그리하여 국제항해선박의 소유자·관리자 또는 국제항해선박의 소유자·관리자로부터 선박의 운영을 위탁받은 국제항해선박소유자는 그가 소유하거나 관리·운영하는 전체 국제항해선박의 보안업무를 총괄적으로 수행하는 총괄보안책임자와 개별 국제항해선박의 선박보안책임자를 각각 지정하고, 국제항해선박에서의 보안과 관련한 시설·장비·인력 등에 대한 선박보안평가를 실시하며, 선박보안평가의 결과를 반영하여 그 개선방안 등을 정한 보안계획서를 작성·비치하도록 한다(선박보안법 §7～§10).

대한민국 선적의 국제항해선박에 대한 보안체제의 수립·시행에 필요한 법적 기반을 마련함으로써 국제항해와 관련한 국제경쟁력을 높이는데 기여할 것이다.

4) 선박보안심사

국제항해선박의 보안체제에 대한 효과적인 관리를 위하여 국제항해선박에 대한 보안심사를 실시한 후 보안증서를 발행하는 등 선박보안심사 및 국제선박보안증서 제도를 마련할 필요성이 있다.

개별 국제항해선박에 대하여 선박보안계획서에 따른 조치 등을 적정하게 시행하고 있는지 여부를 확인하기 위하여 최초보안심사·갱신보안심사 및 중간보안심사 등 선박보안심사를 실시하게 하고, 선박보안심사에 합격한 선박에 대하여 국제선박보안증서 등을 교부하며, 동 보안증서 등을 비치하지 아니하거나 보안증서의 효력이 정지된 경우 해당 선박을 항해에 사용하지 못한다(선박보안법 §11~§14).

국제항해선박에 대한 보안체제의 효과적인 관리를 통하여 국제항해에서의 보안상의 위협에 대한 안전성 여부를 객관적으로 보장하는데 기여할 것이다.

5) 외국의 국제항해선박에 대한 항만국통제

외국의 국제항해선박에 대한 보안체제가 국제협약 등에서 요구하는 국제기준에 적합하게 시행되고 있는지의 여부를 확인하고 그에 필요한 조치를 할 수 있는 법적 근거를 마련할 필요성이 있다.

대한민국의 항만 안에 있거나 항만에 입항하고자 하는 외국의 국제항해선박에 대하여 그 보안관리체제가 국제협약 등에서 정하는 기준에 적합한지 여부를 확인·점검하고 필요한 조치를 할 수 있도록 하되, 이와 같은 항만국통제는 유효한 국제선박보안증서 등을 비치하고 있는지 여부를 확인하는데 한정하여 국제선박의 불편을 최소화하도록 한다(선박보안법 §19).

외국의 국제항해선박에 대한 항만국통제를 시행함으로써 우리나라의 선박 및 항만시설에 대한 보안위협을 사전에 예방하고 그 안전성을 확보하는데 기여할 것이다.

6) 항만시설에 대한 보안체제의 수립·시행

항만시설의 보안업무를 효과적으로 수행하게 하기 위하여 항만시설의 소유자 등으로 하여금 국제항해선박에 대응하는 보안체제를 수립·시행하게 하고, 그에 따른 효과적인 관리를 위한 법적 근거를 마련할 필요성이 있다.

항만시설소유자는 그가 소유하거나 관리·운영하는 항만시설의 보안업무를 수행하는 항만시설보안책임자를 지정하고, 항만시설보안평가를 실시하며, 항만시설보안계획서를 작성·비치하도록 하고, 항만시설보안심사를 받도록 하는 한편, 항만시설적합확인서를 비치하지 않거나 확인서의 효력이 정지된 경우 해당 항만시설을 운영하지 못하도록 한다(선박보안법 §23~§33, §42).

항만시설에 대한 보안체제를 수립·시행하고, 그에 대한 관리체제를 확립함으로써 우리나라 항만의 보안상의 위협과 관련한 국제적인 신뢰성을 높이는데 기여할 것이다.

2. 항공보안

1) 보안검색

항공보안검색제도란 승객과 항공기의 안전 및 보안을 위하여 항공기에 탑승하는 모든 승객과 물품에 대하여 불법방해 행위에 사용될 수 있는 무기, 폭발물 등 위해물품, 반입금지물품 등의 기내 반입을 방지하기 위하여 물건들을 탐지하기 위한 제도이다. 이는 크게 두 가지로 나뉘는데 승객 및 휴대물품의 보안 검색과 위탁수하물의 보안검색이 그것이다.

㉮ **승객 및 휴대물품의 보안검색** : 항공기 탑승 전 모든 승객 및 휴대물품에 대하여 금속탐지기, 휴대용 탐지기 또는 엑스선 검색장비를 사용하여 보안검색을 실시한다. 최근 들어 미국, 영국, 프랑스 등 여러나라에서는 전신스캐너를 설치하여 운영하고 있다.

㉯ **위탁수하물의 보안검색** : 탑승권을 소지한 승객의 위탁수하물에 대하여 엑스선 검색장비를 사용하여 보안검색을 실시한다.

·탑승수속 및 세관신고를 완료한 후 가까운 출국장으로 이동하여 보안검색을 받아야 한다.

·인천국제공항에는 4개소의(1번,2번,3번,4번) 출국장이 있으며, 해당 출국장이 혼잡할 경우 인근의 출국장을 이용할 수 있다.

·공항 이용객 및 항공기의 안전을 위해 보안검색을 실시하니 보안검색 업무에 적극 협조하여 주어야 한다.

·환송객은 항공기의 안전 운항을 위해 보안검색대 지역으로 입장할 수 없으니 출국장 지역에서 환송을 마쳐야 한다.

여권, 탑승권, 출국신고서를 검색요원에게 보여준다.

신고대상 물품이 있으시면 세관에 미리 신고한다.

휴대물품(가방, 핸드백, 코트)을 검색대의 컨베이어에 올려놓는다.

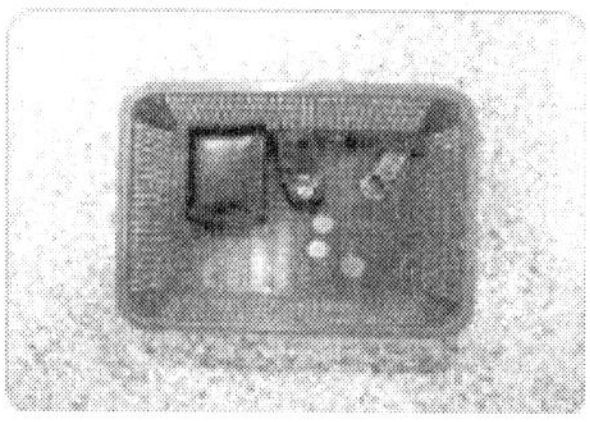

소지품(휴대폰, 동전, 열쇠)은 바구니에 넣는다.

문형탐지기를 통과하고 검색요원이 검색한다.

2) 항공보안관련 법률

항공기에 대한 범죄 특히 운항중 납치사건이 빈번하게 발생됨을 감안하여 국제적 노력의 결과 각국은 국제협약을 받아들여 국내입법하고 있는 추세에 비추어 우리나라에서도 「항공기운항안전법」을 제정(1974.12.26, 법률 제2742호)하여 항공기의 안전운항기준과 대형화하는 항공기의 발달에 따른 범죄양태 구성요건과 형량을 규정하였다. 이 법을 민간항공기(民間航空機)의 운항안전(運航安全)을 증진시키기 위하여 보안검색(保安檢索), 항공안전 및 보안에 관한 기본계획의 수립, 항공안전보안지시·조사 및 점검 등에 대한 법적 근거를 마련함으로써 법 적용의 실효성을 확보하고 민간항공의 안전성(安全性)·정시성(定時性) 및 효율성(效率性)을 유지하여 항공기와 탑승객(搭乘客)의 안전한 운항이 가능하도록 하는 등 현행제도의 운영과정에서 나타난 일부 미비점을 개선·보완하여 「항공안전 및 보안에 관한 법률」로 변경(2002. 8.26, 전부개정, 「항공안전보안법」, 법률 제6734호)하였다. 아울러 범죄인 호송업무 등 특정한 직무를 수행하는 경우 항공기 내 무기를 휴대할 수 있도록 하고, 화물터미널운영자에게 화물터미널 출입자에 대한 보안검색 권한을 부여하여 보호구역에서의 보안검색 책임을 명확히 하며, 국제민간항공기구 항공보안평가(ICAO USAP)에 대비하기 위하여 국가항공보안계획 수립의 법적 근거를 마련하고, 그 밖에 현행 제도의 운영상 나타난 일부 미비점을 개선·보완하기 위한 개정(2010. 3.22, 법률 제10160호)이 단행되었다. 국토해양부는 이번 개정으로 국제민간항공협약의 표준 및 권고사항에 부합된 법체계로 정비됨에 따라, 보다 효율적이고 안정적인 항공보안업무를 수행할 수 있는 기반이 마련하였다. 그 항공보안검색 개정의 주요 내용은 다음과 같다.

㉮ **국가항공보안계획의 수립** : 국토해양부장관이 '국가항공보안계획'의 계획을 수립하고 그 계획에 따라 공항운영자 등이 자체 보안계획을 수립하도록 하였다. 이는 국제민간항공협약의 국제기준에 부합된 법체계를 마련하여 항공운송사업의 국제경쟁력 확보에 기여할 것으로 기대된다.

㉯ **항공기 내 액체, 겔(gel)류 등 반입 통제** : 항공기 내 액체류 등에 대한 반입을 규제하는 국제민간항공기구의 권고에 따라 국토해양부장관이 정하여 고시하는 항공기내 반입금지 물질의 항공기 내에 반입을 통제하도록 하였다.

㉰ **화물터미널 보안검색 책임주체 명확화** : 화물터미널 내 지정된 보호구역의 보안검색 권한을 화물터미널운영자에게 부여하여 보안관리 책임주체를 명확히 하였다. 화물터미널에서의 보안검색 책임주체를 명확히 함으로써 책임 있는 업무 수행이 이루어 질 것이다.

㉱ **화물보안검색 절차 간소화를 위한 상용화주제도** : 국토해양부장관이 항공화물 등에 대해 보안검색을 실시할 수 있도록 지정한 상용화주가 보안검색을 실시한 화물에 대하여 항공사의 보안검색을 면제할 수 있도록 하였다. 이로 인해 화물보안검색 절차가 간소해져 효율적인 검색업무는 물론 원활한 항공화물 운송이 이루어질 것이다.

㉲ **특정직무 수행 시 항공기 내 무기반입 허용** : 경호업무, 범죄인 호송업무 등 특정한 직무를 수행하는 경우 더욱 효율적인 직무 수행을 위해 항공기 내에 무기를 반입할 수 있도록 하였다.

㉳ **항공보안검색 방해하면 1천만원 이하 벌금** : 항공보안검색요원의 업무를 방해하는 사람에 대하여 1천만원 이하의 벌금에 처하도록 하였다. 이는 검색업무 방해행위를 금지하고, 위반자를 처벌하기 위한 것이다.

제5절 경호보안업체의 보안관리

1. 보안관리의 개념 및 근거

「경비업법」 제2조 및 제3조에 따라 국가중요시설 등 기타 경비를 요하는 시설 및 장소에서 화재, 도난 등의 위해발생을 방지하는 업무를 수행하기 위하여 지방경찰청장의 허가를 받아 설립된 법인체인 경비업체가 「보안업무규정시행규칙」 제4조, 제69조 제2항, 「보안업무규정 시행 세부규칙」 제19조 규정[12]에 따라 경비업체가 국가기밀에 속하는 보안업무를 수행하기 위하여 비밀취급 인가 및 관리 등에 관하여 필요한 사항을 규정하기 위하여 「경비업체 보안업무 관리규칙」을 마련(1991. 7. 31 경찰청훈령 제53호)하여 시행하고 있다(이하 보안업무규칙, 개정 2009. 7. 31 훈령 제550호). 이 규칙은 사전에 국가정보원의 보안측정을 받아 지방경찰청에서 비밀취급인가를 받은 경비업체에 적용한다. 여기서 "국가기밀"이란 그 내용이 누설될 경우 국가안전보장에 위해(危害)한 결과를 초래할 우려가 있는 국가기밀로서 「보안업무규정 시행규칙」에 따라 비밀로 분류한 각종문서, 시설 및 장소를 말한다.

2. 비밀취급인가

1) 인가대상과 결격사유

(1) 인가대상

특수경비업무(「경비업법」 §2제1호 마목)를 수행하는 특수경비업자는 「경비업법」 제4조제3항제5호의 규정에 의하여 첫 업무개시의 신고를 하기 전에 지방경찰청장의

12) 「보안업무규정 시행 세부규칙」〔제정 1991.7.31 경찰청훈령 제45호, 개정 1991.12.21 훈령 제71호, 1995.7.7 훈령 제164호, 1996.8.30 훈령 제187호, 1998.11.12 훈령 제236호, 1999.6.9 훈령 제269호, 경찰청훈령 제591호, 2010.5.25, 전부개정) 제19조(비밀취급인가의 특례) ①시행규칙 제4조의 규정에 따른 비밀취급의 특례적 인가는 경찰청장과 지방경찰청장만 할 수 있다.
②제1항의 인가 및 해제에 관하여는 전 제12조, 제16조, 제17조, 제18조의 규정을 준용한다.
③제1항의 인가권자는 특례적 인가를 받은 단체의 보안업무 수행상태를 지도 감독할 책임을 진다.

비밀취급인가를 받아야 한다(동법 시행령 §6). 국가기밀에 속하는 보안업무를 수행하는 경비업자도 지방경찰청장의 비밀취급인가를 받아야 한다.

(2) 결격사유

지방경찰청장은 경비업체의 대표자 및 이사급 중에서 보안업무규칙을 위반하여 비밀취급인가가 해제된 후 2년을 경과하지 아니한 업체나 국가정보원 보안측정결과 부적합 판정을 받은 업체의 어느 하나에 해당하는 경우는 비밀취급을 인가할 수 없다(보안업무규칙 §4).

2) 인가관청

경호보안업체의 비밀취급인가는 경비업무를 허가한 지방경찰청에서 담당한다.

3) 인가절차 및 해제

(1) 인가신청

비밀을 취급하고자 하는 경비업체의 대표자는 주사무소 관할 지방경찰청장에게 비밀취급인가 신청을 하여야 한다. 경비업체의 대표자는 비밀취급인가를 신청할 때에는 업체현황에 관한 서류를 첨부하여야 한다(보안업무규칙 §5). 경비업체가 비밀취급인가 신청을 하고자 할 때에는 ㉠ 명칭 소재지 및 대표자와 이사급 성명(신원진술서 4부), ㉡ 연혁, ㉢ 임무기능 및 능력, ㉣ 시설의 평면도, ㉤ 관할경찰서, ㉥ 측정이유, ㉦ 기타 참고사항의 구비서류를 첨부하여 경찰청 생활안전과 분임 보안담당관을 경유하여 국가정보원에 보안측정을 요청하여야 한다(보안업무규칙 §7).

(2) 비밀취급업체 선정심사

지방경찰청장은 비밀취급 대상업체를 선정하기 위하여 지방경찰청 생활안전과에 비밀취급업체 선정 심사위원회를 구성 운영한다. 이 심사위원회는 위원장, 부위원장 각 1인을 포함하여 6인 이내의 위원으로 구성하고, 위원장은 지방경찰청 생활안전과장으로 하고, 위원은 지방경찰청장이 지명하는 경감이상의 경찰공무원으로 한다. 심사위원회는 재적위원 과반수의 찬성으로 의결하며, 사무처리를 위하여 간사 1인을 둘 수 있으며 간사는 지방경찰청 생활안전과의 경비업 담당자가 된다(보안업무규칙 §6). 경비업체의 신규인가, 재인가 및 인가의 해제 사실을 지방청보안담당관이 경비업체의 대표에게 통보하여야 한다.

(3) 인가

지방경찰청장은 업체의 비밀취급인가 신청을 받은 때에는 비밀취급업체선정 심사위원회의 심의를 거쳐 국가정보원의 보안측정 결과, 적정판정이 된 업체에 대하여 서약서를 받고 비밀취급을 인가한다(보안업무규칙 §9①). 지방경찰청장은 업체의 대표자 및 이사급 중에서 ㉠ 이 규칙을 위반하여 비밀취급인가가 해제된 후 2년을 경과하지 아니한 업체나 ㉡ 국가정보원 보안측정결과 부적합 판정을 받은 업체의 어느 하나에 해당하는 경우는 비밀취급을 인가할 수 없다.

(4) 보안측정 절차

경호보안업체 보안측정 요청(인가신청) → 지방경찰청 → 경찰청장(경유) → 국정원장의 보안측정 → 지방청장의 비밀인가 취급의 순서로 진행된다.

(5) 유효기간

비밀취급인가 유효기간은 2년으로 한다. 유효기간이 만료된 업체에 대한 재인가가 필요한 때에는 유효기간 2개월 전까지 제1항에 따라 재신청 하도록 하여야 한다(보안업무규칙 §9②).

(6) 인가의 해제

경호보안업체가 ㉠ 보안점검결과 이 규칙에 따른 명령, 지시, 의무규정 등을 위반하여 보안관리상 상당한 지장을 초래하여 연2회 이상 경고처분을 받은 경우, ㉡ 보안사고가 발생한 경우, ㉢ 업체가 해체된 경우, ㉣ 업체의 고의 또는 중대한 과실로 그 시설의 기능수행에 지장을 초래하게 한 경우, ㉤ 정당한 사유없이 규칙 제19조에 따른 영업장소 이전 및 대표자 변경신고를 하지 않은 경우의 어느 하나에 해당하는 경우에는 지방경찰청장은 비밀취급인가를 해제할 수 있다(보안업무규칙 §9③).

3. 경호보안업체의 비밀취급자

1) 비밀취급 임직원과 종사자

(1) 비밀취급 임직원

경호보안업체는 보안측정을 요청하기 전에 비밀작업에 종사하게 될 임직원에 대한 신원조사를 지방경찰청 생활안전과 분임 보안담당관(이하 “지방청보안담당관”)에게 요청하여야 한다. 지방청보안담당관은 업체 임직원에 대한 신원조사를 실시하고 그 결과를 [별지 제1호서식]의 신원조회대장에 기록·관리한다. 이 경우 단기 잡역종사자에 대하여는 작업을 위장하며 비밀이 노출되지 아니하도록 보안조치를 한 후 신원증명서를 받고 신원조사를 생략할 수 있다. 업체가 신원조사를 의뢰할 때에는 ㉠ [별지 제2호서식]의 대상자 연명부 1부, ㉡ [별지 제3호서식]의 신원진술서 5부, ㉢ 사진(최근 3개월이내 촬영한 반명함판) 5매, ㉣ 가족관계증명서 1통(기재사유가 생략되지 아니한 것)의 서류를 지방청보안담당관에게 제출하여야 한다. 지방청보안담당관은 신원조사 결과의 적합여부를 업체에 통보하고, 업체의 대표자는 신원특이자가 비밀을 열람하거나 비밀작업에 종사하지 않도록 신상관리 책임을 진다.

(2) 비밀취급 종사자의 비밀취급종사원등록증

경호보안업체는 보안업무 및 보안을 요하는 시설에 종사하게 할 요원에 대하여는 비밀취급을 인가하는 증명서인 비밀취급종사원등록증을 발급받도록 하여야 한다. 이에 따라 종사원등록증을 발급받고자 할 때에는 [별지 제4호서식]의 종사원등록증 발급신청서를 지방청보안담당관에게 제출하여야 한다. 이 발급신청서를 지방청보안담당관이 제출받은 때에는 이를 심사하여 적합하다고 인정하는 자에 대하여는 [별지 제5호서식]의 서약서를 제출받은 후 [별지 제6호서식]의 종사원등록증을 발급하여야 한다. 지방청보안담당관은 종사원등록증 발급대장을, 경호보안업체는 [별지 제7호서식]의 종사원등록대장을 비치하고 항시 기록 유지하여야 한다.

비밀작업종사자는 작업할 때에는 종사원 등록증을 패용하여야 하며 작업이 끝나면 경비업체의 보안책임자에게 반납하여야 한다. 경호보안업체의 대표는 업체의 해산, 인가의 해제, 종사원의 퇴직 기타 비밀취급을 할 필요가 없게 된 경우에는 지체

없이 종사원등록증을 회수하여 지방청보안담당관에게 반납하여야 한다. 이에 따라 종사원등록증을 제출받은 경우 지방경찰청장은 그에 대한 비밀취급인가 해제조치를 하여야 한다.

2) 보안담당관 및 비밀보관책임자

(1) 경비업체보안담당관 및 업체분임보안담당관

경호보안업체는 종사원등록증 소지자 중에서 이사급을 업체의 보안담당관으로 임명하고, 작업자인 부장급을 업체의 분임 보안담당관으로 임명하여, 지방청보안담당관에게 등록서를 제출하여야 한다.

경호보안업체보안담당관 및 업체분임보안담당관은 ㉠ 보안업무의 계획, 조정 및 총괄, ㉡ 보안교육 실시, ㉢ 서약의 집행, ㉣ 비밀작업을 할 때에 자체보안 대책 강구, ㉤ 자체보안 내규의 작성 및 시행, ㉥ 종사원 등록증의 보관관리의 임무를 수행한다.

(2) 비밀보안책임자 및 분임보안책임자

경비업체보안담당관은 업체의 비밀을 관리하기 위하여 종사원등록증을 소지한 실무부서 책임자 중에서 부장급으로 비밀보안책임자를 지정하고, 공사장에는 과장급으로 분임보안책임자를 임명하여야 한다.

비밀보안책임자 및 분임보안책임자는 ⓐ 비밀의 누설, 도난, 분실 및 손괴 등의 방지, ⓑ 비밀을 최선의 상태로 보관하며 비밀관리기록부, 비밀열람기록전, 작업일지 및 대출부의 기록 유지 등의 임무를 수행한다.

4. 비밀의 관리 및 업무처리

1) 비밀관리방법

경호보안업체가 보안에 해당하는 비밀을 관리하는 경우 다음과 같은 방법으로 한다(보안업무규칙 §12).

① 경비 계약체결 대상 사업체로부터 비밀을 접수 또는 대여받은 업체의 비밀보

관책임자는 [별지 제8호서식]의 비밀관리기록부를 비치 기록하고 비밀보관 용기에 보관하여야 한다.

② 비밀을 열람한 자는 [별지 제9호서식]의 비밀열람기록전에 기록하여야 하며, 비밀에서 분리할 경우에는 따로 편철하여야 한다.

③ 작업수행상 비밀이 내포된 내역서 등을 분리하여야 할 경우 비밀보관책임자는 분리하여 작업을 할 수 있으며, 일일작업이 끝나면 반드시 회수하여 보관하여야 한다.

④ 경비기기 설치작업이 완료된 비밀은 계약체결대상 사업체에 반납하고, 비밀관리 기록부에 수령인을 받아야 한다.

⑤ 경호보안업체에서 사용하고 있는 비밀작업 서식류의 기록은 가제목을 사용하여 비밀내용이 노출되지 않도록 하여야 한다.

⑥ 경호보안 시설공사 관련 비밀서류는 업체에서만 열람하는 것을 원칙으로 한다. 다만, 이를 공사현장에 가져가지 아니하고는 작업이 불가능한 경우에 한하여 업체보안담당관의 승인을 얻어 반출할 수 있고, 업체보안담당관은 공사현장에서의 보안대책 강구 실태를 확인한 후 이를 승인하여야 한다.

⑦ 비밀을 접수 또는 대여받은 업체는 이를 복제, 복사 또는 사진촬영을 할 수 없다. 다만, 작업의 수행상 부득이 복제, 복사하여야 할 사정이 있는 때에는 공사시행기관장의 승인을 얻어 복제 또는 복사하되 작업이 완료된 후에는 지체없이 업체보안담당관의 확인하에 파기하여야 한다.

⑧ 시공업체의 보안담당관은 비밀장비공사의 개시와 공사완료 또는 공사중단 상황을 지방청보안담당관에게 보고하여야 한다.

2) 보관용기의 비치

경호보안업체는 비밀을 보관하기 위하여 금고 또는 이중장치가 된 견고한 보관함을 비치하여야 한다(보안업무규칙 §13).

제작이 완료된 비밀 장비는 도난, 화재 또는 파괴로부터 보호하고 비밀취급인가자 이외의 자의 접근을 방지할 수 있는 견고한 시설에 보관하여야 한다.

경호보안업체는 비밀 장비가 설치된 지역을 통제구역으로 설정하여, 비밀취급인가자이외의 출입자를 통제하고, 이를 출입자명부에 기록 유지하여야 한다.

3) 업무처리 주의사항

(1) 경호보안업체의 준수사항

경비업체보안담당관은 현실성 있는 자체 보안내규를 수립하여 지방청보안담당관에게 조정 · 검토를 받은 후 시행하여야 한다. 경호보안업체가 비밀공사를 할 때에는 사전 공사 준비단계, 작업단계 등 각 공정별로 보안대책을 수립, 시행하여야 한다(보안업무규칙 §23).

(2) 제작 및 공사

시공업체는 경호보안 계약을 체결한 사항의 전부 또는 일부를 다른 업체에 하도급을 할 수 없다. 다만, 비밀이 아닌 사항에 대하여는 그러하지 아니한다(보안업무규칙 §15). 시공업체의 보안담당관은 장비제작 및 공사에 투입되는 종사자의 인적사항을 확인하고 작업에 따른 자체보안 대책을 수립하여 사전에 계약체결 대상 업체의 보안담당관에게 제시하여야 하며, 종사원등록증 미소지자에 대하여는 작업장의 출입을 제한하여야 한다. 비밀장비 및 시설공사에 투입되는 인원은 부득이한 경우를 제외하고는 공정별로 교체하여 공사전반에 대한 내용을 파악하지 못하도록 하여야 한다.

(3) 비밀작업장의 설치

비밀작업장은 일반작업장과 구분하여 설치하여야 하고, 업체보안담당관의 감독하에 출입인원을 제한하여야 한다(보안업무규칙 §16). 비밀작업장 또는 작업수행상 중요한 시설에는 지정출입자 이외의 출입을 금지하며 출입 현황을 [별지 제10호서식]의 통제구역 출입자명부에 기록 유지하여야 한다. 경비업체는 공사완료일까지 매일 공정별 작업상황을 [별지 제11호서식]의 작업일지에 기록하여야 한다.

(4) 복제, 복사 또는 사진촬영 금지

비밀이 내포된 내역서 등은 복제, 복사 또는 사진촬영을 할 수 없다. 다만, 작업수행상 그 일부분을 복제, 복사 또는 사진촬영을 하여야 할 경우에는 업체보안담당관의 승인을 얻어 할 수 있으며, 작업이 완료된 후에는 업체보안담당관의 확인하에 소각 또는 반납하여야 한다(보안업무규칙 §14). 경비업체는 비밀에 속하는 장비(시설물 포함)의 설명서, 기기동작 설명서 또는 사용설명서 등을 발간(인쇄, 프린트, 공판 등) 하고자 할 때에는 회사 대표의 사전 승인을 받아 계약체결 대상 사업체 보안담당관 입회하에 비밀발간업체에서 소요 최소부수만을 발간하여야 한다. 비밀장비 제작 및 비밀공사(이하 장비제작 및 공사)에 따라 제작품, 비밀사항이 내포된 물품(장비의 설명서 및 기기동작 설명서를 포함) 및 시설도면 등은 견본, 작업실적, 기타 참고용 등의 명목으로 보관할 수 없다.

(5) 비밀의 전파 금지

비밀작업에 종사한 자는 작업중에 알게 된 사항을 일체 타인에게 전파, 누설, 공개 또는 유출하여서는 아니 된다. 또 비밀작업에 종사하는 자에게 비밀에 해당하는 사항을 전화로 문의 또는 연락하여서는 아니 된다(보안업무규칙 §17). 지방청보안담당관은 업체의 보안업무에 관한 조정감독권을 가지며, 업체의 보안상태와 그 이행 여부를 확인하기 위하여 정기 또는 불시에 보안지도 점검을 실시할 수 있으며, 필요할 때에는 업체에 관계서류의 제시를 요구할 수 있으며, 경호보안업체 임직원에 대하여 연 1회 이상 보안교육을 실시하여야 한다.

(6) 비밀공사업체 광고금지와 숙직원의 배치

경호보안업체는 대외적으로 비밀공사업체임을 광고하여서는 아니 되며, 장비 제작 및 공사중에 비밀을 보관하고 있을 때에는 숙직원을 배치하고, [별지 제12호서식]의 숙직일지를 비치 · 기록하여야 한다. 다만, 기계경비시설을 설치한 경우에는 그러하지 아니하다(보안업무규칙 §18).

(7) 영업장소의 이전과 대표자 변경

경호보안업체가 영업장소를 이전하거나 대표자를 변경할 때에는 그 사실을 3일 이내에 지방경찰청 생활안전과에 통보하고, 1개월 이내에 보안 측정을 요청하여야 한다(보안업무규칙 §19).

(8) 비상시의 대비

비밀작업중인 경호보안업체가 ㉠ 보관중인 비밀과 작업중인 비밀을 도난 또는 분실한 경우, ㉡ 공휴일 또는 야간에 비상사태가 발생한 경우, ㉢ 화재가 발생한 경우, ㉣ 기타 보안에 대한 사고 발생하는 경우에는 즉시 경찰서 및 지방청보안담당관에게 보고하여야 한다(보안업무규칙 §20). 경비업체는 ㉡ 에서 ㉣ 까지의 비상사태에 대비하기 위하여 비밀안전지출 및 파기계획을 수립·시행하여야 하며, 야간에 비밀의 도난 및 화재예방을 위하여 비밀보관함에는 경보장치를 설치하고, 비밀보관장소와 숙직실간에 비상벨을 설치하는 등의 비밀보호 대책을 강구하여야 한다.

(9) 전산장비 이용 비밀작업시 보안관리

전산장비를 이용하여 비밀자료를 입 · 출력할 때에는 「경찰 정보통신 운영규칙」에 정한 각종 보안대책을 성실히 이행하여야 한다(보안업무규칙 §21).

5. 보안지도 및 점검

지방경찰청장은 「경비업법 시행령」(§29)이 정하는 바에 따라 특수경비업자에 대하여 연 2회이상, 비밀취급인가를 받은 일반경비업자는 연 1회 이상 보안지도 · 점검을 실시하여야 하고, 필요한 경우 관계기관(국정원장 등)에 보안측정을 요청하여야 한다(「경비업법」 §25). 이는 특수경비업의 중요성에 따른 조치라고 하겠다.

지방경찰청 방범(기획)과 분임 보안담당관은 경비업체에 대하여 보안업무에 관한 조정감독권을 가지며, 업체의 보안상태와 그 이행여부를 확인하기 위하여 정기 또는 불시 보안지도 점검을 실시할 수 있으며 필요할 때에는 관계서류의 제시를 요구할 수 있으며, 경호보안업체 임직원에 대하여 연 1회 이상 보안교육을 실시하도록 하고 있다. 지방경찰청장은 보안 특례업체에 대하여 연 1회 이상 보안지도 점검 및 교육을 실시한다(보안업무규칙 §22).

경호보안업체는 보안사고가 발생하였을 때에는 ㉠ 일시 · 장소, ㉡ 사고자 인적사항, ㉢ 사고내용(육하원칙에 따라 기재), ㉣ 조치사항 등을 지방경찰청장에게 보고하여야 한다. 보안사고를 방관한 자 또는 사고의 발생을 인지하고도 보고하지 아니한 자에 대하여는 업체가 적절한 징계조치를 하여야 한다(동규칙 §25).

지방경찰청장은 업체가 이 보안업무규칙에 따른 명령, 지시, 의무규정 등을 위반하여 보안관리상 상당한 지장을 초래하였을 경우에는 경고조치를 할 수 있다(동규칙 §24).

부록

참 고 서 식

[별지 서식] (「주택관리업자 및 사업자 선정지침」 제27조 제1항 관련)

입 찰 서

*참 가 번 호		입찰명칭	
입 찰 가 액	금 원정 (W)		
입찰보증금	금 원정 (W)		

위와 같이 입찰보증금(입찰가격의 5퍼센트)을 첨부하여 입찰합니다.

년 월 일

○ **입찰자**

상호(성명) :

법인등록번호(개인은 주민등록번호) : -

주 소 : (전화번호)

* 대표자 : (인)

(대리 입찰시)

대리인 성명 : (인)

주민등록번호 : -

주 소 : (전화번호)

○○○○ 귀중

구비서류	- 현금납부 영수증(계좌이체증명서), 입찰보증보험증권 또는 공제증권 1부 - 입찰자 인감증명서 1부 - 위임장 및 사용인감계(대리인의 경우) 각 1부
기재방법	* 참가번호는 기재하지 마십시오. * 대리 입찰시 입찰자의 날인란에는 사용인감을 날인합니다.

210㎜×297㎜(일반용지 60g/㎡)

경비업의 표준하도급계약서

원사업자 ○○○주식회사(이하 '갑'이라 한다)와 수급사업자 ○○주식회사(이하 '을'이라 한다)는 경비업무의 전부 또는 일부를 도급(이하 '기본 계약'이라 칭함)하는 것을 내용으로 하는 계약을 다음과 같이 체결한다.

- 다 음 -

○ 제 공 업 무 :

○ 계 약 내 용 :

1. 계약기간 :
2. 도 급 비 :
3. 사용자명 :

○ 업 무 개 시 일 :

○ 계 약 조 건 : 첨부 개별계약서에 정한 바와 같음

이 계약의 성립을 증명하기 위하여 계약서 2통을 작성하여 각자 서명날인후 각 1통씩 보관합니다.

201 년 월 일

(갑) 주 소
회사명
대표자 ㊞

(을) 주 소
회사명
대표자 ㊞

*첨부 : 1. 기본계약서 본문(계약일반 조건)
2. 경비제공 업무의 범위
3. 도급비 산출내역서
4. 개별계약서(협정사항, 특수조건 등)

* 경비업의 표준하도급계약서에 대한 내용은 공정거래위원회 기업협력국 제정 계약 내용 참조

(경비업법 시행규칙 §2 관련[별지 제1호서식])

<table>
<tr><td colspan="8">호송경비통지서</td><td>처리기간
즉시</td></tr>
<tr><td rowspan="2">통지인</td><td>법인명칭</td><td colspan="3"></td><td>허가번호</td><td colspan="3"></td></tr>
<tr><td>소재지</td><td colspan="7"></td></tr>
<tr><td rowspan="7">통지내용</td><td rowspan="2">출발지</td><td rowspan="2">종착지</td><td colspan="6">중간기착지</td></tr>
<tr><td>도내(지명)</td><td>관할경찰서</td><td colspan="2">도외(지명)</td><td colspan="2">관할경찰서</td></tr>
<tr><td></td><td></td><td></td><td></td><td colspan="2"></td><td colspan="2"></td></tr>
<tr><td colspan="3">도급자(회사명)</td><td colspan="5">주요호송품명</td></tr>
<tr><td colspan="3"></td><td colspan="5"></td></tr>
<tr><td>경비기간 및 호송횟수</td><td colspan="3">. . .부터
(일간)
. . .까지</td><td colspan="2">호송횟수</td><td colspan="2">월 회</td></tr>
<tr><td colspan="8"></td></tr>
<tr><td rowspan="5">경비원 명단</td><td colspan="2">성명</td><td colspan="2">직책</td><td colspan="2">성명</td><td colspan="2">직책</td></tr>
<tr><td colspan="2"></td><td colspan="2"></td><td colspan="2"></td><td colspan="2"></td></tr>
<tr><td colspan="2"></td><td colspan="2"></td><td colspan="2"></td><td colspan="2"></td></tr>
<tr><td colspan="2"></td><td colspan="2"></td><td colspan="2"></td><td colspan="2"></td></tr>
<tr><td colspan="2"></td><td colspan="2"></td><td colspan="2"></td><td colspan="2"></td></tr>
<tr><td colspan="9">경비업법 시행규칙 제2조의 규정에 의하여 위와 같이 통지합니다.
. . .
통지인(대표자) (서명 또는 인)
경찰서장 귀하</td></tr>
<tr><td colspan="8">구비서류 : 없음</td><td>수수료
없음</td></tr>
</table>

210mm×297mm
(신문용지 54g/㎡(재활용품))

경비업법 시행규칙 제3조제1항관련 [별지 제2호서식] 〈개정 2008.12.5〉

경비업 □신규 □변경 □갱신 허가신청서			처리기간 15 일
신청인	①법인명칭		
	②주사무소의 소재지	(전화 :)	
	③출장소의 소재지	(전화 :)	
신청내용	④신청경비업무	□시설경비업무 □호송경비업무 □신변보호업무 □기계경비업무 □특수경비업무	
	⑤자본		
	⑥손해배상 (공탁·보험·공제)		

「경비업법」 제4조제1항 · 제6조제2항, 동법 시행령 제3조 및 동법 시행규칙 제3조 · 제6조제1항에 따라 경비업의 (신규 · 변경 · 갱신) 허가를 신청합니다.

. . .

신청인(대표자) (서명 또는 인)

○○ 지방경찰청장 귀하

구비서류	구분	신청인(대표자) 제출서류	담당공무원 확인사항 (부동의하는 경우 신청인이 직접 제출하여야 하는 서류)	수수료
	신규(변경) 허가신청서	1. 법인의 정관 1부 2. 법인 임원의 이력서 1부 3. 경비인력·시설 및 장비의 확보계획서 각 1부(경비업의 허가를 신청하는 때에 갖출 수 없는 경우에 한합니다)	법인등기부 등본(1부)	10,000원
	갱신허가 신청서	1. 허가증 원본 2. 정관 1부(변경사항이 있는 경우에 한합니다.)	법인등기부 등본(1부)	

본인은 이 건 업무처리와 관련하여 「전자정부법」제21조제1항에 따라 행정정보의 공동이용을 통하여 담당공무원이 위의 **담당공무원 확인사항**을 확인하는 것에 동의합니다.

신청인(대표자) (서명 또는 인)

「경비업법 시행규칙」 제4조제1항 [별지 제3호서식] (앞쪽)

제 호

허 가 증

1. 법인명칭
2. 소재지
3. 대표자성명
4. 주민등록번호
5. 주소
6. 허가경비업무

경비업법 제4조제1항 · 제6조제2항의 규정에 의하여 위와 같이 허가합니다.

년 월 일

○○지방경찰청장 [인]

210mm×297mm
(보존용지(1종) 120g/㎡)

(뒤쪽)

연 월 일	변경신고사항	확 인 자

「경비업법 시행규칙」 제4조제2항 [별지 제4호서식]

<table>
<tr><td colspan="4" rowspan="2">허가증재교부신청서</td><td>처리기간</td></tr>
<tr><td>7일</td></tr>
<tr><td rowspan="4">신청인</td><td>①법인명칭</td><td></td><td>②허가번호</td><td></td></tr>
<tr><td>③주소지</td><td colspan="3">(전화 :)</td></tr>
<tr><td>④대표자</td><td></td><td>⑤주민등록번호</td><td>~</td></tr>
<tr><td>⑥주소</td><td colspan="3"></td></tr>
<tr><td colspan="5">경비업법 시행령 제4조제3항 및 동법 시행규칙 제4조제2항의 규정에 의하여 경비업 허가증의 재교부를 신청합니다.

. . .

신청인 (서명 또는 인)
○○지방경찰청장 귀하</td></tr>
<tr><td colspan="4" rowspan="2">구비서류
1. 사유서(허가증을 잃어버린 경우에 한합니다)
2. 허가증(허가증이 못쓰게 된 경우에 한합니다)</td><td>수수료</td></tr>
<tr><td>2,000원</td></tr>
</table>

210mm×297mm(신문용지 54g/㎡(재활용품))

「경비업법 시행규칙」 제5조제1항관련 [별지 제5호서식] 〈개정 2003.11.17〉

경비업 □폐 업 □휴 업 □영 업 재 개 □휴업기간연장 신고서				처리기간
				즉시
신고인	①법인명칭		②허가번호	
	③소재지	(전화 :)		
	④대표자		⑤주민등록번호	
	⑥주소	(전화 :)		
신 고 내 용	⑦폐업연월일			
	⑧휴업기간 또는 영업재개연월일			
⑨사유				

휴 · 폐업상황			
⑩계약 회사명	⑪경비장소	⑫경비원 성명	⑬경비원에 대한 조치

경비업법 제4조제3항, 동법 시행령 제5조제1항·제2항 및 동법 시행규칙 제5조제1항의 규정에 의하여 경비업의 □폐업 □휴업 □영업재개 □휴업기간연장 을(를) 신고합니다.

. . .

신고인 (서명 또는 인)

○○지방경찰청장 귀하

구비서류 : 허가증	수수료
	없음

210mm×297mm(신문용지 54g/㎡(재활용품))

「경비업법 시행규칙」 제5조 제2항관련 [별지 제6호서식] 〈개정 2008.12.5〉

<table>
<tr><td colspan="4">경비업허가사항 등의 변경신고서</td><td>처리기간
7 일</td></tr>
<tr><td rowspan="2">신고인</td><td>①법인명칭</td><td></td><td>②허가번호</td><td></td></tr>
<tr><td>③소재지</td><td colspan="3">(전화 :)</td></tr>
<tr><td rowspan="3">신고
내용</td><td>④현재</td><td colspan="3"></td></tr>
<tr><td>⑤변경후</td><td colspan="3"></td></tr>
<tr><td>⑥사유</td><td colspan="3"></td></tr>
</table>

「경비업법」 제4조제3항, 동법 시행령 제5조제4항·제5항 및 동법 시행규칙 제5조제2항에 따라 경비업의 허가사항 등의 변경을 신고합니다.

. . .

신고인(대표자) (서명 또는 인)

○○지방경찰청장 귀하

<table>
<tr><td rowspan="6">구
비
서
류</td><td>구분</td><td>신고인(대표자) 제출서류</td><td>담당공무원 확인사항
(부동의하는 경우 신청인이 직접 제출하여야 하는 서류)</td><td>수수료</td></tr>
<tr><td>명칭
변경의 경우</td><td>허가증 원본</td><td>법인등기부 등본(1부)</td><td rowspan="5">2,000원</td></tr>
<tr><td>대표자
변경의 경우</td><td>1. 법인 대표자의 이력서 1부
2. 허가증 원본</td><td>법인등기부 등본(1부)</td></tr>
<tr><td>임원
변경의 경우</td><td>법인 임원의 이력서 1부</td><td>법인등기부 등본(1부)</td></tr>
<tr><td>주사무소
또는 출장소
변경의 경우</td><td>허가증 원본</td><td>법인등기부 등본(1부)</td></tr>
<tr><td>정관의 목적
변경의 경우</td><td>법인의 정관 1부</td><td></td></tr>
</table>

본인은 이 건 업무처리와 관련하여 「전자정부법」 제21조제1항에 따른 행정정보의 공동이용을 통하여 담당공무원이 위의 **담당공무원 확인사항**을 확인하는 것에 동의합니다.

신고인(대표자) (서명 또는 인)

「경비업법 시행규칙」 제24조제1항관련 [별지 제15호서식]〈개정 2006.2.2〉

경비원	□ 배치 □ 배치폐지	신고서	처리기간
			즉시

신고인	①법인명칭		②허가번호	
	③소재지	(전화 :)		
	④배치장소	(전화 :)		
⑤배치일시			⑥배치폐지(예정)일시	
⑦경비의 목적 또는 내용				

경비원 배치(폐지) 내용			
⑧배치 경비업무	⑨경비원 성명	⑩주민등록번호	⑪경비원 신임교육 이수증 번호
		−	

경비업법 제18조제2항 및 동법시행규칙 제24조의 규정에 의하여 경비원

□ 배 치
□ 배치폐지 를 위와 같이 신고합니다.

. . .

신고인(대표자) (서명 또는 인)

○○경찰서장 귀하

구비서류 : 없 음 ※ 위의 경비원신임교육 이수증 번호는 신임교육을 받은 경비원에 한하여 기재합니다.	수 수 료
	없 음

210㎜×297㎜(신문용지 54g/㎡(재활용품))

특수경비원 교육기관 시설 및 강사의 기준(시행규칙 제14조제1항관련 [별표 3])

구 분	기 준
1. 시설기준	○ 100인 이상 수용이 가능한 165제곱미터 이상의 강의실 ○ 감지장치·수신장치 및 관제시설을 갖춘 132제곱미터 이상의 기계경비실습실 ○ 100인 이상이 동시에 사용할 수 있는 330제곱미터 이상의 체육관 또는 운동장 ○ 소총에 의한 실탄사격이 가능하고 10개 사로 이상을 갖춘 사격장
2. 강사기준	○ 고등교육법에 의한 대학 이상의 교육기관에서 교육과목 관련학과의 전임강사(전문대학의 경우에는 조교수) 이상의 직에 1년 이상 종사한 경력이 있는 사람 ○ 박사학위를 소지한 사람으로서 교육과목 관련 분야의 연구 실적이 있는 사람 ○ 석사학위를 소지한 사람으로서 교육과목 관련 분야의 실무업무에 3년 이상 종사한 경력이 있는 사람 ○ 교육과목 관련 분야에서 공무원으로 5년 이상 근무한 경력이 있는 사람 ○ 교육과목 관련 분야의 실무업무에 10년 이상 종사한 경력이 있는 사람 ○ 체포·호신술 과목의 경우 무도사범의 자격이 있는 사람으로서 교육과목 관련 분야에서 2년 이상 실무 경력이 있는 사람 ○ 폭발물 처리요령 및 예절교육 과목의 경우 교육과목 관련 분야에서 2년 이상 실무 경력이 있는 사람

※ 비고 : 교육시설이 교육기관의 소유가 아닌 경우에는 임대 등을 통하여 교육기간 동안 이용할 수 있도록 하여야 한다.

[별지 제73호 서식] (2008. 3. 31. 개정) (앞 쪽)

접수번호	□ 법인설립신고 및 사업자등록신청서 □ 국내사업장설치신고서(외국법인)	처리기간
		5일 (보정기간은 불산입)

귀 법인의 사업자등록신청서상의 내용은 사업내용을 정확하게 파악하여 근거과세의 실현 및 사업자등록 관리업무의 효율화를 위한 자료로 활용됩니다. 아래의 사항에 대하여 사실대로 작성하시기 바라며 신청서에 서명 또는 인감(직인)날인하시기 바랍니다.

1. 인적사항

법 인 명(단체명)		승인법인고유번호 (폐업당시 사업자등록번호)	
대 표 자		주민등록번호	-
사업장(단체)소재지			
총괄사업장소재지		총괄사업장 등록번호	
전 화 번 호	(사업장) (휴대전화)	전자우편주소	@
		국세청이 제공하는 국세정보 수신 동의여부	동의함 ( ) 동의하지않음( )

2. 법인현황

법인등록번호	-	자본금	천원	사업연도	월 일 ~ 월 일

법 인 성 격 (해당란에 ○표)											
내 국 법 인						외 국 법 인			지 점(내국법인의 경우)		
영리 일반	영리 외투	비영리	국가 지방 자치	법인으로 보는 단체: 승인법인	법인으로 보는 단체: 기타	지점 (국내 사업장)	연락 사무소	기타	여	부	본점사업자 등 록 번 호

조합법인 해당여부		공 익 법 인							외국·외투 법인	국 적	투자비율
여	부	해당여부		사업유형	주무부처명	출연자산여부					
		여	부			여	부				

3. 외국법인 내용 및 관리책임자 (외국법인에 한함)

외 국 법 인 내 용				
본점	상 호	대 표 자	설 치 년 월 일	소 재 지

관 리 책 임 자			
성 명 (상 호)	주민등록번호 (사업자등록번호)	주 소 (사업장소재지)	전 화 번 호

4. 사업장현황

사 업 의 종 류						사업(수익사업) 개 시 일
주업태	주 종 목	주업종코드	부업태	부 종 목	부업종코드	
						년 월 일

사업장 구분 및 면적		도면첨부		사업장을 빌려준 사람(임대인)			
자가	타가	여	부	성 명(법인명)	사업자등록번호	주민(법인)등록번호	전화번호
㎡	㎡						

임 대 차 계 약 기 간	(전세)보증금	월 세(부가세 포함)
20 . . . ~ 20 . . .	원	원

개 별 소 비 세				주 류 면 허			부가가치세 과세사업		인·허가 사업 여부			
제조	판매	장소	유흥	면허번호	면허신청		여	부	신고	등록	인·허가	기타
					여	부						

설립등기일 현재 기본 재무상황 등						
자산 계	유동자산	고정자산	부채 계	유동부채	고정부채	종업원수
천원	천원	천원	천원	천원	천원	명

210㎜×297㎜(신문용지 54g/㎡(재활용품))

(뒤 쪽)

5. 사업자등록신청 및 사업시 유의사항(아래 사항을 반드시 읽고 확인하시기 바랍니다)

가. 사업자등록 상에 자신의 명의를 빌려주는 경우 해당 법인에게 부과되는 각종 세금과 과세자료에 대하여 소명 등을 하여야 하며, 부과된 세금의 체납시 소유재산의 압류·공매처분, 체납내역 금융기관 통보, 여권발급제한, 출국규제 등의 불이익을 받을 수 있습니다. 나. 내국법인은 주주(사원)명부를 작성하여 비치하여야 합니다. 주주(사원)명부는 사업자등록신청 및 법인세 신고시 제출되어 지속적으로 관리되므로 사실대로 작성하여야 하며, 주주명의 대여시는 양도소득세 또는 증여세가 과세될 수 있습니다. 다. 사업자등록 후 정당한 사유 없이 6개월이 경과할 때까지 사업을 개시하지 아니하거나 부가가치세 및 법인세를 신고하지 아니하거나 사업장을 무단 이전하여 실지사업 여부의 확인이 어려울 경우에는 사업자등록이 직권으로 말소될 수 있습니다. 라. 실물거래 없이 세금계산서 또는 계산서를 교부하거나 수취하는 경우 「조세범처벌법」 제11조의2에 따라 해당 법인 및 대표자 또는 관련인은 3년 이하의 징역 또는 공급가액 및 그 부가가치세액의 2배 이하에 상당하는 벌금에 처하는 처벌을 받을 수 있습니다. 마. 신용카드 가맹 및 이용은 반드시 사업자 본인 명의로 하여야 하며 사업상 결제목적 이외의 용도로 신용카드를 이용할 경우 「여신전문금융업법」 제70조제2항에 따라 3년 이하의 징역 또는 2천만원 이하의 벌금에 처하는 처벌을 받을 수 있습니다.

신청인의 위임을 받아 대리인이 사업자등록신청을 하는 경우 아래 사항을 적어 주시기 바랍니다.				
대 리 인 인적사항	성 명		주민등록번호	
	주 소 지			
	전화 번호		신청인과의 관계	

<table>
<tr><td>신청
구분</td><td colspan="2">□ 사업자등록만 신청　□ 사업자등록신청과 확정일자를 동시에 신청
□ 확정일자를 이미 받은 자로서 사업자등록신청 (확정일자 번호 :　　　　　)</td></tr>
<tr><td colspan="3">신청서의 기입내용과 실제 사업내용이 일치함을 확인하고, 「법인세법」 제109조 · 제111조, 같은 법 시행령 제152조부터 제154조까지, 같은 법 시행규칙 제82조제3항제11호 및 「상가건물 임대차보호법」 제5조제2항에 따라 법인설립 및 국내사업장설치 신고와 사업자등록 및 확정일자를 신청합니다.</td></tr>
<tr><td colspan="3">년　　월　　일
신 청 인　　　　(서명 또는 인)
위 대 리 인　　　　(서명 또는 인)
세무서장 귀하</td></tr>
<tr><td rowspan="2">구비서류</td><td>신청인 제출서류</td><td>담당 공무원 확인사항
(담당 공무원의 확인에 동의하지 아니하는 경우 신청인이 직접 제출하여야 하는 서류)</td></tr>
<tr><td>1. 정관 1부
2. 임대차계약서 사본(사업장을 임차한 경우에 한합니다) 1부
3. 「상가건물 임대차보호법」의 적용을 받는 상가건물의 일부를 임차한 경우에는 해당 부분의 도면 1부
4. 주주 또는 출자자명세서 1부
5. 사업허가 · 등록 · 신고필증 사본(해당 법인에 한합니다) 또는 설립허가증사본(비영리법인에 한합니다) 1부
6. 현물출자명세서(현물출자법인의 경우에 한합니다) 1부
7. 자금출처소명서('08년 7월부터 금지금 도 · 소매업 및 과세유흥장소에의 영업을 영위하려는 경우에 한합니다) 1부
8. 본점 등의 등기에 관한 서류(외국법인에 한합니다) 1부
9. 국내사업장의 사업영위내용을 입증할 수 있는 서류(외국법인에 한하며, 담당 공무원 확인사항에 의하여 확인할 수 없는 경우에 한합니다) 1부</td><td>법인등기부 등본(1부)(지점을 포함합니다)</td></tr>
<tr><td colspan="3">본인은 이 건 업무처리와 관련하여 「전자정부법」 제21조제1항에 따른 행정정보의 공동이용을 통하여 담당 공무원이 위의 담당 공무원 확인사항을 확인하는 것에 동의합니다.
신청인　　　　(서명 또는 인)</td></tr>
<tr><td colspan="3">※ 기재요령 : 사업장을 임차한 경우 「상가건물임대차보호법」의 적용을 받기 위하여서는 사업장 소재지를 임대차계약서 및 건축물관리대장 등 공부상의 소재지와 일치되도록 구체적으로 적여야 합니다.
(작성 예) ○○동 ○○○○번지 ○○호 ○○상가(빌딩) ○○동 ○○층 ○○○○호</td></tr>
</table>

【 특수경비업자가 할 수 있는 경비관련업 】

「경비업법 시행령」 제7조의2제1항관련 [별표 1의2] 〈신설 2003.11.11〉

1. 경비관련업

분 야	해 당 영 업
조립금속제품 제조업	○ 일반철물제조업(자물쇠제조 등 경비관련 제조업에 한함) ○ 금고제조업
기타 기계 및 장비 제조업	○ 소화기 및 분사기 제조업
기타 전기기계 및 전기변환장치 제조업	○ 전기경보 및 신호장치 제조업
전자부품 · 영상 · 음향 및 통신장비 제조업	○ 전자카드제조업 ○ 유선통신기기 제조업 ○ 방송 및 무선통신기기 제조업 ○ 방송수신기 및 기타 영상 · 음향기기 제조업
전문직별 공사업	○ 기타 건물건설관련 전문 공사업(소방시설 공사 등 방재관련 공사에 한함) ○ 배관 및 냉 · 난방 공사업(소방시설 공사 등 방재관련 공사에 한함) ○ 내부 전기배선 공사업 ○ 내부 통신배선 공사업
도매 및 상품중개업	○ 통신 · 경보 및 탐지용 장비도매업
통신업	○ 전기통신 회선설비 임대업 ○ 유선전화 및 기타 유선통신업 ○ 무선전화업 ○ 무선호출 및 기타 무선통신업 ○ 별정통신업 ○ 부가통신업 ○ 기타 전기통신업
부동산업	○ 주거용 부동산 관리업 ○ 비주거용 부동산 관리업
정보처리 및 기타 컴퓨터 운영 관련업	○ 컴퓨터시스템설계 및 자문업 ○ 기타 소프트웨어 자문 · 개발 및 공급업 ○ 컴퓨터시설 관리업
전문 · 과학 및 기술 서비스업	○ 건축설계 및 관련 서비스업(소방시설 설계 등 방재관련 건축설계에 한함) ○ 건물 및 토목 엔지니어링 서비스업 (소방공사 감리 등 방재관련 서비스업에 한함)
사업지원서비스업	○ 사업시설 유지관리 서비스업 ○ 인력공급업 ○ 고용알선업 ○ 탐정업 ○ 경비업 ○ 경보시스템 서비스업 ○ 소독 및 구충 서비스업 ○ 건축물 일반청소업 ○ 산업시설 청소업

일반경비원 신임교육의 과목 및 시간(시행규칙 제12조 제1항관련 [별표2])

<table>
<tr><th>구분
(교육시간)</th><th>과 목</th><th>시 간</th></tr>
<tr><td rowspan="2">이론교육
(7시간)</td><td>「경비업법」·「경찰관직무집행법」 및 「청원경찰법」</td><td>4</td></tr>
<tr><td>범죄예방론(신고 및 순찰요령을 포함한다)</td><td>3</td></tr>
<tr><td rowspan="7">실무교육
(18시간)</td><td>테러 대응요령</td><td>3</td></tr>
<tr><td>화재대처법</td><td>2</td></tr>
<tr><td>응급처치법</td><td>3</td></tr>
<tr><td>분사기 사용법</td><td>2</td></tr>
<tr><td>예절 및 인권교육</td><td>2</td></tr>
<tr><td>체포·호신술</td><td>3</td></tr>
<tr><td>질문·검색요령(관찰·기록기법을 포함한다)</td><td>3</td></tr>
<tr><td>기타(3시간)</td><td>입교식·평가·수료식</td><td>3</td></tr>
<tr><td>계</td><td></td><td>28</td></tr>
</table>

일반(특수)경비원 신임교육 이수증 교부대장

「경비업법 시행규칙」제12조 제4항관련 [별지 제11호서식]

번호	성명	주민등록 번호	주소	자택 : ( ) 직장명 : ( )	교육이수증 교부번호	교부일	비고

297mm×210mm
(일반용지 54g/㎡(재활용품))

「경비업법 시행규칙」제12조 제4항관련 [별지 제12호서식]

제 호

일반(특수)경비원신임교육이수증

성 명 : 주민등록번호 :
주 소 :

위의 사람은 년 월 일부터 월 일까지 실시한 일반(특수)경비원 신임교육을 이수하였음을 증명합니다.

년 월 일

○○○교육원장 [인]

210mm×297mm
(보존용지(1종) 70g/㎡)

특수경비원 신임교육의 과목 및 시간(시행규칙 제15조제1항관련 [별표4])

구분 (교육시간)	과 목	시 간
이론교육 (15시간)	「경비업법」·「경찰관직무집행법」 및 「청원경찰법」	8
	「헌법」 및 형사법(인권, 경비관련 범죄 및 현행범체포에 관한 규정을 포함한다)	4
	범죄예방론(신고요령을 포함한다)	3
실무교육 (69시간)	정신교육	2
	테러 대응요령	4
	폭발물 처리요령	6
	화재대처법	3
	응급처치법	3
	분사기 사용법	3
	출입통제 요령	3
	예절교육	2
	기계경비 실무	3
	정보보호 및 보안업무	6
	시설경비요령(야간경비요령을 포함한다)	4
	민방공(화생방 관련 사항을 포함한다)	6
	총기조작	3
	총검술	5
	사격	8
	체포 · 호신술	5
	관찰 · 기록기법	3
기타(4시간)	입교식 · 평가 · 수료식	4
계		88

경비업법 시행규칙 제17조관련 [별지 제13호서식]

기 관 명 (앞 쪽)

우 주소 / 전화( ) - / 전송( ) -
담당부서 :

문서번호 :

수 신 :

<table>
<tr><td colspan="6">무기대여신청서</td><td>처리기간
30 일</td></tr>
<tr><td rowspan="3">①시설주</td><td>성 명</td><td colspan="5"></td></tr>
<tr><td>주민등록번호</td><td colspan="5"></td></tr>
<tr><td>직 책</td><td colspan="5"></td></tr>
<tr><td colspan="2">②배치사업장의 명칭</td><td colspan="2"></td><td>③배치사업장의 소 재 지</td><td colspan="2"></td></tr>
<tr><td colspan="2">④특 수 경 비 원 배 치 인 원</td><td colspan="5"></td></tr>
<tr><td colspan="2" rowspan="2">대 여 요 청 량</td><td>⑤총기종류</td><td>⑥수 량</td><td>⑦탄 종</td><td colspan="2">⑧수 량</td></tr>
<tr><td></td><td></td><td></td><td colspan="2"></td></tr>
<tr><td colspan="2">⑨대여신청사유</td><td colspan="5"></td></tr>
<tr><td colspan="2">⑩대 여 기 간</td><td colspan="5"></td></tr>
<tr><td colspan="2">⑪무기관리방법</td><td colspan="5"></td></tr>
<tr><td colspan="2">⑫비 고</td><td colspan="5"></td></tr>
<tr><td colspan="7">경비업법 제14조제4항, 동법시행령 제20조제1항 및 동법시행규칙 제17조의 규정에 의하여 위와 같이 무기대여를 신청합니다.

. . .

시설주 [인]</td></tr>
</table>

210mm×297mm

(신문용지 54g/㎡(재활용품))

이 신청서는 아래와 같이 처리됩니다. (뒤 쪽)

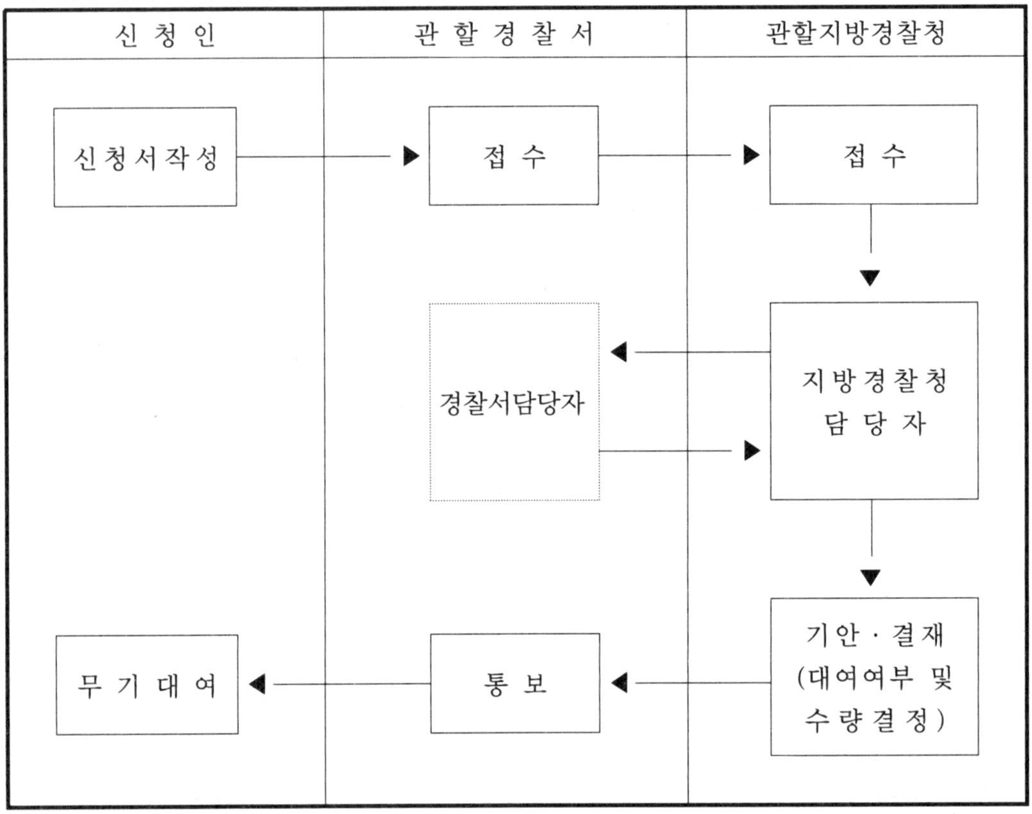

표지장 등의 위치(시행규칙§19④관련[별도 4])

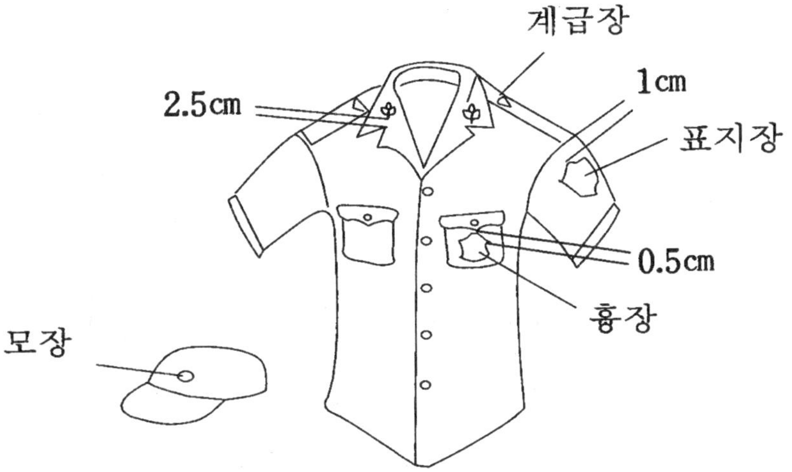

계 급 장 (시행규칙 §19③관련 [별도 1])

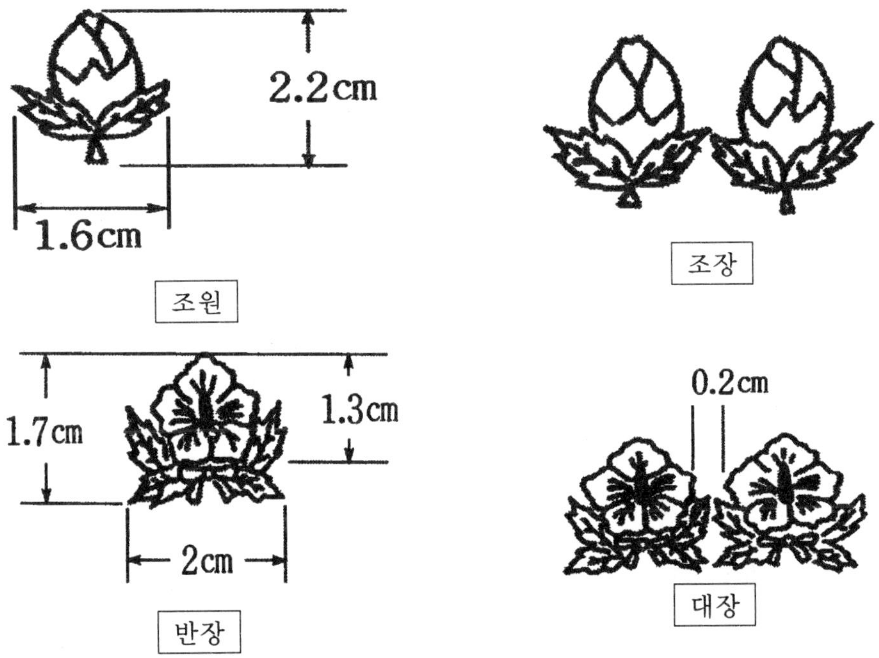

지질 : 무궁화 → 황색금속지
무궁화잎 → 은색금속지

모 장

(시행규칙 §19④관련[별도 2])

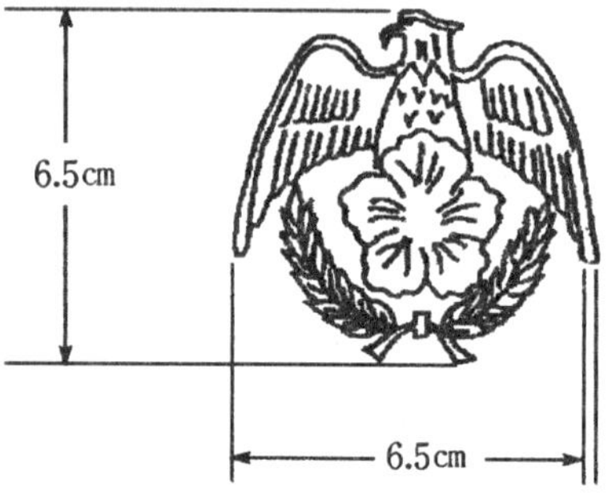

1. 지질 : 독수리 및 무궁화잎은 은색금속지, 무궁화는 황색금속지

흉장 및 표지장

(시행규칙 §19④관련[별도 3])

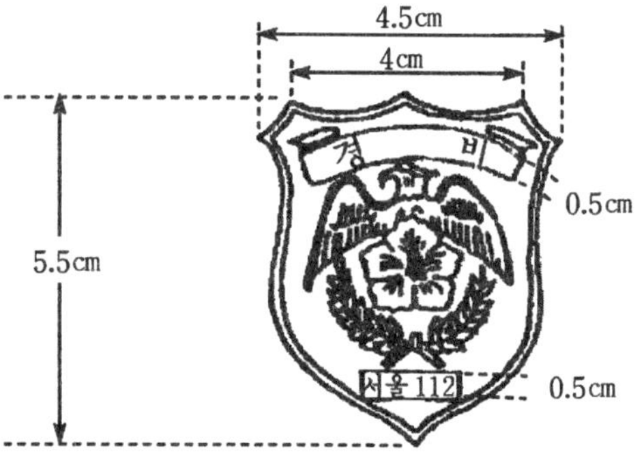

1. 흉장의 지질은 은색금속지, 표지장의 지질은 진청색라사지에 은색금속사 자수로 한다.
2. 상부의 경비는 음각한다.
3. 하부의 흉장번호는 경비업체별 약칭과 개인별 일련번호를 음각한다.

[별지 제8호서식]

<table>
<tr><td colspan="2">※ 접수번호</td><td colspan="2" rowspan="2">응 시 원 서
(※, ☆표란은 응시자가 기재하지 아니합니다)</td><td>※ 응시번호</td></tr>
<tr><td colspan="2"></td><td></td></tr>
<tr><td rowspan="3">응시자</td><td>①성 명</td><td colspan="2">(한문)</td><td rowspan="3">사 진

(3.5cm×4.5cm)</td></tr>
<tr><td>②주민등록번호</td><td colspan="2"></td></tr>
<tr><td>③주 소</td><td colspan="2"></td></tr>
<tr><td colspan="2">④최 종 학 교 명</td><td></td><td>⑤근 무 처</td><td></td></tr>
<tr><td colspan="2">⑥시 험 일 부 면 제 자</td><td colspan="3">☆
□경비업법시행령 제13조에 해당하는 사람
(해당증명서류 첨부)</td></tr>
<tr><td colspan="5">년도 제 회 경비지도사시험에 응시하고자 원서를 제출합니다.
년 월 일
응시인 (서명 또는 인)
경찰청장 귀하</td></tr>
<tr><td colspan="5">구비서류
1. 사진(출원전 6월 이내에 촬영한 탈모·상반신·반명함판) 3매
(1매는 위의 사진란에, 1매는 응시표에 첨부하여야 합니다)
2. 경력증명서 1부(시험 일부면제자의 경우에 한합니다)</td></tr>
</table>

이 응시원서는 무료로 배부합니다.

(응시표 앞쪽)

자르는선

<table>
<tr><td colspan="2" rowspan="2">제 회
경비지도사시험응시표</td><td>※응시번호</td><td rowspan="4">사 진

(3.5cm×4.5cm)</td></tr>
<tr><td></td></tr>
<tr><td>①성 명</td><td colspan="2">(한문)</td></tr>
<tr><td>②주민등록번호</td><td colspan="2"></td></tr>
<tr><td colspan="4">이 사람은 년도 제 회 경비지도사시험 응시자임을 확인합니다.
년 월 일
경찰청장 [인]</td></tr>
</table>

(응시표 뒤쪽)

응시자 주의사항

1. 이 응시표는 시험장에서 책상 우측상단에 놓아두어야 합니다.
2. 이 응시표는 남에게 대여하지 못합니다.
3. 이 응시표는 잃어버리거나 못쓰게 된 경우에는 즉시 경찰청에 신고하여야 합니다.
4. 이 응시표는 시험시 항상 휴대하여야 하며, 관계관이 제시를 요구한 때에는 이를 내보여야 합니다.

자르는선

제 회

경비지도사시험응시원서접수표

①접수번호			
②성 명		③주민등록번호	

제 회 경비지도사시험 응시원서를 접수하였음을 증명합니다.

년 월 일

경찰청장 [인]

【 경비지도사의 시험과목 】(시행령 제12조③관련 [별표 2])

<table>
<tr><td rowspan="2">구분</td><td>1차시험</td><td>2차시험</td></tr>
<tr><td>선택형</td><td>선택형 또는 단답형</td></tr>
<tr><td>일반경비지도사</td><td rowspan="2">○법학개론
○민간경비론</td><td>○경비업법(청원경찰법을 포함한다)
○소방학·범죄학 또는 경호학중 1과목</td></tr>
<tr><td>기계경비지도사</td><td>○경비업법(청원경찰법을 포함한다)
○기계경비개론 또는 기계경비기획 및 설계중 1과목</td></tr>
</table>

경비지도사 교육의 과목 및 시간(시행규칙 제9조제1항관련[별표1])

<table>
<tr><td>구분
(교육시간)</td><td colspan="2">과 목</td><td>시 간</td></tr>
<tr><td rowspan="10">공통교육
(28시간)</td><td colspan="2">「경비업법」</td><td>4</td></tr>
<tr><td colspan="2">「경찰관직무집행법」 및 「청원경찰법」</td><td>3</td></tr>
<tr><td colspan="2">테러 대응요령</td><td>3</td></tr>
<tr><td colspan="2">화재대처법</td><td>2</td></tr>
<tr><td colspan="2">응급처치법</td><td>3</td></tr>
<tr><td colspan="2">분사기 사용법</td><td>2</td></tr>
<tr><td colspan="2">교육기법</td><td>2</td></tr>
<tr><td colspan="2">예절 및 인권교육</td><td>2</td></tr>
<tr><td colspan="2">체포 · 호신술</td><td>3</td></tr>
<tr><td colspan="2">입교식 · 평가 · 수료식</td><td>4</td></tr>
<tr><td rowspan="10">자격의 종류별
교육
(16시간)</td><td rowspan="6">일반경비
지도사</td><td>시설경비</td><td>2</td></tr>
<tr><td>호송경비</td><td>2</td></tr>
<tr><td>신변보호</td><td>2</td></tr>
<tr><td>특수경비</td><td>2</td></tr>
<tr><td>기계경비개론</td><td>3</td></tr>
<tr><td>일반경비현장실습</td><td>5</td></tr>
<tr><td rowspan="4">기계경비
지도사</td><td>기계경비운용관리</td><td>4</td></tr>
<tr><td>기계경비기획및설계</td><td>4</td></tr>
<tr><td>인력경비개론</td><td>3</td></tr>
<tr><td>기계경비현장실습</td><td>5</td></tr>
<tr><td>계</td><td colspan="2"></td><td>44</td></tr>
</table>

경비지도사자격증 교부대장(경비업법 시행규칙 제11조 관련 [별지 제9호서식])

연번	성명	주민등록번호	주소	교부일자	비고

297mm×210mm
(보존용지(1종) 70g/㎡)

「경비업법 시행규칙」 제11조 관련 [별지 제10호서식]

제 호

경비지도사자격증

사 진
(3.5cm×4.5cm)

성 명 ______________________

주민등록번호 ______________________

위의 사람은 경비업법 제11조의 규정에 의한 경비지도사의 자격이 있음을 증명합니다.

. . .

경찰청장 [인]

90mm×64mm
(보존용지(1종) 120g/㎡)

신분증명서 (경비업법 시행규칙 제27조②관련[별도 5])

寫 眞

No

소속 ______
직명 ______
주민등록번호 ______
성명 ______

신분증명서

근무처 ______________________
성명 ______________________
생년월일 ______________________
혈액형 ______________________

. . .

좌무인	우무인

1. 지질은 "아트지"로 한다.
2. 경비원 모장은 초록색으로 한다.
3. 바탕 글씨는 황색으로 기타의 글씨는 흑색으로 한다.
4. 직명란의 "경비원" 또는 "경비지도사"는 청색으로 한다.

「경비업법 시행규칙」 제23조제1항관련 [별지 제14호서식] (앞쪽)

<table>
<tr><td>관리번호</td><td></td><td colspan="6">경비원명부</td><td>임용일자</td><td></td></tr>
<tr><td></td><td></td><td colspan="6"></td><td>퇴직일자</td><td></td></tr>
<tr><td colspan="2">성명</td><td colspan="6"></td><td colspan="2" rowspan="3">사진
(3.5cm×4.5cm)</td></tr>
<tr><td colspan="2">주소</td><td colspan="6"></td></tr>
<tr><td colspan="2">배치지</td><td colspan="6"></td></tr>
<tr><td colspan="2" rowspan="2">병역</td><td>군별</td><td>병과</td><td>입대연월일</td><td>제대연월일</td><td>군번</td><td>계급</td><td>역종</td><td>체격등위</td></tr>
<tr><td></td><td></td><td></td><td></td><td></td><td></td><td></td><td></td></tr>
<tr><td colspan="2" rowspan="2">신체상태</td><td>신장</td><td>체중</td><td>시력</td><td>혈액형</td><td>건강상태</td><td>외모특징</td><td>취미</td><td>특기</td></tr>
<tr><td></td><td></td><td></td><td></td><td></td><td></td><td></td><td></td></tr>
<tr><td colspan="2" rowspan="2">재산</td><td>동산</td><td>부동산</td><td>재산총액</td><td colspan="2">가옥</td><td colspan="3">부업</td></tr>
<tr><td></td><td></td><td></td><td colspan="2"></td><td colspan="3"></td></tr>
<tr><td rowspan="5">가족관계</td><td>관계</td><td>성명</td><td>주민등록번호</td><td>학력</td><td>직장</td><td>관계</td><td>성명</td><td>주민등록번호</td><td>학력</td><td>직장</td></tr>
<tr><td></td><td></td><td></td><td></td><td></td><td></td><td></td><td></td><td></td><td></td></tr>
<tr><td></td><td></td><td></td><td></td><td></td><td></td><td></td><td></td><td></td><td></td></tr>
<tr><td></td><td></td><td></td><td></td><td></td><td></td><td></td><td></td><td></td><td></td></tr>
<tr><td></td><td></td><td></td><td></td><td></td><td></td><td></td><td></td><td></td><td></td></tr>
</table>

297mm×210mm

(보존용지(1종) 120g/㎡)

(뒤쪽)

교우관계	성명	주소	직업 및 직책	보증인	성명	주소	재산정도

상벌

연 월 일	종류	시행청

교육훈련

기간	내용	기간	내용
~		~	
~		~	
~		~	

경력

기간	근무장소	직위(직책)
~		
~		
~		
~		
~		
~		
~		
~		

근무성적 평정표

1. 평가대상기간 : 20 . - 20 .
2. 평가대상 : 소속 직책 성명
3. 평가내용

○ 직무수행능력(70점)

연번	평가 요소	요소별 배점	정 의	평정자 (점수)	확인자 (점수)
1	성실성	20점	• 지각 · 결근 등 조직에 장애가 되는 행위를 하지 않는다. • 맡은 업무 및 조직의 발전에 헌신적인 자세를 갖는다.		
2	책임성	20점	• 맡은 업무에 책임감을 가지고 업무를 수행한다.		
3	팀워크	10점	• 타인을 존중하며, 팀원과 협조적인 분위기를 만든다. • 타인의 적절한 요구와 건설적인 비판을 수용한다.		
4	판단력	10점	• 문제발생시 신속 · 정확한 해결방안의 찾아서 처리한다.		
5	친절성	10점	• 방문자에 대하여 상냥한 말투로 친절히 대한다. • 적극적으로 협조하고자 한다.		
계			"평가의견 기재"		
합 계(평정점)					

○ 경력, 교육훈련(30점)

구 분	배점비율	배점방법	실적 및 해당유무	평가 점수
경력평정	15	15년이상 15점, 매년 1점	근무년수 : 년	
교육훈련 성적	15	교육불참 1회 2점 감점	교육불참 : 회	
합 계				

○ **가점**

구　분	확인사항	해당유무	평가 점수
가점	포상여부 등 확인	가점 :　　　점	

평정자　　직위:　　　　　성명:　　　　　서명

확인자　　직위:　　　　　성명:　　　　　서명

경비업 손해배상책임공제 가입신청서

사단법인 한국경비협회의 경비업 손해배상책임공제약관을 승인하고 아래와 같이 공제가입을 신청합니다.

증서번호 : 계약일자 : 20 년 월 일

<table>
<tr><td rowspan="3">공제회원에 관한사항</td><td>상 호</td><td></td><td>대표자성명</td><td colspan="2"></td></tr>
<tr><td>주 소</td><td colspan="4">□□□-□□□ (인)</td></tr>
<tr><td>사업자등록번호</td><td></td><td>대표자주민번호</td><td colspan="2"></td></tr>
<tr><td colspan="2">공 제 회 원 의 기 업 형 태</td><td colspan="4">□ 개 인 □ 법 인 □ 기 타</td></tr>
<tr><td rowspan="7">공제회원의 업무
(공제의 보상대상 업무)</td><td>경비계약 당사자</td><td>경비대상</td><td>소재지</td><td>경비인원</td><td>월평균 도급금액</td></tr>
<tr><td>1.</td><td></td><td></td><td></td><td></td></tr>
<tr><td>2.</td><td></td><td></td><td></td><td></td></tr>
<tr><td>3.</td><td></td><td></td><td></td><td></td></tr>
<tr><td>4.</td><td></td><td></td><td></td><td></td></tr>
<tr><td>합계</td><td></td><td></td><td></td><td></td></tr>
<tr><td colspan="5">* 상기 표에 기재되지 아니한 경비대상에 생긴 손해는 보상하지 아니합니다. 따라서 경비계약을 체결한 모든 대상을 기재하여야 합니다. 상기표에 모두 기재할 수 없을 때에는 별도로 리스트를 첨부하여야 합니다.</td></tr>
<tr><td>공제담보기간</td><td colspan="5">20 년 월 일 00:00시부터 20 년 월 일 24:00시까지
(이 공제가입증서에 기재된 증서발행지의 표준시를 기준으로 합니다)</td></tr>
<tr><td rowspan="3">보상한도액</td><td>구 분</td><td>1인당</td><td>1사고당</td><td colspan="2">담보기간중 총보상한도</td></tr>
<tr><td>대인/대물 일괄</td><td colspan="2" rowspan="2">1인당/1사고당 분류안함</td><td colspan="2" rowspan="2"></td></tr>
<tr><td>기 타</td></tr>
<tr><td>자기부담액</td><td colspan="5">1사고당 : 2,000,000원</td></tr>
<tr><td>담보지역</td><td colspan="5">대한민국(국내)</td></tr>
<tr><td rowspan="2">공제료</td><td>공제료기준코드</td><td>□□□□□□□</td><td>공제료영수일자</td><td colspan="2"></td></tr>
<tr><td>확 정 공 제 료</td><td></td><td>공제료영수증번호</td><td colspan="2"></td></tr>
<tr><td rowspan="2">타보험사항</td><td>회 사 명</td><td>보 험 종 목</td><td>보 험 기 간</td><td colspan="2">보 상 한 도</td></tr>
<tr><td></td><td></td><td></td><td colspan="2"></td></tr>
<tr><td rowspan="4">꼭 알아야 할 사 항</td><td colspan="2">공제에 가입할 때
(1) 가입신청서는 가입자 본인이 신청서의 기재사항을 사실대로 빠짐없이 기재해야 합니다.
(2) 보상받을 수 있는 경우와 보상받을 수 없는 경우를 반드시 확인하여야 합니다.
(3) 공제료를 내실 때에는 반드시 사단법인 한국경비협회에서 발행한 영수증임을 확인하시기 바랍니다.
(4) 공제료가 납입되지 않은 경우 손해발생시 보상을 받을 수 없습니다.</td><td>실명확인필
(경비협회확인란)</td><td colspan="2">대리확인자 (인)</td></tr>
<tr><td colspan="2">공제에 가입한 후</td><td>증 권 발 급</td><td colspan="2">증 권 번 호</td></tr>
<tr><td colspan="2">(1) 가입증서를 받으시면 신청서 내용과 다름이 없는지 또는 누락이 없는지 확인 바랍니다.
(2) 신청서 기재사항에 변동사항이 있거나 또 다른 보험 등에 가입할 경우 공제회에 즉시 연락하시기 바랍니다.
(3) 공제계약 내용을 변경하고자 할 경우에는 공제회와 협의하시기 바랍니다.
(4) 손해가 생긴 경우 지체없이 이를 공제회에 알려서 필요한 절차를 밟으시기 바랍니다.</td><td></td><td colspan="2"></td></tr>
</table>

이 가입신청서만으로는 공제계약의 효력이 없으며 공제료 납부시 반드시 영수증을 교부받으셔야하고, 전산발행된 증서내용을 확인후 같이 소지 하여야 합니다.

경비업법 시행규칙§28관련 [별지 제16호서식] 〈신설 2008.12.5〉

(앞쪽)

제　　　호

과태료 부과 사전 통지서

(의견제출 통지)

　　　　　　　귀하

「경비업법」 제31조제1항에 따라 아래와 같이 과태료를 부과하고자 하오니 의견이 있으시면 기한 내에 의견을 제출하여 주시기 바랍니다.

과태료 부과 대상자	성 명		생년월일	
	주 소			
과태료 금액				
과태료 부과 원인 행위	일 시			
	장 소			
	내 용			
적용 법령				
의견제출 기한		～		

〈의견〉

년　　월　　일

지방경찰청장
경찰관서장　직인

210㎜×297㎜(일반용지60g/㎡(재활용품))

과태료의 부과기준(경비업법 시행령 §32①관련 [별표6] 〈개정 2008.11.26〉)

위 반 행 위	해 당 법조문	과태료 금 액
1. 법 제4조제3항 또는 법 제18조제2항을 위반하여 신고를 하지 아니한 경우	법 제31조①제1호	
가. 1개월 이내의 기간 경과		50만원
나. 1개월 초과 6개월 이내의 기간 경과		100만원
다. 6개월 초과 12개월 이내의 기간 경과		200만원
라. 12개월 초과의 기간 경과		300만원
2. 법 제7조제6항을 위반하여 경비대행업자 지정 신고를 하지 아니한 경우	법 제31조①제2호	
가. 허위로 신고한 경우		400만원
나. 그 밖의 사유로 신고하지 아니한 경우		300만원
3. 법 제9조제1항을 위반하여 설명의무를 이행하지 아니한 경우	법 제31조①제3호	100만원
4. 법 제12조제1항을 위반하여 경비지도사를 선임하지 아니한 경우	법 제31조①제4호	300만원
5. 법 제14조제6항에 따른 감독상 필요한 명령을 정당한 이유 없이 이행하지 아니한 경우	법 제31조①제5호	500만원
6. 법 제18조제1항을 위반하여 명부를 작성·비치하지 아니한 경우	법 제31조①제6호	
가. 경비원 명부를 비치하지 아니한 경우		100만원
나. 경비원 명부를 작성·정리하지 아니한 경우		50만원

[별지 제1호서식](「경비업체 보안업무 관리규칙」제8조②관련)

신 원 대 장

연번 (1)	직급 (2)	직위 (3)	성명 (4)	신 원 대 장				임용또는 전입일자 (9)	비고
				목적 (5)	의뢰일자 (6)	회신일자 (7)	내용 (8)		

[별지 제2호서식](「경비업체 보안업무 관리규칙」제8조③제1호 관련)

신 원 조 사 연 명 부

연번	성명	생년월일	직급	직위	조사목적	비고

※ 기재요령

1. 직급, 직위 : 현직급, 직위 또는 예정 부여 직급, 직위
2. 조사목적 : 구체적으로 기입할 것.

[별지 제3호서식](「경비업체 보안업무 관리규칙」제8조③제2호 관련)

신 원 진 술 서

(전면)

주의 : 본진술서를 기입하기 전에 아래 서약서란을 읽을 것, 한글로 자필할 것이며 기입후 누락여부를 재확인 할 것

①주민등록 번호		②성 명	한글 ( ) 한자 ( )	③생년 월일		④성 별		⑤호주 및 호주와의관계	의

⑥본 적		⑧전주소	
⑦원 적		⑨현주소	
⑩직업 및 직장소재지		⑪전화번호	직장 : 가정 :

⑫본 관		⑬종 교		⑭혈액형		⑮신 장	cm

⑯체 중		⑰외국어	상 (어) 중 (어) 하 (어)	⑱본인재산	동산 부동산
⑲채권자 재산액		⑳특 기		㉑ 취미	

정당 및 사회단체관계

㉒가입일자		㉓가입일자	
㉔단 체 명		㉕직 책	
㉖사퇴일자		㉗사퇴사유	

병역 관계	㉘군별	㉙최종부대명	㉚병과	㉛최종계급	㉜군번	㉝입대 및 제대일자	㉞제대 구분	㉟미필 사유

학력	㊱학교명	㊲기간(부터~까지)	㊳전공과목	㊴졸업학위	㊵소재지

경력	㊶기관 또는 업체명	㊷기간(부터~까지)	㊸직책 및 급수	㊹상벌 및 훈장

(후면)

<table>
<tr><td rowspan="4">가
족
사
항</td><td rowspan="2">친
가</td><td>㊺관계</td><td>㊻주민등록번호</td><td>㊼성명</td><td>㊽연령</td><td>㊾수학정도</td><td>㊿직장 및 직위</td><td>(51)거주지</td></tr>
<tr><td></td><td></td><td></td><td></td><td></td><td></td><td></td></tr>
<tr><td rowspan="2">처
가</td><td></td><td></td><td></td><td></td><td></td><td></td><td></td></tr>
<tr><td></td><td></td><td></td><td></td><td></td><td></td><td></td></tr>
<tr><td rowspan="3">(52)북한 및
해외거주
가족</td><td></td><td></td><td></td><td></td><td></td><td></td><td></td><td></td></tr>
<tr><td></td><td></td><td></td><td></td><td></td><td></td><td></td><td></td></tr>
<tr><td></td><td></td><td></td><td></td><td></td><td></td><td></td><td></td></tr>
<tr><td rowspan="2">(53)교 우</td><td></td><td></td><td></td><td></td><td></td><td></td><td></td><td></td></tr>
<tr><td></td><td></td><td></td><td></td><td></td><td></td><td></td><td></td></tr>
<tr><td rowspan="2">(54)보증인</td><td></td><td></td><td></td><td></td><td></td><td></td><td></td><td></td></tr>
<tr><td></td><td></td><td></td><td></td><td></td><td></td><td></td><td></td></tr>
<tr><td rowspan="3">해외여행
관 계</td><td colspan="3">(55)기간(부터~까지)</td><td colspan="2">(56)여행국</td><td colspan="2">(57)여행목적</td><td>(58)체류지</td></tr>
<tr><td colspan="3"></td><td colspan="2"></td><td colspan="2"></td><td></td></tr>
<tr><td colspan="3"></td><td colspan="2"></td><td colspan="2"></td><td></td></tr>
<tr><td rowspan="5">8.15이후
거주지</td><td colspan="4">(59)기간(부터~까지)</td><td colspan="4">(60)거 주 지</td></tr>
<tr><td colspan="4"></td><td colspan="4"></td></tr>
<tr><td colspan="4"></td><td colspan="4"></td></tr>
<tr><td colspan="4"></td><td colspan="4"></td></tr>
<tr><td colspan="4"></td><td colspan="4"></td></tr>
<tr><td>좌무인</td><td colspan="7" rowspan="3">이 진술내용은 진실과 틀림없으며 허위사실이 있으면 이로 인하여
발생하는 어떠한 책임도 감수할 것을 서약함
년 월 일
작 성 진 술 자 성명 (인)</td><td>우무인</td></tr>
<tr><td></td><td></td></tr>
<tr><td></td><td></td></tr>
</table>

[별지 제4호서식] (「경비업체 보안업무 관리규칙」제10조② 관련)

업 체 명

분류기호 20 . . .

수 신 발 신 (인)

참 조

종사원등록증[인가 · 해제 / 등급 변경] 신청서

소 속	직 책	성 명	주민등록 번 호	성 별	생년 월일	비밀 등급	사 유	비 고

[별지 제5호서식](「경비업체 보안업무 관리규칙」제10조③전단 관련)

서 약 서

본인은 년 월 일부로 으로 근무함에 있어 다음 사항을 준수할 것을 엄숙히 서약한다.

1. 본인은 비밀로 분류될 성질의 업무를 수행함에 있어 이에 관련된 소관업무가 국가안전보장에 관한 기밀임을 인정한다.

2. 본인은 이 기밀을 누설함이 이적행위가 됨을 자각하고 보안관계 제규정을 시간과 지역에 제한없이 성실히 이행하며 재직중은 물론 퇴직후에도 직무상 지득한 제반 비밀사항을 일체 누설하지 않을 것을 서약한다.

3. 본인이 기밀을 누설한 때에는 동기여하를 막론하고 그 결과가 반국가적 행위임을 자인하고 아래 제법규에 의거하여 엄중한 처벌을 받을 것을 서약한다.

가. 국가보안법 제4조 제1항 제2호 및 제5호(국가기밀누설 등)
나. 형법 제99조(일반이적)
다. 형법 제127조(공무상 비밀의 누설)
라. 군형법 제14조 제8호(일반이적)
마. 군형법 제80조(군사기밀 누설)
바. 군사기밀보호법 제13조(업무상 누설)
사. 군사기밀보호법 제14조(업무상 과실 누설)

년 월 일

서약자소속	직급	주민등록번호	
	직위	성 명	(인)
서약집행자소속	직급	주민등록번호	
	직위	성 명	(인)

[별지 제6호서식](「경비업체 보안업무 관리규칙」제10조③후단 관련)

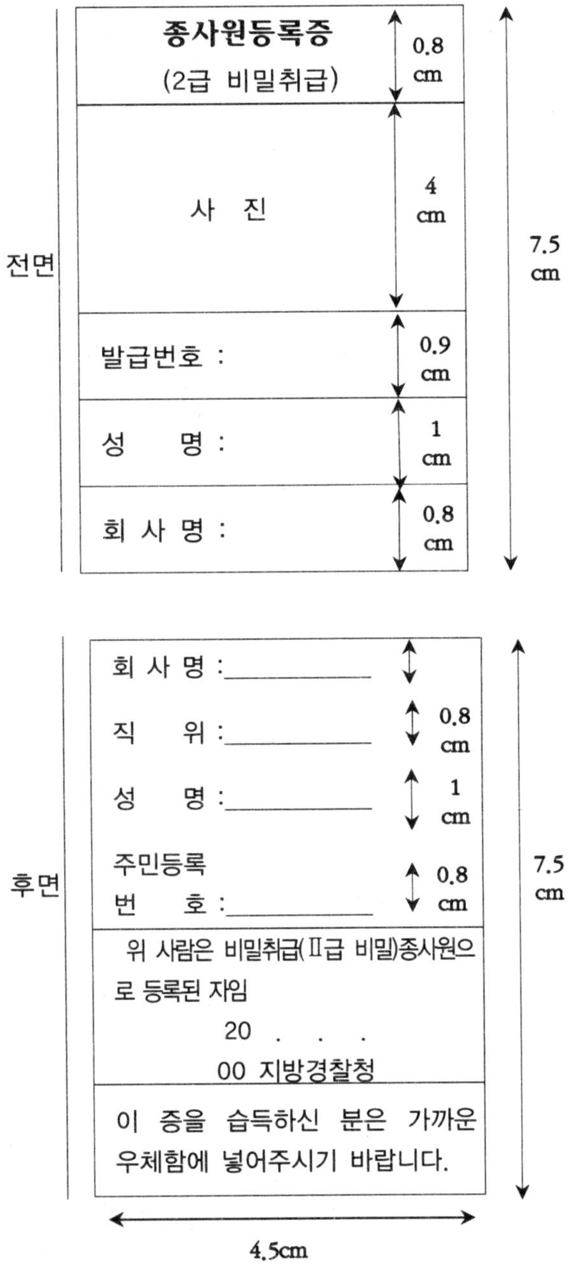

※ 황색바탕 흑색글씨 인쇄

[별지 제7호서식](「경비업체 보안업무 관리규칙」제10조④ 관련)

비밀취급 종사원 등록증 발급대장

(1) 연번	(2) 직책 (소속)	(3) 직급	(4) 성명 (주민등록번호)	인 가		해 제		비고
				(5) 등급	(6) 년월일	(7) 사유	(8) 년월일	

[별지 제8호서식](「경비업체 보안업무 관리규칙」제12조① 관련)

비 밀 관 리 기 록 부

업체명 :　　　　　　　　　　　　　　　　　　　　　　　　　　보관책임자 :

관리번호	수발			문서번호	비밀등급	형태	건명	사본번호	예고문	처리담당	보관장소	재분류					
	년월일	발행처	수신처									등급변경	파기	파기확인	근거	영수증	수령자인

[별지 제9호서식](「경비업체 보안업무 관리규칙」제12조② 관련)

비 밀 열 람 기 록 전

( )급비밀

년월일	소속 및 직책	인가등급	주민등록번호	성명	열람목적	날인 또는 서명

[별지 제10호서식](「경비업체 보안업무 관리규칙」제16조② 관련)

[제한구역 통제구역] 출입자명부

소 속	신분증	번 호	직 위	직 급	성 명	출입일시	
						부 터	까 지

[별지 제11호서식](「경비업체 보안업무 관리규칙」제16조③ 관련)

비 밀 작 업 일 지

작업 일시	작업 구분 (타자)	비밀 등급	건명 분류 번호	복사 부수	작업자			요구자		비고
					인가 등급	직위	성명	직위	성명	

[별지 제12호서식](「경비업체 보안업무 관리규칙」제18조② 관련)

숙 직 일 지

<table>
<tr><td colspan="4">20 년 월 일 요일</td><td>대표자인</td><td></td><td>입회관
사후검열인</td><td></td></tr>
<tr><td colspan="8">보 관 중 인 비 밀 문 서</td></tr>
<tr><td>수요기관</td><td colspan="2">제목 또는
가 제목</td><td>비밀
등급</td><td>수량</td><td>접수
또는
작성일지</td><td>보관장소</td><td>비고</td></tr>
<tr><td></td><td></td><td></td><td></td><td></td><td></td><td></td><td></td></tr>
<tr><td colspan="8">숙 직 사 항</td></tr>
<tr><td rowspan="2">보관상태의
이상 유무</td><td colspan="3">확 인 시 간</td><td colspan="4">내 용</td></tr>
<tr><td colspan="3"></td><td colspan="4"></td></tr>
<tr><td colspan="8">기 타 사 항</td></tr>
<tr><td>숙직자</td><td>부서</td><td></td><td>직책</td><td></td><td>성명</td><td></td><td></td></tr>
</table>

보 안 점 검 표

과(실)명:

점검사항 점검일		서류 정리 정돈 상태	서류함, 책상 잠금 상태	전열기 전원 분리 상태	전등 소등 상태	PC 잠금 상태	창문, 출입문 잠금 상태	점검 시간	점검자 (최종 퇴청자)	서명

※ 점검사항별로철저히점검후이상이없을때에는○표한다.

청원경찰법

[별지 제1호서식] 〈신설 1999.10.2〉 (앞쪽)

기 관 명

우 주소 /전화( ) - / 전송( ) -
담당부서명 : 담당자

문서번호 :

수신 : ○○지방경찰청장

청원경찰배치신청서				처리기간 14일
①청원주	성명			
	주민등록번호			
	직책			
②배치사업장의명칭		③배치사업장의 소재지		
④경비구역				
⑤경비배치방법				
⑥배치받고자 하는 사유				
⑦배치받고자 하는 청원경찰인원				
⑧배치기간		⑨근무방법		
청원경찰법 제4조제1항 및 동법시행령 제2조의 규정에 의하여 위와 같이 신청합니다.				
첨부서류 : 1. 경비구역평면도 2. 배치계획서				
. . . 청원주 ㊞				

210mm×297mm
(신문용지 54g/㎡(재활용품))

이 신청서는 아래와 같이 처리됩니다. (뒤쪽)

(가) 사업장이 하나의 경찰서의 관할구역안에 있는 경우

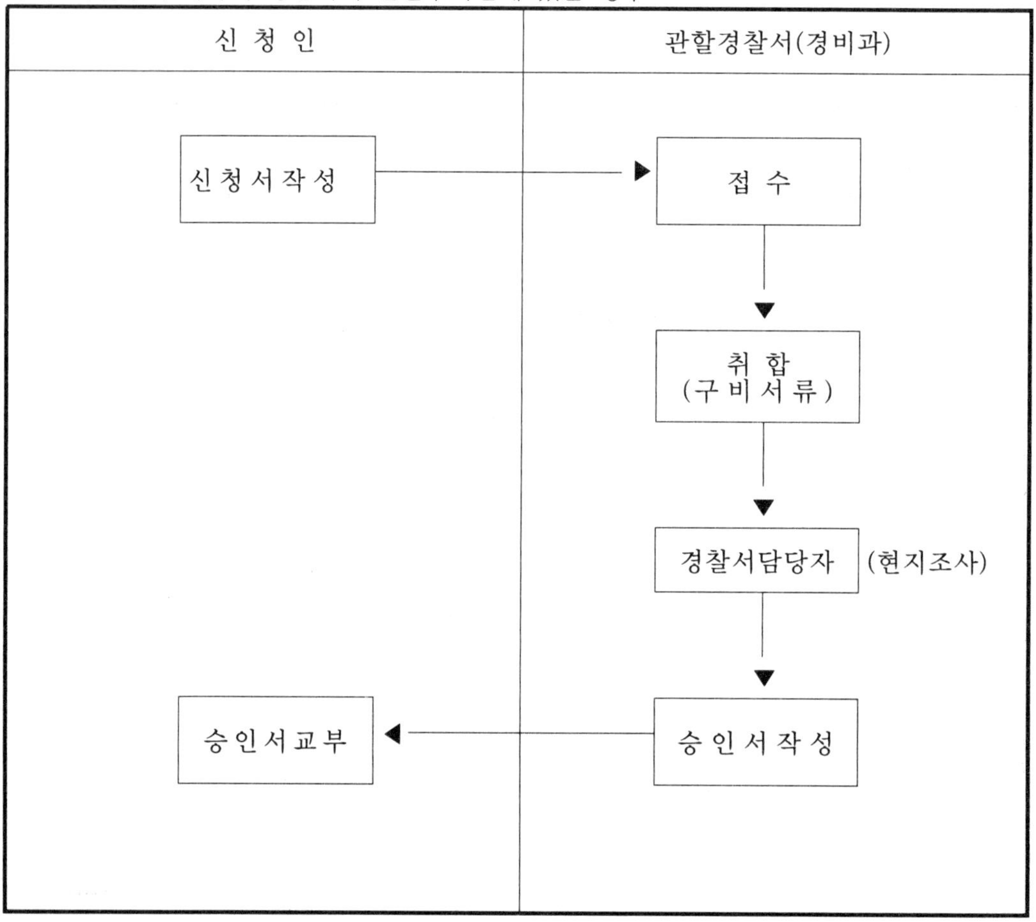

(나) 사업장이 둘 이상의 경찰서의 관할구역에 있는 경우

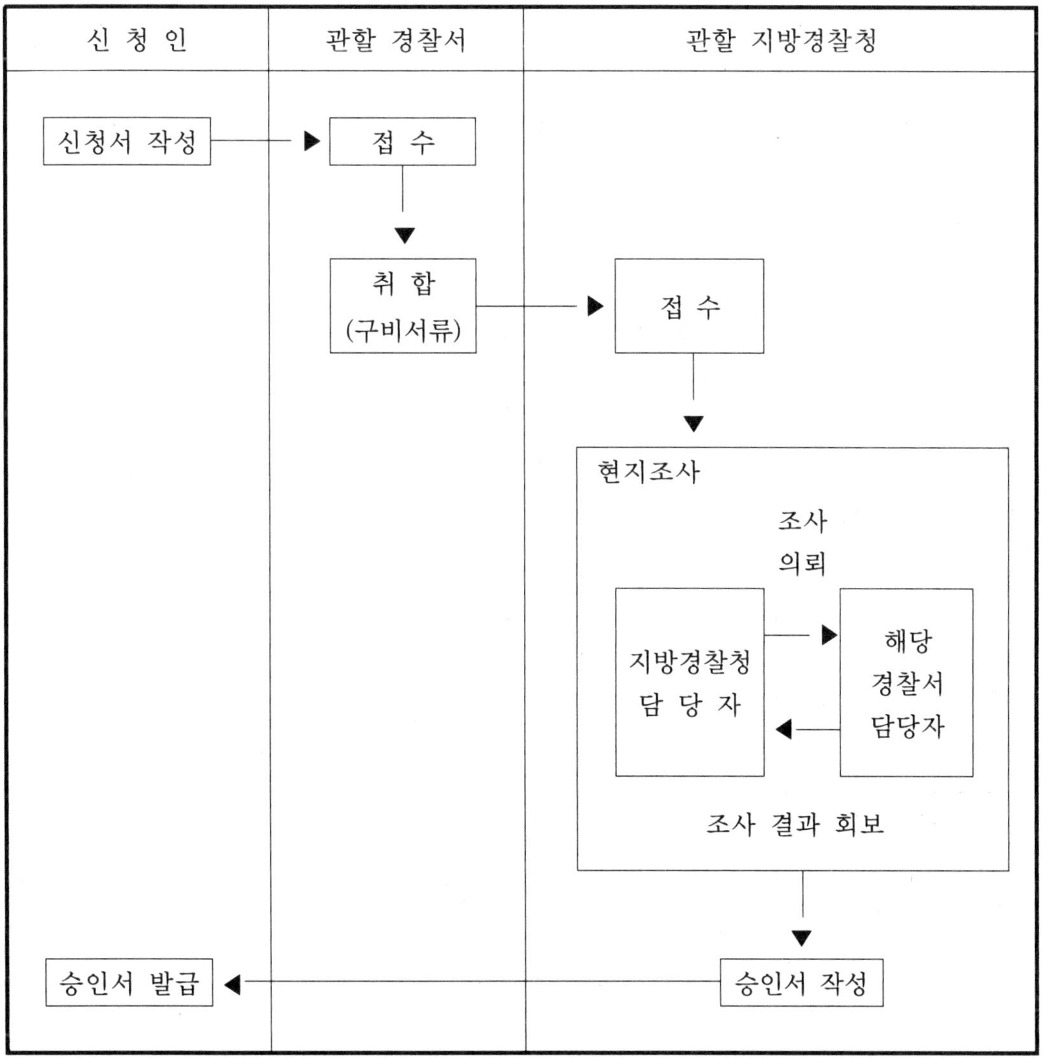

「경찰관직무집행법에 의한 직무집행시의 보고절차규칙」제11조관련 [별지 제10호 서식]

<table>
<tr><td colspan="5">무 기 사 용 보 고 서</td><td></td><td></td><td rowspan="3">결
재</td></tr>
<tr><td colspan="5"></td><td></td><td></td></tr>
<tr><td colspan="5"></td><td></td><td></td></tr>
<tr><td rowspan="3">무기사용 대상자</td><td>① 성 명</td><td></td><td>② 생 년 월 일</td><td colspan="4">. . .</td></tr>
<tr><td>③ 직 업</td><td></td><td>④ 주민등록번호</td><td colspan="4">~</td></tr>
<tr><td>⑤ 주 소</td><td colspan="6"></td></tr>
<tr><td>⑥ 사 용 일 시</td><td colspan="2">. . . 시 분</td><td>⑦ 장 소</td><td colspan="4"></td></tr>
<tr><td>⑧ 총종 및 실탄수</td><td colspan="7"></td></tr>
<tr><td>⑨ 사 유</td><td colspan="7"></td></tr>
<tr><td>⑩ 피해상황
(인적 · 물 적)</td><td colspan="7"></td></tr>
<tr><td>⑪ 사후조치</td><td colspan="7"></td></tr>
<tr><td>⑫ 사용한 경찰관</td><td colspan="7">소속 계급 성명 ㊞</td></tr>
</table>

2106-43D
81. 5. 2 승인

190㎜×268㎜
(신문용지 54g/㎡)

[별지 제10호의2서식] 총포 · 도검 · 화약류 등 단속법 시행규칙 §21③ 관련 (앞쪽)

<table>
<tr><td colspan="4">(분사기 · 전자충격기 · 석궁) 소지허가 신청서</td><td>처리기간
5 일</td></tr>
<tr><td rowspan="3">신청인</td><td>① 성 명</td><td></td><td>② 주민등록번호</td><td></td></tr>
<tr><td>③ 주 소</td><td colspan="3">(전화 :)</td></tr>
<tr><td>④ 직 업</td><td></td><td>⑤ 운전면허번호</td><td></td></tr>
<tr><td colspan="2">⑥ 재 질</td><td colspan="3"></td></tr>
<tr><td colspan="2">⑦ 형 식</td><td colspan="3"></td></tr>
<tr><td colspan="2">⑧ 제조국 및 회사 명</td><td></td><td>⑨ 명칭 및 제조번호</td><td></td></tr>
<tr><td colspan="2">⑩ 길 이</td><td></td><td>⑪ 중 량</td><td></td></tr>
<tr><td colspan="2">⑫ 용 도</td><td colspan="3"></td></tr>
<tr><td colspan="5">「총포·도검·화약류 등 단속법」 제12조제1항에 따라 위와 같이 신청합니다.

년 월 일

신청인 (서명 또는 인)

경찰서장 귀하</td></tr>
<tr><td colspan="4">※ 구비서류
1. 출처증명서 1부
2. 신체검사서(분사기·전자충격기의 경우「도로교통법」 제80조에 따른 운전면허가 있는 사람은 첨부하지 아니합니다) 1부</td><td>수수료
3,000원</td></tr>
</table>

210㎜×297㎜[일반용지 60g/㎡(재활용품)]

(뒤쪽)

◈ 분사기 · 전자충격기 · 석궁의 출처증명서는 입수경위에 따라 다음과 같습니다.

가. 기존허가된 경우는 소지허가증

나. 소지허가된 분사기 · 전자충격기 · 석궁으로서 상품화된 경우에는 동 허가증 반납증명서

다. 수입 또는 양도의 경우에는 수입면장

라. 국내제품인 경우에는 제작증명서

이 신청서는 아래와 같이 처리됩니다.

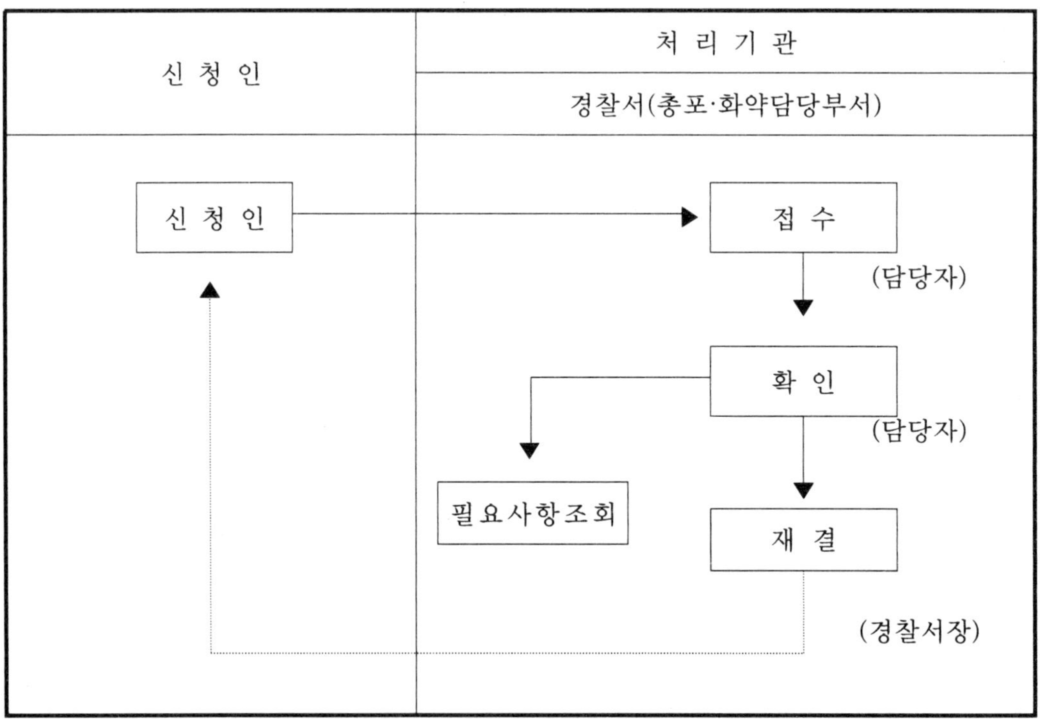

참고문헌

- 강민완 : 심리적 연습이 경호무술에 미치는 효과 연구, 박사학위 논문 경기대학교, 1997.
- 강민완 : 최신유도교본, 수문사, 1995.
- 강민완 : 경호안전관리론, 정담출판사, 2000.
- 경찰대학 : 경찰방법론, 경희종합인쇄, 1988.
- 권영성 : 헌법학원론, 법문사, 1994.
- 김두현 : 경호학개론, 쟁기, 1999.
- 김명곤 : 보안검색과 경호장비, 백산출판사, 2010.
- 김명곤 : 테러와 검측, 대통령경호실, 1995.
- 김이태외 : 벤처창업 경영론, 한올출판사 2002.
- 김봉의 · 김동수 : 경호실무 「일반 보안작전」, 정문출판사, 1994.
- 김영환 · 강민완외 : 교육자로서 유도코치의 역할, 한국체육철학회지, 2005.
- 김주현 : 경호학 개론, 도서출판 쟁기, 1999.
- 김재호 : 안전교육과 응급처치, 대경북스, 2007.
- 남송길 : 청경 · 용역 보안 실무 교본, 정문 출판사, 1984.
- 박창열외 : 안전교육과 응급처치워크북, 대경북스 출판사, 2004.
- 박기안 : 국제경영학, 법경사, 2000.
- 백봉현 : 보디가드, 한림 미디어, 2000.
- 한국판례연구원 : 서식편람, 청림출판사, 1999.
- 석종현 : 일반 행정법(상 · 하), 삼영사, 1993.
- 신현대외 : 현대 경영학개론, 열린기술, 2001.
- 신동건 · 김시택 : 경비실무, 도서출판 경찰행정연구원, 1994.
- 송상욱 · 김진환 · 이민형 : 시큐리티운용론, 백산출판, 2006.
- 안성조 : 경비업법, 진영사, 2009.
- 안황권 : 민간경비학, 진영사, 2009.
- 염장호 : 세계보안 행정학, 오성출판사, 1998.
- 오석균외 : 보안장비활용, 진영사, 2010.

- 이명찬 : 우슈, 도서출판 홍경, 1999.
- 이진규외 : 경영학개론, 한국방송통신대학교출판부, 2009.
- 이상철외 : 경호경비기획론, 진영사, 2008.
- 이상철 : 경호현장운용론, 진영사, 2008.
- ______ : 안전대책론, 용인대학교 경호학과, 1998.
- 이황우 : 경찰행정학, 법문사, 1994.
- 장명진 : 경호실무 총론, 법연출판사, 1996.
- 정갑동 : 경비지도사 「법학개론」, 정훈미디어 1999.
- 정지운 : 경비지도사 「범죄학」, 한국고시회, 1999.
- 조병인 : 범죄대책론, 도서출판 한림원, 1993.
- 주철현 : 지역경찰과 민간경비의 상호협력이 민간경비원의 직무만족에 미치는 영향, 박사학위 논문, 경기대학교, 2008.
- 최명호 : 세계의 정보기관들, 대왕사, 1988.
- 한상익 : 경비지도사 「민간경비론」, 정훈미디어, 1999.
- 한상진 외 : 태권도 이론과 심판론, 도서출판 홍경, 1999.
- 경호20년사 편찬위원회 : 경호20년, 경희호텔 경영대학, 1997.
- 경찰청 : 환경설계를 통한 범죄예방(CPTED)방안, 2005.
- 최명숙 : 조직범죄에 대한 연구, 박사학위 논문, 서울대학교 대학원, 1996.
- 치안정책연구소 : 방범환경 설계의 도입을 통한 효율적인 범죄예방에 관한 연구, 치안논총 제19호, 치안정책연구소, 2003.
- 경비업법, 경비업법 시행령, 경비업법 시행규칙
- 청원경찰법, 청원경찰법 시행령, 청원경찰법 시행규칙
- 근로기준법
- 국회예산청책처 : 공공건설사업 낙찰제도 및 운용현황 평가, 2009.
- 조달청 : 전자조달백서, 2008.
- 대한상공회의소 : 공공기관 입찰의 이해 및 신용등급 관리방안, 2010.
- 한국인터넷입찰전보시스템KBID : 전자입찰 실무교육(초급), 2009.
- 근무복나라 http://www.miraesm.co.kr/
- 대한민간조사연합회, http://cpi.or.kr/
- 조달청 나라장터, http://www.g2b.go.kr/
- 21라인, http://www.21line.co.kr

• 오비드, http://www.obid.co.kr/
• 비드큐, http://www.bidq.co.kr/
• 입찰정보사 BNIS, http://www.bnis.co.kr/
• 에스케이안전공사, http://skgun.co.kr
• 한국건설정보 홈페이지, http://edu.kbid.co.kr
• 한국인터넷입찰정보시스템, http://www.kbid.co.kr/
• 한국COS협회, http://www.csokorea.org/

• Allen, Louis A., "Management and Organization", New York : McGraw-Hill, 1958.
• Arscott, Robert D., Marc P. Lambert, and Sharon W. Revis. : "Choosing and Using Contract Security." *Security Management*, June 1991.
• Astor, Saul D., *Loss Prevention : Controls and Concepts*. Boston : Butter-worth Publishers, 1978.
• ATA, Inc. *Guard Contract Kit : A Guide to Cost-Effective Security Guard Contract Negotiations*. Fredericktown, Ohio : ATA, Inc., 1993.
• Barefoot, J. Kirk, and David A. Maxwell. *Corporate Security Ad- ministration and Management*. Boston : Butter-worth Publishers, 1987.
• Beaudette, John : "Hiring : Caveat Employer." *Security Management*, April 1992.
• Behar, Richard : "Thugs in Uniform," Time, 9 March 1992.
• Byrne, Brendan T. : Chairman, National Advisory Committee on Criminal Justice Standards and Goals. Private Security : Report of the task Force on Private Security. Washington, D. C. : Government Printing Office, 1976.
• Caine, Bruce : "Role Making and, the Assumption of Lesdership." In A Study of Organizational Leadership, ed. United States Military Academy Office of Military Leadership, Harrisburg, Pa. : Stackpole Books, 1976.
• Carlyon, Scott M. : "A Class Act." Security Management, May 1991.
• Chernicoff, Joseph L. : "Contract Guards Coping with Technology." Access Control, September 1991.
• Chernicoff, Joseph L. : "Roles, Demands Change for Contract Guards." *Access Control*, March 1991.
• Cunningham, W. C. and T. H. Taylor : *The Hallcrest Report : Private Security and Police in America*. Portland, Oreg. : Chancellor Press, 1984.

- Dale, Ernest and Lyndall Urwick : *Staff in Organization.* New York : McGraw-Hill, 1960.
- Dalton, Dennis R. : *Managing Contract Security Services : A Business Approach.* Fremont, Calif. : Mill Creek Publishing, 1991.
- ______. "Industry Needs Quality Standards for Guards." *Access Control*, May 1992.
- ______. "Contract Labor : The True Story." *Security Management*, January 1993.
- Drucker, Peter F. : *Management : Tasks, Responsibilities, Practices.* New York : Harper & Row, 1974.
- Elig, Gene P. : "Florida Takes Unprecedented Action." *Security Concepts*, November 1993.
- Feliton, John R. and David B. Owen : "Guarding Against Liability." *Security Management*, September 1994.
- Gallery, Shari Mendelson : Security Training : Readings from "Security Management" Magazine. Boston : Butter-worth Publishers, 1990.
- Greene, Mark R. : *Insurance and Risk Management for Small Business.* Washington, D. C. : United States Small Business Administration, 1981.
- Gulick, Luther, "Nate on the Theory of Organization", in L. Gulick and Lyndall Urwick(eds.), *Papers on the Science of Administration,* New York : Institute of Public Administration, 1937.
- Guy, Edward T., John J. Merrigan, Jr. and John A. Wanat : *Forms for Safety and Security Management.* Boston : Butter-worth Publishers, 1981.
- ______. *Supervisory Techniques for the Security Professional.* Boston : Butter-worth Publishers, 1981.
- Hamit, Francis : "Perpetuating the Rent-a-Cop Myth." *Security Management*, June 1991.
- Healy, Richard J. and Timothy J. Walsh : *Principles of Security Management.* Long Beach, Calif. : Professional Publications, 1983.
- Ingber, Clifford J. : "A Duty to Protect." *Security Management*, December 1993.
- Jackson, William E. : "Effective Guard Training Must be Ongoing." *Access Control*, July 1993.
- Jenkins, C. Gordon : "How to Fin 1/10th of an Employee" *Security Management*, August 1987.

- Jones, John W. : "Trends and Issues : Integrity Tests." *Security*, October 1991.
- Keeling, B. Lewis, Norman F. Kallaus and John J. W. NEuner : *Administrative Office Management*. Cincinnati, Ohio : South-Western Publishing Co., 1978.
- King, Carl E. and Dain Dunston : "The Proof's on the Paper." *Security Management*, January 1992.
- Lang, William G. : "Should Training Be Performance Based?" *Security Management*, November 1994.
- Ledvinka, J. and V. G. Scarpello : *Federal Regulation of Personnel and Human Resource Management*. Boston : PWS-Kent, 1991.
- Levinson, Jay C. : *Guerrilla Marketing : Secrets for Making Big Profits from Your Small Business*. Boston : Houghton Miffin Company, 1984.
- Lucien G. Canton : *Guard Force Management*, Butter-worth Heinemann, 1996.
- Mancebo, Marty : "Selecting a Test to Get the Best." *Security Manage- ment*, January 1992.
- MarKV. Lonsdale : *Body-Guarding : A Guide to VIP Protection*, 1995.
- Marquis, Lisa : "Times-They Are A-changing : Private Security Patrols Cut Crime in Times Square." *Security*, August 1994.
- Minion, Ronald R. : "Bootstrap Training Builds Quality." *Security*, December 1990.
- Muntz, Alan M. : "Contracting for the Right Relationship." *Security Management*, June 1991.
- National Advisory Committee on Criminal Justice Standards and Goals.
- Office of the Deputy Prime Minister & Home Office, *Safer Places - The Planning system and Crime Prevention*, UK, 2004.
- Private Security : Report of the Task Force on Private Security. Washington, D. C. : U. S. Government Printing Office, 1976.
- Pederson, Dwight S. : "Computerizing Contract Security." *Security Management*, December 1993.
- Peters, Thomas J. and Robert H. Waterman, Jr : *In Search of Excellence : Lessons form America's Best-Run Companies*. New York : Harper & Row, 1982.
- Ramsey, Jackson E., and Inez L. Ramsey : *Budgeting Basics : How to Survive the Budgeting Process*. New York : Franklin Watts, 1985.

- Rockwell, Robert R. : *Business Management Practices for the Contract Security Guard Operator*. Walnut Creek, Calif. : Robert R. Rockwell Consulting Service. 1987.
- Rosen, Mark B. : "Trust But Verity : A Good Contract Security Agree- ment Protects Both Vendor and Client." *Security Management*, November 1992.
- Roughton, James E. : "Deciphering the Fine Print : Guidelines for Selecting Quality Contract Security." *Security Management*, November 1992.
- Russell, Rebecca D. : "Office Training : Identify Your Options." ***Security***, May 1990.
- ______. "Uniform Dress." ***Security***, June 1991.
- Schnabolk, Charles : *Physical Security : Practices and Technology*. Bos- ton : Butter-worth Publishers, 1983.
- Sennewald, Charles A. : *Effective Security Management*. Boston : Butter-worth Publishers, 1978.
- Snodgrass, Tod : *Office Purchasing Guide*. Torrance, Calif. : Lowen Publishing, 1986.
- Sullivan, Craig A. : "Tactical Sleeping." *Police*, June 1991.
- Sweet, Donald H. A. : *Manager's Guide to Conducting Terminations*. Lexington, Mass. : Lexington Books, 1989.
- Taylor, Frederick W. : *Scientific Management*. New York : Harper & Brothers, 1947.
- Tyska, Louis A. and Lawrence J. : *Fennelly and Associates. Security in the Year 2000 and Beyond*, New York : ETC, 1987.
- Vassel, William C., Edward A. Ramsdell and David O. Tharp : "Bringing Contract Services On-Line." *Security Management*, December 1993.
- Villarreal, Carlos : "A Triumphant Tale of Training." *Security Management*, November 1994.
- Virga, Patricia H., ed. : *The NMA Handbook for Managers*. Englewood Cliffs, N. J. : Prentice Hall, Inc., 1987.
- Walsh, Timothy J. and Richard J. Healy : *Protection of Assets Manual*. Santa Monica, Calif. : The Merrit Company, 1987.
- Wathen, Thomas W. : "Increasing Threats Change Role of Guard." *Access Control*, May 1993.
- Zalud, Bill : "Better Scheduling-Save Time, Money." *Security*, March 1988.

저자소개

강 민 완

- 경기대학교 체육학과 졸업
- 경기대학교 대학원 체육학과 졸업
- 경기대학교 대학원 이학박사
- 경비지도사 교육과정 강사
- 특수경비원 교육과정 강사
- 대한유도회 이사(유도7단)
- 한국대학 유도연맹 전무이사
- 제16회 세계대학생 유도선수권대회 사무총장
- 유니버시아드 대회 유치위원
- 소방체청 인적재난 안전기술개발사업단 테러분야 자문위원
- 경찰발전위원
- 민주평통 자문위원
- 한국경비협회 경기지회 자문교수
- 학군(ROTC) 15기 중위 예편
- 한국경호경비학회 회장
- 경기대학교 교수(경호안전학과 학과장)

전용태

- 한양대학교 체육학과 졸업
- 한양대학교 교육대학원 레져스포츠 교육학과 졸업
- 경기대학교 대학원 경호안전학과 경호학 박사학위 졸업
- The University of Texas pan American Visiting scholar
- 성동구청 유도선수단
- (주)강원랜드 안전관리팀 팀원
- 그랜드 코리아 레져(주)세븐럭 카지노 안전관리 매니저
- 한국경호경비학회 이사
- 한국안전교육학회 이사
- 단국대학교 생활체육학과 강사
- 이화여자대학교 체육과학부 강사
- 경기대학교 경호안전학과 강사

김효준

- 초당대학교 사회체육학과 졸업
- 경기대학교 대학원 경호안전학과 졸업
- 경기대학교 대학원 경호안전학과 박사과정 수료
- 전 중앙종합금융(주)재직
- 전 신한창업투자(주) 경영
- 플러스금융컨설팅(주) 재직(부장)
- 플러스 휘트니스 경영
- (주)더큐브 시큐리티 상무이사
- 여주대학 경찰경호학과 강사
- 경기대학교 경호안전학과 강사
- 경기대학교 사회교육원 경호비서학과 강사